Inhaltsverzeichnis

Vorwort und Aufbau des Buches

In diesem Buch wollen wir Ihnen vermitteln, wie Sie eine wissenschaftliche Arbeit, insbesondere eine Abschlussarbeit in der Psychologie oder einer anderen empirischen Sozialwissenschaft, *verfassen und gestalten*. Zunächst erklären wir Ihnen daher, wie eine wissenschaftliche Arbeit – vom Titelblatt bis zum Anhang – aufgebaut ist und welche Inhalte in welchem Abschnitt Ihres Textes behandelt werden müssen (Kap. 1). Wie Sie Ihren Schreibprozess gestalten können, damit Ihnen das Verfassen Ihrer Arbeit möglichst leicht fällt, erfahren Sie in Kapitel 2. Dabei kann es tröstlich sein zu wissen, dass es vielen Menschen schwer fällt, mit dem Schreiben zu beginnen, und dass fast alle Schreiber während der Arbeit an einem längeren Text wiederholt von Verzweiflung und dem Gefühl, nicht weiterzukommen, heimgesucht werden. So etwas ist normal und meist nur eine der unausweichlichen Durststrecken, die man überstehen muss. Vielleicht helfen Ihnen unsere Hinweise, damit leichter fertig zu werden. Eine weitere große Herausforderung beim Verfassen einer wissenschaftlichen Arbeit ist es, den richtigen Ton zu treffen, also sich eines Sprachstils zu bedienen, der den Gepflogenheiten in der Psychologie bzw. den anderen Sozialwissenschaften entspricht. In Kapitel 3 liefern wir Ihnen das erforderliche sprachliche Handwerkszeug und versuchen zudem, Sie für sprachliche Feinheiten zu sensibilisieren.

Kapitel 4 enthält Überlegungen und Empfehlungen zur äußeren Gestaltung Ihrer Arbeit. Es geht also um das Seitenlayout (z.B. die Festlegung der Seitenränder), die Wahl von Schriftarten und -größen und wie Sie beispielsweise Absätze oder Blockzitate kennzeichnen können. Außerdem wird dargestellt, was Sie beim Ausdrucken und Binden Ihrer Abschlussarbeit beachten sollten. In Kapitel 5 widmen wir uns Details der Textgestaltung und erklären u.a., wann man Kursivdruck verwendet und wann etwas in Anführungszeichen gesetzt wird, wie Sie Zahlen und Abkürzungen korrekt schreiben und was Sie bei Binde- und Gedankenstrichen beachten müssen.

Die Darstellung statistischer Ergebnisse gehört für viele Studierende zu den unbeliebtesten Teilen einer wissenschaftlichen Arbeit. Damit das nicht so bleibt, erklären wir in Kapitel 6, wie Sie die Ergebnisdarstellung aufbauen sollten, wann Sie Tabellen oder Abbildungen verwenden und wann Sie ein Ergebnis besser nur im Text berichten. Zu Tabellen und Diagrammen geben wir Gestaltungshinweise und erläutern, wie Tabellenüberschriften und Abbildungsunterschriften formuliert werden sollten. Auch auf das Grundschema zur Angabe deskriptiver und inferenzstatistischer Daten im Text gehen wir ein. Ferner erfahren Sie, wie Sie Abbildungen und Tabellen aus fremden Quellen übernehmen und korrekt als fremdes Material kennzeichnen. Kapitel 7 ist ebenfalls der Ergebnisdarstellung gewidmet, nun geben wir Ihnen aber für verschiedene statistische Verfahren konkrete Darstellungsbeispiele und erläutern deren Aufbau. Hier können Sie nachschlagen, wenn Sie in Ihrer Arbeit z.B. die Ergebnisse eines t-Tests, einer Varianzanalyse, einer Regressionsanalyse oder einer Faktorenanalyse berichten wollen.

Wissenschaftlich wird eine Arbeit u.a. dadurch, dass alle Aussagen, sofern sie nicht auf eigenen Befunden oder theoretischen Überlegungen beruhen, korrekt als Gedanken bzw. Ergebnisse anderer Personen gekennzeichnet werden. Dies geschieht durch Quellenverweise im Text und die Angabe der Literaturquellen im Literaturverzeichnis. Wie im Text korrekt auf Quellen verwiesen wird und was bei wörtlichen Zitaten und Sekundärzitaten zu beachten ist, wird in Kapitel 8 erläutert. Kapitel 9 ist dem Literaturverzeichnis gewidmet. Dabei gehen wir auf die Grundstruktur von Literatureinträgen ein und erläutern für jede Quellenart die spezifischen Details.

Sie werden Ihre Arbeit sicherlich am Computer schreiben und gestalten. Daher finden Sie in Kapitel 10 einige Hinweise zur Arbeit am Computer. Sie erfahren dort, was Sie zur Datensicherung und zum Dateimanagement beachten sollten, damit nicht z.B. kurz vorm Abgabetermin Ihre gesamte Arbeit umsonst war, weil Ihre Festplatte defekt ist und Sie keine Sicherungskopie besitzen. Außerdem stellen wir Ihnen Literaturverwaltungsprogramme vor, die Ihnen die Verwaltung Ihrer Quellen sowie die Erstellung des Literaturverzeichnisses erleichtern. Auch welche Software Sie zum Anfertigen von Diagrammen und sonstigen Abbildungen verwenden können, ist Gegenstand dieses Kapitels. Dem Umgang mit Ihrem Textverarbeitungsprogramm haben wir aufgrund der Relevanz ein eigenes Kapitel gewidmet: In Kapitel 11 werden Grundprinzipien und wichtige Funktionen für die effektive Textverarbeitung erklärt. Wir erläutern diese Funktionen am Beispiel von *Microsoft Word*, die Prinzipien und Funktionen lassen sich allerdings auch auf die meisten anderen Textverarbeitungsprogramme übertragen – lediglich die Befehlsabfolge kann dort anders ausfallen. Abschließend finden Sie in Kapitel 12 Checklisten, mit denen Sie vor der Abgabe Ihrer Arbeit überprüfen können, ob Sie die wichtigsten Konventionen wissenschaftlicher Arbeiten beachtet und die häufigsten Fehler vermieden haben.

Viele Betreuer bzw. Gutachter von Abschlussarbeiten verlangen von ihren Studierenden, dass die Arbeit konform mit den Richtlinien zur Manuskriptgestaltung der *Deutschen Gesellschaft für Psychologie* (DGPs, 2007) bzw. den Manuskriptrichtlinien der *American Psychological Association* (APA, 2010) verfasst ist. Allerdings werden diese Richtlinien im deutschsprachigen Raum im Studium kaum behandelt. (Anders ist dies in den USA, wo es an fast allen Hochschulen spezielle Seminare gibt, in denen das Schreiben wissenschaftlicher Texte und die einzuhaltenden Gestaltungsrichtlinien vermittelt werden.) Lehrende gehen wohl oft davon aus, dass sich Studierende das erforderliche Wissen „nebenbei" aneignen, z.B. indem sie wissenschaftliche Artikel lesen. Unserer Erfahrung nach gelingt dieses implizite Lernen aber eher selten. Diese Lücke versuchen wir mit unserem Buch zu schließen. Das Buch soll also dazu genutzt werden, sich die erforderlichen Fertigkeiten autodidaktisch beizubringen. Wenn sich künftig vermehrt Lehrende finden, die ihren Studierenden das erforderliche Know-how systematisch anhand dieses Buches vermitteln, würde uns das umso mehr freuen.

Um die formalen Gestaltungsvorgaben kennenzulernen, könnte man sich prinzipiell auch die entsprechenden Manuskriptrichtlinien (APA, 2010; DGPs, 2007) durchlesen. Allerdings sind diese nicht sonderlich leserfreundlich gestaltet und richten sich zudem in erster Linie an Wissenschaftler, die eine Arbeit für die Einreichung bei einer Zeitschrift vorbereiten. Viele der Formalitäten (z.B. linksbündiger Flattersatz ohne Silbentrennung, kein Inhaltsverzeichnis, Abbildungen und Tabellen ans Ende der Arbeit setzen) sind nur in diesem Kontext sinnvoll und für eine Abschlussarbeit eher unpassend, weshalb Betreuer meist eine an Abschlussarbeiten adaptierte Gestaltung wünschen. Damit stehen Sie vor der Aufgabe, zu trennen, welche Empfehlungen aus den Richtlinien auch für eine Abschlussarbeit beachtet werden müssen und welche nur für die Manuskripteinreichung bei einer Zeitschrift nützlich sind. Dies stellt unseres Erachtens für jemanden, der seine erste umfangreichere wissenschaftliche Arbeit schreibt, eine Überforderung dar. Deshalb haben wir Ihnen diese Aufgabe abgenommen und stellen hier eine an Abschlussarbeiten angepasste Form der Manuskriptrichtlinien dar, wie sie von den meisten Betreuern bzw. Gutachtern gewünscht wird. Einzelne Betreuer verlangen allerdings, dass die Abschlussarbeit in Form eines Zeitschriftenmanuskripts abgegeben wird – was in dem Fall zu beachten ist, erläutern wir in Abschnitt 1.1 genauer.

Zu diesem Buch gibt es einige Online-Materialien: Auf der Website zum Buch unter *www.pearson-studium.de* steht eine PDF-Datei, in der die in Kapitel 11 beschriebenen Word-Funktionen ausführlicher dargestellt sind und mittels Screenshots veranschaulicht wird, wie Sie diese umsetzen. Außerdem finden Sie dort eine Word-Dokumentvorlage, die alle für eine Abschlussarbeit üblicherweise erforderlichen Formatvorlagen enthält und die Sie zum Erstellen Ihrer eigenen Arbeit verwenden können. Zudem haben wir zu einigen Kapiteln Übungsaufgaben erstellt – diese und die zugehörigen Lösungen befinden sich ebenfalls auf der Pearson-Internetseite. Schließlich können Sie anhand eines Wissenstests bestimmen, in welchen Bereichen Sie noch Kenntnislücken haben und welche Abschnitte des Buches Sie gezielt lesen sollten.

Das vorliegende Buch ist der zweite Band, den wir zum Schreiben von Abschlussarbeiten in der Psychologie und den Sozialwissenschaften verfasst haben. Im ersten Band mit dem Titel *Abschlussarbeiten in der Psychologie und den Sozialwissenschaften: Planen, Durchführen und Auswerten* haben wir u.a. dargestellt, wie Sie ein geeignetes Thema und einen Betreuer finden, was Sie bei der zeitlichen Planung Ihres Projekts berücksichtigen sollten und wie Sie sich in ein Thema einarbeiten (einschließlich der notwendigen Literaturrecherche und -beschaffung). Ausführlich wurde in dem ersten Band zudem besprochen, welche Arbeitsschritte bei der Planung, Durchführung und Auswertung einer empirischen Studie zu durchlaufen sind. Wenn Sie diese Arbeitsschritte noch nicht abgeschlossen haben, empfehlen wir Ihnen, den Band *Planen, Durchführen und Auswerten* zu konsultieren.

Wie im ersten Band bereits erwähnt, sind wir für eine geschlechtergerechte Sprache, in der Frauen und Männer gleichermaßen sichtbar sind. Dort hatten wir aber auch ausgeführt, wie schwierig es ist, dies konsequent durchzuhalten, ohne dass die Verständlichkeit des Textes oder zumindest der Lesefluss darunter leiden. Auch in diesem Band werden wir daher wieder so verfahren, dass wir, wo immer dies einfach möglich ist, geschlechtsneutrale Bezeichnungen verwenden (z.B.

Studierende). Wo dies nicht geht, greifen wir auf das generische Maskulinum zurück, verwenden also die männliche Wortform, mit der weibliche Personen ebenfalls gemeint sind. Wie Sie selbst in Ihrem Text mit dem Thema der geschlechtergerechten Sprache umgehen können, erfahren Sie in Abschnitt 3.6.2.

Das Schreiben eines Buches – und noch mehr das Verfassen von zwei doch recht umfangreichen Bänden – nimmt viel Zeit in Anspruch und gelingt kaum ohne die Unterstützung anderer Personen. Wir danken daher den vielen Studierenden, die im Rahmen von Lehrveranstaltungen oder Praktika Vorversionen unserer Kapitel gelesen und hilfreiche Rückmeldungen gegeben haben. Auch Frau Kathrin Mönch und Frau Elisabeth Prümm vom Pearson-Verlag gilt unser Dank für die gute Zusammenarbeit und Unterstützung.

Wir wünschen uns, dass Sie unsere Bücher für das Schreiben Ihrer wissenschaftlichen Arbeit hilfreich finden, gleichgültig, ob es sich um eine Abschlussarbeit, eine Hausarbeit oder einen Empirie- bzw. Experimentalbericht handelt. Wenn Sie Anregungen oder Verbesserungsvorschläge zu unseren Büchern haben, freuen wir uns sehr, von Ihnen zu hören!

Jan H. Peters und Tobias Dörfler
Bamberg und Heidelberg im Juli 2015

Aufbau und Inhalt der schriftlichen Arbeit

1

ÜBERBLICK

In diesem Kapitel stellen wir den Aufbau bzw. die Gliederung der schriftlichen Arbeit vor und beschreiben, welcher Teil welche Informationen enthalten muss. Dieser Aufbau gilt prinzipiell für jegliche Form empirischer Arbeiten, d.h. sowohl für einen Experimentalbericht, der nur wenige Seiten lang ist, als auch für Abschlussarbeiten, die manchmal mehr als 100 Seiten umfassen. Auch Zeitschriftenartikel, in denen empirische Studien dargestellt werden, orientieren sich streng an diesem Aufbau.

Beim Verfassen von (Abschluss-)Arbeiten kann man sich an einem von zwei möglichen Vorbildern orientieren: entweder an einem Manuskript für einen wissenschaftlichen Zeitschriftenartikel oder an einem selbstständig erschienenen Forschungsbericht bzw. einem wissenschaftlichen Buch. Je nachdem, welches Vorbild Sie sich für Ihre eigene Arbeit nehmen (bzw. welches Ihr Betreuer wünscht), ergeben sich einige Unterschiede in der Gestaltung, die in Abschnitt 1.1 behandelt werden.

Wir setzen hier den Schwerpunkt auf *empirische* Arbeiten, da diese als Abschlussarbeit am häufigsten vorkommen. Dabei macht es keinen Unterschied, ob Sie eine quantitative oder eine qualitative Forschungsmethode verwendet haben. Viele der Ausführungen gelten zudem auch für theoretische bzw. Literaturarbeiten. Auf Besonderheiten von Literaturarbeiten gehen wir gegen Ende des Kapitels in Abschnitt 1.13 ein. Einen weiteren Sonderfall stellen Metaanalysen dar. Falls Sie an einer Metaanalyse arbeiten, finden Sie weiterführende Literaturhinweise in Abschnitt 1.14.3.

Zunächst erfolgt in Abschnitt 1.2 ein grober Überblick über die einzelnen Bestandteile einer empirischen Arbeit, wobei Feinheiten zur Gliederung in Abschnitt 1.6 zusammen mit Überlegungen zum Inhaltsverzeichnis erörtert werden. Ab Abschnitt 1.3 behandeln wir die einzelnen Bestandteile ausführlicher. Dabei orientieren wir uns daran, in welcher Reihenfolge diese Bestandteile in der schriftlichen Arbeit erscheinen.

Nicht für alle Aspekte, die wir in diesem Kapitel behandeln, existieren offizielle Richtlinien. So gibt es beispielsweise keine allgemein anerkannte Empfehlung, an welcher Stelle der Arbeit Abbildungs- und Tabellenverzeichnisse (sofern diese überhaupt vorkommen) stehen sollen. In solchen Fällen haben wir uns dafür entschieden, Ihnen die allgemein akzeptierten bzw. üblichsten Varianten vorzustellen. Eine Auflistung aller „erlaubten" Alternativen wäre wenig hilfreich und vermutlich eher verwirrend.

Viele der in diesem und auch in den folgenden Kapiteln dargestellten Regeln und Empfehlungen lassen sich logisch begründen (z.B., dass der Methodenteil vor dem Ergebnisteil steht). Andere Empfehlungen stellen lediglich Konventionen dar, auf die sich bestimmte Wissenschaftsverbände geeinigt haben oder die sich implizit in der Wissenschaftsgemeinde herausgebildet haben. Zu Letzteren gehören beispielsweise, dass das Literaturverzeichnis im Inhaltsverzeichnis nicht nummeriert wird und dass Abbildungs- und Tabellenverzeichnisse nach dem Inhaltsverzeichnis folgen. Zwingende Argumente gibt es hierfür nicht – man könnte die Abbildungs- und Tabellenverzeichnisse genauso gut ans Ende der Arbeit hinter das Literaturverzeichnis setzen. Da dafür keine offizielle Regelung existiert, wäre dies nicht „falsch", und vielleicht begegnen Ihnen gelegentlich Arbeiten, in denen das so gemacht wurde.

Allerdings haben auch logisch nicht begründbare Konventionen den Sinn, dass sie dem Leser helfen, sich zu orientieren. Ihr Supermarkt ist wahrscheinlich so aufgebaut, dass sich die Obst- und Gemüseabteilung relativ nah am Eingang befindet und dass Sie den Supermarkt gegen den Uhrzeigersinn durchlaufen. Wollten Sie in einem fremden Supermarkt Obst kaufen, wären Sie vermutlich irritiert und müssten sich zunächst neu orientieren, wenn sich dieses hinten im Geschäft befände. Ihre Irritation wäre wahrscheinlich nicht tiefgreifend und Sie könnten sich schnell wieder zurechtfinden, aber wenn derartige Irritationen im selben Laden gehäuft vorkämen (Sie beispielsweise auch noch rechtsherum laufen müssten), kostete die Umorientierung Zeit und kognitive Ressourcen. Ähnlich ist das bei wissenschaftlichen Arbeiten: Dadurch, dass Verfasser sich an den konventionellen Aufbau halten, kann sich der Leser leichter orientieren und wird nicht irritiert.

Gelegentlich mag es aus inhaltlichen Gründen erforderlich oder sinnvoll sein, von dem konventionellen Aufbau abzuweichen. Damit der Leser dies nachvollziehen kann und nicht denkt, dass Sie nur deshalb abweichen, weil Sie nicht wissen, was üblich ist, sollten Sie ihm im Text den Grund für Ihre Abweichung kurz erklären. Tatsächlich werden Fälle, in denen es sinnvoll ist, von der konventionellen Struktur abzuweichen, selten vorkommen. Sie sollten aber wissen, dass solche Abweichungen nicht prinzipiell verboten sind.

1.1 Zwei Vorbilder: Forschungsbericht/Buch vs. Manuskript für Zeitschriftenartikel

(Abschluss-)Arbeiten orientieren sich an einem von zwei Vorbildern aus der wissenschaftlichen Literatur. Das erste, klassische Vorbild ist der Forschungsbericht oder eine *als Buch veröffentlichte Forschungsarbeit*, insbesondere eine *monografische Dissertation*.[1] Selbstverständlich fallen Abschlussarbeiten weniger umfangreich aus als Dissertationen, aber in Aufbau und Gestaltung können sie diesen sehr nahe kommen. Auch Forschungsberichte, wie sie früher häufiger als heute von Forschergruppen herausgegeben wurden, ähneln der klassischen Abschlussarbeit sehr. Aktuell werden schätzungsweise über 90 % aller Abschlussarbeiten nach dem klassischen Vorbild gestaltet, weshalb sich die Gestaltungshinweise in diesem Buch auch überwiegend auf diese Form beziehen.

Daneben gewinnt ein anderes Vorbild für Abschlussarbeiten langsam an Popularität: das Manuskript für einen Zeitschriftenartikel. Das Hauptkommunikationsmedium in der Wissenschaft ist – heute noch stärker als früher – der wissen-

---

1 Neben monografischen Dissertationen (also Doktorarbeiten in Buchform) gibt es auch kumulative Dissertationen, die aus mehreren Veröffentlichungen in wissenschaftlichen Zeitschriften bestehen.

schaftliche Peer-review-Zeitschriftenartikel (vgl. den Band *Planen, Durchführen und Auswerten*, Abschnitt 5.2.2). Die wesentliche Aktivität von Wissenschaftlern besteht nach der Durchführung ihrer Forschungsprojekte im Verfassen von Manuskripten, die bei Zeitschriften eingereicht werden. Vor allem diejenigen Betreuer, die es als Aufgabe der Abschlussarbeit sehen, auf eine spätere Tätigkeit in der Wissenschaft vorzubereiten, verlangen daher gelegentlich, dass Abschlussarbeiten in Form solcher Manuskripte gestaltet werden – oder bieten dies zumindest alternativ zur klassischen Form der Gestaltung an.

Manuskripte für Zeitschriftenartikel weisen einige Besonderheiten auf, die sich daraus ergeben, dass sie nur eine Zwischenstufe auf dem Weg zum veröffentlichten Zeitschriftenartikel darstellen. Das heißt, erst die herausgebende Zeitschrift verleiht dem Artikel sein endgültiges Aussehen. Das Manuskript dient den Reviewern zur Begutachtung und wird anschließend vom Zeitschriftenverlag in professionellen Textgestaltungsprogrammen weiterverarbeitet. Vor allem wegen dieser Weiterverarbeitung werden bestimmte technische Anforderungen an die Manuskriptgestaltung gestellt: So werden Manuskripte linksbündig ohne Silbentrennung gesetzt, da das die Übernahme des Textes in entsprechende Computerprogramme erleichtert (würde ein Autor Silbentrennung verwenden, wäre bei Wörtern am Zeilenende unklar, ob es sich um einen Trennstrich oder einen Bindestrich handelt). Eine weitere Besonderheit ist, dass Überschriften nicht nummeriert werden und es kein Inhaltsverzeichnis gibt. Stattdessen werden die Ebenen von Überschriften durch die Formatierung dargestellt (z.B. Fett- und/oder Kursivdruck, zentrierte vs. linksbündige Überschrift). Abbildungen und Tabellen erscheinen, ebenfalls primär aus technischen Gründen der Weiterverarbeitung, nicht innerhalb des Textes, sondern am Ende der Arbeit – nach dem Literaturverzeichnis aber vor einem ggf. existierenden Anhang. Dabei werden erst alle Tabellen und dann alle Abbildungen in der Reihenfolge, wie im Text auf sie verwiesen wird, aufgeführt, wobei pro Seite jeweils genau eine Tabelle bzw. Abbildung platziert wird. Abbildung 1.1 zeigt auf der linken Seite ein Beispiel für eine im Manuskriptstil gesetzte Seite.

Die Erstellung einer (Abschluss-)Arbeit in Manuskriptform ist unseres Erachtens sinnvoll, wenn einer von zwei Fällen zutrifft. Im ersten Fall sind die Befunde tatsächlich so relevant, dass die Arbeit (nachdem sie ihren Zweck als Prüfungsleistung erfüllt hat) bei einer Zeitschrift zur Veröffentlichung eingereicht werden soll. Dann erspart man sich viel Mühe, wenn man den Text von Anfang an als Manuskript gestaltet. Dabei sollten Sie aber beachten, dass Zeitschriften häufig eine Obergrenze für die Länge von Artikeln setzen: Oft liegt diese für umfangreiche Arbeiten, die mindestens zwei Studien enthalten, im Bereich zwischen 7000 und 10000 Wörtern; manchmal gibt es für Arbeiten, die nur eine Studie berichten, niedrigere Obergrenzen von z.B. 4000 Wörtern. Gegebenenfalls ist die Arbeit, wenn sie in einem internationalen Journal erscheinen soll, in Englisch zu verfassen. Der zweite Fall ist, dass Sie eine Tätigkeit in der Wissenschaft anstreben und daher das Erstellen von Manuskripten schon einmal üben wollen.

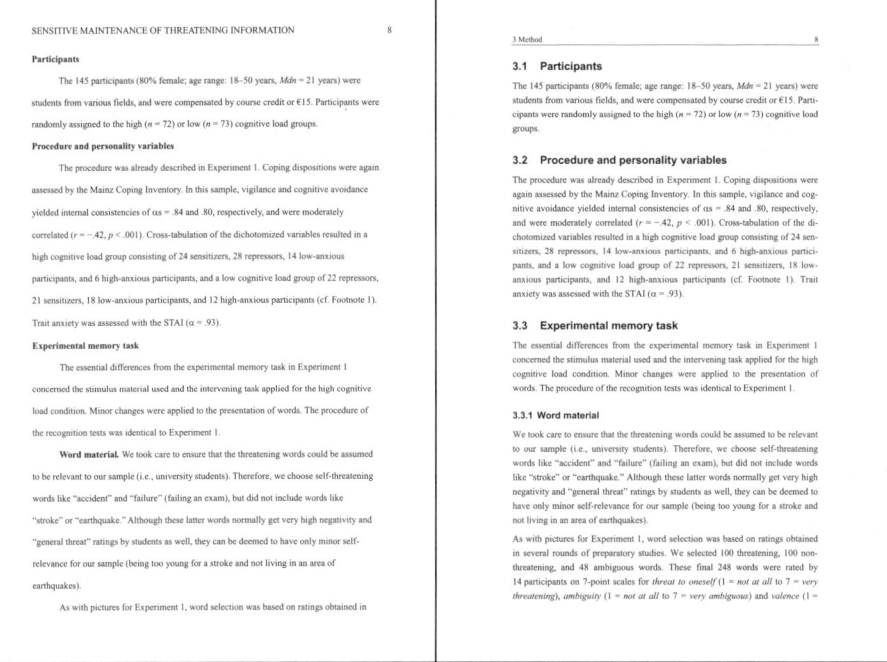

Abbildung 1.1. Beispielseite einer Arbeit im Manuskriptstil (links) und im Stil klassischer Abschlussarbeiten (rechts).

Wenn Sie sich für die Manuskriptform entscheiden, gelten für deutschsprachige Arbeiten insbesondere im Fach Psychologie hinsichtlich technischer Details die *Richtlinien zur Manuskriptgestaltung* (DGPs, 2007). Verfassen Sie die Arbeit auf Englisch, ist das *Publication Manual* (APA, 2010) die maßgebende Instanz. Sofern Sie bereits eine konkrete Zeitschrift für die Einreichung der Arbeit im Auge haben, finden Sie auf deren Homepage meist weitere Angaben zur Manuskriptgestaltung bzw. dazu, an welchen Richtlinien Sie sich orientieren sollen.

Trifft keiner der beiden Fälle auf Sie zu, raten wir Ihnen zur klassisch gestalteten Abschlussarbeit (vgl. Abbildung 1.1, rechte Seite). Inhaltlich besteht zwischen einer klassischen Abschlussarbeit und einer Arbeit in Manuskriptform kein prinzipieller Unterschied und auch formal gibt es viele Überschneidungen, z.B. hinsichtlich spezieller Schreibweisen, der Darstellung statistischer Ergebnisse und den Zitationsrichtlinien (vgl. Kap. 5 bis 9). Die Abweichungen zwischen den beiden Formen bestehen v.a. darin, dass in der Manuskriptform technische Besonderheiten, die für die Weiterverarbeitung im Zeitschriftenverlag relevant sind, beachtet werden. Die klassische Abschlussarbeit zielt demgegenüber darauf ab, ein Endprodukt zu erzeugen, das elementaren ästhetischen Anforderungen genügt und – z.B. dank eines Inhaltsverzeichnisses und nummerierter Überschriften – dem Leser eine leichtere Orientierung im Text gestattet. Letzteres ist v.a. bei längeren Arbeiten ein wichtiger Vorteil der klassischen Gestaltung. Abbildung 1.1 verdeutlicht die Unterschiede zwischen dem Manuskriptstil (links) und dem Stil klassischer Abschlussarbeiten (rechts). Dort sehen Sie beispielsweise, wie sich die Art, Überschriften verschiedener Ebenen zu kennzeichnen, unterscheidet, und dass im Manuskriptstil weder Silbentrennung noch Blocksatz verwendet werden.

Auf den Umfang von Abschlussarbeiten sind wir im Band *Planen, Durchführen und Auswerten* (Abschnitt 2.7) eingegangen. Generell gilt, dass Sie Ihren Betreuer fragen sollten, welche Vorstellungen er zur Länge der Arbeit hat. Sofern es keine konkreteren Vorgaben gibt und Sie eine „klassische" Abschlussarbeit – also keinen Zeitschriftenartikel – schreiben, können Sie sich an den Angaben in Tabelle 1.1 orientieren.

Tabelle 1.1. Empfehlungen zur Länge der Abschlussarbeit

Empfehlungen	Typ der Abschlussarbeit		
	Bachelorarbeit	**Zulassungsarbeit[a] (Lehramtsstudium)**	**Masterarbeit**
empfehlenswerter Umfang	30–40 Seiten	50–60 Seiten	60–80 Seiten
maximal empfohlene Länge	60 Seiten	80 Seiten	120 Seiten

Anmerkung. [a]Die Zulassungsarbeit im Rahmen von Lehramtsstudiengängen wird oft auch als *wissenschaftliche Hausarbeit* bezeichnet.

1.2 Bestandteile der Arbeit

Die Bestandteile einer schriftlichen Arbeit sind in Abbildung 1.2 aufgeführt, wobei die Teile, die in jeder Arbeit vorkommen müssen, fett gedruckt sind. Es ist wichtig, die Bestandteile der Arbeit nicht mit dem Inhaltsverzeichnis oder den Überschriften gleichzusetzen, auch wenn es hier Überschneidungen gibt. Auf das Inhaltsverzeichnis, die Wahl der Überschriften und auf die Untergliederung der einzelnen Bestandteile gehen wir in Abschnitt 1.6 ein.

Die Arbeit beginnt mit dem *Titelblatt* (siehe Abschnitt 1.3 und – speziell zum Titel – Abschnitt 1.4). Der *Abstract* bzw. die *Kurzzusammenfassung* wird auf einem neuen Blatt hinter dem Titelblatt platziert, da sich der Leser auf diese Weise als Erstes über den Inhalt der Arbeit informieren kann, ohne weiter blättern zu müssen. Einige Autoren (z.B. Bortz & Döring, 2006, S. 87) würden den Abstract allerdings hinter das Inhaltsverzeichnis setzen. Welche der beiden Alternativen Sie verwenden, ist Ihnen überlassen. Wichtig ist, dass der Abstract in beiden Fällen *keine* Nummerierung erhält. Steht der Abstract vor dem Inhaltsverzeichnis, wird er in dieses nicht aufgenommen. Auf den Inhalt und die Gestaltung des Abstracts gehen wir in Abschnitt 1.5 genauer ein. Was den Arbeitsprozess anbelangt, wird man den Abstract in der Regel als Letztes verfassen.

Titelblatt

Abstract (alternativ nach dem Inhaltsverzeichnis)

ggf. Danksagung/Widmung (nicht empfohlen)

ggf. Vorwort (selten angebracht)

Inhaltsverzeichnis

ggf. Abbildungsverzeichnis (normalerweise unnötig)

ggf. Tabellenverzeichnis (normalerweise unnötig)

ggf. Abkürzungsverzeichnis (gelegentlich sinnvoll)

1 Einleitung

2 Theorie

3 Methode

4 Ergebnisse

5 Diskussion

6 Langzusammenfassung(meist nur bei Dissertationen angebracht)

Literaturverzeichnis

ggf. Anhänge (oft sinnvoll)

ggf. (eidesstattliche) Erklärung (bei Abschlussarbeiten meist verlangt)

Abbildung 1.2. Bestandteile einer schriftlichen Arbeit zu einer empirischen Untersuchung (zu Besonderheiten von Literaturarbeiten siehe Abschnitt 1.13). Stets erforderliche Bestandteile sind durch Fettdruck hervorgehoben.

Ob eine *Danksagung* und/oder eine *Widmung* angebracht ist, ist umstritten. Wir persönlich finden eine Widmung in einer Abschlussarbeit, die ja eine Prüfungsleistung darstellt, eher unangemessen (die Klausuren, die Sie im Studium schreiben, widmen Sie vermutlich auch niemandem). Eine Danksagung kann schon eher angebracht sein, wobei diese sich auf Personen beziehen sollte, die Sie konkret bei der Arbeit unterstützt haben (z.B. könnten Sie einer Hilfskraft danken, die Ihnen bei der Probandenakquise geholfen hat). Achten Sie aber darauf, dass Sie sich nicht für Dinge bedanken, die Sie im Rahmen Ihrer Arbeit selbst erledigen müssen. So wäre „Ich danke meinem Freund Philipp für die Hilfe bei der statistischen Auswertung" problematisch, da die Auswertung fundamentaler Bestandteil der Leistung für Ihre Abschlussarbeit ist. In manchen Arbeiten danken die Verfasser auch nahestehenden Personen für deren emotionale Unterstützung, z.B. in folgender Form: „Ich danke meiner Partnerin Lisa für die Liebe, die sie mir in den schweren Stunden des Schreibens der Arbeit zuteilwerden ließ." Derartige Sätze sind unseres Erachtens aber eher nicht für die offizielle Abgabeversion Ihrer Abschlussarbeit bestimmt. Bedenken Sie, dass diese von Ihrem Betreuer oder Gutachter gelesen wird. In den Archiven Ihrer Hochschule steht Ihre Arbeit meist noch nach Jahrzehnten. Wir würden dazu raten, Dank eher persönlich auszudrücken. Der Hilfskraft, die Ihnen geholfen hat, könnten Sie eine Schachtel Pralinen überreichen; Freunden, Eltern oder Lebenspartnern, die Sie während der Abschlussarbeit emotional unterstützt haben, könnten Sie ein Exemplar der Arbeit mit einer handschriftlichen Widmung schenken. Das wirkt unseres Erachtens auch viel persönlicher, als eine Widmung oder Danksagung in den Pflichtexemplaren Ihrer Arbeit abzudrucken.

Auch ein *Vorwort* benötigt eine Abschlussarbeit in aller Regel nicht. Bei Dissertationen mag ein Vorwort angebracht sein, bei studentischen Abschlussarbeiten wirkt es oft etwas übertrieben. Falls Sie auf ein Vorwort dennoch nicht verzichten wollen, können Sie dieses vor oder nach dem Inhaltsverzeichnis anordnen – hier gibt es keine feste Regel. Kürzere Vorworte von maximal drei Seiten findet man häufiger vor dem Inhaltsverzeichnis, längere Vorworte – insbesondere dann, wenn Sie (zusätzlich) den Charakter einer Einleitung haben und den Aufbau der Arbeit darstellen – häufiger danach. Da der Hauptteil Ihrer Arbeit aber ohnehin mit einer Einleitung beginnt, ist ein zusätzliches Vorwort mit Einleitungscharakter nicht sinnvoll. Beachten Sie, dass alles, was vor dem Inhaltsverzeichnis steht, darin nicht aufgeführt wird. Im Inhaltsverzeichnis erscheint das Vorwort also nur, wenn es hinter diesem folgt.

Der nächste Bestandteil der Arbeit ist das *Inhaltsverzeichnis*, auf das wir in Abschnitt 1.6 genauer eingehen werden. *Abbildungs-* und *Tabellenverzeichnisse* sind unseres Erachtens unnütz und werden nicht benötigt. Falls Sie jedoch solche Verzeichnisse erstellen sollen, werden diese üblicherweise nach dem Inhaltsverzeichnis eingefügt. Ob dabei das Abbildungs- oder das Tabellenverzeichnis zuerst steht, bleibt Ihnen überlassen.

Abkürzungsverzeichnisse werden eher selten wirklich benötigt, können aber sinnvoll sein, wenn Sie auf eine Reihe von Abkürzungen nicht verzichten wollen oder können. In diesem Fall können Sie dem Leser das Verständnis der Abkürzungen durch ein solches Verzeichnis erleichtern. Aufgenommen werden nur Abkürzungen, die nicht allgemein verständlich sind, also keine Abkürzungen wie *evtl., ggf., Hrsg., u.a., z.B.* etc. Man orientiert sich hier oft am Duden oder ähnlichen Wörterbüchern und nimmt nur diejenigen Abkürzungen auf, die sich in solchen Werken *nicht* finden. Dies sind in aller Regel fachspezifische Abkürzungen. Auch diese müssen allerdings nicht in einem Abkürzungsverzeichnis erscheinen, sofern sie für einen Fachkollegen problemlos verständlich sind (z.B. Abkürzungen wie ADHS, EEG, EKP, fMRI, IQ, PTBS; Abkürzungen statistischer Kennwerte wie M und SD werden ebenfalls nicht in einem Abkürzungsverzeichnis erklärt). Verwenden Sie hingegen seltene bzw. selbst ausgedachte Abkürzungen wie *SÖS* (für *Sozioökonomischer Status*) oder *CMD* (für *Craniomandibuläre Dysfunktion*), ist es sinnvoll, diese in ein Verzeichnis aufzunehmen. Wenn unklar ist, ob eine Abkürzung problemlos verstanden wird, sollte sie im Zweifelsfall aufgenommen werden. Dadurch umgehen Sie Groll beim Leser, wenn er eine ihm unbekannte Abkürzung im Abkürzungsverzeichnis nachschauen möchte, dort aber nicht findet. Optimal ist es allerdings, wenn Sie erklärungsbedürftige Abkürzungen so weitgehend vermeiden können, dass Sie gar kein Abkürzungsverzeichnis benötigen (vgl. Abschnitt 5.4).

Nach den genannten Verzeichnissen bzw. direkt nach dem Inhaltsverzeichnis beginnt die eigentliche Arbeit mit der *Einleitung* und dem *Theorieteil* – was in diese Teile gehören, erklären wir in Abschnitt 1.7. Es ist Geschmackssache, ob man eine separate Einleitung schreibt oder direkt mit dem Theorieteil beginnt, in den man die Einleitung einbaut. Weitere feste Bestandteile bei empirischen Arbeiten sind die *Methode* (Abschnitt 1.8), die *Ergebnisse* (Abschnitt 1.9) und die

Diskussion (Abschnitt 1.10). Die letzten beiden Elemente können unter Umständen in einem Kapitel kombiniert werden – mehr dazu in Abschnitt 1.11. Diese fünf Bestandteile – Einleitung, Theorie, Methode, Ergebnisse und Diskussion – machen den eigentlichen Kern der Arbeit aus. Auf die Untergliederung der Kapitel in Unterkapitel bzw. -abschnitte gehen wir an geeigneter Stelle ein.

Unter Umständen kann nach der Diskussion noch eine *Langzusammenfassung* folgen, die auf etwa zwei bis sechs Seiten die wesentlichen Inhalte der Arbeit darstellt. Üblich ist dies allerdings nur bei sehr umfangreichen Arbeiten (z.B. bei Dissertationen), aber nicht bei studentischen Abschlussarbeiten. Die Idee der Langzusammenfassung ist, dass jemand, dem der Abstract zu wenig Informationen liefert, eine zusätzliche Möglichkeit erhält, die wesentlichen Inhalte der Arbeit relativ schnell zu erfassen, ohne die ganze Arbeit lesen zu müssen. Für das Erstellen der Langzusammenfassung gelten die zum Abstract gemachten Ausführungen (vgl. Abschnitt 1.5).

Nach der Diskussion (bzw. der Langzusammenfassung) folgt – ohne Nummerierung in der Überschrift – das *Literaturverzeichnis*. Gegebenenfalls schließen sich *Anhänge* an, die z.B. Untersuchungsmaterialien oder weiterführende Ergebnisse enthalten. Oft wird bei Abschlussarbeiten verlangt, dass man ganz am Ende der Arbeit eine (eidesstattliche) *Erklärung* bzw. *Versicherung* darüber abgibt, dass man die Arbeit eigenständig und ohne unerlaubte Hilfen erstellt hat. Auf diese letzten drei Bestandteile gehen wir in Abschnitt 1.12 ein.

1.3   Titelblatt

Jede Arbeit beginnt mit einem Titelblatt. Bei Abschlussarbeiten geben die Prüfungsämter oder Fachbereiche/Institute häufig vor, wie dieses gestaltet werden soll und welche Angaben darauf erscheinen müssen. An derartige Vorgaben haben Sie sich selbstverständlich zu halten – fragen Sie daher gezielt nach, ob es solche Vorgaben gibt, damit Sie am Ende nicht an einer Formalität scheitern. Existieren keine Vorgaben, können Sie sich an einem der Muster in Abbildung 1.3 orientieren. Wichtig sind in der Regel die folgenden Angaben, wobei es keine feste Reihenfolge gibt, in der diese erscheinen müssen:

- Titel der Arbeit bzw. des Themas (zur Wahl des Titels vgl. Abschnitt 1.4)
- Art der Arbeit (also z.B. Bachelor-, Master- oder Zulassungsarbeit)
- Studiengang
- Hochschule und ggf. Fakultät und Institut (zusätzlich kann man auch den Lehrstuhl bzw. die Professur angeben, an der man die Arbeit geschrieben hat)
- vollständiger eigener Name (um Verwechslungen zu vermeiden, ist es sinnvoll, zusätzlich die Matrikelnummer anzugeben; alternativ könnte man auch Geburtsdatum und Geburtsort hinzufügen; die Angabe einer E-Mail-Adresse und des Fachsemesters sind möglich, aber meist nicht erforderlich)
- Name des Gutachters und ggf. des Betreuers
- Datum der Abgabe (alternativ zur taggenauen Angabe ist oft auch eine Angabe wie „Februar 2016" möglich)

Geschlecht als Moderator des
Zusammenhangs zwischen Haarlänge
und Persönlichkeitseigenschaften

MASTERARBEIT

eingereicht von

Sebastian Schneider
(Matrikel-Nr. 7654321)

im Studiengang Psychologie

vorgelegt an der

Universität Musterstadt

Fakultät für Sozialwissenschaften

Institut für Psychologie

Betreuerin: Dipl.-Psych. Evelyn Gross

Gutachterin: Prof. Dr. Kathrin Röder

Musterstadt, den 22.08.2015

Zusammenhang der Schulleistung mit
frühkindlicher Musikerziehung:
Führt Musizieren tatsächlich
zu besseren Noten?

Zulassungsarbeit

zum ersten Staatsexamen
für das Lehramt an Grundschulen in Bayern

im Fach Musikdidaktik

an der
Meier-Schultze-Universität Beispielstadt

Prüfungstermin: Frühjahr 2015

Gutachter: Prof. Dr. Otto Meier

Betreuerin: Dr. Katharina Schnell

Verfasserin: Julia Müller

E-Mail-Adresse: j.mueller@stud.uni-muster.de

Matrikelnummer: 1234567

9. Fachsemester

Musterstadt, den 01.11.2014

Abbildung 1.3. Muster für Titelseiten von Abschlussarbeiten.

Eine besondere grafische Gestaltung der Titelseite ist nicht erforderlich – eine schlichte Aufmachung wie in Abbildung 1.3 ist absolut ausreichend. Ob Sie die Schrift linksbündig, rechtsbündig oder zentriert anordnen, ist ebenfalls meist Ihnen überlassen. Manchmal wollen Studierende die Titelseite mit dem Hochschullogo oder einem Bild verschönern. In den meisten Fällen wird niemand etwas dagegen haben, es gibt aber vereinzelt Betreuer bzw. Gutachter, die Bilder auf der Titelseite von Abschlussarbeiten für unangemessen (oder gar unseriös) halten. Wir kennen auch Gutachter, die nicht wollen, dass Studierende das Logo der Hochschule verwenden, da das der Arbeit einen unangemessen offiziellen Charakter verleihen würde (es handelt sich bei einer Abschlussarbeit ja nicht um ein offizielles Werk der Hochschule). An einigen Hochschulen ist es Studierenden sogar verboten, das Hochschullogo für Vorträge oder Abschlussarbeiten zu nutzen. Auch wenn den meisten Personen egal sein wird, ob Sie ein Logo und/ oder ein Bild verwenden, sind Sie auf der sicheren Seite, wenn Sie sich vorher erkundigen, ob das in Ordnung ist. Sie können aber auch von vornherein auf ein Bild bzw. Logo verzichten – mit einem Bonus für ein besonders ästhetisch gestaltetes Titelblatt sollten Sie ohnehin nicht rechnen, da bei wissenschaftlichen Arbeiten der Inhalt im Vordergrund steht.

1.4   Titel

Der Titel einer Arbeit ist das Erste, womit ein Leser konfrontiert wird. Sofern man nicht (wie Gutachter und Betreuer) verpflichtet ist, die Arbeit zu lesen, entscheidet oft bereits der Titel, ob jemand die Arbeit so relevant und interessant findet, dass er weiterliest. Denken Sie an die Situation, dass jemand bei einer Literaturrecherche in einer elektronischen Datenbank zu einem Schlagwort Hunderte von Arbeiten gefunden hat (zur Literaturrecherche vgl. den Band *Planen, Durchführen und Auswerten*, Abschnitt 5.3). Hier möchte man schnell erkennen können, ob man eine Arbeit von vornherein ausschließen kann oder zumindest die Zusammenfassung anschauen sollte. Ein guter Titel sollte daher die im Folgenden dargestellten Kriterien erfüllen.

Interessant und aussagekräftig. Um einen Leser anzuziehen und ihn schnell entscheiden zu lassen, ob die Arbeit für ihn relevant ist, sollte ein Titel *interessant und gleichzeitig aussagekräftig* sein. Dabei handelt es sich bereits um zwei Anforderungen: Einerseits soll der Titel die Neugier des Lesers wecken, andererseits muss er klar zu erkennen geben, worum es geht.

Anders als bei belletristischen Werken, von denen man sich häufig die Titel merkt (z.B. *Romeo und Julia*, *In 80 Tagen um die Welt*, *Der Name der Rose*), bleiben in unseren Fächern meist allenfalls die Namen der Autoren und manchmal noch Jahreszahlen in Erinnerung. Es gibt allerdings einige wenige Ausnahmen, bei denen der Titel einen nachhaltigen Eindruck erzeugt. Eine solche Ausnahme ist die Arbeit „The magical number seven, plus or minus two: Some limits on our capacity for processing information" von Miller (1956). Dieser Titel ist unseres Erachtens ein sehr gutes Beispiel für die Verbindung von Interessewecken und inhaltlicher Aussagekraft. Der erste Teil „The magical number seven, plus or minus two" ist für eine psychologische Arbeit ungewöhnlich und zieht daher die Aufmerksamkeit des Lesers an. Allerdings kann man sich noch nicht wirklich vorstellen, worum es in der Arbeit geht. Vielleicht denkt man sogar eher an die Analyse von Märchen, in denen ja „magische Zahlen" wie 7 oder 13 eine gewisse Rolle spielen. Erst nach dem Doppelpunkt wird aufgelöst, was der Inhalt des Artikels ist: die Kapazitätsbeschränkungen unserer Informationsverarbeitung (nämlich dass unser Arbeitsgedächtnis durchschnittlich 7 ± 2 Einheiten aktiviert halten kann). Durch die zweite Hälfte des Titels kann man die Arbeit wissenschaftlich einordnen und weiß, dass man sie nicht lesen sollte, wenn man sich für die Analyse von Märchen interessiert.

Doppelpunkt-Titel. Ein weiterer Aspekt, der positiv an dem Titel von Miller (1956) hervorgehoben werden kann, ist der *Doppelpunkt*. Häufig ist die Verwendung sogenannter *Doppelpunkt-Titel* sinnvoll, da sich durch diese Zweiteilung viel Information relativ kompakt vermitteln lässt. Weitere Beispiele für Doppelpunkt-Titel sind „Sensitive Aufrechterhaltung: Wie sich Represser und Sensitizer in der Erinnerung an bedrohliche Wörter unterscheiden" oder „Zeig her deine Schuhe: Lässt das Schuh-Kaufverhalten Rückschlüsse auf Persönlichkeitseigenschaften zu?". Diese Titel haben gemeinsam, dass der erste Teil vor dem Doppelpunkt das Interesse der Leser wecken soll, aber nicht ausreicht, um die Arbeit inhaltlich einzuordnen. Das wird durch den Teil nach dem Doppelpunkt nachgeholt, da hier die wissenschaftliche Fragestellung präzisiert wird.

In einer Studie zur wissenschaftlichen Qualität von Forschungsarbeiten hat Dillon (1981) gefunden, dass Arbeiten mit Doppelpunkt-Titeln mit höherer Wahrscheinlichkeit von Zeitschriften zur Veröffentlichung angenommen werden. Er empfiehlt entsprechend, immer Doppelpunkt-Titel zu verwenden. Wir finden Dillons Ratschlag zu extrem – schließlich wird eine schlechte Arbeit nicht dadurch gut, dass sie einen Titel mit einem Doppelpunkt bekommt, und umgekehrt. Spätere Untersuchungen fanden zudem nur einen recht schwachen Zusammenhang zwischen der Verwendung eines Doppelpunkts und dem wissenschaftlichen Einfluss einer Arbeit (Haslam et al., 2008). Dennoch meinen wir, dass ein Doppelpunkt im Titel häufig hilft, diesen besser zu strukturieren. Oft kann man den Titel dadurch aussagekräftiger gestalten und gleichzeitig relativ kurz halten. Allerdings sollte man einen Doppelpunkt-Titel nie erzwingen: Wenn man einen anderen Titel hat, der die Arbeit aussagekräftig und interessant beschreibt, ist ein Doppelpunkt keineswegs notwendig.

Angemessene Länge des Titels. Dillon (1981) empfiehlt in derselben Arbeit, in der er für den Doppelpunkt eintritt, dass ein Titel *nicht weniger* als 15 bis 20 Wörter umfassen sollte. Die APA rät in der aktuellen Auflage ihres *Publication Manual* hingegen zu *maximal* 12 Wörtern (APA, 2010). Wir sind der Ansicht, dass ein Titel idealerweise etwa 10 bis 15 Wörter lang sein sollte, wobei dies keinesfalls dogmatisch zu sehen ist. Es kann sehr gute Titel mit nur sechs Wörtern geben; es kann jedoch auch sein, dass man gelegentlich 18 Wörter benötigt, um einen guten und aussagekräftigen Titel zu formulieren. Länger als 20 Wörter sollten Titel unseres Erachtens aber nicht werden.

Überflüssiges vermeiden. Wenn ein Titel sehr lang wird, enthält er häufig überflüssige Wörter oder redundante Formulierungen: „Eine Untersuchung zum Erleben der postnatalen Phase bei Müttern: Ältere Mütter werden häufiger depressiv als jüngere Mütter". In diesem Beispiel ist die einleitende Phrase „eine Untersuchung zum" unnötig, da in aller Regel ohnehin klar ist, dass es sich um eine Untersuchung handelt, die in der Arbeit dargestellt wird (weitere meist überflüssige Phrasen sind „ein Experiment zu" oder „eine Studie über"). Außerdem fällt auf, dass das Wort *Mütter* dreimal auftaucht – hier besteht Einsparpotenzial. In der Arbeit geht es offenbar um *postnatale Depression*. Dies ist ein feststehender Begriff, der auch so verwendet werden sollte.[2] In dem obigen Titel wird er jedoch eher umschrieben und zudem auseinandergezogen: Vor dem Doppelpunkt wird erwähnt, dass es um das „Erleben der postnatalen Phase" geht; erst nach dem Doppelpunkt wird dann durch das Wort „depressiv" deutlich, dass das eigentli-

---

2   Bei wissenschaftlichen Arbeiten, die veröffentlicht werden, sollte man es dem potenziellen Leser möglichst leicht machen, diese z.B. über elektronische Datenbanken aufzuspüren. Daher ist es sinnvoll, relevante Schlag- bzw. Stichwörter möglichst schon im Titel (und auch im Abstract) zu verwenden (vgl. den Band *Planen, Durchführen und Auswerten*, Abschnitt 5.3.3.1). Bei Haus- oder Abschlussarbeiten ist dieser Aspekt sicherlich nicht so relevant, aber auch hier schadet es nicht, wenn der Titel die relevanten Schlagwörter enthält – im obigen Beispiel das Schlagwort „postnatale Depression".

che Thema die Depression in der postnatalen Phase oder – kürzer formuliert – die postnatale Depression ist. Der alternative Titel „Postnatale Depression bei Müttern nimmt mit deren Alter bei der Geburt zu" enthält alle wesentlichen Informationen des obigen Titels, ist aber statt 17 nur 12 Wörter lang.

Unser Beispieltitel zur postnatalen Depression weist die Besonderheit auf, dass bereits das Ergebnis der Untersuchung beschrieben wird. Die Ergebnisse im Titel unterzubringen ist zwar nützlich, aber oft wird es nicht möglich sein, diese in so wenige Worte zu fassen. Daher würde man dies auch von einem Titel nicht erwarten. Sehr viele Titel beschreiben lediglich, was untersucht wurde, statt was herausgekommen ist. Entsprechend könnte unser Titel auch lauten: „Der Zusammenhang von postnataler Depression und dem Alter der Mutter bei der Geburt".

Locker, aber nicht reißerisch. Wem der letzte Titel zu „trocken" erscheint (obwohl er unseres Erachtens vollkommen angemessen ist), könnte es mit folgender, aufgelockerter Variante versuchen: „Babyblues: Zusammenhang von postnataler Depression und Alter der Mutter". (*Babyblues* ist das umgangssprachliche Synonym für postnatale Depression.) Aber seien Sie vorsichtig: Auch wenn ein *etwas* ungewöhnlicher und unterhaltsamer Titel häufig mehr Aufmerksamkeit der Leser auf sich zieht, sollte er doch *niemals* unseriös, reißerisch oder respektlos wirken. Wenn Sie beispielsweise untersucht haben, wie der Gesundheitszustand der Babys bei der Geburt mit dem Auftreten von postnataler Depression bei den Müttern zusammenhängt, wäre ein geeigneter Titel: „Der Gesundheitszustand Neugeborener prädiziert postnatale Depression bei den Müttern". Ein zwar aufsehenerregender, aber pietätloser Titel wäre „Babyblues und Blue Babys: Je schlechter der Gesundheitszustand des Neugeborenen, desto depressiver die Mutter in der postnatalen Phase". Tatsächlich werden Arbeiten mit „sehr lustigen" Titeln seltener zitiert als solche mit nur leicht amüsanten Titeln (Sagi & Yechiam, 2008), was dafür spricht, es nicht zu übertreiben.

Wichtige Punkte im Überblick:

- Gestalten Sie den Titel *interessant und aussagekräftig*. (Das Thema der Arbeit muss klar zu entnehmen sein.)
- Der Titel sollte etwa 10 bis 15 Wörter lang sein. (Abweichungen sind möglich, sollten aber gut überlegt sein.)
- Vermeiden Sie *überflüssige Wörter* sowie *Wortwiederholungen* im Titel.
- Bauen Sie nach Möglichkeit die relevanten *Schlagwörter* in den Titel ein.
- Prüfen Sie, ob ein *Doppelpunkt* Ihren Titel verbessern kann.
- Titel dürfen unterhaltsam sein, aber niemals reißerisch oder übermäßig witzig. Sind Sie sich unsicher, ob eine Formulierung zu salopp ist, entscheiden Sie sich sicherheitshalber für die konservativere Variante.

1.5   Abstract (Kurzzusammenfassung)

Der englische Begriff *Abstract* hat sich im Deutschen für die Kurzzusammenfassung von wissenschaftlichen Arbeiten so sehr eingebürgert, dass er häufiger verwendet wird als die deutschen Bezeichnungen *Kurzzusammenfassung, Zusammenfassung* oder *Kurzfassung*. Prinzipiell können Sie die Begriffe aber gleichwertig verwenden. Schreiben Sie jedoch bitte niemals „Abstrakt" mit *k* – dieses Wort, das uns in studentischen Arbeiten schon mehrfach begegnet ist, gibt es in der Form nicht. Übrigens: „Abstract" kann im Deutschen sowohl das maskuline als auch das neutrale Genus haben, es sind also sowohl „der Abstract" als auch „das Abstract" korrekt. Tatsächlich kommen beide Varianten ungefähr gleich häufig vor und es bleibt Ihnen überlassen, welche Sie präferieren. Wichtig ist lediglich, dass Sie in einem Text konsistent bei einer Variante bleiben.

Der Abstract wird der eigentlichen Arbeit vorangestellt und als *ein* Absatz (also ohne Absatzumbrüche) geschrieben. Der Abstract soll – so kurz wie möglich – die wesentlichen Aspekte der Arbeit wiedergeben. Nach der Überschrift ist er das Erste, womit der Leser konfrontiert wird. Hier entscheidet sich in der Regel zum zweiten Mal (also nach dem Titel), ob überhaupt weitergelesen wird. Auch wer bei einer Literaturrecherche in einer Datenbank eine Vielzahl von Treffern angezeigt bekommt, soll spätestens nach dem Lesen des Abstracts entscheiden können, ob die Arbeit für ihn interessant ist und es sich lohnt, sich diese zu besorgen. Die folgenden Aspekte sollten beim Verfassen des Abstracts beachtet werden (vgl. APA, 2010, S. 25–27; DGPs, 2007, S. 31–33).

Aufbau. Der Aufbau des Abstracts orientiert sich an dem Aufbau der gesamten Arbeit. Bei empirischen Arbeiten sollten also die folgenden Fragen beantwortet werden, wobei die Reihenfolge, in der diese Themen behandelt werden, variiert werden kann, sofern sich Aussagen dadurch kürzer bzw. verständlicher gestalten lassen.

- *Fragestellung bzw. Hypothese(n):* Was sollte untersucht werden? Was war das Ziel der Untersuchung? Auf den Einleitungsteil bzw. theoretischen Hintergrund, wie er in der Gesamtarbeit erscheint, wird im Abstract weitgehend verzichtet. Steigen Sie also unmittelbar damit ein, was untersucht wurde. Nur wenn es für das Verständnis notwendig ist, führen Sie mit ein oder zwei Sätzen in das Thema ein.

- *Methode:* Wer wurde untersucht? (Hier interessiert insbesondere der Stichprobenumfang und im Falle spezieller Stichproben deren besonderes Merkmal – z.B. Krebspatienten, Kinder mit ADHS, eine Stichprobe Arbeitsloser im Vergleich zu Rentnern.) Wie wurde die Fragestellung untersucht? (Handelte es sich z.B. um eine Fragebogen- oder Interviewstudie oder um ein Experiment?) Wie sah – in groben Zügen – die Untersuchungsmethode aus?

- *Ergebnisse:* Was ist das wesentliche Ergebnis der Studie?

- *Interpretation und Implikation:* Was folgt aus dem Ergebnis? Welchen Erkenntnisfortschritt hat die Studie gebracht?

Kürze. Die Obergrenzen für die Länge eines Abstracts sind recht uneinheitlich. Bei Zeitschriften reicht die Bandbreite der erlaubten Wörteranzahl von 100 bis 250. Sehr häufig werden 150 Wörter als Obergrenze angegeben. Dem schließen wir uns an und empfehlen, dass Abstracts für Haus-, Bachelor- und Zulassungsarbeiten zwischen 100 und 150 Wörter lang sein sollten.

Bei längeren Arbeiten, z.B. einer umfangreichen Masterarbeit oder Dissertation, in der viele verschiedene Aspekte behandelt werden, mag es schwer sein, sich auf 150 Wörter zu begrenzen. Wir denken, dass man in begründeten Fällen daher diese Obergrenze aufweichen kann. Allerdings sollte ein Abstract niemals mehr als 250 Wörter umfassen.

Die Kürze des Abstracts grenzt diesen auch von der Langversion der Zusammenfassung ab, die man ggf. zusätzlich zum Abstract verfasst, um den Leser ausführlicher über den Inhalt zu informieren, als dies im Abstract möglich ist (siehe S. 9). Bei studentischen Abschlussarbeiten ist eine solche zusätzliche Langzusammenfassung aber sehr unüblich, erst bei Arbeiten im Umfang von Dissertationen trifft man diese regelmäßig an.

Genauigkeit. Inhaltliche Schwerpunkte, Schlussfolgerungen und die verwendete Terminologie sollten im Abstract die gleichen sein wie in der späteren Ausführung. Der Abstract sollte also nicht z.B. einen Nebenbefund hervorheben, der in der eigentlichen Arbeit nur eine untergeordnete Rolle spielt. Zudem dürfen keine Informationen vorkommen, die nicht auch im Haupttext enthalten sind.

Objektivität. Wie auch für den Rest Ihres Textes gilt, dass Sie *keine Werturteile* treffen dürfen. Beispielsweise sind Sätze wie „Diese Arbeit ist ein wichtiger Beitrag zur Forschung ..." oder „Die interessanten Ergebnisse zeigen ..." auf jeden Fall zu vermeiden.[3] Es muss dem Leser überlassen bleiben, was er als wichtig oder interessant einstuft (vgl. Abschnitte 3.2.3 und 3.4.6). Ihre Aufgabe als Autor ist es, Ihre Ergebnisse sachlich zu berichten, unvoreingenommen zu interpretieren und kritisch zu diskutieren. Aber Sie dürfen diese nicht emotional bewerten oder gar Ihre eigenen Leistungen loben.

Verständlichkeit. Der Abstract soll ohne *spezifische* Kenntnisse des jeweiligen Themenbereiches verständlich sein, allerdings kann man voraussetzen, dass der Leser das entsprechende oder ein verwandtes Fach (z.B. Psychologie, Soziologie, Bildungswissenschaft) studiert hat und daher mit grundlegenden Fachbegriffen und Konzepten vertraut ist. Außerdem sollte der Abstract so formuliert sein, dass man ihn *schnell* erfassen kann (klare Formulierungen, keine extrem verschachtelten Sätze). Manchmal führt der Versuch, sich sehr kurz zu fassen, zu besonders komplizierten Satzgefügen. Ein Ziel der Kürze von Abstracts ist aber, dass ein Leser sich zügig über den Inhalt der Arbeit informieren kann. Schwer verständli-

---

3 In wissenschaftlichen Arbeiten werden Wörter, die Sie hervorheben möchten, kursiv gesetzt und *nicht* unterstrichen (vgl. Abschnitt 5.1.2 ab S. 179). Unterstreichungen werden in diesem Buch ausschließlich verwendet, um relevante Wörter in sprachlichen Beispielen zu markieren, damit es nicht zu Verwechselungen mit Hervorhebungen durch Kursivsetzung kommt.

che oder schwer lesbare Abstracts würden das verhindern, selbst wenn Sie sich an das vorgegebene Wortlimit hielten.

Vollständigkeit. Der Abstract braucht nicht vollständig in dem Sinne zu sein, dass jeder Aspekt, der in der Arbeit angesprochen wird, auch bereits im Abstract vorkommt – das wäre unmöglich. Vollständigkeit meint hier, dass der Abstract alle notwendigen Informationen enthält, um zu verstehen, was der wesentliche Gegenstand der Arbeit ist und was Sie dabei mit welchen Mitteln herausgefunden haben. Ferner muss der Abstract für sich allein verständlich sein, d.h., ohne dass der Leser den Text der Arbeit kennt. Ein schwerwiegender Fehler wäre beispielsweise, im Abstract Abkürzungen zu verwenden, die erst später im Text aufgelöst werden.

Literaturangaben nur im Ausnahmefall. Aussagen im Abstract müssen nicht durch Quellenangaben belegt werden – das wird im Haupttext nachgeholt. Quellenangaben im Abstract erfolgen nur dann, wenn es besonders wichtig ist, auf eine bestimmte Arbeit Bezug zu nehmen. Wenn das Ziel Ihrer Arbeit z.B. war, eine andere Studie zu replizieren, dann sollten Sie diese andere Studie bereits im Abstract erwähnen. Ähnlich verhält es sich, wenn Ihre Arbeit die Übersetzung und Adaptation eines bereits in einer anderen Sprache veröffentlichten Fragebogens darstellt – auch hier sollten Sie diese wichtige Quelle, also den Originalfragebogen, im Abstract angeben. Laut den APA-Richtlinien (APA, 2010, S. 26) zitiert man eine Quelle im Abstract genauso wie im Haupttext (vgl. Abschnitt 8.4).

Beispiel-Abstract einer fiktiven Studie

Persönlichkeitseigenschaften können sich bekannterweise im äußeren Erscheinungsbild, z.B. in der Wahl der Kleidung niederschlagen. Wir haben explorativ untersucht, ob auch die Haarlänge mit Persönlichkeitseigenschaften zusammenhängt. Dazu wurden von 196 Studierenden (53% Frauen) per Fragebogen die Haarlänge und Persönlichkeitseigenschaften erfasst. Es fand sich ein deutlicher moderierender Einfluss des Geschlechts: Bei Frauen hängen lange Haare mit hohen Ausprägungen auf Verträglichkeit und niedrigen Ausprägungen auf Offenheit für neue Erfahrungen zusammen, bei Männern sind lange Haare mit starker Extraversion und hoher Offenheit für neue Erfahrungen assoziiert. Zu Gewissenhaftigkeit und Neurotizismus ergaben sich keine bedeutsamen Zusammenhänge. Die Befunde können teilweise erklären, wie es Menschen gelingt, allein anhand des äußeren Erscheinungsbildes zutreffende Aussagen über Persönlichkeitseigenschaften Fremder zu machen.

Der Beispiel-Abstract in dem Kasten erfüllt alle oben genannten Anforderungen. Der erste Satz leitet in das Thema ein: Persönlichkeitsmerkmale lassen sich an äußeren Merkmalen erkennen – bekannt ist das für die Wahl der Kleidung. Der zweite und dritte Satz erläutern das Ziel der Studie (Untersuchung des Zusammenhangs von Haarlänge und Persönlichkeitseigenschaften), den Forschungsansatz (explorativ angelegte Fragebogenuntersuchung, der Korrelationsforschung zuzuordnen; vgl. den Band *Planen, Durchführen und Auswerten*, Abschnitt 6.3.4) und methodische Details (Stichprobenbeschreibung). Da für die Ergebnisse, nämlich den Moderatoreffekt des Geschlechts, die Geschlechterverteilung in der Stichprobe interessant ist, wurde der Frauenanteil der Stichprobe angegeben. Danach werden die wesentlichen Ergebnisse beschrieben und abschließend wird der Erkenntnisfortschritt hervorgehoben: Durch den Befund kann man besser erklären, wie es möglich ist, dass Personen, die sich zum ersten Mal sehen, die Persönlichkeitseigenschaften des Gegenübers – quasi auf den ersten Blick – häufig korrekt beurteilen. Der gesamte Abstract ist lediglich 113 Wörter lang.

Deutsch- und englischsprachiger Abstract. Es wird immer üblicher, dass Abschlussarbeiten neben einem deutschsprachigen zusätzlich einen englischsprachigen Abstract enthalten bzw. dass dies von Betreuern und Gutachtern gefordert wird. Da studentische Abschlussarbeiten üblicherweise nicht in internationalen Datenbanken verzeichnet werden, verfolgt dies primär den Zweck, dass der Verfasser seine Fähigkeit demonstriert, einen solchen Abstract auf Englisch zu formulieren. Wenn Ihr Betreuer bzw. Gutachter dies möchte, sollten Sie dem natürlich nachkommen. Bringen Sie also in Erfahrung, ob Sie neben einem deutschen auch einen englischen Abstract verfassen sollen. Bei Abstracts in beiden Sprachen stehen diese untereinander auf einer Seite.

Wichtige Punkte im Überblick:

- Der Abstract orientiert sich am Aufbau der Arbeit (bei empirischen Arbeiten: Fragestellung/Hypothesen, Methode und Stichprobe, Ergebnisse, Interpretation und Implikation).
- Beschränken Sie sich auf die *wesentlichen* und wichtigen Informationen.
- Achten Sie auf die Verständlichkeit des Abstracts für einen Leser, der die Arbeit selbst nicht kennt.
- Der Abstract sollte nicht länger als 150 Wörter (in Ausnahmefällen 250 Wörter) sein.
- Der Abstract besteht aus nur *einem* Absatz.
- Bringen Sie in Erfahrung, ob Sie auch einen englischsprachigen Abstract erstellen müssen.

1.6   Inhaltsverzeichnis und Gliederung der Arbeit

Das Inhaltsverzeichnis leitet sich aus der Gliederung der Arbeit ab, weshalb wir beide Themen in diesem Abschnitt integrieren. Hinsichtlich der Gliederung kann man Überlegungen zu *inhaltlichen Aspekten* (Abschnitt 1.6.1), zur *logischen Konsistenz* (Abschnitt 1.6.2) und zu *formalen Aspekten* (Abschnitt 1.6.3) unterscheiden, auch wenn sich die Bereiche teilweise überschneiden. Wer zu diesem Thema weiterführende Literatur sucht, dem empfehlen wir das Kapitel 5 in Brink (2013).

1.6.1 Inhaltliche Aspekte

Der Aufbau empirischer Arbeiten ist stark standardisiert, was den Zweck hat, dass sich Leser einfacher orientieren können (die Bestandteile einer Arbeit wurden bereits in Abschnitt 1.2 dargestellt). Durch den festen Aufbau weiß man, welche Informationen an welcher Stelle der Arbeit zu suchen sind. Möchte ein Leser z. B. etwas zur Zusammensetzung der Stichprobe nachlesen, kann er sicher sein, dass diese Information im Kapitel „Methode" und dort unter „Stichprobe" oder „Versuchsteilnehmer" zu finden ist. Die Überschriften für die fünf Hauptteile „Einleitung", „Theorie", „Methode", „Ergebnisse" und „Diskussion" sind dementsprechend relativ invariant. Es gibt allerdings einige Synonyme, die Sie für die Bezeichnung der Teile verwenden können. Tabelle 1.2 führt diese Überschriftenvarianten auf – ohne Anspruch auf Vollständigkeit.

Tabelle 1.2. Mögliche Überschriften für die Hauptbestandteile einer empirischen Arbeit

Bestandteil	Mögliche Überschriften
Einleitung	Einleitung; Einführung
Theorie	Theorie; Theoretischer Hintergrund; Theorie und Forschungsstand; Forschungsstand und Theorie; Theorie und Stand der Forschung; Theoretischer und empirischer Hintergrund
Methode	Methode
Ergebnisse	Ergebnisse
Diskussion	Diskussion; Gesamtdiskussion [wenn mehrere Untersuchungen durchgeführt wurden und jede einzelne bereits diskutiert wurde]; Interpretation und Diskussion; Diskussion und Fazit; Diskussion und Schlussfolgerungen

Ebenso wie der standardisierte Aufbau dienen auch die relativ festgelegten Überschriften der Hauptteile der Orientierung des Lesers. Bei der Wahl der Unterüberschriften sind Sie hingegen wesentlich freier, um den spezifischen Inhalten und Besonderheiten Ihrer Arbeit gerecht werden zu können. Diese Freiheiten sollten Sie auch nutzen und *inhaltlich aussagekräftige, informative Unterüberschriften* wählen. Ein häufig gemachter Fehler ist, im Theorieteil z. B. Unterüberschriften folgender Art zu verwenden: „Relevante Konstrukte", „Stand der Forschung" oder „Aktuelle Theorien". Es handelt sich dabei um sogenannte *formale Überschriften*, da sie – unabhängig vom Inhalt der Arbeit – auf die Abschnitte fast jeder Arbeit passen würden. Entsprechend gering ist ihr Informationsgehalt. Sofern möglich, wählen Sie besser Überschriften, die spezifisch für Ihre Arbeit und damit inhaltlich informativer sind (für Beispiele aussagekräftiger Unterüberschriften vgl. Abbildung 1.4 auf S. 20). Eine Ausnahme hinsichtlich der Wahl der Unterüberschriften stellt der Methodenteil dar, da in diesem auch die Unterüberschriften hochgradig normiert sind (mehr dazu in Abschnitt 1.8).

Ferner ist es wichtig, eine Gliederung zu entwerfen, welche die Darstellung der relevanten Inhalte gut unterstützt. Dazu sollten Sie selbst über einen roten Faden verfügen, an dem Sie den Leser durch Ihre Arbeit führen. Da die Entwicklung eines roten Fadens nicht einfach ist, sollten Sie nicht erwarten, dass Ihr erster Entwurf perfekt ist. Lassen Sie sich ausreichend Zeit, um eine Gliederung zu entwickeln und seien Sie bereit, diese später auch nochmals zu verändern.

Im Band *Planen, Durchführen und Auswerten* (Abschnitt 5.6.3) haben wir bereits Hinweise gegeben, wie Sie Literaturquellen für die eigene Arbeit verwerten und fremde sowie eigene Gedanken sortieren (vgl. dort z.B. die Zettelkasten-Methode). Dort haben wir auch die „Papierstreifen-Methode" dargestellt. Diese erleichtert es Ihnen, anhand der Inhalte, die Sie in einem Kapitel unterbringen möchten, eine sinnvolle Gliederung zu finden. Die Idee dabei ist, Unterüberschriften oder auch wesentliche Inhalte stichwortartig auf Papierstreifen zu schreiben. Diese Streifen breiten Sie auf einem Tisch vor sich aus und ordnen sie solange um, bis Sie eine zufriedenstellende Struktur erkennen. Dabei können Sie verschiedene Streifen zu Blöcken zusammenfassen, die Sie dann mit einer neuen Überschrift höherer Ordnung versehen. Auf diese Weise gelangen Sie nach und nach zu einer hierarchischen Gliederungsstruktur.

Wenn Sie weitere kreative Methoden zur Erstellung einer Gliederung suchen, können Sie eine der Visualisierungsmethoden aus Kapitel 5 in Esselborn-Krumbiegel (2014) ausprobieren. Im Prinzip laufen aber alle Methoden darauf hinaus, dass Sie sich zunächst intensiv mit Ihrem Thema beschäftigen. Dann sammeln Sie, welche Inhalte relevant sind und im Theorieteil dargestellt werden müssen. Diese gesammelten Inhalte organisieren Sie anschließend so, dass der Leser eine Struktur erkennt und schrittweise Ihrer Argumentation bzw. Ihren Ausführungen folgen kann. Hierzu kann man verschiedene Hilfsmittel wie die Papierstreifen-Methode, Mindmaps o.Ä. einsetzen. Die Strukturierung ist der eigentliche kreative Prozess, bei dem es sich lohnt, auch verschiedene Gliederungsalternativen zu erstellen und diese anschließend kritisch zu prüfen, welche davon am übersichtlichsten ist. Da man zu diesem Zeitpunkt oft schon so sehr Experte für das Thema ist, dass man nicht mehr erkennt, wo andere Personen Verständnisschwierigkeiten haben könnten, bietet es sich an, die Gliederungsalternativen z.B. Kommilitonen vorzulegen und diese zu fragen, welche Gliederung sie am besten nachvollziehen können. Selbstverständlich sollte bei einer Gliederung sein, dass Zusammengehöriges gemeinsam dargestellt wird und dass Argumentationen bzw. Gedankenketten, die aufeinander aufbauen, auch in der entsprechenden Reihenfolge dargestellt werden. Ein Patentrezept für das Erstellen von guten Gliederungen gibt es aber leider nicht.

Wir werden im Verlauf des Kapitels immer wieder auf die Möglichkeiten der Gliederungsgestaltung zurückkommen. Insbesondere bei den Erläuterungen, welche Informationen in den einzelnen Kapiteln Ihrer Arbeit enthalten sein müssen, behandeln wir auch stets Aspekte der Gliederung (vgl. Abschnitte 1.7 bis 1.10).

In Abbildung 1.4 sind zwei Inhaltsverzeichnisse für dieselbe Studie dargestellt. In dieser Studie ging es um den Zusammenhang der an der Stroop- und der Flanker-Aufgabe beteiligten kognitiven Inhibitionsprozesse (Details des Themas sind hier nicht wichtig). Wenn Sie die beiden Inhaltsverzeichnisse vergleichen, stellen Sie fest, dass in der rechten Arbeit auf das Abkürzungsverzeichnis verzichtet wurde. Für die Überschriften der Hauptteile wurden die in Tabelle 1.2 aufgeführten Bezeichnungen verwendet. In der Gliederung des Theorieteils fallen deutliche Unterschiede auf: Es werden zwar in beiden Arbeiten dieselben wesentlichen kognitiven Prozesse (exekutive Kontrolle und Inhibition) sowie jeweils das Stroop- und das Flanker-Paradigma behandelt, aber die Anordnung der Inhalte variiert. Identisch ist bei beiden Arbeiten, dass am Ende des Theorieteils ein Überblick über die eigene Studie gegeben wird, bevor die Hypothesen abgeleitet und aufgeführt werden.

Inhalt

Abkürzungsverzeichnis 4
1 Einleitung 5
2 Theoretischer Hintergrund 7
2.1 Exekutive Kontrolle 7
2.2 Inhibition 10
2.3 Paradigmen 16
2.3.1 Stroop 16
2.3.2 Flanker 19
2.4 Überblick über die vorliegende Studie 23
2.5 Fragestellung und Hypothesen 24
3 Methode 28
3.1 Stichprobe 28
3.2 Versuchsplanung 29
3.3 Stroop-Aufgabe 30
3.4 Flanker-Aufgabe 32
3.5 Fragebogenverfahren 34
3.6 Durchführung 37
4 Ergebnisse 40
4.1 Allgemeinpsychologische Befunde 40
4.2 Differentielle Befunde 45
5 Diskussion 52
Literatur 59
Anhang A: Untersuchungsmaterialien 62
Anhang B: Ergänzende Ergebnistabellen 73
Eidesstattliche Versicherung 78

Inhalt

1 Einleitung 4
2 Theorie und Forschungsstand 7
2.1 Exekutive Kontrolle und Inhibition 7
2.2 Kognitive Prozesse in der Stroop- und Flanker-Aufgabe 10
2.3 Forschungsstand zum Zusammenhang von Stroop- und Flanker-Aufgabe 16
2.4 Überblick über die vorliegende Studie 23
2.5 Hypothesen 24
3 Methode 28
3.1 Versuchsteilnehmer und Design 28
3.2 Experimentelle Aufgaben 30
3.2.1 Stroop 30
3.2.2 Flanker 32
3.3 Fragebögen 34
3.4 Versuchsablauf 37
4 Ergebnisse 40
4.1 Stroop-Effekte 40
4.2 Flanker-Effekte 44
4.3 Zusammenhangsanalysen 47
5 Diskussion und Fazit 52
Literatur 59
Anhang 62

Abbildung 1.4. Zwei Beispiele für ein Inhaltsverzeichnis zur selben Untersuchung.

Beim Methodenteil scheinen sich die beiden Gliederungen ebenfalls zu unterscheiden, tatsächlich sind die Unterschiede aber gering und betreffen v.a. die Formulierung der Überschriften. So wurde in der rechten Arbeit „Stichprobe" und „Versuchsplanung" zusammengezogen zu „Versuchsteilnehmer und Design". Die Erklärungen der beiden experimentellen Aufgaben (Stroop und Flanker) wurden in der rechten Arbeit unter dem Oberpunkt „Experimentelle Aufgabe" vereint. Bei den folgenden beiden Unterüberschriften handelt es sich um Synonyme: „Fragebögen" meint dasselbe wie „Fragebogenverfahren" und „Versuchsablauf" entspricht „Durchführung".

Ähnlich wie es im Theorieteil relativ große Gestaltungsfreiheiten gibt, trifft dies auch auf den Ergebnisteil zu. Hier gilt es, eine logisch sinnvolle Gliederung der

Ergebnisse vorzunehmen. Wir gehen darauf in Abschnitt 1.9 ein. Der Diskussionsteil wurde in unserem Beispiel nicht weiter unterteilt, aber auch hier wäre es möglich, Unterüberschriften einzuführen, um die Diskussion sinnvoll zu gliedern (vgl. Abschnitt 1.10). Ein letzter Unterschied zwischen den beiden Arbeiten ist, dass im linken Beispiel der Anhang im Inhaltsverzeichnis in seine Bestandteile aufgegliedert wird, wohingegen im rechten Inhaltsverzeichnis alle Bestandteile unter „Anhang" subsumiert werden. Beides ist gleichermaßen legitim, wir persönlich würden aber die linke Variante vorziehen, da sie für den Leser informativer ist.

Den inhaltlichen Aufbau der fünf Hauptbestandteile (Einleitung, Theorie, Methode, Ergebnisse und Diskussion) kann man sich an dem *Sanduhrenmodell* von Bem (2003) veranschaulichen: Die Einleitung und der Theorieteil fangen allgemein und breit an, so wie auch eine Sanduhr oben breit ist. Zur Fragestellung bzw. der Ableitung der Hypothesen hin verengt sich der Fokus der Arbeit immer mehr. Am Hals der Sanduhr, also der engsten Stelle, geht es um die Methode der Arbeit und die Ergebnisse – diese sind sehr spezifisch und beziehen sich zunächst auf die statistischen Hypothesen der Arbeit (vgl. den Band *Planen, Durchführen und Auswerten*, Abschnitt 6.2.4). Die Diskussion bezieht sich ebenfalls zunächst auf die konkreten Ergebnisse, wird dann aber wieder weiter, wenn es darum geht, allgemeine Schlussfolgerungen für das Forschungsfeld und/oder die Praxis abzuleiten.

Gelegentlich fragen Studierende, wie lang die einzelnen Teile einer Arbeit sein sollen. Dies lässt sich pauschal nicht beantworten, da es davon abhängt, wie viel es in den Kapiteln jeweils zu behandeln gibt. Die Länge sollte sich also nach den Inhalten richten – nicht umgekehrt. So wird der Methodenteil bei einer komplexen experimentellen Studie, bei der mittels aufwendiger Vorstudien Untersuchungsmaterial erstellt und validiert wurde, zwangsläufig umfangreicher ausfallen, als bei einer Fragebogenstudie, bei der ausschließlich etablierte Verfahren eingesetzt wurden, die man jeweils nur kurz beschreiben muss. Auch die Länge des Theorieteils hängt stark davon ab, wie umfangreich bzw. kontrovers die bisherige Forschung ist und wie viele Konstrukte bzw. Theorien ggf. zu erklären sind. Dennoch haben wir versucht, Empfehlungen für den Umfang der einzelnen Teile aufzustellen. Tabelle 1.3 führt für jedes der fünf Kapitel einen Richtwert sowie die empfohlene Bandbreite auf. Dabei beziehen sich die Prozentangaben auf den relativen Umfang an den Kernbestandteilen der Arbeit (Einleitung bis einschließlich Diskussion), also ohne Literaturverzeichnis, Anhänge etc.

Tabelle 1.3. Empfehlungen zum relativen Umfang der Kapitel einer empirischen Arbeit

Kapitel	Richtwert	Empfohlene Bandbreite
Einleitung	3%	1–5%
Theorie	33%	15–45%
Methode	20%	5–30%
Ergebnisse	28%	5–35%
Diskussion	16%	8–25%

Der *Richtwert* spiegelt dabei eine unseres Erachtens gute Gewichtung der verschiedenen Teile zueinander wider. Allerdings sollten Sie nicht versuchen, diesen Prozentsätzen möglichst nahe zu kommen – das wäre wegen der unterschiedlichen Anforderungen verschiedener Themen und einer gewissen Willkür unserer Angaben unsinnig. Sofern Sie innerhalb der *empfohlenen Bandbreiten* bleiben, müssen Sie sich keine Sorgen machen, dass eines der Kapitel zu kurz oder zu lang ist.

Die Einleitung sollte demnach bei einer 40-seitigen (Bachelor-)Arbeit nicht länger als zwei Seiten sein. Bei umfangreicheren Arbeiten liegt die Obergrenze für die Einleitung bei vier Seiten. Der Theorieteil kann etwa ein Drittel der Arbeit ausmachen, wobei ein großer Spielraum besteht. Allerdings wirkt ein Theorieteil, der kürzer als 15 % der Arbeit ist, sehr mager; bei mehr als 45 % wirkt er überproportional groß. Beim Theorieteil kann man den Umfang recht leicht beeinflussen, indem man entscheidet, wie umfassend bzw. tiefgehend man z.B. bestehende Theorien und Befunde erläutert. Bei der Methode und den Ergebnissen besteht diese Möglichkeit weniger ausgeprägt. Hier hängt der Umfang davon ab, wie viel es zu berichten gibt – entsprechend weit sind die empfohlenen Bandbreiten. Beim Umfang der Diskussion kommt es u.a. darauf an, ob alle Hypothesen eindeutig bestätigt wurden oder ob unerwartete Befunde aufgetreten sind. In letzterem Fall gibt es meist mehr zu diskutieren. Hinsichtlich der Diskussion ist zu beachten, dass diese stets kürzer sein sollte als der Theorieteil, da die Gewichtung der Teile sonst unharmonisch wirkt. Eine Diskussion im Umfang von weniger als 8 % der Arbeit erscheint uns aber generell zu kurz. Machen Sie sich beim Schreiben allerdings nicht zu viele Gedanken über die Länge der Kapitel. Versuchen Sie v.a. nicht, ein Kapitel künstlich zu verlängern, wenn Sie dem Leser eigentlich nichts mehr mitzuteilen haben. Diesem fällt nämlich meistens auf, wenn Sie ins Schwafeln verfallen, um ein Kapitel aufzublähen.

Hinsichtlich der Länge einzelner Unterabschnitte gibt es keine festen Regeln. Sie sollten aber die Leserfreundlichkeit Ihres Textes im Auge behalten: Es strukturiert den Text und macht ihn leichter nachvollziehbar, wenn Sie ihn in Abschnitte untergliedern und Zwischenüberschriften hinzufügen. Nicht untergliederte Textabschnitte von mehr als fünf Seiten sind tendenziell leserunfreundlich. Ideal wäre es wohl, spätestens alle drei bis vier Seiten eine Untergliederung durch eine Zwischenüberschrift zu schaffen. Wenn es inhaltliche Gründe gibt, keine Zwischenüberschrift einzuführen, sollte man diese allerdings auch nicht erzwingen. Auch zu kleinteilige Untergliederungen (mehr als eine Zwischenüberschrift pro Seite) sind ungünstig, da Sie einen Text unruhig werden lassen. In bestimmten Teilen, z.B. im Methodenteil, wo einige Abschnitte wie die Stichprobenbeschreibung sehr kurz ausfallen, sind jedoch auch mehrere Zwischenüberschriften pro Seite legitim.

Auch Absätze übernehmen im Text eine Gliederungsfunktion. Dabei sollte jeder Absatz *einen* Gedanken, *eine* Überlegung, *einen* Aspekt o.Ä. repräsentieren. Für die Strukturierung und den Lesefluss ideal sind etwa drei bis vier Absätze pro Seite, wobei dies nicht auf jeder Seite realisiert sein muss und natürlich auch davon abhängt, wie viele Zeichen eine Seite umfasst. Absätze, die mehr als drei Viertel einer Seite ausmachen, sind allerdings generell ungünstig. Auch mehr als sechs Absätze auf einer Seite sollten Sie vermeiden. Beachten Sie, dass ein

Absatz in der Regel aus mindestens zwei Sätzen bestehen und nicht kürzer als drei Zeilen sein sollte (dies gilt nicht für Sätze, die stichpunktartige oder nummerierte Listen einleiten). Steht ein Satz allein, lässt sich dieser oft an den vorherigen oder den folgenden Absatz anbinden oder, wenn der Satz sehr lang ist, in zwei oder mehr Sätze umformulieren.

1.6.2 Logische Konsistenz

Gliederungen – und somit auch die zugehörigen Inhaltsverzeichnisse – sollten in sich konsistent aufgebaut und logisch fehlerfrei sein. Dabei sind folgende Punkte zu beachten:

- Eine Überschrift muss die Überschriften der folgenden untergeordneten Ebene *treffend* und *erschöpfend* beschreiben.
- Die Unterüberschriften müssen alle Aspekte abdecken, die man aufgrund der übergeordneten Überschrift erwarten würde.
- Überschriften einer Ebene sollten inhaltlich *überschneidungsfrei* sein.
- Die hierarchische Über-, Unter- bzw. Gleichordnung muss logisch korrekt sein.
- Identisches sollte identisch bezeichnet werden – Synonyme sind zu vermeiden.

Um zu verdeutlichen, was mit diesen Punkten gemeint ist, sind in Tabelle 1.4 fünf fehlerhafte Beispiele aufgeführt. In der rechten Spalte findet sich jeweils eine korrigierte, fehlerfreie Gliederung.

Tabelle 1.4. Beispiele für logisch fehlerhafte sowie inkonsistente Gliederungen bzw. Überschriften und deren Korrektur

Beispiel Nr.	Fehlerhafte Gliederung	Korrigierte Gliederung

1	2.2 Lebenszufriedenheit verschiedener Berufsgruppen
	2.2.1 Studierende
	2.2.2 Berufstätige
	2.2.3 Rentner
	2.2.4 Ärzte
	2.2.5 Psychologen
	2.2.6 Börsenmakler
		2.2 Lebenszufriedenheit verschiedener Personengruppen
		2.2.1 Studierende
		2.2.2 Berufstätige
		    2.2.2.1 Ärzte
		    2.2.2.2 Psychologen
		    2.2.2.3 Börsenmakler
		2.2.3 Rentner

2	2.2 Essstörungen 2.2.1 Anorexia nervosa 2.2.2 Ess-Brech-Sucht	2.2 Essstörungen 2.2.1 Anorexia nervosa 2.2.2 Bulimia nervosa
3	2.4 Interventionsmaßnahmen 2.4.1 Kognitive Methoden 2.4.2 Verhaltenstherapie	2.4 Interventionsmaßnahmen 2.4.1 Kognitive Methoden 2.4.2 Behaviorale Methoden

Tabelle 1.4. Beispiele für logisch fehlerhafte sowie inkonsistente Gliederungen bzw. Überschriften und deren Korrektur *(Fortsetzung)*

Beispiel Nr.	Fehlerhafte Gliederung	Korrigierte Gliederung
4	2.1 Symptome der Aufmerksamkeits-störung 2.1.1 Hyperaktivität 2.1.2 Unaufmerksamkeit	2.1 Symptome der Aufmerksamkeits-störung 2.1.1 Hyperaktivität 2.1.2 Unaufmerksamkeit 2.1.3 Weitere Symptome
5	4 Ergebnisse 4.1 Varianzanalysen 4.2 Differenzialpsychologische Befunde	4 Ergebnisse 4.1 Allgemeinpsychologische Befunde 4.2 Differenzialpsychologische Befunde

Beispiel 1 in Tabelle 1.4 enthält zwei Fehler in der hierarchischen Gliederung. Der erste Fehler findet sich in Überschrift 2.2, die ankündigt, dass die Lebenszufriedenheit verschiedener *Berufsgruppen* dargestellt wird. Allerdings sind nur Ärzte, Psychologen und Börsenmakler wirklich Berufsgruppen. Für Studierende, Berufstätige und Rentner ist diese Bezeichnung nicht zutreffend. Daher heißt es in der korrigierten Version „Lebenszufriedenheit verschiedener *Personengruppen*". Der zweite Fehler ist, dass die Überschriften 2.2.1 bis 2.2.6 nicht überschneidungsfrei sind: Ärzte, Psychologen und Börsenmakler sind zweifellos Berufstätige, stehen in der linken Gliederung aber auf einer Ebene mit „2.2.2 Berufstätige". Dieser Fehler lässt sich beheben, indem die konkreten Berufsgruppen der Überschrift „Berufstätige" hierarchisch untergeordnet werden.

Im zweiten Beispiel sind die Überschriften der dritten Gliederungsebene inkonsistent: Einmal wird der lateinische Name einer Störung verwendet (Anorexia nervosa), dann eine deutsche Bezeichnung (Ess-Brech-Sucht). In solchen und ähnlichen Fällen sollten konsistent entweder die lateinischen oder die deutschen Bezeichnungen verwendet werden.

Bei Beispiel 3 ist der Fehler weniger offensichtlich und auch nicht besonders schwerwiegend. Allerdings wäre es vorzuziehen, die Unterüberschriften noch stärker anzugleichen, um deren Parallelität und Gleichordnung herauszustellen. Statt „Verhaltenstherapie" schreibt man also besser „Behaviorale Methoden".

Das vierte Beispiel in Tabelle 1.4 krankt daran, dass die Unterüberschriften nicht alles abdecken, was zu den Symptomen der Aufmerksamkeitsstörung gehört. So ist z.B. Impulsivität ein weiteres wichtiges Symptom, wird aber bei der linken Gliederung vernachlässigt. Wäre das Absicht, könnte man die Überschrift zu „Ausgewählte Symptome der Aufmerksamkeitsstörung" abändern – dann ist es erlaubt, bestimmte Symptome wegzulassen. Ansonsten sollte man zumindest einen Abschnitt „Weitere Symptome" hinzufügen.

Bei Beispiel 5 besteht das Problem darin, dass – nebeneinander auf gleicher Ebene – die Ergebnisdarstellung sich einmal nach dem Auswertungsverfahren richtet (Varianzanalyse), das andere Mal nach einer inhaltlichen Einteilung (differenzialpsychologische Befunde). Wichtig ist, sich bei jeder Untergliederung konsequent an nur ein Ordnungsschema zu halten. Auch wenn wir es generell für keine gute Idee halten, Ergebnisse nach der Art des Auswertungsverfahrens zu gliedern, wäre es prinzipiell möglich, neben „4.1 Varianzanalysen" z.B. die Überschriften „4.2 Regressionsanalysen" und „4.3 Strukturgleichungsmodelle" zu stellen – das wäre zumindest logisch konsistent. Noch besser wäre es unseres Erachtens, sich nach dem Inhalt der Ergebnisse zu richten und eine Einteilung wie in der rechten Spalte von Tabelle 1.4 vorzunehmen.

Zur logischen Konsistenz von Gliederungen gehört es übrigens auch, diese in verschiedenen Kapiteln, die sich aufeinander beziehen, wieder aufzunehmen. Wenn Sie also Ihren Ergebnisteil in allgemein- und differenzialpsychologische Befunde unterteilt haben, ist es in den meisten Fällen sinnvoller, diese Untergliederung in der Diskussion – parallel zum Ergebnisteil – zu wiederholen, statt dort ein neues Gliederungsprinzip einzuführen.

1.6.3 Formale Aspekte

Üblicherweise werden nur die Hauptbestandteile der Arbeit nummeriert, also ab der Einleitung bis einschließlich der Diskussion (vgl. die Beispiele in Abbildung 1.4). Falls eine Langzusammenfassung existiert, wird diese ebenfalls nummeriert. Alle anderen Teile erhalten keine Nummerierung. Manchmal sieht man, dass auch das Literaturverzeichnis nummeriert wird, aber das ist unüblich. Im Inhaltsverzeichnis werden prinzipiell alle Bestandteile aufgeführt, die in der Arbeit *nach* dem Inhaltsverzeichnis erscheinen (auch das Inhaltsverzeichnis selbst wird im Inhaltsverzeichnis *nicht* aufgeführt).

Für die Kapitel- und Abschnittsnummerierung wird eine sogenannte *Dezimalgliederung* mit arabischen Ziffern verwendet, wobei die Struktur der Gliederungsebenen durch Punkte verdeutlicht wird, in der Form: 1, 1.1, 1.1.1 etc. Dabei wird hinter die letzte Zahl *kein* Punkt gesetzt. Auch das vorliegende Buch nutzt die Dezimalgliederung.

Sofern Ihre Arbeit nicht extrem umfangreich ist (nicht über 150 Seiten), sollten Sie versuchen, mit drei oder maximal vier Gliederungsebenen auszukommen, also nicht tiefer zu untergliedern als beispielsweise bis „Abschnitt 1.7.3" oder – maximal – bis „Abschnitt 1.7.3.4". Wenn Sie unterhalb der vierten Ebene noch eine Gliederung von Bestandteilen vornehmen möchten, können Sie dies durch nicht nummerierte Überschriften tun. So könnten Sie eine fünfte Gliederungsebene einführen, bei der die Überschrift in der Schriftgröße des Fließtextes fett gesetzt wird, und eine sechste Ebene, bei der die Überschrift in derselben Schriftgröße kursiv gedruckt wird (vgl. Abbildung 4.3 auf S. 166). Mehr als insgesamt sechs Ebenen sind in jedem Falle zu vermeiden.

Zusätzliche Untergliederungen (z.B. „Teil I", „Teil II") und die Verwendung von römischen Ziffern oder Buchstaben in der Überschriftennummerierung (z.B. „III.1.2" oder „B.1.2") sind in der Psychologie und den empirischen Sozialwissenschaften nicht üblich und auf jeden Fall zu vermeiden. Sofern der Anhang aus mehreren Teilen besteht, benennt man diese in der Form „Anhang A", „Anhang B" etc. – mehr dazu in Abschnitt 1.12.

Bei der Erstellung der Gliederung müssen Sie beachten, dass immer *mindestens zwei Abschnitte derselben Gliederungsebene* innerhalb einer Untergliederung vorkommen. Tabelle 1.5 zeigt auf der linken Seite Beispiele für nicht korrekte Gliederungen. Im oberen Beispiel ist falsch, dass hier in der zweiten Gliederungsebene nur ein Abschnitt auftaucht (nämlich Abschnitt 4.1). Sie müssten in diesem Fall in Kapitel 4 aber mindestens zwei Abschnitte der zweiten Gliederungsebene haben, so wie es rechts in der Tabelle zu sehen ist. Dabei können selbstverständlich weitere Gliederungspunkte auf einer tieferen Ebene zwischen diese beiden Gliederungspunkte der zweiten Ebene treten, wie in der Tabelle unten rechts veranschaulicht: Hier kommen auf der dritten Ebene die Abschnitte 4.1.1 und 4.1.2 hinzu; trotzdem sind – blendet man die Gliederungspunkte der dritten Ebene gedanklich aus – die Abschnitte 4.1 und 4.2 auf ihrer Ebene unmittelbare Nachbarn. Nicht korrekt wäre hingegen das Beispiel unten links in der Tabelle, da hier Abschnitt 4.1 auf seiner Ebene allein steht. Lassen Sie sich nicht davon irritieren, dass Ihnen auch in manchen Büchern derartige Gliederungsfehler begegnen – leider sind solche Fehler weit verbreitet.

Tabelle 1.5. Formal fehlerhafte und korrekte Untergliederungen

Fehlerhaft	Korrekt

4 Ergebnisse
   4.1 Differenzialpsychologische Befunde
5 Diskussion
	4 Ergebnisse
	   4.1 Allgemeinpsychologische Befunde
	   4.2 Differenzialpsychologische Befunde
	5 Diskussion

4 Ergebnisse
   4.1 Allgemeinpsychologische Befunde
      4.1.1 Stroop-Effekt
      4.1.2 Flanker-Effekt
5 Diskussion
	4 Ergebnisse
	   4.1 Allgemeinpsychologische Befunde
	      4.1.1 Stroop-Effekt
	      4.1.2 Flanker-Effekt
	   4.2 Differenzialpsychologische Befunde
	5 Diskussion

Wenn ein Abschnitt Unterabschnitte enthält, z.B. der Abschnitt 4.1 die Unterabschnitte 4.1.1 und 4.1.2, darf zwischen den Überschriften von 4.1 und 4.1.1 nur ein sogenannter *Advance Organizer* (oder *Vorspann*) erscheinen. Ein Advance Organizer ist ein Textelement, das dem Leser das Verständnis der nachfolgenden Textabschnitte erleichtern soll, indem es kurz darüber informiert, was den Leser in diesen Abschnitten erwartet und wie diese Abschnitte organisiert sind bzw. miteinander in Verbindung stehen. Dies ist v.a. für Kapitel hilfreich, deren Struktur nicht fest vorgegeben ist, wie etwa beim Theorieteil. Man kann einen solchen Advance Organizer folgenderweise aufbauen: „Das vorliegende Kapitel behandelt ... Dazu wird zunächst in Abschnitt X.1 darauf eingegangen, wie ... In Abschnitt X.2 wird darauf aufbauend erörtert, ...". Abbildung 1.5 stellt auf der linken Seite die Struktur eines Kapitels bei Verwendung von Advance Organizern dar; auf der rechten Seite ist zum Vergleich die Kapitelstruktur ohne Advance Organizer abgebildet.

2 Überschrift

Kurzer Text – der *Advance Organizer* oder *Vorspann* – der einen kurzen Überblick über die folgenden Inhalte gibt, um dem Leser die Orientierung zu erleichtern. Dabei bezieht man sich auf die Gliederungselemente der zweiten Ebene, geht aber *nicht* im Detail auf Elemente der dritten Ebene (z. B. die Abschnitte 2.1.1 und 2.1.2) ein. Darüber hinausgehende Ausführungen sollten Sie hier nicht machen. Sind diese notwendig, müssen sie unter einer gesonderten Unterüberschrift erfolgen.

2.1 Unterüberschrift

Erneuter Advance Organizer, der auf die Abschnitte der dritten Ebene (also Abschnitte 2.1.1 und 2.1.2) vorbereitet.

2.1.1 Unter-Unterüberschrift

Text von Abschnitt 2.1.1, Text von Abschnitt 2.1.1, Text von Abschnitt 2.1.1, Text von Abschnitt 2.1.1 …

2.1.2 Unter-Unterüberschrift

Text von Abschnitt 2.1.2, Text von Abschnitt 2.1.2, Text von Abschnitt 2.1.2, Text von Abschnitt 2.1.2 …

2.2 Unterüberschrift

Text von Abschnitt 2.2, Text von Abschnitt 2.2, Text von Abschnitt 2.2, Text von Abschnitt 2.2 …

2 Überschrift

2.1 Unterüberschrift

2.1.1 Unter-Unterüberschrift

Text von Abschnitt 2.1.1, Text von Abschnitt 2.1.1, Text von Abschnitt 2.1.1, Text von Abschnitt 2.1.1 …

2.1.2 Unter-Unterüberschrift

Text von Abschnitt 2.1.2, Text von Abschnitt 2.1.2, Text von Abschnitt 2.1.2, Text von Abschnitt 2.1.2 …

2.2 Unterüberschrift

Text von Abschnitt 2.2, Text von Abschnitt 2.2, Text von Abschnitt 2.2, Text von Abschnitt 2.2 …

Abbildung 1.5. Text mit (links) und ohne (rechts) *Advance Organzier* zur Vorbereitung der Leser auf die folgenden Textabschnitte.

Wir selbst nutzen im vorliegenden Buch Advance Organizer, woraus Sie schließen können, dass wir diese Gestaltungsvariante sinnvoll finden und Ihnen ebenfalls dazu raten. Allerdings gibt es auch Autoren, die lieber darauf verzichten (vgl. Brink, 2013, S. 173 f.). Es bleibt also Ihrer persönlichen Präferenz überlassen, ob Sie Advance Organizer verwenden möchten – diesbezügliche Regelungen oder Vorschriften existieren nicht. Wichtig ist allerdings, sich für eine Variante zu entscheiden und diese dann für die gesamte Arbeit beizubehalten. Wenn Sie sich gegen Advance Organizer entscheiden, aber trotzdem bei dem einen oder anderen Kapitel eine Übersicht voranstellen wollen, können Sie auch einen entsprechenden Abschnitt einfügen, den Sie mit der (Unter-)Überschrift „Übersicht", „Einführung", „Überblick", „Vorbemerkungen" o. Ä. versehen.

Wichtig ist, dass zwischen einer Überschrift höherer und einer Überschrift tieferer Ebene keine eigenständigen inhaltlichen Ausführungen stehen dürfen, die über die Inhalte eines Advance Organizers und ggf. wenige einleitende Sätze hinausgehen. Derartige Ausführungen wären dann nämlich keinem Gliederungspunkt adäquat zugeordnet und auch über das Inhaltsverzeichnis nicht auffindbar. Bei der Strukturierung Ihrer Kapitel müssen Sie also darauf achten, dass alles inhaltlich Bedeutsame einer (Unter-)Überschrift zugeordnet werden kann. Lässt ein Inhalt sich nicht entsprechend zuordnen, ist dieser entweder nicht bedeutsam (dann sollten Sie ganz darauf verzichten), oder Sie müssen Ihr Kapitel so umstrukturieren, dass auch dieser Inhalt einen adäquaten Platz in einem Abschnitt des Kapitels findet.

Ein letzter Hinweis: Jedes Hauptkapitel (also Kapitel 1, 2, 3 etc.) beginnt auf einer neuen Seite (bei doppelseitigem Druck sollten Kapitel immer auf der rechten Seite beginnen; vgl. Abschnitt 4.2). Dies gilt jedoch nicht für Arbeiten im Manuskriptstil, bei denen neue Kapitel ohne Zwischenraum an den vorhergehenden Abschnitt anschließen. Auch bei sehr kurzen Arbeiten, z.B. Experimentalberichten oder anderen Texten, die weniger als 10 Seiten umfassen, kann es aus ästhetischen Überlegungen heraus angebracht sein, ein neues Kapitel direkt unter dem vorhergehenden beginnen zu lassen.

Wichtige Punkte im Überblick:

■ Nehmen Sie sich Zeit, einen *roten Faden* zu entwickeln, anhand dessen Sie Ihre Arbeit gliedern. Seien Sie bereit, die Gliederung zu einem späteren Zeitpunkt zu überarbeiten.

■ Überlegen Sie sich eine *sinnvolle Struktur von Unterüberschriften*. Beachten Sie, dass *immer mindestens zwei Abschnitte derselben Gliederungsebene innerhalb einer Untergliederung* vorkommen müssen.

■ Setzen Sie *Unterüberschriften* und *Absätze* gezielt ein, um dem Leser die Struktur Ihrer Arbeit zu verdeutlichen.

■ Wählen Sie *informative Unterüberschriften*, die den jeweiligen Abschnitt Ihrer Arbeit inhaltlich treffend bezeichnen. Lediglich für die Überschriften der Hauptkapitel und für einige Unterüberschriften im Methodenteil gibt es feststehende Begriffe, die Sie verwenden sollten.

■ Beachten Sie, dass eine Überschrift die Überschriften der untergeordneten Ebene *treffend* und *erschöpfend* beschreibt; umgekehrt müssen die Unterüberschriften alle Punkte abdecken, welche die übergeordnete Überschrift erwarten lässt.

■ Prüfen Sie, ob Ihre Überschriften inhaltlich *überschneidungsfrei* sind.

■ Verzichten Sie in Überschriften auf die Verwendung von Synonymen – Eindeutigkeit ist hier wichtiger als Abwechslung.

■ Achten Sie darauf, ob die hierarchischen Über-, Unter- bzw. Gleichordnungen Ihrer Überschriften logisch korrekt sind.

■ Führen Sie *nicht zu viele Gliederungsebenen* ein: Drei bis vier nummerierte und ggf. ein bis zwei weitere nicht nummerierte Gliederungsebenen sollten das Maximum sein.

■ Entscheiden Sie sich, ob Sie *Advance Organizer* verwenden wollen, und seien Sie bei der Umsetzung konsistent.

■ Nur *die Kernbestandteile der Arbeit* (Einleitung bis Diskussion bzw. Langzusammenfassung) *erhalten nummerierte Überschriften*.

■ Verwenden Sie zur *Überschriftennummerierung* die *Dezimalgliederung* (z.B. „2.1.3"). Hinter der letzten Zahl steht nie ein Punkt.

■ Beginnen Sie *Hauptkapitel auf einer neuen Seite* (Ausnahmen: sehr kurze Arbeiten bis 10 Seiten und Texte im Manuskriptstil).

■ Das Inhaltsverzeichnis führt üblicherweise nur die Bestandteile auf, die *nach* diesem stehen.

1.7   Einleitung und Theorieteil

Einleitung und Theorieteil kann man in einem Kapitel zusammenfassen. Das wird man insbesondere dann machen, wenn die gesamte Arbeit recht kurz ist und die Einleitung weniger als eine Seite einnimmt. Eine Gliederung könnte in diesem Fall folgenderweise aussehen:

1 Theorie und Forschungsstand
   1.1 Einleitung
   1.2 Exekutive Kontrolle und Inhibition
   1.3 …

Bei längeren Arbeiten und wenn die Einleitung mehr als eine Seite umfasst, finden wir allerdings die Trennung von Einleitung und Theorieteil wie in den Beispielen in Abbildung 1.4 (S. 20) sinnvoller. Generell sollte die Einleitung kurz gehalten sein und nur etwa zwei bis vier Seiten umfassen.

Die Einleitung stellt die Hinführung zur eigentlichen Arbeit und zum Forschungsthema dar. Es muss also in der Einleitung deutlich werden, was das Ziel der Arbeit ist. Auch sollte der Leser erfahren, warum das Thema relevant und untersuchenswert ist. Die Relevanz eines Themas bezieht sich übrigens nicht nur darauf, dass die Erkenntnisse praktisch nutzbar sind, sondern ein Thema kann auch deshalb relevant sein, weil es einen Erkenntnisfortschritt für die Grundlagenwissenschaft bringt.

In der Einleitung sollte man zudem versuchen, das Interesse des Lesers zu wecken, beispielsweise indem man an allgemeine Erfahrungen anknüpft. Es ist ebenfalls erlaubt, eine Anekdote zu verwenden oder z.B. ein Zitat aus der Belletristik oder von einer prominenten Person. Wir stellen Ihnen im Folgenden exemplarisch vor, wie der *rote Faden einer Einleitung* aussehen könnte:

Eine Arbeit zu einem neuen Tabakentwöhnungsprogramm könnte man damit eröffnen, dass Raucher, auf die gesundheitlichen Folgen des Rauchens angesprochen, oft Personen wie Winston Churchill und Helmut Schmidt anführen, die trotz hohen Tabakkonsums relativ gesund sehr alt geworden sind. Raucher würden aber selten den Darsteller des Cowboys in der Marlboro-Werbung, Wayne McLaren, nennen, der nach langjährigem starken Zigarettenkonsum im Alter von 51 Jahren an Lungenkrebs verstorben ist. Dann könnte man kurz (ohne ins Detail zu gehen) auf Statistiken verweisen, die belegen, dass Raucher im Durchschnitt eine deutlich verkürzte Lebensdauer haben und dass diese Befunde auch durch einzelne positive Gegenbeispiele nicht negiert werden können. Damit hätten Sie dazu übergeleitet, dass wirksame Methoden zur Tabakentwöhnung lebensverlängernd sind. Diese können aber nur erfolgreich sein, wenn sie von Rauchern auch in Anspruch genommen werden. Dafür, dass Raucher solche Programme nutzen, sei es im ersten Schritt notwendig, das Bewusstsein für die negativen Folgen des Rauchens zu schärfen und typische Abwehrreaktionen (z.B. „Churchill ist trotz Rauchens sehr alt geworden") aufzulösen. Gerade dies sei ein Aspekt, den das neu entwickelte Programm besonders betone. Nun gelte es, dieses Programm empirisch auf seine Effektivität hin zu evaluieren. Damit hätten Sie die Einleitung abgeschlossen und könnten zum theoretischen Hintergrund übergehen.

In der Einleitung erwartet man noch keine ausführlichen Literaturbelege – die kommen erst im Theorieteil. Wenn Sie einen Sachverhalt feststellen (z.B., dass Rauchen die Lebensdauer verkürzt) oder etwas zitieren, wie im obigen Beispiel die Statistiken zur Lebenserwartung von Rauchern, müssen Sie dies aber stets entsprechend belegen (vgl. Abschnitt 8.4). Allerdings ist es in der Einleitung eher erlaubt, auch einmal an Alltagserfahrungen, für die man keinen Beleg benötigt, anzuknüpfen. Der sprachliche Stil ist in der Einleitung oft etwas lockerer, wobei man dennoch darauf achten sollte, einen wissenschaftlichen Schreibstil zu bewahren (vgl. Kap. 3).

Nach der Einleitung beginnt der eigentliche *Theorieteil*. Da es im Theorieteil meist nicht nur um Theorien, sondern auch um bisherige empirische Befunde geht, sind passendere Überschriften „Theoretischer und empirischer Hintergrund" oder „Theorie und Forschungsstand". Im Theorieteil wird der *aktuelle* Forschungsstand zum eigenen Thema beleuchtet: Was existiert an Forschung zu meiner Fragestellung, was sind die wesentlichen Befunde und was sind die noch ungelösten Probleme, die meine Fragestellung betreffen? Anders formuliert geht es um die Einordnung der eigenen Arbeit in die bisherige Forschung. Mit der Darstellung des Forschungsstands und ungeklärter Fragen bzw. mit dem Hinweis auf widersprüchliche Befunde lässt sich oft sehr elegant zu der eigenen Fragestellung überleiten.

Damit der Leser Ihre Ausführungen versteht, ist es oft erforderlich, Konstrukte und Theorien einzuführen und zu erläutern, sofern man deren Kenntnis nicht allgemein voraussetzen kann. Um zu entscheiden, welche Konstrukte und Theorien Sie erklären müssen, sollten Sie sich als Leser einen durchschnittlichen Fachkollegen vorstellen, der mit den allgemeinen Konzepten des Fachs vertraut ist, aber kein Spezialwissen zu Ihrem Thema besitzt. Es wäre also in einer psychologischen Arbeit zur postnatalen Depression nicht erforderlich – und auch nicht sinnvoll – ausführlich zu erklären, was Depression ist, da Sie zumindest grundlegendes Wissen dazu voraussetzen können. Allerdings können Sie nicht darauf vertrauen, dass sich jeder Fachkollege mit postnataler Despression auskennt. Daher wäre es gut, darzustellen, was z.B. Besonderheiten und generelle Ursachen von postnataler Depression sind. Dabei kann als Faustregel gelten, dass Sie *ein Konstrukt umso ausführlicher behandeln sollten, je enger es mit Ihrer Fragestellung zusammenhängt*. Um wieder unser Beispiel einer Arbeit zum Zusammenhang des Alters der Mutter und postnataler Depression aufzugreifen: Wenn Ihr Theorieteil 15 Seiten umfasst, wäre es adäquat, etwa eine halbe Seite allgemein zu Depression zu schreiben, etwa zwei Seiten zu postnataler Depression und etwa 10 Seiten zu bisherigen Erkenntnissen (Befunden und theoretischen Erklärungen) zum Zusammenhang zwischen dem Alter der Mutter und postnataler Depression – die verbleibenden Seiten benötigen Sie für die Ableitung Ihrer Hypothesen.

Machen Sie sich bei der Erläuterung von Theorien und Konzepten immer wieder bewusst, dass es nicht darum geht, dem Leser ein umfassendes Wissen zu diesen Themen zu vermitteln – für diesen Zweck gibt es Lehrbücher. Vielmehr geht es darum, den Leser in die Lage zu versetzen, Ihre Ausführung verstehen und bewerten zu können. Sie sollen keinen Artikel für eine Enzyklopädie schreiben, sondern nur in Ihr spezielles Thema einführen. Entsprechend sollten Sie bei Ihren Erläuterungen stets überprüfen, ob die beschriebenen Aspekte für *Ihre* Arbeit wirklich alle relevant sind. Ein häufiger Fehler studentischer Arbeiten ist, dass zu weit ausgeholt wird und Aspekte erklärt werden, die für die eigene Arbeit gar nicht bedeutsam sind. Auch historische Exkurse sind in den seltensten Fällen nötig bzw. sinnvoll: Man braucht nicht zu wissen, wann der Begriff der Depression zum ersten Mal in der Literatur aufgetaucht ist und wie sich das Depressionskonzept über die letzten 100 Jahre gewandelt hat, um zu verstehen, warum das Alter der Mutter als Risikofaktor für postnatale Depressionen eine Rolle spielt.

Ein weit verbreitetes Missverständnis ist, dass der Theorieteil *alle* bisherigen Theorien und Befunde zu Ihrem Thema erschöpfend darstellen soll. Abgesehen davon, dass dies bei Themen, die bereits intensiv beforscht wurden, kaum möglich sein wird, werden Theorieteile, die dies versuchen, langatmig und enthalten viel Irrelevantes. Vielmehr ist das Ziel, die *aktuell relevante Forschung zu Ihrer spezifischen Fragestellung* möglichst erschöpfend aufzuarbeiten. Daraus folgt, dass alte Befunde und Theorien, die inzwischen als überholt gelten und nur noch historische Bedeutung haben, getrost weggelassen werden können. Wenn es beispielsweise eine tiefenpsychologische Theorie zu postnatalen Depressionen gibt, Sie aber der Meinung sind, dass diese für die Interpretation Ihrer Ergebnisse keinen bedeutsamen Beitrag liefert, sind Sie keineswegs verpflichtet, diese Theorie darzustellen. Wenn Sie Ihrem Gutachter zeigen wollen, dass Sie diese Arbeiten nicht aus Unkenntnis weggelassen haben, sondern weil sie nicht relevant sind, ist eine gute Strategie, dies explizit – aber kurz – zu erwähnen. So könnten Sie schreiben:

> Neben den dargestellten Theorien existieren auch psychoanalytische Erklärungsansätze zu diesem Thema (vgl. z.B. Freund & Ehrlich, 1957). Diese werden allerdings seit den 1970er Jahren kaum noch rezipiert und liefern für die vorliegende Forschungsfrage keinen bedeutsamen theoretischen Beitrag. Deshalb wird hier auf die Darstellung psychoanalytischer Theorien verzichtet.

Was in studentischen Arbeiten oft vernachlässigt wird, aber wünschenswert wäre, ist die kritische Reflexion und ggf. Weiterentwicklung bestehender Theorien. Angenommen, es gibt zwei Theorien zum Zusammenhang zwischen postnataler Depression und dem Alter der Mutter. Die eine Theorie beschreibt, dass ältere Mütter ein höheres Risiko für eine postnatale Depression aufweisen, wohingegen sich aus der anderen Theorie ableitet, dass v.a. junge Mütter davon betroffen sind. Wenn Sie in Ihren Hypothesen annehmen, dass ältere Mütter ein höheres Depressionsrisiko aufweisen, müssten Sie begründen, warum die erste Theorie plausibler ist als die zweite. Vielleicht gelingt Ihnen sogar eine eigenständige Weiterentwicklung einer bestehenden Theorie, die Sie dann – zumindest in Teilen – mit Ihrer Untersuchung überprüfen können.

Wenn Sie frühere Arbeiten und deren Befunde berichten, sollten Sie auf methodische Details der Arbeiten nur insoweit eingehen, als es für Ihre Arbeit bedeutsam ist. Haben z.B. Kreiß und Saal (1987) gefunden, dass die Korrelation zwischen dem Alter der Mutter und der Wahrscheinlichkeit, eine postnatale Depression zu entwickeln, bei $r = .13$ liegt, können Sie dies so, wie wir es gerade in diesem Satz getan haben, kurz darstellen. Sie brauchen dabei nicht auf weitere (methodische) Details eingehen. Nur wenn Sie Zweifel an der (externen) Validität dieser Befunde haben, sollten Sie die diesbezüglich relevanten methodischen Details der Studie erläutern (zur Validität vgl. den Band *Planen, Durchführen und Auswerten*, Abschnitt 6.3.2). Wenn Sie also meinen, dass die genannte Korrelation den wahren Zusammenhang unterschätzt, könnten Sie darauf eingehen, dass Kreiß und Saal lediglich Probandinnen zwischen 18 und 34 Jahren untersucht haben, dass aber ältere Mütter (z.B. mit einem Alter von 35 bis 45 Jahren) nicht in der Studie berücksichtigt wurden. Diesen Befund könnten Sie dann mit einer Studie von Kaiser und Schnitt (2003) kontrastieren, in der Mütter zwischen 19 und 44 Jahren vertreten waren, und in der die Korrelation bei $r = .32$ lag.

Oft ist es für das Verständnis der Arbeit förderlich, bereits im Theorieteil – vor dem Abschnitt mit der eigenen Fragestellung bzw. den eigenen Hypothesen – einen kurzen *Überblick über die eigene Studie* zu geben (vgl. die Beispiel-Inhaltsverzeichnisse in Abbildung 1.4). Der Leser kann nämlich Ihre konkreten Hypothesen oft erst nachvollziehen, wenn er zumindest den groben Aufbau Ihrer Untersuchung kennt. Außerdem sollte deutlich werden, wie Ihre Untersuchung es ermöglicht, Ihre Fragestellung bzw. Ihre Hypothesen zu beantworten. Allerdings sollten Sie die Beschreibung der eigenen Untersuchung an dieser Stelle so kurz wie möglich halten, da sie im Methodenteil ja genau und vollständig beschrieben wird (vgl. Abschnitt 1.8). Somit ist alles, was Sie bereits im Theorieteil zu Ihrer Studie schreiben, in gewisser Weise doppelt. Solche Redundanzen sollten Sie eher vermeiden – es sei denn, sie sind eben für das Verständnis erforderlich.

Am Ende des Theorieteils werden die *Fragestellung und/oder die Hypothesen* formuliert. Fragestellung und Hypothesen sollten sich dabei aus den vorausgegangenen Erläuterungen und Überlegungen im Theorieteil *ableiten*. Ableiten meint hier, dass Sie folgerichtig begründen, wie man zu der Fragestellung bzw. zu den Hypothesen gelangt. Idealerweise ist der Theorieteil so aufgebaut, dass sich dem Leser Ihre Fragestellung oder Ihre Hypothesen förmlich aufdrängen, zumindest aber klar erschließen. Insbesondere dann, wenn Sie konkrete Erwartungen, also Hypothesen, formulieren, müssen Sie auch angeben, warum Sie gerade diese Annahme haben (z.B., warum postnatale Depressionen mit dem Alter der Mütter zu- und nicht etwa abnehmen). Allerdings müssen Sie nicht zu allem, was Sie in Ihrer Arbeit untersuchen, eine konkrete Hypothese aufstellen. Es ist legitim, auch einmal eine explorative Fragestellung zu formulieren.

Im Band *Planen, Durchführen und Auswerten* (Abschnitt 6.2) haben wir dargestellt, dass Hypothesen unterschiedlich stark formalisiert werden können. Den meisten Betreuern genügt es, wenn Sie die Fragestellung bzw. Sachhypothesen formulieren. Versichern Sie sich aber vorab, ob Ihr Betreuer nicht vielleicht doch operationalisierte oder statistische Hypothesen verlangt. Wenn Sie mehr als zwei Hypothesen haben, kann es sinnvoll sein, diese durchzunummerieren. Sie können dann nämlich später, etwa im Ergebnisteil, einfacher auf die einzelnen Hypothesen Bezug nehmen (z.B. „Hypothesen 1 und 2 wurden somit bestätigt, Hypothese 3 kann hingegen nicht beibehalten werden"). Allerdings ist eine Nummerierung der Hypothesen nicht verpflichtend. Wenn man primär mit einer oder mehreren übergeordneten Fragestellungen statt mit einzelnen Hypothesen arbeitet, formuliert man diese meist in einem fortlaufenden Text und verzichtet auf eine Nummerierung. Es ist auch möglich, den Hypothesen prägnante Namen zu geben, wie etwa die „Alters-Depressions-Hypothese" – so erinnert der Leser auch bei mehreren Hypothesen leicht, worum es gerade geht.

In Ihren Statistikveranstaltungen haben Sie vielleicht gelernt, dass man zu jeder Alternativhypothese auch eine Nullhypothese angeben muss. Das ist zwar formal korrekt, da sich die Nullhypothese aber in aller Regel problemlos aus der Alternativhypothese ableiten lässt, ist deren Ausformulierung meist überflüssig. In wissenschaftlichen Zeitschriftenartikeln wird Ihnen daher zu einer Alternativhypothese fast nie eine ausformulierte Nullhypothese begegnen. Allerdings gibt es vereinzelt Betreuer bzw. Gutachter, die Wert auf die Formulierung der Nullhypothese legen. Fragen Sie im Zweifelsfall nach, ob das auch von Ihnen verlangt wird.

Für die ersten Abschnitte im Theorieteil gibt es keine feste Gliederung, an die Sie sich halten müssen. Zwar kann man empfehlen, sich von eher allgemeinen Inhalten zu den konkreten Aspekten der Fragestellung vorzuarbeiten (vgl. das Sanduhrenmodell auf S. 21), aber im Endeffekt ist für einen guten Theorieteil entscheidend, dass Sie selbst einen logischen roten Faden finden und diesem folgen. Die Zwischenüberschriften im Theorieteil dienen dazu, diesen für den Leser zu strukturieren. Idealerweise sollten die einzelnen Teile aber so miteinander verbunden sein bzw. aufeinander aufbauen, dass sich Ihr Theorieteil auch dann ohne Schwierigkeiten lesen und verstehen lässt, wenn Sie die Zwischenüberschriften weglassen. In Abschnitt 1.6 sind wir bereits darauf eingegangen, welche Hilfestellungen es beim Erstellen einer Gliederung gibt und welche Aspekte Sie berücksichtigen müssen.

Wichtige Punkte im Überblick:

Zur Einleitung:

- Die Einleitung soll zu Ihrem Forschungsthema und zur weiteren Arbeit hinführen. Sie beantwortet die Fragen „Was ist das Ziel der Arbeit?" und „Warum ist das Thema relevant/interessant?"

- Die Einleitung sollte kurz sein und auch bei längeren Arbeiten drei bis vier Seiten nicht überschreiten.

- Einleitung und Theorieteil sind üblicherweise getrennte Kapitel, die Einleitung kann aber auch in den Theorieteil integriert werden (ggf. mit Zwischenüberschrift). Dies bietet sich insbesondere bei sehr kurzen Einleitungen (weniger als eine Seite) an.

Zum Theorieteil:

- Da im Theorieteil meistens auch empirische Befunde berichtet werden, überschreibt man ihn am besten mit „Theoretischer und empirischer Hintergrund" oder „Theorie und Forschungsstand".

- Im Theorieteil wird die eigene Arbeit in den aktuellen Stand der Forschung eingeordnet: Was weiß man zu Ihrer Fragestellung bereits? Was ist noch unbekannt? Gibt es widersprüchliche Befunde?

- Stellen Sie die für das Verständnis der Arbeit relevanten Konzepte und Theorien dar. Beschränken Sie sich dabei auf Aspekte, die für Ihre Arbeit wirklich relevant sind – Sie sollten keinen Lehrbuchtext schreiben, der ein Thema umfassend abhandeln muss. Verzichten Sie auch auf weitschweifige historische Exkurse.

- Relevante Befunde aus anderen Studien zu Ihrem Thema werden kurz dargestellt. Methodische Details werden jedoch nur berichtet, wenn diese für das Verständnis Ihrer Ausführungen notwendig sind oder wenn Sie z.B. methodische Mängel früherer Studien kritisieren.

- Bleiben Sie nicht bei der Beschreibung von Theorien stehen, sondern bewerten Sie diese kritisch und entwickeln Sie diese ggf. sogar weiter.

- Geben Sie ggf. einen kurzen Überblick über Ihre Studie (Design, methodisches Vorgehen), sofern es für das Verständnis der konkreten Fragestellung bzw. der Hypothesen nützlich ist. Verzichten Sie aber auf Details, da diese im Methodenteil berichtet werden.

- Leiten Sie Ihre Fragestellung bzw. Hypothesen inhaltlich und logisch schlüssig aus Ihren Ausführungen ab. Der Theorieteil endet meist mit der Ausformulierung dieser Fragestellung bzw. Hypothesen. Oft ist es nützlich, die Hypothesen zu nummerieren.

- Schaffen Sie Überleitungen zwischen den einzelnen Teilen Ihrer Ausführungen. Vermeiden Sie ein „Aneinanderklatschen" von inhaltlich unverbundenen Elementen. Der Leser soll Ihren roten Faden erkennen und diesem folgen können.

1.8 Methode

Der Methodenteil soll Ihren Lesern ermöglichen, nachzuvollziehen, was genau Sie in der Untersuchung gemacht haben. Anhand der Angaben im Methodenteil sollte es prinzipiell möglich sein, Ihre Studie zu wiederholen. *Replizierbarkeit* ist ein Charakteristikum wissenschaftlichen Arbeitens. Dadurch, dass Studien prinzipiell wiederholbar und Ergebnisse somit nachprüfbar sind, schützt sich Wissenschaft vor Zufallsbefunden, Datenfälschung und Artefakten (also Befunde, die aufgrund des methodischen Vorgehens künstlich erzeugt wurden, aber die in der realen Welt so nicht existieren). Auch für die Beurteilung der Qualität einer wissenschaftlichen Arbeit ist der Methodenteil entscheidend, denn selbst bei einer relevanten Fragestellung und signifikanten Ergebnissen mit großen Effektstärken kann man keine sinnvollen Schlussfolgerungen ziehen, wenn die Arbeit bedeutsame methodische Mängel aufweist, z.B. das Fehlen einer adäquaten Kontrollgruppe (vgl. auch den Band *Planen, Durchführen und Auswerten*, Abschnitte 6.3 und 6.4).

Der Methodenteil wird in mehrere Abschnitte unterteilt. Tabelle 1.6. gibt einen Überblick über die im Methodenteil üblichen Abschnitte und eine Auswahl an gebräuchlichen Überschriften, die man für diese Abschnitte verwenden kann. Wir haben in der Tabelle unterschieden zwischen Abschnitten, die bei jeder

Untersuchung im Methodenteil auftauchen (durch Fettdruck hervorgehoben), und solchen, die man nur nach Bedarf verwendet. Ob ein Inhalt einen eigenen Abschnitt erhält, hängt auch von dessen Umfang ab. So lässt sich die Versuchsplanung bei wenig komplexen Studien in ein bis zwei Sätzen darstellen. Diese Sätze integriert man häufig in den Abschnitt „Stichprobe", den man dann entsprechend mit „Stichprobe und Versuchsplanung" überschreiben sollte. Nur wenn die Beschreibung der Versuchsplanung mehr Platz einnimmt, widmet man ihr einen eigenen Abschnitt. Ähnlich verhält es sich mit dem Abschnitt „Geräte": Werden nur einfache und übliche Geräte verwendet (wie eine Stoppuhr oder ein Computer mit Monitor), kann man diese im Abschnitt „Versuchsablauf" bzw. „Experimentelle Aufgabe" erwähnen. Ist die Beschreibung der Geräte umfangreicher, z.B. wenn physiologische Parameter erhoben wurden, erhalten diese einen eigenen Abschnitt mit entsprechender Überschrift. Bei Bedarf können noch weitere Abschnitte, die nicht in der Tabelle aufgeführt sind, hinzukommen. Wir gehen weiter unten auf die Inhalte der einzelnen Abschnitte ein.

Tabelle 1.6. Abschnitte des Methodenteils und mögliche Überschriften

Abschnitt	Mögliche Überschriften für den jeweiligen Abschnitt
Versuchsplanung	Versuchsplanung; Versuchsplan; Versuchsdesign; Untersuchungsdesign; Design
Stichprobe	Stichprobe; Probanden; Versuchsteilnehmer; Untersuchungteilnehmer; Studienteilnehmer [Die früher übliche Überschrift „Versuchspersonen" wird immer seltener verwendet.]
Geräte	Geräte; Messgeräte; Technische Instrumente; Apparate
Experimentelle Aufgabe	Experimentelle Aufgabe [Es bietet sich oft an, in der Unterüberschrift die konkrete experimentelle Aufgabe zu benennen, z.B. „Stroop-Aufgabe", „Wiedererkennungsaufgabe", „Impliziter Assoziationstest".]
Versuchsmaterial	Versuchsmaterial; Untersuchungsmaterial; Materialien [In diesem Abschnitt sind zum einen weitere Untergliederungen auf einer tieferen Ebene möglich, z.B. in „Stimulusmaterial" oder „Fragebögen", zum anderen können spezifischere Überschriften (z.B. „Persönlichkeitsfragebögen") die Überschrift „Versuchsmaterial" o.Ä. ersetzen.]
Versuchsablauf	Versuchsablauf; Versuchsdurchführung; Durchführung; Untersuchungsdurchführung

Anmerkung. Fett hervorgehobene Abschnitte erscheinen zwingend in jedem Methodenteil.

Zunächst wollen wir Ihnen noch verdeutlichen, wie unterschiedlich sich die Gliederung des Methodenteils gestalten kann. In Tabelle 1.7 sind ein einfacher und ein komplexer Methodenteil gegenübergestellt. Der einfache Methodenteil wird bei vielen Fragebogenuntersuchungen ausreichen. Komplex gestalten sich Methodenteile z.B. bei experimentellen Studien, wenn verschiedene Aufgaben kombiniert werden. So zeigt Tabelle 1.7 rechts die Gliederung des Methodenteils für eine Studie, bei der ein Impliziter Assoziationstest, ein Konzentrationstest und verschiedene Fragebögen eingesetzt werden.

Tabelle 1.7. Einfach vs. komplex gegliederter Methodenteil

Einfacher Methodenteil	Komplexer Methodenteil
3 Methode	3 Methode
3.1 Stichprobe	3.1 Stichprobe
3.2 Fragebogenskalen	3.2 Versuchsplanung
3.3 Versuchsablauf	3.3 Impliziter Assoziationstest
	3.3.1 Wortmaterial
	3.3.2 Ablauf
	3.4 Konzentrationstest
	3.5 Fragebogenverfahren
	3.5.1 Persönlichkeitseigenschaften
	3.5.2 Aktueller Affekt
	3.6 Versuchsdurchführung

Manchmal, z. B. wenn Sie eine Forschungsarbeit gemeinsam mit einer anderen Person durchführen oder in ein größeres Projekt eingebunden sind, kann es vorkommen, dass weitere Verfahren durchgeführt oder Konstrukte erhoben wurden, die für Ihre eigene Arbeit keine Bedeutung haben. Diese erwähnen Sie dann nur am Rande, ohne genauer darauf einzugehen – Sie können dies auch mit dem Hinweis tun, dass diese weiteren Fragebögen, Aufgaben o. Ä. für die vorliegende Arbeit nicht relevant sind.

Die Reihenfolge der Abschnitte im Methodenteil ist prinzipiell frei wählbar, sollte aber so festgelegt werden, dass der Leser die Beschreibung der Methode möglichst leicht nachvollziehen kann. In vielen Fällen bietet es sich an, die einzelnen Bestandteile der Untersuchung zu beschreiben, bevor man den Versuchsablauf darstellt. Daher steht der Versuchsablauf meist am Ende des Methodenteils, nachdem das Versuchsmaterial und ggf. experimentelle Aufgaben und Geräte dargestellt wurden. Es ist allerdings auch möglich, die einzelnen experimentellen Aufgaben oder Fragebögen nach dem Versuchsablauf zu beschreiben und im Versuchsablauf lediglich darauf zu verweisen, dass diese Elemente noch ausführlicher dargestellt werden. In Tabelle 1.6 (S. 35) haben wir die einzelnen Bestandteile in eine Reihenfolge gebracht, wie sie für die allermeisten Studien gut funktioniert. Prüfen Sie aber, ob nicht eine andere Reihenfolge für die Darstellung Ihrer Untersuchung noch besser geeignet ist. Im Folgenden stellen wir die einzelnen Bestandteile im Detail dar.

Versuchsplanung. Dieser Abschnitt ist v. a. bei experimentellen und quasiexperimentellen Studien relevant und beantwortet die Fragen: Was sind die unabhängigen Variablen (experimentell variierte bzw. Organismus-Variablen) und was die abhängigen? Welche Stufen bzw. Ausprägungen weisen die unabhängigen Variablen auf? Was wird innerhalb und was zwischen Probanden variiert? (Diese Themen werden im Band *Planen, Durchführen und Auswerten*, Abschnitt 6.3.3, erläutert.) Ein eigenständiger Abschnitt zur Versuchsplanung ist nur bei komplexen Studienaufbauten erforderlich. Wenn Sie z. B. lediglich an zufällig ausgewählte Personen einen Fragebogen verteilt haben, würde der Design-Abschnitt entfallen.

Aber auch bei Experimenten lassen sich die Inhalte der Versuchsplanung oft mit ein bis zwei Sätzen in den Abschnitt zur Stichprobe oder in die Darstellung des Versuchsablaufs integrieren. Wir raten dann dazu, dies auch in der Überschrift – z.B. „Stichprobe und Versuchsplanung" – kenntlich zu machen.

Im Folgenden geben wir ein Beispiel für den Abschnitt zur Versuchsplanung bei einer etwas komplexeren Studie. Beachten Sie, dass die unabhängigen Variablen eindeutig mit ihren Ausprägungen bzw. Stufen benannt werden und dass beschrieben wird, welche unabhängigen Variablen innerhalb der Personen und welche zwischen den Probanden variiert werden. Auch die Operationalisierung der abhängigen Variablen wird angegeben.

> Dem Experiment lag ein vollständig gekreuztes 2 (Leistungsdruck: hoch vs. niedrig) × 2 (Schwierigkeit der Denkaufgabe: leicht vs. schwer)-Design zugrunde. Der erste Faktor, das Ausmaß des sozialen Leistungsdrucks, wurde zwischen den Versuchsteilnehmern variiert. In der Bedingung *hoher Leistungsdruck* wurde den Probanden erzählt, dass die Testergebnisse einen Indikator für Intelligenz darstellen und dass ihre Kommilitonen ihre Ergebnisse einsehen können. In der Bedingung *niedriger Leistungsdruck* wurde ihnen mitgeteilt, dass alle Testergebnisse anonym bleiben und dass die Ergebnisse ohnehin nur für wissenschaftliche Zwecke interessant sind, aber keinerlei Aussagen über einzelne Individuen zulassen. Der zweite Faktor, die Schwierigkeit der Denkaufgabe, wurde innerhalb der Probanden variiert. Dabei erhielten alle Personen in individuell randomisierter Weise insgesamt 20 einfache und 20 schwierige Aufgaben. Die abhängige Variable stellt die Anzahl der korrekt gelösten Aufgaben dar, getrennt berechnet für die einfachen und die schwierigen Aufgaben.

Stichprobe. Jeder Methodenteil enthält einen Abschnitt zur Stichprobe (vgl. Tabelle 1.6 für alternative Überschriften). In diesem Abschnitt beschreiben Sie, wer untersucht wurde. Die drei wichtigsten und obligatorischen Angaben sind der *Stichprobenumfang*, das *Geschlechterverhältnis* und das *Alter* der Probanden. Zum Alter gibt man immer den Mittelwert und die Standardabweichung an, oft zusätzlich den Median und/oder die Spannweite, also das Alter des jüngsten und des ältesten Versuchsteilnehmers. Eine *minimalistische Stichprobenbeschreibung* wäre beispielsweise:

> Es nahmen 82 Probanden (davon 67.1 % Frauen) an der Studie teil. Die Probanden waren zwischen 18 und 42 Jahre alt (M = 23.2 Jahre, SD = 5.4 Jahre).

Weitere häufig gemachte Angaben sind: *Art und Zusammensetzung der Stichprobe* (z.B. Studierende, Berufstätige, Personen mit Erkrankungen oder psychischen Beeinträchtigungen), *Bildungsniveau* (höchster erreichter Bildungsabschluss), ob die Probanden *freiwillig teilgenommen* haben (dies sollte meist der Fall sein) und welcher *Anreiz zur Teilnahme* bestand (z.B. Geld oder Versuchspersonen-Stunden; vgl. den Band *Planen, Durchführen und Auswerten*, Abschnitt 7.4.2). Dabei hängt es vom jeweiligen Untersuchungsgegenstand ab, welche weiteren Angaben in Ihren Text aufgenommen werden sollten: Wenn Sie in einem wahrnehmungspsychologischen Experiment die Hörschwelle bestimmen möchten, also feststellen wollen, bis zu welcher Frequenz Menschen Töne noch wahrnehmen können, ist die soziale Schicht der Probanden wenig interessant (es sei denn, Sie vermuten, dass Personen aus unterschiedlichen sozialen Schichten unterschiedlich viel Lärm ausgesetzt sind und einige daher früher einen lärmbedingten Hörverlust erleiden). Allerdings wäre hier unter Umständen relevant, ob Ihre Probanden in einer Großstadt oder auf dem Lande leben, da diese demografische Variable mit der Lärmbelastung im Alltag verbunden sein könnte. Führen Sie hingegen eine sozialpsychologische Untersuchung zu Vorurteilen gegen ethnische Minderheiten durch, ist die soziale Schicht eine wichtige und interessante Variable, bezüglich derer Sie die Stichprobe beschreiben sollten. Welche Kovariaten oder Moderatorvariablen erhoben und beschrieben werden müssen, sollte sich aus dem theoretischen Hintergrund Ihrer Arbeit ableiten lassen.

Die Beschreibung der Stichprobe dient dem Leser dazu, abzuschätzen, inwieweit sich die Befunde verallgemeinern lassen. Haben Sie in einer Studie zur Nutzung sozialer Netzwerke im Internet beispielsweise nur 18- bis 25-jährige Studierende befragt, sind die Ergebnisse nicht ohne Weiteres auf die Gesamtbevölkerung generalisierbar (zum Thema Generalisierbarkeit siehe den Band *Planen, Durchführen und Auswerten*, Abschnitt 6.3.2.2). Ebenfalls sollte kurz erwähnt werden, auf welche Weise und wo die Probanden angeworben wurden (z.B. durch Aushänge auf dem Campusgelände oder über E-Mail-Verteiler; zur Probandenanwerbung siehe den Band *Planen, Durchführen und Auswerten*, Abschnitt 7.4.1). Wenn die Probanden hinsichtlich des wahren Zwecks der Untersuchung naiv sein sollten, also nicht wissen durften, worum es tatsächlich ging, ist kurz zu beschreiben, wie dies sichergestellt wurde. Dazu kann es beispielsweise gehören darzustellen, unter welchem Vorwand die Probanden rekrutiert wurden.

Falls nicht alle Probanden, die an der Untersuchung teilgenommen haben, in die Auswertung einfließen, muss dies ebenfalls beschrieben werden. Vielleicht haben einige Probanden die Untersuchung abgebrochen oder wurden aufgrund auffälliger Werte entfernt. Dann sollte – getrennt nach den Gründen, warum die Daten einer Person nicht in die Auswertung eingeflossen sind – angegeben werden, wie viele Probanden davon jeweils betroffen waren. Die Beschreibung der Versuchsteilnehmer (Alter, Geschlecht etc.) bezieht sich sinnvollerweise auf die reduzierte, endgültige Stichprobe.

Wenn Sie mit mehreren Versuchsgruppen gearbeitet haben (z.B. einer Experimental- und einer Kontrollgruppe), sollten Sie angeben, wie die Zuweisung der Probanden zu den Gruppen erfolgte (z.B. randomisiert oder Selbstzuweisung; vgl. den Band *Planen, Durchführen und Auswerten*, Abschnitt 6.3.3.1). Bei mehreren Gruppen ist es zudem meist wichtig, dass diese ähnlich zusammengesetzt sind. Deshalb sollten Sie die Gruppen einzeln zumindest überblicksartig charakterisieren (vgl. das Beispiel unten). Auch diese Charakterisierung sollte sich auf die unter Umständen reduzierte Stichprobe beziehen, die für die Auswertung verwendet wird. Eine *vollständige Stichprobenbeschreibung* könnte folgenderweise aussehen:

> Es nahmen insgesamt 100 Probanden freiwillig an der Studie teil. Die Probanden wurden über Aushänge in Universitätsgebäuden sowie über studentische E-Mail-Verteiler angeworben. Als Teilnahmeanreiz bestand die Möglichkeit, einen von drei Büchergutscheinen im Wert von je 30 Euro, die am Ende der Erhebung verlost

wurden, zu gewinnen. Die Zuweisung der Probanden auf die Experimental- und die Kontrollgruppe erfolgte randomisiert unter der Restriktion gleicher Gruppengrößen.

Bei drei Probanden kam es während der Erhebung am Computer zu technischen Schwierigkeiten, sodass keine auswertbaren Daten zur Verfügung stehen. Vier weitere Probanden wurden von der weiterführenden Auswertung ausgeschlossen, da sie in der experimentellen Aufgabe unplausibel kurze Reaktionszeiten aufwiesen (für Details vgl. die vorbereitende Datenanalyse in Abschnitt 3.1).

Die endgültige Stichprobe umfasste somit 93 Probanden, davon 48 in der Experimentalgruppe und 45 in der Kontrollgruppe. Alle Probanden waren Studierende, wobei Psychologie (mit 72 %) und Lehramt (mit 19 %) die am häufigsten vertretenen Studiengänge waren. Das Alter der Probanden lag zwischen 19 und 42 Jahren. Die beiden Gruppen unterschieden sich weder bedeutsam im Alter (Experimentalgruppe: M = 23.9 Jahre, Mdn = 23 Jahre, SD = 4.5 Jahre; Kontrollgruppe: M = 24.3 Jahre, Mdn = 23 Jahre, SD = 4.8 Jahre) noch in der Geschlechterzusammensetzung (Experimentalgruppe: 72.9 % weiblich; Kontrollgruppe: 75.6 % weiblich).

Diese Stichprobenbeschreibung enthält alle wesentlichen Elemente. Wir wollen noch auf ein paar Besonderheiten hinweisen: Es wird erwähnt, dass vier Probanden wegen unplausibel kurzer Reaktionszeiten ausgeschlossen wurden. Da es bei der Stichprobenbeschreibung zu weit führen würde, im Detail zu erklären, wie die Verteilung der Reaktionszeiten aussah und welche Daten daher ausgeschlossen wurden, wird auf einen Abschnitt im Ergebnisteil, nämlich die „Vorbereitende Datenanalyse" verwiesen. Dort könnte man genauer beschreiben und begründen, ab wann Reaktionszeiten als unplausibel kurz eingestuft wurden. Bei der Angabe der Studiengänge der Probanden werden nur die beiden häufigsten genannt, da diese zusammen bereits 91 % ausmachen. Es ist in aller Regel nicht von Interesse, eine detaillierte Auflistung aller vertretenen Studienfächer zu liefern. Insbesondere dann, wenn man nicht vermutet, dass Studierende verschiedener Fächer Unterschiede hinsichtlich der in der Studie interessierenden Variablen aufweisen, ist eine detaillierte Beschreibung unnötig. Schließlich ist Ihnen vielleicht noch die Aussage aufgefallen, dass sich die Gruppen *nicht bedeutsam* in Alter und Geschlechterzusammensetzung unterscheiden. Das wurde hier geschrieben, da die Unterschiede (0.4 Jahre Altersunterschied; 2.7 % Unterschied in der Geschlechterzusammensetzung) absolut betrachtet so gering sind, dass es inhaltlich unplausibel wäre, von relevanten Effekten auf die Reaktionszeiten im Experiment auszugehen. In Fällen, in denen das nicht so offensichtlich ist, empfiehlt sich eine inferenzstatistische Prüfung daraufhin, ob sich die Gruppen signifikant unterscheiden. Dies ist mittels eines t-Tests bzw. – bei mehr als zwei Gruppen – einer ANOVA möglich.

Geräte. Wie oben bereits angemerkt, benötigen Sie einen eigenständigen Abschnitt zu Geräten nur dann, wenn Sie komplexere technische Apparaturen einsetzen, wie das bei der Ableitung von EEGs oder anderen physiologischen Parametern der Fall ist. In einigen Forschungsbereichen (z.B. der Neuropsychologie) ist es durchaus üblich, den Hersteller und das Modell des Geräts, das man verwendet hat, genau zu benennen. Die Idee dahinter ist, dass man möglicherweise mit einem Gerät der Marke X andere Ergebnisse erhält als mit einem Gerät der Marke Y.

Sofern Sie einfache und geläufige Geräte einsetzen (Stoppuhren, Computer etc.), sind weitere Spezifikationen überflüssig und Sie können die Angabe der Geräte z.B. in den Abschnitt „Versuchsablauf" bzw. „Experimentelle Aufgabe" integrieren. Letzteres gilt auch, wenn Sie reaktionszeitoptimierte Geräte eingesetzt haben, z.B. Spezialtastaturen und Response Pads, die bei der Aufzeichnung der Reaktionszeit einen geringeren Messfehler aufweisen als Standardtastaturen.

Einige „Geräte" brauchen Sie gar nicht explizit anzuführen: Wenn Ihre Probanden einen Papier-Bleistift-Fragebogen beantwortet haben, gehört der verwendete Stift theoretisch zur Kategorie „Geräte". Aber wenn Sie schreiben, dass Papier-Bleistift-Fragebögen eingesetzt wurden, wird jeder halbwegs verständige Leser korrekt schlussfolgern, dass Stifte zum Einsatz kamen. Ob es sich dabei um Bleistifte, Kugelschreiber o.Ä. handelt, ist irrelevant und braucht nicht erwähnt zu werden.

Generell sollten Sie sich bei Ihren Angaben auf diejenigen Aspekte beschränken, die für eine Replikation der Untersuchung wirklich relevant sind (im Zweifelsfall ist es aber besser, zu viel statt zu wenig zu berichten). So könnte bei Studien mit visuellen Reizen, welche den Probanden an einem Monitor dargeboten werden, die Größe des Bildschirms relevant sein, weshalb man diese meist angibt. Von welchem Hersteller der Monitor oder der Computer stammen, ist aber aller Wahrscheinlichkeit nach für die Befunde irrelevant, weshalb man dies weglässt. In einem behavioralen Experiment wäre ein typischer Satz, den Sie in den Abschnitt zum Versuchsablauf integrieren würden: „Die Darbietung der Reize erfolgte auf einem 19-Zoll-Monitor mit einer Auflösung von 1280×1024 Punkten." Auch hier gibt es allerdings Ausnahmen: Ging es in Ihrer Studie um subliminale Wahrnehmung, bei der visuelle Reize sehr kurz dargeboten werden (z.B. nur für 10 ms), wäre es sinnvoll, das Modell des Monitors zu spezifizieren, da die meisten Monitore nicht in der Lage sind, derartig kurze Reize darzubieten (man benötigt dafür eine besonders hohe Bildwiederholungsfrequenz).

Experimentelle Aufgabe. Die Beschreibung experimenteller Aufgaben kann man in den Versuchsablauf integrieren – das ist dann sinnvoll, wenn man nur eine relativ einfach gestaltete Aufgabe beschreiben muss und der Versuchsablauf nur wenige weitere Elemente enthält. Besteht die Untersuchung hingegen aus mehreren in sich abgeschlossenen Aufgaben oder ist eine einzelne Aufgabe sehr komplex, bietet es sich oft an, diese separat zu beschreiben. Beispielsweise gestaltete die Untersuchung zu den in Abbildung 1.4 (S. 20) dargestellten Inhaltsverzeichnissen sich so, dass die Probanden zunächst eine Stroop-Aufgabe bearbeiteten, dann einen Fragebogen ausfüllten, anschließend eine Flanker-Aufgabe absolvierten und zum Schluss wieder einen Fragebogen beantworteten. Bei einem derartigen Versuchsablauf fällt die Beschreibung meist am übersichtlichsten aus, wenn man – wie in Abbildung 1.4 ersichtlich – erst getrennt die Stroop- und die Flanker-Aufgabe darstellt und auch die verwendeten Fragebögen separat beschreibt. Im Abschnitt zum Versuchsablauf genügt es dann aufzuführen, in welcher Reihenfolge diese Aufgaben durchlaufen wurden und wie die Rahmenbedingungen aussahen.

Da Sie vermutlich ein bereits bestehendes experimentelles Paradigma verwenden werden, sollten Sie sich anschauen, wie dieses in anderen Veröffentlichungen beschrieben wird. Lesen Sie am besten mehrere solcher Beschreibungen. An den Darstellungen, die Sie am klarsten und verständlichsten finden, können Sie sich dann beim Verfassen Ihres eigenen Textes orientieren.

Versuchsmaterial. Versuchs- bzw. Untersuchungsmaterial (vgl. Tabelle 1.6, S. 35) kann man in zwei große Gruppen unterteilen: (a) *Stimulusmaterial* sowie (b) *Tests* und *Fragebögen* bzw. *Interviewleitfäden*. Sofern beide Gruppen von Versuchsmaterial in Ihrer Studie vertreten sind, ist es sinnvoll, diese getrennt unter entsprechenden Überschriften wie „Stimuli" oder „Reizmaterial" (oder ggf. konkreter, z.B. „Wortmaterial" oder „Bildmaterial") und „Fragebögen", „Tests" oder „Interviews" darzustellen. Auch mehr als zwei Überschriften sind möglich, wenn das für die Struktur der Darstellung sinnvoll ist. So ließe sich z.B. der Abschnitt *Versuchsmaterial* in die Unterabschnitte *Persönlichkeitsfragebögen*, *Leistungstests* und *Reizmaterial* untergliedern.

Im Abschnitt zum Stimulusmaterial beschreiben Sie das Reizmaterial (wie Wörter, Bilder, Texte, Filme), das beispielsweise im Rahmen von experimentellen Aufgaben dargeboten wurde. Allerdings gehört bei einer experimentellen Aufgabe (z.B. Priming- oder Stroop-Aufgabe) nicht hierher, wie die Aufgabe genau konzipiert und durchgeführt wurde. Letzteres gehört in den *Versuchsablauf* oder, sofern vorhanden, in den Abschnitt, der sich dieser speziellen experimentellen Aufgabe widmet. Manchmal ist es möglich, das Stimulusmaterial mit einem Verweis auf eine Quelle zu beschreiben, beispielsweise: „Es wurden 45 Bilder mit neutralem Gesichtsausdruck aus dem *NimStim Face Stimulus Set* (Tottenham et al., 2009) verwendet." Zur Veranschaulichung könnte man dann noch ein oder zwei Beispiele in der Arbeit abbilden (beachten Sie dabei, ob die Quelle es erlaubt, einzelne Beispiele zu reproduzieren – manchmal ist dies nicht erwünscht, damit sich das Reizmaterial nicht verbreitet und auch für neue Probanden unbekannt ist).

Ist ein solcher Verweis auf eine Quelle nicht möglich, z.B. weil Sie das Material selbst erstellt haben, sollten Sie dieses im Abschnitt *Versuchsmaterial* aufführen. Bei umfangreichem Stimulusmaterial (z.B. langen Wortlisten) ist es meist angebracht, das Material in den Anhang der Arbeit auszulagern und im Text nur beispielhaft zu veranschaulichen. Sofern Sie selbst *Vorstudien zur Erstellung bzw. Überprüfung Ihres Materials* durchgeführt haben, sollten Sie diese einschließlich der entsprechenden Ergebnisse berichten. In Ihrer Arbeit könnte das wie folgt aussehen:

> Es wurden jeweils 100 geläufige, emotional positive und negative Wörter anhand von Wörterbüchern zusammengestellt. Diese wurden anschließend von 12 studentischen Beurteilern (6 davon weiblich) einzeln auf einer 7-stufigen Skala (1 = *sehr positiv* bis 7 = *sehr negativ*) hinsichtlich ihrer affektiven Valenz bewertet. Anhand dieser Urteile wurden die 20 positivsten Wörter ($M = 1.9$, $SD = 0.8$) und die 20 negativsten ($M = 5.8$, $SD = 1.1$) ausgewählt. Beispiele für verwendete negative Wörter sind: *Erniedrigung*, *Tod* und *Versagen*; für positive Wörter: *Liebe*, *Glück* und *Sonne*. Die vollständigen Wortlisten befinden sich in Anhang A.

Meistens würde man die Erstellung und Auswahl der Stimuli noch etwas ausführlicher darstellen. In unserem Beispiel könnte man z.B. darauf eingehen, ob die positiven und negativen Wörter gleich lang und gleich geläufig sind. Wichtig ist aber, dass Vorstudien zur Erstellung von Untersuchungsmaterial wesentlich knapper dargestellt werden dürfen als die eigentliche Studie. Beispielsweise würden Sie die Stichprobe der „12 studentischen Beurteiler" nicht detaillierter z.B. hinsichtlich des Alters beschreiben. Die Angabe zum Geschlecht erscheint hier allerdings angebracht, da man annehmen kann, dass Männer und Frauen bestimmte Wörter unterschiedlich positiv bzw. negativ einschätzen.

Auch *Tests*, *Fragebögen* und *Interviewleitfäden* gehören zum Versuchsmaterial. Wie bei Stimulusmaterial ist zu unterscheiden, ob Sie diese selbst entwickelt oder existierende Verfahren genutzt haben. Bei veröffentlichten Verfahren (z.B. dem Persönlichkeitsfragebogen NEO-PI-R oder dem Intelligenztest IST-2000R) kann sich der Leser prinzipiell selbst über Details informieren – dazu ist lediglich wichtig, dass Sie die entsprechende Quelle angeben. In Ihrer Arbeit beschreiben Sie das Verfahren daher nur insoweit, wie es für das unmittelbare Verständnis der Arbeit erforderlich ist. Je weniger das Verfahren unter Fachkollegen bekannt ist, desto eher sollte man es aber ausführlicher beschreiben. Bei sehr etablierten Verfahren (wie dem NEO-PI-R) genügt die Quellenangabe. Bei weniger bekannten Verfahren werden diese – zusätzlich zur Quellenangabe – kurz beschrieben und ggf. werden Beispielitems angegeben, damit der Leser einen besseren Eindruck von dem Verfahren erhält. Im Folgenden finden Sie die Beschreibung eines weniger bekannten Verfahrens:

> Das *White Bear Suppression Inventory* (WBSI; Wegner & Zanakos, 1994) umfasst 15 Items, mit denen chronische Gedankenunterdrückung erfasst werden soll. Diese Items lassen sich nach Luciano et al. (2006) zwei Skalen zuordnen, nämlich der Skala *Gedankenintrusionen* (z.B. „Es gibt Gedanken, die immer wieder unvermittelt in meinem Kopf auftauchen", „Mir kommen Bilder ins Bewusstsein, die ich nicht auslöschen kann"; acht Items) und der Skala *Gedankenunterdrückung* (z.B. „Es gibt Dinge, an die ich nicht zu denken versuche", „Ich tue oft Dinge, um mich von meinen Gedanken abzulenken"; sieben Items). Die Probanden sollen auf einer 5-stufigen Antwortskala angeben, wie sehr die einzelnen Aussagen auf sie zutreffen (1 = *trifft eindeutig nicht zu* bis 5 = *trifft eindeutig zu*).
>
> Zur Reliabilität und Validität des WBSI finden sich weitere Analysen bei Luciano und Algarabel (2006), Muris, Merckelbach und Horselenberg (1996) sowie Palm und Strong (2007). Da keine veröffentlichte deutschsprachige Version des WBSI existiert, wurde in der vorliegenden Arbeit die unveröffentlichte Übersetzung von Hoyer und Fehm (2007) verwendet.

Das Beispiel verdeutlicht, was in der Beschreibung eines Verfahrens enthalten sein muss: Originalquelle, Anzahl der Items, ggf. Struktur (Subskalen bzw. Subtests mit der Anzahl der jeweils zugeordneten Items) und Antwortformat (hier die Antwortskala von 1 bis 5). Nützlich sind zudem Beispielitems für jede der Skalen bzw. Subskalen. Allerdings ist es nicht erforderlich (und falls Ihre Arbeit irgendwann der Öffentlichkeit zugänglich gemacht werden soll, aus Urheberrechtsgründen sogar problematisch), alle Items des Verfahrens in Ihrer Arbeit wiederzugeben – auch im Anhang sollten Sie dies *nicht* tun (zum Urheberrecht vgl. den

Exkurs auf S. 253 f.). Details zur Reliabilität und Validität brauchen Sie meist nicht zu erörtern – stattdessen verweisen Sie wie im Beispiel auf entsprechende Quellen. Einige Betreuer möchten allerdings direkt in Ihrer Arbeit Angaben zu diesen Aspekten lesen. Dann schreiben Sie – sofern dies für Ihre Untersuchung relevant ist – z.B.: „Die Retest-Reliabilität nach 6 Monaten ist für diesen Intelligenztest mit $r_{tt} = .87$ als hoch einzustufen." Halten Sie solche Ausführungen aber eher kurz. In Ihrem Ergebnisteil (vgl. Abschnitt 1.9) haben Sie Gelegenheit, bei der *Beschreibung der erfassten Variablen* (siehe S. 49–50) darauf einzugehen, ob die Tests oder Fragebogenskalen *in Ihrer Stichprobe* eine ausreichend hohe Reliabilität oder interne Konsistenz aufgewiesen haben. Gegebenenfalls können Sie dort mittels einer Korrelationstabelle auch kurz auf die Validität der Skalen eingehen (vgl. Tabelle 1.9 auf S. 49). Sofern man nicht das Originalverfahren verwendet hat, sondern eine bestehende Übersetzung, muss man die Quelle der Übersetzung nennen. Es ist auch erlaubt, Verfahren selbst zu übersetzen. Dann sollten Sie aber beschreiben, wie Sie bei der Übersetzung vorgegangen sind (siehe den Band *Planen, Durchführen und Auswerten*, S. 202).

Wenn Sie Erhebungsinstrumente oder experimentelle Paradigmen beschreiben, ist Präsens die dafür angemessene Zeitform – schließlich besteht das Instrument bzw. das Paradigma ja auch noch in der Gegenwart. Daher heißt es im obigen Beispiel, dass der Fragebogen 15 Items „umfasst". Auf die Wahl der richtigen Zeitform gehen wir in Abschnitt 3.5.6 genauer ein.

Hat man ein Verfahren, z.B. eine neue Fragebogenskala, selbst konstruiert, geht man – ähnlich wie bei selbst erstelltem Stimulusmaterial – ausführlicher darauf ein. Man würde den Konstruktionsprozess beschreiben und, sofern Vorstudien mit diesem Verfahren durchgeführt wurden, auch deren psychometrischen Ergebnisse berichten, also beispielsweise Befunde zur Reliabilität und Validität. Die Besonderheit selbst konstruierter Verfahren besteht ja darin, dass der Leser nicht auf andere Quellen zurückgreifen kann, um sich über den Aufbau des Instruments oder über Aspekte wie Reliabilität und Validität zu informieren. Er ist gänzlich auf Ihre Angaben angewiesen, weshalb diese entsprechend informativ sein sollten. Eine vollständige Auflistung aller Items des selbst konstruierten Verfahrens wird man – zumindest bei umfangreicheren Verfahren, also ab etwa 12 Items – üblicherweise in den Anhang auslagern.

Bei der Beschreibung von Fragebögen, Tests, Interviews etc. sollten Sie auch berücksichtigen, wie zentral diese Verfahren bzw. die damit erfassten Konstrukte für Ihre Arbeit sind. Häufig werden gewisse Fragebögen, z.B. zur sozialen Erwünschtheit oder zur aktuellen Stimmung, miterhoben, um für entsprechende Effekte dieser Konstrukte kontrollieren zu können. Solche Verfahren, die man bei der Erhebung „mitlaufen" lässt, brauchen Sie weniger ausführlich darzustellen als das Instrument, mit dem Sie die zentrale Variable Ihrer Arbeit erfassen.

Versuchsablauf. Im Abschnitt *Versuchsablauf* oder *Durchführung* (vgl. Tabelle 1.6 auf S. 35) beschreibt man, in welcher *Reihenfolge* die Aufgaben, Fragebögen etc. von den Probanden bearbeitet wurden. Außerdem werden relevante *Rahmen- oder Umgebungsbedingungen* und ggf. *Instruktionen* angegeben. Instruktionen sollten allerdings nur dann wörtlich wiedergegeben werden, wenn sie für die Bedingungs-manipulation essenziell sind. Kurze wörtliche Instruktionen können direkt im Text an der entsprechenden Stelle im Versuchsablauf abgedruckt werden. Bei umfang-reicheren Instruktionen (mehr als eine drittel Seite), die Sie wörtlich wiedergeben wollen, sollten Sie erwägen, diese in den Anhang Ihrer Arbeit zu verschieben.

Was relevante Umgebungsbedingungen sind, hängt – ähnlich wie bei der Beschreibung der Stichprobe – davon ab, was Gegenstand der Studie ist. So kann es bei einem sozialpsychologischen Experiment zu Autoritätshörigkeit durchaus relevant sein, ob der Versuchsleiter einen Anzug und darüber einen weißen Laborkittel trägt (und dadurch als Autoritätsperson erscheint) oder in abgetrage-nen Jeans und T-Shirt auftritt. Wenn es in einem wahrnehmungspsychologischen Experiment hingegen z.B. um die Hörschwelle von Probanden geht, ist davon auszugehen, dass die Kleidung des Versuchsleiters keinen Effekt auf die Ergeb-nisse hat und folglich auch nicht beschrieben werden muss. Ähnliche Überlegun-gen wie für die Kleidung lassen sich für den Ort der Versuchsdurchführung (z.B. Laborraum in der Universität, heruntergekommene Hinterhofgarage, öffentliche Straße, Luftschutzkeller, Kreißsaal) oder die Tageszeit anstellen. Oft werden diese Aspekte nicht relevant sein, bei bestimmten Fragestellungen hingegen sehr wohl.

Der Hauptbestandteil des Versuchsablaufs besteht darin, zu beschreiben, was der Proband in den einzelnen Schritten der Untersuchung machen musste. Sie können sich bei der Beschreibung an Ihrem Versuchsablaufplan orientieren (zum Versuchs-ablaufplan siehe den Band *Planen, Durchführen und Auswerten*, Abschnitt 6.8). Wenn die Studie experimentelle Aufgaben (z.B. Aufgaben am PC) umfasst und diese recht einfach und knapp zu beschreiben sind, kann dies innerhalb des Abschnitts „Versuchsablauf" erfolgen. Bei komplexeren experimentellen Aufga-ben und insbesondere, wenn mehrere verschiedene experimentelle Aufgaben innerhalb einer Studie vorkommen, ist es jedoch ratsam, diese vorab einzeln zu beschreiben und dann im Abschnitt „Versuchsablauf" nur noch anzugeben, in welcher Reihenfolge und unter welchen Rahmenbedingungen die Aufgaben bzw. Fragebögen und Tests durchgeführt wurden.

Kommen wir zur Verdeutlichung auf das Beispiel zurück, für das in Abbildung 1.4 (S. 20) zwei mögliche Inhaltsverzeichnisse angegeben sind. Hier sieht man, dass die Stroop- und die Flanker-Aufgabe schon vor dem Abschnitt „Durchführung" bzw. dem Abschnitt „Versuchsablauf" beschrieben wurden. Auch die verwende-ten Fragebögen wurden bereits dargestellt. In diesem Fall könnte man den Ver-suchsablauf folgenderweise beschreiben:

> Zunächst erhielten die Probanden eine kurze Einführung durch den Versuchsleiter in den Ablauf und Zweck der Untersuchung, bevor sie die Fragebögen zu Extra-version und Impulsivität bearbeiteten. Es schloss sich die Stroop-Aufgabe an, ge-folgt von einer etwa 10-minütigen Unterbrechung bzw. Erholungspause, in der die Probanden allerdings auch die Items zu ihrem aktuellen positiven und negativen Affekt beantworteten. Nach dieser Pause wurde die Flanker-Aufgabe durchgeführt. Abschließend beantworteten die Probanden erneut Items zum aktuellen Affekt, be-arbeiteten eine Nachbefragung und machten demografische Angaben. Die Ver-suchsdurchführung beanspruchte etwa eineinhalb Stunden.

Die Probanden nahmen einzeln an der Erhebung teil. Die Bearbeitung der Stroop- und der Flanker-Aufgabe erfolgte am Computer, wobei die Probanden vor einem 19-Zoll-Monitor mit einer Auflösung von 1280 × 1024 Punkten saßen. Alle Fragebögen wurden als Papier-und-Bleistift-Versionen dargeboten.

Der erste Absatz im Beispiel beschreibt den Ablauf, wie er sich für den Probanden darstellte. Achten Sie darauf, dass hier auch Zeitangaben erfolgen sollten, zumindest, wie lange die Erhebung für die einzelne Person im Durchschnitt gedauert hat (dies ist z.B. für Ermüdungserscheinungen relevant). Der zweite Absatz beschreibt die Rahmenbedingungen. Obligatorisch ist hier die Angabe des Erhebungssettings: Fand die Erhebung einzeln oder in Gruppen statt? Da sich für die Geräte kein eigener Abschnitt gelohnt hätte, wird hier auch die Größe und Auflösung des Monitors kurz erwähnt. Zudem wird explizit angegeben, welche Teile des Versuchs am Computer bearbeitet wurden.

Bei komplexen Versuchsabläufen, beispielsweise wenn Probanden mehrere Versuchsbedingungen durchlaufen oder verschiedene Versuchsgruppen an bestimmten Stellen des Versuchsablaufs Unterschiede aufweisen, die man hervorheben möchte, kann die Darstellung des Ablaufs auch durch eine Tabelle oder eine Abbildung unterstützt werden. Abbildung 1.6 veranschaulicht dies an einem Beispiel.

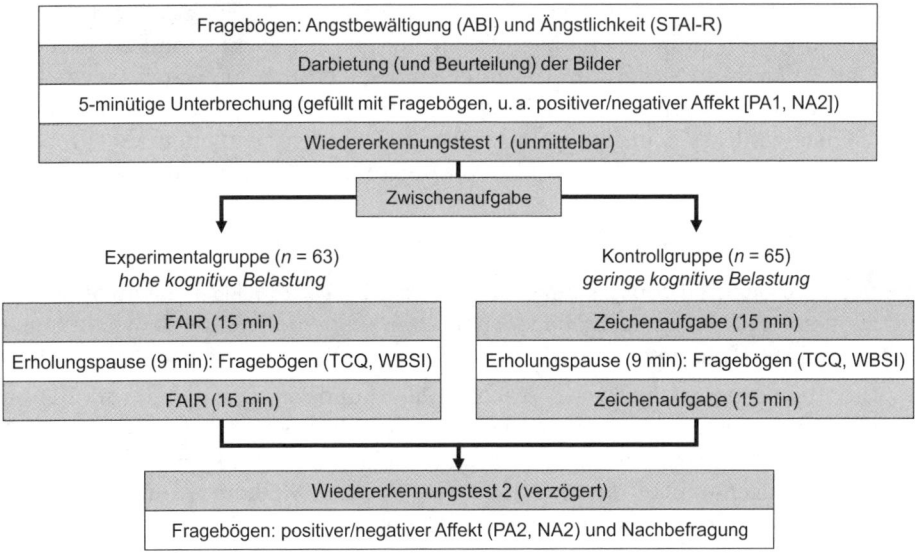

Abbildung 1.6. Beispiel für die grafische Veranschaulichung eines komplexen Versuchsablaufs (in Anlehnung an Peters, 2012, S. 179).

Sofern Sie bei Ihrer Untersuchung eine Coverstory eingesetzt haben (siehe den Band *Planen, Durchführen und Auswerten*, Abschnitt 6.8), müssen Sie auch beschreiben, wie diese den Probanden vermittelt und glaubhaft gemacht wurde. In solchen Fällen sollten Sie, um ethischen Anforderungen gerecht zu werden, ferner angeben, in welcher Form die Probanden aufgeklärt wurden. Dazu würde eine Formulierung folgender Art genügen:

Am Ende der Versuchsdurchführung wurden die Probanden über den wahren Zweck der Untersuchung aufgeklärt und bekamen die Gelegenheit, Rückfragen zu stellen. Zudem erhielten die Probanden die Kontaktdaten des verantwortlichen Versuchsleiters, um ggf. später auftretende Fragen mit diesem klären zu können. Ferner wurden sie gebeten, bis zum Abschluss der Erhebung aller Probanden Verschwiegenheit zu wahren, um somit potenziellen anderen Probanden nicht schon vorab Informationen über den Versuchsablauf zu liefern. Alle Probanden erklärten sich damit einverstanden.

Beachten Sie, dass die Beschreibung der Versuchsdurchführung in der Vergangenheitsform (Präteritum) erfolgt, da diese ja abgeschlossen ist. Es ist zudem üblich, unpersönliche Formulierungen zu verwenden, z.B. „alle Fragebögen wurden als Papier-und-Bleistift-Versionen dargeboten" statt „wir haben alle Fragebögen als Papier-und-Bleistift-Versionen dargeboten", auch wenn das gelegentlich zu unschönen Passivkonstruktionen zwingt. Vermeiden Sie Formulierungen, die Probanden abwerten (z.B. „Die Schizophrenen wurden in den Computertomographen gelegt"). In Kapitel 3 werden diese und weitere sprachliche Aspekte eingehender behandelt.

Bei der Beschreibung der Versuchsdurchführung gilt es, wie bei allen Teilen einer wissenschaftlichen Arbeit, die richtige Balance zwischen Detailgenauigkeit und Kürze zu finden. Anfänger machen oft den Fehler, Selbstverständlichkeiten bzw. irrelevante Details zu beschreiben, z.B.: „Nachdem der Versuchsleiter dem Probanden die Tür geöffnet hatte, begrüßte er ihn mit Handschlag und bot ihm an, sich auf einen Stuhl zu setzen. Anschließend legte er ihm den ersten Fragebogen und einen Kugelschreiber auf den Tisch und bat ihn, diesen Fragebogen auszufüllen." Hier würde es genügen, zu schreiben: „Zunächst bearbeitete der Proband den ersten Fragebogen." Details über die Begrüßung und über das verwendete Schreibgerät wären überflüssig.

Wichtige Punkte im Überblick:

- Der Methodenteil muss so geschrieben sein, dass die Leser nachvollziehen können, was Sie gemacht haben und Ihre Untersuchung auch wiederholen (replizieren) könnten.

- Die Abschnitte *Stichprobe*, *Versuchsmaterial* und *Versuchsablauf* (mit diesen oder ähnlichen Bezeichnungen) kommen in jedem Methodenteil vor. Oft tritt der Abschnitt *Versuchsplanung* hinzu. Weitere Abschnitte werden je nach Bedarf aufgenommen. Je nach Komplexität Ihrer Methode kann es sinnvoll sein, die Abschnitte weiter zu untergliedern.

- Bei komplexen Versuchsabläufen kann eine Abbildung die Klarheit der Darstellung und das Verständnis beim Leser unterstützen.

- Instruktionen an die Probanden müssen in der Regel nicht wörtlich wiedergegeben werden, es sei denn, die exakte Formulierung ist für die Studie relevant.

- Umfangreiches Untersuchungsmaterial und lange Instruktionen sollten – sofern die vollständige bzw. wörtliche Wiedergabe überhaupt erforderlich ist – in den Anhang der Arbeit ausgelagert werden.

- Seien Sie in Ihrer Beschreibung umfassend und genau, aber vermeiden Sie irrelevante oder triviale Ausführungen (richtige Balance zwischen Detailgenauigkeit und Kürze). Im Zweifelsfall berichten Sie lieber etwas zu viel als zu wenig.

■ Die primäre Zeitform für die Beschreibung der Versuchsdurchführung ist das Präteritum. Werden hingegen Erhebungsinstrumente beschrieben, die ja nach wie vor bestehen, verwendet man das Präsens (Beispiel: „Der NEO-FFI umfasst 240 Items, die fünf Skalen zugeordnet sind"). Zu sprachlichen Aspekten siehe auch Kapitel 3.

1.9   Ergebnisse

Im Ergebnisteil werden die *für die Beantwortung der Fragestellung bzw. der einzelnen Hypothesen relevanten Daten* dargestellt. Bei hypothesenprüfenden Untersuchungen umfasst dies die Testung, ob die Daten die Hypothesen unterstützen. Allerdings gibt es für den Ergebnisteil keine feste Gliederung oder Struktur. Ähnlich wie beim Theorieteil gilt es, eine Gliederung zu finden, die den Inhalten Ihrer Arbeit gerecht wird.

Im vorliegenden Abschnitt erläutern wir den Aufbau – also die Makrostruktur – des Ergebnisteils. Auf die Darstellung einzelner Ergebnisse – die Mikrostruktur der Ergebnisdarstellung – gehen wir ausführlicher in den Kapiteln 6 und 7 ein.

Wie besprochen, ist der wichtigste Aspekt einer guten Gliederung, einen roten Faden zu entwickeln, der dem Leser hilft, Ihren Ausführungen zu folgen. Dies ist keine einfache Aufgabe, was man daran erkennt, dass viele Ergebnisteile schwer nachvollziehbar abgefasst sind. Eine gute Gliederung zu finden, wird auch dadurch erschwert, dass die Ergebnisdarstellung und die Diskussion der Ergebnisse üblicherweise in zwei Kapitel separiert werden. Der Leser muss sich also zunächst durch eine Unmenge numerischer Befunde kämpfen, bevor er erfährt, was diese Ergebnisse inhaltlich bedeuten oder weshalb sie wichtig sind (vgl. Sternberg & Sternberg, 2010, Kap. 5). Die Idee hinter dieser Trennung ist, dass die objektiven statistischen Befunde und deren – zum Teil subjektive – inhaltliche Interpretation nicht miteinander vermengt werden sollen. Auch wenn diese Idee nachvollziehbar ist, bleibt fraglich, ob man mit diesem Vorgehen tatsächlich eine größere Objektivität und damit mehr Wissenschaftlichkeit erreicht bzw. ob eine solche Aufspaltung in zwei Kapitel erforderlich ist, um Befunde und Interpretation klar zu trennen (Sternberg & Sternberg, 2010, Kap. 5). Es spräche einiges dafür, Ergebnisse und Diskussion in einem gemeinsamen Abschnitt abzuhandeln und die Arbeit mit einer „Gesamtdiskussion", „Implikationen" oder einem „Fazit" abzuschließen. In Abschnitt 1.11 erläutern wir, wie Sie in diesem Fall den integrierten Ergebnis- und Diskussionsteil aufbauen.

Viele Betreuer vertreten allerdings die Meinung, dass in studentischen Arbeiten demonstriert werden soll, dass der „klassische" Aufbau beherrscht wird. Erst wenn das der Fall ist, sei es legitim, auch verfeinerte Abwandlungen auszuprobieren. Sofern Sie Ergebnisse und Diskussion in einem Kapitel verbinden wollen, fragen Sie also zuerst Ihren Betreuer, ob er damit einverstanden ist. Wir konzentrieren uns im Folgenden auf die klassische Vorgehensweise, also die Trennung in zwei Kapitel.

Um Ihnen zu veranschaulichen, auf welch unterschiedliche Weise man den Ergebnisteil gliedern kann, sind in Abbildung 1.7 vier Möglichkeiten dargestellt. Dabei sind diese nicht als exklusiv zu verstehen: Sie können die Elemente der vier Beispielgliederungen auch mischen, sofern der Aufbau logisch konsistent bleibt! In allen Gliederungen haben wir als Option einen Abschnitt zur *vorbereitenden Datenanalyse* aufgenommen (einige Autoren platzieren einen derartigen Abschnitt auch am Ende des Methodenteils oder – dann als eigenständiges Kapitel – zwischen Methoden- und Ergebnisteil). Diesen werden Sie nicht immer benötigen, aber wenn Sie Ausreißer entfernt, fehlende Daten ersetzt oder Daten transformiert haben, sollten Sie das an dieser Stelle beschreiben und jeweils begründen (vgl. den Band *Planen, Durchführen und Auswerten*, Kap. 8). Dabei werden üblicherweise nur kurze Erläuterungen geliefert. Diagramme zur Dateninspektion wie Histogramme, Boxplots oder Q-Q-Plots sollten Sie in der Regel nicht in Ihrer Arbeit abbilden – derartige Diagramme dienen der eigenen Information, aber nicht der Präsentation in der schriftlichen Arbeit. In dieser würde man sich auf Erläuterungen folgender Art beschränken: „Da die Werteverteilung der Reaktionszeiten sehr linkssteil war, wurde diese logarithmisch transformiert, wodurch eine deutliche Annäherung an eine Normalverteilung erreicht wurde." (Zum Beleg könnte man die Schiefe- und Kurtosis-Parameter vor und nach der Transformation angeben.) Die Diagramme zur Dateninspektion sollten Sie Ihrer Arbeit allenfalls im Anhang hinzufügen, wenn Sie nicht darauf verzichten wollen.

(A)	(B)
4 Ergebnisse	**4 Ergebnisse**
4.1 Vorbereitende Datenanalyse (optional)	4.1 Vorbereitende Datenanalyse (optional)
4.2 Beschreibung dererfassten Variablen	4.2 Beschreibung der erfassten Variablen
4.3 Manipulationskontrolle (falls relevant)	4.3 Allgemeinpsychologische Befunde
4.4 Befunde zu den Hypothesen	4.4 Differenzialpsychologische Befunde
(C)	**(D)**
4 Ergebnisse	**4 Ergebnisse**
4.1 Vorbereitende Datenanalyse (optional)	4.1 Vorbereitende Datenanalyse (optional)
4.2 Deskriptive Befunde	4.2 Stroop-Effekt
4.3 Inferenzstatistische Prüfung	4.3 Flanker-Effekt
4.4 Weiterführende Analysen	4.4 Zusammenhangsanalyse

Abbildung 1.7. Gliederungsmöglichkeiten für den Ergebnisteil.

Generell müssen Sie auf diejenigen Schritte der Datenaufbereitung eingehen, bei denen Sie größere Freiheiten hinsichtlich des Vorgehens hatten, und bei denen ein anderes Vorgehen zu anderen Resultaten führen könnte. Wenn Sie also Ausreißer entfernen, dann müssen Sie Ihr Kriterium dafür angeben, da Sie diesbezüglich große Spielräume haben und andere Kriterien möglicherweise zu anderen Ergebnissen führen. Einfache technische Schritte der Datenaufbereitung, die bei jeder Auswertung erforderlich sind, beschreiben Sie hingegen nicht. So werden beispielsweise invers skalierte Items vor der Bildung eines Skalenscores *immer* umkodiert – daher müssen Sie dies nicht angeben. Auch das Aggregieren und

Umstrukturieren von Daten sind notwendige und selbstverständliche Schritte, weshalb Sie diese nicht weiter erwähnen. (Wie Sie bei der Datenaufbereitung vorgehen, ist im Band *Planen, Durchführen und Auswerten*, Kap. 8, beschrieben.)

In vielen Fällen, z.B. wenn Sie mit Fragebögen eine Reihe von Konstrukten erhoben haben, bietet es sich an, vor der eigentlichen Auswertung eine *Beschreibung der erfassten Variablen* zu liefern (vgl. Abbildung 1.7, Gliederung A und B). Dazu berichtet man von allen Fragebogenskalen den Mittelwert, die Standardabweichung sowie die interne Konsistenz (Cronbachs α). Tabelle 1.8. zeigt ein entsprechendes Beispiel.

Tabelle 1.8. Skalenmittelwerte, Standardabweichungen und interne Konsistenzen der Selbstberichtsmaße ($N = 89$)

Skala (Itemanzahl)	*M*	*SD*	Cronbachs α
Verträglichkeit (12)	2.83	0.91	.83
Extraversion (12)	2.47	0.85	.79
Ängstlichkeit (15)	2.65	0.73	.89

Außerdem präsentiert man oft einen Überblick über die Zusammenhänge der Skalen bzw. weiterer Variablen untereinander, wozu man die Korrelationen der Variablen angibt (Tabelle 1.9). Die in diesen Tabellen dargestellten Werte erlauben erste Rückschlüsse auf die Qualität der Daten. Wenn man weiß, dass die in Tabelle 1.8 aufgeführten Variablen Antwortskalen von 1 bis 5 hatten, erkennt man, dass auf allen drei Persönlichkeitseigenschaften die Probanden mittlere Ausprägungen (Mittelwerte) und übliche Streuungen (Standardabweichungen) aufwiesen. Hätte der mittlere Ängstlichkeitswert hingegen statt bei $M = 2.65$ bei $M = 4.81$ gelegen, müsste man von einem Deckeneffekt ausgehen. Dieser kann verschiedene Ursachen haben, z.B. eine außergewöhnlich ängstliche Stichprobe oder ein ungeeignetes Messinstrument. Auch Cronbachs α lässt Rückschlüsse auf die Skalenqualität zu (vgl. den Band *Planen, Durchführen und Auswerten*, Abschnitt 8.8).

Tabelle 1.9. Interkorrelationen der Selbstberichtsdaten und des Geschlechts ($N = 89$)

Variable	2	3	4
1. Geschlecht	−.32**	.07	−.25*
2. Verträglichkeit		−.36**	.28**
3. Extraversion			−.42**
4. Ängstlichkeit			—

Anmerkungen. Geschlechtskodierung: 0 = Frauen, 1 = Männer.
*$p \le .05.$ **$p \le .01.$

Die Interkorrelationen (Tabelle 1.9) geben Aufschluss über die unmittelbaren Zusammenhänge der Variablen untereinander. Sofern man die Variablen später in multiplen Regressionsanalysen oder ähnlichen Verfahren verwendet, ist die Angabe dieser sogenannten *Korrelationen nullter Ordnung* (engl. *zero-order correlations*) notwendig, um vergleichen zu können, wie sich die Zusammenhangsmaße verändern, wenn gleichzeitig mehrere Prädiktoren ein Kriterium vorhersagen. In vielen Fällen kann man solche Korrelationsmatrizen auch zur Bestimmung der konvergenten und divergenten Validität der erfassten Konstrukte verwenden (vgl. den Band *Planen, Durchführen und Auswerten*, S. 198 f.). So entsprechen beispielsweise die Daten in Tabelle 1.9 den Erwartungen, dass Frauen verträglicher und ängstlicher sind als Männer und dass Extraversion und Ängstlichkeit negativ miteinander korreliert sind.

An dieser Stelle – entweder in einem eigenständigen Unterabschnitt oder integriert in einen der Abschnitte „Vorbereitende Datenanalyse" oder „Beschreibung der erfassten Variablen" – könnten Sie auch die Ergebnisse einer *Manipulationskontrolle* berichten. Ziel der Manipulationskontrolle ist, zu zeigen, dass die experimentelle Variation der unabhängigen Variablen gelungen ist und den gewünschten Effekt hatte. Angenommen, Sie wollten untersuchen, ob Menschen in positiver Stimmung besser lernen als in negativer. Um positive bzw. negative Stimmung bei den Probanden zu erzeugen, haben Sie ihnen lustige bzw. traurige Filmszenen vorgespielt. Die Manipulationskontrolle besteht in diesem Falle darin, zu prüfen, ob die Filmszenen tatsächlich den gewünschten Effekt auf die Stimmung hatten. Dazu könnten Sie jeweils vor und nach den Filmszenen mittels eines Fragebogens den aktuellen Affekt erheben und testen, ob dieser bei lustigen Filmen positiver und bei traurigen Filmen negativer geworden ist. Die Ergebnisse der Testung berichten Sie als Manipulationskontrolle. Dass die Manipulation funktioniert hat, ist eine notwendige Voraussetzung, um Ihre eigentliche Hypothese, nämlich dass die Stimmung die Lernleistung beeinflusst, sinnvoll prüfen zu können. Wenn die Filme keinen Einfluss auf die Stimmung hatten, können Sie auch keine stimmungsabhängigen Unterschiede im Lernerfolg finden.

Nach der Beschreibung der erfassten Variablen und ggf. dem Bericht der Manipulationskontrolle kann man auf verschiedene Weisen fortfahren. Eine einfache Methode, mit der man fast nie etwas falsch macht, ist, die einzelnen Hypothesen nacheinander abzuarbeiten (Gliederungsmöglichkeit A in Abbildung 1.7). Dabei berichten Sie zu jeder Hypothese kurz die relevanten deskriptiven Daten und anschließend die inferenzstatistische Testung. Das könnte wie folgt aussehen:

> Als erste Hypothese wurde formuliert, dass der wöchentliche Bierkonsum von männlichen Studierenden größer ist als der von weiblichen. In der studentischen Stichprobe konsumierten die Männer pro Woche durchschnittlich $M = 2.82$ L Bier ($SD = 2.08$ L), die Frauen hingegen nur $M = 1.97$ L ($SD = 1.59$ L).[4] Dieser Unterschied war allerdings nicht signifikant, $t(26) = 1.21$, $p = .12$ (einseitig), $d = 0.46$. Trotz der relativ großen Mittelwertsdifferenz kann die Hypothese also nicht bestätigt werden.
>
> Hypothese 2 besagte, dass …

Eine *kurze* Wiederholung des Inhalts der Hypothese hilft dem Leser, sich an diese zu erinnern. Will er die Hypothese und deren Begründung im Detail nachlesen, kann er in den Theorieteil der Arbeit schauen. Damit der Leser sich einfacher orientieren kann, ist es sinnvoll, auf die Nummerierung der Hypothesen Bezug zu

---

4   Zur Schreibweise der Maßeinheit *Liter* siehe Abschnitt 5.5.

nehmen. Alternativ kann man insbesondere dann, wenn man nur wenige Hypothesen aufgestellt hat, diesen prägnante Namen geben (hier z.B. „Bierkonsum-Hypothese") – dann weiß der Leser auch ohne Wiederholung des Inhalts, was gemeint ist (vgl. den Hinweis zur Benennung von Hypothesen auf S. 33).

Wie Ihnen vielleicht aufgefallen ist, haben wir in dem Beispiel nicht explizit erwähnt, welcher inferenzstatistische Test durchgeführt wurde. Diese Angabe ist nämlich nicht nötig, da dem Leser dies aus dem Kontext klar wird: Wir berichten t-Werte und vergleichen Männer und Frauen – da kann es sich nur um einen t-Test für unabhängige Stichproben handeln. Lässt sich diese Information aber nicht so leicht herleiten oder werden komplexere Verfahren eingesetzt, sollte man das verwendete Verfahren benennen und beispielsweise schreiben: „Eine Varianzanalyse für die Reaktionszeiten mit dem Within-subject-Faktor *Aufgabenschwierigkeit* und dem Between-subjects-Faktor *Leistungsdruck* erbrachte ...".

So wie in dem Bierkonsum-Beispiel könnten Sie alle Hypothesen der Reihe nach abhandeln. Ein wesentlicher Vorteil bei dieser Gliederung ist, dass der Leser immer gut nachvollziehen kann, welcher Hypothese die gerade berichteten Befunde zuzuordnen sind. Das kann bei anderen Gliederungen weniger offensichtlich sein. Manchmal ist es allerdings eleganter, inhaltlich zusammengehörige Hypothesen gemeinsam zu prüfen. Verfahren wie mehrfaktorielle Varianzanalysen und multiple Regressionsanalysen sind zudem darauf ausgelegt, gleichzeitig ein Bündel von Annahmen zu prüfen. In solchen Fällen können andere Gliederungen geeigneter sein.

Bei manchen – insbesondere persönlichkeitspsychologischen – Studien bietet sich die Gliederung B aus Abbildung 1.7 an. Nehmen wir an, Sie haben untersucht, ob Gedächtnisleistungen mit Persönlichkeitseigenschaften zusammenhängen, konkret beispielsweise, ob Introversion und die Erinnerungsleistung für Wortmaterial korrelieren, und ob es dabei einen Unterschied macht, ob die Wörter emotional positiv oder negativ sind. Unter „Allgemeinpsychologische Befunde" könnten Sie dann zunächst berichten, welche Erinnerungsleistungen die Probanden erzielt haben – sowohl über alle Wörter hinweg als auch getrennt für positive und negative Wörter. Diese Auswertung ist sinnvoll, da es ja an sich interessant – und erklärungsbedürftig – wäre, wenn z.B. positive Wörter besser erinnert werden als negative. Im Abschnitt „Differenzialpsychologische Befunde" stellen Sie dann dar, wie die Erinnerungsleistungen zusätzlich mit Introversion zusammenhängen, also ob es einen Zusammenhang zwischen Introversion und der Erinnerungsleistung gibt und ob dieser für positive und negative Wörter unterschiedlich ausfällt (zur Auswertung könnte man eine Regressions- oder eine Kovarianzanalyse verwenden).

Beim Gliederungsvorschlag C aus Abbildung 1.7 geht man im Prinzip genauso vor, wie wir es oben am Beispiel einer einzelnen Hypothese zum Bierkonsum von Studierenden dargestellt haben: erst deskriptive Angaben, dann die inferenzstatistische Prüfung. Allerdings werden nun erst die deskriptiven Befunde für alle Hypothesen berichtet, bevor die inferenzstatistischen Prüfungen folgen. Eine solche Gliederung kann zu einer ökonomischeren Ergebnisdarstellung führen, wenn sich z. B. die deskriptiven Ergebnisse für viele verschiedene Hypothesen gemein-sam in wenigen Tabellen und/oder Diagrammen präsentieren lassen. Eine weitere Besonderheit von Gliederungsvorschlag C, die jedoch bei jeder Art von Gliede-rung optional hinzugefügt werden kann, ist der Abschnitt „Weiterführende Ana-lysen". Ein solcher Abschnitt ist oft sinnvoll, wenn einem während der Datenaus-wertung weitere Analysen einfallen, die man gern berichten würde, die man ursprünglich aber nicht geplant und für die man auch keine konkreten Hypothe-sen aufgestellt hat. Dann könnten hier – im Sinne explorativer Untersuchungen – weitere Auswertungen beschrieben werden.

Der Gliederungsvorschlag D aus Abbildung 1.7 ist geeignet, wenn man zwei (oder mehr) Effekte oder Phänomene erfasst, die sich einzeln auswerten lassen, darüber hinaus aber auch deren Zusammenhang betrachtet werden soll. Das Gliederungs-beispiel bezieht sich auf eine Untersuchung zur Inhibition, in deren Rahmen zwei experimentelle Aufgaben durchgeführt wurden: die Stroop- und die Flan-ker-Aufgabe. Die Ergebnisse dieser Aufgaben werden im Ergebnisteil zunächst separat berichtet. Der eigentliche Schwerpunkt der Arbeit liegt aber darauf, ob diese Effekte auch miteinander zusammenhängen, was in der Zusammenhangs-analyse untersucht wird.

Dass man erst deskriptive und dann inferenzstatistische Ergebnisse berichtet, ist übrigens keine unumstößliche Regel. In Zeitschriftenartikeln wird Ihnen gele-gentlich die umgekehrte Reihenfolge begegnen. Beispielsweise wird bei der Dar-stellung von Varianzanalysen oft zunächst angegeben, dass Haupt- und/oder Interaktionseffekte signifikant sind, um anschließend zu berichten, auf welchen Mittelwertunterschieden diese Effekte im Einzelnen beruhen und ob die Rich-tung der Effekte den Hypothesen entspricht. Wenn Sie diese Regel also durchbre-chen wollen, ist das erlaubt. Wir denken aber, dass Sie sich selbst das Vorgehen in den meisten Fällen erleichtern, wenn Sie sich an das folgende Prinzip halten: *Zeige dem Leser, wie die Daten bzw. Effekte aussehen (deskriptiv, z.B. auch mit Tabellen oder Diagrammen), und gib dann an, ob diese Effekte signifikant sind (statistische Tests)!*

Die vier Gliederungsvarianten aus Abbildung 1.7 sind als Anregungen zu verste-hen, die Ihnen einige Möglichkeiten der Gliederung veranschaulichen sollten. Sie stellen aber nicht erschöpfend alle möglichen Varianten dar. Wenn Sie sich weitere Anregungen holen wollen, achten Sie beim Lesen empirischer Arbeiten darauf, wie bei diesen der Ergebnisteil gegliedert ist. Beurteilen Sie dabei selbst, welche Gliederungsvariante Sie übersichtlich und gut nachvollziehbar finden. Schlechte Gliederungen, bei denen Sie der Meinung sind, dass es schwer fällt, diesen zu folgen, sollten Sie sich nicht als Vorbild nehmen.

Sie haben in diesem Abschnitt gelernt, wie die Makrostruktur des Ergebnisteils aussieht. Wie Sie beim Berichten konkreter Ergebnisse vorgehen müssen, erfah-ren Sie in den Kapiteln 6 und 7.

Wichtige Punkte im Überblick:

- Der Aufbau des Ergebnisteils lässt viele Freiheiten. Achten Sie darauf, dass der Leser Ihren Ausführungen gut folgen kann und *verdeutlichen Sie ihm Ihren roten Faden.*

- Bei Bedarf eröffnen Sie den Ergebnisteil mit einem Abschnitt „Vorbereitende Datenanalyse", in dem Sie z. B. die Ergebnisse von Ausreißeranalysen oder – falls Sie fehlende Werte ersetzt haben – das Vorgehen bei der Datenimputation darstellen.

- Eine allgemeine, für die weiteren Teile der Ergebnisdarstellung relevante, deskriptive „Beschreibung der erfassten Variablen" kann ebenfalls vorangestellt werden. Diese lässt sich auch unter der Zwischenüberschrift „Deskriptive Befunde" einordnen. Hier können zudem Korrelationstabellen interessierender Variablen präsentiert werden.

- Berichten Sie ggf. *Manipulationskontrollen* (diese lassen sich den Abschnitten „Vorbereitende Datenanalyse" oder „Beschreibung der erfassten Variablen" zuordnen, können aber auch einen eigenständigen Abschnitt bilden).

- Die Darstellung der Ergebnisse sollte so erfolgen, dass der Leser stets weiß, welche Hypothese gerade besprochen oder überprüft wird. Am einfachsten und sichersten ist es, eine Hypothese nach der anderen systematisch abzuarbeiten, wobei Sie ggf. auf die Nummerierung oder Benennung der Hypothesen im Theorieteil Bezug nehmen. Erinnern Sie den Leser kurz an die Kernaussage der jeweiligen Hypothese.

- Ergebnisdarstellungen enthalten stets deskriptive und inferenzstatistische Angaben. Hier ist das einfachste Vorgehen, die Daten zu beschreiben und anschließend die Ergebnisse der Testung zu präsentieren. (Abweichende Vorgehensweisen sind aber ebenfalls erlaubt.)

- Im Ergebnisteil wird alles berichtet, was zur Beantwortung der Fragestellung relevant ist, und alles, was Sie für die Diskussion nutzen möchten. Berichten Sie auch (unerwartete) Nebenbefunde, sofern diese die Interpretation der Ergebnisse beeinflussen können.

- Bereits im Ergebnisteil wird angegeben, ob die Hypothese bestätigt oder nicht bestätigt werden konnte. Alle weitergehenden Schlussfolgerungen gehören aber in die Diskussion.

1.10 Diskussion

Der Diskussionsteil dient v. a. dazu, den Lesern zu erklären, was die berichteten Ergebnisse inhaltlich bedeuten, und zwar sowohl hinsichtlich der aufgestellten Hypothesen, als auch hinsichtlich der relevanten Theorien und der früheren Befunde, die Sie im Theorieteil ausgeführt haben. Zudem sollten Sie demonstrieren, dass Sie Ihre Arbeit selbstkritisch beurteilen können: Fast jede wissenschaftliche Arbeit hat Schwachstellen, und zur wissenschaftlichen Redlichkeit gehört es, diese offenzulegen und zu erörtern. Dabei geht es nicht um eine vernichtende

Kritik der eigenen Arbeit, sondern um deren möglichst objektive Beurteilung. Besonderes Augenmerk verdient dabei die interne und externe Validität der Befunde: Welche Umstände haben die interne Validität möglicherweise beeinträchtigt und inwieweit lassen sich die Ergebnisse verallgemeinern? (Erläuterungen zur Validität von Studien finden Sie im Band *Planen, Durchführen und Auswerten*, Abschnitt 6.3.2.)

Selbst wenn Ihre Erwartungen bestätigt wurden, gilt es, skeptisch zu bleiben und zu überlegen, ob dies tatsächlich unzweifelhaft bedeutet, dass Ihre theoretischen Annahmen korrekt sind, oder ob es nicht Alternativerklärungen für Ihre Befunde gibt. Nehmen wir z.B. an, Ihre Hypothese war, dass unter Studierenden der Alkoholkonsum mit höherer Semesterzahl abnimmt. Dazu haben Sie eine Gruppe von Erstsemestern und eine Gruppe von Studierenden kurz vor dem Masterabschluss befragt und konnten anhand dieser Daten Ihre Hypothese bestätigen. Der Schluss, dass der Alkoholkonsum tatsächlich mit steigender Semesterzahl abnimmt, kann allerdings nur mit Vorsicht gezogen werden. Mögliche Alternativerklärungen wären nämlich, dass sich Ihre beiden Gruppen noch in anderen Aspekten unterschieden haben: Vielleicht waren unter den Erstsemestern überwiegend Männer und in der Gruppe kurz vor dem Masterabschluss überwiegend Frauen – dann könnte Ihr Befund auch ein Effekt des Geschlechts und nicht der Semesteranzahl sein. Es ist ein Kernbestandteil jeder Diskussion, derartige Alternativerklärungen durchzugehen und zu widerlegen bzw. zumindest als unwahrscheinlich auszuräumen. In unserem Beispiel könnten Sie die angeführte Alternativerklärung ausschließen, indem Sie darauf verweisen, dass die Geschlechterverteilung in beiden Gruppen ähnlich war.

Die Gliederung des Diskussionsteils ist relativ frei gestaltbar. Allerdings wird der Mittelteil der Diskussion stets eingeklammert von einer *Zusammenfassung der Kernbefunde am Anfang* und einem *Fazit am Ende* der Diskussion. Als Leitfaden für den Aufbau können Sie sich an die folgenden Punkte halten:

- Zusammenfassung der Ziele und der wesentlichen Ergebnisse der Arbeit (ohne Nennung von Zahlen oder Teststatistiken); Beantwortung der im Theorieteil formulierten Fragestellung

- Einordnung der Befunde in den bisherigen Forschungsstand (Bezüge zu den im Theorieteil erläuterten Theorien und bisherigen Befunden herstellen)

- Alternativerklärungen für die eigenen Befunde; kritische Bewertung Ihrer Studie; Grenzen bzw. Limitationen der eigenen Arbeit

- Aufzeigen offener Fragen (sogenannte Forschungsdesiderate) und Ausblick auf künftige Forschung

- Fazit hinsichtlich des Erkenntnisfortschritts für Theorie und Praxis

Wenn Sie diese Punkte in der angegebenen Reihenfolge behandeln, decken Sie alle relevanten Aspekte ab. Prüfen Sie gegebenenfalls, ob eine andere Reihenfolge für Ihre Arbeit besser geeignet ist, aber in den meisten Fällen sollte die obige Anordnung gut funktionieren. Wir führen diese Punkte nun genauer aus.

Am Anfang der Diskussion ist es sinnvoll, den Leser kurz an die wesentlichen Ziele der Arbeit zu erinnern. Außerdem *fassen Sie die wesentlichen Ergebnisse der Arbeit zusammen:* Konnten die Hypothesen bestätigt werden? Was konnte vielleicht nicht oder nur eingeschränkt belegt werden? Dabei verzichtet man allerdings auf statistische Angaben und Details – die finden sich ja bereits im Ergebnisteil und können dort nachgelesen werden. Es geht v.a. darum, dem Leser noch einmal die Kernbefunde vor Augen zu führen. Versuchen Sie dabei, die wesentlichen Ergebnisse *mit neuen Worten* zusammenzufassen. Wenn Sie nur wenige Hypothesen haben, können Sie diese einzeln durchgehen. Bei mehr als vier Hypothesen ist es meist sinnvoller, mehrere Hypothesen bzw. Kernpunkte Ihrer Fragestellung zusammenzufassen, z.B. folgenderweise:

> Die Annahmen zu den Einflussfaktoren des Alkoholkonsums unter Studierenden konnten überwiegend bestätigt werden. Die gefundenen Effekte hinsichtlich Geschlecht, Alter und Freizeit- vs. Leistungsorientierung entsprechen den postulierten Erwartungen: Frauen consumieren weniger Alkohol als Männer, jüngere Studierende trinken mehr Alkohol als ältere und je freizeitorientierter Studierende sind, desto höher ist der Alkoholkonsum. Lediglich die Annahme, dass das Studienfach – vermittelt durch eine bestimmte Fachkultur – den Alkoholkonsum beeinflusst, konnte nicht belegt werden. Wurde nämlich für Geschlecht, Alter und Freizeit- vs. Leistungsorientierung kontrolliert, war die Fächerzugehörigkeit (Sozialpädagogik, Maschinenbau, Betriebswirtschaftslehre) kein bedeutsamer Prädiktor für den Alkoholkonsum.

Dabei müssen alle Ergebnisse, auf die Bezug genommen wird, zuvor im Ergebnisteil berichtet worden sein. Es ist also nicht erlaubt, in der Diskussion neue Ergebnisse oder Befunde darzustellen. Möchten Sie in der Diskussion Befunde erörtern, die nicht im Rahmen der Hypothesentestung dargestellt wurden, bietet es sich an, diese im Ergebnisteil unter der Zwischenüberschrift „Weiterführende Analysen" zu präsentieren (vgl. S. 52).

An die Ergebniszusammenfassung schließt sich eine *weiterführende, inhaltliche Interpretation der Daten* an. Machen Sie sich dabei bewusst, dass es in der Regel das Ziel wissenschaftlicher Studien ist, Schlussfolgerungen zu ziehen und Verallgemeinerungen zu treffen, die über das, was in der verwendeten Stichprobe erfasst wurde, hinausgehen. Angenommen, Ihr Erkenntnisinteresse bestand in der Beantwortung der Frage, ob Studierende technischer Fächer (z.B. Maschinenbau) mehr Alkohol konsumieren als Studierende wirtschaftswissenschaftlicher Fächer (z.B. Betriebswirtschaftslehre) und der Sozialwissenschaften (z.B. Pädagogik). Dazu haben Sie je 100 Studierende der Fächer Pädagogik, Maschinenbau und Betriebswirtschaftslehre an Ihrer Hochschule befragt und tatsächlich signifikante Unterschiede gefunden, die Ihren Hypothesen entsprechen. Ihre (operationalisierte) Hypothese wurde somit bestätigt. Ist aber damit auch Ihre Forschungsfrage beantwortet? Leider nur bedingt, da dazu Verallgemeinerungen erforderlich sind, deren Plausibilität Sie im Zweifelsfall begründen müssen: Sind z.B. die ausgewählten Fächer repräsentativ für die interessierenden Fachdisziplinen? Konkret müsste man sich fragen: Sind Pädagogikstudierende repräsentativ für Studierende aller Sozialwissenschaften, oder könnte es sein, dass Pädagogikstudierende zwar weniger Alkohol konsumieren als Studierende technischer Fächer, aber z.B.

Soziologiestudierende mehr als Letztere? Hier müssten Sie also ggf. Argumente anführen, warum Studierende unterschiedlicher sozialwissenschaftlicher Fächer ein ähnliches Trinkverhalten zeigen. Gelingt Ihnen das nicht, sollten Sie einräumen, dass Sie die Hypothese zwar für den Vergleich von Sozialpädagogik- und Maschinenbau-Studierenden bestätigt haben, aber dass Sie keine allgemeinen Aussagen über den Vergleich technischer Fächer mit sozialwissenschaftlichen Fächern machen können.

Eine weitere Verallgemeinerung besteht darin, dass Sie nicht nur Aussagen über Studierende eines Studienorts machen wollen, sondern vermutlich zumindest über Studierende eines Landes. Jetzt wäre es zwar plausibel, dass sich Studierende aus Großstädten wie Hamburg, Berlin, Dresden oder Stuttgart nicht in ihrem Bierkonsum unterscheiden. Aber was ist mit Studierenden aus Bamberg oder Eichstätt? Vielleicht wird in Kleinstädten mehr Bier konsumiert als in der Großstadt? Möglicherweise existieren auch Unterschiede zwischen Regionen: Während Bamberg in einer Bierregion liegt, befinden sich z.B. Trier und Heidelberg in Weinregionen. Eine Stichprobe aus der Weinstadt Trier wäre somit nicht unbedingt repräsentativ für alle deutschen Universitätsstädte. Sie sehen also, auch wenn es das Ziel der meisten Studien ist, Aussagen zu verallgemeinern, sollte man immer vorsichtig bleiben und die Befunde nicht überinterpretieren oder den Geltungsbereich einer Aussage überdehnen. Im Kern geht es hierbei übrigens um die interne und externe Validität der Befunde (vgl. den Band *Planen, Durchführen und Auswerten*, Abschnitt 6.3.2).

Mögliche Fragen, auf die Sie in der weiteren Diskussion eingehen können, sind: Was bedeuten die Ergebnisse in Bezug auf andere bisherige Arbeiten? Werden deren Befunde unterstützt oder widersprechen sie ihnen? Inwiefern gehen die Befunde der eigenen Arbeit über die bisherigen Befunde hinaus, d.h., wo liegt der Erkenntnisfortschritt Ihrer Arbeit? Zu welchen Theorien stehen Ihre Befunde vielleicht im Widerspruch?

Bei der Beantwortung dieser Fragen sollten Sie auf Theorien und bisherige Befunde, die Sie im Theorieteil besprochen haben, Bezug nehmen. Tatsächlich ist der fehlende Rückbezug auf den Theorieteil ein in studentischen Arbeiten häufig vorkommender Fehler. In der Regel erwartet man von einer Diskussion aber auch, dass sie noch neue Gedanken aufgreift und diskutiert, die erst nach Sichtung der eigenen Ergebnisse entstanden sind. Dazu ist es häufig – wenn auch in deutlich geringerem Umfang als im Theorieteil – notwendig, weitere Literaturquellen, die im Theorieteil noch nicht besprochen wurden, heranzuziehen. Diese weiteren Quellen können Theorien, aber auch empirische Befunde enthalten, die für diese neuen Gedanken relevant sind, diese z.B. unterstützen. Man kann weitere Quellen auch nutzen, um unerwartete Befunde zu erklären.

Dazu ein Beispiel, das unsere obige Ergebniszusammenfassung zum Alkoholkonsum Studierender fortsetzt. Der erste Absatz greift Befunde und Theorien auf, die bereits im Theorieteil dargestellt wurden. Der zweite Absatz bringt einen neuen Gedanken ein, indem eine Parallele zwischen Alkohol- und Nikotinkonsum gezogen wird. Der eigene Befund zum Alkoholkonsum und dessen Interpretation wird also durch analoge Befunde und Theorien zum Nikotinkonsum unterstützt:

> Bisherige Arbeiten (z.B. Krug & Glas, 1998; Zech & Sturz, 2004) haben gezeigt, dass Studierende verschiedener Fächer sich deutlich in ihrem Alkoholkonsum unterscheiden. Dies wurde damit erklärt, dass sich innerhalb von Studienfächern, vermittelt durch gruppendynamische Prozesse, bestimmte Trinkkulturen etablieren (vgl. auch Theo & Rie, 1997). Den Ergebnissen der vorliegenden Arbeit zufolge könnten diese Unterschiede aber – unabhängig von gruppendynamischen Prozessen – darauf zurückgehen, dass sich die in den genannten Arbeiten untersuchten Studienfächer hinsichtlich der Alters- und Geschlechtsverteilung sowie der Freizeitorientierung der Studierenden unterschieden haben. Der Einfluss dieser Variablen wurde in früheren Arbeiten nicht kontrolliert.

> Diese Erklärung wird auch von vergleichbaren Studien zum Nikotinkonsum gestützt. So konnten Pfeiffer und Rauch (1999) das unterschiedliche Rauchverhalten bei Geistes- und Naturwissenschaftlern auf Geschlechtsunterschiede sowie auf Unterschiede in Persönlichkeitseigenschaften zwischen diesen Gruppen zurückführen, also auf Einflüsse, die bereits vor Studienbeginn bestanden. Die Theorie des Einflusses gruppendynamischer Prozesse innerhalb einer Fachkultur wurde für das Rauchverhalten weitgehend aufgegeben (Zusamn & Fass, 2011).

Auch *Erklärungen, warum eine Hypothese nicht bestätigt werden konnte*, gehören in den Diskussionsteil. Wenn z.B. erwartet worden wäre, dass Männer mehr Alkohol trinken als Frauen, aber dies nicht bestätigt wurde, könnte man erörtern, ob die Stichproben nicht repräsentativ für die Zielpopulation waren. Vielleicht wurden die weiblichen Studierenden auf einer Party befragt, die männlichen hingegen am Eingang einer Bibliothek – somit hätte man vorselektierte Stichproben. Bei einer anderen Stichprobenziehung wäre womöglich ein anderes Ergebnis herausgekommen.

Eine verzerrte Stichprobe stellt – wegen der Einschränkung der externen Validität – eine *Begrenzung* oder *Limitation* der eigenen Studie dar. Die kritische Erörterung von Begrenzungen und Limitationen sollte Bestandteil jeder Diskussion sein. Anders formuliert geht es darum, zu beantworten: Was ist an der eigenen Studie kritisch zu sehen? Wo weist sie methodische Mängel auf? Welche Einschränkungen hinsichtlich der internen und externen Validität sind anzunehmen? Was konnte nicht überprüft werden – und warum nicht? Das folgende Beispiel veranschaulicht eine kritische Bewertung der eigenen Studie:

> Hinsichtlich der zur Aufklärung des Alkoholkonsums verwendeten Freizeit- vs. Leistungsorientierung ist anzumerken, dass es sich dabei um ein intraindividuell zeitlich wenig stabiles Merkmal handelt (vgl. Dispo & Sition, 1994), zumindest nicht so stabil wie die von Pfeiffer und Rauch (1999) herangezogenen Persönlichkeitseigenschaften Extraversion und Neurotizismus. Daher ist nicht auszuschließen, dass die Freizeit- bzw. Leistungsorientierung sich aufgrund gruppendynamischer Prozesse während der Zeit des Studiums verändert, was dem Konzept der fachspezifischen Trinkkulturen von Theo und Rie (1997) entsprechen würde.

Derartige Schwachstellen oder ungeklärte Fragen lassen sich gut nutzen, um einen *Ausblick auf die künftige Forschung* zu geben. Damit ist gemeint, dass man ausgehend von ungeklärten Fragen überlegt, welche Aspekte künftig untersucht werden sollten. Solche offenen Aspekte oder ungelösten Fragen, die untersucht werden sollten, bezeichnet man als *Forschungsdesiderate*. Es geht also darum, aufzuzeigen, in welche Richtung weiter geforscht werden soll. Auch methodische Mängel der eigenen oder anderer früherer Studien können genutzt werden, um aufzuzeigen, wie eine Studie gestaltet sein müsste, die diese Mängel nicht aufweist und daher die Fragestellung eindeutig beantworten kann. In unserem Beispiel wäre es untersuchenswert, ob sich die Studierenden verschiedener Fächer von Anfang an in ihrer Freizeit- bzw. Leistungsorientierung unterscheiden oder ob sich diese Unterschiede erst im Verlauf des Studiums herausbilden. Im Idealfall benennt man nicht nur, was noch untersucht werden soll, sondern macht konkrete Vorschläge, wie eine neue Studie, die diese Forschungslücken schließen kann, aussehen müsste. Dies wäre der sogenannte *Ausblick*, in dessen Rahmen auch konkrete Anschlussstudien beschrieben werden können. Dabei sollten Sie die grundlegende Idee einer solchen Studie darstellen, ohne zu sehr ins Detail zu gehen. Wir veranschaulichen das, indem wir das obige Beispiel weiterspinnen:

> Um diesen letzten Einwand gegen unsere Interpretation der Befunde auszuschließen, wären Langzeitstudien erforderlich, in denen kurz vor Beginn des Studiums und wiederholt nach einigen Semestern die Freizeit- und Leistungsorientierung der Studierenden erfasst wird. Werden solche Messungen für verschiedene Studienfächer, die sich im Trinkverhalten unterscheiden, vorgenommen, könnte man überprüfen, ob die Fachkultur einen Einfluss auf die Freizeit- und Leistungsorientierung hat und ob sich dies wiederum im Trinkverhalten niederschlägt. Dieser Ansatz erlaubt es, die Aussagen von Theo und Rie (1997) auf die Probe zu stellen.
>
> Eine derartige Langzeitstudie bietet zudem noch weitere Möglichkeiten. Beispielsweise könnten unterschiedliche Verlaufsformen des individuellen Trinkverhaltens identifiziert werden. So ist die Annahme plausibel, dass es Studierende gibt, die am Anfang des Studiums eher hedonistisch orientiert sind und einen hohen Alkoholkonsum aufweisen, diesen aber mit fortschreitendem Studium – und einer allgemeinen persönlichen Reifung – reduzieren. Bei anderen Studierenden könnte ein hoher Alkoholkonsum über das gesamte Studium erhalten bleiben und bei einer weiteren Gruppe könnte es sein, dass diese leistungsorientiert mit dem Studium beginnen und anfangs einen geringen Alkoholkonsum aufweisen, aber später ein problembewältigungsbezogenes Trinken beginnen. Aufgrund der Daten einer Längsschnittstudie könnte man derartige Typen clusteranalytisch separieren und wiederum versuchen, weitere Variablen (z.B. Persönlichkeitseigenschaften) zu identifizieren, die für die Entwicklung einer bestimmten Trinkverlaufsform prädiktiv sind.

Abschließend sollte in der Diskussion ein *Schlussfazit* gezogen werden. Vermeiden Sie es aber, Allgemeinplätze zu verwenden, also leere Floskeln wie: „Auch unsere Studie hat gezeigt, dass Forschung einige Fragen beantwortet und andere, neue Fragen aufwirft. Diese zu untersuchen, wollen wir künftigen Forschern überlassen." Solche Sätze könnten Sie unter jede Arbeit schreiben – sie wären nie falsch, aber gerade deshalb sind sie inhaltsleer. Versuchen Sie stattdessen, einen Abschluss zu finden, der für Ihre Arbeit wirklich treffend und einzigartig ist. Dazu können Sie noch einmal die *Relevanz* bzw. den *Anwendungsbezug* der Studie herausstellen: Für welche Lebensbereiche bzw. für welche weiteren Forschungen sind die Ergebnisse meiner Studie wichtig? Wie können diese z.B. auf

den Alltag, auf die Behandlung von psychischen Störungen, auf die Gesundheits-
prävention, auf den Erziehungs- und Bildungsbereich, auf die Wirtschaft oder auf
irgendeinen anderen gesellschaftlichen Bereich angewandt werden?

Zwischenüberschriften sind im Diskussionsteil nicht unbedingt erforderlich, es
sei denn, Sie behandeln mehrere sehr verschiedene Themenstellungen in einer
Arbeit. Dann wäre es sinnvoll, für jede dieser Themenstellungen einen eigenen
Abschnitt zu reservieren. Auch ansonsten kann es für die Strukturierung nützlich
und der Orientierung des Lesers dienlich sein, Unterabschnitte mit Zwischenüberschriften zu versehen. Dies trifft umso mehr zu, je länger Ihre Diskussion ausfällt. Bei Diskussionen von mehr als 10 Seiten raten wir sehr zu Zwischenüberschriften. Unabhängig davon, ob Sie Zwischenüberschriften verwenden, sollten
die einzelnen Teile einer Diskussion möglichst fließend ineinander übergehen.
Im Folgenden stellen wir beispielhaft dar, wie Sie derartige Übergänge gestalten
können. Dabei stehen die Auslassungspunkte für Ausführungen, die einige Wörter oder Zeilen, aber auch mehrere Seiten umfassen können:

> Die Annahme, dass … [Hypothese], konnte nicht gestützt werden. Vielmehr haben
> wir gefunden, dass … [Kernbefunde]. Dies widerspricht bisherigen Befunden von
> … [andere Autoren], die gezeigt/gefunden haben, dass … [widersprechende Ergeb-
> nisse anderer Studien]. Die Diskrepanz zwischen den Befunden dieser Autoren
> und unseren Ergebnissen lässt sich aber dadurch erklären, dass … [neue bzw. alter-
> native Erklärung]. Diese Erklärung ist auch in Einklang mit der Theorie von …
> [weitere Autoren], laut der … [Bezug zu anderen Theorien herstellen]. Ob diese
> neue Erklärung tatsächlich tragfähig ist, müsste durch weitere Studien abgesichert
> werden. Diese könnten folgendermaßen gestaltet sein … [mögliche Anschlussstu-
> dien beschreiben]. Auch ist zu unseren Befunden einschränkend zu sagen, dass …
> [Limitationen darstellen]. Dennoch lassen sich aus unserer Studie praktische Kon-
> sequenzen ableiten für … [Anwendungsbezug herstellen]. Zusammenfassend ist
> festzuhalten, dass … [Schlussfazit].

Dieses Beispiel stellt lediglich eine Möglichkeit dar, wie Sie die verschiedenen
Aspekte einer Diskussion miteinander verbinden können. Nicht in jeder Diskussion müssen unbedingt alle Aspekte enthalten sein. So ist es vorstellbar, dass
Anwendungsbezüge wegfallen, sofern diese tatsächlich nicht gegeben sind. Ana-
loges gilt für „widersprechende Befunde", „alternative Erklärungen" und „Bezüge
zu anderen Theorien".

Insgesamt wird Ihre Diskussion umso besser sein, je umfassender Sie Ihre
Befunde kritisch beleuchten, plausible Alternativerklärungen einbringen und
diese ggf. argumentativ widerlegen. Wesentlich in der Diskussion ist, den Bezug
zum Theorieteil herzustellen. In gewisser Weise stellen der Theorieteil und die
Diskussion eine Klammer dar: Sie bewegen sich beide auf demselben Abstrakti-
onsniveau und rahmen die konkreteren Teile der Arbeit – den Methoden- und
den Ergebnisteil – ein.

Viele Aussagen, die in der Diskussion getroffen werden, sind spekulativ und stellen zwar plausible, aber nicht zwingende Schlussfolgerungen dar. Dies sollten Sie
sprachlich durch Ihre Wortwahl bzw. die Verwendung des Konjunktivs entspre-

chend kennzeichnen, z. B. „Dieser Befund <u>könnte</u> darauf hindeuten, dass ..." oder „<u>Möglicherweise</u> besteht die Ursache für dieses Phänomen darin, dass ...".

Abschließend wollen wir noch auf einen häufig in der Diskussion gemachten Fehler eingehen, den Sie vermeiden sollten: Stellen Sie keine Belanglosigkeiten oder Selbstverständlichkeiten dar! Gerade im Abschnitt zu Limitationen der Arbeit bzw. zum Ausblick findet man gelegentlich Formulierungen wie „Die vorliegende Studie wurde nur mit Studierenden durchgeführt – es wäre wünschenswert, diese an einer bevölkerungsrepräsentativen Stichprobe zu wiederholen" oder „Die Studie sollte mit mehr Probanden repliziert werden".

Beide Formulierungen können im Einzelfall sinnvoll sein, aber oft werden sie floskelhaft übernommen. Generell ist es bei *jeder* Studie wünschenswert, eine für die Zielpopulation repräsentative Stichprobe oder eine Replikation mit mehr Probanden zu haben. Eine bevölkerungsrepräsentative Stichprobe ist aber je nach Inhalt der Studie unterschiedlich relevant: Wenn Sie eine wahrnehmungspsychologische Studie dazu durchführen, ob rote Punkte vor gelbem Hintergrund oder blaue Punkte vor grünem Hintergrund leichter erkannt werden, ist es vermutlich kaum relevant, ob Sie dies mit Studierenden oder mit einer bevölkerungsrepräsentativen Stichprobe machen. Untersuchen Sie hingegen Zusammenhänge von politischer Einstellung und Monatseinkommen, dann wäre eine studentische Stichprobe, sofern Sie Aussagen für die gesamte Bevölkerung treffen möchten, sehr ungeeignet. Nur in Fällen wie dem letzteren sollten Sie den Punkt der Bevölkerungsrepräsentativität gesondert herausstellen.

Auch eine Replikation von Studien ist immer sinnvoll – daher müssen Sie nicht erwähnen, dass dies wünschenswert wäre. Lediglich wenn es besonders wahrscheinlich ist, dass die Ergebnisse Ihrer Studie durch irgendwelche Einflüsse verfälscht sind, könnte ein solcher Hinweis angebracht sein. Auch „mehr Probanden" wünscht man sich bei den meisten Studien, weshalb man dies nicht extra erwähnen sollte. Eine Ausnahme besteht aber, wenn die Teststärke Ihrer Untersuchung von Anfang an so gering war, dass bei der postulierten Größe des erwarteten Effekts ohnehin nicht mit einem signifikanten Ergebnis zu rechnen war (großer Betafehler; vgl. den Band *Planen, Durchführen und Auswerten*, Abschnitt 6.5). In diesem Fall ist der explizite Hinweis auf eine größere Stichprobe empfehlenswert.

Wichtige Punkte im Überblick:

- Die Diskussion enthält eine *kurze Zusammenfassung der relevanten Befunde* hinsichtlich Ihrer Fragestellung. Vorab können dem Leser die *Ziele der Arbeit* in Erinnerung gerufen werden.

- *Integrieren Sie Ihre Ergebnisse in bestehende Theorien und frühere Befunde:* Welche Theorien bzw. Befunde werden unterstützt, welchen widersprechen die Daten? Greifen Sie dazu Ausführungen aus Ihrem Theorieteil wieder auf.

- Versuchen Sie, *Diskrepanzen* zwischen Ihren Ergebnissen und anderen Befunden bzw. Theorien zu *erklären.*

- Ziehen Sie *Schlussfolgerungen aus Ihren Ergebnissen*. Seien Sie aber vorsichtig und überinterpretieren Sie Ihre Befunde nicht.

- Verwenden Sie für *spekulative Aussagen* sprachliche Mittel, die dies entsprechend kennzeichnen, z.B. *Konjunktivformen* und Wörter wie „möglicherweise", „vermutlich" oder „wahrscheinlich".

- *Seien Sie selbstkritisch:* Benennen und erörtern Sie auch Beschränkungen (Limitationen) Ihrer Arbeit. Diskutieren Sie mögliche methodische Mängel.

- *Vermeiden Sie Allgemeinplätze*, also Aussagen, die Belangloses oder Selbstverständliches ausdrücken, z.B. „Eine Replikation mit einer größeren/bevölkerungsrepräsentativen Stichprobe wäre wünschenswert" oder „Weitere Forschung ist erforderlich".

- Stellen Sie die *Relevanz* und *Anwendungsbezüge* Ihrer Ergebnisse dar.

- Zeigen Sie auf, in welche Richtung künftig geforscht werden sollte. Stellen Sie ggf. (kurz) *konkrete Ideen für Anschlussstudien* dar.

- Ziehen Sie ein *prägnantes Schlussfazit*.

- Versuchen Sie die *Übergänge zwischen den einzelnen Abschnitten* fließend zu gestalten. *Zwischenüberschriften* können helfen, den Text zu strukturieren, sind aber nicht zwingend erforderlich.

- In der Diskussion dürfen keine neuen (statistischen) Ergebnisse Ihrer Studie berichtet werden. Alles, was Sie in der Diskussion erörtern möchten, müssen Sie daher vorab im Ergebnisteil darstellen, auch wenn es über die Prüfung der konkreten Hypothesen hinausgeht.

1.11 Gemeinsamer Ergebnis- und Diskussionsteil

Klassischerweise werden die Ergebnisse und die Diskussion in zwei getrennten Kapiteln dargestellt. Wir hatten zu Beginn von Abschnitt 1.9 darauf hingewiesen, dass es auch möglich ist, diese Teile in einem Kapitel zu verbinden (vgl. Sternberg & Sternberg, 2010, S. 113 f.). Tabelle 1.10 zeigt auf der linken Seite den *klassischen Aufbau*. Dieser ist *nichtthematisch* in dem Sinne, dass inhaltlich Zusammengehöriges nicht gemeinsam dargestellt wird. Stattdessen erfolgt eine formale Gliederung: erst alle Ergebnisse, dann deren Diskussion. Der Nachteil dieses Aufbaus besteht darin, dass der Leser sein Interesse, was die Ergebnisse denn inhaltlich bedeuten, zurückstellen muss, bis er im Diskussionsteil angelangt ist. Liest er dann die Diskussion, muss er wahrscheinlich zumindest gelegentlich in den Ergebnisteil zurückblättern, um die dort berichteten Ergebnisse nachzulesen, da er diese sicherlich nicht alle in Erinnerung behält. Diese Nachteile wirken sich umso stärker aus, je länger der Ergebnisteil ist.

Tabelle 1.10. Möglichkeiten des Aufbaus von Ergebnisteil und Diskussion

Nichtthematischer (klassischer) Aufbau	Thematischer Aufbau

4 Ergebnisse
   – Präsentation von Ergebnis A
   – Präsentation von Ergebnis B
   – Präsentation von Ergebnis C
5 Diskussion
   – Diskussion von Ergebnis A
   – Diskussion von Ergebnis B
   – Diskussion von Ergebnis C
	4 Ergebnisse und Diskussion
	   – Ergebnis A
	      • Präsentation
	      • Diskussion
	   – Ergebnis B
	      • Präsentation
	      • Diskussion
	   – Ergebnis C
	      • Präsentation
	      • Diskussion
	5 Gesamtdiskussion; Implikationen und Fazit

Anmerkung. Tabelle in Anlehnung an die Darstellung von Sternberg und Sternberg (2010), S. 113.

Die Verbindung von Ergebnis- und Diskussionsteil ermöglicht eine *thematische Gliederung*, wie sie in Tabelle 1.10 rechts dargestellt ist. Hier erfolgt nach jeder Ergebnispräsentation direkt deren Diskussion. Dem Leser wird das Zurückblättern erspart und er muss auch nicht warten, bis er erfährt, wie die Ergebnisse inhaltlich zu interpretieren sind. Wählt man einen solchen Aufbau, wird man in aller Regel noch ein Kapitel anschließen, in dem man übergeordnete Aspekte der Diskussion behandelt, also auf Punkte eingeht, die alle Ergebnisse betreffen. Dies können die Implikationen der Befunde sein, aber auch ein Schlussfazit oder ein allgemeiner Ausblick. Entsprechend würde man das abschließende Kapitel z.B. mit „Gesamtdiskussion" oder „Implikationen und Fazit" überschreiben.

Der thematische Aufbau ist unseres Erachtens in vielen Fällen sinnvoller als der nichtthematische. Obwohl diese Auffassung auch von anderen Autoren vertreten wird (vgl. Sternberg & Sternberg, 2010, S. 113), stellt der thematische Aufbau noch die Ausnahme dar. Dies liegt wohl teilweise an der Befürchtung, die Objektivität und in deren Folge die Wissenschaftlichkeit der Arbeit könne durch die „Vermischung" von Ergebnissen und Diskussion leiden. Diesem Einwand kann man dadurch begegnen, dass man im Text klar sprachlich kennzeichnet, was (objektive) Befunde und was (subjektive) Interpretationen sind. Dennoch ist es für Ihre (Abschluss-)Arbeit vorteilhaft, sich an die Vorgaben und Präferenzen Ihres Betreuers bzw. Gutachters zu halten. Fragen Sie bei diesen also gezielt nach, bevor Sie sich ggf. entscheiden, einen gemeinsamen Ergebnis- und Diskussionsteil zu verfassen.

1.12 Literaturverzeichnis, Anhang und eidesstattliche Erklärung

Das *Literaturverzeichnis* beginnt nach der Diskussion bzw. – sofern vorhanden – nach der Langzusammenfassung auf einer neuen Seite. Statt „Literaturverzeichnis" können Sie als Überschrift auch einfach „Literatur" schreiben. Beachten Sie, dass die Überschrift des Literaturverzeichnisses nicht nummeriert wird. Genaue Angaben zu dessen Erstellung finden Sie in Kapitel 9.

Falls Sie einen *Anhang* benötigen (ein solcher ist nicht immer erforderlich), befindet sich dieser hinter dem Literaturverzeichnis. In einem Anhang können Sie z.B. umfangreiche Tabellen mit Untersuchungsmaterial oder, wenn sinnvoll, den genauen Wortlaut längerer Instruktionen wiedergeben. Auch selbst erstellte Fragebögen oder ausführlichere statistische Ergebnisse können im Anhang abgedruckt werden. Generell sollten Sie Materialien in den Anhang aufnehmen, die zwar prinzipiell relevant sind, aber im Haupttext den Lesefluss behindern würden oder für die sich vielleicht nur einige Leser interessieren.

Setzt sich Ihr Anhang aus mehreren Teilen zusammen, so bezeichnen Sie diese fortlaufend mit großen lateinischen Buchstaben und vergeben – nach einem Doppelpunkt – zusätzlich eine aussagekräftige Bezeichnung. Die Teile in Ihrem Anhang könnten also beispielsweise so überschrieben sein: „Anhang A: Lebenszufriedenheits-Fragebogen", „Anhang B: Stimuluswörter für Priming-Aufgabe", „Anhang C: Ergänzende Ergebnistabellen" etc. Die Anhänge können Sie einzeln im Inhaltsverzeichnis aufführen, wie auf der linken Seite der Abbildung 1.4 (S. 20) dargestellt. Alternativ können Sie im Inhaltsverzeichnis auch lediglich auf „Anhang" verweisen und im Anhang als erste Seite eine Übersicht der verschiedenen Anhänge aufführen – quasi ein getrenntes Inhaltsverzeichnis für die Anhänge. Dies ist allerdings erst ab etwa vier Anhängen sinnvoll. Die Paginierung, also die Nummerierung der Seiten, sollte im Anhang weiter fortlaufend erfolgen (vgl. linke Seite der Abbildung 1.4). Prinzipiell ist es auch möglich, für den Anhang bzw. die Anhangsteile (A, B, C etc.) eine neue Paginierung in der Form A-1, A-2, A-3, ..., B-1, B-2, B-3, ... etc. einzuführen. Allerdings bietet diese Variante gegenüber einer fortlaufenden Seitennummerierung keine Vorteile, weshalb wir Ihnen dazu auch nicht raten. Die Nummerierung von Abbildungen und Tabellen, die im Anhang enthalten sind, beginnt in jedem Anhangsteil neu. Damit aus der Nummerierung ersichtlich ist, zu welchem Anhang die Abbildung bzw. Tabelle gehört, integriert man den Buchstaben des Anhangsteils in die Nummerierung. Entsprechend würden Abbildungen im Anhang C mit „Abbildung C.1", „Abbildung C.2", „Abbildung C.3" etc. beschriftet. Analog gilt dies für Tabellen.

Überlegen Sie bei jedem Anhang, ob es überhaupt notwendig ist, das darin enthaltene Material in Ihrer Arbeit abzudrucken. So brauchen z.B. standardisierte und an einem anderen Ort publizierte Fragebögen prinzipiell nicht in voller Länge im Anhang abgedruckt zu werden, da der interessierte Leser sich diese auch selbst beschaffen könnte. Bei studentischen Arbeiten möchten aber manche Betreuer bzw. Gutachter solche Fragebögen ggf. dennoch im Anhang abgedruckt haben, um sich die Mühe der Beschaffung zu sparen. Fragen Sie also konkret nach, welche Materialien Sie in den Anhang aufnehmen sollen. Sollte Ihre Arbeit nicht nur von Ihrem Betreuer und Gutachter gelesen, sondern später auch einer größeren Öffentlichkeit zugänglich gemacht werden (z.B. über eine Hochschulbibliothek oder eine Internetplattform wie *www.diplom.de* oder *www.grin.de*), ist es im Übrigen urheberrechtlich problematisch, wenn darin fremde Fragebögen abgedruckt sind (vgl. den *Exkurs: Urheberrecht bei der Übernahme von Material aus fremden Quellen* auf S. 253 f.). Übrigens: Nicht alle Betreuer bzw. Gutachter sind damit einverstanden, dass Sie Ihre Abschlussarbeit veröffentlichen, weshalb Sie mit diesen zuvor unbedingt Rücksprache halten sollten. Oft ist auch vorab zu klären, ob Sie allein über die Urheberrechte an Ihrer Arbeit verfügen oder ob z.B. bestimmte Daten dem Betreuer oder dem entsprechenden Lehrstuhl gehören, beispielsweise weil Sie deren Ressourcen benutzt bzw. bereits bestehende Ideen, Materialien oder Daten verwendet haben.

Einige Betreuer wünschen auch, dass der Anhang nur auf CD-ROM abgegeben wird. Das ist unseres Erachtens in vielen Fällen eine sehr gute Lösung, denn so bleibt es Ihnen erspart, den kompletten Fragebogen oder andere umfangreiche Materialien in der Papierversion Ihrer Arbeit abzudrucken. Da viele Betreuer zudem wünschen, dass Sie Ihre Daten (die Rohdaten und ggf. bestimmte Auswertungsdateien) mit abgeben, können diese gleich mit auf die CD gebrannt werden. Die Wünsche von Betreuern sind diesbezüglich jedoch sehr unterschiedlich. Fragen Sie daher im Einzelfall nach, welche Materialien und Daten Sie in welcher Form abgeben sollen.

Bei Abschlussarbeiten muss in der Regel – als letzte Seite der Arbeit – eine *handschriftlich unterschriebene (eidesstattliche) Erklärung oder Versicherung* (manchmal auch als Selbstständigkeitserklärung bezeichnet) angefügt werden. In dieser steht üblicherweise, dass Sie die Arbeit selbstständig verfasst, keine nicht angegebenen Hilfsmittel verwendet und nicht schon einmal versucht haben, mit dieser Arbeit einen akademischen Abschluss zu erreichen. Eine typische Formulierung sieht folgenderweise aus:

Eidesstattliche Erklärung

Ich erkläre, dass ich die vorgelegte Arbeit selbstständig angefertigt, dabei keine anderen Hilfsmittel als die im Quellen- und Literaturverzeichnis genannten benutzt, alle aus Quellen und Literatur, einschließlich des Internets, wörtlich oder sinngemäß entnommenen Stellen als solche kenntlich gemacht und auch die Fundstellen einzeln nachgewiesen habe.

Diese Arbeit ist in gleicher oder ähnlicher Form noch bei keiner anderen Prüfungsbehörde eingereicht worden.

Ort, Datum   handschriftliche Unterschrift

Die genaue Formulierung, die Sie an Ihrer Hochschule verwenden müssen, wird in aller Regel vom Prüfungsamt oder Fachbereich vorgegeben. Wenn Ihnen die Formulierung im Verlauf des Anmeldeverfahrens Ihrer Arbeit nicht ohnehin mitgeteilt wird, fragen Sie beim Prüfungsamt nach.

1.13 Besonderheiten von Literaturarbeiten

Neben empirischen Arbeiten sind oft auch Literaturarbeiten als Abschlussarbeiten möglich. Welche Vorbehalte es gegen Literaturarbeiten gibt und dass diese in der Psychologie mancherorts nicht so gern gesehen werden, erläutern wir im Band *Planen, Durchführen und Auswerten* (Abschnitt 2.5). Dort ist auch erklärt, dass der mit einer Literaturarbeit verbundene Arbeitsaufwand häufig unterschätzt wird. Wenn Sie sich dennoch für eine Literaturarbeit entschieden haben, sind bei deren Erstellung einige Besonderheiten im Vergleich zu empirischen Arbeiten zu beachten. Darauf gehen wir im Folgenden ein.

Literaturarbeiten verfolgen laut der American Psychological Association die folgenden Ziele (vgl. APA, 2010, S. 10):

1. Forschungsfragen definieren und erläutern.

2. Den Leser über den aktuellen Forschungsstand informieren, indem Erkenntnisse aus bisherigen Studien dargestellt werden.

3. Widersprüche, Lücken, Inkonsistenzen und Beziehungen in der Forschungsliteratur identifizieren.

4. Vorschläge machen, welche Schritte unternommen werden können, um die identifizierten Probleme bzw. Fragen zu klären.

Studentische Arbeiten bleiben häufig bei Punkt 2 stehen, d.h., es werden frühere Studien beschrieben. Die Ziele 3 und 4, die Literaturarbeiten in aller Regel erst interessant machen, werden oft vernachlässigt. Ziel 2 besteht darin, bisheriges Wissen zusammenzufassen. Erst bei Ziel 3 wird neues Wissen generiert, indem die bestehende Forschung unter einem neuen Blickwinkel betrachtet oder z.B. auf methodische Mängel hingewiesen wird, die bisher übersehen wurden. Bei Ziel 3 geht es also darum, dem Leser eine neue Einsicht zu vermitteln, die in dieser Form noch nicht in der Literatur zu finden ist. Solche neuen Einsichten beruhen zunächst auf theoretischen Überlegungen, sind in gewisser Weise also spekulativ. Der als Ziel 4 formulierte krönende Abschluss ist, wenn es Ihnen gelingt, Wege zu finden, wie man diese neuen Vermutungen z.B. durch empirische Untersuchungen prüfen kann. Dieses letzte Ziel ist vergleichbar mit dem Ausblick in der Diskussion empirischer Arbeiten (vgl. Abschnitt 1.10).

Betreuer haben bei Literaturarbeiten oft sehr unterschiedliche Ansprüche. Auch wenn die obigen Ziele 3 und 4 bei einer wissenschaftlichen Arbeit erstrebenswert sind, vertreten einige Betreuer die Ansicht, dass man deren Erfüllung z.B. im Rahmen von Haus- oder Bachelorarbeiten nicht regelmäßig erwarten kann. Sprechen Sie also mit Ihrem Betreuer über seine Anforderungen und Erwartungen an eine solche Arbeit.

Ein wichtiger Schritt bei Literaturarbeiten besteht darin, ein geeignetes Thema zu finden und dieses ggf. entsprechend einzugrenzen. Abgesehen davon, dass es aus motivationalen Gründen günstig ist, wenn Sie sich für das Thema zumindest etwas interessieren, sollten Sie drei weitere Punkte beachten (vgl. Sternberg & Sternberg, 2010, Kap. 4):

1. **Schwierigkeit des Themas.** Sie sollten sich kein Thema wählen, das für Sie zu schwierig ist. In die Details eines Themas kann man sich in der Regel innerhalb einiger Wochen recht gut einarbeiten. Schwieriger ist es, wenn Sie sich ein Thema ausgesucht haben, dessen Verständnis Grundlagenwissen voraussetzt, über das Sie nicht verfügen. Oft bestehen auch Lücken im erforderlichen methodischen Wissen: Wenn in Ihrem Themenbereich z.B. bei vielen Studien die Datenauswertung mittels Mehrebenenanalysen erfolgt, Sie diese Verfahren aber nicht wirklich verstehen, ist es Ihnen nicht möglich, die Befunde dieser Studien kritisch zu beurteilen. Das heißt, Sie können nicht einschätzen, ob die Verfasser methodisch korrekt vorgegangen sind. Im Extremfall können Sie nicht einmal die Bedeutung der Daten bewerten. Ein anderes Beispiel wäre, dass Sie Ihre Literaturarbeit zu einem neuropsychologischen Thema schreiben wollen, aber mit den verwendeten Methoden (z.B. EKPs und fMRI) nicht vertraut sind. Prüfen Sie also vor der Entscheidung für ein Thema, ob Sie Originalarbeiten aus diesem Bereich wirklich vollständig verstehen bzw., wenn es bestimmte Aspekte gibt, die Sie nicht verstehen, ob Sie sich dieses fehlende Wissen kurzfristig aneignen können. Insbesondere Lehramtsstudierende, die ihre Zulassungsarbeit (wissenschaftliche Hausarbeit) im Fach Psychologie schreiben wollen, unterschätzen unserer Erfahrung nach oft das dafür erforderliche Grundlagenwissen.

2. **Ist die bestehende Literatur für eine Literaturarbeit geeignet?** Eine Literaturarbeit setzt voraus, dass bereits Studien zu dem jeweiligen Thema existieren. Auch wenn es keine feste Anzahl von Studien gibt, die vorhanden sein muss, damit sich eine Bearbeitung lohnt, wird sich eine Literaturarbeit erübrigen, wenn bisher nur zwei oder drei Originalstudien veröffentlicht wurden. Prüfen Sie also vor der Entscheidung für ein Thema, ob sich adäquate Literatur dazu finden lässt (zur Literaturrecherche siehe den Band *Planen, Durchführen und Auswerten*, Kap. 5).

3. **Breite des Themas.** Häufig wählen sich Studierende ein zu umfassendes Thema für eine Literaturarbeit. Das liegt daran, dass man zu Beginn der Einarbeitung verständlicherweise nur eine vage Vorstellung davon hat, wie viel zu einem Thema schon veröffentlicht wurde. Auch wenn für eine Literaturarbeit nicht jede bisherige Veröffentlichung detailliert gelesen und verarbeitet werden muss, so sind Themen, zu denen über 200 relevante Originalarbeiten existieren, zu umfangreich für eine Abschlussarbeit. Falls Sie feststellen, dass Ihr ursprüngliches Thema zu breit angelegt ist, lässt sich dieses oft nachträglich eingrenzen. Dazu bieten sich je nach Thema verschiedene Möglichkeiten an. Wenn zur Untersuchung eines Phänomens mehrere Paradigmen eingesetzt werden, könnten Sie sich auf Studien eines Paradigmas beschränken. In anderen Fällen können Sie die interessierende Population eingrenzen, beispielsweise auf eine bestimmte Altersklasse (z.B. Kinder zwischen 6 und 12 Jahren) oder auf eine bestimmte klinische (Sub-)Population (z.B. depressive Personen mit Körperbehinderung). Überlegen Sie, nach welchen Aspekten man Ihr Thema untergliedern kann und beschränken Sie sich dann auf einen dieser

Aspekte, der eine angemessene Breite aufweist. Statt eine Literaturarbeit zum Thema „Prüfungsangst" zu schreiben, könnte Ihr Thema letztendlich lauten „Mathematikangst bei Grundschülern" oder – noch enger – „Rechenangst bei Grundschülern mit Lernbehinderung".

Noch wichtiger als bei einer empirischen Arbeit sind im Rahmen einer Literaturarbeit die Literaturrecherche und das Literaturstudium, bei dem es auch darum geht, sich für den späteren Schreibprozess Notizen zu erstellen. Auf diese Punkte sind wir im Band *Planen, Durchführen und Auswerten* in Kapitel 5 (insbesondere in Abschnitt 5.6.3) eingegangen. Gute Notizen sind auch ein wichtiger Zwischenschritt für die Erstellung einer sinnvollen Gliederung.

Der Gliederung kommt bei Literaturarbeiten eine besondere Rolle zu. Bei der Erstellung der Gliederung sind zunächst dieselben Hinweise zu beachten, die wir in Abschnitt 1.6 gegeben haben. Weil sich die Gliederung bei Literaturarbeiten aber wesentlich freier gestalten lässt als bei empirischen Arbeiten, müssen Sie auch für umfangreichere Passagen eine eigene Struktur finden, die dem Leser beim Verständnis hilft und den roten Faden der Argumentation verdeutlicht. Was eine sinnvolle Gliederung ist, hängt sehr vom jeweiligen Thema ab, sodass man hier keine allgemeinen Vorgaben machen kann. Wir wollen Ihnen aber an einem Beispiel einige Grundprinzipien veranschaulichen.

Nehmen wir als Thema unserer Literaturarbeit die Frage, ob Schüler besser lernen, wenn sie beim Lernen positive Emotionen erleben. Der Titel könnte entsprechend lauten: „Lernt es sich glücklich wirklich einfacher? Der Einfluss positiver Emotionen auf den Erfolg beim schulischen Lernen". Je nachdem, wie umfangreich die Literatur zum Thema ist und wie viele theoretische Erklärungsansätze es gibt, ist es unter Umständen erforderlich, sich auf einige ausgewählte Erklärungsansätze zu beschränken. Nachdem man sich einen Überblick über die bestehenden Theorien und die dazu vorhandenen Befunde verschafft hat, sollte man versuchen, diese systematisch einzuordnen: Wie unterscheidet sich z.B. Theorie A von Theorie B? Wo liegen Gemeinsamkeiten? Gibt es bestimmte Dimensionen, hinsichtlich derer einige Theorien sich ähnlich sind, andere sich hingegen unähnlich?

Angenommen, wir haben drei relevante Theorien oder Modelle zum Zusammenhang von positiven Emotionen und der Lernleistung ausgemacht (bzw. wollen uns auf diese drei Theorien beschränken), dann wären zwei Möglichkeiten, die Arbeit zu organisieren, die in Tabelle 1.11 dargestellten Gliederungsvarianten. Beachten Sie, dass beide Varianten dieselbe Grobstruktur aufweisen: Nach einer Einleitung, in der die Problemstellung bzw. die Ziele der Arbeit entwickelt und dargestellt werden, erfolgt eine Beschreibung der drei bestehenden Theorien sowie der empirischen Befunde, die für oder auch gegen die Theorien sprechen. In diesem Mittelteil unterscheidet sich der Aufbau der beiden Gliederungsvarianten. In Variante 1 werden zunächst alle drei Theorien beschrieben. Anschließend werden die empirischen Befunde gesammelt daraufhin begutachtet, welche Theorien sie am ehesten unterstützen bzw. widerlegen. In Variante 2 wird separat für jede Theorie diese zunächst vorgestellt und dann direkt die Befundlage zu dieser berichtet. Die beiden abschließenden Kapitel sind in beiden Varianten wieder identisch: Zunächst erfolgt auf Grundlage der dargestellten Befunde die kritische Bewertung der Theorien und idealerweise eine begründete Entscheidung, welche der Theorien am besten fundiert ist bzw. für welche Bereiche welche Theorie den größten prädiktiven Nutzen hat. (So wäre es beispielsweise vorstellbar, dass Theorie A den Zusammenhang von Lernerfolg und positiver Emotion beim Sprachenlernen am besten erklärt, aber für den Mathematikunterricht Theorie C diesen Zusammenhang besser erklärt.) Hierbei handelt es sich also um die Synthese, d. h., die im Mittelteil getroffenen Aussagen werden gegeneinander abgewogen und miteinander verknüpft. Zuletzt wird in beiden Arbeiten ein Fazit gezogen, also die wesentlichen Erkenntnisse der Literaturarbeit zusammengefasst. Ähnlich wie im Diskussionsteil empirischer Arbeiten (vgl. Abschnitt 1.10) kann hier auch ein Ausblick bezüglich weiterer, wünschenswerter Forschung erfolgen.

Tabelle 1.11. Gliederungsvarianten und Struktur zur Grobgliederung einer Literaturarbeit

Gliederungsvariante 1	Gliederungsvariante 2	Grobstruktur
1 Einleitung (ca. 5 Seiten)	1 Einleitung (ca. 5 Seiten)	Problemstellung; Ziele der Arbeit
2 Theoretische Modelle (zur Steigerung der Lernleistung durch positive Emotionen) 2.1 Theorie A (ca. 6 Seiten) 2.2 Theorie B (ca. 6 Seiten) 2.3 Theorie C (ca. 6 Seiten) 3 Befundlage (zur Stützung bzw. Widerlegung der Modelle; insg. ca. 24 Seiten)	2 Modell/Theorie A 2.1 Theoretisches Modell (ca. 6 Seiten) 2.2 Befunde (ca. 8 Seiten) 3 Modell/Theorie B 3.1 Theoretisches Modell (ca. 6 Seiten) 3.2 Befunde (ca. 8 Seiten) 4 Modell/Theorie C 4.1 Theoretisches Modell (ca. 6 Seiten) 4.2 Befunde (ca. 8 Seiten)	Mittelteil: Beschreibung bestehender Theorien und deren empirischer Unterstützung
4 Kritische Bewertung (ca. 10 Seiten)	5 Kritische Bewertung (ca. 10 Seiten)	Synthese
5 Fazit (ca. 4 Seiten)	6 Fazit (ca. 4 Seiten)	Schlussteil

Keine der beiden in Tabelle 1.11 vorgestellten Gliederungen ist prinzipiell besser als die andere. Allerdings muss die Gliederung Ihrem eigenen roten Faden entsprechen, den Sie konsequent umsetzen sollten. Verschiedene Gliederungen heben auch unterschiedliche Aspekte hervor. So würde der Leser bei Gliederungsvariante 1 durch die direkte Abfolge der drei Theorien in Kapitel 2 klar erkennen können, wie sich die drei Theorien unterscheiden. Bei der Darstellung der Befundlage in Kapitel 3 wird bereits abgewogen, welche Befunde welche Theorie wie gut unterstützen. Das heißt, bei Gliederungsvariante 1 liegt der Schwerpunkt auf dem *Vergleich* der drei Theorien und der *vergleichenden* Darstellung ihrer empirischen Fundierung. Bei Variante 2 hingegen wird jede Theorie zunächst für sich allein betrachtet. Hier würde der Leser also ein klareres Bild erhalten, wie gut jede Theorie für sich genommen durch empirische Befunde bestätigt ist. Für den Verfasser der Literaturarbeit stellt die Variante 1 v.a. in Kapitel 3 eine größere Herausforderung dar, da hier die Befunde in Bezug auf alle drei Theorien zusammen dargestellt und verglichen werden – dies ist eine komplexere Aufgabe, als wenn man wie in Variante 2 stets nur die Befundlage zu einer Theorie vorstellt. Zudem wäre es in Variante 1 sinnvoll, Kapitel 3 weiter zu untergliedern, da dieser Abschnitt ansonsten schnell sehr unübersichtlich wird. Hierfür muss also eine zusätzliche Gliederung entwickelt werden.

Wer im Schreiben von Literaturarbeiten wenig erfahren ist bzw. sich mit dem behandelten Thema vor Schreibbeginn noch nicht so gut auskennt, dem empfehlen wir Gliederungsvariante 2. Mit dieser ist man unseres Erachtens auf der sicheren Seite, da sie sich in relativ kleinen und überschaubaren Portionen schrittweise abarbeiten lässt. Gliederungsvariante 1 ist, wenn der Schwerpunkt auf dem Vergleich der Theorien liegen soll, vielleicht ein klein wenig eleganter. Allerdings erfordert sie, dass der Verfasser bereits beim Schreiben von Kapitel 3 tief in das Thema eingearbeitet ist und die Befundlage gedanklich für sich soweit integriert hat, dass er ein Schema oder einen roten Faden für die vergleichende Darstellung der Befunde besitzt. Auch der Verfasser, der sich für die Variante 2 entscheidet, sollte beim Kapitel „Kritische Bewertung" das Thema vergleichbar tief durchdrungen haben. Dieser hat aber den Vorteil, dass er das Schreiben des Mittelteils noch als Lernphase nutzen kann. Durch die intensive Auseinandersetzung mit dem Thema, die man während des Schreibprozesses vollführt, ergibt sich in den meisten Fällen fast von allein eine gedankliche Ordnung und Bewertung der Befunde, sodass das Erstellen der „Kritischen Bewertung" dann deutlich leichter fällt.

Der Aufbau Ihrer Arbeit sollte sich an (z.B. widersprüchlichen oder konkurrierenden) Theorien oder an *zentralen Aussagen*, die Sie aus der Sichtung der Forschungsliteratur ableiten, orientieren. Im obigen Beispiel stehen die drei Theorien im Zentrum der Arbeit und bilden auch für die Gliederung die relevanten *Betrachtungseinheiten*. Bei anderen Themen mögen es verschiedene Operationalisierungen sein, an denen Sie Ihre Gliederung orientieren. Wenn Sie eine Arbeit zum Zusammenhang von Intelligenz und Kreativität schreiben, kann es für die Befunde z.B. relevant sein, wie Kreativität operationalisiert wurde. Möglicherweise finden sich nämlich bei bestimmten Operationalisierungen von Kreativität (z.B. Ideenflüssigkeit) starke Korrelationen mit Intelligenz, bei anderen Operationalisierungen (z.B. Originalität der Ideen) hingegen nur schwache Zusammenhänge. Entsprechend wären die verschiedenen Arten der Operationalisierung die relevanten Betrachtungseinheiten Ihrer Literaturarbeit. Als Gliederung raten wir Ihnen dann zu Variante 2 in Tabelle 1.11, wobei Sie allerdings „Modell/Theorie" durch „Operationalisierung" ersetzen. In den einzelnen Abschnitten des Mittelteils würden Sie jeweils eine Form der Operationalisierung vorstellen und angeben, welche empirischen Zusammenhänge zwischen Intelligenz und Kreativität man mittels dieser Operationalisierung gefunden hat.

Ein häufiger Fehler ist es, einzelne Studien als zentrale Betrachtungseinheiten einer Literaturarbeit zu wählen. Das führt meist dazu, dass eine Studie nach der anderen beschrieben wird – in vielen Fällen auch noch detaillierter als erforderlich. Derartige Texte sind für den Leser oft ermüdend und bringen wenig unmittelbaren Erkenntnisgewinn, da ein umfassenderes Ordnungsschema fehlt. Eine ebenfalls ungünstige Gliederung wäre, Studien historisch zu organisieren, also in der Reihenfolge ihres Erscheinungsjahres darzustellen. Dies ist nur in den seltensten Fällen sinnvoll, wenn z.B. bestimmte Epochen auszumachen sind, in denen unterschiedliche Forschungsansätze verwendet oder widersprüchliche Befunde erzielt wurden. Meist ist dann allerdings nicht das Erscheinungsjahr der wesentliche Aspekt, der zwischen den Studien unterscheidet, sondern z.B. der Forschungsansatz. Entsprechend sollte die Gliederung anhand des Forschungsansatzes erfolgen und nicht anhand des Publikationsjahres, das ggf. nur mit dem Forschungsansatz korreliert (man könnte auch sagen: konfundiert) ist.

Bei der Erstellung der Gliederung ist es auch sehr nützlich, sich zu überlegen, wie umfangreich die einzelnen Abschnitte werden sollen, womit auch deren Gewichtung widergespiegelt wird. In Tabelle 1.11 haben wir zu diesem Zweck Seitenangaben hinzugefügt. Oft stellt sich beim Schreiben heraus, dass es zu einzelnen Abschnitten mehr Informationen gibt als zunächst erwartet und dass deswegen einzelne Abschnitte länger als geplant ausfallen. Bezogen auf unser Beispiel kann es auch sein, dass die Theorien verschieden komplex bzw. kompliziert sind, woraus sich zwangsläufig ergibt, dass deren Beschreibung unterschiedlich umfangreich ausfällt. Derartige Unterschiede im Seitenumfang sind unproblematisch, sofern nicht der Eindruck entsteht, dass einem Abschnitt ungerechtfertigt viel bzw. wenig Aufmerksamkeit geschenkt wurde. Auch wenn es nicht darum geht, Seitenumfänge exakt einzuhalten, ist eine Planung des Umfangs sinnvoll, um einen Rahmen zu haben und zu erkennen, wenn bestimmte Erläuterungen zu ausführlich werden, oder auch, wenn einzelne Abschnitte zu ungleich gewichtet sind. Wenn beispielsweise die Befunde zu Theorie A zwei Seiten umfassen und die Befunde zu Theorie B über 15 Seiten, sollten Sie sich fragen, ob dies daran liegt, dass es zu Theorie A tatsächlich so wenige Studien gibt, oder ob Ihnen bei der Literaturrecherche vielleicht Veröffentlichungen zu Theorie A entgangen sind.

Bei der Beschreibung von Theorien und Befunden sollten Sie so objektiv wie möglich vorgehen. Das heißt, dass Sie auch Theorien, die Ihnen selbst unplausibel erscheinen, und Befunde aus Studien, an denen Sie methodische Schwachstellen entdeckt haben, fair darstellen. An diese unvoreingenommene Darstellung sollten Sie allerdings Ihre Kritik anschließen und dem Leser erklären, warum bestimmte Methoden oder Studien Schwächen aufweisen und was das für die Evaluation der Theorien bedeutet. Machen Sie dabei deutlich, was Ihre Hauptargumente sind und welche Argumente eher nebensächlich bzw. weniger gewichtig sind.

Bevor Sie mit dem Schreiben beginnen, sollten Sie sich eine vorläufige Gliederung erstellen, da es sonst unmöglich ist, Ihre Gedanken und Befunde strukturiert darzustellen. Seien Sie aber darauf gefasst, dass Ihnen im Laufe des Schreibprozesses eine bessere Gliederungsstruktur einfällt und Sie die Abschnitte entsprechend umschreiben müssen. Das ergeht auch erfahrenen Autoren nicht anders. Meist können Sie vieles von dem, was Sie bereits geschrieben haben, weiter verwenden. Achten Sie aber unbedingt darauf, dass die endgültige Gliederung Ihrer

Arbeit einem stringenten logischen Schema folgt und sich das Gliederungsprinzip nicht zwischendurch ändert, wie es bei der folgenden – fehlerhaften – Gliederung passiert ist (vgl. auch die Beispiele in Tabelle 1.4 auf S. 23):

1 Einleitung
2 Theorie A
   2.1 Theoretisches Modell
   2.2 Befunde
3 Theorien
   3.1 Theoretisches Modell B
   3.2 Theoretisches Modell C
4 Befunde zu Modell B und C
5 Kritische Bewertung
6 Fazit

Bei dieser Gliederung ist nicht nachvollziehbar, warum für Theorie A die Befunde direkt auf die Darstellung des theoretischen Modells folgen, für Theorie B und C die Befunde aber zusammen dargestellt werden. Fehlerhafte Gliederungen lassen sich gut erkennen, wenn man die Gliederungsebenen getrennt betrachtet, im vorliegenden Beispiel insbesondere die erste Gliederungsebene: Einleitung – Theorie A – Theorien – Befunde zu Modell B und C – etc. Es gibt keinen guten Grund, warum „Theorie A" nicht unter „Theorien" eingeordnet wird oder warum nur die Befunde zu Theorie B und C auf der ersten Gliederungsebene erscheinen.

Wenn der Mittelteil der Literaturarbeit abgeschlossen ist, wird eine eigenständige, systematische *Bewertung* dieser Theorien und der dazugehörigen Befunde von Ihnen erwartet (vgl. Tabelle 1.11 auf S. 68). Mögliche Leitfragen könnten dabei sein: Welche Theorien bzw. Modelle werden durch die Befundlage besonders gut gestützt? Wo weisen bestimmte Theorien vielleicht Schwachstellen auf? Zu welchen Punkten gibt es gar keine Forschungsergebnisse, wo bestehen also Forschungslücken? Gibt es Aspekte, zu denen die Forschungslage uneinheitlich ist? Letzteres ist in der psychologischen und sozialwissenschaftlichen Forschung übrigens eher die Regel als die Ausnahme: Zu den meisten Modellen gibt es sowohl Belege, die diese stützen, als auch Befunde, die diesen widersprechen. Dann gilt es zu gewichten, welche Befunde überzeugender sind, z.B. weil die entsprechenden empirischen Arbeiten methodisch besser fundiert sind oder weil es mehr Studien gibt, die in die eine oder andere Richtung deuten.

Da in der Einleitung auch das Ziel der Arbeit (in der Regel identisch mit der Fragestellung) umrissen wird, empfiehlt es sich, die Einleitung relativ frühzeitig zu schreiben, um sich selbst Klarheit darüber zu verschaffen, was die konkrete Zielsetzung ist. Vielen Verfassern fällt dies jedoch verständlicherweise schwer, was u.a. daran liegt, dass zu Beginn der Arbeit noch nicht im Detail klar ist, was im Hauptteil bzw. der Synthese tatsächlich herauskommt. Trotzdem ist es unseres Erachtens nützlich, anfangs eine „vorläufige Einleitung" zu schreiben, die hilft, die eigenen Gedanken zu sortieren. Für diesen Zweck genügt auch eine sehr provisorische und unfertige Einleitung. Gegen Ende des Schreibprozesses kann man dann die Einleitung noch einmal überarbeiten oder auch vollständig neu formulieren.

Auch wenn es kein Patentrezept für das Erstellen von Literaturarbeiten gibt, sollten Ihnen unsere Ausführungen einen soliden Leitfaden bieten. In Abschnitt 1.14.2 finden Sie weiterführende Lektüre zum Erstellen von Literaturarbeiten.

1.14   Literaturempfehlungen

Im Folgenden weisen wir auf einige Bücher hin, die sich mit dem Aufbau und dem Inhalt von Abschlussarbeiten in den von uns behandelten Fächern beschäftigen. Leider existiert so gut wie keine relevante deutschsprachige Literatur, die über die von uns in diesem Kapitel gemachten Ausführungen hinausgeht, weshalb wir Ihnen überwiegend englischsprachige Literatur empfehlen. Wir gehen auf Literatur zu empirischen Arbeiten, zu Literaturarbeiten sowie zu systematischen Übersichtsarbeiten und Metaanalysen ein.

1.14.1   Empirische Arbeiten

Das Buch *How to design and report experiments* von Field und Hole (2003) gibt einen sehr nützlichen Überblick über die einzelnen Abschnitte einer empirischen Arbeit, wobei die Ausführungen meist mit hilfreichen Beispielen veranschaulicht werden. Auch zur Darstellung statistischer Ergebnisse – diese Aspekte behandeln wir in den Kapiteln 6 und 7 – ist dieses Buch hilfreich.

Ebenfalls auf die Planung und Beschreibung von Experimenten in der Psychologie geht Harris (2008) ein. Die Zielsetzung dieses Buches ist dem von Field und Hole (2003) also sehr ähnlich. In dem Werk von Harris finden Sie neben Hilfestellungen zum Verfassen experimentalpsychologischer Arbeiten auch eine Wiederholung der Grundlagen des experimentellen Ansatzes. Vermutlich ist es Geschmackssache, ob Ihnen Harris (2008) oder Field und Hole (2003) besser gefällt.

Das Buch von Sternberg und Sternberg (2010) wendet sich – als Leitfaden für das Erstellen wissenschaftlicher Arbeiten – sowohl an Studierende als auch an Wissenschaftler, die bereits Erfahrung im Schreiben wissenschaftlicher Arbeiten haben. Dem Verfassen empirischer Arbeiten ist ebenso ein Kapitel gewidmet wie dem Schreiben von Literaturarbeiten. Auch die Datenpräsentation wird in einem eigenen Kapitel abgehandelt.

Ein weiteres Werk von Sternberg (2000) ist als Herausgeberband erschienen und richtet sich v. a. an Wissenschaftler, die einen Forschungsartikel in einer Fachzeitschrift veröffentlichen wollen. Allerdings ist es sehr verständlich geschrieben und daher auch für Studierende, die ihre Abschlussarbeit verfassen, geeignet. Es geht noch tiefer als das zuvor beschriebene Buch auf Feinheiten einer wissenschaftlichen Arbeit ein. Verschiedene Autoren haben Artikel zu diesem Buch beigesteuert, wobei es neben zwei einführenden Kapiteln zum Schreiben von empirischen Arbeit und von Literaturarbeiten auch einzelne Kapitel für die Abschnitte einer empirischen Arbeit gibt – ähnlich dem Aufbau des vorliegenden Kapitels unseres Buches.

Ein Begleitbuch zu den APA-Richtlinien (APA, 2010) ist Cooper (2011). Das Werk versteht sich als Rezeptbuch zum Erstellen eines guten wissenschaftlichen (psychologischen) Zeitschriftenartikels und folgt dabei den von der APA entwickelten *Journal Article Reporting Standards* (JARS). In dem Buch werden alle Teile einer empirischen Arbeit besprochen; ein gesondertes Kapitel behandelt die Darstellung von Metaanalysen. Zu jedem Abschnitt gibt es mehrere Textbeispiele aus Originalarbeiten, an denen die einzelnen Elemente bzw. Forderungen verdeutlicht werden. Wir würden dieses Buch v. a. fortgeschrittenen Schreibern empfehlen, die nach der Lektüre unseres Buches und der obigen Buchempfehlungen immer noch offene Fragen haben.

1.14.2   Literaturarbeiten

Die in Abschnitt 1.14.1 vorgestellten Bücher von Sternberg und Sternberg (2010) sowie Sternberg (2000) enthalten jeweils ein Kapitel zum Verfassen von Literaturarbeiten. Wenn Sie sich für eines der Bücher entscheiden müssen, empfehlen wir Ihnen die Lektüre von Sternberg und Sternberg (2010) – dieses ist unserer Ansicht nach für Studierende etwas nützlicher.

Deutschsprachige Bücher, die sich speziell mit dem Verfassen von Literaturarbeiten in der Psychologie bzw. den empirischen Sozialwissenschaften beschäftigen, sind uns nicht bekannt. Dass es keine entsprechenden Bücher gibt, liegt vermutlich daran, dass studentische Literaturarbeiten in diesen Fächern eher selten sind. In anderen Fächern kommen Literaturarbeiten häufiger vor. Da sich die Vorgehensweisen dieser Fächer zumindest teilweise auf unsere Disziplinen übertragen lassen, können wir einzelne Kapitel aus fachfremden Büchern empfehlen. Ein Buch, das sich primär an Wirtschaftswissenschaftler richtet, aber auch für Sie interessant sein könnte, ist Brink (2013). Das Kapitel 5 dieses Buches beschäftigt sich unter einem eher theoretischen, aber sehr informativen Blickwinkel mit der Erstellung von Gliederungen. Auf kreative Methoden zur Entwicklung einer geeigneten Gliederung haben wir bereits in Abschnitt 1.6.1 hingewiesen. Dort haben wir auch das Buch von Esselborn-Krumbiegel (2014) erwähnt, das in den Kapiteln 5 und 6 Methoden zur Gliederungserstellung bzw. zum Entwurf einer Rohfassung vorstellt. Einen weiteren nützlichen Ansatz, die Zettelkasten-Methode, haben wir im Band *Planen, Durchführen und Auswerten* (Abschnitt 5.6.3) beschrieben. Wenn es Ihnen schwer fällt, Argumentationen logisch aufzubauen, könnte sich ein Blick in Müller-Seitz und Braun (2013, Kap. 3) sowie in Pospiech (2012, Kap. 4) lohnen. Mit den Prozessen des Lesens und Schreibens beschäftigt sich auch Kruse (2010). Dieses Buch empfiehlt sich, wenn Sie nicht nur die Planung Ihres Schreibprozesses verbessern wollen, sondern auch das Gefühl haben, dass Ihnen das (kritische) Lesen und Verarbeiten von Fachtexten Schwierigkeiten bereitet.

Im englischsprachigen Raum gibt es mehrere Leitfäden in Buchlänge, die sich dem Verfassen von Literaturarbeiten in den Sozialwissenschaften widmen, auch wenn sich keines der Bücher speziell an Studierende der Psychologie oder der empirischen Sozialwissenschaften richtet. Sie müssen beim Konsultieren dieser Bücher also im Blick behalten, ob die dort gemachten Aussagen im Einzelfall auch auf Ihr Fach zutreffen. Generell finden wir allerdings die folgenden drei Bücher empfehlenswert: Booth, Papaioannou und Sutton (2012), Machi und McEvoy (2012) und Ridley (2012). Dem eigentlichen Schreiben der Literaturarbeit ist aber auch in diesen Werken meist nur ein relativ kurzer Textabschnitt gewidmet. Umfangreichere Textteile beschäftigen sich mit der Literaturrecherche und dem Literaturstudium – diese Aspekte werden auch in unserem Band *Planen, Durchführen und Auswerten* in Kapitel 5 ausführlich behandelt. Insbesondere die dort in Abschnitt 5.6 vorgestellten Hinweise zum Literaturstudium und dazu, wie Sie Literaturquellen für die eigene Arbeit verwertbar machen, sollten Ihnen die Erstellung einer Literaturarbeit erleichtern.

1.14.3 Systematische Übersichtsarbeiten und Metaanalyse

Das, was wir bisher unter dem Begriff *Literaturarbeit* gefasst haben, wird oft auch als *narrative Übersichtsarbeit* in Abgrenzung zur *systematischen Übersichtsarbeit* bezeichnet. Systematische Übersichtsarbeiten bilden eine Untergruppe der Literaturarbeiten und erfüllen besondere Anforderungen. So muss bei systematischen Übersichtsarbeiten die Literatur möglichst vollständig erfasst werden und es sollten Kriterien dafür angegeben werden, wann eine Studie in die Übersichtsarbeit aufgenommen wird. Eine Sonderform der systematischen Übersichtsarbeiten stellen Metaanalysen dar, bei denen die Integration der Daten nicht auf qualitativ beurteilende Weise, sondern mittels quantitativ-statistischer Methoden erfolgt (vgl. den Band *Planen, Durchführen und Auswerten*, Abschnitt 2.6).

Ein sehr empfehlenswertes englischsprachiges Buch, das den gesamten Prozess – einschließlich des Schreibens – von systematischen Übersichtsarbeiten und Metaanalysen kompakt und anschaulich darstellt, ist Cooper (2010). Wer noch tiefer in die einzelnen Schritte solcher Arbeiten einsteigen möchte, findet in dem Herausgeberband von Cooper, Hedges und Valentine (2009) entsprechende weiterführende Informationen.

Ebenfalls mit beiden Typen von Arbeiten befasst sich das deutschsprachige Buch von Kunz, Khan, Kleijnen und Antes (2009). Wenngleich dieses Buch v. a. für den medizinischen Forschungsbereich geschrieben ist, so sind die darin enthaltenen Hinweise auch für den sozialwissenschaftlichen Bereich nützlich. Es ist unseres Wissens das einzige deutschsprachige Buch, das diese Themen in umfassender und aktueller Weise behandelt.

Wer sich ausschließlich für Metaanalysen interessiert, dem sei das englischsprachige Buch von Card (2012) empfohlen. Auch hier wird der komplette Prozess einer Metaanalyse behandelt, wobei das letzte Kapitel darauf eingeht, wie man eine Metaanalyse adäquat verfasst.

Den Schreibprozess gestalten

2

ÜBERBLICK

Gerade bei umfangreichen Arbeiten stellt die Gestaltung des Schreibprozesses eine Herausforderung dar: Soll ich einfach drauflos schreiben oder mir vorab eine detaillierte Gliederung erstellen? Wo soll ich überhaupt anfangen: Ist es besser, alles der Reihe nach zu schreiben, oder kann ich auch mit einem der hinteren Kapitel beginnen? Soll ich meine Formulierungen direkt sprachlich überarbeiten oder mir das für das Ende des Schreibprozesses aufheben? Was mache ich, wenn ich mich blockiert fühle und gar nichts mehr zu Papier bringe?

Diese Fragen lassen sich leider nicht pauschal beantworten: Schreiben ist eine sehr individuelle Angelegenheit und Verfasser kommen auf unterschiedlichen Wegen zu ihrem Endprodukt. Da Ihr Leser nur den fertigen Text sieht, ist es gleichgültig, wie Sie zu diesem gelangen – es ist alles erlaubt, was für Sie funktioniert. Wenn Sie häufiger längere Texte schreiben, werden Sie mit der Zeit herausfinden, was die für Sie beste Vorgehensweise ist. Wir stellen Ihnen in diesem Kapitel eine Herangehensweise vor, die sich unserer Erfahrung nach bewährt hat. Scheuen Sie sich aber nicht, davon abzuweichen, wenn Sie andere Erfahrungen gemacht haben bzw. feststellen, dass Sie mit einem anderen Ansatz besser zurechtkommen.

Das Kapitel ist so organisiert, dass Sie zunächst etwas über die verschiedenen Phasen des Schreibprozesses erfahren (Abschnitt 2.1). Danach geben wir Hinweise, wie Sie – wenn Ihre grobe Textfassung steht – Ihren Text systematisch überarbeiten können (Abschnitt 2.2). Auf den Umgang mit Schreibblockaden gehen wir in Abschnitt 2.3 ein.

2.1   Phasen des Schreibens

Beim Schreiben ist es unserer Erfahrung nach zielführend, sich an die folgenden Schritte zu halten:

1. Erstellen Sie sich eine *vorläufige* Gliederung.

2. Schreiben Sie abschnittsweise (die Reihenfolge der Abschnitte ist zunächst gleichgültig).

3. Haben Sie den Mut, Ihre Gliederung zu verändern, Abschnitte umzustellen und neu zu schreiben.

4. Überarbeiten Sie Ihren Text gründlich.

5. Nur für Perfektionisten: Finden Sie ein Ende, auch wenn Sie noch nicht mit allem zufrieden sind.

Schritt 1: Erstellen Sie sich eine vorläufige Gliederung. Wenn Sie eine empirische Arbeit verfassen, ist die Untergliederung in Kapitel bereits vorgegeben (vgl. Abschnitte 1.7 bis 1.10). Dann müssen Sie sich nur noch Untergliederungen für die einzelnen Kapitel überlegen. Wie Sie dabei vorgehen können, haben wir in Abschnitt 1.6 erläutert. Schreiben Sie eine Literaturarbeit, müssen Sie auch für die Gesamtarbeit eine Gliederung erstellen (vgl. Abschnitt 1.13). Um eine sinnvolle Gliederung zu entwerfen, ist es wichtig, sich mit den verschiedenen Aspekten Ihres Themas auseinandergesetzt und sich dabei einen roten Faden gesponnen zu haben. Ebenso wichtig ist es aber, sich bewusst zu machen, dass die erste Gliederung nur *vorläufig* ist. So, wie man beim Bau eines Hauses ein Gerüst aufstellen muss, um die Mauern zu errichten, so benötigen Sie bei einem Text eine erste Gliederung, um mit dem Schreiben beginnen zu können. Sobald das Gerüst seinen Zweck erfüllt hat, wird es aber wieder abgebaut. Ähnlich ist es mit dem ersten Gliederungsentwurf: Er soll solide und nützlich sein, stellt aber fast immer nur einen notwendigen Zwischenschritt auf dem Weg zur endgültigen Gliederung der Arbeit dar. Behalten Sie daher die Bereitschaft bei, die Gliederung später grundlegend zu verändern (vgl. Schritt 3).

Schritt 2: Schreiben Sie abschnittsweise (die Reihenfolge der Abschnitte ist zunächst gleichgültig). Je umgrenzter ein Abschnitt ist, desto leichter wird es Ihnen fallen, diesen zu schreiben. Sich vorzustellen, „den Theorieteil" von 30 Seiten Umfang schreiben zu müssen, ist vielleicht beängstigend; den drei Seiten langen Unterabschnitt z.B. zum Stroop-Paradigma verfassen zu wollen, erscheint schon wesentlich besser bewältigbar. Portionieren Sie Ihre Schreibprojekte also immer in überschaubare Unterabschnitte. Da Ihre Gliederung sicherstellt, dass alle Unterabschnitte zusammenpassen, ist es egal, in welcher Reihenfolge Sie diese verfassen. Unserer Erfahrung nach spricht nichts dagegen, die Abschnitte in der Reihenfolge zu schreiben, wie sie in der Gliederung auftauchen. Lediglich den Abstract, die Einleitung und die Diskussion (insbesondere das Schlussfazit) sollten Sie sich für das Ende des Schreibprozesses aufsparen. Diese Teile hängen nämlich besonders stark von den restlichen Inhalten der Arbeit ab und im Laufe des Schreibens kommt es oft noch zu inhaltlichen Verschiebungen. Aber da Sie Ihre Arbeit später ohnehin überarbeiten werden (siehe Schritte 3 und 4), gilt: Fangen Sie dort an, wo Ihnen der Einstieg am leichtesten fällt! Wir kommen auf das Springen zwischen Abschnitten und Kapiteln beim Thema Schreibblockaden in Abschnitt 2.3 zurück.

Schritt 3: Haben Sie den Mut, Ihre Gliederung zu verändern, Abschnitte umzustellen und neu zu schreiben. Es wäre illusorisch, zu denken, man könnte am Anfang des Schreibprozesses die endgültige Gliederung für eine gute Arbeit erstellen. Zu viele Einsichten kommen einem erst während des Schreibens, wenn man durch das Formulieren der eigenen Gedanken bestimmte Inhalte tiefer durchdringt oder neue Ideen entwickelt. Daher ist es wichtig, dass Sie Ihre erste Gliederung und auch die ersten Ausformulierungen als vorläufig betrachten und bereit sind, diese später im Schreibprozess zu verändern. Dies verringert übrigens auch den Druck, bereits im ersten Anlauf einen „perfekten" Text verfassen zu müssen, wodurch Sie Schreibblockaden vorbeugen können (vgl. Abschnitt 2.3).

Erfahrungsgemäß werden Texte erst durch solche Neustrukturierungen und das Umschreiben von Abschnitten wirklich gut. Natürlich macht das zusätzliche Arbeit, aber diese ist unvermeidbar, wenn Sie ein gutes Endprodukt anstreben. Übrigens: Das Um- und Neuschreiben von Texten geht erfahrungsgemäß leichter und schneller von der Hand als das Verfassen der ersten Version, da Sie die gedankliche Vorarbeit für die neue Textfassung zum Großteil ja bereits geleistet haben. Häufig steht der Neugliederung und dem Umschreiben v.a. im Weg, dass man etwas, in das man bereits viel Arbeit investiert hat, nur ungern wieder einreißt, selbst wenn man Teile davon weiterverwerten kann. Um diese psychische Hürde möglichst niedrig zu halten, empfiehlt es sich, beim Verfassen des ersten Textentwurfs nicht zu viel Mühe auf sprachlich-stilistische Aspekte zu verwenden. Diese Arbeit wäre beim Um- und Neuschreiben nämlich tatsächlich verloren. Oft kommt es auch vor, dass man die Gliederung bestimmter Abschnitte mehrmals verändert, bis man eine zufriedenstellende Lösung hat. Zwei bis drei solche Überarbeitungsschleifen sind normal und in aller Regel für einen guten Text sogar erforderlich. Nur wenn Sie auch nach der dritten Neugliederung und Überarbeitung noch nicht zufrieden sind, empfehlen wir Ihnen, Schritt 5 zu beherzigen.

Schritt 4: Überarbeiten Sie Ihren Text gründlich. Im vorherigen Schritt haben wir Ihnen empfohlen, bei der ersten Textfassung nicht zu sorgfältig vorzugehen, da Sie mit sehr hoher Wahrscheinlichkeit Ihren Text ohnehin neu gliedern werden und Formulierungen ändern müssen. Erst wenn Sie Ihre *gesamte* Arbeit in einer Rohfassung vorliegen haben, von deren Gliederung Sie überzeugt sind, sollten Sie den Text gründlich überarbeiten. Dabei ist es in aller Regel sinnvoll, (a) inhaltliche, (b) sprachlich-stilistische und (c) formale Aspekte der Textüberarbeitung zu trennen. Diese Aspekte können schrittweise nacheinander angegangen werden, es ist aber auch möglich, einige davon parallel auszuführen. Details zum systematischen Überarbeiten behandeln wir ausführlich in Abschnitt 2.2. Dort gehen wir auch darauf ein, wie Sie sich von anderen Personen beim Korrektur- und Probelesen unterstützen lassen können.

Schritt 5: Nur für Perfektionisten: Finden Sie ein Ende, auch wenn Sie noch nicht mit allem zufrieden sind. Diesen Schritt brauchen Sie nur zu beachten, wenn Sie auch nach dem zweimaligen Neugliedern und Umschreiben Ihres Textes immer noch unzufrieden sind und die Gefahr besteht, dass sich dies noch lange weiter so hinzieht. Dann sollten Sie sich bewusst machen: Kein Text ist jemals perfekt! Insbesondere bei längeren Arbeiten kann nie alles hundertprozentig rund sein, und auch wenn der rote Faden Ihres Textes nicht zerreißen darf, so sind Schlaufen und kleine Knötchen fast unvermeidbar. Ihr Leser wird davon meist weniger bemerken, als Sie meinen, und selbst wenn er eine solche Stelle finden sollte, wird dies sein Gesamturteil über Ihre Arbeit kaum trüben. Fassen Sie daher den Mut, die Arbeit an Ihrem Text zu beenden, selbst wenn es noch die eine oder andere Stelle gibt, von der Sie nicht gänzlich überzeugt sind. Auch für die sprachlich-stilistische und formale Überarbeitung Ihres Textes gilt: Es gibt wohl keinen längeren Text, der z.B. frei von Tipp- und Kommafehlern ist. Sogar in von renommierten Verlagen veröffentlichten Büchern finden sich solche Fehler. Daher wird kein Betreuer oder Gutachter von Ihrer Arbeit verlangen, dass diese gänzlich fehlerfrei ist. Wenn Sie ein angemessenes Maß an Sorgfalt auf die Überarbeitung Ihres Textes verwendet haben, ist dies ausreichend – perfekt braucht Ihr Text nicht zu sein.

2.2 Texte systematisch überarbeiten

Verfasser von Texten unterscheiden sich darin, wie stark sie beim ersten Entwurf bereits auf sprachlich-stilistische Aspekte und auf formale Korrektheit achten: Einige wollen von Anfang an einen „perfekten" Text schreiben, andere schreiben zunächst eine Rohfassung, in der sprachliche Aspekte noch gar keine Rolle spielen. Wie wir in Abschnitt 2.1 zu Schritt 3 dargestellt haben, empfehlen wir Ihnen, anfangs nur wenig Zeit mit dem Feilen an Formulierungen oder gar der Überprüfung von Rechtschreibung und Kommasetzung zu verbringen. Wenn Sie nämlich die Gliederung verändern und Teile der Arbeit neu bzw. umschreiben müssen, wären diese Mühen vergebens, und das würde Ihre Bereitschaft verringern, umfangreichere Veränderungen anzugehen.

Wenn Sie alle Teile Ihrer Arbeit verfasst haben und sich sicher sind, dass Sie nichts mehr an der Gliederung verändern werden, sollten Sie die folgenden drei Überarbeitungsschritte ausführen:

- inhaltliche Überprüfung
- sprachlich-stilistische Überarbeitung
- formale Überarbeitung (Rechtschreibung, Grammatik, Formatierung)

Obwohl es drei Aspekte sind, ist es möglich, z.B. die inhaltliche Überprüfung und die sprachlich-stilistische Überarbeitung oder auch die sprachlich-stilistische und die formale Überarbeitung parallel durchzuführen. Sie müssen dann nämlich den gesamten Text nur zwei- statt dreimal durchgehen, was meist Zeit spart. Alle drei Schritte gleichzeitig durchzuführen, würden wir Ihnen allerdings nicht empfehlen, da dies unserer Erfahrung nach selbst versierte Schreiber überfordert. Bevor wir inhaltlich auf diese drei Aspekte eingehen, stellen wir Ihnen einige Hilfsmittel für die Organisation der Textüberarbeitung vor.

2.2.1 Organisation der Textüberarbeitung

Unsere erste Empfehlung für die Organisation der Textüberarbeitung ist, *sich den Text auszudrucken*. Dadurch nehmen Sie Ihren Text anders wahr, als wenn Sie ihn nur am Computerbildschirm betrachten. Erfahrungsgemäß fallen einem auf dem Papierausdruck mehr Fehler auf als am Monitor und man hat zudem einen besseren Überblick über den Gesamttext. Je nach Arbeitsstil können Sie sich entscheiden, ob Sie Korrekturen zunächst handschriftlich auf dem Ausdruck anmerken und dann später gesammelt am Computer einarbeiten oder ob Sie den Computer gleichzeitig eingeschaltet haben und immer dann, wenn Ihnen ein Fehler auffällt, diesen direkt in der Datei korrigieren. Uns selbst ist die erste Variante lieber, auch wenn sie etwas mehr Zeit beansprucht. Dafür hat sie den Vorteil, dass Sie keine vorschnellen Änderungen am Text vornehmen – manchmal fällt einem nämlich nachträglich auf, dass eine bestimmte Änderung gar nicht sinnvoll war, z.B. weil man den Aspekt, den man gerade in den Text eingearbeitet hat, an einer anderen Stelle schon erörtert.

Der zweite Tipp ist, *sich selbst den Text laut vorzulesen.* Dies ist v.a. für die sprachlich-stilistische Überarbeitung sinnvoll, also um zu prüfen, ob sich Ihr Text flüssig und gut verständlich lesen lässt. Sie merken so viel leichter, ob Sätze holprig sind oder Formulierungen schief klingen. Sind Sie am Ende eines laut vorgelesenen Satzes außer Atem, ist dieser vermutlich zu lang oder schlecht strukturiert, da er dem Leser keine Atempausen lässt (vgl. Abschnitt 3.2.1.3).

Sofern es Ihre Zeitplanung erlaubt, ist es sinnvoll, *den Text vor dessen Überarbeitung einige Tage liegen zu lassen.* Dadurch gewinnen Sie Distanz zu Ihrem Text, d.h., es wird Ihnen leichter fallen, von der Rolle des Schreibers in die Rolle eines – kritischen – Lesers zu wechseln. Der zeitliche Abstand führt häufig dazu, dass einem Unstimmigkeiten oder Fehler auffallen, die man sonst überlesen hätte.

Ein weiterer wichtiger Rat ist, sich nach Möglichkeit *Rückmeldung von Probe- bzw. Korrekturlesern* einzuholen. Dazu können Sie Ihren Text z.B. von ein oder zwei Kommilitonen lesen lassen und diese um konkrete Rückmeldungen bitten. Allerdings sollten Sie Ihrem Probeleser vorab sagen, wozu genau Sie Feedback haben möchten, z.B. zur inhaltlichen Stimmigkeit der Argumentation, zum roten Faden, zur Verständlichkeit der Sätze oder zur Rechtschreibung und Grammatik. Achten Sie darauf, Ihren Probeleser nicht zu überfordern: Es ist kaum möglich, gleichzeitig auf Inhalt, stilistische Aspekte und Rechtschreibung zu achten. Wenn Sie all dies von Ihrem Probeleser möchten, wird mindestens ein Bereich unabsichtlich vernachlässigt. Da ist es sinnvoller, eine Person zu bitten, auf inhaltliche Aspekte zu achten, und eine andere Person Satzbau, Grammatik und Rechtschreibung korrigieren zu lassen. Machen Sie Ihren Probelesern zudem klar, dass es Ihnen um deren *subjektive* Meinung geht. Das heißt, Sie möchten z.B. wissen, an welchen Stellen Ihr Leser gestolpert ist oder wo er Schwierigkeiten hatte, Ihrem Gedankengang zu folgen. Derartige Rückmeldungen lassen sich oft einfacher geben, als wenn Sie beispielsweise verlangen, dass Ihr Leser unlogische Argumentationsketten anstreicht – dann traut er sich vielleicht an manchen Stellen, an denen er etwas nicht verstanden hat, trotzdem nicht, diese anzustreichen, weil er den Fehler bei sich selbst und nicht in Ihrem Text sucht. Übrigens: Wenn Sie einen Probeleser bitten, auf inhaltliche Aspekte zu achten, sollte Ihre Arbeit sprachlich schon in einem zumindest akzeptablen Zustand sein. Häufige Rechtschreib-, Grammatik- und Kommafehler lenken nämlich die meisten Leser stark vom Inhalt ab, sodass es bei Texten mit vielen Fehlern schwierig wird, sich auf den Inhalt zu konzentrieren. In Abschnitt 3.5.1 geben wir weitere Hinweise zum Korrekturlesen und zu professionellen Korrektoraten.

Manche Betreuer von Abschlussarbeiten bieten an, eine *Vorversion* der Arbeit vor der eigentlichen Abgabe zu lesen und Überarbeitungshinweise zu geben. Ein solches Angebot sollten Sie auf jeden Fall annehmen. Allerdings sollten Sie die Vorversion selbst schon gründlich überarbeitet haben, auch hinsichtlich sprachlicher und formaler Aspekte. Betreuer empfinden es nämlich in aller Regel als lästig oder sogar als Zumutung, Arbeiten mit vielen Rechtschreib- und sonstigen Fehlern zu lesen – schließlich wollen sie den Inhalt beurteilen und keine Tippfehler anstreichen. Außerdem fließt der Eindruck der Vorversion häufig (gewollt oder ungewollt) in die Endnote mit ein, selbst wenn vorher gesagt wurde, dass dies nicht der Fall sei.[5] Daher sollte die Vorversion das Optimum dessen darstellen, was Sie ohne die Korrekturen Ihres Betreuers fertigbringen.

Prinzipiell besteht auch die Möglichkeit, die eigene Abschlussarbeit von einem professionellen Korrektor auf Grammatik, Rechtschreibung und Interpunktion überprüfen zu lassen (vgl. Abschnitt 3.5.1). In den meisten Fällen ist aber das Probe- bzw. Korrekturlesen durch einen befreundeten Kommilitonen absolut ausreichend.

2.2.2 Inhaltliche Überprüfung

Bei der inhaltlichen Überprüfung Ihres Textes sollten Sie sich folgende Leitfragen stellen:

- Ist der rote Faden der Arbeit zu erkennen?
- Sind die Gliederung und die Struktur des Textes einfach nachvollziehbar? Wird, wo erforderlich, der Aufbau des Textes explizit gemacht (vgl. Abschnitt 3.2.1.1)?
- Gibt es Überflüssiges, das man besser streichen sollte?
- Ist klar erkennbar, was Haupt- und was Nebenaspekte sind (vgl. Abschnitt 3.2.1.1)?
- Sind meine Argumente logisch schlüssig (vgl. Abschnitt 3.2.1.2)?
- Ist die Reihenfolge meiner Gedanken gut nachvollziehbar?
- Sind alle Aussagen belegt (fremde Gedanken und Befunde durch Quellenangaben, eigene Gedanken und Befunde durch Argumente bzw. Daten; vgl. Abschnitt 3.5.8)?
- Vermeide ich Übertreibungen, Untertreibungen und Ironie (vgl. Abschnitt 3.4.5)?
- Ist meine Darstellung sachlich und neutral? Ist mein Text frei von unangebrachten Wertungen (vgl. Abschnitt 3.4.6)?
- Bin ich selbstkritisch gegenüber meinen Befunden und Ideen?
- Werden Schwachstellen der Arbeit offen angesprochen und nicht verschleiert (vgl. Abschnitt 3.5.4)?
- Beachte ich das Vorwissen der Leser in angemessener Weise (vgl. Abschnitt 3.5.2)?
- Werden Begriffe, die dem Leser vermutlich nicht geläufig sind, korrekt eingeführt und erläutert?
- Bestehen Überleitungen zwischen verschiedenen Teilen bzw. Gedanken?
- Fasse ich wichtige Inhalte angemessen zusammen?

---

[5] Die meisten Betreuer bzw. Gutachter achten darauf, wie selbstständig jemand eine Arbeit verfassen kann – dies wird oft aus der Qualität der Vorversion abgeleitet. Selbst wenn der Gutachter die Vorversion nicht willentlich in die Endnote einfließen lassen möchte, ist es schwer, sich gegen einen Gesamteindruck vom Verfasser und der Arbeit, in den auch die Vorversion eingeht, zu erwehren.

2.2.3 Sprachlich-stilistische Überarbeitung

Sprachlich-stilistische Aspekte, die bei wissenschaftlichen Arbeiten besonders zu beachten sind, werden in Kapitel 3 ausführlich behandelt. Wir greifen daher hier nur die wichtigsten Punkte in Frageform heraus:

- Sind meine Aussagen unmissverständlich formuliert (vgl. Abschnitt 3.2.2)?
- Ist mein Satzbau gut verständlich (vgl. Abschnitt 3.3.1)?
- Sind die sprachlichen Bezüge zwischen (Teil-)Sätzen eindeutig (vgl. Abschnitt 3.3.2)?
- Verbinde ich (Teil-)Sätze angemessen mit Konnektoren (vgl. Abschnitt 3.3.3)?
- Vermeide ich unnötig komplizierte Formulierungen?
- Verwende ich alle (Fremd-)Wörter und Fachbegriffe korrekt (vgl. Abschnitt 3.4.1)?
- Verwende ich Kern- und Fachbegriffe konsistent (vgl. Abschnitt 3.4.10)?
- Formuliere ich so präzise wie möglich (vgl. Abschnitt 3.4.2)?
- Sind die verwendeten Zeitformen korrekt und ist die Verwendung des Konjunktivs stimmig (vgl. Abschnitte 3.5.6 und 3.5.7)?
- Verwende ich die Personalpronomen (ich, wir, man) korrekt (vgl. Abschnitt 3.4.9)?
- Ist der Text frei von Füllwörtern und -phrasen (vgl. Abschnitt 3.4.4)?
- Sind alle Metaphern, Redewendungen und Vergleiche stimmig (vgl. Abschnitt 3.4.2)?
- Ist das Sprachniveau/-register angemessen (vgl. Abschnitt 3.5.3)?
- Ist meine Sprache frei von diskriminierenden und abwertenden Begriffen (vgl. Abschnitt 3.6)?

2.2.4 Formale Überarbeitung

Die formale Überarbeitung sollten Sie zuletzt vornehmen – sie verleiht Ihrer Arbeit den Feinschliff vor der Abgabe. Hinsichtlich der Formatierung ist es allerdings sinnvoll, von Anfang an z.B. mit Formatvorlagen und dynamischen Verweisen zu arbeiten (vgl. Abschnitt 11.2). Kontrollieren Sie die folgenden Aspekte:

- Sind Rechtschreibung, Grammatik und Zeichensetzung korrekt (vgl. Abschnitt 3.5.1)?
- Sind alle Zitate (direkte und indirekte) korrekt belegt (vgl. Kap. 8)?
- Ist der Text korrekt formatiert (vgl. Abschnitte 4.2 bis 4.5 sowie Kap. 11)?
- Gibt es spezielle Vorgaben meines Betreuers, die ich unbedingt beachten muss?
- Beachte ich die spezifischen Schreibweisen meiner Fachwissenschaft (vgl. Kap. 5)?
- Ist die Darstellung statistischer Ergebnisse korrekt (vgl. Kap. 6 und 7)?

- Sind Abbildungen und Tabellen korrekt gestaltet (vgl. Kap. 6, insbesondere Abschnitte 6.5 bis 6.7)?
- Wird auf alle Abbildungen und Tabellen im Text verwiesen (vgl. Abschnitt 6.8)?
- Ist das Literaturverzeichnis vollständig und korrekt (vgl. Kap. 9)?
- Stimmen die Querverweise und sind diese inhaltlich sinnvoll (vgl. Abschnitt 11.5.2)?
- Sind alle Silbentrennungen korrekt (vgl. Abschnitte 11.5.14 und 11.6.1)?

2.3 Schreibblockaden auflösen

Fast jeder Schreiber erlebt beim Verfassen eines längeren Textes, dass die Wörter einmal nicht so richtig fließen wollen, dass man an einer bestimmten Stelle einfach nicht weiterkommt oder dass man mit einer Argumentation bzw. der Gliederung eines Teils unzufrieden ist, ohne zu wissen, wie man dies lösen kann. Für solche Erfahrungen wird dann oft vorschnell der Begriff *Schreibblockade* bemüht, obwohl dies ganz normale Phasen sind, die meist von allein wieder verschwinden.

Wichtig ist also zunächst die Erkenntnis, dass solche Erlebnisse die Regel und nicht die Ausnahme sind und daher nicht als „Schreibblockade" pathologisiert werden sollten. Oft entstehen Schreibblockaden, weil man so sehr auf etwas fokussiert ist, dass man Lösungen, die rechts oder links des bisherigen Pfads liegen, gar nicht mehr wahrnimmt. Dann hilft es, etwas innere Distanz zum eigenen Text aufzubauen. Dazu bedarf es oft lediglich zwei oder drei schreibfreier Tage, in denen Sie einmal abschalten.

Viele Schreiber haben einen engen Zeitplan und meinen, es sich nicht erlauben zu können, zwei oder drei Tage zu warten, bis sich die Schreibblockade von selbst aufgelöst hat (dazu, wie eine gelungene Zeitplanung aussieht, siehe den Band *Planen, Durchführen und Auswerten*, Abschnitt 3.2). Diese Annahme ist häufig nicht zutreffend, da man nach einer Erholungspause meist effektiver weiterarbeiten kann. Wenn Sie sich aber trotzdem keine freien Tage erlauben können oder wollen, hilft Ihnen vielleicht einer der folgenden Tipps:

- **Schreiben Sie an einer anderen Stelle des Textes weiter.** Oft bezieht sich die Schreibblockade ja auf eine bestimmte Stelle im Text, sodass Sie an einer anderen Stelle ganz normal weiterarbeiten können.
- **Erledigen Sie eine andere Aufgabe.** Wenn Sie z. B. gerade an der Diskussion schreiben und von einer Schreibblockade ausgebremst werden, können Sie schon einmal die Literaturangaben überprüfen oder die Formatierung Ihres Dokuments überarbeiten. Vielleicht muss auch noch Literatur besorgt oder in der Bibliothek kopiert werden – auch das können Sie während Ihrer Schreibblockade erledigen.
- **Schreiben Sie einfach drauflos, ohne Ihre Sätze zu lesen.** Schreibblockaden entstehen manchmal dadurch, dass man sich selbst unter Druck setzt, jeder Satz müsse perfekt sein. Wenn es Ihnen gelingt, diesen Erwartungsdruck zu

umgehen, haben Sie gute Chancen, Ihre Schreibblockade zu überwinden. Einigen Menschen hilft es bereits, sich bewusst zu machen, dass sie den Text später immer noch überarbeiten können und der erste Entwurf daher nicht perfekt sein muss. Sie können auch einmal ausprobieren, bei ausgeschaltetem Monitor drauflos zu schreiben: So verhindern Sie, dass Sie das gerade Geschriebene lesen und sofort kritisch bewerten. Wenn Sie das einige Minuten durchhalten, löst sich Ihre Blockade vielleicht einfach auf.

Vor allem anhaltende Schreibblockaden haben manchmal tiefer liegende Ursachen, bei denen die obigen Tipps nicht weiterhelfen. Solche Fälle sind recht selten, aber nicht auszuschließen. Problematisch ist, wenn Sie sich über einen Zeitraum von mehreren Wochen überhaupt nicht dazu überwinden können, mit dem Schreiben zu beginnen. Vielleicht macht Ihnen auch das leere Blatt bzw. der leere Monitor regelrecht Angst. Dann kann es sinnvoll sein, professionelle Hilfe aufzusuchen. An immer mehr Hochschulen gibt es Zentren für Schreibberatung oder z. B. eine „Lange Nacht der (aufgeschobenen) Hausarbeiten". Informieren Sie sich über das Angebot vor Ort. Scheuen Sie sich auch nicht, notfalls die psychosoziale Beratungsstelle an Ihrer Hochschule zu kontaktieren oder die Hilfe eines Psychotherapeuten in Anspruch zu nehmen. Sehr oft ist es sinnvoll, sich mit diesem Problem Ihrem Betreuer anzuvertrauen. Die meisten Betreuer haben Verständnis für derartige Schwierigkeiten und viele verfügen über geeignete Beraterfertigkeiten, um gemeinsam mit Ihnen nach einer Strategie zu suchen, wie Sie die Schreibblockade überwinden können.

Abschließend wollen wir Ihnen noch drei Hinweise geben, wie Sie Schreibblockaden vorbeugen können. Diese Tipps sind insbesondere für die Arbeitsphase gedacht, in der Sie sich mehrere Wochen lang auf das Schreiben konzentrieren, also täglich oder fast täglich am Computer sitzen und ein Stück weiterkommen möchten.

- **Hören Sie jeden Tag dann mit dem Schreiben auf, wenn es Ihnen noch Spaß macht.** Wenn Sie jeden Abend so lange an Ihrem Text arbeiten, bis Sie vor Erschöpfung nicht mehr können, dann konditionieren Sie sich selbst darauf, dass Schreiben etwas Unangenehmes ist – zumindest machen Sie ja jeden Abend diese Erfahrung. Entsprechend schwer fällt es Ihnen am nächsten Tag, mit dem Schreiben wieder zu beginnen. Ratsamer ist daher, jeden Tag dann aufzuhören, wenn Sie sich noch fit fühlen und das Schreiben Ihnen vielleicht sogar noch Freude bereitet. Dann sind Sie auch am nächsten Tag motiviert, weiterzuschreiben. Das führt dazu, dass Sie vor dem Schreibbeginn vielleicht nicht so viel Zeit vertrödeln und dass Sie auch langfristig Ihre Schreibmotivation aufrechterhalten.

- **Tagespensum realistisch planen.** Wichtig ist, das Tagespensum nicht zu hoch anzusetzen, damit Sie am Ende des Tages Ihre eigenen Zielvorgaben erfüllen und somit ein Erfolgserlebnis haben. Es ist äußerst demotivierend, jeden Tag weiter hinter die eigene Zielsetzung zurückzufallen. Beherzigen Sie daher unsere Hinweise zur Zeitplanung im Band *Planen, Durchführen und Auswerten* (Abschnitt 3.2.1).

- **Warten Sie nicht auf inspirierte Momente, sondern setzen Sie sich zu den geplanten Zeiten an den Schreibtisch.** Manche Menschen warten darauf, dass Sie Lust auf das Schreiben bekommen, weil sie meinen, in solchen Momenten besonders effizient zu sein. Das ist zwar möglich, aber bei den meisten Personen sind solche inspirierten Augenblicke zu selten, als dass sie zum Schreiben einer Abschlussarbeiten reichen würden. Sinnvoller ist es daher, feste Schreibroutinen zu entwickeln oder die geplanten Schreibzeiten in den Terminkalender einzutragen. Setzen Sie sich zu der geplanten Zeit (z.B. jeden Tag um 9 Uhr) an den Computer und beginnen Sie zu schreiben, ganz egal, wie motiviert oder inspiriert Sie sich gerade fühlen. Häufig kommt die Motivation beim Schreiben – und selbst wenn sie nicht kommt: Auch ohne besonders ausgeprägte Motivation schaffen Sie bestimmt einige Absätze. Betrachten Sie das Schreiben nicht so sehr als künstlerischen Schaffensakt, sondern als normale Arbeit. Auch zum Geschirrspülen oder zum Putzen der Wohnung sind Sie vermutlich nicht immer motiviert, aber dennoch gelingt es Ihnen, diese Aufgaben zu erledigen.

Wenn Sie diese Tipps beherzigen, haben Sie gute Chancen, ohne „Schreibblockade" durch Ihre Abschlussarbeit zu kommen. Kleinere Schwierigkeiten beim Schreiben sollten Sie nicht zu ernst nehmen: Diese sind ganz normal und lösen sich meist von allein wieder auf. Wie Sie solche vorübergehenden Schwierigkeiten überbrücken können, haben wir oben in diesem Abschnitt beschrieben. Falls das alles nicht hilft und Sie über einen längeren Zeitraum Schwierigkeiten haben, suchen Sie bei einer der genannten Anlaufstellen Unterstützung. Wir sind zuversichtlich, dass Ihnen geholfen werden kann.

Wissenschaftlicher Schreibstil

3

ÜBERBLICK

ÜBERBLICK

Ein wissenschaftlicher Schreibstil unterscheidet sich sowohl von einem belletristischen Stil, wie Sie ihn z.B. aus Romanen kennen, als auch von einem eher journalistischen Stil, wie man ihn in populärwissenschaftlichen Büchern oder Zeitschriften antrifft. Auch der Stil in diesem Lehrbuch ist nicht derselbe wie in wissenschaftlichen Arbeiten: So sprechen wir Sie, unsere Leserinnen und Leser, häufig direkt an – das würde man in einem wissenschaftlichen Text in aller Regel nicht tun. (Lehrbücher sind generell keine wissenschaftlichen Texte im engeren Sinne.) Ebenso entspricht der Schreibstil, der Ihnen in der Schule für das Verfassen von Aufsätzen beigebracht wurde, nur teilweise dem, was Sie für Ihre wissenschaftliche Arbeit benötigen. So wird in der Schule häufig gelehrt, dass man eine abwechslungsreiche Wortwahl anstreben soll. Bei wissenschaftlichen Texten ist dies jedoch an vielen Stellen kontraproduktiv – wir werden Ihnen erklären, warum. Unserer Erfahrung nach gehört der richtige Stil zu den am schwersten zu erlernenden Aspekten des wissenschaftlichen Arbeitens. Das liegt daran, dass es neben einigen „harten Fakten", die man in Regeln fassen und benennen kann, v.a. darum geht, den richtigen Ton zu treffen. Letzteres lässt sich nicht so einfach vermitteln und erfordert eine langfristigere Schulung des Sprachgefühls.

In diesem Kapitel machen wir zuerst ein paar Anmerkungen zu *Stilratgebern* und erklären, warum wir allgemeine Stilratgeber als Unterstützung beim wissenschaftlichen Schreiben für wenig geeignet halten, deren Lektüre aber trotzdem empfehlen können (Abschnitt 3.1). Anschließend stellen wir *Leitprinzipien* des wissenschaftlichen Schreibens vor (Abschnitt 3.2). Wenn Sie verstanden haben, warum diese Prinzipien für die Erstellung eines guten wissenschaftlichen Textes wichtig sind, sollte es Ihnen leichter fallen, diese eigenständig umzusetzen. Da Leitprinzipien naturgemäß eher abstrakt und allgemein bleiben müssen, präsentieren wir in den Abschnitten 3.3 bis 3.5 konkrete Schreibtipps und behandeln häufige Fehler, die uns immer wieder in studentischen Texten begegnen. In Abschnitt 3.3 erfahren Sie, wie Sie den *Satzbau* so gestalten, dass das Verständnis erleichtert wird und keine Missverständnisse entstehen. Abschnitt 3.4 enthält Tipps zur *Wortwahl* im weiteren Sinne. Weitere wichtige Hinweise, die sich den anderen beiden Abschnitten nicht eindeutig zuordnen lassen, finden Sie in Abschnitt 3.5. Hierbei handelt es sich überwiegend um *übergreifende Schreibtipps*. Wir empfehlen Ihnen, die Abschnitte 3.3 bis 3.5 vor dem Schreiben Ihrer Arbeit zumindest zu überfliegen, um sich bestimmter sprachlicher Gepflogenheiten und Fallstricke bewusst zu werden. Bei Bedarf können Sie dann während der Überarbeitungsphase einzelne Hinweise genauer nachlesen.

Falls die sprachlichen Tipps in diesem Kapitel für Sie weitgehend neu sind, könnte es sehr schwierig sein, beim Schreiben gleichzeitig auf inhaltliche und sprachlich-stilistische Aspekte zu achten. In dem Fall raten wir Ihnen, sich beim Schreiben des ersten Entwurfs nicht zu sehr um die sprachlichen Hinweise zu kümmern, um Ihren Schreibfluss nicht durch das Nachdenken über Formulierungen zu behindern. Stattdessen sollten Sie sich erst in der Überarbeitungsphase mit den genannten Tipps genauer auseinanderzusetzen (vgl. Abschnitte 2.1 und 2.2). Ein paar Hinweise gibt es allerdings, deren Beachtung sich von Anfang an lohnt. Dazu gehört, das Vorwissen Ihrer Leser zu berücksichtigen (Abschnitt 3.5.2) –

würden Sie das erst gegen Ende Ihres Schreibprozesses tun, müssten Sie unter Umständen sehr viel überarbeiten und umschreiben. Daher empfehlen wir, sich frühzeitig einen Überblick über die Schreibhinweise zu verschaffen.

Auch in wissenschaftlichen Arbeiten wird zunehmend auf einen nicht diskriminierenden Sprachgebrauch geachtet. Dabei geht es neben der Vermeidung ethnischer Diskriminierung um adäquate Bezeichnungen für Personen mit physischen oder psychischen Einschränkungen und um eine geschlechtergerechte Sprache. Diese Aspekte erläutern wir in Abschnitt 3.6.

Zusätzlich zur Lektüre dieses Kapitels raten wir Ihnen, sich weiter an den wissenschaftlichen Schreibstil zu gewöhnen, indem Sie gut geschriebene Forschungsarbeiten lesen. Versuchen Sie dabei, nicht nur auf den Inhalt zu achten, sondern auch auf die Sprache und die verwendeten Formulierungen. Dadurch sollten Sie – in Verbindung mit den Hinweisen aus diesem Kapitel – nach und nach ein Gefühl dafür entwickeln, was ein adäquater wissenschaftlicher Schreibstil in Ihrem Fach ist. Beachten Sie aber: Nicht jeder veröffentlichte wissenschaftliche Text zeichnet sich durch guten Stil aus! Manche Autoren versuchen sogar, durch möglichst komplexe Satzgefüge und den Gebrauch vieler Fremdwörter inhaltliche Schwächen zu verdecken – das ist ein Zeichen schlechten Stils. Unser Ziel ist, dass Sie nach dem Lesen dieses Kapitels guten von schlechtem Stil unterscheiden können.

3.1   Ein Wort zu Stilratgebern: Empfehlungen

Bei Stilratgebern muss man zwischen Ratgebern zur allgemeinen Sprache und zur Wissenschaftssprache unterscheiden. Zu den allgemeinsprachlichen Werken gehören Bücher wie *Der Dativ ist dem Genitiv sein Tod* (Sick, 2004), *Deutsch für Profis* (Schneider, 2001) und – etwas anspruchsvoller, aber dafür auch differenzierter geschrieben – *Gutes Deutsch – besseres Deutsch* (Sanders, 1996; auch neuere Auflagen). Wir finden die Lektüre solcher Sprachratgeber durchaus sinnvoll, um das eigene Sprachgefühl zu schulen und angeregt zu werden, über Sprache und sprachliche Details nachzudenken. Einige Ratgeber wie Sick (2004) und Schneider (2001) sind recht unterhaltsam und daher auch als Bett- oder Strandlektüre geeignet. Sie sollten sich bei der Lektüre dieser Bücher aber bewusst sein, dass sie nicht auf einen guten *wissenschaftlichen*, sondern auf einen allgemeinsprachlichen – häufig aber eher journalistischen – Sprachstil abzielen. Manche der Empfehlungen z.B. zur Verwendung von Nominalstil oder von Synonymen sind für wissenschaftliche Texte nicht geeignet. Übernehmen Sie daher nicht unkritisch jeden Ratschlag, sondern gleichen Sie anhand der in diesem Kapitel gemachten Ausführungen ab, was sinnvolle und was kontraproduktive Empfehlungen sind. Trotz der Einschränkung gilt, dass sich in solchen Ratgebern viele gute Anregungen finden lassen.

Auch speziell zum wissenschaftlichen Schreiben gibt es einige Ratgeber. Sehr empfehlenswert finden wir *Wissenschaftlich formulieren* (Kühtz, 2012) und *Richtig wissenschaftlich schreiben* (Esselborn-Krumbiegel, 2012). Ebenfalls lesenswert, wenngleich die dortigen Empfehlungen unseres Erachtens manchmal übers Ziel hinausschießen und gelegentlich fast pedantisch wirken, ist das umfangreiche Kapitel 6 in *Wissenschaftlich schreiben leicht gemacht* (Kornmeier, 2013). Diese drei Ratgeber zum wissenschaftlichen Schreiben haben uns beim Verfassen dieses Kapitels wertvolle Anregungen geliefert. Wenngleich wir Ihnen die Lektüre dieser Bücher empfehlen, haben sie das Manko, dass sie nicht speziell auf die Psychologie und die Sozialwissenschaften ausgerichtet sind. Das ist problematisch, da es sprachliche Gepflogenheiten gibt, die sich von Fach zu Fach unterscheiden. Ein Beispiel dafür ist der in verschiedenen Fächern unterschiedliche Gebrauch der Personalpronomen „ich", „wir" und „man" (vgl. Abschnitt 3.4.9). Derartige Unterschiede zwischen den Fächern sind der Hauptgrund, warum wir dieses Kapitel geschrieben haben und uns nicht damit begnügen, Sie auf bereits vorhandene Schreibratgeber zu verweisen. Nichtsdestotrotz: Falls Sie nach der Lektüre des Kapitels noch Appetit auf mehr Stilratgeber haben, können Sie durchaus zu den oben genannten wissenschaftssprachlichen wie auch allgemeinsprachlichen Ratgebern greifen.

3.2 Leitprinzipien

Es existiert kein Regelwerk dafür, was ein guter wissenschaftlicher Schreibstil ist. Allerdings sind sich die meisten Wissenschaftler zumindest im Großen und Ganzen einig, welche Kriterien ein Text erfüllen muss, um in die Kategorie „guter wissenschaftlicher Stil" zu fallen. Unseres Erachtens lassen sich vier Leitprinzipien formulieren:

1. *Verständlichkeit* (Nachvollziehbarkeit, gute Lesbarkeit)

2. *Unmissverständlichkeit* (Vermeidung von mehrdeutigen und missverständlichen Formulierungen)

3. *Neutralität* (unparteiisches und nicht emotionales Argumentieren und Abwägen)

4. *Überprüfbarkeit* (Nachprüfbarkeit aller Aussagen)

Die ersten beiden Leitprinzipien überschneiden sich teilweise: Ein missverständlich geschriebener Text ist meist auch schwer verständlich. Wir haben uns aber bewusst für eine Differenzierung in zwei Prinzipien entschieden. Während nämlich Verständlichkeit von jedem guten Text erwartet wird, ist Unmissverständlichkeit besonders bei wissenschaftlichen Texten wichtig: Sie müssen vermeiden, dass Leser Ihre Aussagen falsch verstehen könnten. Unmissverständlichkeit ist auch bei Gesetzestexten und Bedienungsanleitungen wichtig, nicht aber bei Romanen oder Gedichten – hier sind Mehrdeutigkeiten oft sogar erwünscht.

Einige Prinzipien, die sich in allgemeinen Stilratgebern finden, fehlen bei uns absichtlich, z.B. die „sprachliche Eleganz" durch abwechslungsreiche Wortwahl oder das Wecken von „Lust am Lesen" durch anregende Zusätze (vgl. Langer, Schulz von Thun & Tausch, 2011). Selbstverständlich darf ein wissenschaftlicher Text anregend und elegant formuliert sein – allerdings niemals zulasten der obigen Leitprinzipien. Im Folgenden stellen wir die vier Leitprinzipien genauer dar, erklären, warum sie wichtig sind, und zeigen auf, wie sie im Text umgesetzt werden können.

3.2.1 Verständlichkeit

Verständlichkeit meint nicht, dass jeder in der Lage sein muss, Ihre Arbeit zu verstehen. Manche Studierende haben die falsche Annahme, dass eine wissenschaftliche Arbeit so zu schreiben ist, dass jeder (gebildete) Laie sie prinzipiell verstehen kann. Das führt dann dazu, dass Fachbegriffe und Konzepte, die Fachkollegen ohnehin vertraut sind, erklärt oder definiert werden.[6] Manchmal werden sogar gängige statistische Verfahren wie Korrelation oder Varianzanalyse erläutert, obwohl man deren Kenntnis bei Fachkollegen voraussetzen kann. Das bläht Texte unnötig auf und ist für den fachkundigen Leser eine Zumutung. Denken Sie also daran, dass Sie Ihre wissenschaftliche Arbeit für Fachkollegen schreiben (vgl. auch Abschnitt 3.5.2 zum Vorwissen der Leser). Für diese sollte Ihr Text allerdings problemlos verständlich sein: Es sollte also keine – oder zumindest kaum – Textpassagen geben, die ein Fachkollege mehrmals lesen müsste, um sie komplett zu erfassen.

Es existieren verschiedene Modelle, die erklären sollen, was einen Text verständlich macht (z.B. Groeben, 1982; Langer et al., 2011). Die für wissenschaftliche Texte wichtigsten Aspekte sind unseres Erachtens:

- Strukturierung/Gliederung (innere und äußere Ordnung)
- logische Folgerichtigkeit der Argumente
- sprachliche Einfachheit (z.B. Vermeidung von verschachtelten Sätzen)
- angemessene Informationsdichte (Balance aus Kürze/Prägnanz und inhaltlich-semantischer Redundanz)

3.2.1.1 Strukturierung/Gliederung

Entscheidend für die Verständlichkeit Ihres Textes ist, dass er eine sinnvolle Gliederung aufweist (vgl. Abschnitt 1.6), die dem Leser – falls sie nicht ohnehin offensichtlich ist – explizit vermittelt werden sollte. Um das zu realisieren, benötigen Sie für sich selbst einen roten Faden, dem Sie beim Schreiben konsequent folgen. Das gilt sowohl für die Grob- als auch für die Feingliederung des Textes, also für die Makro- und die Mikroebene. Konkret bedeutet dies, dass Sie einen roten Faden für die Abfolge der Kapitel haben müssen. Da diese Makrostruktur bei empirischen Arbeiten fast immer identisch ist (Theorie, Methode, Ergebnisse, Diskussion), brauchen Sie sie Ihrem Leser nicht weiter zu verdeutlichen. Schreiben Sie hingegen eine Literaturarbeit, ist Ihrem Leser die Struktur nicht von vornherein bekannt. Er kann sie sich zwar teilweise aus dem Inhaltsverzeichnis erschließen, aber oft ist es sinnvoll, in der Einleitung die Makrostruktur der Arbeit zu erklären. Auch innerhalb jedes Kapitels muss Ihr Leser den Aufbau leicht erkennen können. Bei empirischen Arbeiten gibt es, wie in Abschnitt 1.6 beschrieben, Kapitel wie den Methodenteil, die einen festen Aufbau haben und

---

6 Besprechen Sie aber im Zweifelsfall mit Ihrem Betreuer, was erklärt werden soll: Manche Betreuer erwarten von Abschlussarbeiten, dass – abweichend von anderen wissenschaftlichen Arbeiten – auch unter Fachkollegen bekannte Konzepte erläutert werden. Damit möchten diese Betreuer prüfen, ob Sie die relevanten Konzepte richtig verstanden haben.

deren Struktur daher nicht erläutert werden muss. Bei weniger vorstrukturierten Kapiteln wie dem Theorieteil sollten Sie aber – z.B. mit einem Advance Organizer (siehe S. 26 f.) – dem Leser die Struktur vorab vermitteln.

Dasselbe gilt auf der Ebene einzelner Abschnitte oder Unterabschnitte Ihres Textes: Der Leser muss stets nachvollziehen können, was gerade behandelt wird und wann Sie von einem Gedanken oder einem Thema zum nächsten wechseln. Das erreichen Sie, indem Sie *Überleitungen schreiben* bzw. *Themenwechsel ankündigen*, wie in diesem Beispiel:

> ... Neben den bisher dargestellten äußeren Faktoren, die das Kaufverhalten von Menschen beeinflussen, spielen auch Eigenschaften der Personen für deren Konsumpräferenzen eine wichtige Rolle. Daher gehen wir im Folgenden auf die relevanten Persönlichkeitsmerkmale ein. ...

Ferner sollten Sie Ihren Text durch die *sinnvolle Verwendung von Absätzen* in Gedankenabschnitte untergliedern. Ein Absatz enthält idealerweise die Ausarbeitung *eines* Gedankens, *eines* Aspekts etc. Für die Strukturierung des Leseflusses sind etwa drei bis vier Absätze pro Seite ideal, allerdings sollte sich die Anzahl der Absätze stärker nach dem Textinhalt als nach dieser Regel richten.

Eine oft anzutreffende Schwäche studentischer Texte ist, dass nicht deutlich genug zwischen Haupt- und Nebenaspekten unterschieden wird. Der Leser muss dann selbst entscheiden, was wichtig und was nebensächlich ist. Diese Arbeit können und sollten Sie ihm durch entsprechende Hinweise abnehmen. Mit der folgenden Formulierung kann man dem Leser beispielsweise verdeutlichen, was der Hauptkritikpunkt an einer Theorie ist und was weitere, nicht so entscheidende Kritikpunkte sind:

> Der wesentliche Schwachpunkt an dieser Theorie ist ... Daneben kann noch kritisiert werden, dass ...

3.2.1.2 Logische Folgerichtigkeit der Argumente

Verständlich und nachvollziehbar ist ein Text nur dann, wenn die einzelnen Argumente und logischen Schlüsse folgerichtig sind. Achten Sie daher darauf, dass Ihre Argumentation korrekt und vollständig ist. Dazu ein Beispiel:

> Unter Alkoholeinfluss verringert sich die Fahrtüchtigkeit. Dies wird dadurch belegt, dass an 15 % aller Verkehrsunfälle mit Personenschaden alkoholisierte Autofahrer beteiligt sind (Statistisches Bundesamt, 2013).

Überzeugt Sie diese Begründung? Uns überzeugt sie nicht, da ja nicht klar ist, wie viel Prozent aller Autofahrten unter Alkoholeinfluss stattfinden. Vermutlich sind das zwar weniger als 15 %, aber diese Angabe fehlt, obwohl sie für den oben vollzogenen logischen Schluss notwendig ist. Vollständig und logisch fehlerfrei ist hingegen dieses Argumentationsbeispiel:

> Unter Alkoholeinfluss verringert sich die Fahrtüchtigkeit. Dies wird dadurch belegt, dass an 15 % aller Verkehrsunfälle mit Personenschaden alkoholisierte Autofahrer beteiligt sind (Statistisches Bundesamt, 2013), obwohl nur etwa jede 200. Autofahrt unter Alkoholeinfluss stattfindet (Diederik, 2010). Die Wahrschein-

lichkeit, als Autofahrer an einem Verkehrsunfall mit Personenschaden beteiligt zu sein, erhöht sich unter Alkoholeinfluss also um das etwa 30-Fache.

Eine andere beliebte Fehlerquelle bei logischen Schlussfolgerungen ist, (korrelative) Zusammenhänge in kausaler Weise zu interpretieren. Aus der Aussage „Seit Einführung der Studiengebühren hat die Anzahl der Studierenden abgenommen" folgt *nicht* „Die Studiengebühren haben zu einer Abnahme der Studierendenzahlen geführt". Es kann sich nämlich auch um eine zufällige Koinzidenz handeln – die Abnahme der Studierendenzahlen hätte in diesem Fall ganz andere Ursachen.

Wir wollen Ihnen noch ein Beispiel für einen Satz geben, der erst auf den zweiten Blick seine logischen Schwächen offenbart: „Da jeder Mensch einzigartig ist, erlebt auch jeder Trauer individuell verschieden." Bei genauerer Analyse ist dieser Satz eine inhaltsleere Phrase und sogar logisch falsch. Dass „jeder Mensch einzigartig ist", stellt keine erwähnenswerte Neuigkeit dar: Kein Wissenschaftler wird bezweifeln, dass Menschen – in gewisser Weise – einzigartig sind, auch wenn sie sich in vielen Bereichen stark ähneln. Das Hauptproblem des Satzes liegt aber darin, dass eine Kausalität behauptet wird, wo keine existiert. Wir wollen das verdeutlichen, indem wir den Satz leicht umformulieren: „Weil jeder Mensch einzigartig ist, folgt daraus zwangsläufig, dass jeder Mensch Trauer individuell unterschiedlich erlebt." Ist dieser Kausalschluss wirklich plausibel? Dazu eine Analogie: „Weil jeder Mensch einen einzigartigen Fingerabdruck hat, empfindet jeder die Berührung von Gegenständen mit den Fingern unterschiedlich" – diesen Satz würden die meisten als falsch zurückweisen. Zwar ist es richtig, dass alle Menschen (sogar eineiige Zwillinge) unterschiedliche Fingerabdrücke haben, aber es ist eher unwahrscheinlich, dass alle Menschen unterschiedliche Empfindungen verspüren, wenn sie einen Gegenstand mit den Fingern berühren. Selbst wenn dies so wäre, ist überaus fraglich, ob die Verschiedenheit der Fingerabdrücke die Ursache dafür darstellt. Sie könnten auch formulieren: „Weil jeder Mensch einen einzigartigen Fingerabdruck hat, findet auch jeder Mensch andere Farbkombinationen schön." Hier wird noch deutlicher, dass zwischen der Aussage („jeder Mensch findet andere Farbkombinationen schön") und der Begründung („weil jeder Mensch einen einzigartigen Fingerabdruck hat") keinerlei Zusammenhang besteht.

3.2.1.3 Sprachliche Einfachheit

Bei allen Texten trägt es zur leichteren Verständlichkeit bei, wenn sie sprachlich einfach formuliert sind. Dabei ist sprachliche Einfachheit immer in Bezug auf die Leserschaft zu definieren: Ihre Abschlussarbeit wird nicht von Grundschulkindern gelesen, sondern von studierten Fachkollegen, die im Vergleich zur Allgemeinbevölkerung über eine überdurchschnittliche Fertigkeit im Umgang mit Texten verfügen werden. Ihr Text sollte so verfasst sein, dass er für diese Leserschaft problemlos verständlich ist. Sprachlicher Einfachheit sind die folgenden Aspekte in aller Regel abträglich:

- verschachtelte und extrem lange Sätze
- übermäßiger Gebrauch von Passivkonstruktionen

- ungebräuchliche (Fremd-)Wörter
- extremer Nominalstil

Verschachtelte und extrem lange Sätze. In vielen Schreibratgebern finden Sie die Anweisung, möglichst kurze Sätze zu formulieren, da diese verständlicher seien. Diese Regel ist unseres Erachtens zu pauschal. So bedingen komplexe Sachverhalte oft auch Sätze, die eine gewisse Komplexität im Satzbau aufweisen. Dies gänzlich vermeiden zu wollen, wäre illusorisch und sogar kontraproduktiv. Allerdings ist es richtig, dass in wissenschaftlichen Texten häufig unnötig verschachtelte Sätze das Verständnis erschweren.

Die Länge eines Satzes hat allerdings nur wenig mit seiner Verständlichkeit zu tun, sofern die Satzstruktur einfach gehalten ist. Insbesondere dann, wenn eigenständige Sätze aneinandergereiht werden, ist auch ein sehr langer Satz mit 40 oder mehr Wörtern noch leicht verständlich. Hingegen kann ein stark verschachtelter Satz, bei dem Subjekt und Prädikat weit auseinandergezogen werden, schon bei einer Länge von 30 Wörtern schwer verständlich sein. Die beiden folgenden Sätze haben jeweils 37 Wörter, sind also relativ – aber noch nicht extrem – lang. Vergleichen Sie, welcher einfacher zu verstehen ist:

Satz 1: Studierende, sei es an einer Universität oder einer sonstigen Hochschule, müssen zum Bestehen von Prüfungen, sofern sie den relevanten Stoff nicht bereits durch ein vorheriges Studium erworben haben, was in den seltensten Fällen so sein wird, lernen.

Satz 2: Sowohl an Universitäten als auch an sonstigen Hochschulen müssen Studierende zum Bestehen von Prüfungen lernen, es sei denn, sie haben den relevanten Stoff bereits durch ein vorheriges Studium erworben – aber das wird sehr selten der Fall sein.

Der Hauptsatz von Satz 1 besteht lediglich aus den Wörtern „Studierende müssen zum Bestehen von Prüfungen lernen". Durch die eingeschobenen Nebensätze („sei es an einer Universität ...", „sofern sie den relevanten Stoff ..." und „was in den seltensten Fällen ...") werden Subjekt („Studierende") und Prädikat („müssen lernen") des Hauptsatzes aber sehr weit auseinandergerissen. Hinzu kommt, dass die beiden Teile des Prädikats („müssen" und „lernen") ebenfalls 25 Wörter voneinander entfernt stehen. Das macht diesen Satz schwer verständlich.

Satz 2 ist wesentlich einfacher zu verstehen, da hier die Unterordnung von Nebensätzen zugunsten einer Aneinanderreihung aufgehoben wurde. Sie sehen hoffentlich: Bei gleicher Wortanzahl kann man einen Satz relativ schwierig bzw. relativ leicht verständlich gestalten. In Abschnitt 3.3.1 erläutern wir genauer, wie Sie gelungene Sätze bauen.

Übrigens sind beide Beispielsätze nicht sehr aussagekräftig, sondern berichten – sehr weitschweifig – eine Trivialität. Wenn man so etwas überhaupt schreiben möchte, sollte man dies noch kürzer tun: „Um eine Prüfung an einer Hochschule zu bestehen, muss man dafür lernen. Auf das Lernen verzichten können nur wenige Personen, die den Stoff bereits beherrschen."

Sätze, die über vier oder mehr Zeilen gehen, sollten die absolute Ausnahme sein, sind unseres Erachtens aber keineswegs verboten, wenn ein Sachverhalt einen so langen Satz erfordert. Für das Verständnis des Satzes ist seine Länge nicht so wichtig wie der Grad seiner Verschachtelung. Prüfen Sie daher verschachtelte Sätze daraufhin, ob sie sich nicht einfacher formulieren lassen; ein langer Satz lässt sich oft in kürzere Sätze aufteilen. Als angenehm empfinden Leser meist einen Wechsel zwischen eher längeren und kürzeren Sätzen.

Um schwer verständliche und zu lange Sätze zu entdecken, lesen Sie sich Ihren Text laut vor. Schlecht strukturierte Sätze lassen den Lesern oft keine ausreichenden Atempausen. Wenn Sie Ihren Satz beim lauten Lesen selbst nicht auf Anhieb verstehen, sollten Sie ihn keinem Leser zumuten. Hilfreich ist auch, einen Kommilitonen in Ihrer Arbeit alle Sätze anstreichen zu lassen, die er mehrmals lesen musste, um sie zu verstehen. Für diese Sätze sollten Sie dann versuchen, einfachere Formulierungen zu finden. Dabei gilt immer: So komplex wie nötig, so einfach wie möglich! Wenn sich ein verschachtelter Satz einfacher formulieren lässt, tun Sie das.

Passivkonstruktionen. Mit Passivkonstruktionen ist es ähnlich wie mit langen Sätzen: Es wird häufig von ihnen abgeraten, aber sie lassen sich nicht immer vermeiden und sind, wenn sie in gemäßigter Anzahl vorkommen, auch absolut unproblematisch. Das Passiv hat für viele Anwendungsfälle sogar einen entscheidenden Vorteil: Im Passiv tritt der Akteur einer Handlung in den Hintergrund, die Sache (z.B. ein Ergebnis, eine Theorie oder ein Verfahren) hingegen in den Vordergrund. Das entspricht der wissenschaftlichen Grundhaltung, dass die Sache wichtiger ist als ihr Urheber. Daher bevorzugt man beim Referieren von Forschungsliteratur oft Formulierungen wie „Es wurde belegt, dass ... (Meyer & Schulze, 2012)" gegenüber „Meyer und Schulze (2012) haben belegt, dass ..." (vgl. Abschnitt 8.4.1). In solchen Fällen schränkt das Passiv auch keineswegs die Verständlichkeit ein.

Durch Formulierungen im Aktiv erhält man jedoch oft etwas einfachere und kürzere Sätze. Insbesondere beim gehäuften Vorkommen von Passivkonstruktionen sollten Sie diese daraufhin prüfen, ob das Passiv wirklich benötigt wird oder ob auch eine aktive Formulierung verwendet werden kann, ohne die inhaltliche Aussage zu verändern. Dazu zwei Beispiele:

1. Beispiel

Passiv: Den Probanden wurde der Fragebogen ausgehändigt.

Aktiv: Die Probanden erhielten den Fragebogen.

2. Beispiel

Passiv: Am Ende der Erhebung wurden die Versuchsteilnehmer vom Versuchsleiter aufgeklärt.

Aktiv: Am Ende der Erhebung klärte der Versuchsleiter die Versuchsteilnehmer auf.

Wie Sie sehen, sind die aktiven Formulierungen jeweils kürzer, ohne dass relevante Information verloren geht. Davon profitiert auch die Verständlichkeit der Sätze.

Das Passiv kann zudem gezielt eingesetzt werden, um das Personalpronomen „ich" zu vermeiden. „Ich" ist in wissenschaftlichen Arbeiten recht unüblich und sollte sparsam und nur in ausgewählten Situationen genutzt werden, wenn man die eigene Person hervorheben will (vgl. Abschnitt 3.4.9). Möchten Sie hingegen, wie in den meisten Situationen, die Sache in den Vordergrund stellen, ist das Passiv dazu sehr nützlich. So ist die Formulierung „Zur Auswertung wurden neben Regressionsanalysen auch Strukturgleichungsmodelle gerechnet" besser als „Zur Auswertung habe ich neben Regressionsanalysen auch Strukturgleichungsmodelle gerechnet", da es hier nicht darum geht, die Rolle der eigenen Person zu betonen.

Ungebräuchliche (Fremd-)Wörter. *Fachbegriffe* können und sollten Sie in Ihrer Arbeit ohne Beschränkung verwenden (vgl. Abschnitt 3.4.1). Diese steigern – für einen Fachkollegen, für den Sie ja schreiben – sogar die Verständlichkeit. Wenn Sie z.B. die Begriffe „depressive Episode", „rezidivierende depressive Störungen" oder „Dysthymie" verwenden, weiß jeder Psychologe, was damit gemeint ist und wie sich diese Störungsbilder unterscheiden. Das ist wesentlich präziser, als wenn Sie Begriffe wie „andauernde Traurigkeit", „Melancholie", „Schwermut", „Trübsinn" oder „Niedergeschlagenheit" gebrauchen, die zwar umgangssprachlich geläufiger sind, aber keine vergleichbare fachwissenschaftliche Definition aufweisen.

Bei *Fremdwörtern* sieht dies anders aus. Diese sollten Sie eher nicht verwenden, wenn ein adäquater deutscher Begriff dafür existiert. Zwar verfügt die Leserschaft Ihres Textes höchstwahrscheinlich über einen recht umfassenden Wortschatz, sodass Sie geläufige Fremdwörter, die Ihnen beim Schreiben spontan als passende Begriffe einfallen, nicht vermeiden müssen. Aber verwenden Sie keine unnötigen Fremdwörter, wenn man dasselbe mit deutschen Wörtern genauso gut oder sogar besser ausdrücken kann, wie in diesem Beispiel:

> **Schlecht:** Aufgrund der gravierenden Diskrepanz zwischen antizipierten und realisierten Resultaten ist die Eruierung einer resistenten Explikation verkompliziert.

> **Besser:** Aufgrund des großen Unterschieds zwischen den Erwartungen und den Befunden ist es schwer, eine belastbare Erklärung zu finden.

Während „gravierende Diskrepanz" noch in die Kategorie geläufiger Wörter fällt, die Sie durchaus benutzen könnten, ist die Umschreibung von „Erwartungen und Befunden" durch „antizipierte und realisierte Resultate" unnötig kompliziert. Die Phrase „Eruierung einer resistenten Explikation" muss man mehrmals lesen, um zu erraten, was der Verfasser damit meint. Diese Formulierungen fallen unseres Erachtens in die Kategorien „sprachliches Imponiergehabe" bzw. „Verschleierung von Schwächen" (siehe Abschnitt 3.5.4) – beides Dinge, die Sie unterlassen sollten.

Extremer Nominalstil. In vielen „Stilfibeln" findet man den Rat, Nominalstil zu vermeiden. Für wissenschaftliche Texte gilt, dass Sie keinen unnötigen oder extremen Nominalstil verwenden sollten. Allerdings gibt es viele feststehende Begriffe, die sich nicht in einen Verbalstil überführen lassen, ohne dass der Sinn verfälscht wird. In dem folgenden Beispiel darf „Intelligenztraining" z.B. nicht zu „Intelligenz trainieren" aufgelöst werden. Fachkollegen verstehen nämlich unter einem Intelligenztraining meist ein elaboriertes, in einem Manual schrittweise beschriebenes Trainingsprogramm. Der Ausdruck „Intelligenz trainieren" ist hingegen viel vager und man könnte darunter auch fassen, dass jemand in seiner Freizeit Kreuzworträtsel löst. Auch die Wendung „verbessern sie sich in der Schule" ist weniger präzise als „Verbesserung der Schulleistung".

> **Extremer Nominalstil:** Die Steigerung der kognitiven Leistungsfähigkeit von Schülern durch Intelligenztrainings führt zu einer Verbesserung der Schulleistung. [ist etwas schwerfällig und holprig]

> **Extremer Verbalstil:** Werden Schüler kognitiv leistungsfähiger gemacht, indem man ihre Intelligenz trainiert, verbessern sie sich auch in der Schule. [verfälscht die inhaltliche Aussage bzw. ist unpräzise]

> **Angemessene Mischung:** Intelligenztrainings steigern die kognitive Leistungsfähigkeit von Schülern, wodurch sich auch ihre Schulleistung verbessert. [unnötige Nominalisierung vermieden, gleichzeitig inhaltlich präzise Aussage]

Wir möchten mit diesem Beispiel verdeutlichen, dass es in der Wissenschaftssprache sinnvoll ist, für etablierte Begriffe beim Nominalstil zu bleiben. Auch generell lassen sich einige Sachverhalte durch einen gewissen Nominalstil genauer darstellen als im Verbalstil. Zudem wäre es falsch zu denken, dass sich ein im Nominalstil verfasster Satz ohne Bedeutungsänderung in Verbalstil umwandeln lässt. Andererseits tendieren viele Schreiber zu einem unnötig ausgeprägten Nominalstil. Dort, wo dieser inhaltlich nicht erforderlich ist oder sogar das Verständnis erschwert, sollten Sie vermehrt bedeutungtragende Verben verwenden.

3.2.1.4 Angemessene Informationsdichte

Texte, die auf 20 Seiten sagen, was man auch auf drei oder vier Seiten hätte darstellen können, lesen sich sehr ermüdend. Auch die dritte oder vierte Wiederholung einer Aussage wird den meisten Lesern lästig sein. Daraus könnte man ableiten, dass wissenschaftliche Texte möglichst knapp und präzise die wichtigen Inhalte darstellen sollen. Das ist prinzipiell richtig. Auch der häufig formulierten Forderung nach *Prägnanz*, also der exakten Darstellung der relevanten Inhalte auf wenig Raum, ist generell zuzustimmen. Allerdings gibt es zwischen der Informationsdichte eines Textes und seiner Verständlichkeit einen umgekehrt u-förmigen Zusammenhang: Bei sehr inhaltsarmen, weitschweifigen, sich wiederholenden Ausführungen ist die Verständlichkeit reduziert, da dem Leser zugemutet wird, lange Passagen zu lesen, aus denen er sich die wichtigen Inhalte selbst heraussuchen muss; aber auch sehr inhaltsdichte Texte verlangen ein hoch konzentriertes Lesen, da jedes Wort bedeutsam ist und daher nichts überlesen werden darf.

Vorteilhaft für die Verständlichkeit eines wissenschaftlichen Textes ist eine gute Balance zwischen Kürze bzw. Prägnanz und inhaltlich-semantischer Redundanz. Generell sollten Sie sich an den Grundsatz halten: *Schreiben Sie so knapp wie möglich, aber so ausführlich, wie es für ein einfaches Verständnis nötig ist.* Beispielsweise hatten wir auf Seite 50 darauf hingewiesen, dass es bei der Darstellung der Befunde im Ergebnisteil sinnvoll ist, kurz den Inhalt der Hypothesen zu wiederholen und nicht nur die Hypothesennummer zu nennen. Dies hilft dem Leser beim Verständnis Ihres Textes, wie dieses Beispiel zeigt:

Ungünstig: Hypothese 1 konnte bestätigt werden. So tranken Männer …

Besser: Hypothese 1, die besagt, dass Männer im Vergleich zu Frauen mehr Alkohol konsumieren, konnte bestätigt werden. So tranken Männer …

Auch die Zusammenfassung der wichtigsten Ergebnisse zu Beginn der Diskussion (vgl. S. 55) ist in gewisser Weise redundant, dient aber trotzdem dem besseren Verständnis. Ebenso können Beispiele und sonstige Veranschaulichungen dem Verständnis förderlich sein. Nehmen wir an, Sie erklären im Theorieteil Ihrer Arbeit das Konstrukt des Glaubens an eine gerechte Welt. Das könnte folgenderweise aussehen:

Der Gerechte-Welt-Glaube ist ein von Lerner (1980) postuliertes Konzept, demzufolge Menschen erwarten, dass es in der Welt prinzipiell gerecht zugeht und negative Ereignisse nur diejenigen treffen, die sich in irgendeiner Weise falsch verhalten haben. Diese Erwartung resultiert aus dem Bedürfnis nach Kontrolle darüber, was mit einem geschieht. Um die Kontrollillusion aufrechtzuerhalten, werten Personen mit einem ausgeprägten Gerechte-Welt-Glauben Opfer von Schicksalsschlägen und Gewalttaten oft ab und geben diesen eine Mitschuld an den negativen Ereignissen.

Das ist eine präzise und knappe Darstellung, die in dieser Form prinzipiell in Ordnung ist. Allerdings ist die Darstellung aufgrund ihrer Abstraktheit für jemanden, der das Konzept noch nicht kennt, relativ schwer verständlich. Daher wäre es sinnvoll, sie mit einem Anwendungsbeispiel zu ergänzen:

Wie die Statistiken zeigen, ist für Frauen das Risiko, Opfer einer Vergewaltigung zu werden, objektiv kaum kontrollierbar. Um eine Kontrollillusion aufrechtzuerhalten, schreiben jedoch viele Frauen anderen Frauen, die vergewaltigt wurden, eine Mitschuld an der Tat zu (beispielsweise im Sinne von „Sie hätte um die Uhrzeit nicht allein an einem solchen Ort sein sollen" oder „Sie hätte sich nicht so aufreizend kleiden sollen"). Folglich wäre die Vergewaltigung in gewisser Weise eine „gerechte" Strafe für das unangemessene oder zumindest unvorsichtige Verhalten der Frau. Das eigene Kontroll- und Sicherheitsbedürfnis wird dadurch befriedigt, dass man von sich selbst meint, sich nicht so unangemessen oder unvorsichtig zu verhalten – daher würde einem selbst so etwas auch nicht passieren.

Durch dieses ergänzende Beispiel wird die ursprüngliche Darstellung deutlich länger. Trotzdem sind solche Beispiele oder andersartige Veranschaulichungen sinnvoll, um die Verständlichkeit des Textes zu erhöhen. Das gilt auch für gelegentliche Zusammenfassungen der wesentlichen Inhalte. Durch die – sparsame – Wiederholung wichtiger Punkte ist es zudem möglich hervorzuheben, welche Aspekte besonders bedeutsam sind.

Wichtig ist also, nicht zu weitschweifig und redundant zu schreiben: Auf alles, was für ein einfaches Verständnis des Textes irrelevant ist, sollten Sie verzichten. Wenn ein etwas längerer Text aber einfacher zu verstehen ist als ein sehr komprimierter, sollten Sie sich für die längere Variante entscheiden.

3.2.2 Unmissverständlichkeit

Literarische Texte wie Romane oder Gedichte leben von sogenannten *Leerstellen*, also Textpassagen, die der Leser durch eigene Interpretationen füllen muss, damit der Text ein sinnvolles Ganzes ergibt. Dabei funktioniert das Füllen der Leerstellen ganz automatisch, ohne dass sich der Leser dessen bewusst sein muss. Dazu ein Beispiel:

> Seit Jahren schon hatte Clara die beiden ihr anvertraut. Sie war dann oft ein paar Stunden mit ihnen allein. Was sie dabei genau machten, darum kümmerte Clara sich nicht. Nur selten hatte sie ihr mal kurz dabei zugeschaut und gesehen, wie sie sie wild herumwirbelte. Aber Clara machte sich keine Gedanken darüber, ob sie ihnen schaden könnte. Eines Tages jedoch, als Clara beide wieder herausholen wollte, war nur noch eine von ihnen da. Was aus der anderen geworden ist, das hat sie nie erfahren.

Vermutlich haben Sie sich beim Lesen dieser Geschichte überlegt, wer „sie" und wer „die beiden" sein könnten, und vermutlich haben Sie diese Leerstellen auch mit einer oder mehreren Optionen gefüllt. Tatsächlich ist „sie" eine Waschmaschine und „die beiden" sind ein Paar Socken. Vielleicht hatten Sie ja dieses Bild vor Augen, vielleicht aber auch etwas gänzlich anderes (z.B. eine Frau, die auf zwei Mädchen oder zwei Katzen aufpasst).

An diesem Beispiel wird deutlich, dass verschiedene Leser denselben Text auf unterschiedliche Weise verstehen bzw. interpretieren können. Gerade das darf in einem wissenschaftlichen Text aber nicht passieren: Ein wichtiges Kennzeichen guter wissenschaftlicher Texte ist, dass beim Leser genau die Information ankommt, die Sie als Verfasser/-in mitteilen wollten. Der Text muss also eindeutig und unmissverständlich formuliert sein. Es darf keine zweite Interpretationsmöglichkeit geben. Die Texte mancher bekannter Philosophen könnten heutzutage in der Psychologie und den Sozialwissenschaften nicht bestehen, da sie zu interpretationsbedürftig sind.

Mehrdeutigkeiten. Eine leicht auszuräumende, aber trotzdem häufige Ursache von Missverständnissen sind grammatikalisch nicht eindeutige Bezüge, wie in diesem Beispiel: „Die Therapeutin besuchte eine Theateraufführung mit autistischen Kindern." Hier ist unklar, ob die Therapeutin zusammen mit autistischen Kindern in eine Theateraufführung gegangen ist oder ob sie sich eine Aufführung angesehen hat, in der autistische Kinder mitgespielt haben.

In unserer Alltagssprache oder mündlichen Kommunikation beeinträchtigen Mehrdeutigkeiten oft nicht das Verständnis, da wir aus dem Kontext oder durch allgemeines (vermeintliches) Wissen diese Mehrdeutigkeiten meist so ausfüllen, wie es der Sender der Botschaft beabsichtigt hat. Der Satz „Vergleicht man Männer mit Frauen, haben diese ein besser ausgeprägtes Orientierungsvermögen" wird vermutlich von den meisten Lesern so verstanden, dass Männer ein besseres Orientierungsvermögen aufweisen. Rein sprachlich ist hier aber unklar, worauf sich „diese" bezieht, und die umgekehrte Interpretation, dass Frauen ein besseres Orientierungsvermögen haben, ist grammatikalisch genauso möglich. Wir präsentieren Ihnen ähnliche Formulierungsschwächen und ihre Lösungen in Abschnitt 3.3.2.

Falsche Begriffe und unpräzise Formulierungen. Weitere Quellen von Missverständlichkeiten sind falsch oder zumindest ungenau verwendete Begriffe. Das ist der Grund, warum in den Wissenschaften Fachbegriffe verwendet werden – diese sind präziser gefasst als die meisten Alltagsbegriffe. Bemühen Sie sich also um *sprachliche Präzision* und verwenden Sie stets den passenden Fachbegriff. So sollte man z. B. nicht die Begriffe *Fähigkeit* und *Fertigkeit* verwechseln, die in der Allgemeinsprache synonym verwendet werden können, in der Psychologie aber unterschiedliche Bedeutungen aufweisen.

Präzision bezieht sich auch darauf, dass Beschreibungen möglichst genau erfolgen und Schlussfolgerungen möglichst vollständig offengelegt werden sollten. Dazu ein weiteres Beispiel, das im Alltagsverständnis keine Probleme bereitet, in einer wissenschaftlichen Arbeit aber zu vage formuliert ist. Der Satz „Kinder brauchen Grenzen" wird von den meisten Menschen so verstanden werden, dass man Kindern nicht alles durchgehen lassen soll. Aber wenn man genauer über diesen Satz nachdenkt, lässt er viele Fragen offen: Was ist mit „Grenzen" gemeint? *Wofür* brauchen Kinder Grenzen? Was wäre denn die Folge, wenn sie keine Grenzen gesetzt bekämen? Eine wissenschaftlich akzeptable Formulierung des Satzes wäre: „Damit Kinder Impulskontrolle und soziale Kompetenzen entwickeln, müssen sie lernen, dass bestimmte (z. B. aggressive) Verhaltensweisen, die sie zeigen, von ihrer Umwelt nicht toleriert werden." Dieser Satz enthält eine Aussage darüber, *wofür* Kinder Grenzen brauchen, nämlich zur Entwicklung bestimmter Fertigkeiten, und es wird genauer bezeichnet, was mit „Grenzen setzen" gemeint ist. Auf den schwammigen Begriff „Grenzen setzen" wird auch deswegen verzichtet, weil dieser Begriff alltagssprachlich besetzt und mit vielen Assoziationen verbunden ist. In der Wissenschaft werden Fachbegriffe u. a. deshalb neu geschaffen, weil sie frei von positiven, negativen oder sonstigen Assoziationen sein sollen.

Definitionen. Viele Studierende meinen, sie müssten im Theorieteil alle Fachbegriffe oder Konzepte, die sie verwenden, definieren. Diese Annahme ist falsch! Sofern in dem betreffenden Fach unter den Fachkollegen eine – für das Verständnis Ihrer Arbeit – ausreichende Einigkeit darüber besteht, wie ein Begriff zu verstehen ist, und dieser auch allen geläufig ist, sollte er nicht definiert werden. Eine Definition von „Intelligenz", „Angst" oder „Depression" ist somit meist überflüssig, es sei denn, Sie beschäftigen sich in Ihrer Arbeit gerade mit dem *Konzept* der Intelligenz, Angst oder Depression.

Definitionen sind dann angebracht, wenn unter Fachkollegen umstritten ist, was mit einem Begriff oder Konzept gemeint ist. Dies ist z. B. beim Begriff „Talent" der Fall. Manche Autoren verwenden Talent im Sinne von „kognitiver Hochbegabung", andere meinen damit hingegen gerade Begabungen in nichtkognitiven Bereichen, etwa in der Kunst oder im Sport. Wenn Ihre Arbeit von der „Entwicklung der Sozialkompetenz bei talentierten Kindern" handelt, müssten Sie also präzisieren (definieren), was Sie *im Rahmen Ihrer Arbeit* unter talentierten Kindern verstehen. Der Begriff „Sozialkompetenz" ist weniger erklärungsbedürftig, aber da es hier viele verschiedene Möglichkeiten der Operationalisierung gibt, sollten Sie erläutern, für welche Form Sie sich entschieden haben, und dies auch begründen.

Merken Sie sich: Definitionen haben nicht das Ziel, den Leser zu belehren, was unter einem bestimmten Begriff verstanden wird. Definitionen sollen vielmehr sicherstellen, dass der Leser weiß, was Sie in Ihrer Arbeit mit einem bestimmten Begriff meinen. Damit werden Missverständnisse vermieden, wenn der Leser eine andere Konzeption eines Begriffs hat als Sie.

Vereinzelt gibt es Betreuer bzw. Gutachter, die möchten, dass Schreiber von Abschlussarbeiten unter Beweis stellen, dass sie Fachbegriffe bzw. Konzepte korrekt definieren können. Wer bei einer solchen Lehrperson schreibt, muss also unter Umständen auch Begriffe und Konzepte definieren, die in der Arbeit eines Wissenschaftlers nicht definiert werden würden. Fragen Sie daher Ihren Betreuer, in welchem Ausmaß Ihre Abschlussarbeit Definitionen enthalten soll.

Quantitative Genauigkeit. Sprachliche Präzision – und damit Unmissverständlichkeit – bedeutet auch, dass Sachverhalte stets so genau wie möglich beschrieben werden. Die Aussage „Viele der Probanden zögerten einen kurzen Moment, bevor sie mit der Bearbeitung der Aufgabe begannen" ist wesentlich ungenauer als „Die Probanden begannen im Mittel erst nach einer kurzen Verzögerung ($M =$ 3425 ms, $SD = 786$ ms) mit der Bearbeitung der Aufgabe". Generell sollten Sie ungenaue Quantifikatoren wie *viele, einige, wenig, etwas, ziemlich, kurz* oder *lang* mit Vorsicht verwenden. Sie lassen sich in Texten nicht immer vermeiden, aber dort, wo man präzisere Angaben machen kann, sollten Sie dies auch tun.

Wie Sie Missverständlichkeiten aufdecken. Als Verfasser eines Textes kann man sich oft gar nicht vorstellen, an welchen Stellen Leser einen missverstehen können. Hier hilft es, sich bewusst zu werden: *Alles, was missverstanden werden kann, wird missverstanden werden!* Zwar nicht von jedem Leser, aber doch von einigen. Überlegen Sie sich beim Lesen Ihres eigenen Textes daher, wo man diesen missverstehen könnte. Haben Sie bei einer Stelle auch nur den leisesten Verdacht, dass der uneinsichtigste Leser, den Sie sich vorstellen können, Sie missverstehen könnte, dann sollten Sie diese Stelle so umformulieren, dass Missverständnisse ausgeschlossen werden. Wenn Sie die Möglichkeit dazu haben, lassen Sie sich von Probe- und Korrekturlesern rückmelden, welche Stellen diesen missverständlich erscheinen (vgl. Abschnitt 2.2.1).

3.2.3 Neutralität

In der Wissenschaft sollen Erkenntnisse erlangt und kommuniziert werden, die von der Person des Forschers möglichst unabhängig – also objektiv – sind. Was Objektivität tatsächlich bedeutet und ob man diese erreichen kann, sind philosophische bzw. wissenschaftstheoretische Fragen, die hier zu weit führen würden. Daher sprechen wir im Folgenden von *Neutralität*, meinen damit aber zumindest den Versuch, sich an objektive Erkenntnisse anzunähern. Persönliche Meinungen und Präferenzen dürfen in der Wissenschaft keine Rolle spielen. Es geht darum, unvoreingenommen – sachlich und neutral – die relevanten Informationen zu berichten. Auch bei der Darstellung der bisherigen Forschung und beim Interpretieren von Ergebnissen müssen alle Befunde und Erklärungen unabhängig von persönlichen Interessen oder Meinungen vorgebracht und kritisch gegeneinander abgewogen werden. Es wäre ein schwerwiegender Fehler, Argumente oder Befunde, die gegen die eigene Interpretation oder das eigene Modell sprechen, deswegen unter den Tisch fallen zu lassen.

Ihre grundsätzliche Haltung beim Verfassen Ihrer Arbeit sollte die eines unparteiischen Richters sein, dem es darum geht, alle Argumente beider Seiten gleichermaßen anzuhören und dann auf Grundlage der Fakten zu entscheiden, wer Recht bekommt. Möglicherweise ist auch nur ein „Vergleich" möglich, so wie bei einem Verkehrsunfall, bei dem beiden Seiten eine gewisse Teilschuld zukommt. In Ihrem Text könnte das bedeuten, dass Sie zwei konkurrierende Erklärungsmodelle darstellen und abwägen, was für jedes dieser Modelle spricht, dabei aber zu dem Schluss gelangen, dass eine endgültige Entscheidung für eines der Modelle noch nicht möglich ist.

Auch bei Ihrer Wortwahl sollten Sie auf Neutralität achten. Verwenden Sie Wörter, die frei von Werturteilen sind. Wir gehen darauf in Abschnitt 3.4.6 genauer ein.

3.2.4 Überprüfbarkeit

In der Wissenschaft möchte man sich nicht blind auf Aussagen anderer verlassen. Man will überprüfen können, ob man selbst anhand der Daten zu zumindest ähnlichen Ergebnissen und Schlüssen gelangt wäre. Zum wissenschaftlichen Arbeiten gehört es daher, dem Leser zu ermöglichen, die eigenen Folgerungen nachzuprüfen. Dazu müssen insbesondere fremde Gedanken als solche gekennzeichnet und mit einer Quellenangabe belegt werden, sodass der Leser sich die Originalquelle beschaffen kann. (Wie Sie dies genau machen, ist Gegenstand der Kap. 8 und 9.) Um die Analogie zur Tätigkeit eines Richters wieder aufzugreifen: Gerichtsverfahren müssen sorgfältig dokumentiert werden, damit im Falle einer Revision ein anderer Richter sich anhand der Beweislage ein Urteil bilden kann. Genauso müssen Sie in einer wissenschaftlichen Arbeit alle Beweismittel angeben, die Ihnen vorlagen. Der Leser könnte sich diese Beweismittel dann besorgen und den Prozess der Urteilsfindung erneut aufrollen.

Für das Schreiben Ihrer Arbeit ist wichtig: *Geben Sie alle verwendeten Quellen genau an, sodass der Leser an jeder Stelle der Arbeit beurteilen kann, woher ein*

Gedanke stammt. Im weiteren Sinne bezieht sich Überprüfbarkeit natürlich auch darauf, dass Sie die Darstellung der Methode und die Auswertung einer empirischen Studie so genau schildern, dass Leser in der Lage wären, Ihre Untersuchung zu replizieren.

3.3   Satzbau

Leser sollen sich auf den Inhalt des Textes konzentrieren können und nicht über den Bau der Sätze nachdenken müssen. Gelungen ist Ihr Satzbau also dann, wenn er die Vermittlung der beabsichtigten Inhalte unterstützt und den Leser nicht vom Inhalt ablenkt. Wir sind bereits darauf eingegangen, dass extrem lange und insbesondere verschachtelte Sätze die Verständlichkeit beeinträchtigen (vgl. S. 95 f.). In diesem Unterkapitel präsentieren wir die wichtigsten Regeln für einen gelungenen Satzbau. Dazu erläutern wir in Abschnitt 3.3.1, wie Sie Schachtelsätze vermeiden, wichtige Aussagen betonen und für einen abwechslungsreichen Satzbau sorgen, der Ihre Leser nicht ermüdet. In Abschnitt 3.3.2 wird behandelt, wie Mehrdeutigkeiten und Missverständnisse durch nicht eindeutige Satzbezüge entstehen und wie sich dies vermeiden lässt. Abschließend zeigen wir in Abschnitt 3.3.3, wie Sie mittels sogenannter Konnektoren die logischen Bezüge zwischen Ihren Sätzen bzw. Teilsätzen hervorheben können – damit helfen Sie dem Leser, Ihrem roten Faden zu folgen.

3.3.1   Gelungene Satzkonstruktionen

Schwer verständlich werden Satzgefüge, wenn in einen Haupt- oder Nebensatz weitere Sätze *eingeschoben* werden. Auf diese Weise entstehen *Schachtelsätze.* (Den eingeschobenen Satz bezeichnet man als *Parenthese* oder *Schaltsatz.*) Ein kurzer Einschub (bis etwa 12 Wörter) beeinträchtigt die Lesbarkeit noch nicht. Schwer verständlich werden Sätze aber durch lange Einschübe, durch mehrere Einschübe innerhalb eines Satzes und wenn in einem eingeschobenen Satz weitere Einschübe vorgenommen werden. Ein Beispiel für einen schwer lesbaren Schachtelsatz ist der Beispielsatz 1 auf Seite 95. Dort haben wir auch gezeigt, wie dieser Satz durch Umformulierung leichter verständlich wird.

Einschübe sind keineswegs prinzipiell verboten, aber Sie sollten stets darauf achten, dass Sie das Arbeitsgedächtnis Ihrer Leser nicht über Gebühr beanspruchen. Deshalb sollten Einschübe nicht zu lang werden. Wir gehen nun genauer darauf ein, wie Sie schwer verständliche Schachtelsätze vermeiden können.

Auseinandergerissene Prädikate vermeiden. Sätze werden schwer verständlich, wenn mehrteilige Prädikate auseinandergerissen werden. Dazu ein Beispiel:

> Der Abruf von Informationen aus dem Langzeitgedächtnis <u>wird</u> manchmal mit einer Bibliothek, in der man ein Buch sucht, manchmal mit einem Lagerhaus, aus dem man eine Ware entnehmen möchte, und manchmal mit einer Computerfestplatte, von der eine Datei geöffnet werden soll, <u>verglichen.</u>

In diesem Satz stehen die beiden Teile des Prädikats „wird verglichen" sehr weit auseinander. Die Prädikatsteile „wird" und „verglichen" bilden die sogenannte *Satzklammer* oder *verbale Klammer*. Durch die Satzklammer wird ein Spannungsbogen erzeugt, da der Leser den Satz erst verstehen kann, wenn die Klammer durch den letzten Prädikatsteil geschlossen wird. Dazu muss der Leser den ersten Teil des Prädikats so lange im Arbeitsgedächtnis aktiv halten, bis der abschließende Verbteil präsentiert wird. Überspannt die Satzklammer zu viele dazwischenliegende Wörter, kommen Leser an die Grenzen ihrer kognitiven Möglichkeiten. Die Lösung des Problems besteht darin, die Teile des Prädikats dichter zusammenzubringen. Man spricht hier auch vom *Ausklammern*, da die Satzklammer vorzeitig geschlossen wird:

> Der Abruf von Informationen aus dem Langzeitgedächtnis wird manchmal mit einer Bibliothek verglichen, in der man ein Buch sucht, manchmal mit einem Lagerhaus, aus dem man eine Ware entnehmen möchte, und manchmal mit einer Computerfestplatte, von der eine Datei geöffnet werden soll.

Mehrteilige Prädikate finden sich bei der Verwendung von Hilfsverben (*sein, werden, haben*) und von Modalverben (*dürfen, können, mögen, möchten, müssen, sollen, wollen*). Ferner gibt es sogenannte trennbare Verben (*vorstellen, darbieten, infrage stellen, abbrechen, nachprüfen, vorbereiten, anschließen* etc.), bei denen dasselbe Phänomen auftritt:

> Der Auffassung von Meyer und Schulze (2004) schließen wir uns unter dem Vorbehalt, dass sich ihre Befunde replizieren lassen und zudem nicht nur für die von ihnen untersuchten Personen mit bipolarer Störung gültig sind, sondern sich auch auf Personen mit anderen depressiven Störungen verallgemeinern lassen, an.

Dieser Satz wird durch einen minimalen Eingriff deutlich leichter verständlich. Dazu muss nur der zweite Prädikatsteil an eine geeignete Stelle vorgezogen werden:

> Der Auffassung von Meyer und Schulze (2004) schließen wir uns unter dem Vorbehalt an, dass sich ihre Befunde replizieren lassen und zudem nicht nur für die von ihnen untersuchten Personen mit bipolarer Störung gültig sind, sondern sich auch auf Personen mit anderen depressiven Störungen verallgemeinern lassen.

Doppelpunkte und Gedankenstriche gezielt einsetzen. Obwohl der letzte Beispielsatz durch die Ausklammerung (das Vorziehen von „an") nun deutlich einfacher geworden ist, kann die Aussage durch weitere Umformulierungen noch verständlicher werden. Eine gute Möglichkeit dazu bietet der Einsatz von Doppelpunkten und Gedankenstrichen. Hier zunächst eine Variante des letzten Beispielsatzes, wenn man ihn mittels eines *Doppelpunkts* strukturiert:

> Der Auffassung von Meyer und Schulze (2004) schließen wir uns unter zwei Bedingungen an: Zum einen müssen sich ihre Befunde replizieren lassen, zum anderen muss gezeigt werden, dass die Ergebnisse generell für Personen mit depressiven Störungen gelten, nicht nur für die von Meyer und Schulze untersuchten Personen mit bipolarer Störung.

Der *Gedankenstrich* signalisiert in erster Linie eine Denkpause. Man kann ihn bei Einschüben paarig – als Ersatz für Kommata oder Klammern – verwenden. Vor allem in Sätzen, die schon viele Kommata beinhalten, trägt dies oft zur klareren Strukturierung bei. Auch einfache Gedankenstriche können helfen, Sätze deutlicher zu strukturieren und dadurch verständlicher zu gestalten:

> Das Suchen eines Buches in einer Bibliothek, das Entnehmen einer Ware aus einem Lagerhaus und das Öffnen einer Datei von einer Computerfestplatte – all dies sind Metaphern für den Abruf von Informationen aus dem Langzeitgedächtnis.

Subjekt und Prädikat zusammenhalten. Ähnlich wie durch auseinandergerissene Prädikate werden Sätze schwer lesbar, wenn Subjekt und Prädikat des Satzes zu weit voneinander entfernt stehen:

> Das menschliche <u>Gehirn</u>, bei dessen Untersuchung in den vergangenen 20 Jahren aufgrund von bildgebenden Verfahren wie fMRT und PET deutliche Fortschritte zu verzeichnen waren, <u>bleibt</u> für die Wissenschaft ein Rätsel.

Hier handelt es sich um einen klassischen *Schachtelsatz*, da in den Hauptsatz („Das menschliche Gehirn bleibt für die Wissenschaft ein Rätsel") Ergänzungen eingeschoben werden. Diese führen dazu, dass das Subjekt (hier: „Gehirn") und das Prädikat (hier: „bleibt") auseinandergezogen werden. Am geschicktesten ist es, den Hauptsatz wieder zusammenzuführen und die Ergänzung als Nebensatz anzuhängen. Um die logische Beziehung von Haupt- und Nebensatz zu kennzeichnen, kann man zudem den Nebensatz durch einen passenden Konnektor einleiten (vgl. Abschnitt 3.3.3). In unserem Satz eignet sich der Konnektor „obwohl", um einen Gegensatz auszudrücken:

> Das menschliche <u>Gehirn</u> <u>bleibt</u> für die Wissenschaft ein Rätsel, obwohl bei dessen Untersuchung in den vergangenen 20 Jahren aufgrund von bildgebenden Verfahren wie fMRT und PET deutliche Fortschritte zu verzeichnen waren.

Aneinanderreihen statt verschachteln. Selbst lange Sätze bleiben in aller Regel gut verständlich, wenn Sie (Teil-)Sätze *aneinanderreihen*, statt diese zu verschachteln. Aneinanderreihen[7] können Sie *Hauptsätze* (HS), *Nebensätze* (NS) und auch sogenannte *satzwertige Infinitivphrasen* (IP), welche die Funktion von Nebensätzen haben. Ein solches Satzgefüge aneinandergereihter Teilsätze veranschaulicht dieses Beispiel:

> Eine gute Grundstruktur für Satzgefüge ist [HS], wenn einem Hauptsatz ein Nebensatz angefügt wird [NS], wobei Letzterer durch einen weiteren angehängten Nebensatz ergänzt werden kann [NS], was sich nach Belieben fortführen lässt [NS], ohne dass die Verständlichkeit darunter wesentlich leidet [NS], wenngleich es nicht zu empfehlen ist [NS], dies zu häufig zu wiederholen [IP].

Nicht zu viele Gedanken in einen Satz packen. Es ist ein Irrglaube zu meinen, ein Gedankengang müsse vollständig in einem Satz abgehandelt werden. Das ist nicht nur unnötig, sondern erschwert oft das Verständnis. So würde auch das letzte Satzbeispiel durch eine Aufteilung auf mehrere Sätze noch leichter verständlich:

---

7   Streng grammatikalisch sind bei der Verbindung von Nebensätzen mit einem Hauptsatz die Nebensätze dem Hauptsatz *untergeordnet*. Uns ist aber wichtig, hervorzuheben, dass die Sätze hintereinander stehen und eben nicht verschachtelt sind, weshalb wir hier den Begriff *aneinanderreihen* verwenden.

Eine gute Grundstruktur für Satzgefüge ist, wenn einem Hauptsatz ein Nebensatz angefügt wird. Dieser Nebensatz kann durch einen weiteren angehängten Nebensatz ergänzt werden. Dies lässt sich nach Belieben fortführen, ohne dass die Verständlichkeit darunter wesentlich leidet. Gleichwohl sollte dies nicht zu häufig wiederholt werden.

Wichtige Informationen nicht in Nebensätzen verstecken. Achten Sie einmal darauf, welche Aussage im folgenden Satz betont wird:

Der Kostendruck im Gesundheitssystem hat lange Wartezeiten auf einen ambulanten Therapieplatz zur Folge, obwohl die Verzögerung des Therapiebeginns zu Chronifizierung und damit einhergehend zu schlechteren Behandlungserfolgen führt.

Die meisten Leser werden von diesem Satz in Erinnerung behalten, dass lange Wartezeiten auf Therapieplätze durch den Kostendruck im Gesundheitssystem verursacht sind – das ist die Aussage des Hauptsatzes. Der Inhalt des angeschlossenen Nebensatzes, nämlich dass die Verzögerung des Therapiebeginns zu Chronifizierung und schlechteren Behandlungserfolgen führt, rückt eher in den Hintergrund. Möchte man diese letzte Aussage betonen, kann man den Satz umstellen und die zu betonende Aussage ebenfalls in einem Hauptsatz formulieren:

Die Verzögerung des Therapiebeginns führt zu Chronifizierung und damit einhergehend zu schlechteren Behandlungserfolgen. Trotzdem sind aufgrund des Kostendrucks im Gesundheitssystem lange Wartezeiten auf einen ambulanten Therapieplatz üblich.

Merken Sie sich: Besonders wichtige Aussagen sollten Sie eher in Hauptsätzen als in Nebensätzen formulieren. Dabei müssen Sie selbst entscheiden, was die zu betonenden Inhalte Ihres Textes sind. Auf keinen Fall sollten Sie aber wichtige Informationen im Nebensatz eines langen und unübersichtlichen Satzgefüges verstecken.

Satzlänge und Satzbau variieren. Ein Text liest sich anregender, wenn die Satzlänge variiert, wenn sich also längere und kürzere Sätze abwechseln. Extrem lange Sätze (40 oder mehr Wörter) und extrem kurze Sätze (fünf oder weniger Wörter) sind nicht verboten, sollten aber Ausnahmen bleiben. Dazwischen ist jede Satzlänge zulässig, vorausgesetzt, der Satz ist gut verständlich.

Ermüdend auf den Leser wirkt auch ein sehr einförmiger Satzbau, z.B. wenn Sie alle Sätze nach dem Schema „Hauptsatz plus Nebensatz" konstruieren. Schöpfen Sie daher die Möglichkeiten der deutschen Sprache aus: Variieren Sie die Satzlänge und den Satzbau. Obwohl der Nebensatz meist an einen Hauptsatz angefügt wird, lässt er sich wie in diesem Satz, den Sie gerade lesen, dem Hauptsatz auch voranstellen. Ebenso werden Sie Infinitivphrasen (erweiterte Infinitive), ohne sich dessen bewusst zu sein, intuitiv korrekt einsetzen – auch dieser Satz enthält eine Infinitivphrase. Sie brauchen sich also gar nicht so viele Gedanken darüber machen, ob Ihr Satzbau abwechslungsreich genug ist. Nur wenn Ihnen auffällt, dass alle oder fast alle Sätze nach demselben Schema konstruiert sind, lohnt es sich, einige Sätze gezielt umzuformulieren. Beachten Sie dazu aber auch die folgende Regel: „Verständlichkeit vor Abwechslung".

Verständlichkeit vor Abwechslung. Manchmal kann zu viel Variation hinsichtlich des Satzbaus auch die Verständlichkeit beeinträchtigen. Der Verständlichkeit sollte aber immer die höchste Priorität eingeräumt werden. So sind beispielsweise inhaltlich parallele Aussagen oft besser verständlich, wenn man sie in *parallel konstruierten Sätzen* präsentiert. Dazu zwei Varianten, die denselben Sachverhalt darstellen:

> **Variante 1:** Die Experimentalgruppe zeigte in der Priming-Aufgabe eine mittlere Reaktionszeit von $M = 647.3$ ms ($SD = 288.5$ ms) und eine Fehlerrate von 4.76 %. Die Kontrollgruppe erzielte hingegen eine mittlere Reaktionszeit von $M = 702.6$ ms ($SD = 311.4$ ms) und eine Fehlerrate von 5.27 %. [parallele Satzkonstruktion]

> **Variante 2:** Die Experimentalgruppe zeigte in der Priming-Aufgabe eine mittlere Reaktionszeit von $M = 647.3$ ms ($SD = 288.5$ ms) und eine Fehlerrate von 4.76 %. Demgegenüber machte die Kontrollgruppe 5.27 % Fehler und reagierte in durchschnittlich $M = 702.6$ ms ($SD = 311.4$ ms). [nicht parallele Satzkonstruktion]

Variante 1 wäre hier gegenüber der Variante 2 eindeutig vorzuziehen. Der parallele Aufbau der Sätze in Variante 1 erleichtert es dem Leser nämlich, die Inhalte zu erfassen und die Ergebnisse der beiden Gruppen zu vergleichen. Wie Sie ebenfalls sehen, bedeutet paralleler Satzbau nicht, dass in beiden Sätzen dasselbe Prädikat verwendet werden muss (hier: „zeigte" vs. „erzielte") – diesbezüglich ist Abwechslung erlaubt (vgl. Abschnitt 3.4.11).

Phrasenhafte Satzeinleitungen verkürzen. Als Satzeinleitung findet man oft floskelhafte Formulierungen, die sich bei genauerer Betrachtung als umständlich erweisen und deutlich verkürzt werden können. Dazu einige Beispiele mit der entsprechenden Kurzversion, die meist vorzuziehen ist, sofern sich keine Sinnverschiebung ergibt:

> Es ist offensichtlich, dass … → Offensichtlich …

> Es ist wahrscheinlich, dass … → Wahrscheinlich …

> Es ist zu vermuten, dass … → Vermutlich …

> Aufgrund der Tatsache, dass … → Da …

> Es kann bezweifelt werden, dass … → Zweifelhaft ist …

Die kürzeren Varianten sparen nicht nur Platz, sondern vereinfachen auch das Satzgefüge. So wird bei den umständlichen Formulierungen die Hauptaussage in den mit „dass" eingeleiteten Nebensatz verlagert, wohingegen der Hauptsatz „es ist offensichtlich" recht bedeutungsarm bleibt, wie dieses Beispiel demonstriert:

> Es ist offensichtlich, dass Anfänger beim Schreiben wissenschaftlicher Texte länger brauchen als Experten.

Durch die Umformulierung des Einleitungssatzes steht die Hauptaussage im Hauptsatz. Dadurch wird sie vom Leser auch einfacher erfasst und ein Nebensatz ist gar nicht erforderlich:

> Offensichtlich brauchen Anfänger beim Schreiben wissenschaftlicher Texte länger als Experten.

3.3.2 Eindeutige Satzbezüge

Mit Relativ-, Possessiv- und Demonstrativpronomen kann man sich auf einen zuvor erwähnten Satzteil beziehen. Manchmal kommt grammatikalisch aber mehr als ein Satzteil als Bezugswort für das Pronomen infrage. Derartige Mehrdeutigkeiten sind unbedingt zu vermeiden, da sich Sätze dann auf mehrere Weisen interpretieren lassen, was dem Leitprinzip der Unmissverständlichkeit widerspricht (vgl. Abschnitt 3.2.2). Wir erklären Ihnen im Folgenden, wie Sie so präzise formulieren, dass Mehrdeutigkeiten und Missverständnisse ausgeschlossen sind.

Relativpronomen. Relativpronomen (*der, die, das, dessen, deren; welcher, welche, welches* etc.) leiten Relativsätze ein und beziehen sich auf ein Element (ein Substantiv) des übergeordneten Satzes. Bei unpräzise formulierten Sätzen kommt es vor, dass sich das Relativpronomen grammatikalisch auf mehrere Elemente beziehen kann:

> Die Studien von Schmidt und Schober (2005, 2008) über die interkulturellen Unterschiede von Gesichtsausdrücken, <u>die</u> bisher wenig beachtet wurden, stellen den Ausgangspunkt der vorliegenden Arbeit dar.

Können Sie ausmachen, worauf sich das unterstrichene Relativpronomen *die* bezieht? Tatsächlich sind drei Interpretationen möglich:

1. Die <u>bisher wenig beachteten Studien</u> von Schmidt und Schober (2005, 2008) ...

2. Die Studien von Schmidt und Schober (2005, 2008) über die <u>bisher wenig beachteten interkulturellen Unterschiede</u> von Gesichtsausdrücken ...

3. Die Studien von Schmidt und Schober (2005, 2008) über interkulturelle Unterschiede von <u>bisher wenig beachteten Gesichtsausdrücken</u> ...

Ein Leser, der die Studien von Schmidt und Schober kennt, kann vermutlich erraten, worauf sich das Relativpronomen beziehen soll, aber eine derartige Mehrdeutigkeit darf Ihr Text gar nicht erst bieten. Wie Sie solche Mehrdeutigkeiten durch Umformulierungen auflösen können, zeigen die drei obigen Interpretationsmöglichkeiten.

Beachten Sie ferner, dass Relativpronomen (wie auch Possessiv- und Demonstrativpronomen) sich nicht nur auf das Substantiv beziehen, sondern auch auf ein zum Substantiv gehörendes Adjektiv. Dieser Umstand wurde im folgenden Satz nicht beachtet:

> Die mangelnde Lernmotivation, die nach Rheinberg (2008) als Voraussetzung für ein effektives Lern- und Arbeitsverhalten anzusehen ist, führt oft zu schlechten schulischen Leistungen.

Selbstverständlich hat Rheinberg nicht gemeint, dass eine „mangelnde Lernmotivation" die Voraussetzung für effektives Lern- und Arbeitsverhalten ist. Eine mögliche Neuformulierung des Satzes ist:

> Lernmotivation wird als Voraussetzung für ein effektives Lern- und Arbeitsverhalten angesehen (Rheinberg, 2008). Mangelnde Lernmotivation führt daher oft

nicht nur direkt, sondern auch wegen ineffizientem Lern- und Arbeitsverhalten zu schlechten schulischen Leistungen.

Diese Neuformulierung umgeht das Problem des falschen Bezugs. Zudem ist sie informativer als der Originalsatz, da hervorgehoben wird, dass schulische Leistungen durch mangelnde Lernmotivation sowohl direkt als auch indirekt negativ beeinflusst werden können.

Possessiv- und Demonstrativpronomen. Auch bei Possessivpronomen (besitzanzeigende Fürwörter; insbesondere: *sein*, *ihr*) und bei Demonstrativpronomen (hinweisende Fürwörter; *dieser*, *diese*, *dieses*; *jener*, *jene*, *jenes*) ist grammatikalisch nicht immer eindeutig zu erkennen, worauf sie sich beziehen sollen:

> In der Therapieforschung hat sich die bio-psycho-soziale Perspektive durchgesetzt. Ihr Fokus liegt darauf, evidenzbasierte Wirksamkeitsaussagen zu treffen.

Bezieht sich das unterstrichene *ihr* auf die Therapieforschung oder auf die bio-psycho-soziale Perspektive? Aufgrund der inhaltlichen Aussage des zweiten Satzes kann der fachkundige Leser schließen, dass hier die Therapieforschung gemeint sein muss, da diese evidenzbasierte Wirksamkeitsaussagen treffen möchte. Aber Ihre Sätze dürfen nicht nur dann verständlich sein, wenn der Leser ohnehin weiß, was Sie ausdrücken möchten. Um Eindeutigkeit herzustellen, können Sie den Begriff, auf den sich das Possessivpronomen beziehen soll, einfach wiederholen – das ist die einfachste und sicherste Vorgehensweise. Dabei brauchen Sie keine Angst zu haben, dass solche Wortwiederholungen stilistisch unschön wären. In wissenschaftlichen Texten sind Klarheit und Eindeutigkeit nämlich wichtiger als sprachliche Eleganz:

> In der Therapieforschung hat sich die bio-psycho-soziale Perspektive durchgesetzt. Der Fokus der Therapieforschung liegt darauf, evidenzbasierte Wirksamkeitsaussagen zu treffen.

Bei nicht eindeutigen Bezügen von Demonstrativpronomen sollten Sie genauso verfahren:

> In der Berufseignungsdiagnostik werden neben Tests und Interviews häufig auch Assessment-Center, seltener Arbeitsproben eingesetzt. Diese zeichnen sich durch eine sehr hohe ökologische Validität aus.

Bezieht sich *diese* nur auf Arbeitsproben oder auch auf die anderen genannten Verfahren? Klarheit schaffen Sie, indem Sie das Bezugswort explizit wiederholen:

> In der Berufseignungsdiagnostik werden neben Tests und Interviews häufig auch Assessment-Center, seltener Arbeitsproben eingesetzt. Arbeitsproben zeichnen sich dabei durch eine sehr hohe ökologische Validität aus.

Konstruktionen mit „diese ... jene" vermeiden. Vor allem in älteren Texten werden die Pronomen *diese* (*dieser*, *dieses*) und *jene* (*jener*, *jenes*) verwendet, um sich auf verschiedene Elemente eines Satzes zu beziehen. Das liest sich beispielsweise so:

> Physische und psychische Belastungen unterscheiden sich in der Dauer und Stärke ihres Auftretens: Diese dauern oft lange an, sind aber nur schwach ausgeprägt, jene sind in der Regel heftiger, dafür aber nur von kurzer Dauer.

Beziehen soll sich *jene* auf das im Satz zuerst genannte Element (hier: „physische Belastungen"), *diese* auf das zuletzt genannte (hier: „psychische Belastungen"). Allerdings sind sich viele Leser – selbst gebildete – unsicher, was die korrekte Zuordnung ist. Vermeiden Sie daher Konstruktionen mit *diese* und *jene* – wiederholen Sie stattdessen die gemeinten Begriffe! Das hat auch den Vorteil, dass der Leser nicht im Text zurückgehen und nachforschen muss, welches Element als erstes und welches als zweites aufgeführt wurde.

3.3.3   Verbindungen zwischen (Teil-)Sätzen

Sie sollten (Teil-)Sätze so miteinander verbinden, dass die Logik der Argumentation – Ihr roter Faden – deutlich wird. Dazu verwendet man u. a. sogenannte *Konnektoren*, die einzelne Satzelemente miteinander verbinden und gleichzeitig die Art der Verbindung anzeigen (z.B. Ähnlichkeit, Begründung, Bedingung, Folgerung, Gegensatz, Zweck). Einige Konnektoren, die man häufig in wissenschaftlichen Texten benötigt, sind in Tabelle 3.1 zusammengestellt – ohne Anspruch auf Vollständigkeit. Manche Konnektoren verweisen je nach Kontext auf unterschiedliche Arten der Verknüpfung. Beispielsweise kann das Wort „sowie" Ähnlichkeit ausdrücken („Depressionen sowie Ängste führen häufig zu Selbstmedikation") als auch zeitliche Abfolgen strukturieren („Sowie die Befragung beendet war, wurden ...").

Tabelle 3.1. Konnektoren, um (Teil-)Sätze logisch zu verbinden

Art der logischen Verknüpfung	Konnektoren
Auswahl/Ausschluss	entweder ... oder, weder ... noch
Ähnlichkeit/Erweiterung/Parallelität	ähnlich, auch, außerdem, daneben, darüber hinaus, ebenfalls, ebenso, ferner, genauso, gleichermaßen, gleichfalls, nicht nur ... sondern auch, oder, sowie, sowohl ... als auch, und, weiter, des Weiteren, vergleichbar
Bedingung	andernfalls, angenommen, ansonsten, damit, falls, gegebenenfalls, sobald, sofern, sonst, unter Umständen, vorausgesetzt, wenn
Begründung	aufgrund, da, dadurch, daher, darum, denn, deshalb, deswegen, durch, hierdurch, wegen, weil
Einschränkung/Gegensatz	aber, allerdings, andererseits, anstatt, außer, bis auf, dagegen, demgegenüber, dennoch, entgegen, gleichwohl, gegen, hingegen, indes, insofern, insoweit als, jedoch, je nachdem, nur, obgleich, obwohl, sondern, sonst, soweit, statt, trotz, trotzdem, vielmehr, wenn auch, wenngleich
Folgerung/Resultat	also, dadurch, daher, damit, daraus, dementsprechend, demnach, demzufolge, deswegen, folglich, führt zu, hierdurch, hiermit, infolge, infolgedessen, mithin, sodass, so ... dass, somit, weshalb

Tabelle 3.1. Konnektoren, um (Teil-)Sätze logisch zu verbinden *(Fortsetzung)*

Art der logischen Verknüpfung	Konnektoren
Mittel/Instrument	dabei, dadurch, damit, durch, hierdurch, hiermit, indem, mittels, somit, wofür, wozu
Vergleich	je … desto, je … umso
zeitliche Abfolge	als, bevor, bis, danach, dann, davor, dazwischen, gleichzeitig, indessen, inzwischen, nach, nachdem, seit, seitdem, sobald, solange, sooft, sowie, unterdessen, während, währenddessen, wonach, worauf, zugleich, zwischendurch
Zweck	dafür, damit, dazu, für, hierfür, um … zu, zum/zur, zwecks

Sie werden Konnektoren bereits intuitiv weitgehend korrekt verwenden. Dennoch ist es sinnvoll, sich sowohl beim Schreiben als auch beim Überarbeiten Ihres Textes gelegentlich deren Funktion bewusst zu machen. Prüfen Sie besonders in komplizierten Textpassagen, ob die Konnektoren den logischen Aufbau Ihres Textes unterstützen und kohärenzstiftend sind.

Neben Konnektoren gibt es viele weitere Möglichkeiten, Sätze logisch miteinander zu verknüpfen. Die wichtigste ist, den Gedanken des vorherigen Satzes aufzugreifen und weiterzuführen. Dazu ein Beispiel:

> Im Methodenteil sollen Aufbau und Ablauf Ihrer Studie möglichst präzise beschrieben werden. Diese Angaben ermöglichen es dem Leser prinzipiell, Ihre Studie zu wiederholen. *Replizierbarkeit* ist ein Charakteristikum wissenschaftlichen Arbeitens. Hierdurch schützt sich Wissenschaft vor Zufallsbefunden, Datenfälschung und Artefakten.

Der zweite Satz knüpft mit „diese Angaben" an den Inhalt des ersten Satzes an und begründet, wofür diese Angaben wichtig sind, nämlich um die Studie wiederholen zu können. Der dritte Satz greift die Wiederholbarkeit auf und führt dazu den Fachbegriff Replizierbarkeit ein. Im vierten Satz wird zur Anknüpfung der Konnektor „hierdurch" verwendet, da eine Folge der Replizierbarkeit beschrieben wird (oder, je nach Sichtweise, das Mittel, mit dem sich Wissenschaft vor nicht abgesicherten Befunden schützt).

3.4 Wortwahl

Nachdem wir Aspekte des Satzbaus behandelt haben, kommen wir nun zur Wortwahl. Auch bei der Wortwahl geht es darum, die vier Leitprinzipien wissenschaftlicher Texte (vgl. Abschnitt 3.2) möglichst gut umzusetzen, wobei neben der Neutralität die Verständlichkeit und Unmissverständlichkeit im Zentrum stehen.

3.4.1 Grundregeln treffender Wortwahl

Sie sollten versuchen, immer präzise und treffende Wörter für Ihre Aussagen zu wählen. Allerdings ist es kaum möglich, pauschale Regeln zur Wortwahl aufzustellen, da sich nur aus dem Kontext heraus angeben lässt, welches Wort am geeignetsten ist. Wir wollen Ihnen dennoch einige Anregungen geben, wie Sie Ihre Wortwahl verbessern können.

Nur Ihnen vertraute Wörter benutzen. Wenn Sie Wörter verwenden, die Ihnen nicht geläufig sind, ist die Gefahr groß, dass Sie ein Wort falsch gebrauchen und Ihre Aussage unverständlich oder unfreiwillig komisch wirkt. Dies passiert besonders häufig beim Gebrauch von Fremdwörtern, weshalb Sie nur diejenigen Fremdwörter verwenden sollten, die tatsächlich zu Ihrem aktiven Wortschatz gehören (vgl. Abschnitt 3.5.4). Aber auch deutsche Wörter bieten einige Stolperfallen, wie dieser Satz zeigt:

> Die <u>vierteljährigen</u> Nachkontrollen der Probanden zeigten, dass die Trainingseffekte auch über einen Zeitraum von drei Jahren erhalten blieben.

Der Satz besagt, dass die Nachkontrollen jeweils ein Vierteljahr andauerten (glücklich, wer so geduldige Probanden hat). Wie häufig die Nachkontrollen stattfanden, wird nicht angegeben. Gemeint war hier statt „vierteljährig" sicherlich „vierteljährlich", also dass die Nachkontrollen in Abständen von einem Vierteljahr erfolgten.

Auch die beiden folgenden Sätze drücken unterschiedliche Sachverhalte aus:

1. <u>Aufgrund</u> des Modells von Schneider (1974) entwickeln wir …
2. <u>Auf Grundlage</u> des Modells von Schneider (1974) entwickeln wir …

Der erste Satz bedeutet: „wegen des Modells von Schneider (1974) …"; der zweite Satz meint: „aufbauend auf dem Modell von Schneider (1974) …". Je nach Kontext ist meist nur eine der beiden Formulierungen korrekt.

Es ist hier nicht möglich, alle leicht verwechselbaren Wörter oder typischen Fehler aufzuführen. Sie können und sollten in Zweifelsfällen daher nachschlagen. Dazu eignen sich die Werke *Duden: Richtiges und gutes Deutsch* (Dudenredaktion, 2011) sowie *Duden: Das Bedeutungswörterbuch* (Dudenredaktion, 2010). Auf häufige Fehler geht auch Sick (2004) ein.

Fachtypische Begriffe korrekt verwenden: z.B. nicht „beweisen", sondern „belegen". In der Psychologie und den empirischen Sozialwissenschaften werden einige Begriffe anders verwendet als im Alltag oder auch in anderen Wissenschaftsdisziplinen. So sollten Sie niemals schreiben, dass etwas „bewiesen" wurde – das ist streng genommen nämlich nur für mathematische Beweise möglich. In der Psychologie und den Sozialwissenschaften können Aussagen zwar widerlegt (falsifiziert) werden, verifizieren (also nachweisen, dass diese wahr sind) kann man Aussagen jedoch prinzipiell nicht. Geeignete Formulierungen sind, dass eine Annahme, ein Modell, ein Zusammenhang o. Ä. „belegt", „fundiert" oder „gestützt" wurde. Theorien und Modelle können sich auch „bewähren". Das Wort „beweisen" ist in unseren Fächern aber absolut tabu!

Manche Unterschiede zwischen der Fach- und der Allgemeinsprache sind sehr diffizil und man muss einige wissenschaftliche Texte lesen, um sich an die fachspezifischen Eigenheiten zu gewöhnen. So würde man in der *Allgemeinsprache* sowie beispielsweise in der *Soziologie* formulieren: „Meyer und Schultze (2013) fanden heraus, dass für Frauen eine gute Beziehung zu den Eltern eine wichtigere Rolle spielt als für Männer." In der *Psychologie* schreibt man hingegen „Meyer und Schultze (2013) fanden, dass ..." – ohne das Wort *heraus*. Sprachlich ist „fanden heraus" zwar auch in einem psychologischen Text nicht wirklich falsch, es klingt für einen Fachkollegen aber holprig und irritierend.

Fachbegriffe nutzen. Fachbegriffe zeichnen sich dadurch aus, dass sie komplexe Aussagen prägnant auf den Punkt bringen. Auch wenn sie nicht von jedem Laien verstanden werden, sind Fachbegriffe in der Kommunikation mit Fachkollegen nicht wegzudenken. Dazu ein Beispiel, wie derselbe Inhalt einmal mit und einmal ohne Fachbegriff dargestellt erscheint:

> **Ohne Fachbegriff:** Wenn man dieselben Personen den Intelligenztest zweimal im Abstand von 6 Monaten durchführen lässt und den Zusammenhang zwischen den Werten bei der ersten und der zweiten Testung berechnet, ergibt sich eine Korrelation von $r = .88$. Dies deutet auf eine hohe Wiederholungszuverlässigkeit hin.

> **Mit Fachbegriff:** Die Retest-Reliabilität des Intelligenztests war hoch ($r_{tt} = .88$ nach 6 Monaten).

Indem der Begriff „Retest-Reliabilität" verwendet wird, braucht man nicht mehr das genaue Vorgehen bei der Ermittlung der Korrelation zu beschreiben – dieses ist dem Fachkollegen ja bekannt. Sie sparen hier durch den Fachbegriff also nicht nur Wörter, sondern auch kostbare Zeit Ihres Lesers. Die erste Formulierung ohne Fachbegriff ist inhaltlich zwar auch korrekt, aber sehr umständlich. Als Leser fragt man sich unweigerlich, ob der Schreiber Retest-Reliabilität gemeint hat und warum er den Begriff nicht verwendet. Betreuer und Gutachter vermuten vielleicht, dass der Verfasser den passenden Fachbegriff gar nicht kennt und lassen dies negativ in ihre Bewertungen einfließen. Wenn geeignete Fachbegriffe existieren, sollten Sie diese daher auch verwenden.

3.4.2 Präzise formulieren

Bedeutungshaltige, präzise Wörter wählen. Es ist bekanntlich möglich zu reden, ohne etwas zu sagen. Bei der einen oder anderen Politikerrede lässt sich dies gelegentlich beobachten. Genauso kommt es vor, dass Verfasser schreiben, ohne etwas inhaltlich Sinnvolles auszudrücken. Den folgenden Satz haben wir in einer studentischen Arbeit gelesen: „Dennoch könnten künftige Erhebungen durch bestimmte Variationen im Experimentaldesign auf Grundlage dieser Studie Erkenntnisse erbringen." Die Aussage ist ungefähr so präzise und inhaltsreich wie: „Wenn ich mich in meiner nächsten Beziehung auf der Grundlage meiner bisherigen Beziehungserfahrungen irgendwie anders verhalte, dann könnte sich die neue Beziehung entwickeln."

Bei dem Originalsatz bleibt unklar, was mit „bestimmten Variationen im Experimentaldesign" gemeint ist – hier müsste konkret angegeben werden, was in welcher Weise verändert werden soll. Dass eine Studie Erkenntnisse erbringen kann, ist selbstverständlich, da ja auch die Nichtbestätigung einer Hypothese eine Erkenntnis ist. Interessant wäre zu erfahren, was die *konkreten* Erkenntnisse sein könnten. Hier noch weitere Beispiele für unpräzise Formulierungen:

> Computerspiele sind beliebt. [Bei wem sind sie beliebt? Was meint „beliebt" genau: Werden sie häufig gespielt, häufig gekauft, verbringen Spieler viel Zeit damit oder sind Menschen bereit, viel Geld dafür auszugeben?]
>
> Die Teilnehmer profitierten von der Maßnahme. [Inwiefern profitierten sie?]
>
> Die Übung kam bei den Patienten an. [Was ist mit „ankommen" gemeint? Wie wurde dies erfasst?]
>
> Die Interaktion der Kursteilnehmer intensivierte sich. [Was ist hier mit Interaktion genau gemeint? Und was daran hat sich verstärkt: Haben die Teilnehmer mehr miteinander geredet, sich häufiger außerhalb des Kurses getroffen, hatten sie mehr Geschlechtsverkehr miteinander?]

Unser genereller Tipp lautet: *Fragen Sie sich bei jedem Wort, was genau es bedeutet und ob es nicht ein anderes Wort gibt, das die beabsichtigte Information exakter transportieren kann.* Auch hierbei hilft es, sich Feedback von Probelesern einzuholen.

Präzise Verben verwenden. Viele Verben lassen sich durch aussagekräftigere Verben ersetzen, wie die folgenden Beispiele belegen:

1. Beispiel
Unpräzise: Das Selbstwertgefühl von Erwerbslosen wird durch die Arbeitslosigkeit beeinflusst.
Präziser: Durch die Arbeitslosigkeit verringert sich das Selbstwertgefühl von Erwerbslosen.

2. Beispiel
Unpräzise: Das Konzentrationstraining bewirkte eine Veränderung der Schulnoten.
Präziser: Durch das Konzentrationstraining verbesserten sich die Schulnoten.

Bei Verben, die eine Veränderung angeben, ohne dass etwas über die Art oder Richtung der Veränderung ausgesagt wird (z.B. *bewirken*, *verändern*, *erfolgen*, *beeinflussen*), sollten Sie sich fragen, ob präzisere Verben existieren (z.B. *erhöhen*, *erniedrigen*, *vermehren*, *verringern*, *reduzieren*, *verstärken*).

Präzise Substantive verwenden. Was für Verben angeführt wurde, gilt auch für Substantive. Der Satz „Männer und Frauen haben unterschiedliche Prioritäten bei der Wahl ihres Arbeitsplatzes" ist wenig informativ, da unklar bleibt, was sich hinter „unterschiedliche Prioritäten" verbirgt. Wesentlich mehr Informationen transportiert der Satz „Männer achten bei der Wahl ihres Arbeitsplatzes in erster Linie auf Verdienst und Karrierechancen, wohingegen für Frauen die Vereinbarkeit von Beruf und Familie am wichtigsten ist". In manchen Fällen können inhaltsarme Substantive wie *Angelegenheiten*, *Aspekte*, *Bereiche*, *Dinge*, *Ele-*

mente, *Punkte* durch spezifischere Substantive ausgetauscht werden, z.B. *Bedingungen*, *Einflüsse*, *Folgen*, *Forschungsfragen*, *Hindernisse*, *Ursachen*.

Ein häufig zu beobachtender Fehler ist, dass ein nicht in den Kontext passendes Substantiv gewählt wird. So wurde einem Experimentalbericht der folgende Titel gegeben: „Der Einfluss des Angst-Fragebogens auf die Erinnerung bedrohlicher Bilder". Gemeint war aber keineswegs, dass *der Fragebogen* die Erinnerung beeinflusst, sondern dass *das Ausmaß der Angst* – das mit dem Fragebogen erfasst wurde – die Erinnerung an bedrohliche Bilder beeinflusst. Der Titel hätte folglich lauten müssen: „Der Einfluss von Angst auf die Erinnerung bedrohlicher Bilder". Überlegen Sie bei allen Wörtern, ob Ihre Wortwahl Sinn ergibt.

Passt das Adjektiv zum Substantiv? Ein Satzanfang in einer Bachelorarbeit lautete „Aufgrund der geringen Daten kann ...". Aber können Daten *gering* sein? Der Datenumfang kann gering sein, eine Probandenzahl kann gering sein, aber Daten selbst können dies nicht. Vielleicht wollte der Verfasser „Aufgrund der wenigen Daten kann ..." schreiben – das wäre zumindest sprachlich korrekt. Eine üblichere Formulierung wäre jedoch beispielsweise „Aufgrund des geringen Stichprobenumfangs kann ...". Achten Sie darauf, dass die Adjektive zum jeweiligen Substantiv passen.

Nur informative Adjektive (und Adverbien) verwenden. In manchen Stilratgebern zum wissenschaftlichen Schreiben liest man, Adjektive (und Adverbien) sollten mit Vorsicht eingesetzt werden, da sie häufig überflüssig seien. Diese Empfehlung ist aber zu pauschal. So sind die Adjektive in den folgenden Beispielen sinntragend und sollten auf keinen Fall gestrichen werden: „<u>depressive</u> Störung", „<u>kognitive</u> Prozesse", „<u>physiologische</u> Prozesse", „<u>ökologische</u> Validität", „<u>kontextabhängiges</u> Erinnern", „<u>intraindividuelle</u> Veränderungen". Das Adjektiv spezifiziert das jeweilige Substantiv und liefert eine für den Text bedeutsame Information.

Die Skepsis gegenüber Adjektiven (und Adverbien) rührt vermutlich daher, dass diese auch zur subjektiven Wertung („eine <u>bedeutende</u> Konsequenz", „eine <u>originelle</u> Lösung") und zur Steigerung („ein <u>riesiger</u> Unterschied", „eine <u>schwere</u> Katastrophe") verwendet werden. In beiden Funktionen sollten Adjektive (und Adverbien) in wissenschaftlichen Texten tatsächlich äußerst sparsam eingesetzt werden (vgl. Abschnitte 3.4.5 und 3.4.6). Auch die ausschmückende Funktion von Adjektiven (und Adverbien), die beispielsweise für Romane oder politische Texte eine wichtige Rolle spielt, ist für wissenschaftliche Arbeiten nicht angebracht. So wäre z.B. zu fragen, was eine „tiefe Emotion" von einer Emotion abgrenzt, was eine Frage zu einer „brennenden Frage" macht, ab wann „weitreichende Folgen" weitreichend sind und wohin sie reichen. Auf unsinnige Doppelungen wie „behaviorales Verhalten" oder „letztes Ultimatum" gehen wir auf Seite 121f. ein.

Beim Überarbeiten Ihres Textes sollten Sie, wie prinzipiell für jedes Wort in Ihrem Text, auch für jedes Adjektiv und jedes Adverb prüfen, ob es eine für den Text wichtige Information transportiert. Ist dies nicht der Fall, streichen Sie es.

Unbestimmtheit und Verschwommenheit im Ausdruck vermeiden. Viele Aussagen der Wissenschaft sind vorläufig und unsicher. Hier wäre es falsch, durch die Wortwahl zu suggerieren, dass eine Aussage sicher oder belegt ist. Wenn Sie z.B. Erklärungsalternativen für einen bestimmten Befund diskutieren, sollten Sie deren spekulativen Charakter auch sprachlich deutlich machen. Es ist dementsprechend angebracht, zu schreiben „Dies <u>könnte</u> darauf zurückzuführen sein ..." oder „<u>Vermutlich/Wahrscheinlich</u> liegt es an ...".

Nicht angemessen sind hingegen Formulierungen wie „Mit diesem Befund kann man <u>mehr oder weniger</u> erklären ...", „<u>Irgendwie</u> erscheint es plausibel ...", „<u>Gewissermaßen</u> wird dadurch beantwortet, ..." oder „<u>In gewisser Weise</u> kann dies als Erklärung für ... herhalten". Hier würde der Leser nämlich berechtigterweise nachfragen, ob man ein bestimmtes Phänomen mit dem Befund nun eher mehr oder doch eher weniger gut erklären könne und in welcher Weise etwas plausibel erscheine oder als Erklärung für etwas herhalten könne. Auch eine Formulierung wie „Unter Umständen ist diese Intervention effektiv" ist nur gestattet, wenn nachfolgend erklärt wird, unter welchen Umständen dies der Fall ist.

Ungenaue Quantifikatoren wie *viele, einige, wenig, etwas, ziemlich, erheblich, mäßig, kurz* oder *lang* sollten nach Möglichkeit vermieden werden (vgl. die Ausführungen zu quantitativer Genauigkeit auf S. 102). Erlaubt sind sie dann, wenn an anderer Stelle bereits eine genaue (quantitative) Angabe gemacht wurde, wie in diesem Beispiel: „Der IQ der Probanden lag im Mittel 1.3 Punkte unter dem IQ der Normstichprobe. Dieser <u>etwas</u> geringere IQ kann allerdings nicht erklären, warum ...". Hier ist das „etwas" erlaubt, da kurz zuvor angegeben wurde, dass der Unterschied 1.3 IQ-Punkte beträgt. Die verbale Umschreibung verdeutlicht nur, dass dieser Unterschied sehr gering und daher unbedeutend ist.

Merken Sie sich: Begriffe, die Unsicherheit ausdrücken, sind dort angebracht, wo eine Aussage als unsicher oder vorläufig gekennzeichnet werden soll. Solche Begriffe dürfen aber nicht dafür herhalten, dass Sie nicht in der Lage waren, etwas präziser zu formulieren oder einen Gedanken vollständig auszuarbeiten.

Keine unerlaubten Verkürzungen und Auslassungen. Relativ viele Fehler entstehen dadurch, dass Sätze unzulässig verkürzt werden oder ein wichtiges Bezugswort ausgelassen wird. Der Leser kann sich zwar meist noch zusammenreimen, was gemeint ist, wird aber im Lesefluss unterbrochen oder ärgert sich über die geringe Sorgfalt des Verfassers. Dazu einige Beispiele:

Akademiker leben länger. [Hier fragt man sich: Länger als wer? Wenn Sie den Komparativ – also die Steigerungsform eines Adjektivs oder Adverbs – verwenden, impliziert dies immer einen Vergleich. Sie könnten z.B. schreiben „Akademiker leben länger als Nichtakademiker" oder „Im Vergleich zur Gesamtbevölkerung leben Akademiker länger".]

Die Daten betrachtend, werden die Menschen in Deutschland immer dicker. [*Gemeint ist:* „Betrachtet man die Daten, so ist zu erkennen, dass die Menschen in Deutschland immer dicker werden." – Sonst würden die Menschen dicker, während *sie* die Daten betrachten.]

> Die Fragebögen ergaben, dass … [*Gemeint ist:* „Die Auswertung der Fragebogen-
> daten ergab, dass …"]

> Das letzte Kapitel diskutiert, … [*Gemeint ist:* „Im letzten Kapitel der Arbeit wird
> diskutiert, …" oder „Im letzten Kapitel ihres Buches diskutieren Meyer und
> Schulze (1965), …"]

Die letzten beiden Beispiele stellen übrigens Anthropomorphismen dar, also die
Vermenschlichung nichtmenschlicher Objekte. Auf dieses Phänomen gehen wir
in Abschnitt 3.4.7 genauer ein.

Schiefe Redewendungen und Metaphern vermeiden. Achten Sie darauf, dass
Redewendungen, Metaphern und Bilder, die Sie verwenden, nicht schief klingen.
Ganz offensichtlich missglückt sind die folgenden bildhaften Vergleiche, da zwischen verschiedenen Bildern gesprungen wird: „die Flamme der Begeisterung ist
abgeebbt" und „über diese Wunde wird Gras wachsen".

Oft sind die Fehler aber subtiler. So wurden in dem Satz „Diese Befunde nehmen
einen besonderen Stellenwert ein" zwei Redewendungen miteinander vermischt.
Es muss entweder lauten „Diese Befunde haben/besitzen einen besonderen Stellenwert" oder „Diese Befunde nehmen eine besondere Stellung ein". Derartige
Vermischungen kommen häufiger vor, als man vielleicht denkt. So ist auch die
Formulierung „meines Erachtens [Wissens] nach" eine unerlaubte Mischung aus
„meiner Meinung nach" und „meines Erachtens [Wissens]" (ohne „nach"). Erlaubt
sind hier aber auch die Varianten „nach meinem Erachten [Wissen]" und „meinem Erachten [Wissen] nach". Nachschlagen können Sie derartige Zweifelsfälle
in *Duden: Richtiges und gutes Deutsch* (Dudenredaktion, 2011).

Bildhafte Vergleiche und andere Metaphern sind in wissenschaftlichen Texten
prinzipiell erlaubt, solange sie die adäquate Stilebene (vgl. Abschnitt 3.5.3) nicht
verlassen. Außerdem sollten sie niemals Selbstzweck sein, sondern einem besseren Textverständnis dienen. Verwenden Sie Metaphern und Bilder also nicht nur,
weil sie „schön klingen". Wichtig ist zudem die Stimmigkeit Ihrer Vergleiche, da
Ihr Leser sonst irritiert wird oder sich – auf Ihre Kosten – amüsiert, wie bei diesem Beispiel: „Diese Daten rütteln an den Grundpfeilern der Hypothese." Dieses
Bild ist mehrfach schief: Zum einen muss man sich fragen, ob Daten tatsächlich
an etwas rütteln können – stellen Sie sich das doch einmal bildhaft vor! Man
kann sich zwar vorstellen, wie z.B. Politiker an den Grundpfeilern der Demokra-
tie rütteln – aber wie sehen rüttelnde Daten aus? Zum anderen ist fraglich, ob
Hypothesen Grundpfeiler haben können. Eine Theorie – als ein komplexes
Gedankengebäude – kann Grundpfeiler besitzen. Aber was sind die Grundpfeiler
einer Hypothese? Malen Sie sich alle sprachlichen Bilder, die Sie verwenden, vor
Ihrem inneren Auge aus. Nur wenn Ihnen das Bild dann noch stimmig und sinnvoll erscheint, sollten Sie es benutzen.

Modewörter meiden. Innerhalb und außerhalb der Wissenschaft kommen immer
wieder *Modewörter* auf, deren Nutzen oft sehr fraglich ist. Dies ist insbesondere
dann der Fall, wenn dasselbe mit anderen Worten präziser ausgedrückt werden
kann. Die Formulierung „Der Lehrer <u>visualisierte</u> die Schülerkommentare an der
Tafel" ist dann angebracht, wenn der Lehrer z.B. Schemata der Kommentare an

die Tafel zeichnete und diese mit Textanmerkungen und Symbolen ausstaffierte. Schreibt er jedoch nur die Kommentare in Stichworten an die Tafel, sollte man besser formulieren „Der Lehrer schrieb die Äußerungen der Schüler [stichwortartig] an die Tafel".

Begriffe wie „nachhaltig", „sozial konstruiert", „netzwerken" oder „Interdependenz" können – im richtigen Kontext – durchaus berechtigt sein. Vermeiden Sie aber, diese Wörter gedankenlos zu verwenden oder nur, weil sie gut klingen. Laut Kühtz (2012, S. 21) liegen derzeit auch Wortneuschöpfungen mit „-orientiert" voll im Trend, z.B. „bedarfsorientiert", „faktenorientiert", „kundenorientiert", „schülerorientiert" oder „zukunftsorientiert". Fragt man allerdings nach, was mit diesen Worten jeweils ausgedrückt werden soll, erweisen sich manche als unpräzise oder sogar überflüssig. Da z.B. eine Planung stets auf die Zukunft ausgerichtet ist, braucht man aus ihr keine „zukunftsorientierte Planung" zu machen. Andererseits ist bei der Erörterung von Führungsverhalten die Unterteilung in „Aufgabenorientierung" und „Beziehungsorientierung" etabliert und durchaus sinnvoll. Daher lässt sich kein Pauschalurteil darüber fällen, welche (Mode-)Wörter zweckmäßig oder zu vermeiden sind.

3.4.3   Falsche Bezüge zwischen Wörtern ausräumen

Zum präzisen Formulieren gehört auch, falsche Bezüge zwischen Wörtern zu erkennen und auszuräumen. Dazu ist es wichtig, sich zunächst zu überlegen, was eine Wortverbindung wie „atomares Gefahrenbewusstsein" im Wortsinn bedeutet: das atomare Bewusstsein von Gefahren?! Aber das wird kaum gemeint sein. Gemeint ist, dass sich jemand der Gefahren bewusst ist, die z.B. von Kernkraftwerken, Atommüll oder Nuklearwaffen ausgehen. Auch mit dem Begriff „hochsensible Datenermittlung" ist nicht gemeint, dass Daten hochsensibel ermittelt werden, sondern es geht um die „Ermittlung hochsensibler Daten". Diese Verbindungen sind logisch schief, da sich das Adjektiv grammatikalisch auf den zweiten Teil des zusammengesetzten Substantivs bezieht, obwohl es sich – führt man sich die intendierte Aussage vor Augen – auf den ersten Teil beziehen müsste. Weitere Beispiele für derartige falsche Wortverbindungen sind:

menschliche Bedürfnisveränderung (Veränderung menschlicher Bedürfnisse)

interne Kundenzufriedenheit (Zufriedenheit der internen Kunden, eigentlich die „Mitarbeiterzufriedenheit")

staatliche Hilfeempfänger (Empfänger staatlicher Hilfen)

politischer Maßnahmenkatalog (Katalog politischer Maßnahmen)

Ferner gibt es Formulierungen, die bei wörtlicher Auslegung schief klingen, z.B. „intelligente Lösung" und „humanitäre Katastrophe": Ist Intelligenz nicht etwas, was nur Lebewesen besitzen können, und wird humanitär nicht meist als „menschenfreundlich" oder „wohltätig" verstanden? Allerdings haben sich diese Formulierungen bereits so etabliert, dass viele Menschen keinen Missklang mehr hören. Begriffe unterliegen im Laufe der Zeit ohnehin einem Bedeutungswandel, wie man an dem Wort „toll" (einfältig/verrückt vs. super) erkennt. Ursprünglich problematische Begriffsbildungen können somit unbedenklich werden. Seien Sie aber trotzdem wachsam und prüfen Sie die Stimmigkeit solcher Wendungen.

3.4.4 Unnötiges streichen

Überflüssige Wörter streichen. In vielen Texten finden sich Füllwörter, die manchmal nur überflüssig sind, gelegentlich aber auch eine falsche Aussage implizieren. Zu den Füllwörtern gehören: *besonders, doch, eben, eher, eigentlich, gewissermaßen, insgesamt, irgendwie, ja, naturgemäß, natürlich, regelrecht, selbstverständlich, vielleicht, wirklich, wohl, ziemlich.* Überflüssig sind die unterstrichenen Füllwörter in diesem Beispiel:

> Die Theorie der Autoren ist <u>insgesamt irgendwie</u> nicht schlüssig, obwohl sie in der Vergangenheit <u>ja ziemlich</u> viele Anhänger gefunden hat. Auch neuere empirische Befunde können die Theorie nicht <u>wirklich</u> stützen.

Auf jeden Fall zu vermeiden sind Füllwörter, die eine Aussage verfälschen oder eine falsche Interpretation nahelegen. In dem Satz „Jungen haben <u>naturgemäß</u> einen stärkeren Bewegungsdrang als Mädchen" impliziert das Wort *naturgemäß*, dass der beschriebene geschlechtsspezifische Unterschied genetisch bedingt sei – eine Aussage, die sich so nicht stützen lässt.

Die Schwierigkeit bei „Füllwörtern" ist, dass sie nicht in jedem Kontext überflüssig sind. Die im folgenden Beispiel unterstrichenen Wörter könnten in vielen Kontexten ersatzlos gestrichen werden – hier sind sie jedoch erforderlich. Ließe man sie weg, würde dies zu Sinnverschiebungen führen oder zumindest die Betonung der Aussage in unerwünschter Weise verändern.

> Die meisten Schüler gaben an, <u>ziemlich</u> starke Angst vor der Abiturprüfung zu haben. Das ist nicht verwunderlich, wird <u>doch</u> in den Medien häufig suggeriert, dass man ohne Abitur schlechte Berufsaussichten habe. Stärker als der Einfluss der Medien ist aber der Einfluss der Familie, <u>vielleicht</u> ganz <u>besonders</u> derjenige der Eltern.

Somit gilt auch für (vermeintliche) Füllwörter wie generell für Ihren Text: Klopfen Sie jedes einzelne Wort daraufhin ab, ob es zur Aussage des Textes beiträgt. Ist das nicht der Fall, streichen Sie es.

Keine leeren Phrasen. Häufig verwendete Phrasen wie „Die aufgeworfenen Fragen können in künftigen Studien angegangen werden" sind meist inhaltsarm und überflüssig, da sie nur selbstverständliche Informationen enthalten: Da man jede Frage in einer künftigen Studie bearbeiten kann, ist es unnötig, dies explizit zu erwähnen. Wenn Sie sich im Supermarkt an der Kasse verabschieden, sagen Sie ja auch nicht: „Übrigens, die Produkte, die ich nicht gekauft habe, können Sie anderen Kunden verkaufen." Das wusste der Kassierer auch schon vorher.

Sie sollten auch sogenannte *Füllsätze* vermeiden, die nur ankündigen, dass gleich etwas (Wichtiges) kommt, aber unklar lassen, was dies ist (vgl. Esselborn-Krumbiegel, 2012, S. 64). In einem mündlichen Vortrag können Sätze wie „Hierbei stellt sich eine entscheidende Frage" oder „Damit gelangen wir nun zu einem wichtigen Punkt" angebracht sein. In einem Text sollten sie direkter zur Sache kommen. Besser wären daher die Formulierungen „Die entscheidende Frage dabei ist, ob ..." oder „Wichtig ist ...".

Keine unsinnigen Doppelungen. Sie erkennen sicherlich, dass es unsinnig ist, von „runden Kugeln", „toten Leichen" oder „kaltem Eis" zu sprechen. Eine derartige Sinndoppelung – auch als *Pleonasmus* bezeichnet – kann, wird sie bewusst eingesetzt, in schöngeistiger Literatur als Stilmittel dienen. In wissenschaftlichen Texten sind Pleonasmen unangebracht, unterlaufen Schreibern aber manchmal versehentlich, wenn sie sich nicht bewusst sind, dass das Adjektiv schon in der Bedeutung des Substantivs enthalten ist. Wer nicht weiß, dass alle Schimmel weiß sind, schreibt vielleicht „weißer Schimmel". Ähnliches gilt für die folgenden unsinnigen Inhaltsdoppelungen (teilweise entnommen aus Kornmeier, 2013, S. 218 f.):

andere Alternative [möglich: andere Variante]

behaviorales Verhalten

eigenes Ego

feste Konstante

fundamentale Grundkenntnisse/Grundvoraussetzungen/Grundregel

fundamentaler Grundsatz

grundlegendes Prinzip/Fundament

inneres Gefühl

letztes Ultimatum

manuelle Handarbeit

marginale Randerscheinung

potenzielles Risiko

prozessualer Verfahrensablauf

semantische Bedeutung

veränderliche Variable

vorbeugende Präventivmaßnahme

Auch bei anderen Wortarten kommen unsinnige Sinndoppelungen vor: „herausselektieren", „vorausantizipieren", „neu renovieren", „neu kreieren", „eindeutig beweisen", „Einzelindividuum" oder „Zukunftsprognose". Ebenso besteht bei manchen Abkürzungen die Gefahr ungewollter Verdoppelungen, z.B. bei:

ABM-Maßnahme (= Arbeitsbeschaffungsmaßnahme-Maßnahme)

HIV-Virus (= „Humanes Immundefizienz-Virus"-Virus)

ISBN-Nummer[8] (= „Internationale Standardbuchnummer"-Nummer)

PDF-Format (= „Portable Document Format"-Format)

OPAC-Katalog (= „Online Public Access Catalogue"-Katalog)

---

8   Uns selbst ist im Band *Planen, Durchführen und Auswerten* dieser Fehler unterlaufen.

Bei *Aufzählungen* verwenden manche Verfasser sowohl „z.B." als auch „etc." oder „usw.", wie in diesem Beispiel: „Abhängigkeiten wurden für viele Substanzen beobachtet, z.B. für Heroin, Kokain, Tabak, Alkohol, Cannabis etc." Allerdings verweist „z.B." (oder auch „beispielsweise") schon darauf, dass man nur eine Auswahl darstellt. Auch „etc." bzw. „usw." sollen verdeutlichen, dass man die Aufzählung weiter fortsetzen könnte. Der Gebrauch von „z.B." und „etc." innerhalb einer Aufzählung ist daher redundant. Dies gilt auch für den einleitenden Zusatz „unter anderem" („u.a."): Wenn ich schreibe „u.a. für Heroin, Kokain, Tabak, Alkohol und Cannabis", dann sollte nicht zusätzlich am Ende „etc." oder „usw." stehen. Verwenden Sie stets nur *einen* Hinweis darauf, dass die Aufzählung nicht vollständig ist bzw. weitergeführt werden kann. Dieser Hinweis steht dann entweder am Anfang der Aufzählung oder an ihrem Ende.

3.4.5   Keine Übertreibungen

Genauso wie Bewertungen und Urteile unangebracht sind, sofern sie nicht sachlich und neutral begründet werden (vgl. Abschnitt 3.4.6), gehören auch Übertreibungen nicht in wissenschaftliche Texte. Augenfällig sind Übertreibungen, die mittels Adjektiven eine Aussage übersteigern: „enorme Kosten", „gewaltige Effekte", „riesige Unterschiede", „hochsensible Messung", „katastrophale Folgen", „überwältigende Auswirkungen", „unglaubliche Ausmaße", „außerordentlich präzise Feststellung" etc. Auch bei nicht so extrem übertreibenden Formulierungen wie „weitreichende Folgen" und „sehr hohe Kosten" sollten Sie sich fragen, ob nicht schlicht „Folgen" oder „hohe Kosten" zur Beschreibung ausreichen. Sofern eine Quantifizierung möglich ist, sollten Sie diese vornehmen, also beispielsweise statt „hohe Kosten" schreiben: „Kosten in Höhe von etwa 20 Millionen Euro."

Übertreibungen verstecken sich oft auch in unscheinbaren Worten wie „nie", „immer", „alle", „alles", „nichts", „muss" oder „notwendig". In der Psychologie und den Sozialwissenschaften sind derartige absolute Begriffe selten angemessen. Nehmen wir den Satz „<u>Alle</u> Menschen haben das Bedürfnis nach Freundschaft". Abgesehen davon, dass All-Aussagen prinzipiell kaum je belegbar sind (Sie können nicht über 7 Milliarden Menschen daraufhin überprüfen, ob bei jedem einzelnen dieses Bedürfnis besteht), ist die Aussage wenig plausibel: Denken Sie z.B. an komatöse Personen oder an Menschen mit schizoider oder dissozialer Persönlichkeitsstörung („Soziopathen") – kann man sicher sein, dass diese das Bedürfnis nach Freundschaft haben? Angemessener wäre daher die Formulierung „Die <u>meisten</u> Menschen haben das Bedürfnis nach Freundschaft". Dieser Aussage würde vermutlich kaum jemand widersprechen.

Wenn Sie absolute Wörter verwenden, sollten Sie stets prüfen, ob Sie dadurch nicht übertreiben. Gegebenenfalls können Sie „nie" durch „selten", „immer" durch „oft/häufig/meistens", „alle/alles" durch „viele/die meisten", „nichts" durch „wenig" und „muss" durch „kann" ersetzen. Beherzigen Sie den Grundsatz, dass wissenschaftliche Arbeiten eher zurückhaltend formuliert sein sollten. Wenn Sie zudem allen Aussagen – auch Ihren eigenen – mit einer gewissen Vorsicht und Skepsis begegnen, sind Sie vor Übertreibungen weitgehend gefeit.

3.4.6   Unpassende Wertungen und Bewertungen vermeiden

Keine moralischen und ethischen Wertungen. Wissenschaftliche Texte sollten keine moralischen oder ethischen Wertungen enthalten, da dies dem Prinzip der Neutralität (vgl. Abschnitt 3.2.3) widerspricht. Daher ist ein Satz wie „Kinder sollten frühzeitig Disziplin lernen" genauso unpassend wie „Kinder müssen ihre Freiheiten ausleben können" – hinter beiden Aussagen stehen nämlich (gesellschaftliche) Wertvorstellungen, die in dieser Form nicht wissenschaftlich begründbar sind. Im realen Leben müssen sich Eltern, Erzieher und Lehrer entscheiden, wie viel Freiräume sie Kindern geben wollen, aber diese Frage kann von der Wissenschaft allein nicht beantwortet werden.

Eine wissenschaftlich formulierte Aussage könnte lauten: „Der Vergleich von Erwachsenen, denen als Kinder entweder große Freiräume bei der Wahl ihrer Aktivitäten gegeben wurden oder die frühzeitig Disziplin vermittelt bekamen, zeigt Folgendes: Diejenigen mit den größeren Freiräumen weisen als Erwachsene einen höheren Selbstwert auf und agieren autonomer; diejenigen, denen frühzeitig Disziplin vermittelt wurde, sind bei der Bewältigung von Herausforderungen ausdauernder und erledigen Aufgaben, die ihnen aufgetragen werden, gewissenhafter." Die Wissenschaft kann nicht entscheiden, was davon nun besser ist (die Förderung eines hohen Selbstwerts und autonomen Verhaltens oder die Förderung von Ausdauer und Gewissenhaftigkeit). Selbstverständlich dürfen Sie eine Privatmeinung dazu haben, aber die gehört nicht in Ihre wissenschaftliche Arbeit.

Keine Scheinbegründungen. Manchmal wird in Texten ein scheinbar sachliches Argument für eine Bewertung geliefert, das sich bei genauerer Betrachtung als Scheinbegründung herausstellt. Das ist oft dann der Fall, wenn in der Begründung vage Begriffe verwendet werden, wie im folgenden Satz: „Musische Erziehung ist wichtig, damit Kinder zu vollwertigen Menschen werden." Das klingt zunächst vielleicht sinnvoll. Allerdings ist unklar, was ein „vollwertiger Mensch" ist, und dieser Begriff lässt sich ohne Bezug auf moralisch-normative Wertvorstellungen, die wissenschaftlich nicht begründbar sind, auch nicht definieren. Daher wäre ein solcher Satz in einem wissenschaftlichen Text deplatziert.

Signalwörter für unpassende Wertungen. In einigen Fällen kann man unpassende Wertungen anhand von *Signalwörtern* entdecken: Wenn Sie die Begriffe „leider", „zum Glück" oder ähnliche Formulierungen lesen, handelt es sich meist um nicht angemessene Wertungen. Auch Übertreibungen (vgl. Abschnitt 3.4.5) deuten oft auf unpassende Wertungen hin.

Keine Appelle an die Autoritätshörigkeit. Manchmal wollen Verfasser Ihre Leser von etwas überzeugen, indem sie betonen, von wem eine Theorie, ein Gedanke o.Ä. stammt, wie in diesem Satz: „Der angesehene Psychologe Eysenck hat mit seiner gut durchdachten Theorie erklärt, dass ...". Aber: Woher wissen Sie bzw. wie definieren Sie, dass Eysenck „angesehen" ist? Ist es für die Qualität der Theorie wichtig, dass ihr Urheber angesehen ist? Und was sind Kriterien für eine „gut durchdachte" Theorie?

Aussagen wie in dem Beispielsatz, die darauf abzielen, einer Argumentation oder Theorie durch die Hervorhebung ihres Urhebers mehr Gewicht zu verleihen und diese somit aufzuwerten, sind in wissenschaftlichen Texten absolut unangebracht. Dort geht es nämlich stets um die Sache, also um die logische Schlüssigkeit von Argumenten und die empirische Fundierung von Ergebnissen, nicht aber um die Autorität der Urheber.

Erlaubt wäre ein Satz wie „Eysenck beschreibt in seiner häufig zitierten Theorie, dass ..." – damit geben Sie zu verstehen, dass diese Theorie eine gewisse Relevanz hat, da sie von vielen anderen Wissenschaftlern zitiert wurde. Ihr Text bleibt auf diese Weise aber frei von subjektiven Wertungen hinsichtlich der Qualität der Theorie oder des Ansehens der Person.

Subjektive Aussagen vermeiden. Aussagen in wissenschaftlichen Texten sollen neutral und überprüfbar sein (vgl. Abschnitte 3.2.3 und 3.2.4). Diese Anforderungen können *subjektive* Aussagen niemals erfüllen. Ihre Empfindungen oder gefühlsmäßigen Bewertungen sind daher stets fehl am Platz, wie in diesem Satz: „In der faszinierenden Einzelfallstudie von Schmidt und Mayer (2012) wird das bedauernswerte Schicksal von H. P. dargestellt." Was jemand *faszinierend, spannend, interessant, beeindruckend, bedauernswert, bemitleidenswert, traurig, rührend* etc. findet, fällt in den Bereich subjektiver Urteile bzw. Empfindungen. Solche Begriffe gehören daher nicht in Ihren Text.

Auch implizite Wertungen vermeiden. Wertungen können sich auch weniger explizit als in den bisherigen Beispielen in einen Text einschleichen. Eine *implizite Wertung* wäre: „Endlich nehmen auch mehr Väter Erziehungsurlaub." Durch „endlich" signalisieren Sie, dass Sie das für eine positive und längst überfällige Entwicklung halten. Das ist als Privatmeinung legitim, in einer wissenschaftlichen Arbeit sollten Sie aber die Neutralität wahren und z.B. schreiben: „Der Anteil der Väter, die Erziehungsurlaub nehmen, ist seit ... um ... gestiegen."

Beim Leitprinzip der Neutralität (Abschnitt 3.2.3) haben wir darauf hingewiesen, dass Sie wertfreie Begriffe verwenden sollen. Viele Wörter, die z.B. in der Politik und den öffentlichen Diskursen in den Medien verwendet werden, sind jedoch (teilweise absichtlich) besonders beschönigend oder abwertend. Beschönigende Begriffe (Euphemismen) sind beispielsweise „Nullwachstum" (= Stagnation), „Minuswachstum" (= Rückgang), „freisetzen" (= entlassen), „Preisanpassung" (= Preissteigerung), „Gotteskrieger" (= religiös motivierte Terroristen) und „Kollateralschaden" (= Tötung unbeteiligter Zivilisten in Kampfeinsätzen). Begriffe, die etwas implizit abwerten, sind z.B. „Herdprämie" (= Betreuungsgeld für Eltern, die ihr Kind zuhause betreuen), „Rentnerschwemme" (= Zunahme des Anteils der Rentner an der Gesamtbevölkerung) und „zusammenrotten" (= sich versammeln). Lassen Sie sich also nicht davon anstecken, dass Ihnen solche Begriffe in den Massenmedien begegnen – in Ihrer Arbeit haben sie trotzdem nichts verloren.

Erlaubte Bewertungen. *Inhaltlich fundierte Urteile* sind in wissenschaftlichen Texten selbstverständlich erlaubt und sogar erforderlich. Wenn Sie z.B. zwei konkurrierende Theorien hinsichtlich ihrer logischen Stringenz und empirischen

Fundierung verglichen haben, könnten Sie abschließend schreiben: „Insgesamt können die dargestellten Befunde mit Theorie B besser als mit Theorie A erklärt werden. Aus Theorie A ergeben sich zudem Vorhersagen, die inhaltlich teilweise widersprüchlich sind. Daher erscheint es nicht erfolgversprechend, Theorie A als Grundlage weiterer Modellentwicklungen zu verwenden." Dies ist aber eine gänzlich andere Vorgehensweise als zu argumentieren: „Theorie A wurde von dem unbekannten Tagträumer Rainer Schaunwirmal erstellt, Theorie B hingegen von dem schlauen Nobelpreisträger Ronald Kennmichaus. Daher muss Theorie B besser sein."

3.4.7 Anthropomorphismen (Vermenschlichungen) vermeiden

„Der Fragebogen erklärte den Probanden, wie sie die Items zu beantworten haben." Solche und ähnliche Sätze liest man immer wieder. Es handelt sich dabei aber um einen unerlaubten *Anthropomorphismus*: Einer Sache – hier: dem Fragebogen – werden Fähigkeiten oder Eigenschaften zugeschrieben, über die nur Menschen verfügen, beispielsweise etwas erklären zu können. Korrekt müsste der obige Satz lauten: „Im Fragebogen wurde den Probanden erklärt, wie sie die Items zu beantworten haben."

Noch auffälligere Anthropomorphismen sind: „Nach einem Verlust des Augenlichts bemerkt der Gehörsinn, dass er nun mehr Funktionen übernehmen muss, und wird daher sensibler" oder „Sobald dem Computer bewusst wird, dass die Fehlerrate des Probanden zu hoch ist, bricht er den Versuch ab". Selbstverständlich kann der Gehörsinn nichts bemerken (und nicht entscheiden, dass er sensibler werden möchte) und ein Computer verfügt über kein Bewusstsein.

Eine abgeschwächte Unterform von Anthropomorphismen sind sogenannte *Subjektschübe* (Kühtz, 2012, S. 37 f.), die unabsichtlich auftreten, wenn die handelnde Person entfällt und ein anderes (unbelebtes) Substantiv ihren Platz im Satz einnimmt. Zwar versteht der Leser, was gemeint ist, trotzdem sind diese Formulierungen nicht korrekt. Beispiele dafür sind:

Das vorherige Kapitel hat betont, ...

Die Fußnote gibt Auskunft über ...

Die Abbildung erklärt/erläutert ...

Das Fazit nennt ...

Der vorherige Abschnitt räumt ein, ...

Diese Arbeit stellt Überlegungen zu ... an.

Dieses Kapitel will verdeutlichen, ...

Diese Arbeit versucht zu zeigen, ...

Die Messmethoden sind in der Lage, ...

Um diese Sätze zu korrigieren, muss im Satz eine handelnde Person als Subjekt hinzutreten, z.B. „Der Verfasser hat im vorherigen Kapitel betont, ..." oder „Der Autor gibt in der Fußnote Auskunft über ...". Diese Formulierungen sind korrekt, klingen aber manchmal etwas umständlich, was ja auch der Grund ist, warum (meist unbewusst) die handelnde Person entfällt. Wenn man selbst die handelnde Person ist, muss eigentlich „ich" das Satzsubjekt sein (z.B. „Ich gebe in der Fußnote Auskunft über ..."). Da allerdings ein häufiger Gebrauch von „ich" in der hier beschriebenen Funktion in wissenschaftlichen Texten unüblich und meist unerwünscht ist (vgl. Abschnitt 3.4.9), bieten sich zwei Lösungsmöglichkeiten an. Zum einen kann man eine Passivkonstruktion verwenden, z.B. „Im vorherigen Kapitel wurde betont, ...", „In der Fußnote wird Auskunft darüber gegeben, ..." oder „In diesem Kapitel wird verdeutlicht, ...". Zum anderen kann man ein Verb verwenden, das nicht ausschließlich auf menschliches Handeln bezogen ist. Beispielsweise kann man schreiben „Die Abbildung zeigt/lässt erkennen/veranschaulicht ..." oder „Das Fazit beinhaltet ...".

3.4.8 Nominalstil gezielt einsetzen

Auf Seite 98 sind wir bereits darauf eingegangen, dass ein „gemäßigter" Nominalstil in der Wissenschaft seine Berechtigung hat. Anders als von vielen allgemeinen Stilratgebern empfohlen, sollte Nominalstil also nicht kategorisch vermieden werden. Vielmehr sollten Sie ihn bewusst und gezielt einsetzen, um Informationen kompakt und präzise zu vermitteln. Das oberste Gebot ist dabei das der Verständlichkeit: Solange der Nominalstil diese unterstützt, sollten Sie ihn anwenden; führt er dazu, dass ein Satz schwerer verständlich wird, sollten Sie auf ihn verzichten. Ein Beispiel für unnötigen Nominalstil ist:

> Es wurde in Erwägung gezogen, die Durchführung der Datenerhebung von Lehrkräften vornehmen zu lassen.

Diese Aussage lässt sich mit weniger Nominalstil verständlicher und kürzer formulieren:

> Es wurde erwogen, die Daten durch Lehrkräfte erheben zu lassen.

Diese Verkürzung des Beispielsatzes beruht v.a. darauf, dass bei sogenannten *Funktionsverbgefügen* (Verbindung von bedeutungstragendem Substantiv und bedeutungsarmem Verb) der Inhalt des Substantivs oft in ein aussagekräftigeres Verb verschoben werden kann: „es wurde in Erwägung gezogen" wird zu „es wurde erwogen" und „die Durchführung der Datenerhebung vornehmen zu lassen" wird zu „die Daten erheben zu lassen". Wie sich Funktionsverbgefüge durch informationstragende Verben ersetzen lassen, veranschaulichen die folgenden Beispiele (zum Teil adaptiert aus Esselborn-Krumbiegel, 2012, S. 57):

einer Analyse unterziehen → analysieren

Berechnungen anstellen → berechnen

eine Frage aufwerfen → fragen

dies gibt die Möglichkeit → dies ermöglicht

Einfluss auf etwas haben/Einfluss ausüben → etwas beeinflussen

zum Einsatz bringen → einsetzen

Berücksichtigung finden → berücksichtigen

etwas den Vorzug geben → vorziehen

eine Einteilung vornehmen → einteilen

eine Feststellung machen → feststellen

zur Anwendung bringen → anwenden

Nützlich ist Nominalstil aber für Fachbegriffe (z. B. „Inkubationszeit" statt „Zeit, von dem Moment, an dem man sich angesteckt hat, bis die Krankheit ausbricht") und andere feststehende Begriffe (z. B. „Intelligenztraining" statt „Intelligenz trainieren"; vgl. S. 98). In Tabelle 3.2 sind einige Beispiele aufgeführt, bei denen der Nominalstil vorteilhaft ist, da es sich bei dem Nomen um einen in der Wissenschaft geläufigen Begriff bzw. Fachbegriff handelt. Die relevante Information wird in diesen Fällen mittels Nominalstil knapper und präziser transportiert als mit der Umschreibung im Verbalstil.

Tabelle 3.2. Beispiele für Vorteile des Nominalstils bei feststehenden Begriffen und um Aussagen präzise auf den Punkt zu bringen

Nominalstil (hier vorteilhaft)	Verbalstil (hier oft ungünstig)
Informationsverarbeitung	wie Informationen verarbeitet werden
Interaktionseffekt von X und Y	wie X und Y miteinander interagieren
Interpretationsverzerrung [Interpretationsbias]	wie Interpretationen verzerrt werden
Merkmalsausprägung	wie stark ein Merkmal ausgeprägt ist
Das Zeitintervall zwischen X und Y erwies sich als bedeutsam.	Es erwies sich als bedeutsam, wie viel Zeit zwischen X und Y lag.
Die Refraktärphase betrug ca. 2 ms.	Die Phase, in der die Reize nicht weitergeleitet werden konnten, betrug ca. 2 ms.

Das Beispiel aus der letzten Zeile von Tabelle 3.2 verdeutlicht übrigens, dass je nach Zielgruppe des Textes ein stärkerer Nominal- bzw. Verbalstil angebracht sein kann. So ist der Begriff „Refraktärphase" für den Fachkollegen verständlich und prägnanter als die verbale Umschreibung in der rechten Tabellenspalte. Verfasst man jedoch eine populärwissenschaftliche Abhandlung für ein Laienpublikum, ist diese Umschreibung nützlicher.

Die meisten Schreiber neigen eher zu einem übermäßigen Nominalstil als zu einem übermäßigen Verbalstil. Ein gemäßigter Nominalstil ist in wissenschaftlichen Texten absolut in Ordnung. Wenn Sie jedoch bemerken, dass eine Formulierung im Nominalstil schwerfällig und umständlich klingt, sollten Sie versuchen, diese in Verbalstil umzuwandeln. Auch die weiter oben angesprochenen Funktionsverbgefüge sollten Sie zurückhaltend verwenden. Bei vielen Schreibern schleichen sich diese nämlich ungewollt ein und werden dann floskelhaft verwendet, obwohl es hierzu, wie gezeigt, bessere Alternativen gibt.

Beachten Sie aber, dass die Umwandlung von Nominal- in Verbalstil manchmal auch ungewollte Bedeutungsverschiebungen mit sich bringt. So ist z. B. „eine

Meinung vertreten" und „meinen" nicht dasselbe: Wer *eine Meinung vertritt*, ist von dieser überzeugt und wäre meist auch bereit, sie anderen gegenüber zu verteidigen; wer lediglich etwas *meint*, ist sich oft wesentlich unsicherer, ob seine Meinung richtig ist. Wenn ausgedrückt werden soll, dass jemand eine feste Meinung hat, die er auch verteidigt, ist folglich „eine Meinung vertreten" präziser und passender als „meinen".

3.4.9 Die Personalpronomen „ich", „wir" und „man"

Früher war es verpönt, in wissenschaftlicher Literatur die Personalpronomen „ich" und „wir" zu benutzen, da man meinte, dass darunter die Objektivität der Texte leide. Dies führte jedoch oft zu befremdlichen Formulierungen wie „Die Autoren des vorliegenden Textes konnten bestätigen, dass ..." oder zu häufigen Passivkonstruktionen wie „Es wurden die Hypothesen aufgestellt, dass ...". Um Formulierungen wie „Die Verfasser dieses Textes ..." zu vermeiden, sind heutzutage „ich" und „wir" weitgehend akzeptiert. Dabei klingt „ich" in den Ohren der meisten Wissenschaftler aber noch fremder als „wir". Mit zunehmendem Gebrauch von „ich" und „wir" wird sich dies vielleicht ändern, sodass in beispielsweise 20 Jahren diese Pronomen womöglich häufiger gebraucht werden, als es momentan der Fall ist. Zurzeit gilt: „Ich" und „wir" sind erlaubt, sollten aber sparsam eingesetzt werden und zudem nur in bestimmten Kontexten bzw. Funktionen. Im Folgenden erläutern wir, was bei der Verwendung dieser Personalpronomen zu beachten ist.

„Wir" nur für Ihre Autorengruppe. Sie sollten „wir" nur dann benutzen, wenn Sie *von sich* (als Autorengruppe) sprechen, nicht aber, wenn Sie z.B. „alle Menschen" oder „alle Psychologen" meinen. Wenn Sie zusammen mit den Kommilitonen oder Kollegen Sylvia Herz und Olaf Schmerz einen wissenschaftlichen Aufsatz über Liebeskummer verfassen und in der Einleitung schreiben „Wir alle haben in unserem Leben schon einmal Liebeskummer erlebt", würde dies aussagen, dass Sie selbst, Frau Herz und Herr Schmerz schon einmal Liebeskummer hatten. Es würde aber nicht ausdrücken, dass Liebeskummer eine weit verbreitete Gefühlslage ist. Wenn Sie dies aussagen wollen, sollten Sie besser so formulieren: „Fast jeder Mensch leidet im Laufe seines Lebens einmal unter Liebeskummer." (Übrigens: Für eine derartige Aussage benötigen Sie eigentlich Belege. Ihr Gefühl, dass das so ist, oder die Erfahrung, dass Sie selbst viele Leute mit Liebeskummer kennen, reicht nicht aus.) Wenn Sie sich als Autorengruppe meinen, können Sie „wir" schreiben, z.B. „Zur Datenauswertung wählten wir die folgenden Verfahren ...", „Wir stellen die Hypothese auf, dass ..." oder „Wir erläutern zunächst ...".

Allerdings sollten Sie in wissenschaftlichen Texten niemals in einen Erzählstil geraten, z.B.: „Wir haben bei Müller und Schneider (2011) gelesen, dass ...". In dieser Funktion wäre das „wir" unangebracht, weil Sie sich damit selbst – als Autoren – in den Vordergrund rücken. Im Vordergrund sollte aber stets die Sache stehen, wie in der Formulierung „Müller und Schneider (2011) berichten, dass ...".

Kein „man", wenn Sie sich selbst meinen. Es ist erlaubt, „man" zu verwenden, wenn Sie allgemeine Aussagen treffen. Korrekt sind daher die Formulierungen „Man kann davon ausgehen, dass die Geburtenrate in Deutschland in den kommenden Jahrzehnten bei unter zwei Kindern pro Frau liegen wird" (= „Es ist davon auszugehen, ...") und „Vergleicht man die Ergebnisse der beiden Studien, so fällt auf, ..." (= „Werden die Ergebnisse verglichen, ..."). Allerdings sollten Sie darauf achten, „man" nicht zu häufig einzusetzen, da dies stilistisch unschön wirkt.

Verwenden Sie „man" aber *auf keinen Fall*, wenn Sie damit explizit sich als Verfasser bzw. Verfassergruppe meinen, wie in folgenden Sätzen: „Man erwartete, dass sich Frauen höhere Empathiewerte zuschreiben als Männer" oder „Im Rahmen einer Coverstory, in der man vorgab, einen Persönlichkeitstest zu evaluieren, meldete man jedem der Studienteilnehmer das gleiche Persönlichkeitsprofil zurück". Hier sind Passivkonstruktionen geeigneter, z.B. „Es wurde erwartet, ..." und „Unter dem Vorwand, einen Persönlichkeitstest zu evaluieren, wurde jedem der Studienteilnehmer ...". Im ersten Fall ist auch „wir" erlaubt („Wir erwarteten ..."), da es sich um Ihre eigene Hypothese handelt – andere Autoren nehmen vielleicht etwas anderes an. Im zweiten Fall wäre „wir" allerdings deplatziert, da es Sie bzw. Ihre Autorengruppe gegenüber der Sache zu sehr in den Vordergrund rücken würde.

„Ich" sehr sparsam verwenden. Die meisten Abschlussarbeiten werden von nur einer Person verfasst. Jetzt könnte man denken, dass überall dort, wo „wir" für eine Autorengruppe adäquat ist, „ich" für einen Einzelautor ebenfalls passt. Nach den Empfehlungen der APA (2010, S. 69) ist das auch der Fall. Da aber in wissenschaftlichen Texten „ich" bisher noch seltener als „wir" verwendet wird, wirkt es auf die meisten Leser stärker irritierend.[9] Zumindest zieht ein „ich" im Text die Aufmerksamkeit des Lesers an, wodurch es vielleicht stärker hervorgehoben wird, als Sie als Schreiber beabsichtigen. Unsere Empfehlungen lauten daher: (a) Verwenden Sie „ich" sehr sparsam; (b) setzen Sie „ich" dort ein, wo es die Klarheit Ihres Textes erhöht und eine Vermeidung umständlich klingen würde. Wägen Sie also stets ab, ob ein „ich" oder eine alternative Konstruktion den Leser stärker irritiert.

Die folgenden Beispiele zeigen, wie sich „ich" in einigen Fällen relativ einfach umgehen lässt:

1. Beispiel

Nicht: In der zweiten Faktorenanalyse verwendete ich eine Varimax-Rotation, da ...

Besser: In der zweiten Faktorenanalyse wurde eine Varimax-Rotation verwendet, da ... [Die Passivkonstruktion hilft hier, das „ich" zu vermeiden.]

2. Beispiel

Nicht: Ich teilte den Probanden den ersten Fragebogen aus. [Hier werden Sie als Person zu stark in den Vordergrund gestellt.]

Besser: Die Probanden erhielten den ersten Fragebogen.

---

9   Dies ist für den deutschen Sprachraum noch ausgeprägter als für den angloamerikanischen. In englischen Texten wird „I" häufiger verwendet als in deutschen Texten „ich".

Das „ich" hebt Sie als Subjekt hervor. Geht es tatsächlich um Ihre *subjektiven* Entscheidungen oder Interpretationen, dann sollten Sie dies auch durch die Verwendung von „ich" klarstellen. Derartige Fälle sind in wissenschaftlichen Texten eher selten (vgl. Abschnitt 3.2.3), kommen aber vor. Beispiele dafür wären:

> Ich beschränke mich hier auf drei Kritikpunkte, die besonders wesentlich erscheinen.

> Aus Gründen der Übersichtlichkeit verzichte ich auf eine Darstellung aller …

> Auch nach Abwägung aller Befunde erscheint es nicht möglich, eine der beiden Theorien als besser belegt anzusehen. Ich präferiere allerdings die … Theorie, da …

Insbesondere im letzten Beispiel ist es sinnvoll, eine subjektive Meinung explizit als solche zu kennzeichnen. Hier hätte man übrigens auch schreiben können „Meines Erachtens ist die … Theorie vorzuziehen, da …".

3.4.10   Unerwünschte Abwechslung: Begriffe konsistent verwenden

In der Schule haben Sie vielleicht den Grundsatz „variatio delectat" – also: „Abwechslung erfreut" – gelernt. Gemeint ist damit, dass man Synonyme und variierende Formulierungen verwenden und Wortwiederholungen vermeiden soll. Im folgenden Beispiel wurde versucht, möglichst viele Synonyme für *Angst* zu gebrauchen:

> <u>Ängste</u> gehören zu den häufigsten psychischen Störungen. Viele Menschen haben <u>Furcht</u> vor bestimmten Objekten wie Spinnen oder können die <u>Panik</u> kaum bewältigen, die sie bei dem Gedanken an einen Auftritt vor einer größeren Menschengruppe erfasst. Häufig ist die <u>Aufgeregtheit und Besorgnis</u> aber nicht stark genug, als dass Menschen mit <u>Phobien</u> sich an einen Arzt oder Psychotherapeuten wenden würden.

Der Leser wird sich hier unweigerlich fragen, ob mit Angst, Furcht, Panik, Aufgeregtheit, Besorgnis und Phobie dasselbe gemeint ist. Tatsächlich kommen diesen Begriffen in der Psychologie zumindest teilweise unterschiedliche Bedeutungen zu. Die Verwendung von Synonymen macht den Text also missverständlicher, was auf jeden Fall zu vermeiden ist (vgl. Abschnitt 3.2.2).

Ebenso sollten Sie die Bezeichnungen für Versuchsbedingungen (beispielsweise „Expressive-Writing-Gruppe") auf keinen Fall variieren. Haben Sie sich einmal für eine Bezeichnung entschieden, bleiben Sie konsistent bei dieser. (Bei der Einführung der Bezeichnung, also bei ihrer ersten Erwähnung, erklären Sie, was damit gemeint ist.) Nur so ist sichergestellt, dass der Leser stets weiß, welche Versuchsbedingung Sie meinen.

Es gilt die Regel: *Fachbegriffe und alle anderen für Ihre Arbeit wesentlichen Begriffe (Kernbegriffe) sollten nicht durch Synonyme ersetzt werden – bleiben Sie bei einer konsistenten Bezeichnung!* Sie können sich auch als Spruch merken: „Monotonie langweilt weniger, als Abwechslung verwirrt." In dem obigen Textbeispiel verwenden Sie am besten an allen unterstrichenen Stellen den Begriff *Angst*. Nur wenn Sie bestimmte Angstkomponenten (z.B. Aufgeregtheit und Besorgnis) differenzieren oder beispielsweise Angst und Panik voneinander abgrenzen möchten, gebrauchen Sie diese spezifischeren Fachbegriffe. Dann müssen Sie diese aber auch so verwenden, wie sie in der Fachsprache definiert sind – das ist in dem obigen Beispiel nicht geglückt.

Auch bei anderen Substantiven, bei denen es sich nicht im engeren Sinne um Kern- bzw. Fachbegriffe handelt, kann Abwechslung zu Verwirrung führen, wie dieses Beispiel zeigt:

> Nachdem die <u>Versuchspersonen</u> den Fragebogen ausgefüllt hatten, erhielten die <u>Studierenden</u> eine Aufgabe am Computer, die 20 min dauerte. Anschließend wurden die <u>Probanden</u> aufgeklärt. Die <u>Frauen</u> konnten sich danach noch ihre Versuchspersonenstunden bescheinigen lassen.

Mit „Versuchspersonen", „Studierenden", „Probanden" und „Frauen" ist hier jeweils dieselbe Personengruppe gemeint, da die Stichprobe nur aus weiblichen Studierenden bestand. Dem Leser wird allerdings die zusätzliche kognitive Last aufgebürdet, jeweils zu prüfen, ob immer noch von derselben Gruppe die Rede ist. Machen Sie es Ihren Lesern daher einfacher, indem Sie auch in so einem Fall immer bei einer Bezeichnung bleiben (hier am besten „Probanden"), selbst wenn Sie dasselbe Wort mehrmals hintereinander verwenden müssen.

3.4.11 Erwünschte Abwechslung: Eintönigkeit vermeiden

Im vorherigen Abschnitt haben wir dargestellt, dass bestimmte Begriffe (v. a. Kern- und Fachbegriffe) konsistent verwendet werden sollten und dass Abwechslung hier nicht willkommen ist. Das muss aber nicht dazu führen, dass sich Ihre Texte so lesen:

> In Abbildung 1 ist dargestellt, dass Männer mehr Alkohol trinken als Frauen. In Abbildung 2 ist dargestellt, dass Männer ab 60 Jahren zunehmend weniger Alkohol trinken. In Abbildung 3 ist dargestellt, dass Frauen bereits ab 50 Jahren zunehmend weniger Alkohol trinken.

Dieser Absatz wirkt sehr monoton, wofür es mehrere Gründe gibt: Zum einen wird immer der identische Satzbau verwendet, zum anderen gibt es auch keine Abwechslung bei den Prädikaten „ist dargestellt" und „trinken". Solche Aspekte dürfen allerdings variieren bzw. sollten dies sogar, um den Text für den Leser interessanter zu gestalten. Es wirkt nicht nur eintönig, sondern irritiert auch viele Leser, wenn dasselbe Verb kurz nacheinander wiederholt wird. Dies gilt auch für andere Wortarten. So sollten Sie z. B. nicht zwei aufeinanderfolgende Sätze mit „aber" einleiten, sondern einen davon beispielsweise mit „allerdings" oder „jedoch" (eine Auswahl an Konnektoren finden Sie in Tabelle 3.1 auf S. 111f.). Unverändert lassen Sie hingegen Kernbegriffe wie „Alkohol" und feststehende Bezeichnungen wie „Abbildung 1", „Abbildung 2"[10] etc. Bessere Formulierungsvarianten zum obigen Beispiel sind:

---

10 In Verbindung mit der Nummerierung schreibt man zumindest in psychologischen Texten immer „Abbildung", niemals „Diagramm", „Bild", „Foto", „Zeichnung" o. Ä. Allerdings wäre folgende Formulierung erlaubt: „<u>Abbildung 1</u> zeigt … <u>Diesem Diagramm</u> ist ferner zu entnehmen …".

Variante 1: In Abbildung 1 ist dargestellt, dass Männer mehr Alkohol trinken als Frauen. Während bei Männern der Alkoholkonsum ab einem Alter von 60 Jahren stetig absinkt (Abbildung 2), ist dies bei Frauen bereits ab 50 Jahren der Fall (Abbildung 3).

Variante 2: Wie Abbildung 1 zeigt, trinken Männer mehr Alkohol als Frauen. Zudem bestehen Veränderungen im Alkoholkonsum mit dem Lebensalter. Den Abbildungen 2 und 3 ist zu entnehmen, dass Männer ab 60 Jahren und Frauen ab 50 Jahren zunehmend weniger Alkohol zu sich nehmen.

Beide Varianten zeichnen sich dadurch aus, dass der gleichförmige Satzbau aufgehoben wurde (vgl. Abschnitt 3.3.1). Ferner werden statt „ist dargestellt" auch die Ausdrücke „zeigt" und „ist zu entnehmen" verwendet. In der ersten Variante wurden die Verweise auf Abbildung 2 und 3 in Klammern gesetzt, sodass hier ein verbaler Verweis wie „ist in Abbildung 2 dargestellt" ganz entfallen kann. Ferner ist positiv anzumerken, dass „Alkohol trinken" durch den Begriff „Alkoholkonsum" und die Formulierung „Alkohol zu sich nehmen" abgewechselt wird. Insbesondere bei Verben besteht vielfach die Möglichkeit, diese ohne Einbußen hinsichtlich der Eindeutigkeit bzw. Unmissverständlichkeit zu variieren.

Merken Sie sich: Bei Worten, die nicht zu den Kern- oder Fachbegriffen gehören oder feste Wendungen darstellen, können und sollten Sie variieren. Vermeiden Sie zudem einen zu einförmigen Satzbau. Konzentrieren Sie sich aber nicht zu stark auf diese Aspekte, da es ja nicht um ein besonders hohes Ausmaß an Abwechslung geht, sondern lediglich darum, extreme Eintönigkeit und damit einhergehende Irritationen beim Leser zu vermeiden.

3.5   Weiterführende, übergreifende Schreibtipps

In diesem Abschnitt geben wir Ihnen Schreibtipps, die nicht weniger wichtig sind als die Hinweise zum Satzbau (Abschnitt 3.3) und zur Wortwahl (Abschnitt 3.4), sich allerdings nicht klar einem der beiden Abschnitte zuordnen lassen. Zum Großteil betreffen diese Tipps übergreifende Aspekte wie das angemessene Sprachregister, die Wahl der passenden Zeitform oder dass Sie nur über Dinge schreiben sollten, die Sie wirklich verstanden haben.

3.5.1   Korrektheit in Rechtschreibung, Grammatik und Zeichensetzung

Es mag trivial klingen, aber selbstverständlich ist es wichtig, dass Ihre Arbeit hinsichtlich Rechtschreibung, Grammatik und Zeichensetzung weitgehend fehlerfrei ist. Fehlerlosigkeit ist bei längeren Texten kaum möglich und einen gelegentlichen Fehler werden alle Betreuer und Gutachter verzeihen. Wenn sich die Fehler aber häufen, vermuten viele Leser, dass sich der Schreiber mit dem Inhalt genauso wenig Mühe gegeben hat wie mit der äußeren Korrektheit. Das kann sich im Zweifelsfall negativ auf Ihre Note auswirken. In einigen (Lehramts-)Prüfungsordnungen ist auch vorgesehen, dass bei Abschlussarbeiten Fehler in Rechtschreibung und Zeichensetzung angemessen in der Note berücksichtigt werden. Zudem sind Fehler in Grammatik und Zeichensetzung oft sinnentstellend, was die Verständlichkeit und die Unmissverständlichkeit Ihres Textes beeinträchtigt.

Nachschlagewerke nutzen. Wenn Sie von sich wissen, dass Ihre grundlegenden Grammatik- und Rechtschreibkenntnisse eher lückenhaft sind, sollten Sie Ihr Wissen auffrischen. Dazu eignet sich z.B. das Buch *Deutsch fürs Studium* von Hoffmann (2010) sowie das zugehörige Übungsbuch (Hoffmann, 2011). Haben Sie speziell Schwierigkeiten mit der Zeichensetzung, empfiehlt sich das im Dudenverlag erschienene *Handbuch Zeichensetzung* (Stang & Steinhauer, 2014).

Generell sollten Sie in Zweifelsfällen nachschlagen. Dazu brauchen Sie zunächst ein gutes Wörterbuch, z.B. den wohlbekannten Rechtschreibduden, auf den Sie auch kostenlos unter *www.duden.de* zugreifen können. Gerade beim Schreiben am Computer erweist sich die Online-Version als sehr praktisch. Auf der Duden-Internetseite werden unter „Sprachwissen" auch alle Rechtschreibregeln erläutert. Weitere empfehlenswerte Nachschlagewerke in Buchform sind *Duden: Richtiges und gutes Deutsch* (Dudenredaktion, 2011) und das *Handbuch korrekt und stilsicher schreiben* (Kelle, Stang, Hoberg, Hoberg & Heyl, 2013).

Software zur Rechtschreibprüfung. Textverarbeitungsprogramme wie *Microsoft Word* beinhalten eine automatische Rechtschreibprüfung. Diese sollten Sie durchaus verwenden, da Sie dadurch z.B. auf Tippfehler wie „Standart" statt korrekterweise „Standard" hingewiesen werden. Auch Grammatikfehler werden von dieser Software teilweise erkannt. Allerdings gibt die Rechtschreibprüfung auch viele „falsche Alarme", d.h., eigentlich korrekte Stellen oder Sätze werden als fehlerhaft markiert. Bis vor einiger Zeit hat der Dudenverlag die *Duden-Rechtschreibsoftware* vertrieben, die im Vergleich zur in Textverarbeitungen integrierten Rechtschreibprüfung mehr tatsächliche Fehler und weniger falsche Alarme anzeigen sollte. Da die Weiterentwicklung und der Vertrieb dieser Korrektursoftware eingestellt wurden, bleibt abzuwarten, ob alternative Produkte auf den Markt kommen. Generell können Rechtschreibprogramme aber keinen menschlichen Korrekturleser ersetzen.

Selbst Korrektur lesen. Sie sollten Ihren Text am Ende der Schreibphase sprachlich überarbeiten und auf Fehler prüfen. Wie Sie bei der Überarbeitung am besten vorgehen, haben wir in Abschnitt 2.2 ausgeführt. Dort haben wir empfohlen, den Text – auf Papier ausgedruckt – möglichst mit einigen Tagen Abstand nach der Fertigstellung Korrektur zu lesen und diesen Arbeitsschritt von der inhaltlichen Überarbeitung zu trennen. Geht es nur noch um die Kontrolle von Grammatik, Rechtschreibung und Zeichensetzung, kann es hilfreich sein, den Text nicht von vorn nach hinten, sondern vom Ende der Arbeit her jeweils absatzweise durchzugehen. Lesen Sie die Arbeit von vorn nach hinten, werden nämlich die folgenden Wörter bereits antizipiert, was dazu führt, dass mehr Textfehler übersehen werden (ein typisches Beispiel für eine Top-down-Verarbeitung). Durch den kleinen Trick, die Arbeit von hinten zu lesen, erschweren Sie die Antizipation und entdecken auf diese Weise vermutlich mehr Fehler.

Korrektur lesen lassen. Selbst sprachlich versierte Verfasser werden auch bei gründlichsten Kontrollen Fehler übersehen. Da hilft es, den Text von einer anderen Person Korrektur lesen zu lassen. Unserer Erfahrung nach sollte diese Person selbst dann, wenn sie nur auf sprachliche Aspekte achten soll, zumindest etwas von dem Fach verstehen. Ein Text, den man nicht versteht, lässt sich nämlich schwerer korrigieren. Zudem erscheinen einem fachfremden Leser manchmal Formulierungen als fehlerhaft, die sprachliche Gepflogenheiten des Faches darstellen. Suchen Sie sich daher fürs Korrekturlesen am besten einen Kommilitonen, der sprachlich fit ist – Sie können dann im Gegenzug auch dessen Arbeiten korrigieren.

Wenn Sie von Ihrem Korrekturleser Rückmeldungen zur Verständlichkeit des Textes bzw. einzelner Sätze erhalten, sollten Sie diese ernst nehmen, selbst wenn Sie der Meinung sind, dass ein angestrichener Satz doch leicht lesbar bzw. unmissverständlich sei – *der Leser hat nämlich immer Recht.* Damit meinen wir: Wenn ein Satz Ihren Korrekturleser stolpern lässt, dann ist es wahrscheinlich, dass auch andere Leser an dieser Stelle ins Stolpern geraten. Das ist auch dann der Fall, wenn der Satz grammatikalisch korrekt und Ihres Erachtens in Ordnung ist – für Ihren Leser war er trotzdem schwierig. Das heißt nicht, dass Sie jeden Vorschlag Ihres Korrektors unkritisch übernehmen sollen (auch Ihr Korrektor kann falsch liegen oder Ihnen sogar Fehler „hineinkorrigieren"), aber denken Sie zumindest darüber nach, ob Sie den Satz nicht klarer und einfacher formulieren können.

Professionelle Korrektorate. Falls Sie keinen Kommilitonen oder Bekannten zum Korrekturlesen finden: Es ist auch bei Abschlussarbeiten legitim, diese von professionellen Korrektoren überprüfen zu lassen, schließlich wird der Inhalt Ihrer Arbeit dabei nicht verändert.[11] Im Internet finden Sie eine Vielzahl von Angeboten, wenn Sie nach den Stichwörtern „Korrektorat" und „Abschlussarbeit" bzw. „Masterarbeit" o.Ä. suchen. Seien Sie allerdings bei zu günstigen Angeboten vorsichtig: Wenn ein Korrektor Ihren Text gewissenhaft bearbeitet, wird er maximal 10 Normseiten[12] pro Stunde schaffen. Wenn er dann 2 Euro pro Seite nimmt, hat er – vor Abzug von Sozialabgaben, Steuern etc. – einen Stundenlohn von 20 Euro. Überlegen Sie selbst, ob das ein angemessener Lohn für einen qualifizierten Kor-

---

11 Auch ein sogenanntes *stilistisches Lektorat*, bei dem Ausdrucks- und Stilfehler behoben werden, wäre erlaubt, da hier nur sprachliche Änderungen vorgenommen werden. Kritischer ist ein *wissenschaftliches Lektorat* oder *Fachlektorat* zu bewerten, bei dem der Lektor zusätzlich inhaltliche Anmerkungen z.B. zur Stimmigkeit der Argumentation macht und ggf. Verbesserungen einbringt. Eindeutige Grenzen zwischen erlaubter und unerlaubter Hilfestellung gibt es hier jedoch nicht und verschiedene Gutachter haben dazu unterschiedliche Meinungen. Auf der sicheren Seite sind Sie jedoch, wenn Sie maximal ein stilistisches Lektorat in Anspruch nehmen.

12 Um ein von der Schriftgröße und Formatierung unabhängiges Maß für den Umfang einer Arbeit zu haben, rechnen Korrektorate in der Regel mit *Normseiten*. Eine Normseite entspricht einer Schreibmaschinenseite mit 30 Zeilen zu je maximal 60 Anschlägen. Im Computerzeitalter zieht man die Zeichenmenge heran, da diese mit dem Textverarbeitungsprogramm automatisch ausgezählt werden kann. Je nach Umrechnungsart (Berücksichtigung von Absätzen und nicht vollen Zeilen) wird heutzutage eine Normseite mit 1 500 bis 1 800 Zeichen inklusive Leerzeichen veranschlagt.

rektor mit abgeschlossenem Hochschulstudium ist. Werden Ihnen Preise von 1 Euro oder 1.50 Euro pro Seite angeboten, können Sie folglich davon ausgehen, dass der Korrektor den Text nur sehr flüchtig liest oder ein Rechtschreibprogramm darüber laufen lässt, anstatt alles selbst zu lesen. So oder so ist die Qualität sehr günstiger Korrektorate oft gering. In den meisten Fällen sollte das Korrektorat durch einen Kommilitonen allerdings ausreichen, sodass Sie sich das Geld dafür ganz sparen können.

3.5.2 Vorwissen der Leser berücksichtigen

Wissenschaftliche Arbeiten werden generell für Fachkollegen verfasst, also Personen, die Ihr Fach ebenfalls studiert haben, die aber nicht unbedingt mit Ihrem spezifischen Forschungsfeld oder Ihrer Thematik vertraut sind. Eine solche Person muss Ihren Text problemlos verstehen können, sich aber gleichzeitig nicht langweilen, weil bekannte Inhalte zu ausführlich wiederholt werden. Auf diesem Niveau sollten Sie auch Ihre Abschlussarbeit verfassen. Denken Sie nicht, Sie müssten so schreiben, dass jeder Laie Ihre Arbeit verstehen kann. Das führt regelmäßig dazu, dass Selbstverständliches unnötigerweise erklärt wird.

Machen Sie nicht den häufig anzutreffenden Fehler, dem Leser zu erläutern, wie ein t-Test oder eine Varianzanalyse funktionieren. Die Kenntnis statistischer Standardverfahren können Sie beim Leser voraussetzen (als Standardverfahren gilt alles, was Sie in einem allgemeinen Statistiklehrbuch für Studierende finden). Sie sollten auch nicht erläutern, bei welchen Zahlenwerten eine Korrelation oder Effektstärke als schwach, mittel oder stark zu beurteilen ist – das weiß Ihr Fachkollege bereits.

3.5.3 Das richtige Sprachregister ziehen: sachlich und höflich, nicht flapsig und nicht zu steif

So, wie man auf dem Fußballplatz anders spricht als im Bundestag, so hat auch jede Textgattung ihr eigenes sprachliches Register, also eine bestimmte sprachliche Ebene. Verlassen Sie diese Ebene, führt das beim Leser zu Irritationen. Beschreibt man das sprachliche Register auf einem Kontinuum von „flapsig" bis „sehr formell", dann sind wissenschaftliche Texte sicherlich als eher formell einzuordnen. Noch formeller sind Gesetzestexte oder amtliche Mitteilungen von Behörden, weniger formell sind journalistische oder populärwissenschaftliche Texte. Auch der von uns in diesem Buch verwendete Sprachstil ist weniger formell als der Stil unserer wissenschaftlichen Arbeiten. In Lehrbüchern und Ratgebern – so verstehen wir dieses Buch – ist ein weniger formeller Ton und auch der eine oder andere Spaß erlaubt, der in einer wissenschaftlichen Arbeit fehl am Platz wäre.

Dabei sollte man sich aber bewusst machen, dass das relativ formelle Sprachregister wissenschaftlicher Texte kein Selbstzweck ist. Vielmehr ist es dem Umstand geschuldet, dass wissenschaftliche Texte nach Neutralität – auch im Ausdruck – streben. Häufig weisen informelle Begriffe Konnotationen (Nebenbedeutungen) auf, d.h., es schwingen bei diesen Wörtern bestimmte Assoziationen und oft auch

Bewertungen mit. So ist z.B. „hyperaktiv" ein relativ neutraler Begriff, um das Verhalten von Personen mit ADHS zu beschreiben. „Zappelig" ist eher umgangssprachlich und mit einer negativen Bewertung versehen, wohingegen „lebhaft" eine im wissenschaftlichen Kontext ggf. unangebracht positive Bewertung impliziert.

Vermeiden Sie zu flapsige oder umgangssprachliche Ausdrücke, ohne aber in das andere Extrem zu verfallen und sich zu gedrechselt oder zu steif auszudrücken. Zu steif bzw. förmlich wäre beispielsweise der Satz: „Es erscheinen Zweifel geboten, ob die Gültigkeit der genannten Schlussfolgerung als gegeben anzusehen ist." Diese Formulierung ist nämlich unnötig umständlich und man merkt ihr an, dass der Schreiber durch eine Sprache, die er für wissenschaftlich hält, besonders wichtig und bedeutungsschwer klingen möchte. Gerade dadurch verfehlt er aber seine Wirkung: Allenfalls der mit wissenschaftlichen Texten wenig vertraute Leser wird dadurch beeindruckt; wer sich auskennt, entlarvt derartige Formulierungen schnell als aufgeblasenes Imponiergehabe (vgl. Abschnitt 3.5.4).

Wenn Sie in einer wissenschaftlichen Arbeit ausdrücken wollen, dass Sie an den Schlussfolgerungen eines anderen Autors zweifeln, dann sollten Sie dies möglichst sachlich tun und ohne andere Personen abzuwerten oder anzugreifen, also ohne persönlich zu werden. Adäquate Formulierungen für Ihre Zweifel, die Sie selbstverständlich begründen müssen, wären daher: „Diese Schlussfolgerungen erscheinen als nicht haltbar, da ...", „Zweifel an der Gültigkeit dieser Schlüsse sind angebracht, weil ..." oder „An dieser Argumentationskette lässt sich kritisieren, dass ...". Beachten Sie, dass hier immer ein Sachargument angegangen wird, nicht die Person (der andere Autor). Zwar wäre es auch möglich zu schreiben „Nicht berücksichtigt haben Meyer und Schmidt (1987) den Aspekt ...", aber die Formulierung „Meyer und Schmidt (1987) haben völlig übersehen, dass ..." wäre bereits zu persönlich bzw. aggressiv. In der letzten Formulierung unterstellen Sie Meyer und Schmidt nämlich einen Fehler, und das in einem zumindest leicht vorwurfsvollen Ton.

Ironie, Übertreibungen und Untertreibungen steigern in Romanen, journalistischen oder auch populärwissenschaftlichen Texten den Reiz des Lesens. In wissenschaftlichen Texten sind diese Stilmittel jedoch alle nicht erlaubt, da sie zu Missverständnissen führen können (vgl. Abschnitt 3.2.2). So wird Ironie oft nicht von allen Lesern verstanden, und um Unter- und Übertreibungen als solche korrekt zu erkennen, muss man bereits viel über einen Gegenstand wissen.

Wortspiele und „schöne" Bilder (z.B. „Wie kann jemand unter Burn-out leiden, der noch nie gebrannt hat?") sind zwar nicht generell verboten, sollten aber nur mit größter Vorsicht verwendet werden. Insbesondere dürfen sie niemals Selbstzweck sein, d.h., es darf nicht darum gehen, darzustellen, wie geistreich man als Verfasser eines Textes doch ist. Nur wenn solche Bilder oder Wortspiele tatsächlich zum Verständnis eines Textes bzw. Sachverhalts beitragen, sind sie erlaubt.

Die richtige Sprachebene zu treffen erfordert Übung und etwas Sprachgefühl. Um ein Gefühl für passende Formulierungen und das richtige Register zu entwickeln, sollten Sie wissenschaftliche Arbeiten Ihres Fachs lesen und dabei *kritisch* auf die Wortwahl und die Sprachebene achten. Leider sind nämlich keineswegs alle wissenschaftlichen Texte gut formuliert. Daher wäre es fatal, einfach den Stil wahllos ausgesuchter Arbeiten zu übernehmen. Zu oft findet man „sprachliches Imponiergehabe", mit dem Autoren ihren Texten den Anschein von Wichtigkeit und Bedeutung geben wollen; auch unpräzise Formulierungen sind häufig, entweder aus Unachtsamkeit oder absichtlich, um Schwächen der eigenen Arbeit zu verschleiern (vgl. Abschnitt 3.5.4). Achten Sie beim Lesen darauf, wie gut die vier Leitprinzipien (Verständlichkeit, Unmissverständlichkeit, Neutralität und Überprüfbarkeit) realisiert sind: Wenn diese gut umgesetzt sind, ist der Text vermutlich auch hinsichtlich der Formulierungen und des Sprachregisters vorbildlich.

3.5.4 Kein sprachliches Imponiergehabe und keine Verschleierung von Schwächen

Im vorherigen Abschnitt haben wir bereits angesprochen, dass aufgeblasene und unnötig komplizierte Sätze sowie eine geschwollene Wortwahl häufig dazu dienen, dem eigenen Text den Anschein der Wissenschaftlichkeit zu geben. Abgesehen davon, dass das nichts mit Wissenschaftlichkeit zu tun hat, gelingt dieses Unterfangen nur, wenn der Leser großen Respekt vor dem Verfasser besitzt. Wenn Studierende Texte von anerkannten Wissenschaftlern lesen und diese nicht verstehen, dann denken manche, es läge an ihrer eigenen geistigen Beschränktheit, selbst in den Fällen, in denen es eigentlich daran liegt, dass der Text schlecht geschrieben ist. Lehrende haben in der Regel nicht den gleichen Respekt vor den Texten ihrer Studierenden. Verstehen sie einen Text nicht oder nur mit Mühe, dann attribuieren sie dies selten darauf, dass der Gegenstand so kompliziert oder sie selbst zu dumm sind, sondern meist auf die Unfähigkeit des Schreibers, sich verständlich auszudrücken.

Wir führen hier einige aufgeblähte Formulierungen auf und geben Alternativen an, die für eine wissenschaftliche Arbeit passender wären:

> Die vorliegende Studie hat sich zum Ziel gesetzt, zu eruieren, ob … [= Mit der vorliegenden Studie soll überprüft/untersucht werden, ob …]

> Der Terminus *Empathie* wird von unterschiedlichen Autoren heterogen verwendet, da keine allgemeingültige wissenschaftliche Definition vorliegt. [= Für den Begriff *Empathie* existiert keine allgemeingültige Definition./Der Begriff *Empathie* wird in der Literatur uneinheitlich verwendet, da eine allgemeingültige Definition fehlt.]

> Weiterhin erhielten Culler und Holahan (1980) eine positive Korrelation zwischen den Noten und der Studierfähigkeit, was darauf hinweist, dass die unterminierte Leistung von Prüfungsängstlichen durch mangelnde Vertrautheit mit dem relevanten Prüfungsstoff in Abhängigkeit von der unterschiedlichen Studierfähigkeit hervorgerufen wird. [= Weiterhin fanden Culler und Holahan (1980) eine positive Korrelation zwischen den Noten und der Studierfähigkeit. Das weist darauf hin, dass Prüfungsängstliche deshalb schlechtere Leistungen erbringen, weil sie aufgrund ihrer schlechteren Studierfähigkeit den Prüfungsstoff weniger gut beherrschen.]

Der letzte Originalsatz ist nicht nur umständlich, sondern auch ungenau: Die Formulierung „in Abhängigkeit von der unterschiedlichen Studierfähigkeit" sagt nichts über die Richtung des Effekts. Zudem wird im letzten Teilsatz unnötig viel Nominalstil verwendet. Die Passivkonstruktion „die unterminierte Leistung wird hervorgerufen" klingt schief. Das Fremdwort „unterminiert" sollte hier nicht verwendet werden, da „verschlechtert" das Gemeinte verständlicher und in diesem Fall sogar präziser und neutraler ausdrückt.

Auch wenn Ihnen immer mal wieder Texte begegnen werden, die besonders hochtrabend und schwer verständlich formuliert sind, dürfen Sie nicht denken, dies sei guter Stil – selbst dann nicht, wenn diese Texte von angesehenen Personen Ihres Fachs stammen. Aufgeblähte Formulierungen sind aber nicht nur dem Imponiergehabe der Autoren geschuldet. Manchmal geht es den Verfassern auch darum, *hinter Worthülsen und Satzungetümen zu verbergen, dass ein Argument nicht wirklich präzise durchdacht ist oder dass ihre Arbeit Schwachstellen aufweist.* Das folgende Beispiel stammt aus einer studentischen Arbeit. Die Autoren versuchen im Diskussionsteil zu erklären, warum die Hypothesen nicht bestätigt wurden. Wie so oft wird als mögliche Erklärung die Stichprobenzusammensetzung herangezogen:

> Zudem lässt sich eine einseitige Ausschöpfung bezüglich des Alters der Versuchspersonen feststellen, die durch Extremwerte der kognitiven Leistung von einzelnen Testpersonen anderen Alters verzerrt werden können.

Auf den ersten Blick mag dieser Satz aufgrund seiner Wortwahl wissenschaftlich wirken. Er ist jedoch nicht nur unnötig kompliziert, sondern schlicht unverständlich und enthält inhaltliche und grammatikalische Fehler. Was die Autoren vermutlich sagen wollten, war:

> In unserer Stichprobe befanden sich überwiegend junge Studierende [= „einseitige Ausschöpfung (der Population) bezüglich des Alters der Versuchspersonen"], daneben aber auch einige ältere Probanden [= „Testpersonen anderen Alters"] mit niedrigerer Schulbildung. Letztere waren in den kognitiven Aufgaben deutlich schlechter als die Studierenden [= „Extremwerte der kognitiven Leistung"]. Das könnte die Ergebnisse verzerrt haben.

In dem Originalsatz ist auch der Bezug des Relativpronomens „die" unklar. Da „die" im Relativsatz mit einem Prädikat im Plural („verzerrt werden können") zusammensteht, muss es sich grammatikalisch auf ein Substantiv im Plural beziehen, sodass nur „Versuchspersonen" als Bezugswort infrage kommt. Der Relativsatz würde also besagen: „Die Versuchspersonen können durch Extremwerte ... verzerrt werden." Das ergibt keinen Sinn. Vermutlich ist gemeint, dass *die Ergebnisse* dadurch verzerrt werden können.

Wer nicht schon vorher weiß, worum es geht, hat keine Chance, den obigen Originalsatz zu verstehen. Das verhindert natürlich auch inhaltliche Kritik. Zu kritisieren wäre nämlich, warum die Autoren – wenn schon keine bevölkerungsrepräsentative Stichprobe gezogen werden konnte – nicht versucht haben, die Stichprobe dadurch homogen zu gestalten, dass nur Studierende aufgenommen wurden.

In einem wissenschaftlichen Text darf man niemals versuchen, Schwachstellen durch nebulöse oder unverständliche Formulierungen zu überdecken. Sie können sich auch sicher sein, dass dieses Vorgehen nur bei Lesern gelingt, die keine Ahnung von der Materie haben und daher eher an ihrem eigenen Verstand als an der Qualität des Textes zweifeln. Da das bei Betreuern und Gutachtern selten der Fall ist, fällt es umso negativer auf den Verfasser des Textes zurück, wenn seine Verschleierungsversuche entlarvt werden.

3.5.5   Schreiben Sie nur über das, was Sie ganz verstanden haben

Manche Theorien oder auch Befunde sind tatsächlich schwer zu verstehen. Wenn Sie allerdings versuchen, in Ihrer Arbeit z. B. eine Theorie zu beschreiben, die Sie nicht wirklich verstanden haben, wird der kundige Leser dies an falschen Aussagen oder unpräzisen Formulierungen bemerken. Der eine oder andere Schreiber flüchtet sich in vage Formulierungen, um sein fehlendes Verständnis zu verheimlichen (vgl. Abschnitt 3.5.4), aber das funktioniert fast nie.

Unsere Empfehlung ist daher: Handelt es sich bei der unverstandenen Theorie um einen Kernaspekt Ihrer Arbeit, setzen Sie alles daran, diese zu verstehen. Dazu ist es nützlich, sich verschiedene Darstellungen der Theorie aus unterschiedlichen Quellen durchzulesen. Bringt Sie auch das nicht weiter, bitten Sie Ihren Betreuer um Hilfe. Wenn Sie nämlich eine wesentliche theoretische Grundlage Ihres Themas nicht verstanden haben, kann Ihre Arbeit gar nicht gelingen. Handelt es sich nur um einen Nebenaspekt Ihres Themas, sollten Sie natürlich ebenfalls versuchen, Ihre Verständnisschwierigkeiten zu überwinden. Alternativ ist es bei eher nebensächlichen Theorien aber auch möglich, diese gänzlich wegzulassen – manchmal ist dies sinnvoller, als die Theorie trotz Verständnislücken zu erläutern. Das ist legitim, da es aufgrund des beschränkten Umfangs einer Arbeit generell unmöglich wäre, alle Nebenaspekte zu behandeln. Allerdings ist es nicht in Ordnung, eine Theorie falsch darzustellen oder ggf. falsch anzuwenden. Was für die Beschreibung von Theorien gilt, trifft auch auf die Beschreibung von Befunden anderer Autoren zu und auf die Erläuterung von Methoden, die Sie nicht verstanden haben.

3.5.6   Korrekte Zeitform wählen

Eine häufig von Studierenden gestellte Frage ist, in welcher Zeitform (Tempus) die verschiedenen Teile der Arbeit abzufassen sind. Im Folgenden präsentieren wir Ihnen zunächst drei Grundregeln für die Wahl der richtigen Zeitform. Danach gehen wir darauf ein, für welche Zwecke (z. B. das Darstellen von Befunden, das Diskutieren von Theorien oder das Beschreiben der eigenen Methode) welche Zeitformen geeignet sind.

Grundregeln. Generell lassen sich zur Wahl der Zeitform die folgenden Regeln aufstellen:

1. **Aussagen über Sachverhalte, die aktuell gültig sind oder als zeitlich überdauernd gelten, werden in der Gegenwartsform (Präsens) beschrieben.** Daher werden auch eigene oder fremde Befunde im Präsens beschrieben, sofern man davon ausgeht, dass diese allgemeingültig sind (z.B. „Unsere Ergebnisse belegen, dass Frauen im Vergleich zu Männern ihre Gesprächspartner häufiger anschauen").

2. **Ereignisse, die in der Vergangenheit stattgefunden haben, und Sachverhalte, die zum Zeitpunkt des Schreibens abgeschlossen sind, werden in der Vergangenheitsform beschrieben.** Dazu gehört z.B. die Darstellung der Versuchsdurchführung („Die Probanden erhielten einen Fragebogen …, bearbeiteten eine Aufgabe am Computer …"). Auch spezifische Ergebnisse, bei denen keine allgemeine Gültigkeit anzunehmen ist, werden meist in der Vergangenheitsform beschrieben (z.B. „Für das Durchlesen der Internetseite benötigten die Probanden im Mittel 283.4 s"). Die Wahl zwischen den verschiedenen Vergangenheitsformen (Präteritum, Perfekt oder Plusquamperfekt) erfolgt bei den meisten Schreibern intuitiv korrekt. Lesen Sie sich im Zweifelsfall Ihren Text laut vor, um zu hören, ob er stimmig klingt. Logische Analysen verwirren hier meist mehr, als sie helfen.

3. **Prüfen Sie, ob die gewählte Zeitform Ihnen inhaltlich sinnvoll erscheint und ob der Bezug verschiedener Zeitformen aufeinander stimmig ist.** Bei einem Tempuswechsel sollte der Leser nachvollziehen können, warum dieser erfolgt.

Berichten von Befunden. Aus den obigen Grundregeln ergibt sich, dass die Gegenwartsform die Standardform ist, in welcher der Großteil Ihrer Arbeit abgefasst wird. Wenn Sie nämlich – z.B. im Theorieteil – Befunde von anderen Autoren berichten, gelten diese Befunde ja auch heute noch. Daher würden Sie schreiben:

> Meyer und Schulze (1926) <u>berichten</u>, dass das Essen von mehr als 2.5 kg Schokolade zu andauernder Übelkeit <u>führt</u>. Diese <u>dauert</u> bei Männern durchschnittlich 7.2 Stunden und bei Frauen 8.6 Stunden.

Man kann in der Regel davon ausgehen, dass die Befunde, selbst wenn sie aus dem Jahr 1926 stammen, immer noch gültig sind. Bei dem verwendeten Beispiel besteht z.B. kein Grund zu der Annahme, dass Menschen heutzutage anders auf Schokolade reagieren als vor etwa 90 Jahren. Selbstverständlich kann es Befunde geben, deren Gültigkeit man heute anzweifelt, aber dann sollte man dies explizit formulieren.

Für die Einleitung der Befunddarstellung, also für die Formulierung „Meyer und Schulze (1926) berichten", kann man wie im Beispielsatz das Präsens verwenden, da die schriftliche Arbeit von Meyer und Schulze, auf die Sie sich mit dieser Aussage beziehen, ja aktuell noch existiert. Sie könnten alternativ aber auch formulieren:

> Meyer und Schulze (1926) <u>haben gefunden</u>, dass das Essen von mehr als 2.5 kg Schokolade zu andauernder Übelkeit <u>führt</u>. Diese <u>dauert</u> bei Männern durchschnittlich 7.2 Stunden und bei Frauen 8.6 Stunden.

Hier stehen die Befunde nach wie vor im Präsens. Für die Einleitung wird hingegen die Vergangenheitsform („haben gefunden") verwendet, weil das „Herausfinden" eine abgeschlossene, in der Vergangenheit stattgefundene Handlung ist. Gleichwohl besteht ein Gegenwartsbezug, da die Ergebnisse von Meyer und Schulze ja im aktuellen Kontext relevant sind. Deshalb wurde hier das Perfekt gewählt, wenngleich auch das Präteritum („fanden") möglich ist.

Sie müssen beim Berichten von Befunden zwei Fälle unterscheiden: (a) Es handelt sich (wie in den obigen Beispielen) um eine (statistisch) abgesicherte Aussage; diese kann als allgemeingültig angesehen werden – sie gilt zeitlich überdauernd und unabhängig von der konkreten Stichprobe. (b) Manche Aussagen oder Befunde gelten für eine konkrete Studie, erheben aber nicht den Anspruch auf Allgemeingültigkeit; oft handelt es sich dabei um deskriptive Befunde, die nicht statistisch abgesichert sind und daher nicht für die Grundgesamtheit gelten. Während man im ersten Fall die Gegenwartsform verwendet, benutzt man im zweiten Fall die Vergangenheitsform. Beispiele sind:

> Die Erstklässler an der Gottfried-Benn-Grundschule ($M = 115.10$ cm; $SD = 9.69$ cm) waren etwas kleiner als die Erstklässler an der Sophie-Scholl-Schule ($M = 115.97$ cm; $SD = 9.27$ cm). [Hier ist die Vergangenheitsform angebracht, da der berichtete Unterschied nicht signifikant (und von der Größe her unbedeutend) ist. Zudem ist fraglich, ob dieser Unterschied auch im Folgejahr noch so besteht. Es handelt sich quasi um eine Momentaufnahme, die keinen Anspruch auf Allgemeingültigkeit erhebt.]

> Die Probanden benötigten für die Reaktion auf die grüne Signalleuchte $M = 347.6$ ms ($SD = 52.6$ ms) und für die Reaktion auf die rote Signalleuchte $M = 264.3$ ms ($SD = 43.2$ ms). Somit erfolgt die Reaktion auf ein rotes Signal schneller als auf ein grünes, $t(59) = 23.35$, $p < .001$, $d = 1.73$. [Hier steht die Aussage zu den konkreten Reaktionszeiten in der Vergangenheitsform, da diese keinen Anspruch auf Allgemeingültigkeit erheben – würde man die Studie replizieren, könnte man zwar mit ähnlichen Ergebnissen rechnen, aber würde nicht genau diese Reaktionszeiten erhalten. Die Aussage, dass schneller auf das rote als auf das grüne Signallicht reagiert wird, ist allerdings statistisch abgesichert und somit allgemeingültig – daher steht sie im Präsens.]

Selbstverständlich kommt es vor, dass man zeitliche Bezüge herausstellen möchte. Dann muss man – der dritten Grundregel folgend – die jeweils passende Zeitform wählen:

> Meyer (1961) fand anhand von Daten aus den 1950er Jahren, dass Studentinnen im Vergleich zu Studenten eine höhere verbale Flüssigkeit aufwiesen. Ab den 1980er Jahren, seitdem der Frauenanteil unter den Studienanfängern dem Männeranteil entspricht bzw. diesen sogar überholt, ließen sich diese Befunde nicht replizieren (z.B. Lutz, 1998; Schmitt, 1984). Heute unterscheidet sich die verbale Flüssigkeit nicht mehr bedeutsam zwischen den Geschlechtern (Müller, 2013).

Auch in diesem Beispiel werden die Grundregeln 1 und 2 angewendet: Der Sachverhalt aus dem ersten Satz gilt nicht mehr und wird daher in der Vergangenheit dargestellt („aufwiesen"). Im zweiten Satz ist – je nach Perspektive – sowohl die Vergangenheits- als auch die Gegenwartsform möglich: Betrachtet man es als abgeschlossenes Ereignis, dass die Ergebnisse nicht repliziert werden konnten, ist die Vergangenheitsform angemessen; man könnte aber auch schreiben „Ab den

1980er Jahren ... <u>lassen sich</u> diese Befunde nicht <u>replizieren</u>", um zu betonen, dass die Nichtreplizierbarkeit bis heute anhält. Der letzte Satz des Beispiels steht im Präsens, da diese Aussage aktuell gültig ist ("Heute <u>unterscheidet</u> sich ... nicht mehr ...").

Berichten von Theorien. Auch die Darstellung von Theorien und Modellen erfolgt in aller Regel im Präsens. Unabhängig davon, ob man die Theorien bzw. Modelle für gültig hält, existieren diese ja in der Gegenwart und werden in Form der schriftlichen Werke, in denen sie beschrieben sind, auch weiterhin existieren. Daher schreiben Sie z. B.:

> Eine Grundannahme des Mehrspeichermodells von Atkinson und Shiffrin (1968) <u>ist</u>, dass Inhalte des Kurzzeitspeichers relativ schnell zerfallen, sofern sie nicht permanent wiederholt werden. Wurde ein Gedächtnisinhalt allerdings aufgrund ausreichender Wiederholung in den Langzeitspeicher transferiert, ist er dort dauerhaft abgelegt. Bei einem gesunden Menschen <u>gibt</u> es demnach kein "echtes" Vergessen, keinen Spurenzerfall von Langzeiterinnerungen.

Aufstellen von Hypothesen. Die Hypothesen sind Ihre aktuellen Annahmen über einen Sachverhalt und stehen daher in der Gegenwartsform (Präsens). Auch die Einleitung zu den Hypothesen steht üblicherweise in der Gegenwartsform, da sie sich ja auf den aktuellen Moment des Schreibens bezieht:

> Als Hypothese <u>formulieren</u> wir, dass größere Mengen von Zartbitterschokolade als von Vollmilchschokolade <u>erforderlich sind</u>, um das gleiche Ausmaß an Übelkeit zu erzeugen.

> Aus den bisherigen Ausführungen <u>leiten</u> wir die Hypothese <u>ab</u>, dass es für das Ausmaß der Übelkeit keinen Unterschied <u>macht</u>, ob die Schokolade in Form von Weihnachtsmännern oder von Osterhasen konsumiert wird.

> Eine weitere Hypothese <u>ist</u>, dass bei weißer Schokolade aufgrund des höheren Fettgehalts die Übelkeit schneller <u>einsetzt</u> als bei Zartbitter- oder Vollmilchschokolade.

Beschreiben der eigenen Methode. Im Methodenteil werden sowohl die Gegenwarts- als auch die Vergangenheitsform verwendet, wobei an einigen Stellen nur die Vergangenheitsform erlaubt ist, während an anderen sowohl die Vergangenheits- als auch die Gegenwartsform zum Einsatz kommen kann. Wenn beide Zeitformen möglich sind, liegt das daran, dass man als Autor verschiedene Standpunkte einnehmen kann, von denen aus etwas entweder als abgeschlossen oder als aktuell gültig anzusehen ist. Dazu ein Beispiel:

> **Variante 1:** In der vorliegenden Studie <u>wurde</u> ein 2×2-Design <u>realisiert</u> [Präteritum (Passiv)]. Dabei <u>bestand</u> [Präteritum] der erste Faktor in der Variation der Aufgabenart (induktives vs. deduktives Denken) und der zweite Faktor in der Variation der Aufgabenschwierigkeit (leicht vs. schwierig).

> **Variante 2:** Die vorliegende Studie <u>realisiert</u> [Präsens] ein 2×2-Design. Dabei <u>besteht</u> [Präsens] der erste Faktor in der Variation der Aufgabenart (induktives vs. deduktives Denken) und der zweite Faktor in der Variation der Aufgabenschwierigkeit (leicht vs. schwierig).

In der Variante 1 nimmt der Verfasser den Standpunkt ein, dass die eigene Erhebung ja bereits durchgeführt wurde und die Studie somit abgeschlossen ist. Das Design dieser speziellen Studie ist – anders als die Befunde – nichts, was zeitlich überdauert. Daher ist aus dieser Perspektive die Vergangenheit angebracht. Bei Variante 2 befindet sich der Verfasser geistig noch im Prozess der Entstehung seiner Studie, denn auch wenn die Erhebung bereits abgeschlossen sein mag, ist für ihn die Studie als Ganzes erst beendet, wenn auch die schriftliche Arbeit dazu fertiggestellt ist. Daher ist es berechtigt, die Gegenwartsform zu verwenden. Sie sehen, Sie haben hier einige Freiheiten bei der Wahl der Zeitform und beide Varianten sind absolut korrekt.

Allerdings gibt es im Methodenteil auch Aspekte, die in der Vergangenheitsform abgefasst sein müssen, z.B. die Stichprobenbeschreibung:

> Es nahmen 129 Probanden an der Studie teil. Die Probanden waren Studierende verschiedener Fachrichtungen, die als Aufwandsentschädigung 15 Euro erhielten. Da eine Person die Teilnahme abbrach, umfasste die endgültige Stichprobe 128 Probanden (davon 52 % weiblich) im Alter von 19 bis 44 Jahren ($M = 23.9$ Jahre, $Mdn = 23$ Jahre, $SD = 4.5$ Jahre).

Auch die Versuchsdurchführung steht immer in der Vergangenheit:

> Die Probanden wurden einzeln untersucht. Zunächst füllten sie die Fragebögen in einer Papier-und-Bleistift-Version aus, bevor die Darbietung und Beurteilung der Bilder am Computer erfolgte. Am Ende der Versuchsdurchführung, die etwa zwei Stunden beanspruchte, wurden die Probanden über den wahren Zweck der Untersuchung aufgeklärt und gleichzeitig gebeten, bis zum Abschluss der Erhebung Verschwiegenheit über den Versuch zu wahren.

Berichten eigener Ergebnisse. Für das Berichten eigener Ergebnisse gilt, was oben zum Berichten von Befunden ausgeführt wurde. Wichtig ist, zwischen – meist rein deskriptiven – Ergebnissen zu unterscheiden, die nicht allgemeingültig sind und daher in der Vergangenheitsform dargestellt werden, und inferenzstatistisch abgesicherten Befunden, die allgemeingültig sind und im Präsens beschrieben werden. Allerdings ist an einigen Stellen sowohl die Gegenwarts- als auch die Vergangenheitsform möglich, da Sie selbst entscheiden können, bei welchen Ergebnissen Sie betonen wollen, dass diese Allgemeingültigkeit besitzen, und wo Sie hervorheben möchten, dass in der konkreten Stichprobe ein spezifisches (nicht allgemeingültiges) Resultat zutage getreten ist. Dazu noch ein Beispiel:

> **Variante 1:** Ein Vergleich der beiden Versuchsgruppen erbrachte [auch möglich: erbringt], dass Frauen im Vergleich zu Männern signifikant mehr Situationen als bedrohlich einstufen ($Ms = 25.2$ vs. 19.2, $SDs = 11.5$ vs. 11.3), $t(79) = 2.34$, $p = .022$, $d = 0.52$. [Hier wird die Allgemeingültigkeit des Befunds betont, was gerechtfertigt ist, da das Ergebnis signifikant ist.]

> **Variante 2:** Die Anzahl der als bedrohlich eingestuften Situationen war bei Frauen ($M = 25.2$, $SD = 11.5$) höher als bei Männern ($M = 19.2$, $SD = 11.3$). Dieser Unterschied war signifikant, $t(79) = 2.34$, $p = .022$, $d = 0.52$. [Hier wird hervorgehoben, wie die Daten der Stichprobe aussahen; dass das Ergebnis signifikant ist und daher eine gewisse Allgemeingültigkeit besitzt, tritt in den Hintergrund.]

Diskussion. Die Diskussion steht überwiegend im Präsens, wobei für Rückbezüge z.B. auf die Versuchsplanung und -durchführung oder auf Ergebnisse natürlich auch Vergangenheitsformen notwendig sind. Bei spekulativen Erklärungen ist es sinnvoll, den Konjunktiv II zu verwenden. Im folgenden Ausschnitt aus einer Diskussion finden sich neben den indikativen Formen des Präsens und der Vergangenheit auch Prädikate im Konjunktiv II:

> Diese geschlechtsspezifischen Unterschiede lassen sich wie gezeigt nicht darauf zurückführen, dass Frauen im Vergleich zu Männern allgemein ängstlicher sind. Eine Alternativerklärung wäre, dass einige der Bilder für Frauen allgemein bedrohlicher waren als für Männer. Obwohl bei der Auswahl des Reizmaterials darauf geachtet wurde, Bilder zu verwenden, die für Männer und Frauen einigermaßen gleich bedrohliche Inhalte zeigen, ist dies womöglich nicht gelungen. So waren beispielsweise auf Bildern, die Gesichtsausdrücke zeigten, häufiger aggressive Gesichter von Männern als von Frauen abgebildet. Nun könnte es sein, dass ein aggressives männliches Gesicht bei Frauen relativ eindeutig Angst bzw. das Gefühl von Bedrohung induziert, während bei Männern – neben dem Gefühl von Bedrohung – stärker auch eigene (Gegen-)Aggressionen hervorgerufen werden. Somit wäre der Bedrohungsgehalt derartiger Bilder für Männer weniger eindeutig als für Frauen, was zu den verlängerten Reaktionszeiten beitragen könnte [auch möglich: beigetragen haben könnte].

Wir würden Ihnen raten, für die Fälle, in denen sowohl Vergangenheits- als auch Gegenwartsformen möglich sind, sich auf Ihr intuitives Sprachgefühl zu verlassen. Lesen Sie sich dazu den Text, wie bereits empfohlen, laut vor. Wenn er auch dabei stimmig klingt, haben Sie höchstwahrscheinlich eine korrekte Zeitform gewählt.

3.5.7   Konjunktiv für indirekte Zitate?

Wenn Sie Aussagen anderer Autoren wiedergeben, muss stets klar sein, woher ein Inhalt stammt. Meist wird dies durch die Angabe einer Literaturquelle oder durch eine Satzeinleitung (z.B. „Die Autoren berichten, dass ...") ausreichend deutlich gemacht. Dann ist es nicht erforderlich, die fremde Aussage im Konjunktiv wiederzugeben, sondern Sie können den Indikativ verwenden.

> **Indikativ für ein indirektes Zitat:** Meyer und Schulze (1926) berichten, dass das Essen von mehr als 2.5 kg Schokolade zu andauernder Übelkeit führt.
> *Oder:* Das Essen von mehr als 2.5 kg Schokolade führt zu andauernder Übelkeit (Meyer & Schulze, 1926).

Die Verwendung des Konjunktivs I[13] ist in diesem Fall zwar erlaubt, aber unnötig und eher unüblich. Er kann beim Leser zudem implizieren, dass Sie sich von der fremden Aussage etwas distanzieren wollen, weil Sie sich zumindest unsicher sind, ob diese korrekt ist. (Wie Sie sich von einer Aussage distanzieren, die Sie

---

13 Falls Ihnen der Unterschied zwischen Konjunktiv I und II oder deren Bildung unklar ist, finden Sie gut verständliche Erläuterungen in *Duden: Richtiges und gutes Deutsch* (Dudenredaktion, 2011) und in Kelle et al. (2013).

für falsch halten, erklären wir unten.) Wir würden daher die folgenden zwei Varianten *nicht* empfehlen.

Konjunktiv I für ein indirektes Zitat: Meyer und Schulze (1926) berichten, dass das Essen von mehr als 2.5 kg Schokolade zu andauernder Übelkeit <u>führe</u>.
Oder: Das Essen von mehr als 2.5 kg Schokolade <u>führe</u> zu andauernder Übelkeit (Meyer & Schulze, 1926).

Nur wenn Sie längere Textpassagen paraphrasierend berichten und dabei – ohne in jedem Satz die Quellenangabe zu wiederholen – kennzeichnen wollen, dass es sich immer noch um fremde Aussagen handelt, ist der Konjunktiv I sinnvoll. So verdeutlicht der Konjunktiv I im folgenden Beispiel, dass auch der letzte Satz noch ein indirektes Zitat aus der Arbeit von Meyer und Schulze (1926) ist.

Konjunktiv I für ein längeres indirektes Zitat: Meyer und Schulze (1926) berichten, dass das Essen von mehr als 2.5 kg Schokolade zu andauernder Übelkeit <u>führe</u>. Diese <u>halte</u> bei Männern durchschnittlich 7.2 Stunden und bei Frauen 8.6 Stunden an. Allerdings <u>interagiere</u> die Art der Schokolade und das Geschlecht hinsichtlich der Dauer der Übelkeit: So <u>bleibe</u> bei Männern die Übelkeit bei Milchschokolade länger bestehen, bei Frauen hingegen bei Zartbitterschokolade.

Sie können aber auch auf alternative Weise deutlich machen, dass es sich um fremde Aussagen handelt. So wird in dem folgenden Beispiel ebenso klar, dass die berichteten Befunde von Meyer und Schulze stammen, weshalb der Konjunktiv I hier nicht unbedingt erforderlich ist.

Längeres indirektes Zitat im Indikativ: Die Studie von Meyer und Schulze (1926) erbrachte die folgenden Ergebnisse: Das Essen von mehr als 2.5 kg Schokolade <u>führt</u> zu andauernder Übelkeit, die bei Männern durchschnittlich 7.2 Stunden und bei Frauen 8.6 Stunden <u>anhält</u>; zudem <u>interagieren</u> die Art der Schokolade und das Geschlecht hinsichtlich der Dauer der Übelkeit in der Form, dass bei Männern die Übelkeit bei Milchschokolade länger bestehen <u>bleibt</u>, bei Frauen hingegen bei Zartbitterschokolade.

Möchten Sie sich tatsächlich einmal von einer fremden Aussage distanzieren, deren Inhalt aber trotzdem wiedergeben, verwenden Sie dazu den Konjunktiv II. Dies ist dann angebracht, wenn Sie die Befunde anderer Autoren anzweifeln.

Konjunktiv II, um sich von einer Aussage zu distanzieren: Laut Meyer und Schulze (1926) <u>würde</u> das Essen von mehr als 2.5 kg Schokolade zu andauernder Übelkeit <u>führen</u>. Diese <u>hielte</u> bei Männern durchschnittlich 7.2 Stunden und bei Frauen 8.6 Stunden an. Allerdings <u>würden</u> die Art der Schokolade und das Geschlecht hinsichtlich der Dauer der Übelkeit <u>interagieren</u>: So <u>bliebe</u> bei Männern die Übelkeit bei Milchschokolade länger bestehen, bei Frauen hingegen bei Zartbitterschokolade.

Als Fazit können Sie sich merken: In den meisten Fällen ist bei indirekten Zitaten kein Konjunktiv erforderlich, er kann jedoch nützlich sein, wenn nicht durch sonstige Hinweise im Text deutlich ist, dass es sich um den Bericht fremder Gedanken handelt. Den Konjunktiv II verwenden Sie bei indirekten Zitaten nur, um sich von fremden Aussagen, die Sie anzweifeln, zu distanzieren.

Wie Sie vermutlich noch aus der Schule wissen, ist der Konjunktiv II darüber hinaus überall dort angebracht, wo es um die Irrealität oder Potenzialität einer Aussage geht, wie in diesen Beispielen:

<u>Hätten</u> die Probanden nicht zuerst den zweistündigen Intelligenztest bearbeitet, <u>wäre</u> ihre Konzentrationsfähigkeit im anschließenden Test vermutlich besser gewesen.

<u>Sollte</u> sich diese Intervention entgegen unseren Erwartungen doch als wirksam erweisen, <u>würde</u> dies die Behandlung von ADHS revolutionieren.

<u>Wäre</u> der Bedrohungsgehalt der Bilder für Männer weniger eindeutig als für Frauen, <u>könnte</u> dies zu den verlängerten Reaktionszeiten beitragen.

3.5.8   Aussagen korrekt belegen

In diesem Abschnitt behandeln wir, welche Aussagen Sie durch Quellenangaben belegen müssen und wie häufig Quellenangaben im Text auftauchen sollten, also welche *Belegdichte* adäquat ist. Außerdem erklären wir, welche Aussagen prinzipiell nicht belegbar sind und daher vermieden werden sollten. Es geht hier somit um *inhaltliche Aspekte* von Quellenangaben. Den *formalen Aspekten* ist Kapitel 8 gewidmet: Dort wird erklärt, *wie* Sie Aussagen aus fremden Quellen im Text belegen, also wie Sie Quellenangaben korrekt in Ihren Text integrieren (beachten Sie dazu insbesondere Abschnitt 8.4.1).

Welche Aussagen Sie belegen müssen. Fast alle Aussagen, die Sie in Ihrer Arbeit treffen, müssen entweder durch Literaturangaben, durch Ergebnisse der eigenen Studie oder durch im Text ausgeführte Überlegungen belegt werden. Ausgenommen ist hiervon nur unstrittiges Allgemeinwissen: Beispielsweise brauchen Sie keinen Literaturbeleg dafür, dass Paris die Hauptstadt von Frankreich ist. Auch die Aussage, dass Männer im Durchschnitt körperlich größer sind als Frauen, müsste nicht belegt werden. Es ist allerdings nicht immer ganz einfach abzugrenzen, was noch Allgemeinwissen und was Spezialwissen ist. Daher wird Allgemeinwissen oft so definiert, dass dazu alles gehört, was man in einem allgemeinen Lexikon findet. Im Zweifelsfall sollten Sie aber eher einen Beleg zu viel statt zu wenig anführen.

Eine gute wissenschaftliche Arbeit lebt nicht nur von den Fakten, die Sie als Ihre Ergebnisse berichten, sondern auch von Ihren eigenen theoretischen Überlegungen und Schlussfolgerungen. Für diese gibt es selbstverständlich keine Literaturquellen. Sie müssen Ihre Überlegungen aber nachvollziehbar im Text darstellen. In einer Aussage wie „Da die Anzahl der Abiturienten in den vergangenen 20 Jahren kontinuierlich zugenommen hat, haben immer mehr Menschen prinzipiell die Möglichkeit, ein Studium aufzunehmen" muss folglich nur der erste Teil belegt werden. Das heißt, Sie benötigen eine Quelle, die aussagt, dass die Anzahl der Abiturienten in den letzten 20 Jahren stetig gestiegen ist. Da das Abitur die Hochschulzugangsberechtigung ist, ergibt sich aus einem Anstieg der Abiturientenzahlen, dass auch die Zahl der Personen zunimmt, die prinzipiell ein Studium aufnehmen können. Mit einer adäquaten Quellenangabe sieht das Beispiel folgenderweise aus: „Da die Anzahl der Abiturienten in den vergangenen 20 Jahren kontinuierlich zugenommen hat (Statistisches Bundesamt, 2014), haben immer mehr Menschen prinzipiell die Möglichkeit, ein Studium aufzunehmen."

Angemessene Belegdichte. Wie viele Belege müssen nun auf einer Textseite stehen? Dafür gibt es keine feste Regel. Die Belegdichte variiert u. a. mit dem jeweiligen Textteil. In Ihrem Ergebnisteil werden nur selten Quellenangaben vorkommen (z. B. dann, wenn Sie eine Quelle für ein wenig gebräuchliches statistisches Verfahren angeben oder ein bestimmtes methodisches Vorgehen rechtfertigen wollen). Die höchste Belegdichte weist meist der Theorieteil auf, und zwar dort, wo Sie den Stand der Forschung zu Ihrem Thema referieren. Hierzu ein Beispiel mit angemessener Belegdichte:

> Der Begriff *Positivitätsbias* wird in der Literatur unterschiedlich verwendet. Zunächst kann damit gemeint sein, dass positive Inhalte generell besser erinnert werden als negative. Neben Arbeiten, die dies empirisch bestätigen (Überblicke geben z. B. Matlin, 2004; Matlin & Stang, 1978; Taylor, 1991), existieren jedoch Befunde, die für einen Erinnerungsvorteil negativer Inhalte sprechen (vgl. Baumeister, Bratslavsky, Finkenauer & Vohs, 2001, für einen Überblick). Baumeister et al. (2001) haben dokumentiert, dass negativen im Vergleich zu positiven Inhalten im Allgemeinen eine höhere Priorität in der Informationsverarbeitung zukommt. Sie fügen allerdings hinzu, dass das Gedächtnis eine Ausnahme darstellt, da beim Erinnern selbstwertdienliche Mechanismen wirken, die der Erinnerung negativer Inhalte entgegenstehen. Dieser Standpunkt ähnelt dem von Rozin und Royzman (2001), die für die meisten Domänen (z. B. Wahrnehmung, Aufmerksamkeitslenkung, Motivation, Entscheidungsfindung) einen Negativitätsbias annehmen, für das Gedächtnis allerdings einen Positivitätsbias.

Wie Sie sehen, wird jeder neue Gedanke, sofern er nicht vom Verfasser selbst stammt, durch mindestens einen Kurzverweis belegt (vgl. Abschnitt 8.4). Oft existieren viele Quellen, mit denen man dieselbe Aussage belegen kann. Dann reicht es, zwei bis drei aussagekräftige oder einschlägige Quellen anzuführen. Indem man „z. B." vor die Kurzverweise hinzufügt, lässt sich verdeutlichen, dass es sich bei den Belegen nur um eine Auswahl handelt.

„Siehe", „vergleiche" und weitere Kommentare. Wenn Sie nur angeben wollen, dass Sie eine Aussage aus einer bestimmten Quelle entnommen haben, geben Sie in psychologischen Arbeiten dazu lediglich die Quelle an, z. B.: „Negativen Inhalten kommt im Vergleich zu positiven Inhalten im Allgemeinen eine höhere Priorität in der Informationsverarbeitung zu (Baumeister et al., 2001)." Ein „siehe" oder „vgl." (für „vergleiche") ist hier überflüssig und sollte nicht verwendet werden.[14] Die Standardquellenangabe kommt also ohne jeden Zusatz aus. Ein „vgl." sollten Sie nur dann verwenden, wenn es tatsächlich etwas zu vergleichen gibt: Das wäre dann der Fall, wenn in der Quelle nicht die von Ihnen genannte Aussage steht, sondern z. B. ähnliche oder weiterführende Gedanken. Alternativ zu „vgl." können Sie hier „siehe auch" oder „siehe ferner" schreiben. In vielen Fällen unterliegt es Ihrem Interpretationsspielraum, ob ein „vgl." angebracht ist – Sie sollten

---

14 Abweichend von dieser Regel, die für die Psychologie gilt, werden in der Soziologie und einigen anderen Sozialwissenschaften alle indirekten Zitate mit „vgl." gekennzeichnet – fragen Sie im Zweifelsfall Ihren Betreuer, was in Ihrem Bereich üblich ist.

diesen Zusatz aber eher sparsam verwenden. Wenn Sie eine Quelle angeben, die eine zu Ihrer Aussage konträre Ansicht vertritt, verwenden Sie am besten „vgl. aber", „siehe dagegen" oder – ganz explizit – „für eine abweichende Ansicht [für abweichende Befunde] siehe [vgl.] …".

Wenn es sich bei der zitierten Quelle nicht um eine Originalstudie handelt, sondern um einen Überblicksartikel (vgl. die Unterscheidung von Primär- und Sekundärliteratur auf S. 294), sollten Sie dies kenntlich machen. Schreiben Sie dazu beispielsweise „… (für einen Überblick siehe Matlin, 2004)" oder – etwas weniger gebräuchlich – „… (vgl. Matlin, 2004, für einen Überblick)".

Auch weitere Kommentare sind möglich, z.B. „… (für eine Diskussion dieser beiden Theorien vgl. Langer & Atem, 2007)". Derartige Kommentare sind immer dann sinnvoll, wenn es wahrscheinlich ist, dass der Leser sonst andere Erwartungen an die Quelle hat. Achten Sie aber darauf, dass sich derart kommentierte Quellenangaben nicht häufen – sie stellen in den meisten Arbeiten eine Ausnahme dar.

Keine nicht belegbaren Aussagen. In studentischen Arbeiten lesen wir – v.a. in der Einleitung – immer wieder Formulierungen wie „Alle Menschen haben das Bedürfnis, von ihrem sozialen Umfeld akzeptiert zu werden" oder „Kinder haben von Natur aus einen Drang, Neues zu lernen". Das sind Sätze, bei denen wir im Alltag mit dem Kopf nicken mögen. Aber stimmen diese Aussagen tatsächlich? Gibt es tatsächlich *keinen einzigen* Menschen, der nicht das Bedürfnis hat, von seinem sozialen Umfeld akzeptiert zu werden? Können Sie das belegen? Und woher wissen Sie, dass Kinder „von Natur aus" den „Drang" haben, Neues zu lernen? Gibt es Untersuchungen, die das unterstützen? Was soll mit den Begriffen „von Natur aus" und „Drang" eigentlich ausgedrückt werden? Verbergen sich dahinter wissenschaftliche Konstrukte oder eher alltagspsychologische Vorstellungen? Wenn Sie keine Literaturquellen haben, mit denen Sie derartige Aussagen belegen können, sollten Sie solche Formulierungen unbedingt vermeiden.

3.6 Nicht diskriminierende Sprache

Diskriminierung ist die Benachteiligung oder Abwertung von Gruppen oder einzelnen Personen. Sie beruht immer auf Wertvorstellungen, die außerhalb des Systems der Wissenschaft bestehen. Damit widerspricht sie dem Leitprinzip der Neutralität (vgl. Abschnitt 3.2.3). Sprachliche Diskriminierung kann recht subtil sein und sich auch unbeabsichtigt in einen Text einschleichen. Daher ist es wichtig, auf eine nicht diskriminierende Sprache zu achten und Menschen nicht aufgrund ihres Geschlechts, ihrer ethnischen Herkunft, physischer oder psychischer Einschränkungen oder sonstiger Merkmale herabzuwürdigen. Wir gehen zunächst auf allgemeine Regeln nicht diskriminierender Sprache ein (Abschnitt 3.6.1) und widmen uns dann speziell der Frage, wie sich eine geschlechtergerechte Sprache realisieren lässt (Abschnitt 3.6.2), da wohl jeder Verfasser mit dieser Frage konfrontiert wird.

3.6.1 Generelle Regeln nicht diskriminierender Sprache

Vermutlich ist Ihnen klar, dass „Krüppel" keine adäquate Bezeichnung für Menschen mit einer körperlichen Behinderung ist. Aber haben Sie gewusst, dass auch Begriffe wie „die Alkoholiker" oder „die Depressiven" von vielen Menschen als diskriminierend angesehen werden? Wir erklären Ihnen weiter unten, warum das so ist. Bei unserer Darstellung orientieren wir uns teilweise an den Richtlinien der APA (2010, S. 71–77), adaptieren diese jedoch für den deutschen Sprachraum.

Grundeinstellungen. Sie sollten den Teilnehmern und Lesern Ihrer Studie stets mit Respekt begegnen. Dazu gehört, Personen nicht auf ein Merkmal (z.B. eine Erkrankung oder Störung) zu reduzieren, sondern jedes Individuum als wertvolles menschliches Wesen zu betrachten. Individuen sind durch mehr charakterisiert als durch ihre Hautfarbe oder dadurch, dass sie eine bestimmte Störung oder Erkrankung haben. Wenn Sie Ihren Text aus dieser Grundhaltung der Wertschätzung eines jeden Individuums heraus verfassen, werden die meisten Leser dies bemerken. Dann werden Ihre Leser es Ihnen auch nicht übel nehmen, wenn Sie einmal unabsichtlich einen Ausdruck verwenden, den einige Menschen als diskriminierend einstufen.

Eine weitere wichtige Grundeinstellung ist, dass Sie Menschen bzw. Personengruppen so bezeichnen, wie diese selbst gern bezeichnet werden möchten. Wer – als weiße Person – meint, dass „Schwarze" kein diskriminierender Begriff sei, da er auch die Bezeichnung „Weiße" als unproblematisch empfindet, sollte nicht auf diesem Begriff beharren, wenn die Angehörigen der entsprechenden Personengruppe z.B. die Bezeichnung „Afrodeutsche" vorziehen. Erschwert wird die Wahl eines geeigneten Begriffs manchmal dadurch, dass auch innerhalb der betreffenden Gruppe verschiedene Bezeichnungen präferiert werden. So gibt es Afrodeutsche, die sich selbst als Schwarze bezeichnen, aber auch Personen, die dies ablehnen. In anderen Fällen wie bei den Begriffen „Schwule" und „Lesben" haben sich einst negativ und abwertend verwendete Fremdbezeichnungen in ihrer Bewertung gewandelt und sind inzwischen die präferierten Eigenbezeichnungen dieser Personengruppen. Sie sollten sich daher die Mühe machen, zu recherchieren, wie die Mehrheit der betreffenden Personen selbst bezeichnet werden möchte. In der amerikanischen Richtlinie heißt dies kurz: „Call people what they prefer to be called" (APA, 2010, S. 72).

Keine emotional gefärbten Begriffe verwenden. Begriffe wie „leidet an" oder „Opfer" sind emotional besetzt. Nicht jeder, der eine bestimmte Störung oder Erkrankung hat, leidet daran oder will sich als Opfer betrachtet sehen. Schreiben Sie daher statt „leidet an einer Schwerhörigkeit" besser „ist schwerhörig" oder „hat eine Schwerhörigkeit". Statt jemanden als „AIDS-Opfer" zu bezeichnen, formulieren Sie schlicht „hat AIDS" oder „ist an AIDS verstorben". Auch bei Etikettierungen werden häufig emotional getönte Worte verwendet – der folgende Abschnitt zeigt auf, wie Sie diese vermeiden können.

Menschen nicht durch Etikettierung auf ein Merkmal reduzieren. Menschen sollten nicht mit einer Erkrankung oder Einschränkung gleichgesetzt werden, da diese ja nur einen Aspekt dieser Personen betreffen. Besser als „die Schizophrenen" ist daher „die schizophrenen Patienten", wobei Sie das Wort „Patient" nur im Kontext klinischer Behandlungen verwenden sollten (wer nicht behandelt wird, ist auch kein Patient). Noch weniger diskriminierend sind die Umschreibungen „Personen, die als schizophren diagnostiziert wurden" oder „Personen, bei denen Schizophrenie diagnostiziert wurde", da hier die Person und nicht die Erkrankung an die erste Stelle tritt. Zudem verdeutlichen diese Formulierungen, dass die Diagnose Schizophrenie etwas ist, was diesen Personen von anderen Menschen (Ärzten oder Psychologen) zugeschrieben wurde, aber dass die Individuen mehr sind als diese Erkrankung. Allerdings können solche Umschreibungen, v.a. bei häufigem Gebrauch, einen Text auch verkomplizieren. Dann gilt es, einen Kompromiss zwischen nicht diskriminierender Sprache und Verständlichkeit zu finden, wie er auch im Rahmen der geschlechtergerechten Sprache (vgl. Abschnitt 3.6.2) immer wieder neu zu finden ist.

Weiterhin ist darauf zu achten, dass die Sprache präzise und unmissverständlich bleibt (vgl. Abschnitt 3.2.2), also auch nicht unangemessen beschönigt. So existieren für Menschen mit Behinderung euphemistische Umschreibungen wie „Menschen mit besonderen Bedürfnissen", „besondere Kinder" oder „anders fähige Personen". Diese Begriffe sind aber zu unspezifisch und ungenau, um für einen wissenschaftlichen Text brauchbar zu sein. Zudem empfinden einige Betroffene solche beschönigenden Begriffe als herablassend: Zum einen wird nämlich die Schwere ihrer Beeinträchtigung unter Umständen nicht ernst genommen und zum anderen erzeugen die Nutzer dieser Begriffe den Eindruck, man müsse die Betroffenen in Schutz nehmen, was wiederum nur möglich ist, wenn man sich selbst diesen Personen überlegen fühlt – auch das ist diskriminierend.

Was für Einschränkungen, Erkrankungen oder Störungen ausgeführt wurde, gilt auch für andere Eigenheiten. Reduzieren Sie daher Menschen nicht auf ihre Statur („die Dicken", „die Dünnen") oder ihr Alter („die Jungen", „die Alten"), zumal dann, wenn einige Gruppenzuschreibungen negativ konnotiert sind. Neutralere Bezeichnungen sind „Menschen mit einem BMI über 30 [unter 18.5]" und „Erwachsene unter 30 [über 65] Jahre". Falls derartige präzise Angaben nicht möglich sind, können Sie auch schreiben „übergewichtige [untergewichtige] Personen" oder „jüngere [ältere] Erwachsene".

Ist die Bezeichnung „Versuchsperson" diskriminierend? Die Teilnehmer von Studien werden traditionell als „Versuchspersonen" bezeichnet. Auch heute noch wird dieser Begriff von vielen Wissenschaftlern v.a. aus den experimentellen Forschungsfeldern favorisiert. Allerdings kann man an dem Begriff „Versuchsperson" kritisieren, dass er den Eindruck passiver Unterwürfigkeit erzeugt: Mit einer Versuchsperson wird wie mit einem Versuchskaninchen gemacht, was der Versuchsleiter möchte. Manchmal mag das zwar der Wirklichkeit entsprechen, es widerspricht aber dem Bild eines mündigen und aktiven Versuchsteilnehmers. Um diese Problematik zu umgehen, verwendet man heute meist die Bezeichnungen „Versuchsteilnehmer", „Studienteilnehmer" oder „Proband".

Spezifische Beschreibungen statt Stereotype verwenden. Indem Sie z.B. Verhaltensweisen möglichst spezifisch beschreiben, vermeiden Sie Stereotype. So sollten Sie nicht schreiben „Die Probanden zeigten ein typisch weibliches Verhalten", sondern konkreter beispielsweise „Die Probanden versuchten in der Versuchssituation dafür zu sorgen, dass die Belohnung unter allen Personen gerecht verteilt wird".

Keine unnötigen Angaben. Generell sollten Sie nur das berichten, was für Ihre Arbeit inhaltlich relevant ist. Bei einer Studie zum Arbeitsgedächtnis wird die Hautfarbe oder die sexuelle Orientierung Ihrer Probanden höchstwahrscheinlich irrelevant sein. Daher besteht kein Grund, diese zu erfassen oder zu erwähnen.

Aber auch das Geschlecht oder die ethnische Herkunft von Autoren wissenschaftlicher Werke spielt für ihre Aussagen oder Befunde keine Rolle. Sie sollten daher nicht schreiben „Der amerikanische Professor Ronald Davidson fand, ..." oder „Die südafrikanische Wissenschaftlerin Lilian Ngoyi berichtet ...", sondern lediglich „Davidson (2012) fand, ..." und „Ngoyi (2007) berichtet ...".

Vorsicht bei Vergleichen mit „normal" oder „gesund". Der Satz „Lesben haben im Vergleich zur Normalbevölkerung [im Vergleich zu normalen Frauen] ..." impliziert, dass Lesben „anormal" sind und zum Rand der Bevölkerung gehören. Hier wäre ein besserer Vergleich: „Lesben haben im Vergleich zu heterosexuellen Menschen [zu heterosexuellen Frauen] ...". Auch Formulierungen wie „Kinder mit ADHS haben weniger Freundschaftsbeziehungen als normale Kinder" sollten ersetzt werden durch „Kinder mit ADHS haben weniger Freundschaftsbeziehungen als Kinder ohne ADHS".

Auch der Vergleich von behinderten mit „gesunden" Menschen ist meist nicht angemessen, da viele Menschen mit Behinderung sich durchaus gesund fühlen. (Selbstverständlich gibt es auch behinderte Personen, deren Beeinträchtigung von einer chronischen Krankheit herrührt, und die sich entsprechend krank fühlen.) So würde ein querschnittsgelähmter Mensch, der beruflich und privat ein aktives Leben führt und sich gut fühlt, sich meist als gesund – und zugleich behindert bzw. querschnittsgelähmt – bezeichnen. Vergleichen Sie daher „Menschen mit Behinderung" besser mit „Menschen ohne Behinderung".

Menschen und nicht Fälle betrachten. Ein „Fall" ist das Auftreten einer Störung oder Erkrankung. Sie können formulieren „Fälle von dissoziativem Stupor sind selten". Es ist allerdings nicht adäquat, zu schreiben „Manisch-depressive Fälle wurden mit einer Kombination von ... behandelt", da ja nicht „Fälle", sondern „Menschen" behandelt wurden. Schreiben Sie daher besser „Personen mit bipolarer Störung wurden mit einer Kombination von ... behandelt". Auch der Begriff „Pflegefall" ist aus den genannten Gründen problematisch. Bessere Alternativen sind „pflegebedürftige Person" oder „Person, die (intensiver) Pflege [Unterstützung/Assistenz] bedarf".

3.6.2 Geschlechtergerechte Sprache: Möglichkeiten

Traditionell werden in der deutschen Sprache grammatikalisch männliche Bezeichnungen auch für Gruppen verwendet, denen Frauen angehören: Wenn von Lehrern gesprochen wird, bezieht dies auch Lehrerinnen ein. Hierbei handelt es sich um das sogenannte *generische Maskulinum*, d.h., für eine Gruppe von Personen wird – unabhängig vom Geschlecht der Gruppenmitglieder – eine maskuline Bezeichnung verwendet. (*Generisch* steht hier für „allgemeingültig" oder „geschlechtsneutral".) Nun ist aus einer Reihe von Studien aber bekannt (für einen Überblick siehe Irmen & Linner, 2005), dass bei Formulierungen wie „Lehrer arbeiten in Schulen" die Rezipienten überwiegend an männliche Mitglieder dieser Gruppe denken, auch wenn die Lehrerinnen grammatikalisch „mitgemeint" sind.

Gerade dann, wenn es um prestigeträchtige gesellschaftliche Positionen geht (z.B. Minister/-innen, Ärzte und Ärztinnen, Manager/-innen), in denen Frauen auch heute noch unterrepräsentiert sind, empfinden es viele Menschen daher als diskriminierend gegenüber Frauen, das generische Maskulinum zu verwenden. Es gibt mehrere Möglichkeiten, wie Sie mit diesem Problem umgehen können, wobei aus der folgenden Liste nur die ersten drei für eine wissenschaftliche Arbeit infrage kommen:

1. einleitender Hinweis auf die Verwendung des generischen Maskulinums

2. geschlechtsneutrale Bezeichnungen

3. Sichtbarmachung beider Geschlechter

4. generisches Femininum (generell *nicht* für wissenschaftliche Arbeiten empfohlen)

5. Wechsel von weiblicher und männlicher Form (generell *nicht* für wissenschaftliche Arbeiten empfohlen)

Verwendung des generischen Maskulinums. Die erste Variante ist die traditionellste: Sie weisen entweder im Vorwort (sofern Ihre Arbeit ein solches besitzt; vgl. Abschnitt 1.2) oder beim ersten Auftreten eines generischen Maskulinums mittels einer Fußnote darauf hin, dass Sie aus Gründen der einfacheren Lesbarkeit das generische Maskulinum verwenden, dass aber selbstverständlich immer beide Geschlechter gleichermaßen gemeint sind. Dieses Vorgehen bereitet am wenigsten Aufwand und ist aktuell weit verbreitet. Gleichzeitig ist es aber auch die am wenigsten geschlechtergerechte Lösung. Sofern Sie selbst und Ihr Betreuer bzw. Gutachter mit dieser Lösung einverstanden sind, spricht unseres Erachtens nichts dagegen, so vorzugehen. Auch für unser Buch haben wir diese Variante gewählt.

Geschlechtsneutrale Bezeichnungen. Die zweite Möglichkeit besteht darin, *geschlechtsneutrale Bezeichnungen* zu verwenden, also Begriffe, die das Geschlecht der Bezeichneten bewusst offen lassen. Solche Wörter sind z.B. *Lehrkraft, Lehrperson, Studierende, Teilnehmende.* Auch bei Verwendung des generischen Maskulinums (Variante 1) können Sie dort, wo es sich anbietet, solche geschlechtsneutralen Bezeichnungen nutzen. Formal gesehen kommen geschlechtsneutrale Bezeichnungen der Idee einer nicht diskriminierenden Sprache näher als das generische Maskulinum. Allerdings wurde gefunden (vgl. Irmen & Linner, 2005), dass bei geschlechtsneutralen Bezeichnungen die Rezipienten zumindest dann wenig an Frauen denken, wenn Frauen in der bezeichneten Gruppe wenig vertreten sind. Ein Beispiel dafür ist der Begriff „technische Fachkraft". Gleichwohl kann man davon ausgehen, dass bei „technische Fachkraft" zumindest etwas stärker an Frauen gedacht wird als bei der Bezeichnung „Techniker".

Ein weiterer Nachteil der geschlechtsneutralen Formulierung ist, dass diese nicht immer realisierbar bzw. teilweise missverständlich ist. So sollte man „Betreuer" nicht zu „Betreuungsperson" umformulieren, da diese Bezeichnung überwiegend für Betreuer von Kindern oder von Menschen mit Behinderung verwendet wird. Zwischen „Betreuer" und „Betreuungsperson" kommt es also zu einer Bedeutungsverschiebung. Deutlich wird diese Bedeutungsverschiebung auch bei der Bezeichnung „wissenschaftlich tätige Person" als Umschreibung für „Wissenschaftler": Während „Wissenschaftler" impliziert, dass diese Person hauptberuflich wissenschaftlich arbeitet, kann eine „wissenschaftlich tätige Person" auch ein Mensch sein, der in seiner Freizeit z.B. die Geschichte seines Heimatdorfes erforscht. Ferner sind Studierende, wenn sie Ihre Abschlussarbeit verfassen, „wissenschaftlich tätige Personen" – die meisten würden sich selbst aber nicht als Wissenschaftler oder Wissenschaftlerin sehen.

Reizvoll an den geschlechtsneutralen Formulierungen ist, dass sich mit etwas sprachlicher Kreativität viele Problemfälle umschiffen lassen. So können Sie statt „benutzerfreundliche Software" schreiben, dass es sich um eine „bedienungsfreundliche Software" handelt. Statt zu formulieren „Jeder, der das geschafft hat", schreiben Sie „Alle, die das geschafft haben" – schon haben Sie es vermieden, die männliche Form zu verwenden.

Sichtbarmachung beider Geschlechter. Die dritte Variante, nämlich die *explizite Sichtbarmachung beider Geschlechter*, kann das Ideal einer geschlechtergerechten Sprache wohl am besten verwirklichen. Es gibt verschiedene Möglichkeiten, beide Geschlechter explizit zu benennen. Tabelle 3.3 gibt einen Überblick über die gängigen Varianten. Problemlos immer anwendbar ist die *Beid- oder Doppelnennung*, bei der beide Formen – die weibliche und die männliche – vollständig ausgeschrieben werden. Auch die *Verwendung eines Schrägstrichs* stellt eine gute Lösung dar, wobei man hier beachten muss, dass dies nicht bei allen Bezeichnungen umsetzbar ist (siehe Beispiele 2 und 3 in der Tabelle). Streng genommen ist diese Schreibweise orthografisch nur dann korrekt, wenn der Ergänzungsbindestrich gesetzt wird. Die *Klammerung* ist nach den Rechtschreibregeln ebenfalls erlaubt und auf mehr Fälle anwendbar als die Schrägstrichschreibung. Allerdings könnte man an der Klammerung aus feministischer Sicht bemängeln, dass die weibliche Form hier eingeklammert wird, also nicht gleichberechtigt neben die männliche tritt. Beachten Sie, dass Sie die Schrägstrich- und die Klammerschreibweise aus Konsistenzgründen nicht mischen sollten. Jede der beiden Varianten kann allerdings mit der Beidnennung in einem Text kombiniert werden.

Die Schreibung mit Binnen-I sieht man zwar häufiger, allerdings ist sie nach den deutschen Rechtschreibregeln nicht zulässig und für einen wissenschaftlichen Text daher nicht zu empfehlen. Ebenfalls orthografisch allgemein nicht akzeptiert sind Schreibungen mit anderen Großbuchstaben (z.B. „jedeR StudentIn") oder Sonderzeichen (z.B. dem Gender-Sternchen: „ein∗e Akademiker∗in").[15]

Tabelle 3.3. Möglichkeiten der Sichtbarmachung beider Geschlechter

Variante der Sichtbarmachung	Beispiel 1	Beispiel 2	Beispiel 3
1. Beidnennung (auch: Doppelnennung)	Lehrerinnen und Lehrer	Kolleginnen und Kollegen	Ärztinnen und Ärzte
2. Schrägstrich	Lehrer/-innen	*nicht möglich*	*nicht möglich*
3. Klammerung	Lehrer(innen)	Kolleg(inn)en	*nicht möglich*
4. Binnen-I	LehrerInnen	KollegInnen	*nicht möglich*

Anmerkungen. Variante 2 ist nur korrekt, wenn der Ergänzungsbindestrich nach dem Schrägstrich gesetzt wird. Daher ist z. B. auch „Kolleg/inn/en" keine akzeptable Variante. Variante 4 entspricht *nicht* den offiziellen Rechtschreibregeln.

Die Beidnennung, die wir prinzipiell für eine gute Variante halten, kann in einigen Sätzen sehr umständlich werden. Ein Beispiel dafür ist der Satz: „Schulpsychologinnen und Schulpsychologen beraten Lehrerinnen und Lehrer dahingehend, wie sie auffällige Schülerinnen und Schüler besser in den Unterricht integrieren können." Eine deutliche Vereinfachung wäre hier durch die Klammerschreibweise möglich: „Schulpsycholog(inn)en beraten Lehrer(innen) dahingehend, wie sie auffällige Schüler(innen) besser in den Unterricht integrieren können." Stets erlaubt ist auch die Kombination mit geschlechtsneutralen Formulierungen. Sie könnten also schreiben: „Schulpsycholog(inn)en beraten Lehrkräfte dahingehend, wie sie auffällige Schüler(innen) besser in den Unterricht integrieren können."

Generisches Femininum. Der Vollständigkeit halber stellen wir Ihnen noch zwei weitere Möglichkeiten geschlechtergerechter Sprache vor, von denen wir allerdings in wissenschaftlichen Arbeiten generell abraten.[16] Die eine ist die Verwendung des *generischen Femininums*. Ähnlich wie bei Verwendung des generischen Maskulinums würde man die Leserschaft darauf hinweisen, dass man im Folgenden durchgehend die weibliche Form verwendet, dass aber männliche Gruppenmitglieder immer mitgemeint sind. Unser obiger Beispielsatz würde also

---

15 Beim sogenannten Gender-Sternchen sollen auch Personen, die sich weder dem männlichen noch dem weiblichen Geschlecht zuordnen, berücksichtigt werden. Da solche Schreibweisen sehr kontrovers sein können, ist zum jetzigen Zeitpunkt von ihrer Verwendung in wissenschaftlichen Arbeiten abzuraten.

16 Für andere Texte, in denen Sie eine persönliche (gesellschafts-)politische Botschaft vermitteln wollen, können diese Varianten angemessen sein. Wissenschaftliche Arbeiten – und insbesondere Abschlussarbeiten – sind allerdings kein Ort für politische Botschaften (vgl. Abschnitt 3.2.3).

lauten: „Schulpsychologinnen beraten Lehrerinnen dahingehend, wie sie auffällige Schülerinnen besser in den Unterricht integrieren können." Allerdings ist fraglich, ob man beim generischen Femininum nicht männliche Personen noch weniger gedanklich einbezieht, als beim generischen Maskulinum weibliche Personen gedanklich eingeschlossen werden. Zudem ist die Verwendung des generischen Femininums standardsprachlich unüblich.

Wechsel von weiblicher und männlicher Form. Die letzte Variante besteht in einem Wechsel der angesprochenen Geschlechter. Es wird also alternierend das generische Maskulinum und das generische Femininum verwendet. Dies kann satz-, abschnitts- oder kapitelweise geschehen. Hierbei ist aber problematisch, dass unter Umständen nicht durchgängig klar ist, wann ein Wort im Sinne eines generischen Maskulinums bzw. Femininums gemeint ist und wann nur männliche bzw. weibliche Gruppenmitglieder bezeichnet werden sollen. Da Unmissverständlichkeit eines der wichtigsten Leitprinzipien beim Verfassen eines wissenschaftlichen Textes ist (vgl. Abschnitt 3.2.2), sollte diese niemals darunter leiden, dass man versucht, eine geschlechtergerechte Sprache zu realisieren.

Vermeiden Sie positive Diskriminierung. Wer von Richterinnen und Richtern, Präsidentinnen und Präsidenten, Ärztinnen und Ärzten etc. spricht, sollte auch von Täterinnen und Tätern, Steuerhinterzieherinnen und Steuerhinterziehern sowie Terroristinnen und Terroristen etc. sprechen. Wer lediglich bei positiv oder neutral besetzten Begriffen beide Geschlechter nennt und bei negativen nur die Männer, begeht eine „positive Diskriminierung" der Frauen und gleichzeitig eine Diskriminierung von Männern.

Warnung vor Hyperparallelisierung und Hyperkorrektur. In manchen Texten finden sich statt „man" die Begriffe „man/frau" oder „mensch" und dem „jedermann" wird manchmal ein „jedefrau" gegenübergestellt. Hierbei handelt es sich um eine sogenannte *Hyperparallelisierung*. Obwohl sich „jedefrau" tatsächlich seit 2006 im Rechtschreibduden findet, gehören diese Formulierungen nicht zur Standardsprache. Daher sind Hyperparallelisierungen in wissenschaftlichen Arbeiten genauso deplatziert wie die Verwendung von sogenannten Gender-Sternchen oder Gender-Gaps („Bürger*innen" bzw. „Bürger_innen").

Auf jeden Fall zu vermeiden sind *Hyperkorrekturen*, bei denen z.B. eine „Generalprobe" zur „Generalinprobe" wird – auf dieses Wort sind wir tatsächlich in einem studentischen Text gestoßen. Die Verfasserin hat hier bei „General" wohl irrtümlich an den militärischen Dienstgrad gedacht. Tatsächlich leitet sich „General-" in diesem Kontext aber von dem lateinischen Adjektiv „generalis" ab und meint nur, dass es sich bei der Generalprobe um eine alles umfassende „Hauptprobe" handelt.

Allgemeines zu Layout, Druck und Bindung der Arbeit

4

ÜBERBLICK

Nach einigen Vorüberlegungen, woran Sie sich bei der Gestaltung Ihrer Arbeit orientieren sollten (Abschnitt 4.1), gehen wir auf das Seitenlayout ein (Abschnitt 4.2). Anschließend beschäftigen wir uns mit verschiedenen Schriftarten und ihren Einsatzbereichen (Abschnitt 4.3). Bei der Gestaltung von Absätzen im Fließtext können Sie sich für eine von zwei Varianten entscheiden – diese sowie Hinweise zum Einrücken von Blockzitaten und Literatureinträgen im Literaturverzeichnis stellen wir in Abschnitt 4.4 vor. Konkrete Empfehlungen zur Formatierung der einzelnen Textelemente Ihrer Arbeit erhalten Sie in Abschnitt 4.5. Abschlussarbeiten müssen gebunden abgegeben werden. Welche Möglichkeiten des Ausdruckens und Bindens es gibt, erfahren Sie in Abschnitt 4.6.

4.1 Vorüberlegungen

Manchmal werden von der Hochschule (beispielsweise in der Prüfungsordnung) bzw. vom Betreuer konkrete Vorgaben zur Gestaltung der Arbeit gemacht, z.B. hinsichtlich Seitenrändern, Schriftart, Schriftgröße und maximaler Anzahl der Gliederungsebenen. Sofern es solche Vorschriften gibt, sollten Sie diese strikt befolgen. Die Empfehlungen in diesem Kapitel sind für den Fall gedacht, dass es zu dem jeweiligen Aspekt keine Vorgaben oder Empfehlungen seitens Ihrer Hochschule oder Ihres Betreuers gibt.

Wenn Sie mit Ihrem Betreuer vereinbart haben, dass Sie Ihre Arbeit im *Manuskriptstil* erstellen sollen (vgl. Abschnitt 1.1), also in der Form, wie Veröffentlichungen für die Einreichung bei Zeitschriften gestaltet werden, gelten spezielle Regeln (z.B. keine Silbentrennung, linksbündige Formatierung, zweizeiliger Abstand). Diese Regeln finden Sie für deutschsprachige Manuskripte in DGPs (2007) und für englischsprachige in APA (2010). Schreiben Sie Ihr Manuskript für die Einreichung bei einer bestimmten Zeitschrift, sollten Sie auf deren Homepage nach spezifischen Hinweisen zur Manuskriptgestaltung suchen.

Wie in Abschnitt 1.1 erklärt wurde, ist es bei studentischen Arbeiten nur in wenigen Fällen sinnvoll – und wird auch nur von wenigen Betreuern verlangt –, dass diese als Manuskript gestalten werden. Sofern Sie also keine entsprechende Vorgabe haben, raten wir Ihnen für alle Arbeiten zu einer „klassischen" Gestaltung, wie wir sie im Folgenden beschreiben.

4.2 Seitenlayout

Die ersten zu treffenden Entscheidungen beziehen sich auf das Layout der Seiten. Studentische Arbeiten werden üblicherweise *einseitig* auf DIN-A4-Papier ausgedruckt. (Auf die Gestaltung des Seitenlayouts für andere Papierformate, wie sie z.B. für Buchveröffentlichungen Verwendung finden, gehen wir nicht ein.) Ein doppelseitiger Ausdruck wird unseres Wissens von Hochschulen und Betreuern nie verlangt und ist an einigen Hochschulen nicht einmal erlaubt. *Generell raten wir Ihnen daher eher zum einseitigen Druck Ihrer Arbeit.* Ein doppelseitiger Druck bringt unseres Erachtens keine relevanten Vorteile. Allenfalls bei sehr umfangreichen Arbeiten (über 200 Seiten) mag dieser sinnvoll sein, damit die Arbeit nicht zu dick ausfällt – aber studentische Arbeiten sollten ohnehin nicht so umfangreich werden. Beim doppelseitigen Druck müssten Sie einige zusätzliche Aspekte beachten, die beim einseitigen Druck keine Rolle spielen (unterschiedliches Layout und wechselnde Kolumnentitel für gerade und ungerade Seiten; Beginn von Kapiteln auf einer rechten Seite; eine relativ hohe Opazität des Druckpapiers, um ein Durchscheinen des Drucks der anderen Seite zu vermeiden). In Abbildung 4.1 ist das Seitenlayout für einen einseitigen und – der Vollständigkeit halber – für einen doppelseitigen Druck dargestellt. Dort finden Sie auch wichtige Bezeichnungen, auf die wir uns bei der weiteren Beschreibung der Textgestaltung beziehen werden.

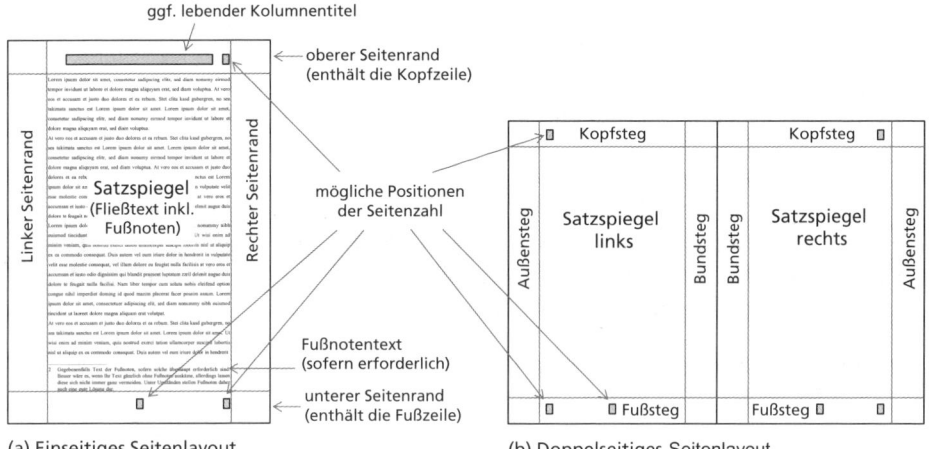

(a) Einseitiges Seitenlayout   (b) Doppelseitiges Seitenlayout

Abbildung 4.1. (a) Einseitiges und (b) doppelseitiges Seitenlayout sowie Bezeichnungen wichtiger Layout-Elemente.

Satzspiegel. Der Satzspiegel bezeichnet die Fläche auf einer Seite, die für den eigentlichen Text (einschließlich der Fußnoten) zur Verfügung steht. Umgrenzt wird der Satzspiegel von den vier Seitenrändern. Die Kopf- und die Fußzeile, in denen auch die Seitennummerierung und ggf. ein sogenannter Kolumnentitel platziert werden, gehören bei Textverarbeitungsprogrammen wie *Word* nicht zum Satzspiegel. (Professionelle Buchgestalter zählen den lebenden Kolumnentitel oft mit zum Satzspiegel.) Hinsichtlich des Satzspiegels gibt es Überlegungen, wie dieser proportional zur Seite gestaltet sein muss, damit er dem Betrachter besonders harmonisch erscheint. Bei wissenschaftlicher Literatur und insbesondere bei studentischen Arbeiten spielen derartige ästhetische Überlegungen eine untergeordnete Rolle, da sich der Satzspiegel hier aus praktischen Anforderungen an die Breite der Seitenränder ergibt.

Seitenränder. Viele Betreuer haben spezielle Wünsche hinsichtlich der Seitenränder, je nachdem, ob und wie intensiv sie diese für Korrekturanmerkungen nutzen möchten. Dies betrifft insbesondere den rechten Rand, an dem üblicherweise Anmerkungen gemacht werden. Wenn Ihnen Ihr Betreuer hier keine Vorgaben macht, empfehlen wir Ihnen *rechts einen mindestens 3 cm breiten Seitenrand* – das genügt für kürzere Anmerkungen.

Die Breite des *linken Seitenrands* hat v. a. damit zu tun, wie viel Platz durch eine Bindung verloren geht. Bei einem kurzen Experimentalbericht, der nicht gebunden, sondern nur oben links mit einer Heftklammer versehen wird, ist ein 2.5 cm breiter linker Rand ausreichend. Wird die Arbeit gebunden, was bei Abschlussarbeiten fast immer der Fall ist, muss bedacht werden, dass sich bei den meisten Bindungsarten die Arbeit nicht vollständig plan aufschlagen lässt. Bei einem zu schmalen linken Rand kann es im Extremfall passieren, dass Textteile nicht mehr vollständig oder nur erschwert lesbar sind. Aber es sieht auch unschön aus, wenn links nur ein sehr schmaler weißer Rand vorhanden ist. Wie viel zusätzlicher linker Rand benötigt wird, hängt von der Bindungsart und der Dicke der Arbeit ab. Auf verschiedene Bindungsarten gehen wir in Abschnitt 4.6 ein. In Tabelle 4.1 finden Sie Anhaltspunkte für die Mindestbreite des linken Rands in Abhängigkeit der Bindung und des Seitenumfangs. Dabei haben wir die Randbreite so gewählt, dass der Text nicht nur optimal lesbar ist, sondern auch ansprechend aussieht. Im Zweifelsfall sollten Sie aber dort, wo Sie Ihre Arbeit binden lassen wollen, genauere Auskunft einholen. Hilfreich ist es auch, sich fertig gebundene Arbeiten ähnlichen Seitenumfangs und derselben Bindungsart anzusehen und deren linke Randbreite auszumessen. Generell sollten Sie sicherheitshalber lieber einen zu breiten als einen zu schmalen linken Rand einstellen, wobei die Angaben in Tabelle 4.1 bereits einen Sicherheitspuffer beinhalten.

Tabelle 4.1. Empfohlene Mindestbreite des linken Seitenrands in Abhängigkeit von der Bindungsart und dem Seitenumfang der Arbeit

Bindungsart	Bis 100 Seiten	Ab 100 Seiten
Spiralbindung	2.5 cm	2.5 cm
Klebebindung (Softcover, Leimbindung, Hotmelt)	3.0 cm	3.5 cm
Hardcover mit flexiblem Buchrücken (klassische Buchbindung)	2.5 cm	2.5 cm
Klemm- und Kammbindungen (meist als Hardcover-Ausführung)	4.0 cm	4.5 cm

Oben und unten auf der Seite sind 2.5 cm breite Seitenränder am üblichsten. Wenn Sie keine Kopfzeile verwenden, also auch Ihre Seitennummerierung unten steht, genügt ein oberer Rand von 2 cm. Ansonsten können Sie hier die Seitenränder Ihrem ästhetischen Empfinden anpassen. Uns persönlich gefällt bei Arbeiten, die keine Fußzeile haben, bei denen die Seitenzahl also mit in der Kopfzeile steht, beispielsweise ein oberer Rand von 2.8 cm und ein unterer Rand von 2.4 cm besonders gut. Durch den etwas größeren oberen Rand setzt sich die Kopfzeile nämlich besser vom Haupttext ab. Im Zweifelsfall sollten Sie die Seitenränder eher großzügiger als zu sparsam wählen, da sehr knappe Ränder zu einem gedrungenen Eindruck des Seitenlayouts führen. Größere Seitenränder wirken hingegen meist eleganter.

Seitenzahlen. Wie in Abbildung 4.1 ersichtlich, können Seitenzahlen an drei verschiedenen Stellen einer Seite platziert werden: Mittig in der Fußzeile oder außen (bei einseitigem Druck: rechts) in der Kopf- oder Fußzeile. Welche Position Sie wählen, ist Ihnen überlassen. Wir persönlich bevorzugen die Platzierung im oberen Seitenrand, also in der Kopfzeile. Die Seitennummerierung (die Paginierung) sollte fortlaufend mit arabischen Ziffern erfolgen (vgl. auch Abschnitte 1.12 und 11.4.9), wobei das Wort „Seite" nicht abgedruckt wird, also *nicht* „Seite 1, Seite 2, Seite 3, ...", sondern lediglich „1, 2, 3, ...". Die Titelseite ist die erste Seite, erhält aber keine Seitennummerierung. (Zur Verwendung von römischen Ziffern siehe Abschnitt 11.4.9 und Fußnote 55 auf S. 387.)

Lebender Kolumnentitel. Der lebende Kolumnentitel (vgl. Abschnitt 11.4.9) gibt die Nummerierung und den Titel des jeweiligen Kapitels in der Kopfzeile an, z.B. „3 Methode".[17] Die Idee dahinter ist, dem Leser die Orientierung zu erleichtern: Egal an welcher Stelle er die Arbeit aufschlägt, erkennt er anhand der Kopfzeile sofort, in welchem Kapitel er sich befindet. Allerdings ist ein solcher lebender Kolumnentitel kein „Must", sondern nur ein „Nice to have".

4.3 Schriftarten und ihre Verwendung

Wir stellen Ihnen zunächst einige Schriftarten bzw. wesentliche Eigenschaften von Schriften vor und erklären dann, wofür man diese Schriftarten in einem wissenschaftlichen Text verwendet. Eine wichtige Unterscheidung ist die zwischen *Serifenschriften* und *serifenlosen Schriften* (vgl. Abbildung 4.2). Serifen sind kleine Füßchen an den Enden der Linien, aus denen sich die Buchstaben zusammensetzen. Beispielsweise hat das „I" in der Schriftart Times New Roman oben und unten an der senkrechten Linie kleine Querlinien – dies sind die Serifen. Derselbe Buchstabe in der Schrift Arial hat keine derartigen Serifen, deshalb ist Arial eine serifenlose Schrift. Abbildung 4.2 zeigt einige weit verbreitete Serifen- und serifenlose Schriften.

Schriftarten bzw. -eigenschaften			
Serifenschriften	**Serifenlose Schriften**	**Nichtproportionale Schrift**	**Symbolschriften**
Times New Roman	Arial		z.B. „Symbol":
Cambria	Calibri	`Courier New`	$\alpha, \beta, \rho, \pi, \Sigma$
Garamond	Myriad Pro	`Lucida Console`	$\pm, \equiv, \approx, \neq, \in, \geq$
Palatino	Verdana		
Verwendung			
für sogenannten Mengentext, d.h. als Grundschrift für die Arbeit	für Überschriften und Beschriftungen innerhalb von Abbildungen; ggf. auch für Tabelleninhalte	für Programmcode (z.B. R-Code oder SPSS-Syntax)	für griechische Buchstaben und statistische Symbole; in Schriften mit umfangreichem Zeichensatz bereits enthalten

Abbildung 4.2. Übersicht über relevante Schriftarten und -eigenschaften sowie deren Verwendung in einer wissenschaftlichen Arbeit.

---

17 Bei einem doppelseitigen Druck gibt man meistens links die Überschrift erster Ebene (z.B. „3 Methode") und rechts die Überschrift zweiter Ebene (z.B. „3.2 Stichprobe") an.

Schriften mit Serifen gelten bei langen Texten als leichter und ermüdungsfreier lesbar. Daher wählt man als Grundschrift längerer Texte meist eine Serifenschrift. In dieser Grundschrift steht der Haupt- bzw. Mengentext der Arbeit – also die normalen Absätze im Text sowie Blockzitate, Fußnoten und das Literaturverzeichnis. Die Verwendung von serifenlosen Schriften als Grundschrift ist zwar nicht verboten, aber umstritten – mit einer Serifenschrift als Grundschrift der Arbeit sind Sie hingegen auf der sicheren Seite.

In der Grundschrift Ihrer Arbeit können Sie prinzipiell auch die Überschriften, die Beschriftungen in Abbildungen sowie die Inhalte von Tabellen setzen. Wenn Sie für den Text eine Serifenschrift verwenden, hat eine serifenlose Schrift in den Überschriften den Vorteil, dass diese sich so deutlicher vom restlichen Text abheben. In Abbildungen und Tabellen werden serifenlose Schriften häufig als klarer und bei kleinerer Schriftgröße als besser lesbar erlebt. Während es in Abbildungen üblich ist, eine serifenlose Schrift zu verwenden, ist dies für den Inhalt von Tabellen optional. Das heißt, Sie können für den Inhalt von Tabellen genauso gut Ihre Grundschrift verwenden.

Für die meisten Arbeiten genügen zwei Schriften: eine *Serifenschrift* für den Grundtext und eine *serifenlose Schrift* für Überschriften, Beschriftungen innerhalb von Abbildungen und, wenn Sie möchten, für die Inhalte von Tabellen. Eine derartige Kombination gilt gemeinhin auch als ästhetisch ansprechend. Mehr als zwei verschiedene Schriften sollten Sie dafür nicht verwenden, da zu viele Schriften den Text unruhig wirken lassen.

Eine weitere Schriftart darf allerdings hinzukommen, wenn Sie in Ihrer Arbeit *Programmcode* von Computerprogrammen oder auch R-Code, SPSS-Syntax o. Ä. darstellen wollen. Hier wählt man, um diese Textteile vom übrigen Text abzuheben, in aller Regel eine sogenannte *nichtproportionale Schriftart*. Bei nichtproportionalen Schriften, beispielsweise der Schrift Courier New, weisen alle Buchstaben die gleiche Breite auf (vgl. Abbildung 4.2). Da es sich eingebürgert hat, diese Schrift für Programmcode zu verwenden, erkennt der Leser auf den ersten Blick, worum es sich handelt. Insbesondere Courier und Courier New haben sich für diesen Zweck etabliert und sollten deshalb hierfür verwendet werden.

In vielen Arbeiten benötigen Sie mathematische Zeichen oder griechische Buchstaben. Bei Schriften mit einem umfangreichen Zeichensatz (z.B. Times New Roman, Cambria, Arial und Calibri) sind derartige Symbole bereits integriert, sodass Sie keine zusätzliche Schrift benötigen. Bei anderen Schriften mit kleinerem Zeichenumfang, z.B. Garamond oder Palatino, sind manche Symbole jedoch nicht vorhanden. Dann müssen Sie für diese Zeichen auf eine zusätzliche Symbolschrift (z.B. Symbol) zurückgreifen, in der Sie die relevanten Zeichen finden. Generell ist es bei wissenschaftlichen Arbeiten empfehlenswert, eine Grundschrift zu wählen, die auch die benötigten Symbole umfasst.

Die Wahl der Schriftart soll v.a. die Lesbarkeit des Textes unterstützen und den Leser nicht vom Inhalt ablenken. Deshalb sollten Sie auch nicht mehr als zwei bzw. maximal drei Schriften (zuzüglich ggf. einer Symbolschrift) verwenden. Sofern Sie sich an diese Grundsätze halten (Optimierung der Lesbarkeit, zwei bis maximal drei Schriftarten), sind Sie bei der Wahl der Schriften prinzipiell recht frei und können Ihren persönlichen Präferenzen folgen. Wir wollen Ihnen aber noch einige weitere Überlegungen zur Wahl der Schriften darstellen.

Die Wahl von konventionellen Schriftarten (z.B. Times New Roman und Arial oder Cambria und Calibri) hat gegenüber zwar ähnlich gut geeigneten, aber nicht so verbreiteten Schriften (z.B. Palatino und Myriad) den Vorteil, dass die konventionellen Schriften auf fast jedem PC installiert sind (hinzu kommt, wie oben erwähnt, dass weniger verbreitete Schriften oft auch nicht alle benötigten Symbole umfassen). Das ist z.B. dann relevant, wenn Sie Ihr Textdokument auf einem fremden PC ausdrucken möchten. Ist die von Ihnen verwendete Schrift nicht auf diesem Rechner bzw. dem angeschlossenen Drucker installiert, wird automatisch eine Ersatzschrift gewählt, was das Aussehen Ihres Dokuments stark verändern kann. (Bestimmte Schriftarten – TrueType- und OpenType-Schriften – lassen sich in Word-Dokumente einbinden, was das beschriebene Problem behebt. Auch bei der Erstellung von PDFs lassen sich Schriften einbetten. Aber dennoch stellen seltene Schriften eine potenzielle Fehlerquelle beim Ausdrucken Ihrer Arbeit dar.)

Manche Verfasser – insbesondere von Abschlussarbeiten – verbringen viel Zeit mit der Suche nach der ästhetischsten Schriftkombination, ganz zu Schweigen von der Beschäftigung mit Feinheiten wie Ligaturen und optischem Randausgleich (z.B. Runk, 2008, 2010) – wir erklären absichtlich nicht, was das ist, da Sie es nicht benötigen! Glauben Sie uns: Ihr Betreuer bzw. Gutachter wird solche Details meist nicht einmal registrieren und schon gar keine Bonuspunkte dafür vergeben. Machen Sie sich also das Leben einfacher und bleiben Sie bei einer der bewährten Schriftkombinationen wie Times New Roman für den Text und Arial für Abbildungen und Überschriften (oder einer vergleichbaren Kombination). Investieren Sie die Zeit, die Sie mit solchen gestalterischen bzw. typografischen Finessen verbringen würden, lieber in die inhaltliche Bearbeitung Ihres Textes.

4.4 Gestaltung von Absätzen und Einrückungen

Ihr Haupttext (alle Absätze im Fließtext einschließlich Blockzitate und Fußnoten) sollte im *Blocksatz* gesetzt werden, da dies von den meisten Lesern als harmonischer empfunden wird als linksbündiger Flattersatz. Für Überschriften, Spiegelstrichaufzählungen sowie Texte innerhalb von Tabellen eignet sich jedoch *linksbündiger Flattersatz* besser, da bei diesen Textelementen sonst häufig unschöne Lücken zwischen den Wörtern entstehen. Generell sollten Sie die automatische Silbentrennung verwenden und diese in der abschließenden Überarbeitungsphase überprüfen (vgl. Abschnitt 11.6.1).

Um Absätze im Fließtext kenntlich zu machen, gibt es generell zwei Möglichkeiten. Diese zwei Varianten sollten nie kombiniert werden. Vielmehr sollten Sie sich für eine der beiden Varianten entscheiden und diese konsequent durchhalten. Die zwei Varianten sind:

1. Zwischen zwei Absätzen kommt eine „halbe Leerzeile", d. h. ein vertikaler Abstand, der halb so hoch ist wie eine normale Zeile. Mit *Microsoft Word* erreicht man das am einfachsten, indem man in der Formatvorlage für den Standardtext definiert, dass nach einem Absatz ein Abstand von 6 pt eingefügt wird (vgl. Abschnitt 11.4.5). Die Einheit „pt", in der man Schriftgrößen, aber auch die Höhe von Zeilenabständen messen kann, steht für „Punkt". Ein Punkt ist etwa 0.35 mm hoch, sodass ein Abstand von 6 pt einem zusätzlichen Zeilendurchschuss von ca. 2.1 mm entspricht.

2. Alternativ wird die erste Zeile eines neuen Absatzes eingerückt (um ca. 1 cm; hierfür gibt es aber keine feste Vorgabe). Bei Absätzen, die direkt auf eine Überschrift, ein Blockzitat, eine Abbildung oder eine Tabelle folgen, wird allerdings keine Einrückung vorgenommen.

Welche dieser beiden Varianten Sie bevorzugen, bleibt Ihnen überlassen. Wir würden Ihnen allerdings immer zur ersten Variante raten, da diese einfacher umzusetzen ist: Alle Absätze werden gleich behandelt und Sie müssen nicht überprüfen, was für ein Textelement vor dem jeweiligen Absatz steht und die Formatierung in Abhängigkeit davon verändern. Um zu vermeiden, dass eine einzelne Zeile eines Absatzes am Anfang bzw. Ende einer Seite allein steht, sollten Sie die *Absatzkontrolle* aktivieren (in Abschnitt 11.4.7 ist das Vorgehen erklärt).

In wissenschaftlichen Arbeiten gibt es ferner zwei Konventionen zu Einrückungen. Diese betreffen Blockzitate und das Literaturverzeichnis:

- *Blockzitate* (also Zitate, die mehr als 40 Wörter umfassen) werden auf der linken Seite immer vollständig eingerückt (vgl. Abschnitt 8.5.2). Optional können Sie Blockzitate zusätzlich auf der rechten Seite einrücken, wenn Sie dies schöner finden, aber das ist nicht erforderlich.

- Jeder *Literatureintrag im Literaturverzeichnis* ist linksbündig und mit *hängender Folgezeile* zu schreiben, d. h., die erste Zeile beginnt am linken Seitenrand und die folgenden Zeilen des Literatureintrags sind etwas nach rechts eingerückt (vgl. die Beispiele in Kap. 9 oder das Literaturverzeichnis dieses Buchs). Eine solche Formatierung macht es einfacher, Quellen im Literaturverzeichnis zu finden.

4.5   Konkrete Empfehlungen zur Formatierung Ihres Textes

In diesem Abschnitt geben wir Ihnen Empfehlungen für die konkrete Formatierung Ihres Textes. Sofern von Seiten Ihres Betreuers bzw. Ihrer Hochschule keine abweichenden Vorgaben bestehen und Sie Ihren Text nach unseren Empfehlungen gestalten, sollte kein Betreuer oder Gutachter etwas an Ihren Formatierungen auszusetzen haben. Unsere Empfehlungen folgen dabei den üblichen Konventionen, da es uns wichtiger ist, dass Sie damit auf der sicheren Seite sind, als dass Sie einen Preis für die am schönsten gestaltete Arbeit gewinnen. So behaupten wir nicht, dass z. B. die Kombination von Times New Roman und Arial die ästhetischste ist, die man sich vorstellen kann – aber sie hat sich bewährt: Sie sieht vernünftig aus, ist sehr gebräuchlich und stößt nicht auf Ablehnung.

Wir hören gelegentlich von Studierenden, dass Times New Roman und Arial langweilig aussehen – die verwende doch jeder und daher seien die kein bisschen individuell. Das ist richtig, allerdings geht es bei einer wissenschaftlichen Arbeit auch nicht darum, Individualität auszudrücken oder durch eine besonders kreative Gestaltung aufzufallen – vielmehr will man *einen gut lesbaren Text, dessen Form nicht vom Inhalt ablenkt.* Genau das erreicht man durch eine konventionelle Gestaltung. Nicht durch die Wahl Ihrer Schriftarten sollten Sie Ihren Gutachter zu beeindrucken versuchen, sondern durch den Inhalt der Arbeit. Sicherlich gibt es viele weitere Schriftkombinationen, die von dem einen oder anderen als „schöner" empfunden werden, und es spricht prinzipiell nichts dagegen, dass Sie eine dieser anderen Kombinationen verwenden. Bedenken Sie aber: Je stärker Sie von der konventionellen Gestaltung abweichen, desto größer ist die Gefahr zu polarisieren. Es kann dann passieren, dass eine Gestaltung, die Sie persönlich als besonders ästhetisch empfinden, von einer anderen Person als irritierend oder unangemessen wahrgenommen wird. Hingegen kennen wir keinen Betreuer oder Gutachter, der Bonuspunkte für eine besondere, vom Konventionellen abweichende Textgestaltung vergibt.

In unserer Word-Vorlage, die Sie von der Pearson-Internetseite herunterladen können, sind die Grundeinstellungen gemäß der in diesem Abschnitt getroffenen Empfehlungen vorgenommen. Auch wenn Sie die Vorlage nicht zur Erstellung Ihrer Arbeit verwenden wollen, mag es nützlich sein, sich diese zur Veranschaulichung der Ausführungen anzuschauen.

Grundschrift. Für den normalen Fließtext empfehlen wir Times New Roman in der Größe 12 pt – mit dieser Wahl machen Sie nie etwas verkehrt.

Zeilenabstand im Fließtext. Ein 1.5-facher Zeilenabstand ist für den Fließtext am üblichsten. Manche Gutachter, die gern „zwischen die Zeilen" schreiben, bevorzugen größere Zeilenabstände bis zum 2-fachen Zeilenabstand. Hinsichtlich des Druckbilds erscheint auch ein 1.3-facher Zeilenabstand sehr harmonisch. Insbesondere bei umfangreichen Arbeiten bietet sich daher ein solcher Abstand an, sofern Ihr Betreuer nichts dagegen hat. Auf die Gestaltung von *Absätzen* wurde in Abschnitt 4.4 eingegangen. Wir empfehlen, dass Sie Absätze dadurch kenntlich machen, dass Sie nach jedem Absatz einen Abstand von 6 pt (halbe Zeile) definieren (vgl. Abschnitt 11.4.5). Aktivieren Sie zudem die Absatzkontrolle (vgl. Abschnitt 11.4.7).

Überschriften. Für die Überschriften empfehlen wir eine serifenlose Schrift, z.B. Arial oder Calibri. Achten Sie darauf, dass sich die Überschriftenebenen gut voneinander unterscheiden lassen. Ober- und unterhalb von Überschriften sollten sich angemessen große Abstände befinden, wobei der Abstand oberhalb einer Überschrift stets größer ist als unterhalb (zur Umsetzung mit *Word* vgl. Abschnitt 11.4.5). Für den Fall, dass sich eine Überschrift über mehrere Zeilen erstreckt, sollte der Zeilenabstand von Überschriften maximal beim 1.5-Fachen liegen und niemals größer als der Zeilenabstand des Fließtextes sein. Damit eine Überschrift nicht als Letztes auf einer Seite steht oder, bei mehrzeiligen Überschriften, gar auf zwei Seiten verteilt wird, aktivieren Sie unter *Word* stets „Absatzkontrolle" sowie „Nicht vom nächsten Absatz trennen" (vgl. Abschnitt 11.4.7).

Abbildung 4.3 zeigt unsere Empfehlung zur Gestaltung von Überschriften. Die Überschriften der Ebenen 1 bis 4 sind nummeriert und in Arial gesetzt, wobei die Ebenen 1 bis 3 fett gesetzt sind und sich in der Schriftgröße jeweils um 2 pt unterscheiden. Die Abstände ober- und unterhalb der Überschriften nehmen mit der Ebene ab. (Wir haben zudem einen 1.5-fachen Zeilenabstand gewählt.) Falls zusätzlich eine fünfte und/oder sechste Ebene benötigt wird, werden diese Überschriften nicht nummeriert und in der Grundschrift gesetzt, allerdings durch Fett- bzw. Kursivdruck hervorgehoben.

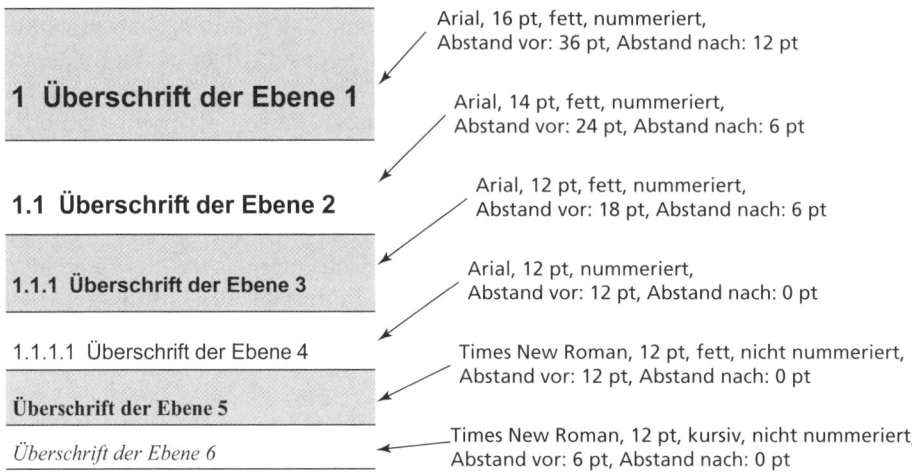

Abbildung 4.3. Empfehlung zur Gestaltung von Überschriften verschiedener Ebenen.

Falls Sie keine vier nummerierten Überschriftenebenen benötigen, können Sie auch die nummerierten Überschriften der Ebene 1 bis 3 verwenden und zusätzlich die nicht nummerierte Überschrift der Ebene 5. Dieser kommt in dem Fall dann die Funktion einer Überschrift der vierten Ebene zu.

Abbildungsunterschriften und Tabellentitel. Die Beschriftung unter Abbildungen und über Tabellen (vgl. Abschnitt 6.7) erfolgt in der Grundschrift. Wir würden die Schriftgröße minimal kleiner als im Fließtext wählen und uns daher für Times New Roman in 11 pt entscheiden. Der Zeilenabstand sollte einzeilig sein.

Beschriftungen innerhalb von Abbildungen. Hierfür nimmt man häufig serifenlose Schrifttypen – verwenden Sie dieselbe Schriftart wie für Ihre Überschriften, sofern diese serifenlos ist. Die Schriftgröße kann etwas kleiner ausfallen als der Fließtext, solange sie noch gut lesbar ist. Kleiner als 8 pt sollte allerdings keine Beschriftung ausfallen. Beachten Sie dabei, dass eine Abbildung, die Sie in einem Statistikprogramm oder z.B. in *PowerPoint* erstellt haben, im Textdokument unter Umständen verkleinert oder vergrößert werden muss.

Tabelleninhalte. Für den Inhalt von Tabellen kann man die Grundschrift oder auch die serifenlose Schrift, in der die Überschriften gesetzt sind, verwenden. Hinsichtlich der Schriftgröße kann dieselbe Größe wie im Fließtext verwendet werden, es ist aber auch möglich, die Schriftgröße auf bis zu 10 pt zu verkleinern. Das ist insbesondere dann nützlich, wenn man komplexe Tabellen hat, bei denen die Inhalte in einer 12-pt-Schrift nur schwer in der Tabelle unterzubringen wären. Innerhalb der Zellen sollten Inhalte einzeilig gesetzt werden, achten Sie aber auf ausreichend Platz zwischen den Zeilen der Tabelle (zur Tabellengestaltung vgl. Abschnitt 6.5).

Fußnoten. Wenn sich eine – für den Text nicht essenzielle, aber doch relevante – Ergänzung oder Anmerkung schlecht im Fließtext unterbringen lässt, weil diese den Lesefluss unterbrechen würde, kann man dafür eine Fußnote verwenden. Allerdings sollten Fußnoten sparsam eingesetzt werden, also nur dann, wenn (a) die Information der Fußnote wirklich wichtig ist und (b) diese sich nicht gut in den Fließtext einbauen lässt. In anderen Disziplinen, z.B. in vielen Geisteswissenschaften, werden Fußnoten für Quellenangaben genutzt. Dies macht man in den empirischen Sozialwissenschaften und der Psychologie *nicht*, d.h., Quellenangaben werden im Fließtext gemacht und nicht in Fußnoten verschoben! Für Fußnoten wird die Schrift des Fließtextes verwendet, allerdings einzeilig und etwa 2 pt kleiner, also 10 pt bei einer 12-pt-Schrift im Fließtext.

Blockzitate. Blockzitate, also Zitate mit mehr als 40 Wörtern, werden links um etwa einen Zentimeter eingerückt, um sie vom normalen Fließtext abzuheben. Prinzipiell könnten Sie dieselbe Schriftgröße verwenden wie im Fließtext, schöner wirken unseres Erachtens aber eine etwas kleinere Schriftgröße und ein leicht reduzierter Zeilenabstand. Wir würden daher Times New Roman in 10 pt und mit einem 1.2-fachen Zeilenabstand verwenden.

Einträge im Literaturverzeichnis. Hierfür verwenden Sie Ihre Grundschrift in der Größe des Fließtextes. Sie können den gleichen Zeilenabstand wie im Fließtext verwenden, diesen aber auch verkleinern bis auf einen einzeiligen Abstand. Bei einem sehr umfangreichen Literaturverzeichnis ist es legitim, die Schriftgröße um bis zu 2 pt zu verkleinern. Beachten Sie die Hinweise zur Einrückung (Abschnitt 4.4) und generell zum Literaturverzeichnis (Kap. 9). Ob Sie Blocksatz oder einen linksbündigen Flattersatz wählen, ist Ihrem persönlichen Geschmack überlassen.

4.6   Drucken und Binden der Abschlussarbeit

Abschlussarbeiten müssen nach ihrer Fertigstellung nicht nur gedruckt, sondern auch gebunden werden. An den meisten Hochschulen werden zwei bis vier gebundene Exemplare verlangt (je nachdem, wie viele Gutachter es gibt und ob Ihre Arbeit auch z.B. in der Hochschulbibliothek archiviert wird). Zusätzlich wird in der Regel die Abgabe der Arbeit als PDF gefordert. Sofern Sie Ihre Arbeit nicht zuhause am PC ausdrucken, empfiehlt es sich, dieses PDF, das Sie ohnehin erzeugen müssen, auch für den Ausdruck der Arbeit zu verwenden. Daher gehen wir zunächst auf das Erstellen von PDFs ein (Abschnitt 4.6.1).

Um zu einer gebundenen Abschlussarbeit zu gelangen, gibt es zwei übliche Wege: (a) Sie drucken Ihre Arbeit zuhause oder im Copyshop aus und lassen sie anschließend im Copyshop binden (Abschnitt 4.6.2); (b) Sie schicken Ihre Arbeit als PDF an eine Online-Druckerei, welche die Arbeit druckt und bindet (Abschnitt 4.6.3). Zusätzlich erklären wir Ihnen, was Sie bei der Wahl des Papiers (Abschnitt 4.6.4) und der Wahl der Bindungsart (Abschnitt 4.6.5) beachten sollten. In diesem letzten Abschnitt gehen wir auch auf „Extras" ein, mit denen Sie Ihre gebundene Arbeit ausstatten können.

4.6.1   PDF erstellen

Die Prüfungsämter verlangen die – zusätzliche – Abgabe Ihrer Arbeit u. a. deshalb als PDF, da Dateien in diesem Format nicht ohne Weiteres verändert werden können und sich somit gut für die Archivierung eignen. Außerdem werden PDFs auf jedem Computer gleich dargestellt und auf jedem Drucker identisch ausgedruckt. Dieser letzte Aspekt ist auch für Sie vorteilhaft: Beim Ausdrucken von Word- und OpenOffice-Dateien führen verschiedene Drucker bzw. unterschiedliche Druckertreiber nämlich oft dazu, dass Ihr Dokument auf Papier anders aussieht als am Computermonitor. Außerdem sind nicht auf jedem Computer bzw. Drucker alle Schriften, die Sie in Ihrem Dokument verwendet haben, installiert. Dann werden in aller Regel Ersatzschriften verwendet. Selbst wenn diese der Originalschrift sehr ähnlich sehen, kann es aufgrund minimaler Unterschiede zu Änderungen im Zeilen- und Seitenumbruch kommen, was gerade bei längeren Dokumenten dazu führt, dass das gesamte Druckbild anders aussieht. Bei Sonderzeichen und Symbolen kann es zudem passieren, dass diese auf dem System, auf dem Sie die Arbeit drucken wollen, gar nicht vorhanden sind – dann enthält Ihr Ausdruck nur noch Zeichensalat.

Mit einem PDF lassen sich diese Probleme vermeiden, indem die verwendeten Schriften in die Datei eingebettet werden. PDFs sind für den Austausch von Druckdaten konzipiert, d. h., Sie können recht sicher sein, dass Sie auf allen Kombinationen von Computern und Druckern dasselbe Druckergebnis erhalten. Wenn Sie vorhaben, Ihre Arbeit nicht am heimischen Drucker, sondern z. B. im Copyshop oder an einem Hochschuldrucker auszudrucken, sollten Sie dafür auf jeden Fall ein PDF verwenden. Auch wenn Sie sich für den Druck über eine Online-Druckerei entscheiden, führt in aller Regel kein Weg an einem PDF vorbei.

Um ein PDF zu erstellen, gibt es zwei Wege: mittels eines PDF-Programms oder mittels der in Ihr Textverarbeitungsprogramm integrierten PDF-Funktion. Unter den PDF-Programmen ist der „Goldstandard" *Adobe Acrobat (Pro)*. Dieses kostenpflichtige Programm bietet viele Einstellungsoptionen und wird auch in der professionellen Druckbranche eingesetzt. (Verwechseln Sie *Adobe Acrobat* nicht mit dem kostenlosen *Adobe Reader*, mit dem man PDFs nur lesen, aber nicht erstellen kann.) Wenn *Adobe Acrobat* auf Ihrem Computer (bzw. einem Hochschul-PC) installiert ist, können Sie beim Drucken Ihres Dokuments in der Druckerauswahl „Abobe PDF" wählen. Hierbei handelt es sich um eine Art virtuellen Drucker, der keinen Papierausdruck, sondern ein PDF erstellt. Unter den „Druckereigenschaften" können Sie verschiedene Einstellungen vornehmen. So lässt sich z.B. die Auflösung von Abbildungen erhöhen, falls diese bei Verwendung der Standardeinstellungen zu grob aufgelöst erscheinen.

Es gibt auch einige Programme zur PDF-Erstellung, die Sie kostenlos als Freeware aus dem Internet herunterladen können. Dazu gehören der *PDFCreator* (*http://de .pdfforge.org*) und der *PDF24-Creator* (*http://de.pdf24.org*) – weitere ähnliche Software findet sich über eine Internetsuche. Diese Programme weisen allerdings meist deutlich weniger Optionen zur individuellen Einstellung auf. In den meisten Fällen genügen aber die Standardeinstellungen der Programme, um ein sauberes und ausreichend hochauflösendes PDF zu erhalten.

Seit einigen Jahren bieten Textverarbeitungsprogramme wie *Microsoft Word* und *OpenOffice Writer* bzw. *LibreOffice Writer* die Möglichkeit, eine Datei direkt als PDF zu speichern bzw. zu exportieren. Ähnlich wie bei den kostenlosen PDF-Programmen fehlen jedoch verfeinerte Einstelloptionen. Aber auch hier gilt: Für die meisten Arbeiten sind die Standardeinstellungen vollkommen ausreichend. Insbesondere für Ausdrucke auf gängigen (Laser-)Druckern und auch für die Erstellung der ggf. geforderten digitalen Version auf CD-ROM genügen in der Regel die Möglichkeiten Ihres Textverarbeitungsprogramms. Falls Sie Ihre Arbeit jedoch an eine professionelle Druckerei übergeben möchten, erkundigen Sie sich nach deren Anforderungen.

Wenn Probleme beim Erstellen von PDFs auftreten, dann bestehen diese meist darin, dass Abbildungen in einer zu geringen Auflösung in das PDF integriert werden. Hier hilft es, die Auflösung von Abbildungen zu erhöhen. So sollten Farbbilder und Graustufenbilder mit einer Auflösung von 300 ppi[18] in das PDF eingebettet werden, Schwarz-Weiß-Bilder mit 1 200 ppi. Zudem kann bei vielen Programmen die standardmäßig eingestellte Komprimierung der Bilder deaktiviert werden. In *Adobe Acrobat* lässt sich auch die Bildqualität einstellen: Setzen Sie diese auf „hoch" bzw. „maximal". Schriften sollten, sofern Ihr Programm diese Auswahl unterstützt, stets eingebettet werden. Das garantiert, dass das Dokument auch auf fremden Computern und Druckern immer identisch dargestellt wird.

Höhere Auflösungen führen dazu, dass die Dateigröße zunimmt. Moderne Computer können auch PDFs mit 100 MB noch problemlos verarbeiten. Sofern Sie sich für die unten dargestellte Variante entscheiden, Ihre Arbeit bei einer Online-Druckerei ausdrucken und binden zu lassen, sollte Ihr PDF nicht größer als 20 MB sein. Viele FreeMail-Anbieter lassen nämlich nur Anhänge bis 20 MB zu,

---

18 Die Abkürzungen *ppi* (pixel per inch) und *dpi* (dots per inch) werden oft verwechselt. Sie sind inhaltlich verwandt, aber mit ppi gibt man die Auflösung eines digitalen Bildes oder einer Grafik an, wohingegen sich dpi auf die Auflösung der Druckausgabe bezieht. Ein einzelnes Pixel in einem digitalen Bild kann meist einen von 256 verschiedenen Grautönen oder eine von 16.78 Millionen Farben annehmen. Da Drucker Farben und Grautöne aus mehreren Einzelpunkten zusammensetzen, liegt – außer bei Schwarz-Weiß-Bildern – die erforderliche Druckauflösung (in dpi) über der erforderlichen Bildauflösung (in ppi). Für das PDF ist die Auflösung in ppi relevant.

sodass Sie größere Dateien unter Umständen nicht mehr verschicken können. Allerdings sind 20 MB für eine normale Abschlussarbeit mehr als ausreichend, um auch Abbildungen in hoher Auflösung darzustellen. Überschreitet Ihr PDF diese Größe, haben Sie vermutlich zu hohe Auflösungen gewählt – hier können Sie die Auflösung fast immer reduzieren, ohne dass sich sichtbare Qualitätseinbußen zeigen. Ein Farbbild mit 300 ppi ist nämlich bereits so hochaufgelöst, dass es auf einem Laserdrucker perfekt ausgegeben werden kann; stellen Sie eine Auflösung von z.B. 600 ppi ein, sieht man gegenüber der Auflösung von 300 ppi in der Druckausgabe keinen Unterschied.

4.6.2   Zuhause oder im Copyshop ausdrucken und im Copyshop binden lassen

Wenn Sie über einen Laserdrucker verfügen, der ein sauberes Schriftbild liefert, können Sie Ihre Arbeit zuhause ausdrucken und zum Binden in den Copyshop bringen. Von einem Ausdruck auf einem Tintenstrahldrucker raten wir eher ab: Das Druckbild ist meist nicht ganz sauber und die Arbeit wirkt unprofessionell. In dem Fall wäre es ratsamer, Ihre Arbeit auf einem Laserdrucker im Copyshop oder in Ihrer Hochschule auszudrucken. Die Preise pro S/W-Seite sollten üblicherweise maximal 8 Cent und pro Farbseite maximal 80 Cent betragen – oft liegen sie deutlich darunter und es gibt zudem häufig Mengenrabatt.

Viele Copyshops bieten auch an, die Arbeit zu binden. Wir erklären unten bei der „Wahl der Bindungsart", welche Varianten es gibt. Der Vorteil am Copyshop vor Ort ist, dass Sie sich Beispielbindungen ansehen, die gewünschten Materialien für den Umschlag in Augenschein nehmen und sogar anfassen können. Je nach Bindungsart bekommen Sie Ihren Ausdruck sofort gebunden oder können ihn nach ein bis zwei Werktagen abholen. Vielerorts wird – gegen einen Preisaufschlag – auch ein „Express-Service" angeboten. Also auch wenn es schnell gehen muss (was bei Ihnen aufgrund einer sorgfältigen Zeitplanung hoffentlich nicht eintritt), ist der Copyshop die erste Wahl.

4.6.3   Über Online-Druckerei ausdrucken und binden lassen

Seit einigen Jahren wächst das Angebot an Online-Druckereien, die Abschlussarbeiten ausdrucken und binden. Internetsuchen mit den Begriffen „Abschlussarbeit drucken", „Diplomarbeit drucken" o.Ä. liefern eine Vielzahl von Anbietern. Der Vorteil hierbei ist, dass Sie in der Regel sehr hochwertig gedruckte und gebundene Exemplare Ihrer Arbeiten erhalten – die Qualität liegt meist über dem, was der Copyshop um die Ecke leistet. Sie müssen lediglich ein PDF Ihrer Arbeit erstellen und diese zusammen mit Ihren Wünschen zu Druck und Bindung der Arbeit an den Online-Dienstleister schicken. Die fertigen Exemplare erhalten Sie meist nach wenigen Tagen per Post.

Der Nachteil an diesem Konzept ist, dass Sie das Endprodukt erst verzögert sehen. Sie wissen vorher oft nicht genau, was Sie erhalten werden. Achten Sie daher darauf, dass die Online-Druckerei ihre Produkte detailliert mit Fotos im Internet darstellt. Einige Anbieter verschicken sogar Muster der Papiersorten und Einband-arten. Auch falls beim Druck doch etwas schief laufen sollte, erkennen Sie das erst, wenn das Paket mit den fertigen Exemplaren geliefert worden ist. Zwar bieten viele Online-Druckereien an, Ihr PDF daraufhin zu prüfen, ob alle Schriften einge-bettet und die Auflösungen der Abbildungen ausreichend sind – das reduziert die Wahrscheinlichkeit von Fehlern beim Druck, bietet aber keine hundertprozentige Sicherheit. Abgesehen davon, dass es bei Fehlern vom Beschwerdemanagement des Anbieters abhängt, wie kulant Sie behandelt werden, verlieren Sie unter Um-ständen wertvolle Zeit. Daher empfehlen wir Online-Druckereien v. a. dann, wenn Sie bis zum Abgabetermin noch ausreichend Zeit (mindestens 10 Tage) haben, um bei Problemen doch noch zum Copyshop um die Ecke zu gehen.

Wie viel Zeit Sie für den Druck und Versand einplanen müssen, sollten Sie auf der Internetseite des Anbieters erfahren. Achten Sie darauf, ob eine bestimmte Bearbeitungszeit garantiert wird oder ob nur durchschnittliche Bearbeitungszei-ten angegeben werden. Manche Druckereien bieten gegen Express-Zuschlag eine sehr schnelle Bearbeitung und Lieferung an, aber dann sind die Preise oft unver-hältnismäßig hoch. Nur wenn es aufgrund Ihres noch vorhandenen zeitlichen Puffers auf ein paar Tage nicht ankommt, können die Preise der Online-Drucke-reien mit denen der örtlichen Copyshops konkurrieren bzw. sind sogar günstiger als diese. In jedem Fall lohnen sich Preisvergleiche zwischen mehreren Online-Anbietern und den Copyshops in Ihrer Nähe. Viele Online-Druckereien haben einen Preiskalkulator, mit dem Sie bestimmen können, was die Exemplare Ihrer Abschlussarbeit kosten. Beachten Sie dabei aber, dass sich Qualitätsunterschiede und Extras (z. B. das Einkleben einer CD-Hülle in den Umschlag oder eine Deckel-prägung) im Preis niederschlagen müssen.

4.6.4   Wahl des Papiers

Bei der Wahl des Papiers ist die *Grammatur* wichtig. Sie haben sicherlich schon gesehen, dass auf Drucker-/Kopierpapier Angaben wie „80 g/qm" stehen. Damit wird angegeben, wie viel Gramm ein Quadratmeter dieses Papiers wiegt. Je höher die Angabe, desto schwerer ist das Papier. Übliches Kopierpapier hat meist 80 g/qm. Papier mit 90 oder 100 g/qm fühlt sich etwas hochwertiger an, ohne dabei „zu dick aufzutragen". Es gibt auch Papier mit 120 g/qm oder höheren Werten, aber dann werden die Seiten schon spürbar steifer und fühlen sich ein bisschen kar-tonartig an. Außerdem wirkt Papier ab 110 g/qm für eine Abschlussarbeit über-trieben – so, als würden Sie im Smoking oder Abendkleid zur mündlichen Prü-fung erscheinen. Auch das ist ein Eindruck, den Sie vermeiden sollten. Falls Sie die Wahl haben, raten wir Ihnen zu 90- oder 100-g-Papier, aber auch 80-g-Papiere sind vollkommen in Ordnung. Mit der Grammatur des Papiers nimmt dessen Dicke[19] zu und es wird opaker, also weniger durchscheinend. Daher ist es bei

---

19 Genaugenommen ist die Grammatur für die Dicke des Papiers nur ein Faktor. Der zweite Fak-tor ist das sogenannte Volumen, da man auch ein leichtes Papier durch spezielle Verfahren bei der Herstellung dicker machen kann, aber das spielt für normales Laserdrucker-Papier keine Rolle.

einem doppelseitigen Druck besser, zu schwererem Papier (100 g/qm) zu greifen, damit man das Druckbild der anderen Seite nicht durchscheinen sieht. Wenn Sie sich solche Details und auch das kompliziertere Seitenlayout ersparen möchten (vgl. Abschnitt 4.2), drucken Sie Ihre Arbeit am besten einseitig aus.

Generell sollten Sie *weißes Papier* verwenden. Wenn Sie auf die Umwelt achten wollen: Es gibt auch weißes Recyclingpapier. Graues Recyclingpapier (dieses Grau wird manchmal irreführenderweise als „presseweiß" bezeichnet) ist für eine Abschlussarbeit nicht angemessen. Anders als bei Waschmitteln gilt bei Papier allerdings nicht, dass weißer noch besser als weiß ist: Tatsächlich liest sich ein Text dann am angenehmsten, wenn das Papier weiß ist, aber nicht grell reflektierend. Speziell für hochwertige Farbdrucke existieren sehr weiße Papiere, die teilweise als „superweiß" o. Ä. bezeichnet werden – für den Text Ihrer Abschlussarbeit sind diese Papiere eher ungeeignet. Einige Papiere geben den Weißegrad nach der CIE-Norm an. Hier stehen höhere Werte für eine stärkere Lichtreflexion des Papiers und damit für ein „weißeres" Papier. Graues Recyclingpapier hat CIE-Werte um 80, extrem weißes Papier Werte bis zu 180. Empfehlenswert sind „normale" Papiere mit CIE-Werten zwischen 140 und 165. Da auf den wenigsten Papierpackungen Angaben zum Weißegrad stehen, sollten Sie sich eher an folgende Faustregel halten: Vermeiden Sie graue Papiersorten und Papiere, die so weiß sind, dass Sie beim Anschauen geblendet werden.

4.6.5   Wahl der Bindungsart und Extras

Die üblichsten Bindungsarten sind (a) *Spiralbindung*, (b) *Klebebindung* (alternative Bezeichnungen bzw. Unterarten: Softcover, Fastback-Bindung, Leimbindung, Hotmelt-Bindung), (c) *klassische Buchbindung* (oft als Hardcover-Bindungen bezeichnet) und (d) *Klemm- und Kammbindung*. Wir beschreiben im Folgenden die Vor- und Nachteile dieser Bindungsarten. Generell würden wir Ihnen *zur Klebebindung mit flexiblem Einband* raten. Am Ende des Abschnitts gehen wir auf Extras ein, mit denen Sie Ihre Arbeit ausstatten lassen können.

Spiralbindung. Bei Spiralbindungen werden die Blätter am linken Rand gestanzt und mit einem Ring aus Kunststoff oder Metall verbunden. Man erhält auf diese Weise eine Art Ringbuch. Der Vorteil von Spiralbindungen ist, dass sich die Arbeit plan aufschlagen lässt, was angenehm ist, wenn man am Schreibtisch sitzend liest. Außerdem sind sie in wenigen Minuten gefertigt (es gibt keinen Klebstoff, der trocknen muss). Allerdings sind Spiralbindungen für Abschlussarbeiten nicht an allen Hochschulen erlaubt. Der Grund ist, dass die Bindung der Abschlussarbeit bezwecken soll, dass alle Seiten fest verbunden sind und es daher nicht möglich ist, einzelne Seiten auszutauschen und damit das Prüfungsdokument nachträglich zu verändern. Spiralbindungen lassen sich jedoch öffnen und wieder neu verschließen, sodass diese Unveränderbarkeit nicht gewährleistet ist. Zudem lassen sie sich aufgrund des Rings nicht so gut im Regal archivieren wie Arbeiten mit den anderen beschriebenen Bindungsarten. Es gibt aber auch Betreuer und Gutachter, die Spiralbindungen mögen, da sich die Blätter ganz umschlagen lassen – man kann die Arbeit somit beim Lesen gut in einer Hand halten, was z.B. denjenigen entgegenkommt, die Abschlussarbeiten auf Zugfahrten korrigieren. Zu einer Spiralbindung raten wir allerdings nur, wenn Ihr Betreuer bzw. Gutachter sich diese wünscht und sie an Ihrer Hochschule erlaubt ist.

Klebebindung. Die Klebebindung ist für Abschlussarbeiten mit flexiblem Einband am gebräuchlichsten. Sie entspricht der Bindung, die man von Taschenbüchern kennt. Klebebindung ist ein Sammelbegriff für verschiedene, aber ähnliche Verfahren, weshalb es hier auch manchmal zu Begriffsverwirrungen kommt. Je nach Art des Klebers, der verwendet wird, findet man z.B. die Bezeichnungen *Leimbindung*, *Hotmelt* (Heißkleber) und *PUR-Klebebindung* (ein Kunststoff, der ebenfalls heiß verarbeitet wird). Welches Verfahren genau zum Einsatz kommt, ist allerdings irrelevant. Manchmal findet man auch eine Unterscheidung zwischen *Softcover* und *Klebebindung*: Dann ist damit gemeint, dass beim Softcover der Umschlag aus einem Stück besteht – Vorderseite, Rückseite und Rücken sind *ein* Stück gefalzter Karton; bei der Klebebindung werden dagegen je ein getrenntes Deck- und Rückblatt am Buchrücken durch einen Klebestreifen miteinander verbunden (der Klebestreifen bedeckt etwa 1 bis 2 cm des Deck- und Rückblatts). Diese Form der Klebebindung lässt sich einfacher und schneller erstellen als eine Softcover-Bindung, da man für die Klebebindung nur vorgefertigte Teile zusammenfügt. Für eine Softcover-Bindung muss der Einband in Abhängigkeit von der Dicke der Arbeit auf das richtige Maß zugeschnitten und gefalzt werden.

Die Klebebindung (oder Softcover-Bindung) ist unsere Empfehlung, da diese alle Anforderungen an die Bindung einer Abschlussarbeit erfüllt, ein gutes Preis-Leistungs-Verhältnis aufweist und – im Gegensatz zu Hardcover-Bindungen – nicht übertrieben wirkt (nicht wie ein Abendkleid zur Prüfung). Für den Einband stehen oft verschiedene Materialien zur Auswahl. Bei der Klebebindung kann man auch eine transparente Deckfolie verwenden, durch die man die Titelseite sieht – dies ist eine beliebte und sinnvolle Variante, da der Leser erkennt, um welche Arbeit es sich handelt, ohne diese aufschlagen zu müssen und ohne dass Sie extra Geld für einen Coverdruck ausgeben müssen.

Klassische Buchbindung (Hardcover). Die klassische Buchbindung entspricht der Bindung, die Sie bei gebundenen Büchern mit festem Einband finden. Sie wird häufig als Hardcover-Bindung bezeichnet, allerdings firmieren auch Klemmbindungen, die wir unten besprechen, manchmal unter der Bezeichnung Hardcover. Bei einer klassischen Buchbindung werden die Seiten – meist durch Kleben, bei sehr teuren Bindungen auch durch Fadenheftung – an einem flexiblen Gewebestreifen befestigt. Diese Verbindung aus den am Rücken verklebten Seiten nennt man Buchblock. Der Buchblock wird an dem Gewebeband durch eine Verklebung in die sogenannte Buchdecke (bestehend aus vorderem und hinterem Buchdeckel und Buchrücken, die fest miteinander verbunden sind) eingehängt. Die Verklebung wird anschließend durch sogenanntes Vorsatzpapier, das an den Innenseiten des vorderen und hinteren Buchdeckels aufgeklebt wird, verdeckt. Für den Bucheinband kann man meist zwischen verschiedenen Materialien wählen, z.B. Kunstledern oder Leinen in verschiedenen Farben.

Solche klassischen Hardcover-Bindungen sehen recht elegant aus. Allerdings sind sie auch deutlich teurer als die oben beschriebenen Klebebindungen mit flexiblem Einband. Notwendig ist eine klassische Buchbindung für eine Abschlussarbeit auf keinen Fall und besser benotet wird Ihre Arbeit wegen des Einbands auch nicht. Außerdem sollten Sie sich bewusst sein, dass eine klassische Buchbindung zumindest in die Richtung „dunkler Anzug oder Business-Kostüm bei der mündlichen Prüfung" geht – das ist noch okay, aber an der Grenze zum Overdressing. Aus praktischer Sicht bieten diese Buchbindungen den Vorteil, dass man aufgrund des flexiblen Gewebestreifens, an dem die Seiten befestigt sind, das Buch sehr gut aufschlagen kann und am linken Seitenrand kaum Platz verloren geht. Dieser Vorteil gilt aber nicht für die oft auch als „Hardcover" verkaufte Klemmbindung, die wir im Folgenden beschreiben.

Klemm- und Kammbindung. Bei der Klemmbindung werden die Seiten dadurch verbunden, dass diese am linken Rand in eine Metallschiene eingeklemmt werden – manchmal werden die Seiten zusätzlich verleimt. Daneben gibt es die Kammbindung, bei der die Seiten am linken Rand durchlocht werden. Durch diese Löcher wird eine Art Kamm aus Kunststoff geschoben, der auf der anderen Seite wieder mit einer Kunststoffschiene verbunden wird. Die Seiten werden also durch diesen Kamm zusammengehalten. Bei beiden Bindungsarten bestehen die Buchdeckel und der Buchrücken meist aus festen Materialien (sehr festem Karton), weshalb auch diese Bindungen oft als Hardcover bezeichnet werden. Daneben gibt es aber auch Klemmbindungen mit flexiblem Einband (nur der Buchrücken besteht dann aus einer Metallschiene).

Klemm- und Kammbindungen haben den Vorteil, dass sie mit vorgefertigten Materialien erstellt werden. Daher sind sie schnell gemacht und meist auch relativ günstig, zumindest deutlich günstiger als die klassische Buchbindung. Allerdings sind sie auch weniger hochwertig: Der wesentliche Nachteil der Klemmbindung ist, dass sich solche Bücher schlecht aufschlagen lassen. Dadurch werden auch etwa 1.0 bis 1.5 cm am linken Seitenrand verschluckt, weshalb Sie einen entsprechend breiteren Rand einplanen müssen (siehe Tabelle 4.1 auf S. 160). Aufgrund dieser Nachteile raten wir von einer Klemmbindung ab: Nur von außen sieht sie wie eine hochwertige klassische Buchbindung aus, sobald man sie aber aufschlägt, erkennt man, dass hier gespart wurde. Da ist die ebenfalls günstige Klebebindung mit flexiblem Einband die bessere Wahl.

Extras bei der Bindung. Oft können Sie noch Extras auswählen wie Prägungen oder Beschichtungen auf dem Einband und bei Hardcover-Bindungen zusätzlich Buchecken oder ein Leseband. Die meisten dieser Extras sind unnötige Spielereien, die Ihnen bei der Benotung sicherlich keine Pluspunkte bringen. Sie können darauf also weitgehend verzichten. Wir finden nur zwei Extras sinnvoll: eingeklebte CD/DVD-Hüllen und – wenn möglich – eine Beschriftung oder Prägung des Buchrückens. Sofern Sie eine CD oder DVD z.B. mit Ihrem Text oder mit zusätzlichen Daten oder Anhängen zusammen mit der gebundenen Arbeit abgeben sollen, ist es am elegantesten, dazu auf der Innenseite des hinteren Bucheinbands eine transparente CD-Hülle einzukleben. Dann gehen auch CDs/DVDs beim Betreuer oder Gutachter nicht so schnell verloren. Eine solche CD-Hülle macht einen besseren Eindruck und ist solider als selbst gebastelte Papierhüllen, die wir auch schon in manchen Abschlussarbeiten gesehen haben. Das zweite Extra, eine Beschriftung oder Prägung auf dem Buchrücken, ist nicht unbedingt notwendig, aber viele Betreuer und Gutachter freuen sich über eine aussagekräftige Beschriftung, die den – ggf. verkürzten – Titel der Arbeit und den Verfassernamen enthält. Das erleichtert es nämlich, die Arbeit im Bücherregal wiederzufinden, insbesondere dann, wenn man als Betreuer bzw. Gutachter bereits eine lange Reihe von Abschlussarbeiten bei sich stehen hat.

Spezielle Formatierungen und Schreibweisen

5

ÜBERBLICK

In der Psychologie und den empirischen Sozialwissenschaften gibt es einige Regeln zu speziellen Formatierungen und Schreibweisen, die sich teilweise von den allgemeinen deutschen Rechtschreibregeln (und auch von den „Duden-Regeln") unterscheiden. Diese betreffen beispielsweise die Verwendung von Anführungszeichen bzw. Kursivdruck oder die Frage, wann man Zahlen im Text ausschreibt. Die wichtigsten dieser Regeln stellen wir Ihnen hier vor.

Um Ihnen das Nachschlagen während des Schreibens Ihrer Arbeit zu erleichtern, werden die Regeln oft stichpunktartig und gelegentlich in Tabellenform dargestellt. Sofern für das Verständnis sinnvoll, ergänzen wir die einzelnen Regeln durch Beispiele. Übungen (einschließlich Lösungen) zu den Regeln können Sie von der Pearson-Homepage herunterladen.

Um eine gute Übersichtlichkeit zu gewährleisten, haben wir sehr selten benötigte Regeln weggelassen. So finden Sie in diesem Kapitel keinen Hinweis darauf, dass man chemische Formeln (z. B. NaCl oder H_2O) nicht kursiv schreibt. Wenn Sie in unserem Buch auf eine Ihrer Fragen einmal keine Antwort finden, können Sie in den Richtlinienwerken APA (2010) und DGPs (2007) nachschlagen. Dabei ist das englischsprachige Werk der APA wesentlich umfangreicher, sodass Sie dort auch Regelungen für Spezialfälle finden, die in den Richtlinien der DGPs nicht behandelt werden. Übrigens: Regeln für Fälle, die wir nicht erwähnen, sind mit hoher Wahrscheinlichkeit so exotisch, dass auch Ihr Betreuer sie nicht kennt – er würde Ihren Fehler, falls Sie einen begehen, also kaum bemerken.

5.1 Anführungszeichen und Kursivdruck

In wissenschaftlichen Texten erfüllen Anführungszeichen und Kursivdruck unterschiedliche Funktionen. Wir erklären zunächst, wann Anführungszeichen verwendet werden, und dann, wann Sie Kursivdruck einsetzen sollten.

5.1.1 Anführungszeichen

Wörtliche Zitate: Wörtliche Zitate im Text werden durch doppelte Anführungszeichen gekennzeichnet (Ausnahme: Blockzitate stehen ohne Anführungszeichen). Wir gehen darauf ausführlich in Abschnitt 8.5 ein. Dort erklären wir auch, was Sie machen, wenn innerhalb eines Zitats Anführungszeichen vorkommen.

Ironisch gemeinte oder umgangssprachliche Ausdrücke, Wortneuschöpfungen (sofern nicht als Fachbegriff gedacht): Wird ein solches Wort oder eine solche Phrase *erstmalig* im Text verwendet, werden doppelte Anführungszeichen gesetzt. Bei wiederholter Verwendung entfallen die Anführungszeichen.

Der „schönste" Tod, den man sterben kann …

… das „verflixte siebte Jahr" …

Die „braven" Probanden …

Die „gewinnmaximierenden" Studierenden erreichen gute Noten mit wenig Aufwand. ... Da gewinnmaximierende Studierende ... [keine Anführungszeichen bei wiederholter Verwendung]

Nennung des Titels eines Artikels/Aufsatzes im Text: Wird der Titel eines *Buchbeitrags* oder eines *Zeitschriftenartikels* im Text genannt, steht dieser in doppelten Anführungszeichen. Dies gilt aber *nicht* für die Titel *ganzer Bücher* oder *Zeitschriften* (vgl. Abschnitt 5.1.2).

Die Arbeit von Miller (1956) mit dem Titel „The magical number seven, plus or minus two" wurde ...

Wiedergabe von Fragebogen- oder Testitems, Reizmaterial sowie wörtlichen Instruktionen: Wenn man im Text ein Beispielitem aufführt, Wörter zitiert, die man als Stimulusmaterial verwendet hat, oder die wörtlichen Instruktionen an Probanden wiedergibt, stehen diese in doppelten Anführungszeichen. Instruktionen mit mehr als 40 Wörtern werden wie Blockzitate behandelt (vgl. Abschnitt 8.5.2).

Items zur sexuellen Appetenz waren z.B. „Schauen Sie sexuell attraktiven Personen auf der Straße hinterher?".

Selbstwertbedrohliche Wörter, die den Probanden in der Priming-Aufgabe gezeigt wurden, waren z.B. „Versager", „Weichei" und „Faulenzer".

Die Probanden wurden angewiesen, „möglichst schnell, aber ohne Flüchtigkeitsfehler zu begehen" auf die Reize zu reagieren.

5.1.2 Kursivdruck

Hervorhebung oder Betonung: Wenn Sie ein Wort oder einige Wörter im Text besonders betonen bzw. hervorheben möchten, ist dies durch Kursivdruck möglich. Kursivdruck ist auch die *einzige* typographische Möglichkeit, die Sie für Hervorhebungen verwenden dürfen. Das heißt, **Fettdruck** und <u>Unterstreichungen</u> sind nicht erlaubt.[20] Sie sollten Kursivdruck relativ sparsam einsetzen. Wann immer möglich, sollten Betonungen und Hervorhebungen primär durch die Satzstellung und Wortwahl erzeugt werden. Manchmal lassen sich durch die Kursivsetzung aber auch missverständliche Lesarten vermeiden – dann ist Kursivdruck sinnvoll.

Korrekt: Auch der *Versuch* einer Selbstanzeige wirkt bei Steuerhinterziehung strafmildernd.

Falsch: Das *Fazit* ist, dass es Menschen *schwer* fällt, eine *kognitive* Aufgabe ...

Titel eines Buches, einer Zeitschrift, eines Films, einer Fernsehshow o.Ä. im Text: Wird ein solches eigenständiges Werk im Text genannt, wird es kursiv

---

20 Diese Regel bezieht sich auf wissenschaftliche Texte. Lehrbücher unterliegen anderen Gesetzmäßigkeiten. Auch wir setzen im vorliegenden Buch z.B. gelegentlich Fettdruck und Unterstreichungen ein, um die Aufmerksamkeit der Leser zu lenken oder ihnen die Orientierung zu erleichtern (vgl. auch Fußnote 2 auf S. 12). In einem wissenschaftlichen Text würden wir dies nicht tun!

gesetzt. (Handelt es sich um Artikel innerhalb einer Zeitschrift oder eines Buches, wird der Titel hingegen in Anführungszeichen gesetzt; vgl. Abschnitt 5.1.1.)

In Freuds *Traumdeutung* geht es um …

Die Zeitschriften *Science* und *Nature* weisen in den Naturwissenschaften …

Die gruppendynamischen Prozesse im *Dschungelcamp* lassen …

Einführung eines Fach- oder Schlüsselbegriffs oder eines neu geprägten Begriffs: Wenn Sie einen (bestehenden) Fach- oder Schlüsselbegriff in Ihrem Text erstmalig einführen und ggf. erklären, können Sie diesen kursiv hervorheben. Auch von Ihnen neu geprägte Begriffe, die Sie im Sinne eines Fach- oder Schlüsselbegriffs einführen möchten, setzen Sie kursiv. Wichtig ist, dass in allen Fällen der Begriff nur bei seinem *ersten* Auftauchen im Text kursiv steht; bei jeder weiteren Nennung wird er nicht kursiv geschrieben.

Das Arbeitsgedächtnis besteht aus der *phonologischen Schleife* und dem *visuell-räumlichen Notizblock*. Die phonologische Schleife … [bei wiederholter Nennung nicht kursiv]

Mit dem Begriff *Bachelorhysterie* wird in dieser Arbeit die Hysterie bzw. Panik von Bachelor-Studierenden bezeichnet …

Linguistische Beispiele: Wenn Sie Buchstaben, Wörter oder Phrasen als linguistische Beispiele verwenden, werden diese kursiv gesetzt. Dabei müssen Sie allerdings zwischen derartigen Beispielen und der Zitation von Reizmaterial (vgl. Abschnitt 5.1.1) unterscheiden.

Stimmlos gesprochene Konsonanten wie *p* und *k* …

Homonyme wie *Hahn* oder *Kiefer* sind Wörter, die …

Berufs- bzw. Amtsbezeichnungen wie *Hauptmann* oder *Amtmann* bereiten Schwierigkeiten bei der Umsetzung einer geschlechtergerechten Sprache.

Aber: Den Probanden wurden am Computer Berufsbezeichnungen wie „Hauptmännin" und „Amtfrau" präsentiert … [Hier handelt es sich um eine Zitation von Reizmaterial, nicht um allgemeine linguistische Beispiele.]

Vermeidung von Missverständnissen: Kursivdruck wird auch verwendet, wenn dadurch Missverständnisse oder falsche Lesarten vermieden werden können.

In der Gruppe *Verzögerung ohne Warnung* wurde … [*Verzögerung ohne Warnung* ist dabei eine Gruppenbezeichnung, keine inhaltliche Beschreibung; alternativ könnte in diesem Fall eine Schreibung mit Bindestrich für mehr Klarheit sorgen, z.B. „In der Gruppe Verzögerung-ohne-Warnung wurde …"; vgl. Abschnitt 5.2.1.]

Lateinische Buchstaben als statistische Symbole oder mathematische Variablen: Werden *lateinische Buchstaben* als statistisches Symbol oder als mathematische Variable (z.B. in einer Gleichung) verwendet, werden sie kursiv geschrieben. Auch in Verbindungen wie t-Test oder F-Wert werden die Buchstaben, die ein statistisches Symbol kennzeichnen, kursiv gesetzt. *Griechische Buchstaben* werden hingegen niemals kursiv geschrieben. Ist ein statistisches Symbol oder ein mathematischer Ausdruck mit einem Index versehen, wird das Symbol selbst, aber nicht der Index kursiv gesetzt (z.B. F_{max}). (Vgl. Kap. 6, insbesondere Abschnitt 6.2.2.)

Cohens d = 1.2 [Beachten Sie, dass „Cohens d" im Deutschen ohne Apostroph geschrieben wird, im Englischen aber als „Cohen's d".]

Der Wert lag bei Frauen (M = 9.24, SD = 2.53) deutlich ...

Es nahmen N = 84 Probanden teil.

In der Gleichung $a^2 + b^2 = c^2$ ... [Das Quadratzeichen wird als Index nicht kursiv geschrieben.]

Für die gepoolte Standardabweichung gilt: $SD_{gesamt} = [(SD_1{}^2 + SD_2{}^2) / 2]^{0.5}$.

F- und t-Werte können verwendet werden, um ...

Aber: Die interne Konsistenz lag bei Cronbachs α = .67. Der β-Fehler ... [griechische Buchstaben nie kursiv]

Bezeichnung der Endpunkte von Ratingskalen: Bei der Beschreibung von Antwort- bzw. Ratingskalen sollten die *verbalen Bezeichnungen* der Endpunkte (sogenannte *verbale Anker*) angegeben werden. Diese verbalen Anker werden kursiv gesetzt. (Die Zahl, mit der die Stufe auf der Skala kodiert wird, schreibt man hingegen nicht kursiv.)

Die Antwortskala reichte von 1 (*schwach*) bis 5 (*sehr stark*) ...

Die Aussagen wurden auf einer 4-stufigen Skala (1 = *fast nie* bis 4 = *fast immer*) beantwortet.

Biologische Art- und Gattungsnamen in lateinischer (nicht aber in deutscher) Sprache:

Drosophila melanogaster (Fruchtfliege), *Petrophaga lorioti* (Steinlaus), *Aplysia* (Meeresschnecke), *Homo sapiens* (Mensch)

Im Literaturverzeichnis: Im Literaturverzeichnis werden u.a. die Titel von Zeitschriften und Büchern sowie Bandangaben kursiv gesetzt – für Details siehe Kapitel 9.

Umgekehrte Kursivierung – Auszeichnung innerhalb kursiven Textes: Wenn in einem bereits kursiv geschriebenen Textabschnitt etwas durch Kursivschreibung ausgezeichnet werden soll, wird die entsprechende Textstelle in der aufrechten Grundschrift gesetzt. Dadurch erreicht man, dass sich diese Stelle vom umgebenden Text abhebt. Derartige Fälle kommen beispielsweise vor, wenn ein Buchtitel, in dem kursiv gesetzte Wörter enthalten sind, im Text erwähnt wird. Auch in Tabellentiteln, die kursiv gesetzt werden, kann dieser Fall auftreten (vgl. Abschnitt 6.5.1).

In dem Buch *Dreaming by the Book: A History of Freud's* The Interpretation of Dreams *and the Psychoanalytic Movement* beschreiben die Autoren ...

Häufige Fehler – in den folgenden Fällen schreibt man *nicht* kursiv:

- Bei gebräuchlichen fremdsprachigen Bezeichnungen und Abkürzungen, die man in Wörterbüchern wie dem *Duden* findet:

  a priori, post hoc, et al., etc.

- Grundsätzlich werden Abkürzungen nicht kursiv gesetzt, es sei denn, sie stehen aus einem anderen Grund kursiv (z.B., weil es sich um ein statistisches Symbol oder eine Hervorhebung handelt):

  Intertrial-Intervall (ITI), IQ, fMRT, EEG, DGPs, HIV, LSD, MMPI

5.2 Striche und Leerzeichen

Im Deutschen wird zwischen dem kurzen *Bindestrich* (-) und dem langen *Gedankenstrich* (–) unterschieden. Diese Striche übernehmen im Text unterschiedliche Funktionen, werden aber oft falsch verwendet. Häufig werden bei *Bindestrich-Wörtern* Fehler bei der Setzung von *Leerzeichen* gemacht. Besonders häufig finden sich solche Fehler, wenn mehr als zwei Wörter durch Bindestriche miteinander verbunden werden (man spricht hier auch von *durchgekoppelten Komposita*, z.B. *Between-subjects-Variablen*). Die Fehler im Deutschen beruhen wahrscheinlich teilweise darauf, dass im Englischen andere Regeln gelten und englische Schreibweisen unkritisch ins Deutsche übernommen werden – daher gehen wir auf entsprechende Unterschiede ein. Zudem haben wir die Erörterung von (geschützten) Leerzeichen in diesen Abschnitt integriert. Zwei weitere Striche, die wir kurz behandeln, sind das *Minuszeichen* (–) und der *Schrägstrich* (/). Wie Sie bestimmte Zeichen (den Gedankenstrich, das Minuszeichen, das geschützte Leerzeichen) in *Word* umsetzen, ist in den Abschnitten 11.5.11 bis 11.5.14 erklärt.

5.2.1 Bindestrich (-)

Verdeutlichung bzw. Hervorhebung bei Wortzusammensetzungen: Im Deutschen lassen sich neue Wörter dadurch bilden, dass man bereits existierende Wörter verbindet. Solche zusammengesetzten Wörter nennt man *Komposita*. Besonders im wissenschaftlichen Bereich ist die Verwendung bestehender bzw. neu geschaffener Wortgefüge oft sehr nützlich. Prinzipiell werden im Deutschen derartige Zusammensetzungen zusammengeschrieben, auch wenn Sie relativ lang sind, z.B. *Informationsverarbeitungsprozess, Überschreitungswahrscheinlichkeit, Tabakentwöhnungsprogramm.* Wird ein Kompositum jedoch schwer lesbar, missverständlich oder will man einen bestimmten Wortteil hervorheben, sollte man Bindestriche setzen. Dabei kann ein Wortgefüge auch mehrere Bindestriche enthalten, z.B.:

Beinahe-Unfall [besser lesbar als Beinaheunfall]

Aufgabenwechsel-Experiment [Verdeutlichung]

Zwei-Prozess-Modell [Betonung der Bestandteile]

Ich-Botschaften [Hervorhebung]

Druck-Erzeugnis bzw. Drucker-Zeugnis [Bindestrich vermeidet Missverständnisse]

Weitere Bindestrichschreibungen: Die allgemeinen deutschen Rechtschreibregeln, nach denen Sie sich richten sollten, geben viele weitere Fälle an, in denen man Zusammensetzungen mit Bindestrich schreibt. Da die entsprechenden Regeln ziemlich umfangreich sind, stellen wir diese nicht im Detail dar. Die folgenden Beispiele veranschaulichen aber die relevanten Fälle:

Arzt-Patient-Verhältnis, Papier-Bleistift-Fragebogen, Item-Response-Verfahren, Lese-Rechtschreib-Schwäche, Alter-Geschlechts-Interaktion, Diplom-Psychologin, Links-rechts-Wechsel, das Auf-die-lange-Bank-Schieben, Post-hoc-Erklärung,

Ludwig-Maximilians-Universität, Müller-Schmidt-Institut, s-förmig, i-Punkt, 5-Euro-Schein, 400-m-Lauf, 40-Stunden-Woche, Frage-und-Antwort-Spiel, Mund-zu-Mund-Beatmung

Niemals stehen Leerzeichen vor oder nach einem Bindestrich in einer Wortzusammensetzung! Vor oder nach einem Bindestrich werden nie Leerzeichen gesetzt. Lediglich wenn der Bindestrich als *Ergänzungsbindestrich* verwendet wird (z.B. *Bachelor- oder Masterarbeit, Dateneingabe und -kontrolle*), steht ein Leerzeichen davor bzw. danach. Zur falschen Verwendung von Leerzeichen in Verbindung mit Bindestrichen siehe den *Exkurs: „Deppenleerzeichen".*

Exkurs: „Deppenleerzeichen"

Deppenleerzeichen ist die umgangssprachliche Bezeichnung für fehlerhaft gesetzte Leerzeichen in Wortzusammensetzungen. Uns sind in Abschlussarbeiten schon alle möglichen Varianten fehlerhafter Leerzeichen untergekommen, gern auch gekoppelt mit der fehlerhaften Verwendung von Gedankenstrichen. Wir wollen Ihnen am Beispielwort *Lehrplanvorgabe* einige Varianten aufzeigen.

Korrekt sind: Lehrplanvorgabe *und* Lehrplan-Vorgabe

Sinnentstellend sind: Lehr-Planvorgabe *und* Lehr-Plan-Vorgabe

Formal falsch sind: Lehrplan Vorgabe, Lehrplan- Vorgabe, Lehrplan - Vorgabe, Lehrplan– Vorgabe *und* Lehrplan – Vorgabe.

Eine Ursache für manche dieser Fehler liegt vermutlich darin, dass im Englischen andere Regeln für die Bindestrichsetzung gelten. Wir gehen daher in Abschnitt 5.2.3 darauf ein.

5.2.2 Gedankenstrich und Bis-Strich (–)

Einfügen und Absetzen von Gedanken: Der *Gedankenstrich* ist länger als der oben besprochene (Ergänzungs-)Bindestrich und wird verwendet, um in einem Satz einen Gedanken abzusetzen oder einzufügen. Bei Einfügungen kann der – paarig verwendete – Gedankenstrich durch Kommata ersetzt werden. Gedankenstriche sind links und rechts von einem Leerzeichen umgeben.

Die Befunde konnten die Hypothese nicht eindeutig bestätigen – allerdings auch nicht widerlegen. [abgesetzter Gedanke]

Die Probanden haben – sofern sie wollten – Süßigkeiten erhalten. [Einfügung eines Gedankens; hier wären auch Kommata möglich: „Die Probanden haben, sofern sie wollten, Süßigkeiten erhalten."]

Verwendung als *Bis-Strich* für Seitenangaben und andere Intervalle: Der Gedankenstrich wird auch als sogenannter Bis-Strich verwendet, um Intervalle anzugeben, z.B. bei Seitenangaben (auch im Literaturverzeichnis) und Zeiträumen. Dann stehen keine Leerzeichen links oder rechts von dem Gedankenstrich. (Wenn Sie in diesen Fällen einen kurzen Bindestrich verwenden, wird das aber kaum jemandem auffallen.)

Auf den Seiten 60–64 wurde ... (vgl. Meier & Müller, 1998, S. 8–12).

In den Jahren 2000–2010 haben ...

5.2.3 Unterschiede zum Englischen: eine häufige Fehlerquelle

Dass in deutschen Texten so häufig Fehler in Verbindung mit Gedanken- und Bindestrichen auftreten, liegt vermutlich auch daran, dass sich die Regeln im Deutschen von denen im Englischen unterscheiden. Dies fällt insbesondere bei der Bindestrichschreibung (engl. *hyphenation*) auf. So wird im Englischen das letzte Wort einer Zusammensetzung – anders als im Deutschen – nicht durch einen Bindestrich an die anderen Wortteile angebunden. Tabelle 5.1 zeigt einige Beispiele englischer Wortzusammensetzungen. Es kann durchaus sinnvoll sein, englische Fachbegriffe auch ins Deutsche zu übernehmen, insbesondere wenn die englischsprachige Fachliteratur wie z.B. in der Psychologie einen großen Einfluss hat. Allerdings sollte das nicht ohne eine Anpassung der Bindestrichschreibung an die deutschen Regeln geschehen.

Tabelle 5.1. Beispiele für Bindestrichschreibungen im Englischen und im Deutschen

Englisches Original	Korrekte deutsche Entsprechung
role-playing technique	Rollenspiel-Technik (oder: Rollenspieltechnik)
all-or-none question	Alles-oder-nichts-Frage
middle-class families	Mittelschichtfamilien (oder: Mittelschicht-Familien)
two-parent homes	Zwei-Eltern-Haushalte
2-, 3-, and 5-min trials	2-, 3- und 5-min-Durchgänge
between-subjects variables	Between-subjects-Variablen (oder: Between-Subjects-Variablen)
directed-forgetting paradigm	Directed-forgetting-Paradigma (oder: Directed-Forgetting-Paradigma)
think/no-think paradigm	Think-/no-think-Paradigma

Beachten Sie, dass es sich bei den Wortgefügen in Tabelle 5.1 durchgehend um Substantive handelt, weshalb im Deutschen der erste Buchstabe groß geschrieben wird. Ob man bei einer Verbindung wie *Between-subjects-Variable* das zweite Wort groß- oder kleinschreibt, hängt davon ab, für welche Regel man sich entscheidet: (a) Man orientiert sich an der Originalschreibweise und schreibt klein; (b) man richtet sich, wie bei Fremdwörtern üblich, danach, ob es sich um ein Substantiv handelt – wenn ja, dann schreibt man wie bei deutschen Substantiven groß, ansonsten klein. Nach der zweiten Regel schreibt man folglich *Between-Subjects-Variable*, weil *Subjects* ein Substantiv ist. Hingegen muss es *Think-/no-think-Paradigma* lauten, da „nicht denken" kein Substantiv ist.

Ein weiterer, wenngleich weniger einflussreicher Unterschied zwischen dem Englischen und dem Deutschen besteht in der Verwendung des sogenannten *Em dash* (dt. *Geviertstrich*) statt des Gedankenstrichs. Dieser wird – wie im Deutschen der Gedankenstrich – zum Einfügen und Absetzen von Gedanken verwendet, ist allerdings deutlich länger als der Gedankenstrich. Im Englischen werden außerdem vor und nach diesem Strich keine Leerzeichen gesetzt, wie in diesem Beispiel:

> Humans—whether male or female—are … [Im Deutschen wäre korrekt: „Menschen – egal ob männlich oder weiblich – sind …"]

5.2.4 Leerzeichen und geschützte Leerzeichen

Leerzeichen verwenden Sie in Ihrer Arbeit prinzipiell genauso wie in jedem anderen Text. Bei Abkürzungen mit Punkten (wie „z.B." oder „u.a.") steht üblicherweise nach jedem Punkt ein Leerzeichen. (Im professionellen Buchdruck wird hier ein schmaleres Leerzeichen gesetzt. Daher sieht es in diesem Buch vielleicht so aus, als stünde dort kein Leerzeichen – tatsächlich verwenden wir aber ein *schmales geschütztes Leerzeichen*; mehr dazu in Fußnote 56 auf S. 395.) Damit solche Abkürzungen am Zeilenende nicht unbeabsichtigt getrennt werden, verwendet man *geschützte Leerzeichen*. In *Word* erhalten Sie geschützte Leerzeichen mit der Tastenkombination ⌨Strg ⌨⇧ ⌨Leertaste (für Details siehe Abschnitt 11.5.11).

Auch in anderen Fällen will man oft nicht, dass an der Stelle des Leerzeichens ein Zeilenumbruch erfolgt, z.B. bei den Ausdrücken „Experiment 1", „Hypothese 3", „980.3 ms". Auch hier sollten Sie geschützte Leerzeichen verwenden. In Abschnitt 5.3.3 erklären wir, dass bei Zahlen das geschützte Leerzeichen zudem als Tausendertrennzeichen sinnvoll ist, z.B. „432 513".

Bei statistischen Angaben im Text sollte man das geschützte Leerzeichen stets *vor Gleichheitszeichen* und *vor Größer-als-/Kleiner-als-Zeichen* setzen. Werden, wie bei der Varianzanalyse (ANOVA), Freiheitsgrade in einer Klammer angegeben, ist zudem zu vermeiden, dass diese Klammer auf zwei Zeilen getrennt wird – daher setzt man innerhalb der Klammer geschützte Leerzeichen (vgl. auch Kap. 6 und 7). Wir wollen Ihnen das an einigen Beispielen verdeutlichen, wobei das geschützte Leerzeichen durch ° gekennzeichnet ist (dies ist die Darstellung des geschützten Leerzeichens in *Word*, wenn Sie sich Formatierungszeichen, die üblicherweise ausgeblendet sind, anzeigen lassen; vgl. Abschnitt 11.5.18):

> Wie erwartet war die Erinnerung zum Zeitpunkt°1 ($M°$= 2.55, $SD°$= 0.56) höher als zum Zeitpunkt°2 ($M°$= 1.77, $SD°$= 0.60), $F(1,°126)°$= 704.54, $p°<$ .001, $\eta_p^{2°}$= .85.

> Die Reaktionen der Männer ($M°$= 1104°ms, $SD°$= 337°ms) waren im Vergleich zu denen der Frauen ($M°$= 953°ms, $SD°$= 244°ms) deutlich langsamer, $t(79)°$= 2.26, $p°$= .027, $d°$= 0.51.

5.2.5 Minuszeichen (–)

Das Minuszeichen auf der normalen Computer-Tastatur ist eigentlich ein Bindestrich (-) und kein echtes Minuszeichen. Dem Minuszeichen ähnlicher als der Bindestrich ist der Gedankenstrich. Dieser ist genauso lang wie das Minuszeichen, liegt aber meist etwas tiefer. Die waagerechten Striche von Plus- und Minuszeichen liegen üblicherweise auf einer Höhe. Zur Veranschaulichung setzen wir diese vier Zeichen – in der häufig verwendeten Schrift Times New Roman – nebeneinander: --−+ (Bindestrich, Gedankenstrich, Minus- und Pluszeichen).

Wie Sie in *Word* ein *echtes Minuszeichen* erzeugen, ist in Abschnitt 11.5.13 erklärt: Tippen Sie 2212 und anschließend Alt C. Falls in der verwendeten Schriftart kein Minuszeichen verfügbar ist, können Sie dieses durch einen Gedanken- oder Bindestrich ersetzen – das wird niemand bemängeln. Seien Sie aber konsistent, welches Zeichen Sie als Minuszeichen verwenden.

Achten Sie darauf, die Leerzeichen korrekt zu setzen: Fungiert ein Minuszeichen als Rechenoperator in einer Gleichung, wird *vor und nach* diesem ein Leerzeichen gesetzt; wird das Minuszeichen zur Angabe einer negativen Zahl verwendet, steht hingegen *kein* Leerzeichen zwischen Minuszeichen und Zahl. Diese Regeln gelten auch, wenn Sie für das Minuszeichen einen Gedanken- oder Bindestrich verwenden.

$$4.5 - 5.6 = -1.1$$

5.2.6 Schrägstrich (/)

Der Schrägstrich (/) wird für verschiedene Zwecke verwendet, die im Folgenden aufgeführt sind. Beachten Sie aber auch am Ende dieses Abschnitts, wann Sie den Schrägstrich nicht verwenden sollten.

Verdeutlichung einer Beziehung: In zusammengesetzten Wörtern *darf* der Schrägstrich verwendet werden, um eine Beziehung zwischen zwei Begriffen zu verdeutlichen. Der Schrägstrich wird dabei als *versus*, *beziehungsweise* oder *und/oder* verstanden. Für einfache, unmissverständliche Vergleiche genügt allerdings die normale Bindestrichschreibung.

Go-/no-go-Aufgabe [In der Aufgabe werden Go-Reaktionen mit No-go-Reaktionen verglichen.]

Aufmerksamkeitsdefizit-/Hyperaktivitätsstörung [Personen mit dieser Diagnose zeigen Aufmerksamkeitsdefizite und/oder Hyperaktivität.]

Aber nicht: Pre/Post-Vergleich oder Test/Retest-Reliabilität [Hier sind die Schreibungen Pre-Post-Vergleich bzw. Test-Retest-Reliabilität (üblicher ist: Retest-Reliabilität) auch ohne Schrägstrich eindeutig und verständlich.]

Trennung von Zähler und Nenner bei Brüchen:

$3/10$, x/y

Bei zusammengesetzten Maßeinheiten mit der Bedeutung „pro" oder „je", sofern diese in Verbindung mit Zahlen stehen:

120 km/h, 3.4 mg/kg, 425.7 lm/m^2

Aber: Die Beleuchtungsstärke wurde in Lumen pro Quadratmeter gemessen. [Ohne Angabe eines Zahlenwerts wird die Maßeinheit ausgeschrieben.]

Jahresangaben bei wiederveröffentlichter Publikation: Bei klassischen Texten (z. B. den Werken von Freud) zitiert man oft aus unveränderten, aber später veröffentlichten Ausgaben, da man die Erstausgabe nicht vorliegen hat. Um in der Quellenangabe im Text deutlich zu machen, von wann die Erstausgabe stammt, gibt man diese – vor einem Schrägstrich – zusätzlich zum Erscheinungsjahr der verwendeten Ausgabe an.

Freud (1905/1993)

Der Schrägstrich wird *nicht* verwendet, wenn eine Ausformulierung eindeutiger ist:

Die Patienten konnten Rückfragen an ihren Arzt bzw. Behandler richten. [*Statt:* Die Patienten konnten Rückfragen an ihren Arzt/Behandler richten.]

Jedes Kind warf den Ball zu seiner Mutter oder Pflegerin. [*Statt:* Jedes Kind warf den Ball zu seiner Mutter/Pflegerin.]

5.3   Schreibweise von Zahlen

5.3.1   Zahlen in Ziffern oder in Worten

Es gibt bestimmte Regeln, wann eine Zahl in Ziffern dargestellt wird, und wann sie als Wort auszuschreiben ist. Wir stellen Ihnen zunächst einige Hauptregeln und dann Ausnahmen bzw. Spezialfälle vor.

5.3.1.1   Hauptregeln

Hauptregel 1: *Ganze Zahlen kleiner als 10 werden als Wort ausgeschrieben, ganze Zahlen ab 10 sind durch Ziffern darzustellen.*[21]

drei Experimente; vier Antwortalternativen; neun Versuchsleiterinnen; Menschen haben vier Herzklappen

12 Experimente; 15 Antwortalternativen; 20 Versuchsleiter; Menschen haben 32 Zähne

Hauptregel 2: *Zahlen, die exakte Messungen, statistische Werte oder Angaben von bestimmten Maßen wiedergeben, werden in Ziffern geschrieben. Selbstverständlich werden Zahlen mit Nachkommastellen in Ziffern geschrieben.*

3 s; ein Wert von 2.54; $p < 1$

Hauptregel 3: *Ordnungszahlen (erste, zweite, dritte ...) werden hinsichtlich der Schreibung in Ziffern bzw. als Wort genauso wie die entsprechende Grundzahl behandelt.*

das erste Experiment; der fünfte Durchgang; das 11. Item

Aber: das Experiment 1; der Durchgang 5; das Item 11 [Hier gibt die Zahl eine bestimmte Stelle in einer nummerierten Folge oder Abfolge von etwas an und steht nach einem Substantiv; mehr Details dazu weiter unten.]

---

21   Vielleicht haben Sie gelernt, dass man Zahlen bis 12 ausschreibt – dies war früher eine offizielle Rechtschreibregel, die allerdings aufgehoben wurde. In nichtwissenschaftlichen Texten ist es nach wie vor üblich, Zahlen bis 12 auszuschreiben. Für Fachtexte gelten aber davon abweichend die hier dargestellten Regeln.

5.3.1.2 Ausnahmen und Spezialfälle

Es gibt sowohl Fälle, in denen ganze Zahlen kleiner als 10 dennoch in Ziffern dargestellt werden, als auch Ausnahmen, in denen ganze Zahlen größer oder gleich 10 als Wort ausgeschrieben werden.

Zahlen werden in folgenden Fällen immer *in Ziffern* dargestellt:

- Alle Zahlen kleiner als 10, wenn sie im selben Satz mit einer Zahl größer oder gleich 10 verglichen werden:

  Es wurden 4 der 98 Probanden nicht in die Auswertung einbezogen.

  In 3 von 20 Fällen …

- Alle Zahlen im Abstract (der Kurzzusammenfassung) und in Abbildungen, auch dann, wenn sie kleiner als 10 sind.

- Zahlen, die einer Maßeinheit unmittelbar vorausgehen:

  5 kg, 3 cm, 2 s

- Zahlen, die Zeit-, Alters- oder Datumsangaben, Werte einer Skala, exakte Geldsummen oder Bezifferungen darstellen. *Ausnahme:* Stellt die Zeit- oder Altersangabe nur eine *ungefähre* Angabe dar, wird diese – bei Zahlen bis 10 – ausgeschrieben.

  5 €, 2.5 Stunden, 2 Monate, um 11.25 Uhr, die Box Nummer 3

  … gab eine 5 auf der 7-Punkte-Skala an …

  Die Probanden waren 5 bis 8 Jahre alt.

  Aber: etwa drei Monate früher; der Junge war ungefähr acht Jahre alt; die Erhebung dauerte in etwa zwei Stunden

- Zahlen, die eine bestimmte Stelle in einer nummerierten Folge oder Abfolge von etwas angeben:

  der Punkt 3, das Experiment 5, die Hypothese 2, die Klasse 8

  Aber: der dritte Punkt, das fünfte Experiment, die zweite Hypothese, die achte Klasse

- Alle Zahlen in Verbindung mit statistischen Tests sowie statistischen Kennwerten:

  $F(2, 9) < 1$

  Ein Cohens d von 2 steht für …

- Prozentsätze:

  5 %, 7 %

- Ungebräuchliche bzw. komplexere Brüche:

  1/7, 2/9, 3/8, 23/72

  Aber: Gebräuchliche Brüche werden ausgeschrieben, z.B. „zwei Drittel", „ein Viertel". (Die Beurteilung, was ein gebräuchlicher bzw. ungebräuchlicher Bruch ist, obliegt Ihnen.)

- Verhältnisse:

  ein Verhältnis von 8:1; eine Mischung von 3:2; ein Spielstand von 1:4

- Perzentile oder Quartile:

    das 5. Perzentil, am 2. Quartil

- Statistische oder mathematische Funktionen:

    multipliziert mit 5, geteilt durch 2

- Zahlen, die Tabellen, Abbildungen oder Teile von Büchern angeben:

    Abbildung 8, Kapitel 2

- Jede Zahl in einer Auflistung von vier oder mehr Zahlen:

    Familien mit 2, 4, 6 oder 8 Kindern ...

Zahlen werden in folgenden Fällen immer *in Worten* ausgeschrieben:

- Jede Zahl am Beginn eines Satzes, eines Titels oder einer Überschrift. Allerdings ist es bei Zahlen am Satzanfang oft empfehlenswert, den Satz so umzuformulieren, dass die Zahl nicht als erstes Wort erscheint.

    Hundertzweiundfünfzig Personen nahmen teil. [*Besser:* Es nahmen 152 Personen teil.]

- Gebräuchliche Brüche:

    zwei Drittel der Patienten, ein Viertel der Reizwörter

- Um gerundete (nicht exakte) große Zahlen auszudrücken, werden Kombinationen aus Ziffern und Worten verwendet:

    London hat 8 Millionen Einwohner [Es heißt weder „London hat acht Millionen Einwohner" noch „London hat 8 000 000 Einwohner". Die letztere Variante wäre nur korrekt, wenn es sich *nicht* um eine ungefähre Angabe handelt, sondern London *genau* 8 000 000 Einwohner hätte.]

5.3.2 Dezimaltrennzeichen: Punkt statt Komma

Es hat sich in der Psychologie und den empirischen Sozialwissenschaften eingebürgert, „Kommazahlen" statt mit einem Dezimalkomma mit einem *Dezimalpunkt* zu schreiben. Dies weicht von den allgemeinen deutschen Rechtschreibregeln ab und entspricht der angelsächsischen Schreibweise von Zahlen. Diese Regelung betrifft u.a. statistische Angaben wie im folgenden Fall:

In der Lesefertigkeit erreichten Hauptschüler ($M = 5.29$, $SD = 0.51$) im Vergleich zu Gymnasiasten ($M = 5.66$, $SD = 0.43$) geringere Werte, $t(65) = 3.28$, $p = .002$, $d = 0.80$.

Die Schreibung mit Dezimalpunkt ist aber nicht auf statistische Angaben beschränkt, sondern gilt *für alle Zahlen*. Auch im Theorieteil Ihrer Arbeit müssen Sie daher z.B. schreiben:

In Deutschland bringt jede Frau im Mittel 1.4 Kinder zur Welt.

5.3.3 Tausendertrennzeichen: Leerzeichen statt Punkt

Früher war es im Deutschen üblich, große Zahlen mit Punkten als Tausendertrennzeichen zu untergliedern, also z.B. „London hat 7.512.400 Einwohner". Diese Schreibweise bringt natürlich Probleme, wenn man als Dezimaltrennzeichen einen Punkt verwendet. So wäre bei der Angabe „2.123 ms" nicht mehr zu unterscheiden, ob es sich um etwas mehr als zwei Millisekunden oder um mehr als 2 000 Millisekunden handelt. Die angelsächsische Schreibweise, bei der ein Komma als Tausendertrennzeichen verwendet wird, ist für deutschsprachige Fachtexte aber auch nicht zu empfehlen, da es hier ebenfalls zu Missverständnissen kommen kann.

Daher ist die allgemeine Empfehlung, ein geschütztes Leerzeichen[22] als Tausendertrennzeichen zu verwenden, also „London hat 7 512 400 Einwohner". Dies entspricht übrigens den aktuellen allgemeinen Rechtschreibempfehlungen im Deutschen.

Dieser Empfehlung zum Trotz empfinden einige Menschen Leerzeichen in Zahlen als unschön. Auch wenn das unseres Erachtens lediglich eine Sache der Gewöhnung ist, bleibt es Ihnen freigestellt, ob Sie ein (geschütztes) Leerzeichen verwenden oder die Zahl ohne jegliche Trennung schreiben – auch das ist zulässig, da es sich dabei ja lediglich um eine Empfehlung handelt. Allerdings müssen Sie konsistent vorgehen: Verwenden Sie also entweder bei *allen* Zahlen ab 1 000 das Tausenderleerzeichen oder verwenden Sie es nie – beachten Sie aber die folgenden Ausnahmen.

Ausnahmen: In folgenden Fällen verwendet man niemals ein Tausendertrennzeichen: bei *Jahreszahlen* (z.B. „1996"), bei *Seitenangaben* (z.B. „S. 1048"), bei *Seriennummern*, bei *Freiheitsgraden* von statistischen Verfahren und bei der Angabe von *Tonfrequenzen* (z.B. „2400 Hz").

5.3.4 Führende Null bei Zahlen kleiner als eins

Bei Kommazahlen, die kleiner als eins sind, bezeichnet man die Null vor dem Komma als „führende Null", beispielsweise bei 0.52. Bei statistischen Indizes, die nie einen Wert größer als eins annehmen können (z.B. r, p, Cronbachs α, η^2 und das Bestimmtheitsmaß R^2) ist es Konvention, die Null vor dem Dezimalpunkt wegzulassen. Man schreibt entsprechend: $r = .32$, $p = .048$, $p < .05$, $\eta^2 = .067$. Bei anderen Zahlen kleiner als eins, die aber prinzipiell auch größer eins werden können, muss die führende Null hingegen mitgeschrieben werden, z.B. in den Fällen $M = 0.52$, $SD = 0.13$, $d = 0.24$, $t(24) = 0.78$. Wir gehen auf diesen Punkt in Abschnitt 6.2.1 noch einmal ein.

5.4 Abkürzungen

Generell sollten Sie v.a. selbst ausgedachte Abkürzungen sehr sparsam verwenden. Als Verfasser Ihres Textes wird es Ihnen selbstverständlich erscheinen, dass z.B. „Gruppe A" für die Raucher und „Gruppe B" für die Nichtraucher steht. Auch bei den Abkürzungen „MSERF" und „AslZ" mag es für Sie offensichtlich sein, dass die erste „Mein selbst entwickelter Raucher-Fragebogen" und die zweite „Abstinenz seit letzter Zigarette" bedeutet. Der Leser, dem diese Abkür-

---

22 Aus typografischer Sicht wäre ein schmales geschütztes Leerzeichen ideal, was aber mit *Word* nicht einfach umzusetzen ist (vgl. Fußnote 56 auf S. 395).

zungen neu sind, muss sie aber ständig im Arbeitsgedächtnis bereithalten, um Ihren Ausführungen zu folgen. Kann er sich an die Bedeutung einer Abkürzung nicht mehr erinnern, muss er im Text suchen, wo Sie diese zum ersten Mal eingeführt und definiert haben, oder – sofern vorhanden – im Abkürzungsverzeichnis nachschlagen.

Daher sollten Sie Abkürzungen, die nicht allgemein geläufig sind, nur benutzen, wenn Sie diese häufiger im Text verwenden und dadurch eine bedeutsame Platzersparnis erzielen. Ferner sollten Sie darauf achten, selbst ausgedachte Abkürzungen möglichst selbsterklärend zu gestalten – solche Abkürzungen werden gelegentlich auch als „sprechende Abkürzungen" bezeichnet, da sie dem Leser „sagen", was sie bedeuten. So ist die Bedeutung von „AslZ" (wissen Sie noch, wofür das stand?) schwieriger zu behalten als die von „Abst-Zeit" (für *Abstinenz-Zeit* [seit letzter Zigarette]), und die letztere Variante ist nur unwesentlich länger.

Auch eine Benennung wie „Gruppe A" oder „Gruppe B" ist ziemlich bedeutungsleer. „R-Gruppe" und „NR-Gruppe" für Raucher und Nichtraucher ist schon um Einiges aufschlussreicher, wobei in diesen Fällen die ausgeschriebenen Varianten ohnehin so kurz sind, dass sich Abkürzungen kaum lohnen. Betrachten wir ein weiteres Beispiel für die Verwendung von Abkürzungen:

Variante 1 mit Abkürzungen: Der Vorteil der LH zeigte sich deutlich an den RT-Daten, was sich auch in den hohen FP- und FN-Werten für die RH widerspiegelt.

Variante 2 ohne Abkürzungen: Der Vorteil der linken Hand zeigte sich deutlich an den Reaktionszeitdaten, was sich auch in den hohen Falsch-positiv- und Falsch-negativ-Werten für die rechte Hand widerspiegelt.

Zwar ist der erste Satz um mehr als ein Viertel kürzer als die Variante 2, aber Sie sollten sich fragen, ob sich der erste Satz tatsächlich schneller lesen und verstehen lässt als der zweite. Fragen Sie sich also bei der Verwendung von Abkürzungen stets, ob die Platzersparnis die meist resultierende Einbuße an Verständlichkeit wirklich aufwiegen kann. In sehr vielen Fällen ist das Ausschreiben der Wörter gegenüber ungebräuchlichen Abkürzungen vorzuziehen.

Abkürzungen, die dem Leser ohnehin geläufig sind (wie d.h., etc., ggf., S., u.a., usw., v.a., z.B.), können Sie selbstverständlich verwenden. Diese müssen Sie auch nicht erklären, weder in einem Abkürzungsverzeichnis (vgl. Abschnitt 1.2) noch bei ihrer ersten Verwendung. Auch Abkürzungen, die allen Fachkollegen vertraut sein sollten, können Sie ohne Einführung verwenden. Dazu zählen z.B. übliche statistische Koeffizienten (M, *Mdn*, *SD*, *SE*, *r*; vgl. auch Tabelle 6.3 auf S. 214f.), bekannte Messverfahren (EEG, EOG, fMRI, MRT), verbreitete Fragebögen und Tests (IST, MMPI, NEO-PI-R, STAI, TAT, WIE) sowie Abkürzungen wie EKP oder IQ. Bei einigen sehr gebräuchlichen Abkürzungen (wie z.B. EEG und IQ) kann es sogar sein, dass der Fachleserschaft die Abkürzung geläufiger ist als der ausgeschriebene Begriff – in solchen Fällen sollten Sie die Abkürzung verwenden. Tatsächlich ist es empfehlenswert, statt des umständlichen und eher unüblichen Wortes *Elektroenzephalogramm* die Abkürzung EEG zu verwenden. Auch statt *Acquired Immune Deficiency Syndrome* sollten Sie besser von Anfang an AIDS (oder: Aids) schreiben.

Wir fassen nun einige Regeln zusammen, wann Abkürzungen zu empfehlen sind und was Sie bei deren Verwendung beachten müssen:

- Sie sollten Abkürzungen benutzen, wenn (a) eine Abkürzung allgemein üblich und der (Fach-)Leser damit vertraut ist und/oder (b) der Platzgewinn erheblich ist und schwerfällige Wiederholungen dadurch vermieden werden.

- Allgemein geläufige Abkürzungen der Allgemeinsprache können ohne Erläuterungen eingesetzt werden. (Allgemein geläufig sind Abkürzungen, die Sie in Wörterbüchern wie dem *Duden* finden.)

- Der Fachleserschaft sehr vertraute Abkürzungen (z.B. EEG, IQ) können ebenfalls ohne Erläuterung direkt verwendet werden. Im Zweifelsfall sollte die Abkürzung jedoch eingeführt werden.

- Das Einführen einer Abkürzung erfolgt dadurch, dass beim ersten Auftauchen der Begriff ausgeschrieben wird und die Abkürzung (in Klammern) hinter den Begriff gesetzt wird. Im weiteren Text wird die Abkürzung verwendet. (Es sind alle Abkürzungen einzuführen, außer sie sind allgemein üblich oder zumindest allen Fachlesern vertraut.)

  > Studien, die Reaktionszeiten (RZ) bei einfachen Wahrnehmungsaufgaben erfasst haben, konnten eine starke negative Beziehung zwischen RZ und IQ bestätigen. [IQ braucht nicht eingeführt zu werden.]
  >
  > Beim Rapid-Eye-Movement-Schlaf (REM-Schlaf) kommt es zu … REM-Schlaf ist zudem …

- Ist die Abkürzung einmal eingeführt, sollte nicht zwischen ihr und dem ausgeschriebenen Begriff gewechselt werden. (Ausnahme: Wurde eine Abkürzung über mehrere Seiten hinweg nicht verwendet, wird dann aber wieder benutzt, kann es sinnvoll sein, sie erneut einzuführen, um dem Leser die Erinnerung an die Abkürzung zu erleichtern.)

- Sätze sollten nicht mit Abkürzungen beginnen. Das heißt, an Satzanfängen schreibt man die Abkürzungen aus.

  > Das heißt, an Satzanfängen schreibt man die Abkürzungen aus. [*Nicht:* D.h., an Satzanfängen …]

- Einige Abkürzungen erfordern einen Punkt. Dies ist bei den meisten Abkürzungen so, die man beim Vorlesen eines Textes im vollen Wortlaut ausspricht.

  > usw. [gesprochen: und so weiter], vs. [gesprochen: versus], etc. [gesprochen: et cetera]

- Kein Punkt steht nach Abkürzungen von Maßeinheiten (z.B. cm, kg, min), obwohl man diese beim Vorlesen im vollen Wortlaut aussprechen würde.

- Nach sogenannten Initialwörtern und Kürzeln, die man beim Sprechen nicht auflöst, steht in der Regel kein Punkt:

  > IQ [gesprochen: i-qu; in der Regel nicht: Intelligenzquotient]
  >
  > EEG [gesprochen: e-e-ge; in der Regel nicht: Elektroenzephalogramm]
  >
  > TÜV [gesprochen: tüf; in der Regel nicht: Technischer Überwachungs-Verein]
  >
  > PAF [gesprochen: paf; in der Regel nicht: Prüfungsangst-Fragebogen]

- Auch die meisten selbst eingeführten Abkürzungen werden (wie Initialwörter und Kürzel) ohne Punkt geschrieben.

  E1 [gesprochen: e-eins; in der Regel nicht: Erinnerungstest eins]

  SÖS [gesprochen: es-ö-es; in der Regel nicht: sozioökonomischer Statuts]

- Steht eine Abkürzung mit Punkt am Satzende, folgt danach kein weiterer Satzpunkt. Andere Satzzeichen werden hinter den Punkt der Abkürzung gesetzt.

  Es gab Bier, Wein, Schnaps etc.

  Was ist gesünder als Bier, Wein, Schnaps etc.?

- Die Abkürzungen *etc.*[23] und *usw.* enthalten – ausgeschrieben – als ersten Bestandteil ein *und*. Daher setzt man in Aufzählungen kein Komma vor diese Abkürzungen.

  Berufsgruppen wie Psychologen, Ärzte, Lehrer, Krankenpfleger usw. haben …

Im Englischen bzw. Amerikanischen ist es bei Aufzählungen möglich, auch vor dem letzten mit *and* oder *or* verbundenen Glied der Aufzählung ein Komma zu setzen, z.B. „boys, girls, cats, and dogs". Daher kann in diesen Sprachen auch vor *etc.* ein Komma stehen: „Occupational groups as psychologists, physicians, teachers, nurses, etc. have …". Übernehmen Sie diese Kommasetzung aber bitte nicht ins Deutsche!

5.5 Maßeinheiten

Für Maßeinheiten verwendet man die international geläufigen Einheiten, die Sie aus dem Physikunterricht in der Schule kennen. In Tabelle 5.2 sind die Einheiten und Abkürzungen für diejenigen Größen angegeben, die in Ihrer Arbeit mit einiger Wahrscheinlichkeit vorkommen. (Weitere, weniger geläufige Einheiten finden Sie im Online-Material zu den APA-Manuskriptrichtlinien unter *http://supp.apa.org/style/pubman-ch04.40.pdf*.)

Tabelle 5.2. Basiseinheiten sowie Beispiele für abgeleitete bzw. weitere Einheiten der wichtigsten Basisgrößen

Basisgröße	Basiseinheit (Abkürzung)	Abgeleitete bzw. weitere Einheiten und Abkürzungen
Länge	Meter (m)	Millimeter (mm), Zentimeter (cm), Kilometer (km)
Masse	Gramm (g)	Milligramm (mg), Kilogramm (kg), Tonne (t)
Zeit	Sekunde (s)	Millisekunde (ms), Minute (min), Stunde (h oder Std.), Tag, Woche, Monat, Jahr
Volumen	Liter (L bzw. l; siehe Text)	Milliliter (ml), Kubikmeter (m^3)
Stromstärke	Ampere (A)	Mikroampere (mA)
Temperatur	Kelvin (K) oder Grad Celsius (°C)	
Frequenz	Hertz (Hz)	Megahertz (MHz), Kilohertz (kHz)
elektrische Spannung	Volt (V)	Millivolt (mV), Kilovolt (kV)

23 Abkürzung für das lateinische *et cetera*, was „und die übrigen Dinge" bedeutet.

Sicherlich wissen Sie auch, dass man die meisten dieser Basiseinheiten mit *Vorsätzen* (*Präfixen*) versehen kann, um Vielfache bzw. Teile dieser Maßeinheiten zu bezeichnen. Die wichtigsten Vorsätze sind in Tabelle 5.3 aufgeführt. Beachten Sie, dass man „Zenti-" üblicherweise nur in Verbindung mit „Meter" verwendet, seltener auch in Verbindung mit „Liter". (In Verbindung mit „Liter" kann man auch „Dezi-" [= 1/10] und „Hekto-" [= 100] verwenden. Da sich der Gebrauch dieser Einheiten aber insbesondere auf Getränke bezieht, empfehlen wir, in anderen Kontexten ganz darauf zu verzichten. Für große Volumen bietet sich als Maßeinheit *Kubikmeter* [m^3] an, wobei gilt: 1 m^3 = 1 000 L.)

Bei der Einheit Liter gibt es die Besonderheit, dass man, um Verwechslungen mit der Ziffer 1 zu vermeiden, Liter mit einem großen L abkürzt. In Verbindung mit einem Einheitenvorsatz schreibt man allerdings stets ein kleines l, also z.B. ml oder µl.

Tabelle 5.3. Vorsätze für Einheiten

Name	Symbol	Wert	Beispiele
Giga-	G	1 000 000 000	Gigabyte (GB)
Mega-	M	1 000 000	Megawatt (MW), Megahertz (MHz)
Kilo-	k	1 000	Kilogramm (kg)
Zenti-	c	1/10	Zentimeter (cm), Zentiliter (cl)
Milli-	m	1/1 000	Millisekunde (ms), Milliliter (ml)
Mikro-	µ	1/1 000 000	Mikrosekunde (µs), Mikrogramm (µg)
Nano-	n	1/1 000 000 000	Nanometer (nm)

Auch unbedingt beachten müssen Sie, dass nicht bei jeder Einheit alle Vorsätze möglich sind. So gibt es zu Gramm zwar Kilogramm, aber kein Megagramm. Letzterem würde allerdings die Einheit Tonne (t) entsprechen.

Bei der Einheit Sekunde werden die Vorsätze nur zur Bezeichnung von Teilen verwendet (z.B. Millisekunde), aber niemals für Vielfache (es gibt keine „Kilosekunde"). Sie können aber die Einheiten Minute (min), Stunde (Std. *oder* h), Tag, Woche, Monat und Jahr verwenden. Um Missverständnisse zu vermeiden, wird empfohlen, die Einheiten Tag, Woche, Monat und Jahr nicht abzukürzen.

Werden Maßeinheiten in Verbindung mit einer konkreten Zahl angegeben, so kürzt man die Maßeinheit ab, z.B. „4.2 ms". Eine Ausnahme sollte man allerdings dann machen, wenn die Gefahr besteht, dass Leser eine abgekürzte Einheit nicht oder falsch verstehen. Dann greift die generelle Regelung, dass man Abkürzungen im Zweifelsfall ausschreibt (vgl. Abschnitt 5.4). Zwischen der Zahl und der (abgekürzten) Einheit steht übrigens stets ein (geschütztes) Leerzeichen. Ohne Angabe eines Zahlenwerts schreibt man die Maßeinheiten immer aus: „Die Länge wurde in Millimetern gemessen" oder „Die erfassten Stromstärken bewegten sich im Mikroampere-Bereich".

5.6 Runde und eckige Klammern

Runde Klammern werden für folgende Zwecke verwendet:

- Um unabhängige Satzteile abzusetzen:

    Es bestand eine deutliche Interaktion (siehe Abbildung 2).

- Bei Literaturverweisen im Text (weitere Details dazu in Abschnitt 8.4):

    Laux (2003) berichtet ...

    Sensitive Aufrechterhaltung besteht sowohl für Bild- als auch für Wortmaterial (Peters, Hock & Krohne, 2012).

- Um Abkürzungen einzuführen (für Details vgl. Abschnitt 5.4):

    Rapid-Eye-Movement-Schlaf (REM-Schlaf)

- Bei Aufzählungen innerhalb von Absätzen mit (a), (b), (c) etc. (für Details vgl. Abschnitt 5.7).

- Um mathematische Ausdrücke oder Formeln zu gruppieren:

    $y = a \times (x - 2) / (x + 1)^2$

- Wenn die Ergebnisse statistischer Tests berichtet werden, stehen die Freiheitsgrade in runden Klammern hinter der Bezeichnung der Prüfverteilung:

    $t(75) = 2.19$, $F(2, 116) = 3.71$

- Statistische Angaben, sofern diese keine Klammern enthalten (vgl. auch Abschnitt 6.2.1):

    Der Unterschied in der Körpergröße zwischen Männern ($M = 177.6$ cm, $SD = 7.9$ cm) und Frauen ($M = 164.1$ cm, $SD = 9.1$ cm) war deutlich.

    Aber nicht: Dieser Unterschied war signifikant ($t(16) = 3.34$, $p = .004$, $d = 1.58$). [Hier würden Klammern innerhalb von Klammern stehen.]

    Stattdessen: Dieser Unterschied war signifikant, $t(16) = 3.34$, $p = .004$, $d = 1.58$.

Wichtig: Klammerausdrücke folgen nie direkt aufeinander, d.h., es dürfen keine Klammern auftreten, die mit ihren Rücken zueinander stehen, wie hier: „....) (...". In einem solchen Fall werden die Klammern verbunden und die Inhalte durch ein *Semikolon* getrennt. Manchmal ergeben sich dadurch inhaltliche Mehrdeutigkeiten, sodass nicht klar ist, worauf sich der Text nach dem Semikolon bezieht. In diesen Fällen sollte der Satz so umformuliert werden, dass die beiden Klammern weiter auseinander rücken.

Nicht: Die differenziellen Bewältigungsstile wurden mit dem Angstbewältigungs-Inventar (ABI) (Krohne & Egloff, 1999) erfasst.

Sondern: Die differenziellen Bewältigungsstile wurden mit dem Angstbewältigungs-Inventar (ABI; Krohne & Egloff, 1999) erfasst.

Oder alternativ: Die differenziellen Bewältigungsstile wurden mit dem Angstbewältigungs-Inventar (ABI) von Krohne und Egloff (1999) erfasst.

Eckige Klammern werden in den folgenden Fällen eingesetzt:

- Wenn man innerhalb einer Klammer eine weitere Klammer setzt. Allerdings sollten Klammerausdrücke innerhalb von Klammern vermieden werden – oft gelingt dies dadurch, dass man statt der Klammern paarige Gedankenstriche nutzt. Falls dies nicht möglich ist, werden im Inneren der runden Klammern eckige Klammern verwendet, wie in folgendem Beispiel:

> Vermeiden Sie es, Klammern ineinander zu verschachteln. (Falls dies nicht gelingt, dann [und nur dann] werden im Inneren von runden Klammern eckige Klammern verwendet.)

Ausnahme von dieser Regel: In mathematischen Ausdrücken und Formeln befinden sich die eckigen Klammern außen, die runden innen.

$$a = [1 + (1 - b) \, / \, c)]^2$$

- Wenn wörtliche Zitate durch zusätzliche Wörter, die im Original nicht enthalten sind, ergänzt werden, setzt man diese Ergänzungen in eckige Klammern (für weitere Details vgl. Abschnitt 8.5.3):

> „Zur ersten Gruppe [von Bedingungen, unter denen das Trauma nicht abreagiert wurde] rechnen wir jene Fälle, in denen die Kranken auf psychische Traumen nicht reagiert haben" (Breuer & Freud, 1895/1952, S. 89).

- Bei der Angabe von Intervallen, z. B. bei Konfidenzintervallen:

> Die Korrelation betrug $r(972) = .40$, $p < .001$, 95 %-Konfidenzintervall [.35; .45].

5.7 Aufzählungen

Bei Aufzählungen gibt es drei Varianten: Aufzählungen innerhalb eines Absatzes, Aufzählungen mit einer nummerierten Liste und Aufzählungen mit Spiegelstrichen.

Aufzählungen innerhalb von Absätzen erfolgen mit kleinen lateinischen Buchstaben, die in Klammern gesetzt werden, also (a), (b), (c) etc. In einem derartigen Fall verwendet man *keine Zahlen*, auch dann nicht, wenn sich die Aufzählung über mehrere Sätze innerhalb eines Absatzes erstreckt. Hilfreich ist die Verwendung von Aufzählungen im Text manchmal auch, um Missverständnisse zu vermeiden.

> Menschen kaufen vermehrt Konsumartikel, (a) wenn sie sich etwas Gutes tun möchten, (b) wenn sie sich selbst trösten möchten, (c) wenn eine Beziehung auseinander gegangen ist, (d) wenn sie eine neue Beziehung beginnen und (e) wenn ihnen langweilig ist.

> Die Patienten hatten die Wahl zwischen (a) Operation und Chemotherapie sowie (b) Bestrahlung und Hormontherapie. [Ist unmissverständlicher als: „Die Patienten hatten die Wahl zwischen Operation und Chemotherapie sowie Bestrahlung und Hormontherapie."]

Aufzählungen mit einer nummerierten Liste werden verwendet, wenn man mehrere Punkte, die jeweils aus einem Absatz bestehen, auflisten möchte. Beachten Sie, dass eine Nummerierung unter Umständen eine (ungewollte) Ordnung oder Hierarchie der Punkte implizieren kann.

> Es gibt insgesamt vier situationale Bedingungen, die dazu beitragen, dass Menschen mehr Konsumartikel kaufen. Diese sind im Detail:

1. Das zur Verfügung stehende Geld. Wie Money und Penny (1995) gefunden haben, …

2. Die Gesellschaft, in der sich die Person befindet. Freund und Sister (2004) konnten bestätigen, dass Menschen in Begleitung weiblicher Verwandter …

3. Die zur Verfügung stehende Freizeit. Boring, Holiday und Hours (2015) belegen in einer kürzlich durchgeführten Studie, dass …

4. Der aktuelle Beziehungsstatus. Eine ältere Studie von Wedding und Solo (1987) zeigt, dass …

Aufzählungen mit Spiegelstrichen (–) verwendet man wie nummerierte Listen dann, wenn man mehrere Absätze strukturieren möchte. Anders als bei einer nummerierten Liste vermeidet man so aber, dass der Leser denkt, die Punkte würden in einer bestimmten Sequenz oder Ordnung stehen. Statt Spiegelstrichen können Sie auch andere Aufzählungszeichen wie Punkte (•) oder Dreiecke (▶) verwenden.

Es gibt insgesamt vier situationale Bedingungen, die dazu beitragen, dass Menschen mehr Konsumartikel kaufen. Diese sind im Detail:

– Das zur Verfügung stehende Geld. Wie Money und Penny (1995) gefunden haben, …

– Die Gesellschaft, in der sich die Person befindet. Freund und Sister (2004) …

– Die zur Verfügung stehende Freizeit. Boring, Holiday und Hours (2015) belegen …

– Der aktuelle Beziehungsstatus. Eine ältere Studie von Wedding und Solo (1987) …

Die letzten beiden Arten der Aufzählung mit einer nummerierten Liste und mit Spiegelstrichen sollten in wissenschaftlichen Arbeiten eher sparsam verwendet werden. Viele solcher Listen machen einen Text unruhig und könnten so wirken, als wären Sie nicht in der Lage, einen Text auch ohne dieses Hilfsmittel zu strukturieren. Ferner sollten Sie Aufzählungen nicht im Sinne von stichwortartigen Auflistungen verwenden. Der ausformulierte Fließtext ist in einer wissenschaftlichen Arbeit die Regel. Wenn aber gelegentlich eine Liste zum besseren Verständnis beiträgt, können Sie diese selbstverständlich verwenden.

Darstellung statistischer Ergebnisse

6

$\rightarrow$

ÜBERBLICK

ÜBERBLICK

Auf die Gliederung des Ergebnisteils wurde bereits in Abschnitt 1.9 eingegangen (dem Schreiben eines gemeinsamen Ergebnis- und Diskussionsteils haben wir Abschnitt 1.11 gewidmet). Im vorliegenden Kapitel erläutern wir, wie Sie einzelne statistische Ergebnisse darstellen. Im Unterschied zu Abschnitt 1.9, in dem es um die Makrostruktur der Ergebnispräsentation ging, geht es hier also um die Mikrostruktur.

Wir erklären zunächst, welche Inhalte in den Ergebnisteil gehören, wie deskriptive und inferenzstatistische Angaben prinzipiell aufgebaut sind und wie Sie überflüssige Angaben und Wiederholungen (Redundanzen) in Ihrer Ergebnisdarstellung vermeiden (Abschnitt 6.1). Anschließend machen wir Sie mit formalen Aspekten der Ergebnisdarstellung vertraut (Abschnitt 6.2) – dieses Grundlagenwissen benötigen Sie, um Ihre Ergebnisse korrekt zu Papier zu bringen, unabhängig davon, ob Sie die Ergebnisse im Text, in einer Tabelle oder in einem Diagramm präsentieren. In Abschnitt 6.3 erläutern wir, wie Sie sich zwischen diesen drei Darstellungsvarianten – Text, Tabelle und Diagramm – entscheiden, also wann welche Variante am geeignetsten ist. Danach gehen wir auf diese Darstellungsformen genauer ein, nämlich in Abschnitt 6.4 auf die Darstellung statistischer Befunde im Text, in Abschnitt 6.5 auf die Darstellung in Tabellen und in Abschnitt 6.6 auf die Darstellung in Diagrammen. Tabellen und Diagramme müssen adäquat in den Text eingebunden werden. Dazu gehört zum einen die Wahl passender Abbildungsunterschriften und Tabellentitel (Abschnitt 6.7), zum anderen müssen Sie Ihre Abbildungen und Tabellen korrekt nummerieren und im Text auf diese verweisen – wie Sie dies am besten umsetzen, erfahren Sie in Abschnitt 6.8. Was zu beachten ist, wenn Sie Abbildungen oder Tabellen aus fremden Quellen in Ihrer Arbeit verwenden möchten, erklären wir in Abschnitt 6.9.

Dieses Kapitel soll Ihnen allgemeine Empfehlungen für die Ergebnisdarstellung an die Hand geben. Allerdings weisen verschiedene statistische Verfahren unterschiedliche Konventionen der Darstellung auf. Daher stellen wir Ihnen in Kapitel 7 für die geläufigsten statistischen Verfahren konkrete Beispiele der Ergebnispräsentation vor.

6.1 Inhalte des Ergebnisteils

Im Folgenden erfahren Sie, wann Sie ein Ergebnis überhaupt berichten müssen und wann Sie es, z.B. weil es irrelevant ist, weglassen sollten (Abschnitt 6.1.1). Anschließend gehen wir darauf ein, welche Angaben deskriptive Ergebnisberichte (Abschnitt 6.1.2) und inferenzstatistische Ergebnisberichte (Abschnitt 6.1.3) enthalten müssen und zeigen Ihnen Darstellungsbeispiele. In Abschnitt 6.1.4 erläutern wir, wie Sie redundante Angaben vermeiden. Dabei geht es zum einen darum, dass Sie dieselben Daten nicht mehrfach präsentieren (z.B. in einer Abbildung und einer Tabelle oder in einer Tabelle und im Text), zum anderen sollten Sie aber auch nicht unnötig viele statistische Kennwerte für denselben Sachverhalt berichten. Wir wollen Sie dafür sensibilisieren, welche Angaben überflüssig sind.

6.1.1   Wann ein Ergebnis berichtet werden muss

Viele Studierende sind sich unsicher, was sie alles berichten müssen. Um im konkreten Fall zu entscheiden, ob Sie ein Ergebnis darstellen oder besser weglassen sollten, können Sie die folgenden vier Regeln heranziehen:

1. Wenn ein Ergebnis für die Beantwortung der Fragestellung bzw. der Hypothesen relevant ist, wird es berichtet. Insbesondere müssen zu jeder Hypothese diejenigen Befunde dargestellt werden, die darüber entscheiden, ob die Nullhypothese verworfen oder beibehalten wird.

2. Alle Ergebnisse, die man in der Diskussion aufgreifen oder erörtern möchte, müssen im Ergebnisteil dargestellt worden sein. In der Diskussion dürfen keine neuen oder zusätzlichen Befunde berichtet werden.

3. Ein Befund muss auch immer dann berichtet werden, wenn dessen Weglassen beim Leser zu einem verfälschenden Eindruck führen kann. Dasselbe gilt, wenn der Leser den Befund benötigt, um die Daten qualifiziert beurteilen zu können.

    Diese Regel betrifft v.a. „überraschende" Befunde, die nicht im unmittelbaren Zusammenhang mit der Hypothesentestung stehen, aber das Ergebnis beeinflussen können. Nehmen wir dazu folgendes Beispiel: Ich möchte herausfinden, ob Männer schneller rückwärts einparken können als Frauen. Bei der Zeitmessung erhalte ich Ergebnisse, die für diese Annahme sprechen. Als Nebenbefund stelle ich fest, dass die Gruppen sich auch darin unterscheiden, wie viele Zusammenstöße sie beim Rückwärtseinparken hatten. Auch wenn das nicht zu meiner eigentlichen Hypothese gehört, lässt sich dies als Indikator für die Sorgfalt beim Einparken werten. War die schnellere Personengruppe gleichzeitig diejenige mit mehr Zusammenstößen, kommt die kürzere Zeit vielleicht durch eine geringere Sorgfalt zustande. Das würde zwar nichts an dem Ergebnis ändern, dass Männer im Mittel schneller einparken. Der zusätzliche Befund, dass Männer dabei mehr Zusammenstöße erzeugen, würde mich aber davor bewahren, das schnellere Einparken als Indiz dafür zu werten, dass sie die besseren Autofahrer sind. Um meine Leser nicht zu falschen Schlüssen zu verleiten, muss ich solche zusätzlichen Befunde auch dann berichten, wenn sie nur potenziell für die Interpretation der Ergebnisse relevant sind.

4. Wenn ein Befund gänzlich irrelevant ist, sollte er *nicht* berichtet werden. Wenn ich z.B. bei einer Studie zu visueller Wahrnehmung feststelle, dass die – randomisiert zugewiesene – Experimentalgruppe im Mittel größere Füße hat als die Kontrollgruppe, wäre dies für meine Studie irrelevant, da kein plausibler Zusammenhang zwischen der Fußgröße und der visuellen Wahrnehmungsfähigkeit besteht. Folglich würde ich diesen Nebenbefund zur Fußgröße nicht angeben. (Gruppenunterschiede bezüglich des Alters oder des Geschlechts wären aber potenziell relevant und sollten berichtet werden.)

Bei der Ergebnisdarstellung sollte man zudem unnötige Wiederholungen bzw. redundante Angaben vermeiden – darauf gehen wir in Abschnitt 6.1.4 ein. Wichtig ist ferner, sich für *ein* Auswertungsverfahren zu entscheiden und – zumindest primär – dieses zu berichten. Nur weil Sie z.B. statt einer Pearson-Korrelation auch ein Spearman ρ und ein Kendall τ berechnen können, heißt das nicht, dass Sie dies tun sollten – insbesondere sollten Sie in aller Regel nicht alle drei Maße berichten. Ein häufig in studentischen Arbeiten zu beobachtender Fehler ist, bei der (leichten) Verletzung der Voraussetzungen für ein parametrisches Verfahren *zusätzlich* die Ergebnisse eines parameterfreien Verfahrens zu präsentieren (vgl. Kap. 9 im Band *Planen, Durchführen und Auswerten*). Von diesem Vorgehen raten wir ab: Entscheiden Sie sich entweder für das parametrische oder für das parameterfreie Verfahren und berichten Sie nur dieses. Nur bei bedeutsamen Abweichungen in den Ergebnissen zwischen verschiedenen Verfahren lohnt es sich, darauf einzugehen, und auch dann sollten Sie Ihre Ausführungen dazu eher kurz halten.

6.1.2 Deskriptive Ergebnisangaben

In Abschnitt 1.9 haben wir erläutert, dass Ergebnisberichte in aller Regel aus deskriptiven und inferenzstatistischen Angaben bestehen. Die deskriptiven Angaben sind notwendig, damit sich der Leser ein Bild der Daten machen kann. In sehr vielen Fällen handelt es sich bei deskriptiven Daten um die Angabe des arithmetischen Mittels (M) und der Standardabweichung (SD) bzw. des Standardfehlers (SE). Wichtig ist, dass die Angabe eines Mittelwerts stets durch ein Streuungsmaß (meist die Standardabweichung oder den Standardfehler) ergänzt werden muss. Im einfachsten Fall wird also ein Wertepaar aus Mittelwert und Standardabweichung präsentiert (die Daten der Beispiele in diesem Abschnitt sind ausgedacht und müssen nicht den realen Verhältnissen entsprechen):

Der mittlere IQ-Wert von Gymnasiasten lag in der Stichprobe bei $M = 107.1$ ($SD = 10.2$).

Häufiger ist es der Fall, dass man mehrere Wertepaare berichten möchte. Dann gibt es auch mehrere Möglichkeiten, diese in einen Satz einzubauen. Dazu drei Varianten:

Variante 1: Die mittleren IQ-Werte von Hauptschülern, Realschülern und Gymnasiasten lagen – in dieser Reihenfolge – bei $M = 76.6$ ($SD = 16.3$), $M = 90.6$ ($SD = 9.1$) und $M = 107.1$ ($SD = 10.2$).

Variante 2: Die mittleren IQ-Werte von Hauptschülern ($M = 76.6$, $SD = 16.3$), Realschülern ($M = 90.6$, $SD = 9.1$) und Gymnasiasten ($M = 107.1$, $SD = 10.2$) zeigten die erwartete Rangfolge.

Variante 3: Der Vergleich der IQ-Werte von Hauptschülern, Realschülern und Gymnasiasten ($Ms = 76.6$, 90.6 und 107.1, $SDs = 16.3$, 9.1 und 10.2) zeigt erwartungskonforme Unterschiede zwischen den Schulformen.

Bei allen drei Varianten befindet sich ein Teil der statistischen Angaben in Klammern. Achten Sie darauf, dass Ihre Sätze sowohl mit als auch ohne die Inhalte der Klammer lesbar bleiben. Zur Probe können Sie sich Ihre Sätze laut vorlesen – einmal mit und einmal ohne die Klammern.

In den obigen Beispielen wurden Standardabweichungen angegeben. Prinzipiell kann aber auch der Standardfehler berichtet werden, z. B.:

Der mittlere IQ-Wert von Gymnasiasten lag in der Stichprobe bei $M = 107.1$ ($SE = 2.28$).

Standardabweichung oder Standardfehler berichten? Standardabweichung und Standardfehler sind einfach ineinander überführbar (vgl. Abschnitt 6.1.4), die Angabe einer der beiden Werte ist also stets ausreichend. Welches der beiden Streuungsmaße Sie berichten, hängt davon ab, worauf Sie den inhaltlichen Schwerpunkt setzen wollen. Möchten Sie dem Leser ein Bild von der Verteilung vermitteln, dann geben Sie die *Standardabweichung* an. An dem obigen Beispiel mit der Angabe der IQ-Mittelwerte und IQ-Standardabweichungen für alle drei Schularten kann der Leser nämlich erkennen, dass die Streuung der Verteilung bei Hauptschülern am größten ist. Das könnte daran liegen, dass hier auch Personen mit sehr geringen IQ-Werten vertreten sind, ebenso aber Personen, die einen IQ über dem „Hauptschulniveau" haben. Hauptschüler stellen somit eine relativ heterogene Gruppe dar. Die Realschüler sind die homogenste Gruppe: Wer die Realschule besucht, wäre dementsprechend selten fehlplatziert (also zu intelligent oder zu wenig intelligent für die Realschule). Die Gymnasiasten weisen nur eine geringfügig größere Streuung auf als die Realschüler.

Den *Standardfehler* würden Sie hingegen angeben, wenn Sie die Genauigkeit der Schätzung hervorheben möchten. Mittels des Standardfehlers kann der Leser sich Konfidenzintervalle konstruieren. Aus der Angabe „$M = 107.1$, $SE = 2.28$" lässt sich ableiten: Der tatsächliche mittlere IQ in der Population (hier: alle Gymnasiasten) liegt mit 68%iger Wahrscheinlichkeit im Bereich 107.1 ± 2.28 und mit 95%iger Wahrscheinlichkeit im Bereich $107.1 \pm 1.96 \times 2.28$. Der Standardfehler hängt von der Stichprobengröße ab. Ist diese für verschiedene Gruppen unterschiedlich groß, verleitet die Angabe des Standardfehlers zu Fehlinterpretationen. Aus diesem Grund ist es üblicher, die *Standardabweichung* zu berichten.

Weitere deskriptive Maße. Bei sehr schiefen Verteilungen kann die Angabe des Medians (*Mdn*) anstelle des Mittelwerts als alternatives Maß der zentralen Tendenz angebracht sein. Selbstverständlich können auch Häufigkeitsdaten als deskriptive Daten berichtet werden, wie in diesem Beispiel:

> Die Erhebung in Supermärkten erbrachte, dass 62% der Kunden bei ihrem Einkauf Frischmilch kauften, 11% H-Milch und 3% sowohl Frischmilch als auch H-Milch.

Odds-Ratios (*OR*; auch: Quotenverhältnis) und Korrelationsmaße sind ebenfalls deskriptive Maße (zu Korrelationen als Effektstärkemaß vgl. die Ausführungen auf S. 207 f.). Ihre Darstellung kann wie folgt aussehen:

> Das Vorliegen einer Angststörung erhöht die Wahrscheinlichkeit, auch eine affektive Störung aufzuweisen, um etwas mehr als das Fünffache (*OR* = 5.20). (Beispiel aus Becker, Türke, Neumer, Soeder & Margraf, 2002)

> In der Gesamtstichprobe lag der Zusammenhang zwischen Intelligenz und dem Kopfumfang bei $r = .27$. Allerdings war dieser Zusammenhang in der Gruppe der 3- bis 14-jährigen Kinder wesentlich größer ($r = .56$) als in der Gruppe der Erwachsenen ($r = .08$).

Darstellung in Diagrammen und Tabellen. Deskriptive Daten können natürlich auch in Diagrammen oder Tabellen angegeben werden. Abbildung 6.1 zeigt in Form eines Balkendiagramms die weiter oben im Text dargestellten IQ-Mittelwerte und Standardabweichungen für Schüler der drei Schularten.

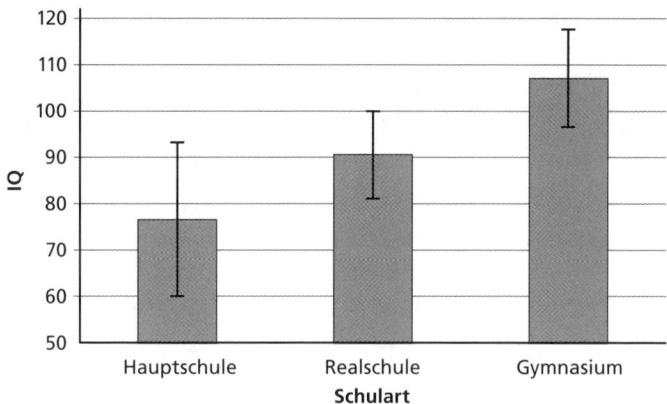

Abbildung 6.1. Mittelwerte der IQ-Testergebnisse von Schülern verschiedener Schularten (Stichproben-umfang pro Schulart $n = 20$). Die Fehlerbalken indizieren einfache Standardabweichungen.

Dieselben Daten werden auch in Tabelle 6.1 präsentiert. Die Tabellendarstellung ist etwas weniger anschaulich als das Diagramm, dafür können in der Tabelle die Daten wesentlich exakter abgelesen werden. Zudem springt der Unterschied zwischen den Standardabweichungen deutlicher ins Auge. Wann welche Darstellungsform am geeignetsten ist, erörtern wir in Abschnitt 6.3. Weiterführende Angaben zur Gestaltung von Tabellen und Diagrammen geben wir in den Abschnitten 6.5 bzw. 6.6.

Tabelle 6.1. Mittelwerte und Standardabweichungen der IQ-Testergebnisse von Schülern verschiedener Schularten (Stichprobenumfang pro Schulart $n = 20$)

Schulart	*M*	*SD*
Hauptschule	76.6	16.3
Realschule	90.6	9.1
Gymnasium	107.1	10.2

In den meisten Fällen will man nicht nur die Datenlage beschreiben, sondern diese auch gegen Zufallsbefunde absichern bzw. vorab aufgestellte Hypothesen überprüfen. Der folgende Abschnitt behandelt, welche Angaben der Bericht einer inferenzstatistischen Prüfung umfassen muss.

6.1.3 Inferenzstatistische Ergebnisangaben

Von Ausnahmen abgesehen, die wir weiter unten behandeln, sollten inferenzstatistische Ergebnisse, egal ob im Text oder in einer Tabelle dargestellt, immer die folgenden Bestandteile umfassen:

- die *numerische Höhe der Teststatistik* (synonyme Bezeichnungen: Prüfgröße bzw. -wert; z.B. der *t*- oder der *F*-Wert),
- die Anzahl der *Freiheitsgrade* (im Text meist in Klammern angegeben),

- den *p*-Wert (synonyme Bezeichnungen: Überschreitungswahrscheinlichkeit, Signifikanzwert),

- möglichst die *Effektstärke* und

- eine verbale Aussage darüber, ob die (statistische) *Hypothese bestätigt oder nicht bestätigt* wurde (alternativ: ob ein Effekt signifikant ist).

Dabei hält man in aller Regel die obige Reihenfolge dieser Angaben ein. Lediglich die verbale Aussage, ob die Hypothese bestätigt wurde, kann statt ans Ende auch an den Anfang wandern. Wir veranschaulichen das an zwei Beispielen, einem *t*-Test für unabhängige Stichproben (Beispiel 1) und einer Varianzanalyse (Beispiel 2):

Beispiel 1: Die Annahme, dass Frauen im Vergleich zu Männern längere Haare haben, wurde bestätigt, $t(16) = 3.34$, $p = .004$, $d = 1.59$.
Oder noch kürzer: Frauen haben längere Haare als Männer, $t(16) = 3.34$, $p = .004$, $d = 1.59$.

Beispiel 2: Die Varianzanalyse für die Intelligenzwerte der Schüler erbrachte einen signifikanten Haupteffekt der Schulart, $F(2, 57) = 30.93$, $p < .001$, $\eta_p^2 = .52$. Damit wurde bestätigt, dass die Intelligenztestwerte in Abhängigkeit von der Schulart (Hauptschule, Realschule und Gymnasium) variieren.

Im ersten Beispiel erfolgt die Aussage, dass die Hypothese bestätigt wurde, bevor die Ergebnisse des *t*-Tests präsentiert werden. Im zweiten Beispiel wird zwar vor der Darstellung des varianzanalytischen Befunds ausgesagt, dass ein signifikanter Haupteffekt besteht, der explizite Schluss auf die Hypothese, nämlich dass diese bestätigt wurde, wird aber erst im Satz danach vollzogen. Beachten Sie beim Beispiel 2 auch, dass wir aufgrund des Globaltests der Varianzanalyse nur aussagen können, dass es einen Unterschied in Abhängigkeit von der Schulart gibt, aber nicht, zwischen welchen konkreten Schularten signifikante Unterschiede bestehen. Dafür wären Paarvergleiche erforderlich.

Lassen Sie uns die Bestandteile, aus denen die Darstellung der inferenzstatistischen Prüfung besteht, noch einmal im Detail durchgehen: An erster Stelle wird die verwendete Teststatistik einschließlich deren konkreten Werts und der Anzahl der Freiheitsgrade angegeben, also z.B. „$t(20) = 3.52$", „$F(2, 74) = 2.17$" oder „$\chi^2(1) = 8.39$". Danach wird die Überschreitungswahrscheinlichkeit *p* berichtet, wobei zu beachten ist, dass die führende Null weggelassen wird, da *p* nicht größer als eins werden kann (vgl. auch den *Exkurs: p-Werte kleiner oder gleich null* auf S. 218).

Im Anschluss an den *p*-Wert wird die Effektstärke angegeben, wobei Sie die Wahl zwischen verschiedenen Effektstärkemaßen haben. Da sich Effektstärkemaße prinzipiell alle ineinander umrechnen lassen, ist es aus theoretischer Sicht oft belanglos, welches Sie verwenden. Allerdings sind je nach Test andere Effektstärkemaße besonders gebräuchlich. Beim Vergleich zweier Mittelwerte ist Cohens *d* das übliche Maß.[24] Andere Maße für die Effektstärke sind *r* (bei Korrelationen), R^2 (z.B. als aufgeklärte Varianz bei Regressionsanalysen) sowie – bei Varianz-

---

24 Im Englischen heißt es übrigens Cohen's *d* und Cronbach's α, im Deutschen ist dieser Apostroph jedoch falsch.

analysen – η^2 (auch das partielle η_p^2) und Cohens f^2. Daneben gibt es weitere, zum Teil wenig geläufige Effektstärkemaße, die Sie nur verwenden sollten, wenn diese in Ihrem Forschungsbereich üblich sind oder besondere Vorteile gegenüber den anderen Effektstärkemaßen bieten. Schauen Sie ggf. in aktuellen Zeitschriftenartikeln aus Ihrem Forschungsgebiet nach, welche Effektstärkemaße dort bei den von Ihnen verwendeten statistischen Verfahren berichtet werden.

Wir wollen hier noch einmal deutlich mit der falschen Vorstellung aufräumen, im Ergebnisteil dürften noch keine Schlussfolgerungen gezogen werden. Das stimmt nicht! *Im Ergebnis soll sogar ausdrücklich formuliert werden, ob die Ergebnisse eine (statistische bzw. operationalisierte) Hypothese*[25] *bestätigen oder nicht* – das erleichtert auch dem Leser das Verständnis der Ergebnisse. Lediglich Interpretationen, die über den rein formalen Schluss auf die Bestätigung der Hypothese hinausgehen, sollten Sie sich für die Diskussion aufheben. An den obigen Beispielen verdeutlicht, würde das bedeuten, dass Sie im Ergebnisteil nicht darüber spekulieren, woran es liegt, dass Frauen im Vergleich zu Männern längere Haare tragen. Wenn Sie die Schlussfolgerung im zweiten Beispiel genau lesen, sollte auffallen, dass dort nur davon gesprochen wird, dass Schüler der verschiedenen Schularten unterschiedlich hohe *Intelligenztestwerte* erreichen – es wird also auf die operationalisierte Hypothese geschlossen. Der Schluss auf die Sachhypothese, dass diese Schüler wirklich unterschiedlich intelligent sind, unterbleibt. Tatsächlich wäre nicht auszuschließen, dass z.B. Hauptschüler aufgrund anderer Faktoren (durchschnittlich schlechtere Deutschkenntnisse aufgrund eines Migrationshintergrunds, weniger Vertrautheit mit Testverfahren, höhere Testängstlichkeit) schlechter in den IQ-Tests (manifeste Variable) abschneiden, als es ihrer Intelligenz (latente Variable) entspricht.

Die Aussage über die Bestätigung der Hypothese kann noch impliziter in die Ergebnisdarstellung eingebaut werden, als es in den Beispielen 1 und 2 der Fall war:

Beispiel 3: Der erwartete Unterschied im Alkoholkonsum zwischen Männern und Frauen wurde nicht signifikant, $t(38) = 1.43$, $p = .16$, $d = 0.45$.

Hier wird übrigens, wenngleich beiläufig, die Hypothese wiederholt, dass ein Unterschied im Alkoholkonsum zwischen Frauen und Männern erwartet wurde. Durch die Angabe, dass dieser Unterschied nicht signifikant wurde, wird gleichzeitig ausgesagt, dass die Hypothese nicht bestätigt wurde. Somit sind in einem kurzen Satz alle Anforderungen an die Darstellung inferenzstatistischer Ergebnisse erfüllt. Zudem wurde der Empfehlung nachgekommen, den Leser kurz an die Hypothese zu erinnern.

Eine Ausnahme bei der Präsentation inferenzstatistischer Ergebnisse stellen *Korrelationen* dar. Korrelationen sind nämlich selbst auch ein Effektstärkemaß, weshalb man die Effektstärke nicht getrennt angibt. Die Angaben bei einer Korrelation beschränken sich somit z.B. auf „$r(32) = .24$, $p = .17$".[26] Die Freiheitsgrade

---

25 Der Unterschied zwischen statistischen Hypothesen, operationalisierten Hypothesen und Sachhypothesen wird im Band *Planen, Durchführen und Auswerten* (Abschnitt 6.2) erläutert.
26 Quasi hinter den Kulissen wird bei der p-Wert-Bestimmung für einen Korrelationskoeffizienten dieser in einen t-Wert umgewandelt und ein t-Test berechnet. Allerdings gibt man diesen t-Wert bei Korrelationen nicht an.

von Korrelationskoeffizienten berechnen sich übrigens nach der Formel: Stichprobengröße minus 2. In den meisten wissenschaftlichen Arbeiten werden Sie Korrelationskoeffizienten ohne die Angabe von Freiheitsgraden in Klammern sehen, da der Leser aus der Stichprobenbeschreibung bzw. den sonstigen Angaben im Text in der Regel entnehmen kann, auf welche Gruppengröße sich die Angabe bezieht.

Eine weitere Besonderheit ergibt sich, wenn die Testung einen F- bzw. t-Wert kleiner als eins erbringt. Dann erübrigt sich nämlich die Angabe des p-Werts. Das liegt daran, dass bei F- bzw. t-Werten kleiner als eins eine Hypothesenprüfung niemals signifikant ausfallen kann. Da der kundige Leser dies weiß, wäre es überflüssig, den p-Wert zu berichten. Man schreibt daher z.B. lediglich „$F(3, 61) < 1$" oder „$t(20) < 1$" und ergänzt dies wie sonst auch durch die verbale Aussage, dass der Effekt nicht signifikant ist oder die Hypothese nicht bestätigt wurde.

Ob man bei nicht signifikanten Ergebnissen eine Effektstärke angeben soll, ist umstritten. Als Argument dagegen kann man vorbringen, dass ein nicht signifikanter Effekt gar nicht abgesichert ist, also das Konfidenzintervall der Effektstärke auch den Wert null (= kein Effekt) einschließt. Damit liegt die Effektstärke im Zufallsbereich und die Angabe eines konkreten Wertes, der bei manchen Lesern vielleicht die Existenz eines Effekts suggeriert, wäre unsinnig. Dieses Argument ist nachvollziehbar. Allerdings hilft die Angabe einer Effektstärke dabei, einzuschätzen, ob die Teststärke einer inferenzstatistischen Prüfung vielleicht zu gering war, beispielsweise aufgrund einer sehr kleinen Stichprobe. Wenn nämlich ein großer Effekt (z.B. Cohens $d = 0.9$) nicht signifikant wird, sollte überprüft werden, ob für den erwarteten Effekt die Teststärke überhaupt angemessen hoch war. Aus diesem Grund würden wir persönlich auch bei nicht signifikanten Ergebnissen stets die Effektstärke berichten.

Wenn Sie geläufige statistische Verfahren verwenden, sollten Sie diese *nicht* erklären und auch üblicherweise *nicht* angeben, warum Sie das Verfahren gewählt haben. Als geläufig können alle Verfahren gelten, die man in Statistiklehrbüchern für Studierende findet. Auch eine Quellenangabe ist bei üblichen Verfahren überflüssig. Eine Erklärung ist nur erforderlich, wenn das Verfahren sehr unbekannt ist bzw. wenn strittig ist, ob sich ein Verfahren für die vorliegenden Daten eignet. Studierende begehen manchmal den Fehler, z.B. zu erklären, was ein t-Test oder eine Korrelation ist. Oder sie rechtfertigen sich über mehrere Absätze hinweg, warum sie eine Kovarianzanalyse und keine Regressionsanalyse gerechnet haben. Solche Dinge brauchen und sollten Sie nicht erklären, da sie dem fachlich geschulten Leser ohnehin bekannt bzw. verständlich sind. Wenn Sie die nichtparametrische Alternative eines parametrischen Verfahrens verwenden (z.B. einen Wilcoxon-Test statt eines t-Tests), sollten Sie dies jedoch kurz begründen, beispielsweise damit, welche Voraussetzung des parametrischen Verfahrens verletzt ist (vgl. Kap. 9 im Band *Planen, Durchführen und Auswerten*).

6.1.4   Redundanz bei der Ergebnispräsentation vermeiden

Wir haben in Abschnitt 6.1.1 erwähnt, dass Sie keine vollkommen irrelevanten Befunde berichten sollen. Außerdem sollten Sie sich in aller Regel bei der Testung einer Hypothese für *ein* inferenzstatistisches Verfahren entscheiden. Zwar bietet *SPSS* beispielsweise bei der Durchführung von Varianzanalysen insgesamt 18 verschiedene Post-hoc-Tests zur Bestimmung von Gruppenunterschieden an – von diesen Tests sollten Sie sich aber denjenigen aussuchen, der für Ihre Daten am geeignetsten ist, und nur diesen im Ergebnisteil präsentieren.[27] Ähnliche Überlegungen gelten für die Angabe deskriptiver Daten: So gibt es als Maß für die zentrale Tendenz neben dem arithmetischen Mittel auch den Median, den Modalwert und mehrere sogenannte M-Schätzer (das sind bezüglich Ausreißern robuste Alternativen zum Mittelwert und Median). Um Ihre Ausführungen nicht mit Daten zu überfrachten, ist es Ihre Aufgabe, zu entscheiden, welches der Maße für Ihre Zwecke am sinnvollsten ist – nur dieses berichten Sie. Es gibt einzelne Fälle, in denen es angebracht ist, z.B. sowohl den Mittelwert als auch den Median anzugeben (man macht dies häufig bei sehr schiefen Verteilungen). Mehr als ein Maß der zentralen Tendenz oder der Streuung zu berichten, sollte aber die Ausnahme bleiben.

Wir haben in Tabelle 6.2, in der die Geschlechts- und Altersverteilungen von Philosophie-Erstsemestern an drei Universitäten beschrieben sind, einige unnötige bzw. wenig sinnvolle Angaben eingebaut. Welche irrelevanten oder redundanten Spalten in dieser Tabelle sollte man streichen?

Tabelle 6.2. Die Geschlechts- und Altersverteilung der Philosophie-Erstsemester an bayerischen Universitäten [ein Beispiel dafür, wie die Beschreibung von Stichproben nicht aussehen sollte]

| Ort | N | Frauen | Männer | Altersverteilung | | | | | |
				M	Mdn	Modus	Range	SD	SE
Bamberg	79	40	39	26.2	22.0	22.0	18–61	6.1	0.69
Würzburg	73	32	41	28.1	23.0	23.0	19–72	5.5	0.65
Erlangen	84	46	38	22.3	21.5	22.0	18–34	4.9	0.54

Überflüssig ist in Tabelle 6.2 eine der drei Spalten mit dem Stichprobenumfang und der Anzahl der Frauen und Männern, da sich aus zwei dieser Werte immer der dritte Wert berechnen lässt. Somit ist eine der drei Spalten redundant und man könnte entweder die Spalte *Frauen* oder die Spalte *Männer* weglassen. Noch eleganter wäre hier, neben dem Stichprobenumfang (*N*) entweder den relativen Frauen- oder den relativen Männeranteil in Prozent anzugeben, da dies anschaulicher ist als der absolute Frauen- bzw. Männeranteil. Falls aber, was durchaus öfter vorkommt, Probanden keine Angabe zum Geschlecht gemacht haben (und

---

27 In vielen Fällen sind mehrere Verfahren gleich gut geeignet. Dann sollte man unter diesen ein möglichst geläufiges wählen. Auch hierbei brauchen Sie nicht zu begründen, warum Sie sich für Verfahren X und nicht für Verfahren Y entschieden haben.

somit die Anzahl der Frauen plus die Anzahl der Männer nicht der Anzahl der Probanden entspricht), sollten Sie alle drei Werte berichten.

Bei der Altersangabe ist eine der beiden Spalten mit der Standardabweichung (SD) und dem Standardfehler (SE) eindeutig überflüssig, da sich aus dem Stichprobenumfang (n) und der Standardabweichung der Standardfehler (bzw. aus Standardfehler und Stichprobenumfang die Standardabweichung) berechnen lässt: $SE = SD/\sqrt{N}$. Geben Sie daher immer nur entweder die Standardabweichung oder den Standardfehler an. Für die Beschreibung von Verteilungen ist die Standardabweichung das üblichere Maß, weshalb man hier den Standardfehler weglassen würde.

Die Angabe des Mittelwerts der Altersverteilung ist sicherlich relevant und sollte daher in der Tabelle verbleiben. Der Vergleich von Median und Mittelwert macht deutlich, dass alle Verteilungen linkssteil sind, was jedoch auch bei einem Vergleich des Range mit dem Mittelwert ersichtlich wäre. Da Altersverteilungen gerade von studentischen Stichproben häufig schief sind – es gibt viele jüngere und nur wenige ältere Studierende –, ist in diesen Fällen die Angabe des Medians sinnvoll und häufig sogar aussagekräftiger als der Mittelwert. Der Modus (auch als Modalwert bezeichnet) gibt den Wert einer Verteilung an, der am häufigsten aufgetreten ist. In den seltensten Fällen liefert der Modus relevante Informationen und auch im vorliegenden Fall kann man auf ihn sehr gut verzichten. Somit ließen sich in Tabelle 6.2 zumindest drei Spalten (Anzahl der Männer, Modus und Standardfehler) streichen, ohne relevante Information zu verlieren. Für viele Zwecke könnte zudem entweder der Range oder der Median entfallen.

Auf jeden Fall vermeiden sollten Sie auch Spalten, in denen in allen Zeilen derselbe Wert steht. So etwas passiert beispielsweise, wenn Sie für verschiedene Gruppen die Stichprobengröße angeben und alle Gruppen gleich groß waren. Die Information aus der Spalte integrieren Sie stattdessen in den Tabellentitel oder die Tabellenanmerkungen, z.B. indem Sie schreiben „Gruppengrößen jeweils $n = 25$".

Als generelle Regel gilt, dass Sie Daten bzw. Ergebnisse *entweder* in einem Diagramm *oder* in einer Tabelle *oder* im Text angeben sollten. Insbesondere sollten Sie es vermeiden, dieselben Daten sowohl in einer Tabelle als auch in einem Diagramm zu präsentieren. Allerdings ist es in Ausnahmefällen sinnvoll, hiervon abzuweichen. So kann es z.B. angebracht sein, einen Teil der Daten aus einer Tabelle auch in einem Diagramm zu präsentieren, wenn sich dadurch bestimmte Zusammenhänge veranschaulichen lassen, die allein in der Tabelle nicht deutlich geworden wären. Ein Beispiel hierfür sind Interaktionseffekte, die durch die grafische Präsentation in Form eines Diagramms am besten nachzuvollziehen sind. Jedoch sollten Sie sich in dem Fall fragen, ob zusätzlich zur Abbildung auch die Darstellung in Tabellenform notwendig ist. Daten, die Sie in Abbildungen oder Tabellen präsentieren, sollten Sie im Text *nicht in größerem Umfang* wiederholen. Stattdessen verweisen Sie im Text auf die entsprechende Tabelle oder Abbildung. Gänzlich vermeiden lassen sich Überschneidungen nicht, da Sie im Text ja auf konkrete Werte in Tabellen und Abbildungen eingehen müssen, um die Aufmerksamkeit des Lesers auf diese zu lenken und um besonders bedeutsame Werte hervorzuheben. Allerdings sollten Sie versuchen, im Text nur insoweit die Daten aus Tabellen bzw. Abbildungen zu wiederholen, wie es für diese Zwecke erforderlich ist. Ein Text zu Tabelle 6.2 auf Seite 209 könnte beispielsweise so aussehen:

> Wie sich Tabelle 6.2 entnehmen lässt, ist das Geschlechterverhältnis der Philosophie-Erstsemester in Bamberg sehr ausgeglichen. In Würzburg überwiegen hingegen die Männer, in Erlangen die Frauen. In keiner der Städte fällt der Anteil eines der Geschlechter jedoch unter 43 %. Die Erlanger Erstsemester scheinen die jüngsten zu sein ($M = 22.3$ Jahre), die Würzburger die ältesten ($M = 28.1$ Jahre). Allerdings lässt sich dieser Unterschied zumindest teilweise auf Ausreißer bzw. Extremwerte zurückführen: So waren die ältesten Personen in Erlangen, Bamberg und Würzburg jeweils 34, 61 bzw. 72 Jahre alt. Die Mediane der Altersverteilung unterscheiden sich hingegen um maximal 1.5 Jahre.

An diesem Beispiel sollten Sie erkennen, dass im Text die Aufmerksamkeit des Lesers besonders auf diejenigen Aspekte gelenkt wird, die der Autor für bedeutsam erachtet. Dabei werden ausgewählte Werte aus der Tabelle aufgegriffen (z.B. zwei Altersmittelwerte und die Altersangaben der jeweils ältesten Person), darüber hinaus werden aber auch Werte angegeben, die sich aus den Tabellenwerten berechnen lassen, z.B. die Angabe der Geschlechterverhältnisse in Prozent oder die maximale Differenz der Altersmediane. Werte, die nicht besonders bedeutsam bzw. für die Interpretation der Daten nicht hilfreich erscheinen, wie in diesem Beispiel die Standardabweichungen der Altersverteilung, wurden im Text gar nicht erwähnt – auch das ist legitim.

Ein häufiger Anfängerfehler ist, zu denken, man müsste jeden einzelnen Wert, der in einer Tabelle auftaucht, im Text kommentieren. Dies ist nicht der Fall. Auch bei Korrelationstabellen (vgl. z.B. Tabelle 6.9 auf S. 234) ist es meist nicht erforderlich, jede einzelne Korrelation zu erwähnen, da nicht jede Korrelation inhaltlich bedeutsam ist. Oft bietet es sich an, Ergebnisse zusammenzufassen. Eine Beschreibung der Korrelationen der Big-Five-Persönlichkeitseigenschaften könnte wie folgt aussehen:

> Wie Tabelle X.Y zu entnehmen ist, gab es drei hochsignifikante Korrelationen: Extraversion und Neurotizismus korrelierten erwartungsgemäß negativ ($r = -.35$), Offenheit für neue Erfahrungen und Extraversion positiv ($r = .40$); der stärkste korrelative Zusammenhang fand sich für Gewissenhaftigkeit und Neurotizismus ($r = -.48$). Alle anderen Korrelationen waren deutlich schwächer und nicht signifikant (alle $rs \leq .10$, alle $ps > .3$).

Von den insgesamt 10 Korrelationen wurden die drei stärksten und inhaltlich bedeutsamsten explizit aufgeführt und auch der Korrelationskoeffizient wurde – zur besseren Orientierung des Lesers – im Text wiederholt. Durch die Bemerkung, dass diese drei Korrelationen hochsignifikant waren, erübrigt sich die Angabe der einzelnen p-Werte (diese sollten aber in der Tabelle angegeben sein; vgl. Abschnitt 6.2.4). Da für die anderen sieben Korrelationen weder bedeutsame Zusammenhänge erwartet wurden noch solche eingetreten sind, wurden diese Korrelationen im Text zusammengefasst dargestellt. Eine gute Möglichkeit, mehrere – insbesondere nicht signifikante – Resultate zusammenzufassen, ist, den niedrigsten p-Wert (der natürlich größer sein muss als .05) zu nehmen und zu schreiben, dass die *ps* aller Tests größer waren als dieser (z.B. „alle *ps* > .3" – beachten Sie das nicht kursive Plural-s, das dem kleinen *p* hinzugefügt wird). Bei Korrelationen kann man zusätzlich berichten, wie hoch der stärkste dieser nicht signifikanten Zusammenhänge war (z.B. „alle *rs* ≤ .10"). Man macht dies insbesondere, um zu verdeutlichen, dass diese Zusammenhänge alle schwach und daher nicht inhaltlich bedeutsam waren.

Dieses Vorgehen ist nicht auf Korrelationen beschränkt, sondern kann ebenso bei mehreren *t*-Tests oder verschiedenen Effekten von Varianzanalysen verwendet werden. In solchen Fällen könnte man z.B. schreiben: „Alle weiteren Einzelvergleiche erbrachten keine signifikanten Ergebnisse (alle *ts* < 1.2, alle *ps* > .4)" oder „Außer diesem Haupteffekt ergaben sich keine weiteren signifikanten Haupt- oder Interaktionseffekte, alle *Fs* < 1.3, alle *ps* > .2".

Wichtige Punkte im Überblick:

- Berichten Sie keine irrelevanten Befunde.
- Beschränken Sie sich in aller Regel auf *ein* Maß der zentralen Tendenz (z.B. Mittelwert oder Median) und *ein* Maß der Streuung (z.B. Standardabweichung, Standardfehler oder Interquartilabstand).
- Geben Sie für die Prüfung einer Hypothese in der Regel nur die Ergebnisse *eines* inferenzstatistischen Verfahrens an.
- Fassen Sie insbesondere nicht signifikante und nebensächliche Ergebnisse zusammen (z.B. „alle *rs* < .15, alle *ps* > .3").
- Vermeiden Sie unnötige Wiederholungen zwischen Tabellen, Abbildungen und Text.

6.2 Formalitäten der Ergebnisdarstellung

Zunächst führen wir einige allgemeine Regeln zur formal korrekten Ergebnisdarstellung auf (Abschnitt 6.2.1), bevor wir uns in Abschnitt 6.2.2 mit der Schreibweise statistischer Abkürzungen und von Symbolen befassen. Wie viele Nachkommastellen oder – genauer gesagt – wie viele bedeutungshaltige Stellen Sie bei Zahlen angeben müssen, ist in Abschnitt 6.2.3 erklärt. Wie Sie korrekterweise *p*-Werte bzw. die Signifikanz eines Ergebnisses berichten, erläutern wir in Abschnitt 6.2.4.

6.2.1 Allgemeine Regeln

Beim Berichten von statistischen Ergebnissen sind einige Formalitäten zu beachten. Die wichtigsten Regeln führen wir im Folgenden auf.

Dezimalpunkt. Statt eines *Dezimalkommas* schreibt man – in Anlehnung an die angelsächsische Tradition – stets einen *Dezimalpunkt*, also z.B. „2.47". Dies gilt für *alle* Zahlenangaben in Ihrer Arbeit (vgl. Abschnitt 5.3.2).

Führende Null. Es gibt einige statistische Indizes, die nie einen Wert größer als eins annehmen können. Bei diesen hat es sich eingebürgert, die Null vor dem Dezimalpunkt wegzulassen (also z.B. $r = .32$, $p = .001$, $p < .05$, $\eta_p^2 = .083$). Betroffen sind neben r, p und η_p^2 z.B. auch Spearman ρ, Cronbachs α, α- und β-Fehler und R^2 (das Bestimmtheitsmaß oder der Determinationskoeffizient). In Tabelle 6.3 (S. 214f.) ist für einige Koeffizienten angegeben, ob diese größer als null werden können. Bei allen anderen Zahlen kleiner als eins, die aber prinzipiell auch einen Wert über eins aufweisen können, muss die führende Nullen stets mitgeschrieben werden, z.B.: $M = 0.52$, $SD = 0.13$, $d = 0.24$, $t(24) = 0.78$.

Maßeinheiten. Wenn Sie deskriptive Daten angeben, müssen Sie sicherstellen, dass der Leser stets zuordnen kann, in welcher Maßeinheit gemessen wurde. Daher wird die abgekürzte Maßeinheit direkt nach dem Zahlenwert angegeben. Ein Beispiel: „Die Gewichtsmessung ergab: Katzen auf Bauernhöfen ($M = 4253$ g, $SD = 862$ g) sind in der Regel leichter als Katzen in der Stadt ($M = 4976$ g, $SD = 1048$ g)." Auch die Standardabweichung (SD) hat dieselbe Einheit wie der Mittelwert. Zwischen der Zahl und der Maßeinheit steht immer ein (geschütztes) Leerzeichen (vgl. Abschnitt 11.5.11). Die Verwendung von Maßeinheiten ist in Abschnitt 5.5 ausführlicher erklärt.

Wurde ein Wert – z.B. mittels eines Fragebogens – auf einer Skala ohne Maßeinheit erfasst, erübrigt sich natürlich die Angabe einer Einheit. Beispiel: „Im Fragebogen zum Selbstwertgefühl im Straßenverkehr erzielten männliche Autofahrer ($M = 13.2$, $SD = 4.7$) höhere Werte als Autofahrerinnen ($M = 10.9$, $SD = 4.2$)." Hier ist es nicht erforderlich – und auch nicht sinnvoll – z.B. „$M = 13.2$ Punkte" o.Ä. zu schreiben.

Klammern in Klammer vermeiden. Manchmal findet man in Zeitschriftenartikeln oder Büchern, dass inferenzstatistische Ergebnisse in einen Satz mittels Klammern eingefügt werden, z.B. „Der Unterschied war signifikant ($t(20) = 3.92$, $p < .001$)." Das Problem bei dieser Schreibweise ist, dass man innerhalb von runden Klammern nicht erneut runde Klammern verwenden sollte (siehe Abschnitt 5.6). Betroffen sind davon alle inferenzstatistischen Tests, deren Darstellung die Angabe von Freiheitsgraden enthält, wie Varianzanalysen, t-Tests oder χ^2-Tests.

Erlaubt wäre es, außen eckige Klammern zu verwenden, z.B. „... war signifikant [$t(20) = 3.92$, $p < .001$]". Allerdings sieht es meist eleganter aus und ist gebräuchlicher, die inferenzstatistischen Angaben durch ein Komma – bei Einschüben durch paarige Kommata – abzugrenzen, wie in diesen Beispielen: „Der Unterschied war signifikant, $t(20) = 3.92$, $p < .001$" und „Die hochsignifikante Interaktion, $F(2, 232) = 6.85$, $p < .001$, ist konsistent mit ...". Eckige Klammern sollten nur dann zum Einsatz kommen, wenn z.B. aufgrund des Satzbaus Kommata zur Abgrenzung nicht ausreichen.

Statistische Begriffe im Text sind auszuschreiben, wenn sie im Sinne eines Wortes verwendet werden. Abkürzungen für statistische Indizes dürfen nicht das entsprechende Wort in einem Satz ersetzen. Schreiben Sie also *nicht*: „Der $M = 9.23$ der Frauen lag höher als der $M = 5.23$ der Männer, die SDs waren identisch." Die korrekte Variante ist: „Der Mittelwert der Frauen ($M = 9.23$, $SD = 2.5$), war höher als der Mittelwert der Männer ($M = 5.23$, $SD = 2.5$), wobei sich die Standardabweichungen nicht unterschieden."

6.2.2 Statistische Abkürzungen und Symbole

Es gibt eine Reihe feststehender Abkürzungen bzw. Symbole für statistische Kennwerte, die in dieser Weise verwendet werden sollten. Die gebräuchlichsten sind in Tabelle 6.3 aufgeführt. Dort finden Sie zudem einen Hinweis, wenn ein Wert niemals größer als eins werden kann, weshalb man bei der Angabe konkreter Zahlenwerte die führende Null weglässt (vgl. Abschnitt 6.2.1).

Beachten Sie, dass statistische Abkürzungen und Symbole *kursiv* geschrieben werden. Allerdings werden *hoch- oder tiefgestellte Zusätze sowie Suffixe wie das Plural-s nicht kursiv* gesetzt, z.B.: F_{max}, R^2 und *p*s. Eine weitere Ausnahme stellen *griechische Buchstaben* dar, die nie kursiv geschrieben werden.

Tabelle 6.3. Statistische Symbole/Abkürzungen und ihre Bedeutung

Abkürzung	Bedeutung	Beispiele (Anmerkungen)
d	Cohens *d* (Maß für die Effektstärke; bezieht sich auf den Unterschied zwischen zwei Mittelwerten)	$t(20) = 3.52$, $p < .001$, $d = 1.81$
df	Freiheitsgrade (*degrees of freedom*)	
M	Mittelwert der Stichprobe	
Mdn	Median der Stichprobe	
N	Umfang der Gesamtstichprobe	Die Stichprobe ($N = 40$) bestand aus Patienten mit psychotischem ($n = 22$) und
n	Umfang einer Teilstichprobe	depressivem ($n = 18$) Störungsbild.
n.s.	nicht signifikant	$F(1, 83) = 1.42$, *n.s.*
OR	Odds-Ratio (Quotenverhältnis)	
p	*p*-Wert/Überschreitungswahrscheinlichkeit/Signifikanzwert (die bedingte Wahrscheinlichkeit, dass – unter den gegebenen Effekten – die Nullhypothese zutrifft)	$p = .08$ (kann nie größer als eins werden)
r	Pearsons Korrelationskoeffizent	$r = .37$ (kann nie größer als eins werden)
r^2 bzw. R^2	Determinationskoeffizient (Bestimmtheitsmaß)	$R^2 = .17$ (kann nie größer als eins werden)
SD	Standardabweichung (*standard deviation*) der Stichprobe	$SD = 1.23$, $SD = 0.64$
SE	Standardfehler (*standard error*)	$SE = 0.71$, $SE = 1.83$

Tabelle 6.3. Statistische Symbole/Abkürzungen und ihre Bedeutung *(Fortsetzung)*

Abkürzung	Bedeutung	Beispiele (Anmerkungen)
α	Cronbachs α ist ein Maß für die interne Konsistenz von Tests oder Fragebögen und damit ein Indikator für die Reliabilität; α steht auch für das – a priori festgelegte – Signifikanzniveau.	Für die Skala Kognitive Vermeidung lag Cronbachs α bei .92. (Kann nie größer als eins werden.)
η^2 bzw. η_p^2	Eta-Quadrat (η^2) und das partielle Eta-Quadrat (η_p^2) sind Maße für die Varianzaufklärung (= Effektstärke) eines Effekts bei einer Varianzanalyse.	Die Interaktion war signifikant, $F(1, 83) = 18.03$, $p = 0.02$, $\eta^2 = .08$. (Kann nie größer als eins werden.)
μ	Mittelwert der Grundgesamtheit	
σ	Standardabweichung der Grundgesamtheit	

6.2.3 Anzahl der anzugebenden Nachkommastellen bzw. bedeutungshaltigen Stellen

Eine häufige Frage von Studierenden ist, wie viele Nachkommastellen sie angeben sollen. Wir möchten, dass Sie verstehen, wie Sie sich diese Frage selbst beantworten können. Das ist unseres Erachtens sinnvoller, als Ihnen eine einfache Regel wie „Geben Sie immer zwei Nachkommastellen an!" vorzusetzen – diese wäre nämlich in vielen Fällen falsch. Wir erklären Ihnen, warum die Frage nach der Anzahl der Nachkommastellen meist besser lauten sollte: „Wie viele *bedeutungshaltige Stellen* sollen angeben werden?" Da diese Frage getrennt für deskriptive und für inferenzstatistische Werte zu beantworten ist, unterteilen wir unsere Darstellung auch in diese beiden Abschnitte.

Deskriptive Kennwerte. Um die *Anzahl der Nachkommastellen (bzw. bedeutungshaltigen Stellen) bei deskriptiven Statistiken* festzulegen, sollten Sie folgende Überlegungen anstellen:

- *Welche inhaltliche Bedeutung hat die x-te Nachkommastelle?* Nehmen Sie an, Sie haben für eine Stichprobe – nach Frauen und Männern getrennt – das mittlere Alter berechnet und geben an: „Die Männer ($n = 34$) und Frauen ($n = 42$) waren im Mittel 23.141 bzw. 23.149 Jahre alt." Das heißt, es bestand ein Altersunterschied von 0.008 Jahren, das entspricht 2.9 Tagen. Vermutlich ist es aber gar nicht relevant, ob die Männer oder Frauen durchschnittlich eine halbe Woche jünger oder älter sind. Selbst die *zweite* Nachkommastelle könnte maximal eine Differenz von 0.09 Jahren (= 33 Tagen) ausdrücken. Altersdifferenzen, die lediglich einen Monat betragen, spielen im Erwachsenenalter fast nie eine Rolle. Anders wäre es, wenn Sie Neugeborene untersuchen: Hier wären bereits wenige Tage Altersunterschied relevant. Aber dann würden Sie das Alter wohl ohnehin in Tagen oder Wochen und nicht in Jahren erfassen und angeben.

■ *Wie hoch ist die Messgenauigkeit der Rohdaten?* Wenn Sie, wie üblich, das Alter der Probanden nur in ganzen Jahren erfasst haben, dann wissen Sie gar nicht, ob eine Person z.B. 23 Jahre und 1 Tag (= 23.003 Jahre) oder 23 Jahre und 364 Tage (= 23.997 Jahre) alt ist. Hier täuscht die Angabe von drei Nachkommastellen für den Mittelwert also eine Genauigkeit vor, die gar nicht besteht. Im (zugegebenermaßen unwahrscheinlichen) Extremfall könnte es sein, dass der so erfasste Altersmittelwert Ihrer Stichprobe deren exaktes Alter um 0.997 Jahre unterschätzt. Das wäre dann der Fall, wenn alle Probanden am nächsten Tag Geburtstag hätten. Gar nicht mal so unwahrscheinlich wäre es hingegen, dass im obigen Beispiel die Männer (M = 23.141) eigentlich älter sind als die Frauen (M = 23.149), obwohl die Mittelwerte, die auf der ganzzahligen Angabe des Alters in Jahren beruhen, das Gegenteil implizieren. Aus diesen Gründen sind *bei Altersangaben* selbst zwei Nachkommastellen noch zu viel – *eine* Nachkommastelle genügt hier vollkommen.

■ *Wie hoch ist die Genauigkeit der Schätzung auf die Grundgesamtheit?* Messungen an Stichproben haben oft das Ziel, Aussagen auf die Grundgesamtheit zu verallgemeinern. Nehmen wir an, Sie möchten wissen, wie alt Berliner Studierende im Mittel sind. Dazu ziehen Sie aus den etwa 140 000 Studierenden der Stadt eine Zufallsstichprobe von N = 100 Personen. Der Altersmittelwert liegt bei M = 24.530 Jahren (SD = 7.252 Jahre). Der Standardfehler des Mittelwerts liegt somit bei SE = 0.7252 Jahren. Folglich können Sie nur sagen, dass der *wahre Altersmittelwert* der Berliner Studierenden mit 68 %iger Wahrscheinlichkeit im Intervall von 24.530 ± 0.725 Jahren (also zwischen 23.80 und 25.26 Jahren) liegt und mit 95 %iger Wahrscheinlichkeit im Intervall von 24.530 ± 1.96 × 0.725 Jahren (also zwischen 23.11 und 25.95 Jahren). Die Angabe einer zweiten oder dritten Nachkommastelle für den Altersmittelwert der von Ihnen gezogenen 100 Studierenden suggeriert somit eine Genauigkeit der Altersschätzung für die Grundgesamtheit, die nicht gerechtfertigt ist. Bei deutlich größeren Stichproben werden die Schätzungen allerdings genauer, sodass dann unter Umständen auch eine zweite Nachkommastelle gerechtfertigt wäre.

■ *Klarheit der Darstellung.* Schließlich sollte man sich überlegen, wie einfach die Zahlen für den Leser zu erfassen sind. Vor allem, wenn Sie in einer Tabelle eine größere Menge von Zahlen darstellen, erschweren mehr Nachkommastellen das Vergleichen der Zahlen und ggf. das Erkennen von Mustern. Hier sollten Sie also nur so viele Nachkommastellen verwenden, wie für eine angemessene Genauigkeit und eine sinnvolle Differenzierung der Werte erforderlich sind.

Wir hatten erwähnt, dass es sinnvoller ist, nach der Anzahl der *bedeutungshaltigen Stellen* statt nach der Anzahl der Nachkommastellen zu fragen. Das müssen wir Ihnen noch erklären: Angenommen, Sie vergleichen Reaktionszeiten auf Reize, die am Computer dargeboten wurden. Dabei erzielen Frauen eine durchschnittliche Reaktionszeit von 653 ms, Männer eine von 658 ms. Der Unterschied macht sich folglich erst in der dritten Stelle von links bemerkbar, d.h., die beiden ersten Stellen sind – für diesen Vergleich – „bedeutungsleer". Wenn Sie hier *zwei bedeutungshaltige* Stellen angeben möchten, müssen Sie also *eine Nachkomma-*

stelle berichten: „Frauen haben eine durchschnittliche Reaktionszeit von 653.1 ms, Männer eine von 658.4 ms." Entscheiden Sie sich für drei bedeutungshaltige Stellen, benötigen Sie zwei Nachkommastellen. (Das wäre aber auch absolut ausreichend.) Falls Sie die (im Übrigen nicht sinnvolle) Idee hatten, die Reaktionszeiten statt in Millisekunden in Sekunden anzugeben, brauchen Sie für die gleiche Anzahl bedeutungshaltiger Stellen natürlich deutlich mehr Nachkommastellen. Selbst wenn Sie nur zwei bedeutungshaltige Stellen realisieren möchten, müssten Sie schreiben: „Frauen haben eine durchschnittliche Reaktionszeit von 0.6531 s, Männer eine von 0.6584 s." Hier benötigen Sie also *vier* Nachkommastellen für den gleichen Informationsgehalt, für den Sie zuvor nur *eine* Nachkommastelle brauchten. Das macht deutlich, dass es um die Anzahl der bedeutungshaltigen Stellen und nicht um die Nachkommastellen gehen muss. Üblicherweise gibt man bei deskriptiven Statistiken **zwei bis drei bedeutungshaltige Stellen** an – diese Faustregel kann Ihnen in Zweifelsfällen als Orientierung dienen.

Inferenzstatistische Kennwerte. Für inferenzstatistische Kennwerte wie t-, F- und χ^2-Werte gilt, dass in der Regel *zwei Nachkommastellen* berichtet werden sollten, also z.B. $t(31) = 3.07$, $F(1, 31) = 34.96$. Auch für Korrelationen genügen in der Regel zwei Nachkommastellen, z.B. $r = .34$. Bei großen Stichproben (über 300 Probanden), die zu einer genaueren Korrelationsschätzung führen, ist es legitim, drei Nachkommastellen anzugeben, wenn einem dies sinnvoll erscheint. Für die Angabe von sogenannten Fit-Indizes bei Strukturgleichungsmodellen (vgl. Abschnitt 7.7) hat es sich eingebürgert, manche Angaben mit drei Nachkommastellen zu versehen. Orientieren Sie sich hinsichtlich der gängigen Praxis an relevanten Veröffentlichungen in renommierten Zeitschriften. Auch bei p-Werten geben wir in aller Regel drei Nachkommastellen an, es sei denn, der p-Wert ist (sehr) weit davon entfernt, signifikant zu sein, dann genügen auch weniger Nachkommastellen, z.B. $p = .003$, $p = .081$, $p < .001$, $p = .24$ oder $p > .8$. Im folgenden Abschnitt gehen wir genauer auf die Angabe von p-Werten ein.

6.2.4   Die Angabe von *p*-Werten: verschiedene Philosophien

Bevor man eine Untersuchung durchführt bzw. auswertet, legt man eine *maximal zulässige Irrtumswahrscheinlichkeit*, das sogenannte *Signifikanzniveau* α, fest, unterhalb dessen man ein Ergebnis als nicht mehr mit der Nullhypothese vereinbar ansieht. Etabliert hat sich ein Signifikanzniveau von 5 % (also α = .05). Wenn man besonders streng sein möchte (z.B. weil die Annahme der Alternativhypothese zu weitreichenden negativen Konsequenzen oder Kosten führen würde), kann man auch ein 1 %-Niveau festlegen. Ebenso kann man sich – z.B. bei eher explorativen Untersuchungen – für ein 10 %-Niveau oder prinzipiell für jedes andere Signifikanzniveau entscheiden, vorausgesetzt, man legt dieses *vor* Beginn der Auswertung fest. In der Psychologie und den empirischen Sozialwissenschaften hat sich das Signifikanzniveau von .05 so eingebürgert, dass man es nicht explizit zu erwähnen braucht, wenn man dieses verwendet. Entscheidet man sich hingegen für ein anderes Signifikanzniveau, muss dies am Anfang des Ergebnisteils angegeben werden (alternativ kann diese Angabe am Ende des Methodenteils unter der Überschrift „Statistische Verfahren" erfolgen). Verwenden Sie ein anderes als das 5 %-Niveau, sollten Sie dies in Ihrer Arbeit zudem kurz begründen.

In der wissenschaftlichen Praxis existieren drei Vorgehensweisen, wie der p-Wert bei konkreten inferenzstatistischen Tests berichtet wird bzw. ob nur angegeben wird, ob ein Effekt signifikant ist. Diese drei Varianten sind:

1. exakte Angabe des p-Werts (von uns und von der APA empfohlen)

2. abgestufte Angabe des p-Werts: nicht signifikant ($n.s.$), $p \leq .05$, $p \leq .01$ und $p \leq .001$ (veraltet, aber für Tabellen aus Platzgründen oft sinnvoll)

3. nur Angabe von „signifikant" vs. „nicht signifikant" (unseres Erachtens nicht zu empfehlen)

Die erste Variante ist diejenige, die zurzeit national und international am weitesten verbreitet ist. Sie wird von der international anerkannten American Psychological Association empfohlen (APA, 2010, S. 114) und auch wir raten Ihnen zu dieser Variante, sofern Ihr Betreuer bzw. Gutachter nicht ausdrücklich etwas anderes verlangt. Dabei berichtet man – unabhängig davon, ob ein Ergebnis signifikant ist oder nicht – den genauen p-Wert (in der Regel mit drei Nachkommastellen). Beispiele sind: $p = .004$ und $p = .302$. Ist der p-Wert kleiner als .001, schreibt man stets $p < .001$. Beachten Sie den *Exkurs:* p-*Werte kleiner oder gleich null?*

Exkurs: *p*-Werte kleiner oder gleich null?

Gelegentlich liest man in studentischen und auch in veröffentlichten Arbeiten die Angabe „$p = .000$" oder sogar „$p < .000$". Solche Angaben lassen erkennen, dass der Verfasser grundlegende Prinzipien der Statistik nicht verstanden hat. Ein p-Wert kann aus theoretischen Gründen niemals null oder sogar kleiner als null sein!

Wenn ein Statistikprogramm „$p = .000$" ausgibt, dann nur deshalb, weil in der Darstellung die weiteren Nachkommastellen abgeschnitten oder abgerundet werden. In Wirklichkeit verbirgt sich dahinter aber eine Zahl, die zumindest ein bisschen größer ist als null. (In *SPSS* können Sie dies nachvollziehen, indem Sie mit der Maus auf die Tabelle doppelklicken. In dem sich öffnenden Fenster klicken Sie nochmals doppelt mit der Maus auf „.000". Dann sollte eine Zahl mit mehr Nachkommastellen erscheinen, z.B. „.000273".) In Ihrem Text schreiben Sie in all diesen Fällen „$p < .001$".

Der Vorteil bei der Angabe exakter p-Werte ist, dass man dem Leser die Entscheidung überlässt, ob er andere Signifikanzniveaus als das von Ihnen gewählte verwenden möchte. Wenn der Leser ein liberaleres Signifikanzniveau von .10 statt der vom Autor festgesetzten .05 verwenden möchte, hat er bei der Angabe „$t(20) = 2.08$, $n.s.$" zunächst keine Möglichkeit, zu entscheiden, ob auch das Signifikanzniveau von .10 überschritten ist. Steht im Text hingegen „$t(20) = 2.08$, $p = .051$", verfügt der Leser über die benötigte Information.

Auch bei Verwendung der ersten Variante ist es, wie in Abschnitt 6.1.4 beschrieben, erlaubt, mehrere Ergebnisse zusammenzufassen, sofern eine exakte Angabe der p-Werte nicht von Bedeutung ist. Zum Beispiel könnten Sie mehrere nicht signifikante Ergebnisse mit den Worten zusammenfassen: „Die weiteren Einzelvergleiche waren nicht signifikant, alle $ps > .3$." Auch mehrere signifikante Befunde können Sie zusammenfassen, da eine genauere Differenzierung von z.B. hochsignifikanten Befunden in aller Regel nicht erforderlich ist. Sie können beispielsweise schreiben: „Die drei Korrelationen der Lebenszufriedenheit mit Optimismus ($r = .64$), Kohärenzsinn ($r = .46$) und Depressivität ($r = -.73$) waren jeweils hochsignifikant, alle $ps < .004$."

Bei Variante 2 werden verschiedene Stufen der Signifikanz unterschieden. Meist sind dies (a) nicht signifikant: $p > .05$, (b) signifikant: $p \leq .05$, (c) hochsignifikant: $p \leq .01$ und (d) höchstsignifikant: $p \leq .001$. Ein Beispiel könnte folgenderweise aussehen:

> Erwartungsgemäß fand sich kein bedeutsamer Unterschied in der täglichen Fernsehdauer von Frauen ($M = 3.28$ h, $SD = 1.55$ h) und Männern ($M = 3.80$ h, $SD = 1.60$ h), $t(78) = 1.08$, $n.s.$ Der durchschnittliche tägliche Konsum von Sportsendungen war allerdings bei Männern ($M = 1.30$ h, $SD = 0.84$ h) signifikant höher als bei Frauen ($M = 0.93$ h, $SD = 0.79$ h), $t(78) = 1.71$, $p < .05$. Die größte Differenz im Fernsehverhalten zeigte sich für Kampfsport-Sendungen. Für diese lag die tägliche Fernsehdauer von Männern ($M = 0.32$ h, $SD = 0.42$ h) fast dreimal so hoch wie die von Frauen ($M = 0.11$ h, $SD = 0.14$ h), was sich in einem hochsignifikanten Unterschied niederschlug, $t(78) = 2.78$, $p < .01$.

Diese Variante der p-Wert-Angabe ist v.a. in älteren Arbeiten anzutreffen, es finden sich aber gelegentlich auch aktuelle Publikationen, die diesem Schema folgen. Ihre Wurzeln hat die Variante in der Zeit vor dem Aufkommen von PCs und Statistiksoftware, als man inferenzstatistische Tests per Hand gerechnet hat. Dazu musste man – unter Hinzuziehung der Freiheitsgrade – die errechnete Prüfgröße (z.B. den t- oder den F-Wert) in einer Tabelle mit sogenannten kritischen Werten abgleichen und erhielt dann als Ergebnis, ob der eigene Wert ein bestimmtes Signifikanzniveau über- oder unterschritt. Das Nachschlagen war aber nur für bestimmte Signifikanzniveaus (meist .05, .01 und .001) möglich, sodass man die exakten p-Werte gar nicht kannte und daher nicht angeben konnte.

Wenn heutzutage inferenzstatistische Testungen per Computersoftware durchgeführt werden, ist es nicht mehr sinnvoll, diese p-Wert-Abstufungen zu verwenden. Im Gegenteil: Durch die Verwendung von Abstufungen geht Information verloren, ohne dass man dadurch etwas gewinnt. Lediglich in Korrelations- oder in Regressionstabellen, in denen die Angabe aller exakten p-Werte viel Platz einnehmen würde, ist es noch üblich, mit diesen abgestuften Signifikanzniveaus zu arbeiten. Dabei werden in Tabellen in aller Regel die Zeichen *, ** und *** für $p \leq .05$, $p \leq .01$ bzw. $p \leq .001$ verwendet.[28] Diese werden dann in der Tabellenanmerkung durch die Angabe der entsprechenden Signifikanzniveaus erläutert (vgl. Abschnitt 6.5.4).

---

28 In den meisten wissenschaftlichen Arbeiten finden Sie unter Korrelationstabellen Angaben wie „$p < .05$", „$p < .01$" etc. Streng genommen ist hier aber ein Kleiner-gleich-Zeichen korrekt, also „$p \leq .05$" bzw. „$p \leq .01$".

Die dritte Variante ist besonders puristisch: Man orientiert sich ausschließlich an dem vorab festgelegten Signifikanzniveau und berichtet nur, (a) ob der p-Wert *kleiner oder gleich* diesem Niveau ist – dann ist der getestete Unterschied bzw. Zusammenhang signifikant und die Nullhypothese wird zurückgewiesen (bzw. die Alternativhypothese angenommen), oder (b) ob der p-Wert *größer als das festgelegte Signifikanzniveau* ist – dann ist der Unterschied bzw. Zusammenhang nicht signifikant und die Nullhypothese wird beibehalten. Die Angabe im Text erfolgt beispielsweise in folgender Form: „Der Unterschied war bei $\alpha = .05$ statistisch signifikant, $t(20) = 3.21$" bzw. „Es wurde kein statistisch signifikanter Gruppenunterschied gefunden, $t(20) = 1.06$, *n.s.*".

In den Richtlinien der Deutschen Gesellschaft für Psychologie (DGPs, 2007, S. 34f.) wird sogar empfohlen, ganz auf die Begriffe „statistisch signifikant" oder „statistisch nicht signifikant" zu verzichten und konkret anzugeben, ob die Nullhypothese oder die Alternativhypothese angenommen oder abgelehnt wird. Es ergeben sich dann z.B. folgende Formulierungen:

> Die Wirkung des Alters führte bei $\alpha = .05$ zur Annahme der H_1 des F-Tests bei $F(1, 123) = 7.27$ und $f^2 = .06$.

> Die Wirkung des Alters war bestenfalls gering und führte zur Annahme (oder Beibehaltung) der H_0 des F-Tests bei $F(1, 123) = 2.45$ und $f^2 = .02$. (DGPs, 2007, S. 35)

Die Richtlinien der DGPs (2007) weichen hier vom international üblichen Vorgehen ab und schlagen einen deutschen Sonderweg ein, der unseres Wissens aber auch nur von sehr wenigen deutschsprachigen Wissenschaftlern als sinnvoll erachtet wird. Wenngleich man diese Variante nicht als „falsch" bezeichnen kann, raten wir von ihr ab, sofern nicht Ihr Betreuer ausdrücklich von Ihnen diese Formulierungsweise verlangt. Ein Grund, warum diese Variante in DGPs (2007) empfohlen wird, scheint die Angst zu sein, Leser würden nicht wirklich verstehen, was ein exakt angegebener p-Wert inhaltlich bedeutet, und daher bei den ersten beiden Darstellungsvarianten falsche Schlussfolgerungen ziehen. Solche falschen Schlussfolgerungen sind beispielsweise, dass ein geringer p-Wert auf einen größeren (bedeutsameren) Effekt hindeutet oder dass der p-Wert aussagt, wie unwahrscheinlich die Nullhypothese ist. Der p-Wert ist aber eine bedingte Wahrscheinlichkeit: Er gibt an, wie wahrscheinlich das erhaltene (oder ein noch extremeres) Ergebnis ist, *unter der Bedingung, dass die Nullhypothese zutrifft* (vgl. z.B. Sedlmeier & Renkewitz, 2013, Kap. 12). Natürlich vermeidet man es, dass ein Leser einen p-Wert falsch interpretiert, wenn man ihm diesen vorenthält. Aber wir halten es für ein in der Wissenschaft sehr unübliches Vorgehen, dem Leser bewusst Informationen zu verheimlichen, da man ihm nicht zutraut, diese korrekt zu interpretieren.

Zum Abschluss unserer Ausführungen zum p-Wert wollen wir noch auf die Teststärkeanalyse (Poweranalyse) hinweisen (vgl. Abschnitt 6.5 im Band *Planen, Durchführen und Auswerten*). Mit einer Teststärkeanalyse lässt sich im Rahmen der Planung einer Studie die optimale Stichprobengröße festlegen. Dadurch kann man ausschließen, dass aufgrund einer zu geringen Probandenanzahl signifikante Ergebnisse selbst dann nicht zu erwarten sind, wenn der in der Hypothese formulierte Unterschied oder Zusammenhang tatsächlich existiert. Ein kostenloses Programm zur Teststärkeanalyse ist *G*Power* (verfügbar unter *www.gpower.hhu.de*).

6.3 Wahl der Darstellungsform: Text vs. Tabelle vs. Diagramm

Bei der Darstellung von Daten ergibt sich oft die Frage, ob man diese in reiner Textform, in einer Tabelle oder in einem Diagramm präsentieren sollte. Generell sollte man die Variante wählen, die es dem Leser am besten ermöglicht, die relevanten Daten zu erfassen. Bei der Entscheidungsfindung hilft die Orientierung an vier Kriterien bzw. Leitfragen:

- *Übersichtlichkeit:* Wie übersichtlich ist die Darstellung? Lassen sich relevante Werte leicht finden?

- *Anschaulichkeit:* Verdeutlicht die Darstellung Unterschiede oder Zusammenhänge, die hervorgehoben werden sollen, besonders anschaulich?

- *Genauigkeit:* Wie exakt können der Darstellung die relevanten Werte entnommen werden? Exakte Darstellungen sind vorzuziehen, wobei zu klären ist, welcher Genauigkeitsgrad erforderlich ist (vgl. Abschnitt 6.2.3 zur Anzahl der Nachkommastellen).

- *Sparsamkeit:* Wie viel Platz nimmt die Darstellungsvariante ein? Platzsparende Varianten sind vorzuziehen.

Lassen Sie uns diese vier Kriterien an einem Beispiel durchgehen. Angenommen, Sie möchten in Ihrer Stichprobenbeschreibung berichten, dass die Probanden zu 71.3 % Frauen waren. Im Text könnten Sie z.B. schreiben: „Der Frauenanteil in der Stichprobe lag bei 71.3 %" (den Männeranteil brauchen Sie nicht explizit zu erwähnen, da sich dieser aus dem Frauenanteil ergibt). Diese Information lässt sich auch in Tabellenform (Tabelle 6.4) und als Diagramm (Abbildung 6.2) darstellen.

Tabelle 6.4. Tabelle zur Darstellung der Geschlechterverteilung in einer Stichprobe [Darstellung von uns nicht empfohlen]

Geschlecht	Anteil
Männer	71.3 %
Frauen	28.7 %

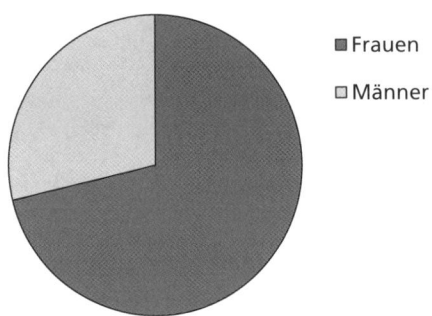

Abbildung 6.2. Tortendiagramm zur Darstellung der Geschlechterverteilung in einer Stichprobe. [Darstellung von uns nicht empfohlen.]

Wie gut diese drei Darstellungsvarianten die obigen Kriterien erfüllen, ist in Tabelle 6.5 zusammengefasst. Übersichtlich und anschaulich sind Tabelle und Diagramm gleichermaßen: Der Leser kann die Größe des Frauen- und Männeranteils leicht mit einem Blick erfassen (*Übersichtlichkeit*) und sich diese auch gut vorstellen (*Anschaulichkeit*). Im Diagramm erkennt man die Überrepräsentation der Frauen in der Stichprobe besonders deutlich, wobei man sich fragen muss, ob in diesem Beispiel die Veranschaulichung mittels eines Diagramms wirklich notwendig war: Einen Anteil von 71.3 % können sich die meisten Menschen auch ohne Grafik leicht vorstellen. Die Übersichtlichkeit der Darstellung in Textform ist nur durchschnittlich, da sich Zahlenwerte im Text generell nicht so deutlich vom übrigen Text abheben wie dies bei einer Tabelle oder einem Diagramm der Fall ist. Gleichwohl ist die Übersichtlichkeit hier absolut ausreichend. Erst wenn vier oder mehr Zahlenwerte präsentiert werden, leidet die Übersichtlichkeit der reinen Textdarstellung meist merklich. Die Anschaulichkeit ist bei Angabe einer einzelnen Prozentzahl im Text genauso gegeben wie in den anderen Darstellungsvarianten – es gibt ja keine Zusammenhänge oder Unterschiede, die veranschaulicht werden müssten.

Tabelle 6.5. Eignung von Text-, Tabellen- und Diagrammform zur Angabe der Geschlechterverteilung einer Stichprobe

	Kriterien			
Darstellungsform	**Übersicht-lichkeit**	**Anschau-lichkeit**	**Genauigkeit**	**Sparsamkeit**
Text	∅	+	+	+
Tabelle	+	+	+	−
Diagramm	+	+	−	−

Hinsichtlich der *Genauigkeit* sind Text und Tabelle dem Diagramm fast immer überlegen. Im Diagramm lässt sich nämlich der relevante Wert nicht so exakt ablesen – es ist nur eine Abschätzung möglich. So erkennt man in Abbildung 6.2, dass der Frauenanteil unter 75 % (= 3/4) und über 67 % (= 2/3) liegt, aber dass er genau 71.3 % beträgt, lässt sich der Darstellung nicht entnehmen. Beim Kriterium

Sparsamkeit schneidet nur die Textform gut ab: Die Textform benötigt nicht einmal eine Zeile, die Darstellung in der Tabelle nimmt mindestens fünf Textzeilen ein und das Tortendiagramm aus Abbildung 6.2 benötigt noch mehr Platz.

Bei der Entscheidung, welche Darstellungsform Sie wählen, kommt es auch auf Ihre Gewichtung der vier Kriterien an. Je nachdem, was Sie Ihrem Leser kommunizieren möchten, spielen nämlich Genauigkeit, Übersichtlichkeit und Anschaulichkeit mehr oder weniger wichtige Rollen. Das Prinzip der Sparsamkeit ist bei Abschlussarbeiten in aller Regel nicht so relevant wie bei Zeitschriftenartikeln, bei denen meist ein maximaler Seitenumfang vorgegeben ist. Dennoch erweckt es keinen guten Eindruck beim Leser, wenn Sie zu verschwenderisch mit dem Platz umgehen. Bei unserem Beispiel der Angabe des Frauenanteils in der Stichprobe sollte man sich daher für die Darstellung in Textform entscheiden.

Unser Beispiel zur Angabe der Geschlechterverteilung war absichtlich sehr einfach gewählt, um Ihnen zu verdeutlichen, dass es Datensituationen gibt, in denen Tabellen und Diagramme überflüssig sind. Bei komplexeren und umfangreicheren Daten sind Tabellen und Diagramme aber oft sehr sinnvoll. Sollen mehr als vier Werte berichtet werden, wird die Darstellung in Textform meist recht unübersichtlich. Als *Faustregel* kann man sagen, dass sich drei oder weniger Werte in aller Regel sehr gut im Text darstellen lassen. Ab vier Werten können sich eine Tabelle oder ein Diagramm lohnen. Die APA (2010, S. 116) empfiehlt, bei 4 bis 20 Werten eine Tabelle zu verwenden und bei mehr als 20 Werten ein Diagramm zu erwägen. Diese Empfehlung ist aber von Fall zu Fall zu überprüfen: Auch bei vier Werten kann ein Diagramm geeigneter als eine Tabelle sein, wenn es z.B. um die Darstellung eines Interaktionseffekts geht. Wenn beabsichtigt ist, dass exakte Werte abgelesen und verglichen werden können, kann hingegen auch bei mehr als 20 Werten eine Tabelle sinnvoller sein als ein Diagramm. Es hängt vom Einzelfall ab, ob die Anschaulichkeit bzw. die Verdeutlichung von Zusammenhängen wichtiger ist (dann wählt man das Diagramm), oder ob Werte möglichst exakt berichtet werden sollen, z.B. um dem Leser die Möglichkeit zu geben, selbst weitere Berechnungen durchzuführen oder einzelne Wertepaare zu vergleichen (dann ist die Tabelle vorzuziehen).

Generell gilt: Bevor Sie ein Diagramm oder eine Tabelle verwenden, fragen Sie sich, ob die zu vermittelnde Information so einfach ist, dass sie sich problemlos mit wenigen Worten oder Sätzen in Textform mitteilen lässt. Dabei sollten die Übersichtlichkeit und die Anschaulichkeit aber nicht leiden.

Text und Tabellen bzw. Abbildungen sollen jeweils eigenständig verständlich sein, allerdings sind Redundanzen zu vermeiden. Das heißt, Zahlen, die in einer Tabelle stehen, sollten nicht unnötig im Text wiederholt werden. Immer lässt sich das nicht erreichen bzw. es verbessert manchmal die Lesbarkeit des Textes, wenn man einzelne Zahlen aus Tabellen im Text wiederholt, um diese aufzugreifen oder sich darauf zu beziehen. Wenn Sie allerdings *alle* Zahlen einer Tabelle auch im Text aufführen, wäre die Tabelle überflüssig und das Prinzip der Sparsamkeit verletzt. Wie sich unnötige Redundanz vermeiden lässt, ist in Abschnitt 6.1.4 erklärt.

6.4 Statistik in Textform berichten

Statistische Ergebnisse im Fließtext zu formulieren, fällt vielen Studierenden erfahrungsgemäß nicht leicht. Dabei ist diese Variante in wissenschaftlichen Arbeiten die primäre Darstellungsform, d.h., Diagramme und Tabellen werden nur dann herangezogen, wenn die Präsentation in Textform zu unübersichtlich wird oder die Anschaulichkeit verbessert werden soll (vgl. Abschnitt 6.3). Deswegen ist es besonders wichtig, dass Sie sich mit der Ergebnisdarstellung in Textform vertraut machen. In den Abschnitten 6.1.2 und 6.1.3, die Sie unbedingt zuerst lesen sollten, sind wir bereits darauf eingegangen, wie Sie deskriptive und inferenzstatistische Ergebnisse im Text berichten. Aufgrund der Relevanz dieses Themas fassen wir im vorliegenden Abschnitt die Kernpunkte noch einmal zusammen. Außerdem geben wir Beispiele für vollständige Ergebnisdarstellungen in Textform, also Darstellungen, die sowohl deskriptive als auch inferenzstatistische Angaben enthalten. Bei der Ergebnisdarstellung sollten Sie die folgenden Punkte beachten:

- Sehr oft ist es sinnvoll, den Lesern zunächst ein Bild der aufgetretenen Effekte zu vermitteln (deskriptive Ergebnisse) und dann anzugeben, ob diese Unterschiede bzw. Zusammenhänge signifikant waren (inferenzstatistisches Ergebnis). Diese Reihenfolge ist aber nicht dogmatisch zu sehen: Wenn eine andere Darstellungsreihenfolge für den Leser besser nachvollziehbar ist, sollte man diese wählen.

- Wird bei den deskriptiven Angaben ein Mittelwert berichtet, sollte dieser stets durch die Angabe eines Streuungsmaßes (Standardabweichung [*SD*] oder Standardfehler [*SE*]) ergänzt werden.

- Ferner ist die inferenzstatistische Prüfung der berichteten Effekte darzustellen. Dazu gibt man die Prüfgröße einschließlich der Anzahl der Freiheitsgrade an, z.B. „$t(20) = 3.52$“, „$F(2, 74) = 2.17$“ oder „$\chi^2(1) = 8.39$“. Danach wird die Überschreitungswahrscheinlichkeit p berichtet, wobei zu beachten ist, dass die führende Null vor dem Dezimalpunkt weggelassen wird (vgl. auch den *Exkurs:* p-*Werte kleiner oder gleich null* auf S. 218).

- Schließlich sollte eine *Effektstärke* angegeben werden, damit der Leser die Stärke und damit die Bedeutsamkeit des Effekts abschätzen kann.[29]

- Vergessen Sie nicht, eine verbale Aussage darüber zu treffen, ob ein Effekt signifikant oder nicht signifikant ist bzw. ob eine Hypothese beibehalten oder abgelehnt wird.

---

29 Seit einiger Zeit wird gefordert, zusätzlich Konfidenzintervalle (KIs) für Mittelwerte, Mittelwertsunterschiede oder Effektstärken anzugeben, also z.B. „95 % KI [1.18, 2.44]“ (APA, 2010, § 4.44 und § 5.15). Konfidenzintervalle sind sinnvoll, da sie Informationen über die Unsicherheit einer Punktschätzung liefern. Sofern Standardabweichungen oder -fehler und p-Werte angegeben werden, sind diese Informationen aber teilweise redundant. In Forschungsartikeln werden Konfidenzintervalle bisher eher selten berichtet, weshalb wir auch in diesem Buch Konfidenzintervalle nicht systematisch aufgenommen haben. Fragen Sie im Zweifelsfall Ihren Betreuer, ob dieser die Angabe von Konfidenzintervallen möchte.

Das folgende Beispiel enthält alle oben aufgeführten Komponenten:

> Die Anzahl der konsumierten Alkoholeinheiten, bevor die Personen die Fähigkeit einbüßten, grammatikalisch korrekte Sätze zu formulieren, lag bei Frauen ($M = 9.24$, $SD = 2.53$) deutlich höher als bei Männern ($M = 5.24$, $SD = 1.83$). Dieser Unterschied war signifikant, $t(20) = 3.52$, $p < .001$, $d = 1.81$.

Man kann diesen Befund sogar noch etwas kompakter formulieren, ohne dass Information verloren geht:

> Die Anzahl der konsumierten Alkoholeinheiten, bevor die Probanden keine grammatikalisch korrekten Sätze mehr formulieren konnten, lag bei Frauen ($M = 9.24$, $SD = 2.53$) signifikant höher als bei Männern ($M = 5.24$, $SD = 1.83$), $t(20) = 3.52$, $p < .001$, $d = 1.81$.

In beiden Formulierungen haben wir uns an die Reihenfolge „erst deskriptiv, dann inferenzstatistisch" gehalten. Es folgt ein Beispiel, in dem die deskriptiven Maße erst nach der Angabe der inferenzstatistischen Prüfung berichtet werden. Dennoch kann der Leser der Darstellung leicht folgen, weshalb hier die umgekehrte Reihenfolge absolut legitim ist:

> Die Varianzanalyse für die Intelligenzwerte der Schüler erbrachte einen signifikanten Haupteffekt der Schulart, $F(2, 57) = 30.93$, $p < .001$, $\eta_p^2 = .52$. Damit wurde bestätigt, dass Schüler von Hauptschulen ($M = 76.6$, $SD = 16.3$), Realschulen ($M = 90.6$, $SD = 9.1$) und Gymnasien ($M = 107.1$, $SD = 10.2$) unterschiedlich hohe Intelligenztestwerte erreichen.

Idealerweise passen Sie die Wortstellung in Ihren Sätzen so an, dass der Leser bereits am Anfang des Satzes weiß, worauf sich die deskriptiven Angaben beziehen. Ungünstig wäre etwa diese Formulierung:

> Die Annahme, dass Frauen ($M = 18.6$ cm, $SD = 12.9$ cm) im Vergleich zu Männern ($M = 3.8$ cm, $SD = 2.7$ cm) längere Haare haben, wurde bestätigt, $t(16) = 3.34$, $p = .004$, $d = 1.59$.

Man muss diesen Satz bereits zu zwei Dritteln gelesen haben, bevor man erkennt, dass die Zentimeterangaben sich auf die Haarlänge beziehen. Günstiger ist hier folgender Satzbau:

> Die Haarlänge von Frauen ($M = 18.6$ cm, $SD = 12.9$ cm) war deutlich und signifikant größer als die von Männern ($M = 3.8$ cm, $SD = 2.7$ cm), $t(16) = 3.34$, $p = .004$, $d = 1.59$. Damit wurde die Hypothese bestätigt.

Die Änderung des Satzbaus eignet sich auch, um die verwendeten Maßeinheiten vorab einzuführen. Wenn man das Beispiel 3 von Seite 207 um deskriptive Angaben ergänzt, könnte man formulieren:

> Entgegen den Erwartungen war der Alkoholkonsum (in Millilitern reinen Alkohols pro Tag) bei Männern ($M = 76.5$, $SD = 10.9$) nicht signifikant höher als bei Frauen ($M = 71.0$, $SD = 13.3$), $t(38) = 1.43$, $p = .16$, $d = 0.45$.

Hier wurde vor der Angabe der Zahlenwerte definiert, dass es sich dabei um Milliliter reinen Alkohols pro Tag handelt. Somit ersparen Sie es sich, hinter jedem Mittelwert und jeder Standardabweichung die Einheit „ml/Tag" zu wiederholen.

Natürlich sind die deskriptiven Daten, die Sie berichten müssen, oft wesentlich komplexer als der Vergleich von zwei Mittelwerten. Bei umfangreicheren Daten ist es meist sinnvoll, diese in einer Tabelle oder einer Abbildung darzustellen und im Text darauf zu verweisen (vgl. Abschnitt 6.3). Dann schreiben Sie beispielsweise:

> In Tabelle 6.1 sind die mittleren Intelligenztestwerte der Schüler von Hauptschulen, Realschulen und Gymnasien aufgeführt. Eine Varianzanalyse für diese Intelligenzwerte erbrachte einen signifikanten Haupteffekt der Schulart, $F(2, 57) = 30.93$, $p < .001$, $\eta_p^2 = .52$.

Interaktionseffekte, die man mit Varianzanalysen prüft, werden am besten in Diagrammen dargestellt. Eine entsprechende Formulierung wäre dann:

> Eine Varianzanalyse für die Anzahl der im vergangenen Jahr gekauften Schuhe ergab einen signifikanten Haupteffekt des Geschlechts, $F(1, 14) = 28.78$, $p < .001$, $\eta_p^2 = .42$, sowie einen signifikanten Haupteffekt des Wohnorts (Stadt vs. Land), $F(1, 14) = 10.02$, $p = .007$, $\eta_p^2 = .18$, aber keinen Interaktionseffekt von Wohnort und Geschlecht, $F(1, 14) = 1.79$, $p = .20$, $\eta_p^2 = .06$. Diese Befunde sind in Abbildung 4.4 grafisch dargestellt.

An diesem Beispiel lässt sich auch erkennen, dass deskriptive Angaben erforderlich sind, um die Bedeutung von Effekten zu verstehen. So weiß man nach dem Lesen des letzten Beispiels zwar, dass sich die Anzahl der gekauften Schuhe in Abhängigkeit vom Wohnort und vom Geschlecht unterscheidet, aber man hat noch keine Ahnung, ob Frauen oder Männer mehr Schuhe kaufen bzw. ob die Land- oder die Stadtbevölkerung mehr Schuhe kauft. Erst in Verbindung mit den deskriptiven Angaben, die beispielsweise in einer Abbildung dargestellt werden, klärt sich das auf.

6.5   Statistik in Tabellen darstellen

Tabellen bieten die Möglichkeit, umfangreiche Informationen kompakt und übersichtlich darzustellen. Dies gilt für verbales Material (vgl. z.B. Tabelle 5.1 auf S. 184 oder Tabelle 6.3 auf S. 214) und statistische Daten gleichermaßen. Allerdings werden Tabellen häufiger für die Präsentation statistischer Daten verwendet. Wir erklären zunächst die Bestandteile einer Tabelle (Abschnitt 6.5.1), bevor wir besprechen, was bei der Beschriftung von Tabellenspalten und -zeilen sowie bei deren Anordnung zu beachten ist (Abschnitt 6.5.2). Besonderheiten von Tabellen im Querformat und von Tabellen, die nicht auf eine Seite passen, werden in Abschnitt 6.5.3 behandelt. In Abschnitt 6.5.4 gehen wir darauf ein, welche gebräuchlichen Tabellentypen existieren. Eine Zusammenfassung wichtiger Prinzipien der Tabellengestaltung finden Sie in Abschnitt 6.5.5.

6.5.1 Bestandteile einer Tabelle und der Tabellenanmerkungen

Die wichtigsten Tabellenbestandteile und deren Bezeichnungen finden Sie in der Beispieltabelle in Abbildung 6.3. Wir gehen diese Bestandteile nacheinander durch und erklären dabei, was jeweils zu beachten ist.

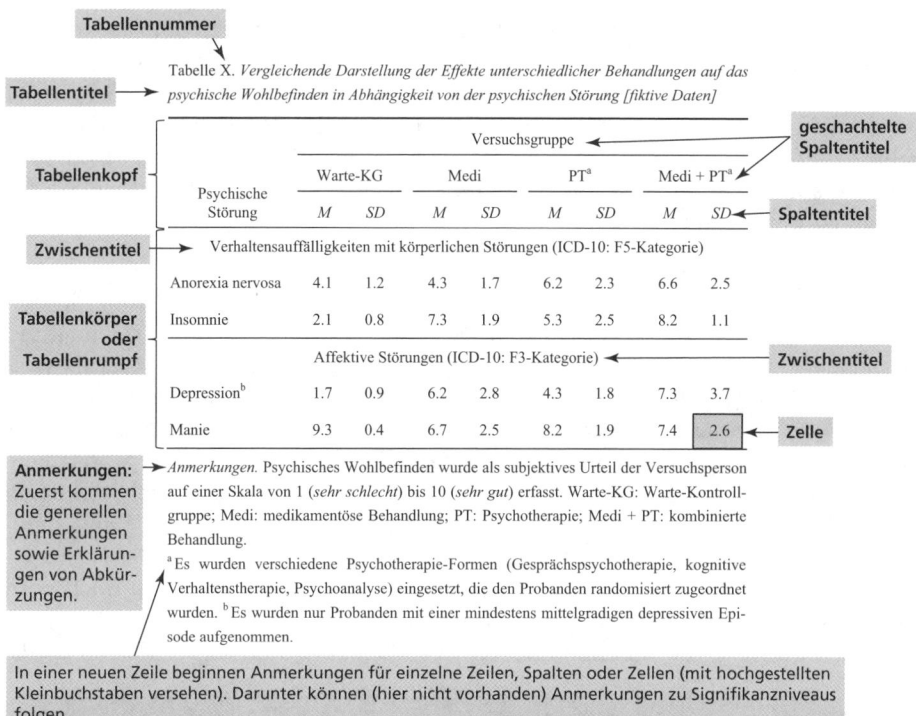

Abbildung 6.3. Wesentliche Bestandteile einer Tabelle und deren Benennung.

Tabellentitel. Tabellen haben stets einen *Tabellentitel* oder eine *Tabellenüberschrift* (im Unterschied zu Abbildungen, die eine *Abbildungsunterschrift* besitzen). Der Tabellentitel sollte kurz, aber aussagekräftig wiedergeben, was in der Tabelle dargestellt wird. In Abschnitt 6.7 erklären wir genauer, was bei der Formulierung von Tabellentiteln und Abbildungsunterschriften zu beachten ist. Übrigens: Am Ende des Tabellentitels steht *kein* Punkt.

Tabellennummer. Dem Tabellentitel geht die *Tabellennummer* voraus. Tabellen können entweder von der ersten bis zur letzten Tabelle der Arbeit durchgehend arabisch nummeriert werden („Tabelle 1", „Tabelle 2" etc.), oder die Nummerierung kann kapitelweise neu starten, wie es auch in diesem Buch der Fall ist. Dann erscheint zunächst die Kapitelnummer und danach – durch einen Punkt getrennt – die Nummer der Tabelle im jeweiligen Kapitel, also z. B. „Tabelle 3.2".

Wir empfehlen Ihnen sehr, die automatische Beschriftungsfunktion Ihres Textverarbeitungsprogramms zu verwenden. Das erspart Ihnen auch später viel Mühe und Arbeit, wenn sich Abbildungsnummerierungen ändern. Wie Sie in *Word* automatische Beschriftungen einfügen, erfahren Sie in Abschnitt 11.5.5.

Tabellen im *Anhang* der Arbeit werden übrigens als „Tabelle A.1", „Tabelle A.2" etc. bzw. „Tabelle B.1", „Tabelle B.2" etc. nummeriert. Der Großbuchstabe gibt bei mehreren Anhängen den jeweiligen Anhang an (vgl. Abbildung 1.4 auf S. 20).

Formatierung von Tabellentitel und Tabellennummer. Es gibt mehrere Varianten, wie Sie die Tabellennummer und den Tabellentitel formatieren können. Eine Anforderung an alle Varianten ist, dass sich der Tabellentitel optisch von der Tabellennummer abhebt. Das kann dadurch erfolgen, dass man nach der Tabellennummer einen Zeilenumbruch einfügt, wie es in Variante 1 in Abbildung 6.4 veranschaulicht ist – diese Formatierung wird von den Psychologischen Fachgesellschaften für die Gestaltung von Manuskripten empfohlen (APA, 2010; DGPs, 2007). Wenn Sie im Manuskriptstil schreiben (vgl. Abschnitt 1.1), müssen Sie auf jeden Fall die Variante 1 verwenden.

Für Abschlussarbeiten im klassischen Stil raten wir Ihnen hingegen zu Variante 2 oder 3 aus Abbildung 6.4: Hier werden Tabellennummer und Tabellentitel in dieselbe Zeile geschrieben. Während sich Variante 2 hinsichtlich Kursivsetzung und aufrechter Schrift noch eng an dem Vorbild (Variante 1) orientiert, wird in Variante 3 die Tabellennummer durch Fettdruck hervorgehoben und der Titel in aufrechter Schrift gesetzt. Dadurch kann man die Tabellennummer noch schneller erfassen und Sie müssen sich nicht damit rumschlagen, wie Sie kursiv zu setzende Zeichen oder Symbole innerhalb eines ohnehin kursiven Tabellentitels schreiben (tatsächlich müssen diese nämlich wieder aufrecht stehen; vgl. S. 181). Daher empfehlen wir für klassisch gestaltete Abschlussarbeiten, die hinsichtlich der Formatierung an Fachbücher angelehnt sind, Variante 3. Auch im vorliegenden Buch wird diese Gestaltungsvariante verwendet. Beachten Sie, dass in Variante 2 und 3 (nicht aber bei Variante 1) die Nummer der Tabelle mit einem Punkt abgeschlossen wird.

Variante	Beispiel	Anmerkung
1. Aufrechte Tabellennummer und kursiver Tabellentitel durch Zeilenumbruch getrennt (kein Punkt nach der Tabellennummer)	Tabelle 3.2 *Ergebnisse der …*	Entspricht den APA- und DGPs-Richtlinien für die Gestaltung von Manuskripten; für Texte im Stil klassischer Abschlussarbeiten (vgl. Abschnitt 1.1) ist diese Formatierung weniger gut geeignet.
2. Aufrechte Tabellennummer und kursiver Tabellentitel (nur durch Formatierung voneinander abgehoben)	Tabelle 3.2.*Ergebnisse der …*	Für Texte im Stil klassischer Abschlussarbeiten (vgl. Abschnitt 1.1) geeignet – spart gegenüber der APA- bzw. DGPs-Variante Platz.
3. Tabellennummer durch Fettdruck vom aufrechten Tabellentitel abgesetzt	**Tabelle 3.2.**Ergebnisse der …	Für Texte im Stil klassischer Abschlussarbeiten (vgl. Abschnitt 1.1) von uns empfohlen. Die Tabellennummer wird deutlich abgehoben und der Titel muss nicht kursiv gesetzt werden.

Abbildung 6.4. Möglichkeiten der Formatierung von Tabellennummer und Tabellentitel.

Tabellenkopf und Spaltentitel. Die eigentliche Tabelle beginnt mit dem *Tabellenkopf*, der die Beschriftungen der Spalten enthält. Jede Spalte sollte einen *Spaltentitel* tragen, der horizontal zentriert über der Spalte gesetzt wird. Ferner können mehrere Spalten gruppiert werden, indem man *geschachtelte Spaltentitel* verwendet, die über mehrere Spalten reichen. Dadurch lassen sich in vielen Fällen redundante Bezeichnungen vermeiden und man kann dem Leser besser verdeutlichen, welche Spalten zusammengehören. Beachten Sie, dass Spaltentitel vertikal immer nach unten ausgerichtet werden, so wie Sie es in Abbildung 6.3 beim Spaltentitel „Psychische Störung" sehen. Üblicherweise schreibt man Spaltentitel im Singular, also z.B. „Variable" oder „Psychische Störung" statt „Variablen" oder „Psychische Störungen".

Der *Schriftschnitt* von Spaltentiteln entspricht meist der Schrift im Tabellenkörper, d.h., man verwendet dieselbe Schrift und schreibt die Spaltentitel aufrecht und nicht fett. Es ist allerdings auch möglich, die Spaltentitel fett zu setzen, wie Sie es in den Tabellen in diesem Buch sehen. Dadurch wird der Tabellenkopf stärker vom Tabellenkörper abgehoben und die Ordnungsfunktion der Spaltentitel wird deutlicher. Ein Nachteil fetter Spaltentitel ist aber, dass man dadurch oft Platzprobleme im Tabellenkopf bekommt, da derselbe Text in fetter Schrift breiter ausfällt als im normalen Schriftschnitt. Sie können diesen Punkt nach Ihrem Geschmack entscheiden – wir selbst würden allerdings zu nicht fetter Schrift raten.

Tabellenkörper und Zellen. Unter dem Tabellenkopf folgt der *Tabellenkörper* oder *Tabellenrumpf*. Hier finden sich die darzustellenden Daten in den einzelnen *Zellen* der Tabelle. Zahlen in Tabellenzellen werden in der Regel zentriert gesetzt. Genaugenommen wird dabei am Dezimalpunkt zentriert, d.h., die Dezimalpunkte der Zahlen einer Spalte sollten genau untereinander stehen (zur Umsetzung mit *Word* vgl. Abschnitt 11.5.4). Text wird hingegen meist linksbündig in der Tabellenzelle geschrieben, es sei denn, es handelt sich um Spalten- oder Zwischentitel, die werden nämlich zentriert gesetzt. Auch die *Benennungen von Tabellenzeilen*, die in den meisten Datentabellen in der ersten Spalte stehen, werden linksbündig geschrieben (in Abbildung 6.3 z.B. die Begriffe „Anorexia nervosa" und „Insomnie").

Zwischentitel. Sie können wie in der Beispieltabelle in Abbildung 6.3 auch Zwischentitel einfügen, um den Tabellenkörper in zwei oder mehr Abschnitte zu unterteilen. Im Beispiel wurden die Zwischentitel genutzt, um psychische Störungen nach Oberkategorien zu ordnen. Zwischentitel eignen sich auch, wenn Sie dieselbe Datenstruktur z.B. für mehrere Messzeitpunkte oder getrennt nach verschiedenen Gruppen in einer Tabelle berichten möchten. Zwischentitel werden in der normalen Tabellenschrift und zentriert über die gesamte Tabellenbreite gesetzt.

Tabellenanmerkungen. Unterhalb der Tabelle kann man optional *Anmerkungen* hinzufügen. Zur Kennzeichnung schreibt man – je nachdem, ob man eine oder mehrere Anmerkungen hat – kursiv *Anmerkung* bzw. *Anmerkungen* (im Englischen: *Note*) gefolgt von einem Punkt. Direkt danach folgt der Anmerkungstext, wobei die Anmerkungen in einer vorgegebenen Reihenfolge aufzuführen sind: Zuerst werden *generelle Anmerkungen*, welche die gesamte Tabelle betreffen, gemacht. Auch in der Tabelle verwendete Abkürzungen werden an dieser Stelle aufgeführt und erklärt. Dann folgen in einer neuen Zeile *spezifische Anmerkungen*, die nur einzelne Teile der Tabelle (Spalten, Zeilen oder Zellen) betreffen. Auf diese wird durch hochgestellte Kleinbuchstaben Bezug genommen (vgl. Abbildung 6.3). Schließlich können, ebenfalls in einer neuen Zeile, *Angaben zu*

Signifikanzen erfolgen (z.B. „* $p \leq .05.$ ** $p \leq .01.$"). Letzteres ist besonders bei Korrelationstabellen geläufig und wird in Tabelle 6.9 (S. 234) veranschaulicht.

Horizontale Linien. In Tabellen sind *ausschließlich* horizontale Linien erlaubt – vertikale Linien kommen nicht vor. Tabellen werden oberhalb und unterhalb des Tabellenkörpers sowie zusätzlich oberhalb des Tabellenkopfes durch eine horizontale Linie abgegrenzt. Die beiden äußeren Linien (oberhalb des Tabellenkopfs und unterhalb des Tabellenrumpfs) dürfen dabei etwas dicker ausfallen. Auch geschachtelte Spaltentitel, die sich über mehr als eine Spalte erstrecken, werden unten durch eine horizontale Linie abgegrenzt (in Abbildung 6.3 z.B. die geschachtelten Spaltentitel „Versuchsgruppen" und „Warte-KG"). Bei sehr umfangreichen Tabellen mit vielen Zeilen ist es legitim, gelegentlich (z.B. nach vier oder fünf Zeilen) horizontale Linien einzufügen, um zu vermeiden, dass Leser in der Zeile verrutschen. Auch Leerzeilen sind in Tabellen erlaubt, um zwei Einträge besser voneinander abzugrenzen.

6.5.2   Beschriftung und Anordnung von Tabellenspalten und -zeilen

Beschriftung. Es kann eine Herausforderung darstellen, die Spalten und Zeilen in einer Tabelle optimal zu beschriften. Tabelle 6.6 gibt ein Beispiel für eine ungünstige Beschriftung von Zeilen und Spalten. Besonders offensichtlich ist dies bei der Beschriftung der Zeilen: Das Wort *Studierende* taucht in der linken Spalte viermal auf, obwohl ohnehin klar ist, dass die Personen im Studiengang Psychologie „Studierende" sind. Da aus dem Tabellentitel zu entnehmen ist, dass es sich um Studierende handelt, kann diese Bezeichnung im Tabellenkörper vollständig entfallen. Eine kürzere Variante für „weibliche ..." bzw. „männliche ..." ist, sofern es sich um Menschen handelt, „Frauen" und „Männer". Für die letzte Zeile genügt die Angabe „Gesamt", um zu beschreiben, dass es sich um die mittlere Durchschnittsnote aller Studierenden handelt.

Tabelle 6.6. Notendurchschnitt im B.Sc.-Studiengang Psychologie; getrennte Angaben nach Geschlecht und Alterskategorien [ungünstige Beschriftungsvariante]

Geschlecht der Studierenden	Alterskategorie					
	jung (18–25 Jahre)		mittel (26–35 Jahre)		alt (ab 36 Jahre)	
	M	*SD*	*M*	*SD*	*M*	*SD*
weibliche Studierende	1.61	1.28	1.36	0.93	2.56	1.72
männliche Studierende	1.78	1.23	1.25	0.84	1.39	0.89
weibliche und männliche Studierende zusammen	1.64	1.27	1.34	0.91	2.33	1.55

Auch die Bezeichnung der Alterskategorien in Tabelle 6.6 ist nicht ideal: Es ist nämlich nicht angemessen, Personen ab 36 Jahren als „alt" zu bezeichnen (vgl. Abschnitt 3.6.1). Ferner ist es fraglich, ob diese Bezeichnungen überhaupt benötigt werden, da zumindest in der Tabelle stets eine konkrete Altersangabe gemacht wird und man daher z.B. statt von den „jungen Studierenden" auch im Text von den „18- bis 25-Jährigen" sprechen könnte. Schließlich sollten Sie in Tabellen generell Wortwiederholungen vermeiden: Statt dreimal die Einheit „Jahre" anzugeben, würde es reichen, diese Angabe einmal eine Ebene höher – hinter „Alterskategorie" – anzuführen. Tabelle 6.7 präsentiert eine optimierte Variante der vorherigen Tabelle.

Tabelle 6.7. Notendurchschnitt im B.Sc.-Studiengang Psychologie; getrennte Angaben nach Geschlecht und Alterskategorien [bessere Beschriftungsvariante]

	Alterskategorie [Jahre]					
	18–25		26–35		ab 36	
Geschlecht	*M*	*SD*	*M*	*SD*	*M*	*SD*
Frauen	1.61	1.28	1.36	0.93	2.56	1.72
Männer	1.78	1.23	1.25	0.84	1.39	0.89
Gesamt	1.64	1.27	1.34	0.91	2.33	1.55

Anordnung. Meist gibt es mindestens zwei Optionen, wie Sie Ihre Daten in einer Tabelle anordnen können (wenn sich Ihre Daten anhand von drei oder mehr Variablen strukturieren lassen, erhöht sich auch die Anzahl der möglichen Anordnungen). Welche Variante Sie wählen, ist prinzipiell Ihnen überlassen. Allerdings sollten Sie sich überlegen, welche Anordnung das, was Sie dem Leser vermitteln wollen, am besten veranschaulicht. In der Regel sollten Werte, die man miteinander vergleichen will, in benachbarte Spalten geschrieben werden. Das heißt, in Tabelle 6.7 würde ein Leser dazu tendieren zu vergleichen, welche Durchschnittsnoten unterschiedlich alte Studierende erzielt haben. Selbstverständlich kann man in dieser Tabelle auch vergleichen, wie die Noten von weiblichen gegenüber männlichen Studierenden ausfallen. Würde man letzteren Vergleich jedoch hervorheben wollen, müsste man die Anordnung von Zeilen und Spalten vertauschen, wie es in Tabelle 6.8 geschehen ist.

Tabelle 6.8. Notendurchschnitt im B.Sc.-Studiengang Psychologie; getrennte Angaben nach Geschlecht und Alterskategorien [Zeilen und Spalten gegenüber Tabelle 6.7 vertauscht]

	Geschlecht					
Alters-kategorie [Jahre]	Frauen		Männer		Gesamt	
	M	*SD*	*M*	*SD*	*M*	*SD*
18–25	1.61	1.28	1.78	1.23	1.64	1.27
26–35	1.36	0.93	1.25	0.84	1.34	0.91
ab 36	2.56	1.72	1.39	0.89	2.33	1.55

Bei allen Tabellen in diesem Abschnitt sehen Sie, dass die Linien unterhalb der gruppierten Spaltentitel unterbrochen sind, um die Gruppen voneinander abzugrenzen. So ist z.B. in Tabelle 6.8 unter „Frauen", „Männer" und „Gesamt" keine durchgehende Linie gezogen, sondern es finden sich schmale Zwischenräume. Das sieht nicht nur ansprechend aus, sondern verdeutlicht, welche Spalten zusammengehören. Um das mit einem Textverarbeitungsprogramm zu realisieren, bedarf es eines kleinen Tricks: Sie fügen dort, wo die Linie unterbrochen werden soll, jeweils eine schmale leere Spalte ein. Wie dies aussieht, ist in Abbildung 6.5 verdeutlicht. Die gestrichelten Linien, welche die Zellenbegrenzungen markieren, können Sie in *Word* dadurch anzeigen lassen, dass Sie – wenn sich der Cursor innerhalb der Tabelle befindet – unter „Tabellentools" auf „Layout" und dann in der Befehlsgruppe „Tabelle" auf „Rasterlinien anzeigen" (*Word 2010*) bzw. „Gitternetzlinien anzeigen" (*Word 2013*) klicken. Unter „Tabellentools → Layout" stehen Ihnen auch die notwendigen Werkzeuge zur Verfügung, um Tabellen zu gestalten. Die wichtigsten Funktionen sind „Zellen verbinden" und „Zellen teilen" sowie die Veränderung der Zellengrößen. Außerdem finden Sie hier die Funktionen zur Ausrichtung des Textes in den Zellen. Die Werkzeuge zur Veränderung der Tabellenlinien finden Sie unter „Tabellentools → Entwurf → Rahmen bzw. Rahmenlinien zeichnen". Sehr wichtig ist auch das Menüfenster „Tabelleneigenschaften", zu dem Sie kommen, indem Sie in einer Tabelle auf die rechte Maustaste klicken und aus dem sich öffnenden Kontextmenü „Tabelleneigenschaften..." auswählen. Über das Menüfenster „Tabelleneigenschaften" können Sie nämlich z.B. die Höhe der Zeilen bestimmen und Zellenbegrenzungen (das ist der Abstand zwischen dem Zellenrand und der Schrift innerhalb der Zellen) an Ihre Bedürfnisse anpassen (vgl. Abschnitt 11.5.3).

Alters- kategorie [Jahre]	Geschlecht					
	Frauen		Männer		Gesamt	
	M	*SD*	*M*	*SD*	*M*	*SD*
18–25	1.61	1.28	1.78	1.23	1.64	1.27
26–35	1.36	0.93	1.25	0.84	1.34	0.91
ab 36	2.56	1.72	1.39	0.89	2.33	1.55

Abbildung 6.5. Darstellung einer Tabelle bei Anzeige der Rasterlinien zwischen den Zellen. Durch das Einfügen schmaler Spalten lassen sich unterbrochene Linien erzeugen, sodass geschachtelte Spaltentitel voneinander abgegrenzt werden können.

6.5.3   Tabellen im Querformat und Tabellen über mehr als eine Seite

Manche Tabellen sind so komplex oder umfangreich, dass sie sich im normalen (aufrechten) Format nur schwer oder gar nicht auf einer Seite unterbringen lassen. Dann gibt es zwei Möglichkeiten: Die Tabelle ins Querformat setzen, also quasi um 90° nach links drehen, oder die Tabelle auf der Folgeseite fortsetzen. Da beide Varianten sowohl dem Verfasser als auch dem Leser oft Umstände bereiten, sollten Sie dies möglichst vermeiden. Bei Platzproblemen innerhalb einer Tabelle raten wir daher zu den folgenden Maßnahmen:

- *Versuchen Sie, Spaltentitel und Zeilenbeschriftungen zu verkürzen.* Arbeiten Sie dazu ggf. mit Abkürzungen, die Sie z.B. in den Tabellenanmerkungen erklären. Texteinträge in den Zellen des Tabellenkörpers sollten so kurz wie möglich formuliert werden.

- *Prüfen Sie, ob Spalten oder Zeilen entfallen können,* beispielsweise weil bestimmte Angaben redundant oder unwichtig sind (vgl. Abschnitt 6.1.4).

- *Verkleinern Sie die Schriftgröße.* Es ist legitim, im Tabellenkörper eine 10-pt-Schrift und in den Tabellenanmerkungen eine 8-pt-Schrift zu verwenden. Kontrollieren Sie aber auf einem Ausdruck, ob sich die Schrift noch gut lesen lässt.

- *Verringern Sie die Zellenbegrenzungen.* Die Standardeinstellungen in *Word* sehen vor, dass Text oder Zahlen in Tabellen immer mindestens 1.9 mm vom linken und rechten Zellenrand entfernt stehen. Wenn Sie diesen Wert verkleinern, verlieren Sie weniger Platz an den Rändern der Zellen. Natürlich dürfen die Zahlen oder Texte aus verschiedenen Spalten aber nicht direkt aneinanderstoßen. Wie Sie in *Word* die Zellenbegrenzungen ändern, ist in Abschnitt 11.5.3 erläutert.

Wenn all diese Schritte nicht geholfen haben und es Ihnen nach wie vor an horizontalem Platz in der Tabelle fehlt, können Sie diese im Querformat darstellen. Fehlt es Ihnen an vertikalem Platz, setzen Sie die Tabelle auf der folgenden Seite fort. Dabei sollten Sie die folgenden Aspekte beachten.

Tabelle im Querformat. Sie können in *Word* über die *Seitenlayout-Registerkarte* die Ausrichtung der Seite ins Querformat verändern. Wichtig dabei ist, dass Sie vor der Änderung der Seitenausrichtung ober- und unterhalb der Tabelle, die Sie gedreht haben möchten, einen *Abschnittsumbruch* vom Typ „Nächste Seite" einfügen. Sie finden diesen Befehl auf der *Seitenlayout-Registerkarte* in der Befehlsgruppe „Seite einrichten" unter dem Punkt „Umbrüche". Da *Word* die gesamte Seite dreht, werden auch die Positionen der Kopfzeile und der Seitenzahl verändert. Dies ist nicht ideal, aber akzeptabel. (Andere Lösungsversuche wie die Änderung der Textausrichtung innerhalb der Tabelle sind mit neuen Problemen verbunden, beispielsweise dass man einen außerhalb der Tabelle stehenden Tabellentitel nicht ebenfalls rotieren kann.)

Tabelle über mehr als eine Seite. Wenn eine Tabelle sich über mehr als eine Seite erstreckt, wiederholen Sie auf jeder neuen Seite den Tabellentitel (einschließlich der Tabellennummer) und schreiben am Ende des Tabellentitels „(Fortsetzung)". Den Tabellenkopf mit den Spaltentiteln müssen Sie ebenfalls auf jeder Seite wiederholen. Sofern Tabellenanmerkungen vorhanden sind, werden diese auf der letzten Seite an die Tabelle angehängt. Ein Beispiel für eine über zwei Seiten fortgesetzte Tabelle finden Sie auf Seite 214f.

6.5.4   Häufige Tabellentypen

In den Abschnitten 6.5.1 und 6.5.2 haben wir mehrfach einen der häufigsten Tabellentypen dargestellt: Tabellen, in denen Mittelwerte und Standardabweichungen verschiedener Gruppen bzw. Versuchsbedingungen dargestellt werden. Ein weiterer häufiger Tabellentyp ist die *Korrelationstabelle*. Tabelle 6.9 stellt ein Beispiel dafür dar. Um Platz zu sparen, nummeriert man die Zeilen in Korrelationstabellen oft durch und benutzt dann deren Nummern zur Kennzeichnung der Spalten. Beachten Sie auch, dass in der Beispieltabelle bei den Spalten die Skala 1 weggefallen ist: Da diese Spalte lediglich die Korrelation der Skala 1 mit sich selbst beinhaltet hätte (was immer eine Korrelation von eins ergibt), ist diese Spalte überflüssig. Es hat sich etabliert, die Diagonale mit den Eigenkorrelationen durch lange Gedankenstriche zu kennzeichnen – Sie können dazu auch zwei lange Gedankenstriche unmittelbar hintereinander setzen. Damit soll verdeutlicht werden, dass es sich um die Korrelation der Variable mit sich selbst handelt.

Tabelle 6.9. Korrelationen der erfassten Persönlichkeitseigenschaften und aktuellen Emotionslage

Skala	2	3	4	5
1. NEO-FFI: Neurotizismus	−.35**	.62**	−.12	.21*
2. NEO-FFI: Extraversion	—	−.23*	.09	−.25*
3. STAI: Zustandsangst		—	−.15	.42**
4. BIDR: Soziale Erwünschtheit			—	−.14
5. Negativer Affekt[a]				—

Anmerkungen. N = 92. NEO-FFI: NEO-Fünf-Faktoren-Inventar, STAI: State-Trait-Angstinventar, BIDR: Balanced Inventory of Desirable Responding.
[a] Aufgrund eines Fehlers in der Versuchsdurchführung lag dieser Fragebogen nur von $n = 77$ Probanden vor.
$* \, p \le .05. \; ** \, p \le .01.$

Da die Angabe exakter *p*-Werte in Korrelationstabellen sehr platzraubend wäre, versieht man die Korrelationskoeffizienten oft mit Sternchen (sogenannten *Asterisken*), um kenntlich zu machen, dass die Korrelation signifikant (*, also $p \le .05$), hochsignifikant (**, also $p \le .01$) oder höchstsignifikant (***, also $p \le .001$) ist.[30] Gelegentlich kennzeichnet man auch noch „tendenziell signifikante" Korrelationen (d. h. $p \le .1$) durch das Gradzeichen, also einen kleinen Kreis (°). Man sollte jedoch nicht mehr als drei oder maximal vier derartige Kategorien, die man durch kleine Symbole kennzeichnet, einführen, da es sonst schnell unübersichtlich wird, ohne dass der Informationsgehalt bedeutsam ansteigen würde. Ebenfalls aus Gründen der Übersichtlichkeit sollten Sie konsistent in allen Tabellen und Abbildungen Ihrer Arbeit dieselbe Zuordnung von Symbolen und Signifikanzniveaus verwenden.

---

30   Zur Verwendung von „kleiner gleich" statt „kleiner" vgl. Fußnote 28 auf S. 219.

Wie bei allen Tabellen ist auch bei Korrelationstabellen wichtig, dass die Dezimalpunkte der Zahlen in einer Spalte stets übereinander stehen, selbst wenn die Korrelationskoeffizienten aufgrund von Minuszeichen und Sternchen unterschiedlich lang ausfallen. Wir erklären in Abschnitt 11.5.4, wie Sie in solchen Fällen die Ausrichtung am Dezimalpunkt sicherstellen können.

Für die tabellarische Darstellung der Ergebnisse verschiedener inferenzstatistischer Verfahren existieren spezifische Formate: Die Tabelle für die Ergebnisse einer Regressionsanalyse sieht anders aus als die Tabelle für eine Varianzanalyse. Auch für die Faktorladungsmatrix einer Faktorenanalyse gibt es ein spezielles Format. Wir werden in Kapitel 7 bei der Erläuterung der Ergebnisdarstellung der wichtigsten statistischen Verfahren auch die häufigsten dieser Tabellenarten vorstellen. Darüber hinaus ist das Buch von A. A. M. Nicol und Pexman (2010) empfehlenswert, da die Autorinnen für nahezu jeden Fall Beispieltabellen darstellen und erklären.

6.5.5 Zusammenfassung wichtiger Prinzipien der Tabellengestaltung

Im Folgenden haben wir die wichtigsten Prinzipien der Tabellengestaltung zusammengefasst:

- Der *Tabellentitel* soll kurz, aber aussagekräftig sein.

- Die Tabelle muss alle erforderlichen Informationen enthalten, damit man sie verstehen kann – der Leser soll dazu nicht im Fließtext nachlesen müssen. Daher sind z.B. alle Abkürzungen, die in der Tabelle auftauchen, auch innerhalb der Tabelle zu erklären.

- Jede Spalte trägt eine *Spaltenüberschrift*. Die Spaltenüberschrift wird horizontal zentriert und vertikal unten ausgerichtet gesetzt.

- *Beschriftungen von Tabellenspalten und -zeilen* sollen aussagekräftig sein, dabei aber auf überflüssigen Text verzichten. Dies ist schon deshalb notwendig, da in Tabellen der Platz meist knapp ist.

- Es werden *nur horizontale* – niemals vertikale – *Linien* eingezeichnet. Innerhalb des Tabellenkörpers sollten auch horizontale Linien sparsam verwendet werden; nur bei Tabellen mit vielen Zeilen im Tabellenkörper kann man zur besseren Lesbarkeit nach jeder vierten oder fünften Zeile eine horizontale Linie einfügen. Um Zeilen optisch voneinander zu trennen, können auch Leerzeilen verwendet werden.

- *Text in Zellen* wird in der Regel linksbündig gesetzt, es sei denn, es handelt sich um eine Spalten- oder Zwischenüberschrift. Auch der Text in der ersten Tabellenspalte, in der die Beschriftung der Tabellenzeilen erfolgt, steht linksbündig.

- *Zahlen in Zellen* werden am Dezimalpunkt ausgerichtet, sodass die Dezimalpunkte der Zahlen einer Spalte untereinander stehen. Dabei sollten die Zahlen zumindest ungefähr zentriert unter dem Spaltentitel stehen.

- Auch in Tabellen werden *statistische Abkürzungen* (z.B. *M, SD, r*) *kursiv* geschrieben.

- *Tabellenanmerkungen* werden in einer festen Reihenfolge in insgesamt bis zu drei Absätzen aufgeführt. Im ersten Absatz erfolgen allgemeine Anmerkungen, welche die gesamte Tabelle betreffen, einschließlich der Erklärung von Abkürzungen. Im zweiten Absatz stehen durch einen hochgestellten Buchstaben gekennzeichnete Anmerkungen zu einer Spalte, einer Zeile oder einer einzelnen Zelle der Tabelle. Mehrere derartige Anmerkungen werden durch je einen Punkt getrennt (vgl. Abbildung 6.3 auf S. 227). Im dritten Absatz werden Angaben zu Irrtumswahrscheinlichkeiten bzw. Signifikanzniveaus einzelner Effekte, die mit Sternchen markiert werden, gemacht. Auch hier werden mehrere derartige Angaben durch Punkte separiert (vgl. z.B. Abbildung 6.9 auf S. 234).

- *Kopieren Sie niemals SPSS-Tabellen einfach in Ihren Text!* Fast alle Tabellen, die *SPSS* Ihnen ausgibt, bedürfen einer Nachbearbeitung. Dies kann zum einen das Layout betreffen (z.B. nicht erlaubte vertikale Linien, umständliche bzw. unübliche Beschriftungen oder eine ungünstige Anordnung der einzelnen Elemente), zum anderen enthalten viele SPSS-Tabellen überflüssige oder redundante Angaben. Wenn man in *SPSS* z.B. eine Korrelationstabelle über das Befehlsmenü erstellt, werden alle ausgewählten Variablen miteinander korreliert und in einer quadratischen Matrix ausgegeben. In dieser Tabelle sind mehr als die Hälfte aller Werte redundant, da oberhalb und unterhalb der von links oben nach rechts unten verlaufenden Diagonale dieselben Werte stehen. Auch die Zahlen in der Diagonale selbst sind überflüssig, da sie Eigenkorrelationen darstellen, die alle den Wert eins aufweisen. Wie eine Korrelationstabelle gestaltet sein sollte, ist in Tabelle 6.9 auf Seite 234 demonstriert. Generell wählt man sich aus den mit *SPSS* erstellten Tabellen (z.B. auch bei Varianzanalysen oder *t*-Tests) nur einige relevante Werte aus. Diese werden dann in der eigenen Arbeit in einer selbst gestalteten Tabelle oder häufig auch in reiner Textform berichtet (zur Wahl der Darstellungsform vgl. Abschnitt 6.3).

- Achten Sie auf ein *einheitliches Aussehen* aller Tabellen Ihrer Arbeit. Tabellen, die inhaltlich Ähnliches präsentieren, sollten auch zumindest ähnlich gestaltet sein.

- Vermeiden Sie *Tabellen im Querformat und Tabellen, die über mehr als eine Seite gehen.* Verwenden Sie diese nur, wenn eine Tabelle sich auch nach inhaltlichen Kürzungsversuchen und der Verringerung der Schriftgröße auf 10 pt nicht im Standardformat darstellen lässt.

6.6 Statistik in Diagrammen darstellen

Diagramme ermöglichen genauso wie Tabellen die kompakte Darstellung statistischer Daten. Gegenüber Tabellen sind Diagramme oft noch anschaulicher: Unterschiede oder Effekte springen dem Leser manchmal direkt ins Auge, wohingegen man sich bei Tabellen häufig erst eingehender mit den Daten beschäftigen muss. Allerdings haben Diagramme gegenüber Tabellen den Nachteil, dass sich Werte meist weniger exakt ablesen lassen.

Als Erstes erklären wir kurz den begrifflichen Unterschied zwischen Abbildung und Diagramm (Abschnitt 6.6.1). In Abschnitt 6.6.2 werden der Aufbau und die Bestandteile eines Diagramms erläutert. Wie Sie Ihre Diagramme gestalterisch optimieren können, erfahren Sie in Abschnitt 6.6.3. Die häufigsten Diagrammtypen werden in Abschnitt 6.6.4 dargestellt. Abschließend fassen wir die wichtigsten Prinzipien der Diagrammgestaltung zusammen (Abschnitt 6.6.5). Auf technische Aspekte der Diagrammerstellung und -gestaltung gehen wir in Abschnitt 10.3.1 ein.

6.6.1 Begriffsklärung: Abbildung und Diagramm

Mit dem Oberbegriff *Abbildung* bezeichnet man – zumindest in psychologischen Arbeiten – *alle* grafischen Darstellungen, sofern es sich nicht um Tabellen handelt. Somit gehören zur Kategorie der Abbildungen u.a. Diagramme, Fotos, grafische Ablaufpläne, Zeichnungen und Karten. Unter *Diagrammen* verstehen wir Abbildungen, in denen statistische Daten dargestellt werden. Sie wissen sicherlich, dass es verschiedene Diagrammtypen gibt, z.B. Liniendiagramme, Balkendiagramme und Streudiagramme. Um diese Arten von Diagrammen geht es im Folgenden.

Bei der Beschriftung von Abbildungen unterscheidet man *nicht* zwischen verschiedenen Abbildungstypen, sondern bezeichnet alle – fortlaufend bzw. kapitelweise nummeriert – als *Abbildung* (z.B. „Abbildung 3" bzw. „Abbildung 4.2"; im Englischen wird das Wort *Figure* verwendet). Unter einer Abbildung darf folglich *niemals* „Diagramm 2" oder „Foto 3.5" stehen. In Abschnitt 6.8 erklären wir, wie Sie im Text korrekt auf Abbildungen verweisen.

6.6.2 Bestandteile eines Diagramms

Den grundlegenden Aufbau eines Diagramms und die Bezeichnung der einzelnen Bestandteile haben wir in Abbildung 6.6 dargestellt. Im Folgenden besprechen wir diese Bestandteile und geben Ihnen Hinweise, was Sie bei der Erstellung eines Diagramms beachten sollten.

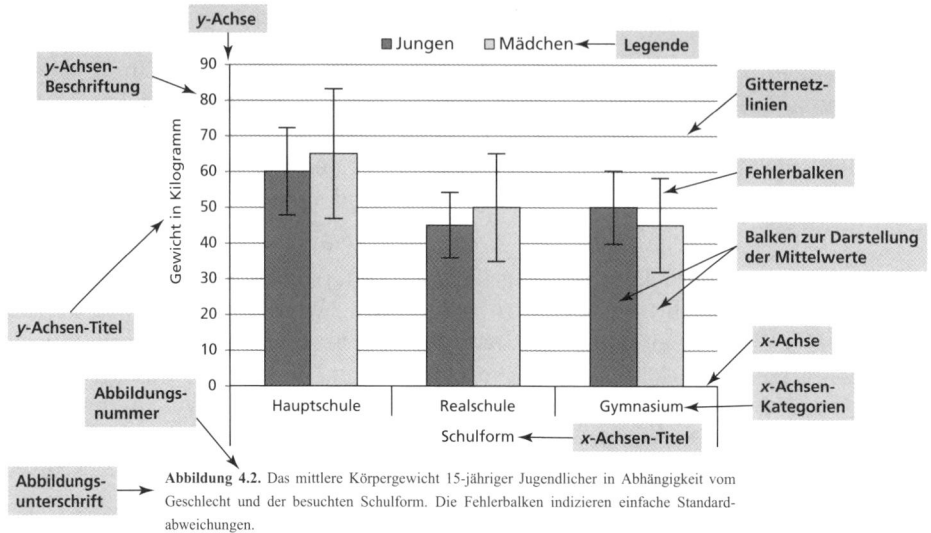

Abbildung 6.6. Aufbau und Bestandteile eines Diagramms.

Abbildungsunterschrift. Im Gegensatz zu Tabellen, bei denen der Titel über der Tabelle steht, befindet sich bei Abbildungen der Titel bzw. die Abbildungsunterschrift unterhalb der eigentlichen Abbildung. Wenn Sie Ihre Arbeit gemäß dem Manuskriptstil gestalten (vgl. Abschnitt 1.1), setzen Sie die Bezeichnung „Abbildung" einschließlich der Nummer der Abbildung kursiv und die anschließende Abbildungsunterschrift aufrecht, z.B.: „*Abbildung 3.5.* Mittlere Testergebnisse in den drei Versuchsbedingungen." Im Stil klassisch gestalteter Abschlussarbeiten können Sie genauso verfahren. Alternativ können Sie statt Kursivdruck aber auch Fettdruck einsetzen und schreiben: „**Abbildung 3.2.** Mittlere Testergebnisse in den drei Versuchsbedingungen." Letztere Variante wird auch in Fachbüchern bevorzugt verwendet. Um Ihrer Arbeit ein einheitliches Gesamtbild zu geben, raten wir Ihnen zur Variante mit Kursivdruck, wenn Sie sich bei Tabellen für die Variante 2 aus Abbildung 6.4 (S. 228) entschieden haben. Verwenden Sie bei Tabellen hingegen die Variante 3 aus Abbildung 6.4, sollten Sie auch bei Abbildungen Fettdruck wählen. In jedem Fall endet die Abbildungsunterschrift mit einem Punkt. Wie Sie die Abbildungsunterschrift am besten formulieren, behandeln wir in Abschnitt 6.7.

Abbildungsnummer. Wie bei Tabellen können Sie auch Abbildungen entweder von der ersten bis zur letzten Abbildung der Arbeit durchnummerieren („Abbildung 1", „Abbildung 2" etc.) oder die Nummerierung kapitelweise neu beginnen, wie es auch in diesem Buch gemacht wird (z.B. „Abbildung 3.1", „Abbildung 3.2" etc. für Abbildungen in Kapitel 3). Verwenden Sie für Tabellen und Abbildungen aber dieselbe Nummerierungsvariante.

Achsentitel. Alle Achsen müssen mit Titeln versehen werden. In unserem Beispiel sind die Achsentitel „Schulform" und „Gewicht in Kilogramm". Besitzt das Maß, das auf einer Achse abgetragen wird, eine Einheit, muss diese zwingend angegeben werden. Im Beispieldiagramm (Abbildung 6.6) steht daher an der y-Achse die Angabe „in Kilogramm". Die Maßeinheit kann auch verkürzt angegeben werden, indem man die Abkürzung der Einheit (vgl. Abschnitt 5.5) in eckige Klammern schreibt, also z.B. „Gewicht [kg]". Ein weiteres Beispiel ist: „Reaktionszeit in Millisekunden" (Langform) und „Reaktionszeit [ms]" (Kurzform).

Achsenbeschriftung. Je nachdem, was auf einer Achse abgetragen ist, muss diese mit Kategorien oder Zahlenwerten beschriftet werden. Im Beispieldiagramm (Abbildung 6.6) werden auf der x-Achse die drei Schulformen „Hauptschule", „Realschule" und „Gymnasium" angegeben und auf der y-Achse das Gewicht von 0 bis 90 kg. Bei Zahlenwerten sollten Sie die Abstände so wählen, dass einerseits ein genaues Ablesen der Werte möglich ist und andererseits die Zahlen nicht zu eng stehen. In unserem Beispiel ist ein Abstand von 10 kg angemessen. Ein Abstand von 5 kg wäre hier schon sehr eng, ein Abstand von 20 kg hingegen recht ungenau und etwas zu weit.

Legende. Da bei dem gruppierten Balkendiagramm aus Abbildung 6.6 zusätzlich zur Schulform nach dem Geschlecht differenziert wird, müssen Sie angeben, welche Daten für Jungen und welche für Mädchen stehen. Dies geschieht mittels der unterschiedlichen Grauschattierungen der Balken, die in einer Legende erklärt werden. Generell sollten in der Legende alle in der Abbildung verwendeten Symbole und Markierungen aufgelöst werden (für Beispiele siehe Abbildung 6.9 auf S. 242 und Abbildung 6.10 auf S. 243). Platzieren Sie die Legende bevorzugt an einer freien Stelle innerhalb der Diagrammfläche. Auch ober- und unterhalb der Diagrammfläche lassen sich Legenden meist gut anbringen.

Fehlerbalken. In Diagrammen, in denen dies möglich ist, sollten Fehlerbalken angegeben werden. Diese können entweder Standardabweichungen (wie z.B. in Abbildung 6.8 auf S. 241), Standardfehler oder 95%-Konfidenzintervalle repräsentieren. Auf Seite 245 f. gehen wir genauer darauf ein, warum Fehlerbalken sinnvoll sind. Wie Sie Fehlerbalken mit *Excel* darstellen können, erläutern wir in Abschnitt 10.3.1.2.

Gitternetzlinien. Die horizontalen Linien im Hintergrund der Diagrammfläche bezeichnet man als Gitternetzlinien. Sie können diese verwenden, um dem Leser das Ablesen von Daten zu erleichtern. Allerdings stellen Gitternetzlinien keine Notwendigkeit dar. Entscheiden Sie im Einzelfall, ob Ihnen diese Hilfslinien sinnvoll erscheinen.

6.6.3 Durchdachte Diagrammgestaltung

Wenn Sie Diagramme gestalten, sollten Sie sich immer bewusst machen, dass diese dem Leser Informationen möglichst übersichtlich, anschaulich und genau vermitteln sollen (vgl. Abschnitt 6.3). Überlegen Sie daher, wie Sie diese Kommunikationsfunktionen so gut wie möglich realisieren können.

Klare Gestaltung ohne optische Spielereien. Hintergrundbilder oder 3-D-Effekte wie in Abbildung 6.7 tragen nichts zur Übersichtlichkeit oder Informationsfunktion eines Diagramms bei. Tatsächlich sind solche Ausschmückungen kontraproduktiv, da sie vom Inhalt ablenken und dessen Erfassung erschweren. Man findet solche optischen Effekte oft in Illustrierten, in denen neben dem Informationswert der Unterhaltungswert eines Diagramms besonders wichtig ist. Für wissenschaftliche Texte sind solche optischen Spielereien aber gänzlich ungeeignet, da sie die Informationsfunktion beeinträchtigen und zudem oft unseriös wirken.

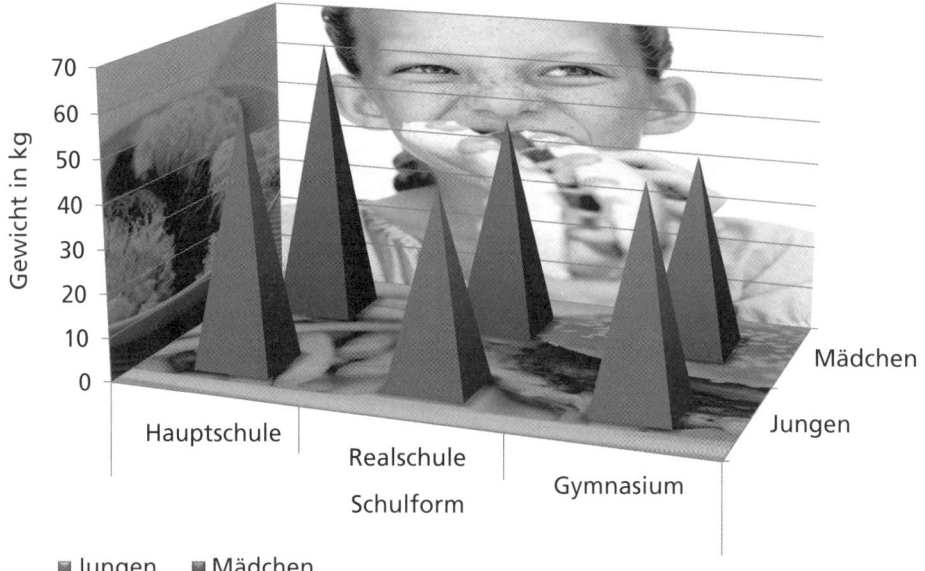

■Jungen ■Mädchen

Abbildung 6.7. Das Körpergewicht 14-jähriger Jugendlicher in Abhängigkeit vom Geschlecht und der besuchten Schulform. [So sollten Sie Ihre Diagramme *nicht* gestalten!]

Dass bei Abbildung 6.7 die Informationsfunktion durch den 3-D-Effekt beeinträchtigt ist, sollten Sie merken, wenn Sie versuchen, beispielsweise die Höhe des Balkens „Realschule, Jungen" zu bestimmen. Dies ist aufgrund der dreidimensionalen Darstellung allenfalls sehr ungenau möglich. Viel besser und leichter gelingt dies bei Abbildung 6.8, in der dieselben Daten dargestellt sind, aber auf Ausschmückungen verzichtet wird. Nutzen Sie also nicht alle optischen Möglichkeiten, die Statistik- oder Tabellenkalkulationsprogramme wie *SPSS* oder *Excel* anbieten.

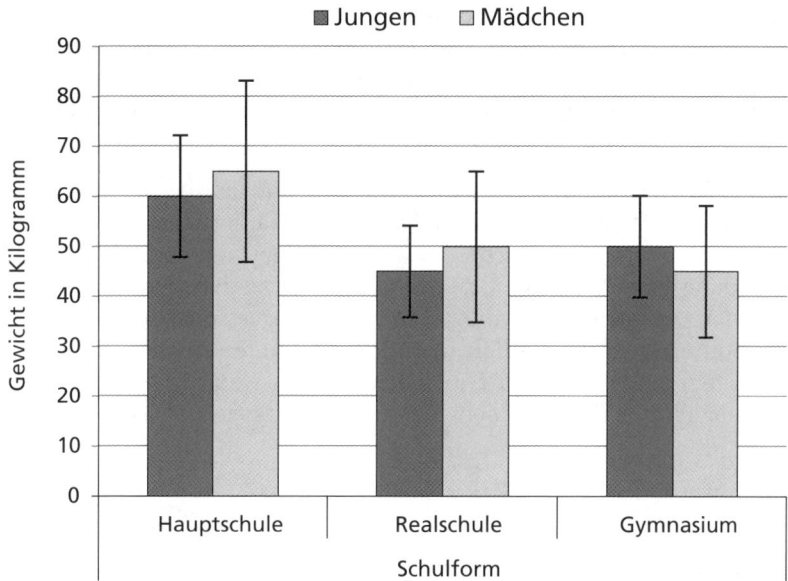

Abbildung 6.8. Das mittlere Körpergewicht 14-jähriger Jugendlicher (± 1 *SD*) in Abhängigkeit vom Geschlecht und der besuchten Schulform. [Diese Darstellungsform empfehlen wir!]

Schriftart und Schriftgröße. In der Regel verwendet man in Abbildungen serifen-lose Schriftarten (vgl. Abschnitt 4.3). Wichtig ist auch, dass Sie die Schriftgröße so wählen, dass alle Beschriftungen gut lesbar sind. Dabei sollten Sie die Schrift-größe in der Abbildung der Schriftgröße des Textes ungefähr anpassen, wobei die Schrift in Abbildungen etwas kleiner als im Text sein darf. Wenn Sie im Text z.B. eine 12-pt-Schrift verwenden, sollten Ihre Abbildungen Schriftgrößen um die 10 oder 11 pt enthalten. Zu kleine Schriftgrößen (kleiner als 8 pt) lassen sich nur noch schwer lesen, sehr große Schriftgrößen (größer als 14 pt) wirken im Verhält-nis zum Text unangemessen aufgebläht.

Wenn Sie eine Abbildung in *SPSS*, *Excel* oder einem anderen Programm erstel-len, sollten Sie bei der Wahl der Schriftgröße berücksichtigen, ob Sie die Abbil-dung in Ihrem Textdokument noch verkleinern (oder vergrößern) müssen. Ange-nommen, Sie wollen im fertigen Text in der Abbildung eine 11-pt-Schrift haben, müssen die Abbildung aber zuvor auf 60 % der Originalgröße verkleinern. Dann benötigen Sie in der ursprünglichen Abbildung eine 18-pt-Schrift (11/0.6 ≈ 18). Damit die Abbildungen in Ihrer Arbeit einheitlich aussehen und ein harmoni-sches Gesamtbild erzeugen, sollten Sie darauf achten, in verschiedenen Abbil-dungen bzw. Diagrammen immer dieselbe Schriftart zu verwenden und die Schriftgrößen so zu wählen, dass sie nach der ggf. erforderlichen Vergrößerung oder Verkleinerung der Abbildung zumindest ähnlich groß sind.

Möglichst keine Farben verwenden. Viele Statistik- und Tabellenkalkulations-programme erzeugen standardmäßig Diagramme mit Balken bzw. Linien in unter-schiedlichen Farben. Farbige Diagramme bringen aber einige Nachteile mit sich: Abgesehen davon, dass Sie Ihre Arbeit dann zwingend in Farbe ausdrucken müssen (vgl. Abschnitt 4.6.2), muss jemand, der sich Ihre Arbeit kopieren möchte, dies auf einem Farbkopierer tun – sonst läuft er Gefahr, dass er die unterschiedlichen Balken- oder Linienfarben nicht mehr unterscheiden kann. Wenn zwei Farben (z.B. Blau und Rot) dieselbe Helligkeit aufweisen, erscheinen Sie in einem S/W-Ausdruck oder einer S/W-Kopie nämlich im selben Grauton.

Farben sind in Diagrammen nur selten wirklich notwendig. Bei Balkendiagrammen kann man statt Farben verschiedene Grauschattierungen und/oder Muster verwenden, die so gewählt werden, dass sie sich gut unterscheiden lassen (vgl. z.B. Abbildung 6.9). Wenn Sie Grauschattierungen verwenden, sollten Sie nicht mehr als vier verschiedene Grautöne benutzen, da es sonst schwierig wird, die feinen Abstufungen in der Helligkeit eindeutig zu unterscheiden. Wenn Sie mehr als vier zu trennende Balken haben, raten wir daher zu Strich- oder Punktmustern, bei denen Ihnen deutlich mehr Kennzeichnungsvarianten zur Verfügung stehen.

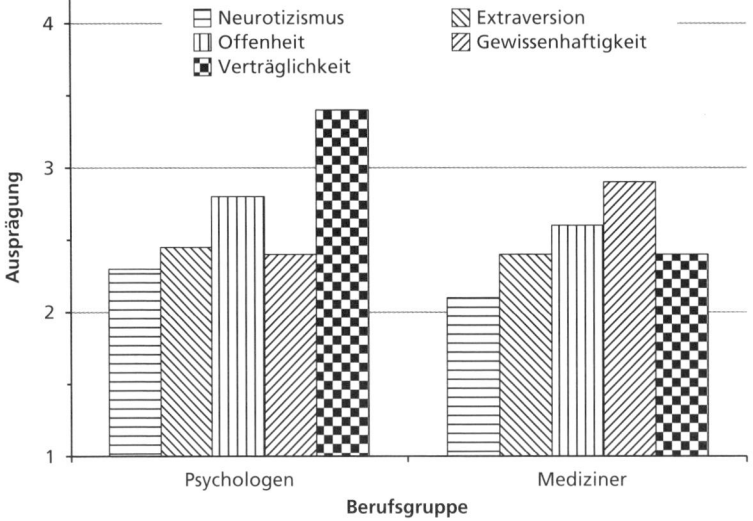

Abbildung 6.9. Balkendiagramm, bei dem die Balken durch Muster gekennzeichnet sind.

Bei Liniendiagrammen kann man zur Unterscheidung der Linien verschiedene Unterbrechungsmuster verwenden. Zusätzlich lässt sich auch hier der Grauton variieren, wobei wir aus Gründen der besseren Unterscheidbarkeit bei Linien lediglich zu zwei oder maximal drei verschiedenen Grautönen (einschließlich Schwarz) raten würden. In Abbildung 6.10 ist dieses Vorgehen anhand eines Diagramms mit sechs Linien demonstriert.

Farben sollten Sie nur einsetzen, wenn sich dies gar nicht vermeiden lässt oder das Diagramm ansonsten sehr unübersichtlich wird. Dies kann z.B. der Fall sein, wenn Sie mehr als acht Linienarten unterscheiden möchten – aber dann wird auch ein farbiges Diagramm oft unübersichtlich und Sie sollten überlegen, welche alternativen Diagrammvarianten infrage kommen.

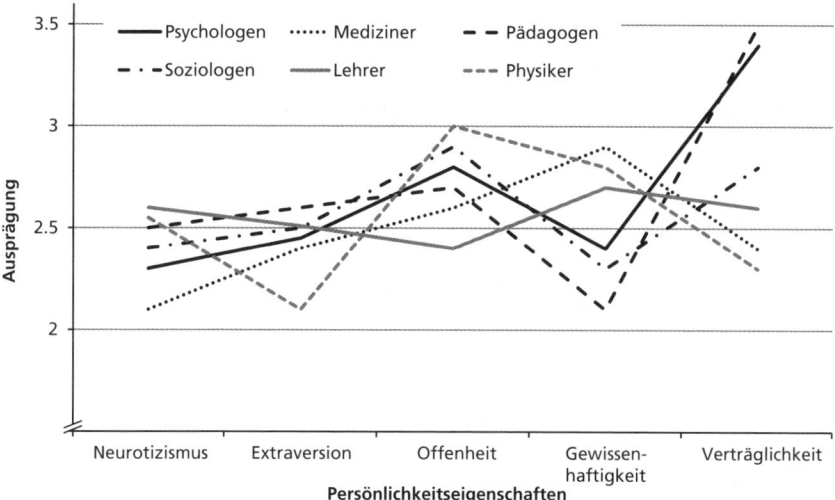

Abbildung 6.10. Liniendiagramm, bei dem die Linien durch verschiedene Linienarten bzw. Durchbrechungen gekennzeichnet sind.

Kennzeichnung von Achsenverkürzungen. Durch die Wahl des Wertebereichs auf der y-Achse können tatsächliche Unterschiede überbetont werden. Das wird z. B. in Abbildung 6.11a deutlich, in der das Gewicht 14-jähriger Jungen und Mädchen getrennt nach der besuchten Schulart dargestellt ist (es handelt sich um dieselben Daten wie in Abbildung 6.8). Die Unterschiede sehen sehr groß aus, z. B. scheinen Jungen auf Realschulen viel leichter zu sein als Jungen auf Hauptschulen. Allerdings wird dieser Eindruck durch die Verkürzung der y-Achse erzeugt, die erst beim Wert von 42 kg beginnt. Wird wie in Abbildung 6.11b die y-Achse bei null beginnend eingezeichnet, sehen die Gewichtsunterschiede zwischen den verschiedenen Schulformen deutlich moderater aus.

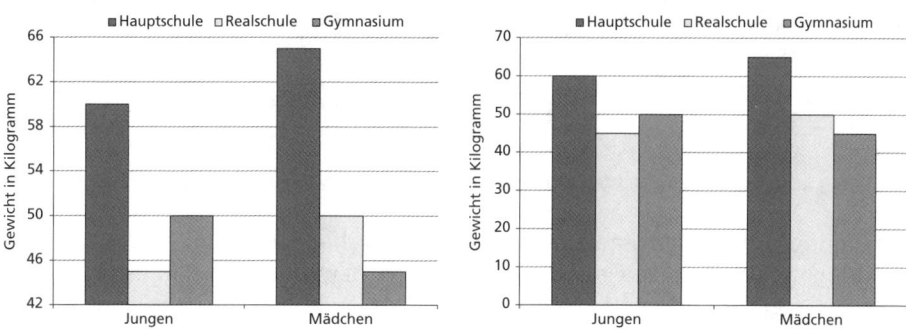

(a) Diagramm mit verkürzter y-Achse (b) Diagramm mit nicht manipulierter y-Achse

Abbildung 6.11. Das Körpergewicht 14-jähriger Jugendlicher in Abhängigkeit von der besuchten Schulform und dem Geschlecht, dargestellt mit (a) verkürzter y-Achse und (b) nicht manipulierter y-Achse.

Um derartige verfälschende Eindrücke zu verhindern, sollten Sie Achsenverkürzungen in der Regel vermeiden. Auch wenn ein Statistikprogramm automatisch eine verkürzte y-Achse ausgibt, sollte diese auf den möglichen Wertebereich der Variablen geändert werden. In den Fällen, in denen eine Achsenverkürzung inhaltlich sinnvoll erscheint, z.B. weil relevante Unterschiede ansonsten nicht oder kaum zu erkennen wären, sollte die Verkürzung kenntlich gemacht werden. Damit stellt man sicher, dass der Leser nicht zu fehlerhaften Interpretationen verführt wird.

Wie man eine Achsenverkürzung kennzeichnen kann, ist in Abbildung 6.12 veranschaulicht. Die allermeisten Statistik- und Tabellenkalkulationsprogramme verfügen nicht über eine eigene Möglichkeit, Achsenverkürzungen kenntlich zu machen. Daher muss man sich selbst eine Lösung basteln. Man erstellt z.B. in *PowerPoint* oder in einem Grafikprogramm zwei schwarze Linien und ein schmales weißes Rechteck, die alle gleich lang sind und die man jeweils um 30° aus der Horizontalen heraus gegen den Uhrzeigersinn rotiert. Diese drei Elemente setzt man dann wie in Abbildung 6.12 oben links dargestellt zusammen und gruppiert sie. Das graue Kästchen, das Sie im Hintergrund sehen, benötigen Sie nicht – es dient nur dazu, dass Sie das weiße Rechteck erkennen können. Diese Achsenverkürzungsstriche lassen sich leicht in jedem Diagramm an die entsprechende Stelle schieben. Eine an dieser Stelle eventuell vorhandene, störende Zahl der y-Achsen-Beschriftung überdecken Sie durch ein weißes Rechteck.

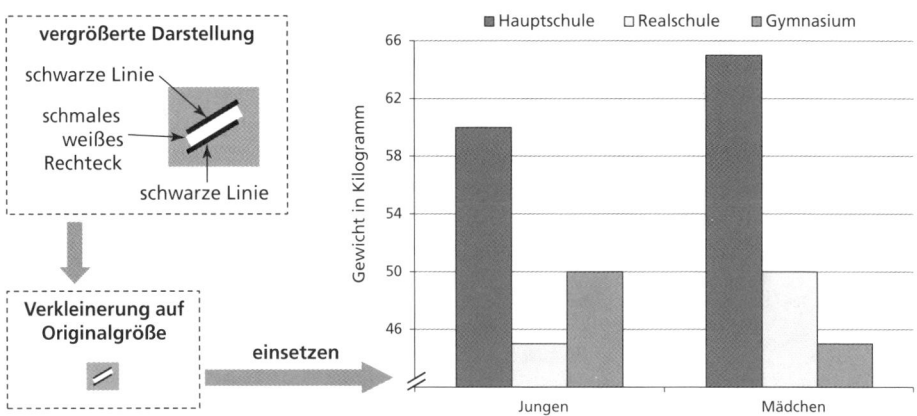

Abbildung 6.12. Kenntlichmachen von Achsenverkürzungen mittels Achsenverkürzungsstrichen.

Anordnung der Diagrammelemente bewusst wählen. In Abbildung 6.13a und Abbildung 6.13b sind jeweils dieselben Daten dargestellt, nur unterschiedlich angeordnet. In Abbildung 6.13a sind die Balken nach dem Geschlecht gruppiert, d.h., es werden bei Jungen und bei Mädchen getrennt jeweils die Gewichtsmittelwerte für die drei Schulformen dargestellt. In Abbildung 6.13b wurden die Daten nach der Schulform gruppiert: Getrennt für die drei Schulformen steht jeweils das Gewicht von Jungen und Mädchen nebeneinander.

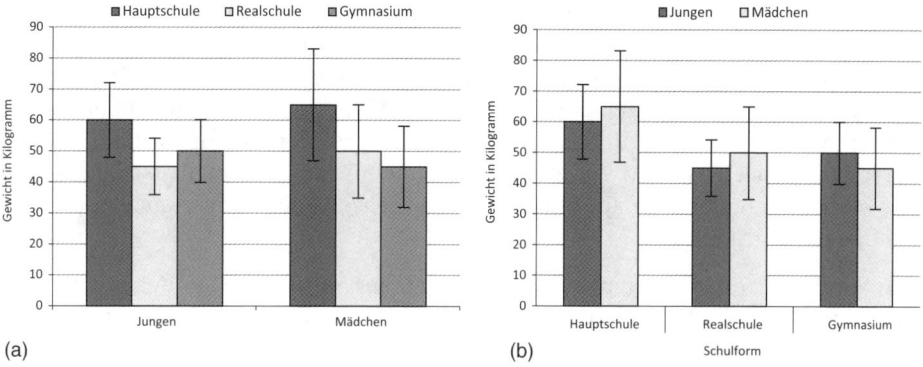

Abbildung 6.13. Das Körpergewicht 14-jähriger Jugendlicher (a) gruppiert nach dem Geschlecht und (b) gruppiert nach der Schulform. Die Fehlerbalken indizieren einfache Standardabweichungen.

Durch die unterschiedliche Anordnung der Elemente erreichen Sie es, dass der Leser bei Abbildung 6.13a vermutlich zunächst vergleicht, ob es Gewichtsunterschiede bezüglich der Schulform innerhalb der Gruppe der Jungen bzw. Mädchen gibt, wohingegen er bei Abbildung 6.13b als Erstes eher einen Vergleich des Gewichts von Jungen und Mädchen innerhalb derselben Schulformen vornimmt. Sie können durch die Anordnung der Elemente die Aufmerksamkeit des Lesers auf denjenigen Vergleich lenken, der für Ihre Arbeit wichtiger ist. Überlegen Sie daher, welchen Vergleich Sie hervorheben möchten, und ordnen Sie die Werte, die miteinander verglichen werden sollen, nebeneinander an. Dabei ist es oft hilfreich, mögliche Varianten vorab per Hand auf einem Schmierzettel zu skizzieren und sich danach zu entscheiden, welche Variante Sie am Computer erzeugen wollen.

Fehlerbalken eintragen. Ein wichtiges Thema bei der Gestaltung von Diagrammen sind *Fehlerbalken*. Wenn diese fehlen, wie z.B. in Abbildung 6.11, kann der Leser nicht beurteilen, ob Unterschiede zwischen Gruppen (hier beispielsweise die Gewichtsunterschiede zwischen männlichen Haupt- und Realschülern) als bedeutsam einzuschätzen sind bzw. ob Unterschiede vermutlich signifikant sind. Je nachdem, was man verdeutlichen möchte, kann man durch die Fehlerbalken die Größe der Standardabweichungen (*SD*), die Größe der Standardfehler (*SE*) oder auch das Konfidenzintervall darstellen (zur Wahl zwischen Standardabweichung und -fehler siehe S. 204). In *SPSS* lässt sich bei vielen Diagrammen als Option auswählen, dass Fehlerbalken dargestellt werden. Wie Sie bei der Diagrammerstellung mit *Excel* Fehlerbalken erzeugen, erklären wir in Abschnitt 10.3.1.2.

Wie interpretiert man nun Fehlerbalken? In Abbildung 6.8 (S. 241) zeigen die Fehlerbalken jeweils – vom Mittelwert ausgehend – eine *Standardabweichung* nach oben und nach unten. Der Gewichtsunterschied zwischen männlichen Haupt- und Realschülern beträgt deutlich mehr als eine Standardabweichung. Wenn die Differenz zwischen zwei Mittelwerten eine gemeinsame (gepoolte) Standardabweichung ausmacht, entspricht dies einer Effektstärke von Cohens $d = 1.0$, was einen sehr starken Effekt darstellt. Bereits die Differenz einer halben Standardabweichung (entsprechend $d = 0.5$) stellt einen mittelgroßen Effekt dar. In Abbildung 6.8 beträgt der Gewichtsunterschied zwischen männlichen und weiblichen Gymnasiasten etwas weniger als eine halbe gemeinsame Standardabweichung, um exakt zu sein: Der Unterschied entspricht einem Cohens d von 0.43 (so genau kann man den Wert natürlich nicht aus dem Diagramm ablesen, weshalb wir ihn berechnet haben). Anhand von Standardabweichungen kann man also beurteilen, wie stark oder bedeutsam ein Effekt ist. Nicht einschätzen kann man aber, ob dieser Effekt signifikant ist.

Um Signifikanzen abzuschätzen, bietet es sich an, *Standardfehler* des Mittelwerts durch die Fehlerbalken abzubilden. Da der Standardfehler mit zunehmendem Stichprobenumfang (bei konstant bleibender Standardabweichung) immer kleiner wird, werden bei großen Stichprobenumfängen auch kleine bzw. schwache Effekte signifikant. Wenn man Fehlerbalken in der Länge des 1.96-fachen Standardfehlers einzeichnet, entsprechen diese Fehlerbalken dem 95 %-Konfidenzintervall um den Mittelwert herum (in *SPSS* kann man auch direkt einstellen, dass die Fehlerbalken dem 95 %-Konfidenzintervall entsprechen sollen). Daraus folgt, dass ein Unterschied zwischen den Mittelwerten A und B dann signifikant ist, wenn der Mittelwert A *nicht* innerhalb des Konfidenzintervalls von Mittelwert B liegt (und umgekehrt).[31] Um eine kompaktere Darstellung zu erreichen, zeichnet man statt des 95 %-Konfidenzintervalls (also des 1.96-fachen Standardfehlers) oft auch Fehlerbalken ein, die nur die Länge *eines* Standardfehlers haben.

Wichtig ist, stets in der Abbildungsunterschrift anzugeben, was die eingezeichneten Fehlerbalken darstellen. Hier sehen Sie zwei Formulierungsvorschläge für die Abbildungsunterschrift von Abbildung 6.8 (S. 241), wobei die zweite Variante deutlich kürzer ausfällt, aber ebenfalls alle erforderlichen Angaben enthält:

- Das mittlere Körpergewicht 14-jähriger Jugendlicher in Abhängigkeit vom Geschlecht und der besuchten Schulform. Die Fehlerbalken indizieren [alternativ: repräsentieren] einfache Standardabweichungen.

- Das mittlere Körpergewicht 14-jähriger Jugendlicher (± 1 *SD*) in Abhängigkeit vom Geschlecht und der besuchten Schulform.

In früheren Jahren war es noch nicht so üblich, Fehlerbalken einzuzeichnen, weshalb Sie v.a. in älteren Publikationen häufig Diagramme ohne Fehlerbalken finden werden. Inzwischen ist der Zusatznutzen von Fehlerbalken allgemein anerkannt. Daher sollten Sie Ihre Diagramme ebenfalls möglichst mit Fehlerbalken ausstatten.

6.6.4 Häufige Diagrammtypen

Wir haben Ihnen in diesem Kapitel bereits zahlreiche *Balkendiagramme* präsentiert. Balkendiagramme eignen sich immer dann gut, wenn man Mittelwerte für verschiedene Gruppen oder Bedingungen darstellen möchte, unabhängig davon,

---

31 Beachten Sie, dass diese Regel nur für Vergleiche zwischen unabhängigen Gruppen gilt. Bei Within-subject-Designs muss man die Fehlerbalken auf eine spezielle Weise konstruieren, damit sich die Regel anwenden lässt (vgl. Cousineau, 2005).

ob man dies für eine Variable (z.B. wie in Abbildung 6.8 auf S. 241) oder für mehrere Variablen (z.B. Abbildung 6.9 auf S. 242) tut.

Prinzipiell lässt sich alles, was man mit Balkendiagrammen darstellen kann, auch mit *Liniendiagrammen* präsentieren – und umgekehrt. Liniendiagramme eignen sich aber besonders gut, um zeitliche Trends oder um Interaktionen darzustellen. Daher werden sie auch besonders häufig bei der Darstellung mehrfaktorieller Varianzanalysen verwendet. Beispiele finden Sie auf den Seiten 271 bis 273.

Ein weiterer häufig verwendeter Diagrammtyp sind *Streudiagramme*. Diese verwendet man, um den Zusammenhang zwischen zwei kontinuierlichen Variablen zu veranschaulichen. So wurde in Abbildung 6.14 der IQ (*x*-Achse) gegen die Abiturnote (*y*-Achse) abgetragen. Man erkennt deutlich den – in diesem Fall linearen – Zusammenhang zwischen den beiden Variablen. In Streudiagramme zeichnet man, wie auch in Abbildung 6.14 geschehen, oft eine Regressionsgerade ein, um den Zusammenhang weiter zu verdeutlichen.

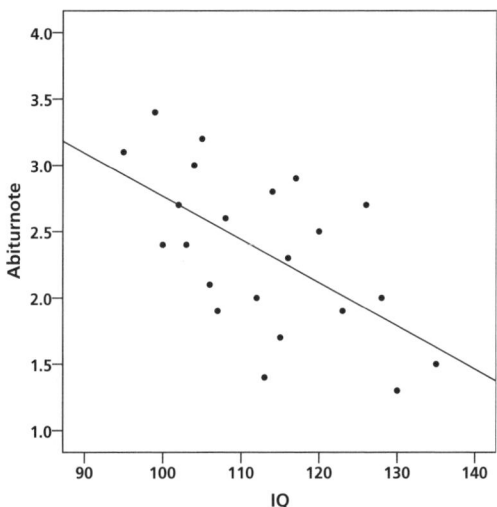

Abbildung 6.14. Zusammenhang von IQ und Abiturnote.

Mit diesen drei Diagrammtypen decken Sie schon den Großteil der Anwendungsfälle ab. Gelegentlich könnten Sie noch ein Histogramm (siehe z.B. Band *Planen, Durchführen und Auswerten*, Abschnitt 8.3.3.2) oder ein Strukturgleichungsdiagramm (siehe Abschnitt 7.7) benötigen. Tortendiagramme (vgl. Abbildung 6.2 auf S. 222) sind in wissenschaftlichen Arbeiten unserer Fächer übrigens sehr selten anzutreffen. Wenn Sie einen systematischen und umfassenden Überblick über verschiedene Diagrammtypen, deren Verwendung und Gestaltung erhalten möchten, empfehlen wir Ihnen das Buch von A. A. M. Nicol und Pexman (2013).

6.6.5 Zusammenfassung wichtiger Prinzipien der Diagrammgestaltung

Die wichtigsten Prinzipien der Diagrammgestaltung lassen sich wie folgt zusammenfassen:

- Abbildungen sollen aus sich selbst heraus verständlich sein, ohne dass man auf den Fließtext zurückgreifen muss. Integrieren Sie daher alle zum Verständnis der Darstellung erforderlichen Informationen (beispielsweise die Erklärung von Abkürzungen) in die Abbildung selbst (z.B. in die Legende) oder in die Abbildungsunterschrift.

- Verwenden Sie eine aussagekräftige, aber nicht zu lange Abbildungsunterschrift.

- Verzichten Sie auf schmückendes Beiwerk und optische Effekte, die nicht der Informationsfunktion der Abbildung dienen.

- Beschriften Sie alle Achsen und geben Sie ggf. Maßeinheiten an.

- Integrieren Sie nach Möglichkeit Fehlerbalken und geben Sie in der Abbildungsunterschrift an, was diese repräsentieren.

- Balken, Linien und sonstige Symbole müssen klar unterscheidbar dargestellt werden. Verzichten Sie aber möglichst auf den Einsatz von Farbe.

- Verwenden Sie innerhalb der Abbildung bevorzugt eine serifenlose Schrift in einer 10- oder 11-pt-Größe (zulässiger Bereich: 8 bis 14 pt).

- Die Abbildungen innerhalb einer Arbeit sollten möglichst einheitlich gestaltet werden, z.B. gleiche Schriftgrößen und gleiche Grauschattierungen zwischen Abbildungen.

- Wie Sie die Variablen oder Werte in Ihrem Diagramm anordnen, beeinflusst, welche Vergleiche der Leser bevorzugt vornimmt. Überlegen Sie daher, welche Anordnung die von Ihnen intendierte Aussage am besten kommuniziert. Meist sollten Elemente, die miteinander verglichen werden sollen, nebeneinander platziert werden.

6.7 Abbildungsunterschriften und Tabellentitel richtig formulieren

Allgemeines. Abbildungen werden unterhalb und Tabellen oberhalb der eigentlichen Abbildung bzw. Tabelle beschriftet, daher besitzen Abbildungen *Abbildungsunterschriften* und Tabellen *Tabellentitel* (vgl. Abschnitte 6.5.1 und 6.6.2). Tabellen und Abbildungen werden *getrennt voneinander* in der Reihenfolge ihres ersten Auftretens im Text nummeriert. Sie haben dabei die Wahl zwischen einer *kapitelweisen Nummerierung* (z.B. „Abbildung 2.1", „Abbildung 2.2" für die Abbildungen in Kapitel 2) oder einer *Nummerierung, die über alle Kapitel hinweg fortläuft* (z.B. „Abbildung 1", Abbildung 2"). Insbesondere bei umfangreicheren Arbeiten ist die kapitelweise Nummerierung übersichtlicher, da der Leser dann bereits an dem Verweis auf eine Tabelle oder Abbildung erkennt, in welchem Kapitel sich diese befindet.

Wenn im Anhang der Arbeit Tabellen oder Abbildungen enthalten sind, werden diese durch eine Kombination aus einem Großbuchstaben und einer Zahl gekennzeichnet, z.B. „Abbildung A.2" für die zweite Abbildung in Anhang A oder „Tabelle C.4" für die vierte Tabelle in Anhang C. Dass Sie bei Arbeiten mit mehreren Anhangsteilen diese mit Großbuchstaben versehen müssen, ist in Abschnitt 1.12 erklärt. Haben Sie nur einen einzigen Anhang, werden die Abbildungen und Tabellen in diesem ebenfalls mit A.1, A.2 etc. bezeichnet – das A steht dann für „Anhang".

Alle Abbildungen – egal ob es sich um ein Foto, eine Zeichnung, ein Diagramm, eine Karte oder Sonstiges handelt – werden mit „Abbildung" bezeichnet (vgl. Abschnitt 6.6.1). Wie Sie Tabellentitel und Abbildungsunterschriften *formatieren* sollten, finden Sie auf Seite 228 (Formatierung von Tabellentitel und Tabellennummer) bzw. auf Seite 238 (Abbildungsunterschrift). Denken Sie daran, dass Abbildungsunterschriften immer mit einem Punkt abschließen, am Ende von Tabellentiteln steht hingegen kein Punkt.

Tabellentitel. Wir gehen zunächst ausführlich auf die Formulierung von Tabellentiteln ein. Für Abbildungsunterschriften gelten dieselben Überlegungen, weshalb der entsprechende Abschnitt sehr kurz ausfällt. Wenn Sie über die unten stehenden Hinweise hinaus weitere Anregungen für die Formulierung von Abbildungsunterschriften und Tabellentiteln suchen, sollten Sie sich Beispiele in wissenschaftlichen Zeitschriftenartikeln anschauen. Kein gutes Vorbild sind in der Regel Lehrbücher: Hier werden Abbildungsunterschriften und Tabellentitel nämlich gelegentlich dazu verwendet, um dargestellte Phänomene zu erklären oder zu interpretieren, was zu recht langen Unterschriften bzw. Titeln führen kann. In didaktischen Werken mag das angebracht sein, in wissenschaftlichen Arbeiten gehören derartige Erläuterungen aber in den Fließtext.

Der Tabellentitel beschreibt möglichst kompakt und informativ den Inhalt der Tabelle. Der Leser soll anhand des Titels leicht erfassen können, was in der Tabelle dargestellt wird. Vermeiden Sie aber, die einzelnen Spaltenüberschriften oder die Bezeichnungen der einzelnen Zeilen zu wiederholen, da der Leser diese Information ja ohnehin mit einem Blick auf die Tabelle erhält. Wir wollen Ihnen den Aufbau eines guten Titels am Beispiel von Tabelle 6.10 erläutern:

- Als Erstes erfährt der Leser aus dem Titel, was für Daten in der Tabelle dargestellt werden – es geht um das *durchschnittliche Netto-Jahreseinkommen von Absolventen*. Damit man nicht hinter jeder Zahl in den Tabellenzellen die Maßeinheit wiederholen muss, wird in der Tabellenüberschrift angegeben, dass die Zahlen für das Einkommen in der Einheit „Tausend Euro" stehen. (Würde man die Zahlen ausschreiben, also z.B. „23 600" Euro statt „23.6" Tausend Euro, benötigte man deutlich mehr Platz.)

- Im zweiten Teil des Tabellentitels wird erklärt, nach welchen Kriterien die Daten aufgeteilt sind. In unserem Beispiel sind die Daten getrennt nach der Studienrichtung (Tabellenzeilen), der Berufserfahrung (Tabellenspalten) und dem Geschlecht (Tabellenspalten) dargestellt. Es ist sinnvoll, diese Kategorien zu benennen, aber Sie sollten nicht die Beschriftungen der einzelnen Spalten in redundanter Weise wiederholen. Ein *ungeeigneter* Tabellentitel wäre daher: „Durchschnittliches Netto-Jahreseinkommen (in Tausend Euro) von Absolventen der Studienrichtungen Betriebswirtschaftslehre, Geschichte, Ingenieurwissenschaften und Psychologie getrennt dargestellt nach der Berufserfahrung von 1–3, 4–10 und über 10 Jahren sowie aufgeteilt nach Männern und Frauen". Dieser Titel ist übermäßig lang und der Leser erhält keine zusätzliche Information, die er bei Betrachten der Tabelle nicht ohnehin sofort sieht.

Tabelle 6.10. Durchschnittliches Netto-Jahreseinkommen (in Tausend Euro) von Absolventen verschiedener Studienrichtungen getrennt dargestellt nach Berufserfahrung und Geschlecht

	Berufserfahrung [Jahre]											
	1–3				4–10				über 10			
	Männer		Frauen		Männer		Frauen		Männer		Frauen	
Stu-dium	M	SD	M	SD	M	SD	M	SD	M	SD	M	SD
BWL	23.6	4.1	22.4	3.9	31.2	5.6	30.2	5.8	45.5	9.8	38.7	9.1
Gesch	12.7	3.7	12.6	3.6	18.2	4.7	17.3	4.8	32.1	8.6	31.5	8.2
IngW	25.3	4.4	22.7	3.9	32.5	5.3	28.9	4.2	46.8	8.2	36.1	6.2
Psych	19.6	3.4	18.2	3.2	25.1	4.6	24.3	4.1	38.2	5.9	32.6	5.2

Anmerkungen. BWL: Betriebswirtschaftslehre, Gesch: Geschichte, IngW: Ingenieurwissenschaften, Psych: Psychologie.

Um Ihr Gespür für angemessen detaillierte Tabellentitel zu schärfen, zwei weitere Beispiele: Der Titel von Tabelle 6.9 (S. 234) ist trotz seiner relativen Kürze ausreichend aussagekräftig und somit gelungen. Sie sollten bei dieser Tabelle auf keinen Fall die einzelnen Fragebogen-Skalen, die in den Tabellenzeilen angegeben sind, im Titel aufzählen – das wäre redundant und unnötig. Auch Tabelle 6.7 (S. 231) trägt einen adäquaten Titel. Es wäre überflüssig, im Tabellentitel die drei Alterskategorien einzeln aufzuführen.

Tabellen wie auch Abbildungen sollen aus sich selbst heraus verständlich sein, ohne dass man im Text nachlesen muss. Die dazu notwendigen Informationen sind also in die Tabelle bzw. Abbildung zu integrieren. Dies gilt auch für verwendete Abkürzungen, sofern diese nicht zu den ohnehin verständlichen Standardabkürzungen gehören (vgl. Abschnitt 5.4). In Tabelle 6.10 findet sich daher die Auflösung für die Abkürzungen der Studienfächer in den Tabellenanmerkungen. Es ist aber ebenso möglich, diese Informationen in den Tabellentitel zu integrieren – man erspart sich dann die Tabellenanmerkungen oder zumindest einen Teil davon. Dies ist in Tabelle 6.11 veranschaulicht.

Tabelle 6.11. Mittelwerte (und Standardabweichungen) des durchschnittlichen Netto-Jahreseinkommens (in Tausend Euro) von Absolventen der Studienrichtungen Betriebswirtschaftslehre (BWL), Geschichte (Gesch), Ingenieurwissenschaften (IngW) und Psychologie (Psych), getrennt dargestellt nach Berufserfahrung und Geschlecht

| Stu- dium | Berufserfahrung [Jahre] | | | | | |
| | 1–3 | | 4–10 | | über 10 | |
	Männer	Frauen	Männer	Frauen	Männer	Frauen
BWL	23.6 (4.1)	22.4 (3.9)	31.2 (5.6)	30.2 (5.8)	45.5 (9.8)	38.7 (9.1)
Gesch	12.7 (3.7)	12.6 (3.6)	18.2 (4.7)	17.3 (4.8)	32.1 (8.6)	31.5 (8.2)
IngW	25.3 (4.4)	22.7 (3.9)	32.5 (5.3)	28.9 (4.2)	46.8 (8.2)	36.1 (6.2)
Psych	19.6 (3.4)	18.2 (3.2)	25.1 (4.6)	24.3 (4.1)	38.2 (5.9)	32.6 (5.2)

Wenn man Tabelle 6.10 und Tabelle 6.11 vergleicht, fällt ferner auf, dass in Tabelle 6.11 im Tabellenkopf die Zeile weggefallen ist, in der nach Mittelwert und Standardabweichung unterschieden wird. Das ist möglich geworden, da wir im Titel von Tabelle 6.11 nun schreiben, dass „Mittelwerte (und Standardabweichungen)" dargestellt sind. Dadurch, dass „Standardabweichungen" in Klammern gesetzt wurde, ist dem Leser klar, dass in jeder Tabellenzelle zunächst der Mittelwert und danach – in Klammern – die Standardabweichung steht.

Der Titel von Tabelle 6.11 ist durch die Änderungen zwar recht lang geworden, aber in diesem Fall ist das in Ordnung, da dadurch auf die Tabellenanmerkungen verzichtet werden kann und zudem eine Tabellenzeile eingespart wurde. Zudem ist keine der Informationen im Titel überflüssig. Viel länger als bei Tabelle 6.11 sollten Tabellentitel aber generell nicht werden. Abkürzungen, die einer ausführlicheren Erklärung bedürfen, sollten daher statt im Tabellentitel besser in den Tabellenanmerkungen erläutert werden.

Abbildungsunterschriften. Für die Formulierung von Abbildungsunterschriften gilt prinzipiell dasselbe wie oben für Tabellentitel ausgeführt wurde. Daher können wir uns hier kurzfassen: Die Abbildungsunterschrift soll kurz, aber treffend erklären, was in der Abbildung präsentiert wird.

Da Abbildungen anders als Tabellen keinen separaten Bereich für Anmerkungen besitzen, werden diese an das Ende der Abbildungsunterschrift angehängt, z.B. die Angabe, was die Fehlerbalken bedeuten (vgl. S. 245 f.). Abkürzungen können oft in einer Abbildungslegende erklärt werden. Falls das nicht gut möglich ist, werden Abkürzungen ebenfalls in der Abbildungsunterschrift aufgelöst. Hinsichtlich der Abfolge verschiedener Anmerkungen hält man sich an das Schema: *eigentliche Abbildungsunterschrift* (entsprechend dem Tabellentitel), *allgemeine Anmerkungen*, *spezifische Anmerkungen*, *Angaben zu Signifikanzen*. Die Reihenfolge der letzten drei Anmerkungsarten folgt dem Aufbau von Tabellenanmerkungen (vgl. S. 229 f.). Anders als bei Tabellen schreibt man bei Abbildungen aber die Unterschrift und alle Anmerkungen in einem fortlaufenden Text ohne Absätze; die einzelnen Bestandteile werden lediglich durch Punkte voneinander abgetrennt.

Kein Text seitlich neben Tabellen oder Abbildungen. Vermutlich kennen Sie es aus (populären) Zeitschriften oder Büchern, dass Tabellen und Abbildungen dort manchmal vom Fließtext „umflossen" werden, also Text links, rechts oder sogar auf beiden Seiten einer Tabelle bzw. Abbildung steht. In wissenschaftlichen Arbeiten wird dies nicht gemacht – hier haben Tabellen und Abbildungen die gesamte Seitenbreite für sich, auch wenn diese ggf. nicht vollständig ausgenutzt wird. Diese Form der Tabellen- und Abbildungspositionierung entspricht den Standardeinstellungen von *Word*, sodass Sie nichts weiter unternehmen müssen, damit Tabellen und Abbildungen nicht vom Text umflossen werden.

6.8 Korrekt auf Tabellen und Abbildungen verweisen

Es wurde bereits erklärt, dass Tabellen und Abbildungen getrennt voneinander in der Reihenfolge ihres Erscheinens im Text nummeriert werden. Wichtig ist zudem, dass im Text auf jede Abbildung bzw. Tabelle zumindest einmal explizit verwiesen wird. Es darf in Ihrer Arbeit keine Abbildung oder Tabelle geben, die im Text nicht erwähnt wird.

Die Verweise erfolgen durch Sätze wie „Die Erinnerungsleistungen für die beiden Gruppen sind in Tabelle 4.3 dargestellt ..." oder „Wie Abbildung 4.2 zu entnehmen ist, berichtete die Kontrollgruppe weniger Intrusionen als die Experimentalgruppe ...". Verweise, in denen wie in diesen Beispielen auf eine konkrete Abbildungs- oder Tabellennummer Bezug genommen wird, nennt man *absolute Verweise*. In wissenschaftlichen Arbeiten sollten Sie ausnahmslos absolute Verweise verwenden.

Abzuraten ist von *relativen Verweisen*, in denen nur auf die Position einer Abbildung oder Tabelle relativ zur aktuellen Textstelle Bezug genommen wird, z.B. „Die obige Abbildung zeigt ..." oder „Die unten stehende Tabelle enthält ...". Relative Verweise haben den Nachteil, dass sie weniger eindeutig sind als absolute Verweise. Außerdem können sie ihre Gültigkeit verlieren, wenn sich die Formatierung des Textes ändert. Daher sollten Sie sich frühzeitig angewöhnen, ausschließlich absolute Verweise zu verwenden. In *Word* können Sie absolute Verweise erzeugen, indem Sie die automatische Abbildungs- und Tabellenbeschriftung verwenden (vgl. Abschnitt 11.5.5) und dann mittels dynamischer Querverweise darauf Bezug nehmen (vgl. Abschnitt 11.5.2). Dieses Vorgehen hat zudem den Vorteil, dass sich alle Nummerierungen und Verweise automatisch anpassen, wenn Sie eine Tabelle oder Abbildung verschieben, hinzufügen oder löschen.

Eine Abbildung bzw. Tabelle sollte kurz nach der Stelle positioniert werden, an der sie zum ersten Mal im Text erwähnt wird. In der Regel setzt man Abbildungen und Tabellen also nach dem Absatz, in dem erstmalig auf sie verwiesen wird. Das gilt auch, wenn später erneut darauf eingegangen wird. Wenn man auf eine Abbildung oder Tabelle verweist, die mehrere Seiten von der aktuellen Textstelle entfernt steht, bietet es sich v.a. bei umfangreicheren Arbeiten an, *zusätzlich* eine Seitenzahl anzugeben, beispielsweise „In Abbildung 2.4 (S. 32) wurde veranschaulicht, ...". Wie beim Verweisen auf die Abbildungs- oder Tabellennummer können Sie die Seitenzahl über einen dynamischen Querverweis einfügen (vgl.

Abschnitt 11.5.2). Eine derartige Seitenangabe ist keine Pflicht, aber sie erleichtert es dem Leser, die Abbildung bzw. Tabelle wiederzufinden. Auch in diesem Buch werden Sie immer dann die zusätzliche Angabe der Seitenzahl finden, wenn die Abbildung oder Tabelle weiter vom Verweis entfernt steht. Bei kurzen Texten (weniger als 30 Seiten) kann generell auf eine Seitenangabe verzichtet werden, da man hier ohnehin recht schnell überblickt, wo sich eine Tabelle oder Abbildung befindet.

Wir haben in Abschnitt 6.6.1 erklärt, dass *in Verbindung mit der Nummerierung* immer die Bezeichnung „Abbildung" verwendet wird, weshalb unter einer Abbildung, ganz egal welcher Art, niemals „Diagramm 3.4", „Foto 2.1" o.Ä. stehen darf. Auch bei absoluten Verweisen muss es folglich „Abbildung X.Y" lauten. Wenn Sie kurz danach erneut Bezug auf die Abbildung nehmen möchten und für den Leser absolut klar ist, worauf Sie sich beziehen, sind auch Formulierungen wie diese erlaubt: „Abbildung 4.5 zeigt … Diesem <u>Diagramm</u> ist ferner zu entnehmen …" oder „Abbildung 3.2 gibt den Versuchsaufbau wieder. Auf dem <u>Foto</u> ist auf der rechten Seite …".

6.9 Abbildungen und Tabellen aus fremden Quellen verwenden

Es sollte eher selten vorkommen, dass Sie eine Abbildung oder Tabelle aus einer anderen Quelle übernehmen. Allerdings kann dieser Fall v.a. im Theorieteil Ihrer Arbeit eintreten, wenn Sie beispielsweise ein theoretisches Modell mit einer Abbildung oder Tabelle aus einem fremden Text erläutern wollen. In vielen Fällen ist die Übernahme des fremden Materials legitim und ohne Genehmigung zulässig (siehe den *Exkurs: Urheberrecht bei der Übernahme von Material aus fremden Quellen*). Allerdings raten wir Ihnen, die fremde Abbildung oder Tabelle nicht einfach zu scannen und in Ihre Arbeit einzufügen, da dies immer unprofessionell aussieht. Gestalten Sie stattdessen die Abbildung oder Tabelle in Anlehnung an das Original neu. (Bei Bildern, die man nicht neu gestalten kann, ist Scannen selbstverständlich erlaubt.)

Exkurs: Urheberrecht bei der Übernahme von Material aus fremden Quellen

In aller Regel besitzen Verfasser bzw. die Verlage, bei denen ein Werk erschienen ist, das *Urheber- bzw. Verwertungsrecht* für den Text einschließlich aller darin enthaltenen Tabellen und Abbildungen. Da Wissenschaft ohne das Zitieren von fremden Quellen aber nicht vorstellbar ist, dürfen Sie – unter bestimmten Voraussetzungen – fremdes Material in Ihrer Arbeit wiedergeben, ohne irgendeine Erlaubnis einholen oder gar Gebühren dafür zahlen zu müssen. Das gilt für Textstellen genauso wie für Tabellen oder Abbildungen – wenn Sie Abbildungen zitieren, also in Ihre Arbeit übernehmen, spricht man übrigens von einem *Bildzitat*. Selbstverständlich müssen Sie bei allen Übernahmen fremden Materials korrekt auf dessen Quelle verweisen (siehe Kap. 8 und 9).

Damit Sie fremdes Material ohne Genehmigung übernehmen dürfen, muss das (Bild-)Zitat *in seiner Art* und *seinem Umfang* durch den *besonderen Zweck der Wissenschaft gerechtfertigt* sein (vgl. § 51 Gesetz über Urheberrecht und verwandte Schutzrechte [UrhG]). Konkret heißt das, Sie dürfen Text, Tabellen und Abbildungen dann zitieren, wenn dies dem *wissenschaftlichen* Zweck Ihrer Arbeit dient: Wenn Sie sich in Ihrer Arbeit auf ein theoretisches Modell beziehen, dürfen Sie zu dessen Erläuterung und Diskussion fremde Abbildungen und Textstellen ohne besondere Genehmigung zitieren; wenn Sie Ihre Titelseite mit dem Bild eines Künstlers schmücken möchten, dürfen Sie dies hingegen nicht ohne Weiteres – schließlich verfolgen Sie mit diesem Bild keinen wissenschaftlichen, sondern lediglich einen „dekorativen" Zweck (das Urheberrecht an Bildern erlischt übrigens 70 Jahre nach dem Tod des Künstlers).

Ferner muss der *Umfang* der Materialübernahme dem wissenschaftlichen Zweck angemessen sein. Dafür gibt es keine eindeutigen Vorgaben, aber üblicherweise sollte es ausreichen, kleinere Teile einer fremden Arbeit zu übernehmen. In unseren Wissenschaftsdisziplinen wäre es nicht angemessen, eine fremde Arbeit vollständig zu zitieren. (In den Literaturwissenschaften ist es aber beispielsweise erlaubt, ein Gedicht ganz zu zitieren, sofern dies z. B. für eine Gedichtinterpretation notwendig erscheint.) Bei Textzitaten gelten ungefähr 400 Wörter fortlaufender Text als zulässige Obergrenze. Bei noch längeren Zitaten würde man zunächst vermuten, dass dieses nicht ausschließlich mit dem wissenschaftlichen Zweck zu rechtfertigen ist. Bei Bildzitaten ist es oft erforderlich, eine vollständige Abbildung zu zitieren, aber Sie sollten aus einer fremden Arbeit in aller Regel nur wenige ausgewählte Abbildungen bzw. Tabellen übernehmen und nicht alle, die in dieser Arbeit vorkommen. Auch bei *fremden Fragebögen* ist es meist für den wissenschaftlichen Zweck nicht erforderlich, den gesamten Fragebogen zu zitieren, sondern es genügt, ein oder zwei Beispielitems anzugeben (ggf. ein oder zwei Beispielitems pro Subskala).

Bei Fragebögen und Tests kommt noch der Aspekt des *Testschutzes* hinzu. Es gibt Verfahren, die nicht nur im Rahmen der Forschung verwendet werden, sondern auch zur Entscheidungsfindung in der Wirtschaft (z. B. Personalauswahl) oder im Gesundheitssystem (z. B. Zahlung von Renten wegen Arbeitsunfähigkeit). Bei solchen Instrumenten soll es Laien nicht möglich sein, sich diese zu besorgen, da sie sich ansonsten auf die Testung vorbereiten können, wodurch die Validität des Verfahrens unterwandert wird. Aus diesem Grund dürfen Sie solche Verfahren v. a. dann nicht abdrucken, wenn Ihre Arbeit später von einem größeren Personenkreis gelesen werden kann, also insbesondere dann, wenn Ihre Arbeit ungekürzt veröffentlicht werden soll. Dieselben Überlegungen gelten auch für fremdes Untersuchungsmaterial (vgl. Band *Planen, Durchführen und Auswerten*, Abschnitt 6.6): Hier möchten die Urheber von z. B. Bilddatenbanken oft nicht, dass ihr Material einer größeren Population bekannt wird, da es dann bei weiteren Studien zumindest für einige Probanden nicht mehr neu ist.

Fazit: Sie dürfen fremdes Material *ohne Genehmigung* übernehmen, sofern es (a) hinsichtlich *Art* und *Umfang* für den wissenschaftlichen Zweck Ihrer Arbeit erforderlich ist, (b) Sie es korrekt mit einer *Quellenangabe* belegen und (c) es nicht unter den *Testschutz* oder den *Schutz von Untersuchungsmaterial* fällt. Beim letzten dieser Punkte ist auch entscheidend, ob Ihre Arbeit einer zumindest potenziell größeren Leserschaft zugänglich gemacht wird.

Wenn Sie eine Tabelle oder Abbildung im für (Bild-)Zitate zulässigen Rahmen aus einer fremden Quelle übernehmen, fügen Sie die Quellenangabe am Ende der Abbildungsunterschrift bzw. bei Tabellen am Ende der allgemeinen Anmerkungen (vgl. S. 229) hinzu. Wurde eine Tabelle bzw. Abbildung unverändert übernommen, schreiben Sie z. B. „Abbildung aus Pawn und Bishop (2005), S. 555, Abb. 1". Haben Sie eine Abbildung oder Tabelle verändert, um Sie den Erfordernissen Ihrer Arbeit anzupassen, können Sie beispielsweise formulieren „Tabelle in Anlehnung an Rook und Castle (2009), S. 207, Tab. 2)" oder „adaptiert nach Rook und Castle (2009), S. 207, Tab. 2".[32] Manchmal erstellt man aus den Daten einer fremden Arbeit auch ein Diagramm, das in dieser Form in dem Originalwerk nicht vorhanden war. In einem solchen Fall schreiben Sie z. B. „Daten aus King und Queen (2005), S. 234".

Ist die Übernahme des Materials aus einer fremden Quelle nicht durch den Zitat-Paragraphen des Urheberrechtsgesetzes (UrhG § 51) abgedeckt (vgl. den *Exkurs: Urheberrecht bei der Übernahme von Material aus fremden Quellen*) *und* soll Ihre Arbeit veröffentlicht oder einem größeren Personenkreis zugänglich gemacht werden, dann müssen Sie dazu die schriftliche Genehmigung des Rechteinhabers einholen. Der Rechteinhaber ist meist der Urheber selbst oder der Verlag, bei dem sein Werk erschienen ist. Haben Sie von diesem die Genehmigung erhalten, was oft mehrere Wochen dauern kann, sollten Sie übernommene Tabellen, Abbildung oder Langzitate (mit mehr als 400 Wörtern) mit einem Copyright-Vermerk kennzeichnen. Wenn Sie Ihre Arbeit in Deutsch verfassen, schreiben Sie im DGPs-Stil an der Stelle, an der sonst lediglich die Quellenangabe steht, einen Copyright-Vermerk (vgl. DGPs, 2007, S. 63 f.). Bei dessen Formulierung müssen Sie unterscheiden, ob es sich bei der fremden Quelle um einen Zeitschriftenartikel oder um ein Buch bzw. einen Buchbeitrag handelt. Haben Sie an der übernommen Abbildung oder Tabelle Veränderungen vorgenommen, verwenden Sie die alternativen Formulierungen in den eckigen Klammern.

Bei Material aus Zeitschriftenartikeln:
Aus [Adaptiert aus] „Dynamic assessment of reading competence" von T. Dörfler, S. Golke und C. Artelt, 2009, *Studies in Educational Evaluation, 35*, S. 78. Copyright 2009 bei Elsevier. Wiedergabe [Veränderte Wiedergabe] mit Genehmigung.

Bei Material aus Büchern:
Aus [Adaptiert aus] *Angstbewältigung und Erinnerung: Eine funktionale Sicht des Gedächtnisses* (S. 171) von J. H. Peters, 2012, Wiesbaden: Springer VS. Copyright 2012 bei Springer VS. Wiedergabe [Veränderte Wiedergabe] mit Genehmigung.

Schreiben Sie Ihre Arbeit vollständig in Englisch, sollten Sie sich an die folgenden Formulierungsvorschläge der APA halten (APA, 2010, S. 38):

Bei Material aus Zeitschriftenartikeln:
From [Adapted from] „Dynamic assessment of reading competence" by T. Dörfler, S. Golke and C. Artelt, 2009, *Studies in Educational Evaluation, 35*, p. 78. Copyright 2009 by Elsevier. Reprinted [Adapted] with permission.

---

32 Wie bei Textzitaten gilt auch für die Übernahme von Abbildungen und Tabellen, dass Sie diese niemals sinnentstellend zitieren dürfen (vgl. Abschnitt 8.5). Erlaubte Anpassungen betreffen in der Regel also die Darstellungsform oder das Weglassen von irrelevanten Teilen, sofern dies nicht zu inhaltlichen Entstellungen führt.

Bei Material aus Büchern:

From [Adapted from] *Angstbewältigung und Erinnerung: Eine funktionale Sicht des Gedächtnisses* (p. 171) by J. H. Peters, 2012, Wiesbaden: Springer VS. Copyright 2012 by Springer VS. Reprinted [Adapted] with permission.

Übernahmen von *einzelnen* Tabellen oder Abbildungen sowie Zitaten bis etwa 400 Wörter sind urheberrechtlich in wissenschaftlichen Arbeiten unbedenklich und brauchen nur mit der regulären Quellenangabe versehen zu werden (vgl. Kap. 8 und 9). Sind Ihre (Bild-)Zitate umfangreicher, sollten Sie sich zunächst fragen, ob Sie nicht auf einiges davon verzichten können. In den meisten Fällen muss man in wissenschaftlichen Arbeiten fremdes Material nämlich nur in geringem Umfang direkt übernehmen (vgl. Abschnitt 8.5).

Manchmal wünschen sich Betreuer, dass z. B. vollständige Fragebögen im Anhang der Arbeit abgedruckt werden – dann muss sich der Betreuer diese bei Interesse nicht selbst beschafften. Dabei wird aber in aller Regel vorausgesetzt, dass die Arbeit nicht veröffentlicht wird und die abgedruckten Fragebögen nur für den internen Gebrauch bestimmt sind. In solchen Fällen benötigen Sie auch keine offizielle Genehmigung des Rechteinhabers. Beachten Sie aber, dass sich die Rechtslage ändert, sobald Sie Ihre Arbeit veröffentlichen. Dabei ist es unerheblich, ob Sie die Arbeit kostenlos oder gegen Bezahlung zugänglich machen und welches Medium (Papier, Internet etc.) Sie zur Veröffentlichung nutzen.

Bei den Abschlussarbeiten-Archiven von Hochschulen müssen Sie unterscheiden, für welchen Leserkreis diese zugänglich sind. Ist Ihre Arbeit nur vor Ort im Archiv oder über die Computer Ihrer Hochschulbibliothek zugänglich, würden wir das noch nicht als Veröffentlichung werten. Ist es aber auch möglich, über das Internet von außen auf Ihre Abschlussarbeit zuzugreifen, wäre diese damit bereits veröffentlicht.

Konkrete Ergebnisdarstellung für ausgewählte statistische Verfahren

7

ÜBERBLICK

In diesem Kapitel wird anhand von (überwiegend ausgedachten) Beispielen die Ergebnisdarstellung für die gängigsten statistischen Verfahren erläutert. Dabei setzen wir die grundlegende Vertrautheit mit dem jeweiligen statistischen Verfahren voraus. Dieses Kapitel soll also keinen Statistikkurs und kein Statistiklehrbuch ersetzen – die gibt es zur Genüge. Was aber selten gelehrt wird und in Statistikbüchern kaum vorkommt, ist, wie die statistischen Ergebnisse, die man z.B. mittels *SPSS* oder *R* ermittelt hat, in einer schriftlichen Arbeit korrekt und angemessen präsentiert werden. Genau diese Lücke möchten wir schließen. In Kapitel 6 wurden bereits allgemeine Hinweise zur Ergebnisdarstellung gegeben. Im aktuellen Kapitel finden Sie konkrete Ergebnispräsentationen für Chi-Quadrat-Tests (Abschnitt 7.1), *t*-Tests (Abschnitt 7.2), Varianzanalysen (Abschnitt 7.3), Korrelationen (Abschnitt 7.4), Regressionsanalysen (Abschnitt 7.5), explorative Faktorenanalysen (Abschnitt 7.6) und konfirmatorische Faktorenanalysen (Abschnitt 7.7). Das Kapitel schließt mit Hinweisen zu weiterführender Literatur, die sich mit der Darstellung statistischer Ergebnisse beschäftigt (Abschnitt 7.8).

Die Abschnitte zu den einzelnen Verfahren sind alle wie folgt aufgebaut: Nach einer kurzen Einleitung zur Analysemethode werden eine (fiktive) Forschungsfrage und eine zugehörige empirische Erhebung skizziert. Anhand dieses Beispiels wird dann konkret veranschaulicht, wie die Ergebnisdarstellung aussehen sollte. Abschließend erläutern wir diese Ergebnispräsentation.

Viele Ergebnisse lassen sich sowohl in Form von Abbildungen und/oder Tabellen als auch in reiner Textform darstellen, weshalb wir Ihnen manchmal mehr als eine Variante vorstellen. Wichtig ist aber, dass in einer wissenschaftlichen Arbeit stets *eine* Darstellungsvariante ausreicht. Dabei ist es oft dem Verfasser überlassen, welche Darstellungsweise er bevorzugt. Wir werden Ihnen aber Hinweise geben, wie man entscheiden kann, welche der Varianten sinnvoller ist (vgl. auch Abschnitt 6.3).

7.1 Chi-Quadrat-Tests

χ^2-Tests (Chi-Quadrat-Tests) werden zur Analyse nominalskalierter Daten herangezogen. Man kann mit diesen Tests Häufigkeiten und Kontingenztabellen (Kreuztabellen) analysieren. Oft interessiert man sich dafür, ob zwei Merkmale unabhängig voneinander variieren, z.B. ob es in der Gruppe der Frauen und der Männer unterschiedlich viele Brillenträger gibt oder ob die Merkmale *Brillenträger sein* und *Geschlecht* unabhängig sind (es geht hier also um die Häufigkeitsverteilung der verschiedenen *Merkmalskombinationen*). Dieser einfache Anwendungsfall, bei dem man zwei dichotome Variablen vorliegen hat, lässt sich mit dem χ^2-Vierfeldertest überprüfen.

Forschungsfrage und empirische Erhebung

Wir wollen herausfinden, ob Studentinnen und Studenten unterschiedliche alkoholische Getränke bevorzugen. Dazu befragen wir 100 zufällig ermittelte Studierende hinsichtlich ihres Alkoholkonsums. Die erste Frage lautet: Trinken Sie mindestens einmal pro Monat *Bier*? Weitere analog formulierte Fragen folgen für *Alkopops, Wein, Sekt, Likör* und *Schnaps*. Die Studierenden müssen die Fragen mit *ja* vs. *nein* beantworten (dichotomes Antwortformat).

Ergebnisdarstellung mit Tabelle

Die Ergebnisse der Befragung sind in Tabelle 7.1 wiedergegeben. Studenten trinken häufiger als Studentinnen Bier und Schnaps, wohingegen Studentinnen häufiger als ihre Kommilitonen Alkopops und Sekt konsumieren (alle $ps < .001$). Auch Likör wird prozentual häufiger von Studentinnen als von Studenten getrunken ($p = .047$). Beim Konsum von Wein gibt es hingegen keinen signifikanten Unterschied zwischen den Geschlechtern ($p = .310$).

Tabelle 7.1. Angabe und Vergleich der absoluten (*n*) und relativen (%) Häufigkeiten des Konsums verschiedener alkoholischer Getränke bei weiblichen (*n* = 43) und männlichen (*n* = 57) Studierenden

Alkoholisches Getränk	Studentinnen		Studenten		$\chi^2(1)$	*p*
	n	%	*n*	%		
Bier	29	67	55	96	15.39	< .001
Alkopops	40	93	22	39	30.82	< .001
Wein	27	63	30	53	1.03	.310
Sekt	43	100	10	18	66.90	< .001
Likör	15	35	10	18	3.93	.047
Schnaps	22	51	49	86	14.42	< .001

Anmerkung. Alle Testungen erfolgten zweiseitig.

Ergebnisdarstellung ausschließlich in Textform

Die Befragung ergab, dass Studenten im Vergleich zu Studentinnen höchstsignifikant häufiger Bier (96 % vs. 67 %), $\chi^2(1) = 15.39$, $p < .001$, und häufiger Schnaps (86 % vs. 51 %), $\chi^2(1) = 14.42$, $p < .001$, konsumieren. Hingegen trinken Studentinnen – verglichen mit Studenten – häufiger Alkopops (93 % vs. 39 %), $\chi^2(1) = 30.82$, $p < .001$, häufiger Sekt (100 % vs. 18 %), $\chi^2(1) = 66.90$, $p < .001$, sowie häufiger Likör (35 % vs. 18 %), $\chi^2(1) = 3.93$, $p = .047$. Im Weinkonsum unterscheiden sich Studentinnen und Studenten nicht signifikant (63 % vs. 53 %), $\chi^2(1) = 1.03$, $p = .310$.

Erläuterungen

Da jedes Mal zwei Gruppen (Frauen vs. Männer) verglichen werden, ist die Anzahl der Freiheitsgrade, die nach dem χ^2 in Klammern angegeben werden, 2 minus 1, also 1. Die χ^2-Werte und die *p*-Werte lesen Sie in der Ausgabe Ihres Statistikprogramms ab.

In beiden Ergebnisdarstellungen sind im Wesentlichen die gleichen Informationen enthalten. Die erste Darstellung besitzt den Vorteil, dass die relevanten Informationen in der Tabelle sehr übersichtlich angeordnet sind. Da die konkreten χ^2-Werte sowie die relativen und absoluten Häufigkeiten der Tabelle entnommen werden können, braucht man diese im Text nicht zu wiederholen. Der Text ist somit weitgehend frei von statistischen Angaben und beschränkt sich auf die Wiederholung der wichtigsten p-Werte.

Die Ergebnisdarstellung in reiner Textform hat den Vorteil, dass sie deutlich platzsparender ist als die Darstellung mit Tabellen: Der Text ist in der reinen Textform zwar geringfügig länger als in der Tabellenvariante, dafür spart man sich allerdings den Platz, der von der Tabelle eingenommen wird – dieser Vorteil ist v.a. bei Veröffentlichungen in Zeitschriften relevant, bei Abschlussarbeiten meist weniger. Ein Nachteil der ausschließlichen Textform ist, dass der Text durch die Vielzahl der statistischen Angaben unübersichtlich und schwerer lesbar wird. Da nützt es wenig, dass bei der reinen Textform gegenüber der Darstellung in Tabellenform die absoluten Häufigkeiten bereits weggelassen wurden.

Wir würden Ihnen empfehlen, die Darstellung in reiner Textform zu wählen, wenn *maximal drei Vergleiche* angegeben werden (z.B. der Konsum von Bier, Alkopops und Sekt bei Studentinnen und Studenten). Bereits ab vier Vergleichen ist aber die Darstellung mit einer Tabelle deutlich übersichtlicher und daher meist sinnvoller.

7.2   *t*-Tests

Einen *t*-Test verwendet man, wenn zwei Mittelwerte (arithmetische Mittel) miteinander verglichen werden sollen, beispielsweise die Mittelwerte zweier Versuchsbedingungen oder zweier Gruppen. Ferner kann man einen Mittelwert mit einem fixen Kennwert vergleichen, z.B. einem Wert aus der Grundgesamtheit oder einem per definitionem festgesetzten Grenzwert. Einen einzelnen *t*-Test wird man in aller Regel im Text darstellen. Hat man jedoch viele *t*-Tests, bietet sich (wie auch schon beim χ^2-Test) die Darstellung in einer Tabelle an. Aber beachten Sie: Sofern viele *t*-Tests an den gleichen Daten durchgeführt werden, die Tests also voneinander abhängig sind, sollte man prüfen, ob nicht eine Varianzanalyse das adäquatere Verfahren ist oder zumindest eine Alpha-Fehler-Korrektur vorgenommen werden sollte.

Da *t*-Tests zu den am häufigsten verwendeten inferenzstatistischen Verfahren zählen, gehen wir ausführlicher auf ihre Darstellung ein und behandeln nacheinander den Ein-Stichproben-*t*-Test (Abschnitt 7.2.1), den unabhängigen *t*-Test (Abschnitt 7.2.2) und den abhängigen *t*-Test (Abschnitt 7.2.3). Da bei Mittelwertsunterschieden als Effektstärkemaß meist Cohens *d* angegeben wird, behandeln wir dieses im *Exkurs: Das Effektstärkemaß Cohens* d *berechnen* (S. 264f.).

7.2.1 Ein-Stichproben-*t*-Test

Der sogenannte Ein-Stichproben-*t*-Test (auch: einfacher *t*-Test) wird verwendet, wenn man prüfen möchte, ob sich ein Mittelwert von einem anderen Wert, dessen Ausprägung in der Grundgesamtheit man kennt oder den man anderweitig festgelegt hat, unterscheidet. Solche Fälle sind eher selten, weshalb wir uns hier kurz fassen.

Forschungsfrage und empirische Erhebung

Eine mögliche Fragestellung wäre, ob Soziologinnen in Deutschland bei der Geburt ihres ersten Kindes älter sind als der Durchschnitt der erstgebärenden Frauen. Dazu haben Sie im Jahr 2012 eine Stichprobe von 100 Soziologinnen mit Kind(ern) repräsentativ gezogen und befragt. Das mittlere Alter bei Geburt des ersten Kindes lag bei diesen Frauen bei $M = 30.82$ Jahre ($SD = 4.81$ Jahre). Aus den Daten des statistischen Bundesamtes wissen Sie, dass in demselben Jahr das Durchschnittsalter von Frauen bei der Geburt des ersten Kindes in Deutschland 29.17 Jahre betragen hat (dies entspricht dem Wert der Grundgesamtheit). Sie testen also, ob der Mittelwert von 30.82 Jahren bei der Stichprobe von 100 Personen signifikant größer ist als der Mittelwert von 29.17 Jahren aus der Grundgesamtheit.

Ergebnisdarstellung in Textform

Die Befragung erbrachte, dass Soziologinnen bei der Geburt ihres ersten Kindes mit einem Durchschnittsalter von $M = 30.82$ Jahre ($SD = 4.81$ Jahre) höchstsignifikant älter sind als der Durchschnitt der Frauen aus der Gesamtbevölkerung ($M = 29.17$ Jahre), $t(99) = 3.43$, $p < .001$ (zweiseitig).

Erläuterungen

Die Freiheitsgrade beim Ein-Stichproben-*t*-Test entsprechen Ihrer Stichprobengröße minus 1, in unserem Fall also: $100 - 1 = 99$. Der Vergleichswert ist ein Wert der Grundgesamtheit, der keinen Stichprobenfehlern unterliegt, sodass es irrelevant ist, wie viele Frauen der Grundgesamtheit erfasst wurden (theoretisch wurden alle erfasst, praktisch zumindest so viele, dass man den Mittelwert *sehr* genau kennt).

Die Ergebnisse des Tests lassen sich in wenigen Textzeilen übersichtlich darstellen, weshalb sich hier eine Tabelle erübrigt. Erst bei vier oder mehr Ein-Stichproben-*t*-Tests sollte man erwägen, eine Tabelle zu verwenden. Da unsere Erwartung war, dass Soziologinnen bei der Geburt des ersten Kindes älter sind als die Frauen der Grundgesamtheit, hätten wir auch einseitig testen können. Allerdings hätte dies nichts an den Ergebnissen verändert, da bereits bei einem zweiseitigen Test der *p*-Wert kleiner als .001 war.

7.2.2   Unabhängiger *t*-Test

Der unabhängige *t*-Test wird genutzt, um zwei Gruppen hinsichtlich einer untersuchten Variable zu vergleichen. Das Wort *unabhängig* impliziert, dass die Kenntnis der Werte der einen Gruppe nicht die Vorhersage der Werte der anderen Gruppe verbessern kann. Das ist dann der Fall, wenn jeder Proband nur einer der beiden Gruppen angehört und zudem nicht paarweise mit einem Probanden der anderen Gruppe verbunden ist, wie dies bei parallelisierten Stichproben oder z.B. Geschwisterpaaren gegeben wäre. Bei den Gruppen kann es sich um natürliche Gruppen handeln (z.B. Männer und Frauen), um Gruppen, die durch eine künstliche Dichotomisierung entstanden sind (z.B. große und kleine Personen, wobei man bei 180 cm die – in diesem Fall willkürliche – Grenze zwischen den beiden Gruppen zieht), oder auch um Gruppen, die im Rahmen eines Experiments aus der (vorzugsweise randomisierten) Zuweisung z.B. auf die Kontroll- und die Experimentalgruppe resultieren. Für beide Gruppen werden die arithmetischen Mittel der untersuchten Variablen berechnet und miteinander verglichen.

Forschungsfrage und empirische Erhebung

Wir wollen untersuchen, ob Menschen, die in Norddeutschland geboren wurden, andere Werteprioritäten haben als Menschen, die in Süddeutschland zur Welt gekommen sind. Dazu befragen wir je 80 repräsentativ gezogene Personen mit entsprechender Herkunft danach, wie wichtig ihnen die Lebensbereiche (a) Familie, (b) Freundschaften, (c) berufliche Karriere, (d) Vermögensaufbau und (e) Freizeitaktivitäten sind. Für jeden dieser Bereiche ist auf einer Skala von 1 (*überhaupt nicht wichtig*) bis 7 (*sehr wichtig*) anzugeben, welche Relevanz dieser für einen selbst besitzt.

Ergebnisdarstellung mit Tabelle

In Tabelle 7.2 ist dargestellt, als wie wichtig Personen aus Nord- bzw. Süddeutschland verschiedene Lebensbereiche beurteilen. Dabei ergaben sich keine signifikanten Unterschiede für die Lebensbereiche Familie, Karriere und Vermögensaufbau. Die Bedeutung von Freundschaften wird von Personen aus Norddeutschland jedoch etwas höher eingestuft als von Personen aus Süddeutschland ($d = 0.39$). Ebenfalls signifikant ist der Unterschied bei der Wichtigkeit von Freizeitaktivitäten: Auch diese schätzen Norddeutsche im Vergleich zu Süddeutschen als wichtiger ein ($d = 0.36$).

Tabelle 7.2. Wichtigkeit verschiedener Lebensbereiche in Abhängigkeit von der Herkunft der Personen [fiktive Daten]

Lebensbereich	Norddeutschland (n = 80)		Süddeutschland (n = 80)		$t(158)$	p	Cohens d
	M	SD	M	SD			
Familie	6.39	1.38	6.11	1.51	1.19	.234	0.19
Freundschaften	5.98	1.40	5.43	1.41	2.47	.015	0.39
Karriere	5.12	1.84	5.42	1.44	−1.13	.261	−0.18
Vermögensaufbau	4.32	1.46	4.56	1.11	−1.19	.235	−0.19
Freizeitaktivitäten	5.21	1.19	4.79	1.15	2.27	.025	0.36

Anmerkung. Die Skala zur Beurteilung der Wichtigkeit eines Bereichs reichte von 1 (*überhaupt nicht wichtig*) bis 7 (*sehr wichtig*).

Ergebnisdarstellung ausschließlich in Textform

Auf der Beurteilungsskala von 1 (*überhaupt nicht wichtig*) bis 7 (*sehr wichtig*) wurde die Wichtigkeit von Freundschaften von Norddeutschen (*M* = 5.98, *SD* = 1.40) signifikant höher eingeschätzt als von Süddeutschen (*M* = 5.43, *SD* = 1.41), *t*(158) = 2.47, *p* = .015, *d* = 0.39. Auch Freizeitaktivitäten sind Norddeutschen wichtiger als Süddeutschen (*Ms* = 5.21 vs. 4.79, *SDs* = 1.19 vs. 1.15), *t*(158) = 2.27, *p* = .025, *d* = 0.36. Für die drei Bereiche Familie, Karriere und Vermögensaufbau zeigten sich jedoch keine signifikanten Unterschiede (alle *ps* > .23).

Erläuterungen

Beim unabhängigen *t*-Test ergibt sich die Anzahl der Freiheitsgrade aus der Summe beider Gruppengrößen minus 2, also in unserem Fall: 160 − 2 = 158. Zur Angabe eines unabhängigen *t*-Tests gehören die in Tabelle 7.2 zeilenweise dargestellten Daten. Obwohl auch hier die Darstellung in Textform platzsparender ist als die Darstellung unter Zuhilfenahme der Tabelle, ist die Tabellendarstellung wieder wesentlich übersichtlicher: Der Leser kann anhand der *p*-Wert-Spalte schnell ablesen, welche Effekte signifikant sind, und für diese die Mittelwerte vergleichen sowie die Effektstärken ablesen. Wie Sie die Effektstärke Cohens *d*, die wir zu jedem signifikanten *t*-Test angeben würden, berechnen, ist im *Exkurs: Das Effektstärkemaß Cohens d berechnen* (S. 264 f.) erklärt.

In beiden Textvarianten (Tabelle plus Text und ausschließlich Text) wurden die nicht signifikanten Befunde zusammengefasst. Somit mussten in der ausschließlichen Textform nur zwei Effekte detaillierter angegeben werden. Sie können sich aber bestimmt vorstellen, dass die Präsentation in Textform mit wachsender

Anzahl der Effekte, für die Mittelwerte, Standardabweichungen, *t*-Werte, *p*-Werte und Effektstärken berichtet werden müssen, immer unübersichtlicher wird.

Ein weiterer Vorteil der Präsentation in einer Tabelle ist, dass der Leser sich auch für die nicht signifikanten, im Text nur zusammenfassend berichteten Vergleiche selbst ein Bild machen kann, und das auch bezüglich der Höhe der Mittelwerte. So geht in der reinen Textform z. B. verloren, dass der Lebensbereich Familie sowohl von Nord- als auch von Süddeutschen als deutlich wichtiger beurteilt wurde als der Vermögensaufbau, die Karriere oder Freizeitaktivitäten.

Im vorliegenden Fall würden wir Ihnen aus den genannten Gründen zur Darstellung mit einer Tabelle raten. Haben Sie hingegen nur ein, zwei oder maximal drei Mittelwertsvergleiche mittels *t*-Tests durchgeführt, bietet sich die Darstellung in reiner Textform an. Bei unserem Beispiel wäre übrigens auch eine Kombination von Abbildung und Textform möglich gewesen: In der Abbildung würden – z. B. mit einem gruppierten Balkendiagramm – die Mittelwerte und die Standardabweichungen (mittels Fehlerbalken) dargestellt; den Text könnten Sie ähnlich gestalten wie in der Variante mit der Tabelle, wobei Sie allerdings im Text zusätzlich die *t*- und *p*-Werte zumindest für die signifikanten Effekte darstellen müssten. Da dies den Text weiter aufbläht, ohne dass die Abbildung wesentliche Vorteile gegenüber der Tabelle aufweist, wäre bei unserem Beispiel die Kombination von Tabelle und Text die beste Wahl.

Exkurs: Das Effektstärkemaß Cohens *d* berechnen

Da der *p*-Wert vom Stichprobenumfang abhängig ist, sagt er nichts über die *Bedeutsamkeit* der Mittelwertunterschiede aus. Dazu wird zusätzlich die Angabe einer Effektstärke benötigt. Bei *t*-Tests verwendet man am häufigsten Cohens *d*. Da *SPSS* keine Option zur automatischen Berechnung von Cohens *d* besitzt, stellen wir hier vor, wie Sie dieses selbst berechnen können. Beachten Sie, dass sich die Berechnung für abhängige und unabhängige Stichproben unterscheidet.

Für unabhängige Stichproben

Für *Mittelwertsdifferenzen zwischen zwei unabhängigen Gruppen* lässt sich Cohens *d* folgenderweise berechnen:

$$d = \frac{M_1 - M_2}{\sqrt{\dfrac{(n_1 - 1) \times SD_1^2 + (n_2 - 1) \times SD_2^2}{n_1 + n_2 - 2}}}$$

M_1 und M_2 sind dabei die Mittelwerte der beiden Gruppen, die verglichen werden, SD_1 und SD_2 die zugehörigen Standardabweichungen und n_1 bzw. n_2 die Größen der beiden Gruppen. Sofern beide Gruppen gleich groß sind, vereinfacht sich die Formel zu:

$$d = \frac{M_1 - M_2}{\sqrt{\dfrac{SD_1^2 + SD_2^2}{2}}}$$

Mit einer Internetsuche nach „effect size calculator" finden Sie übrigens eine ganze Reihe brauchbarer Online-Effektstärkenrechner. Nach der Eingabe der Mittelwerte, Standardabweichungen und Stichprobengrößen bekommen Sie Cohens d oder auch andere Effektstärkemaße ausgegeben.

Für abhängige Stichproben

Oft interessiert man sich auch für *Mittelwertsdifferenzen innerhalb derselben Probandengruppe*, also bei einer verbundenen oder abhängigen Stichprobe. Ein solcher Fall liegt vor, wenn man dieselben Personen in einem Within-subject-Design zwei Versuchsbedingungen aussetzt oder sie zu zwei Zeitpunkten misst. Dann ergibt sich Cohens d als *Differenz der Mittelwerte* $(M_1 - M_2)$ geteilt durch die *Standardabweichung der Differenzwerte* (die Differenzwerte erhält man, indem man bei jeder Person den Messwert der einen Testung vom Messwert der anderen Testung abzieht). Beide Werte stellt *SPSS* Ihnen bei einem t-Test für verbundene Stichproben unter der Spaltenüberschrift „Paarige Differenzen" dar. Wenn Sie bereits einen abhängigen t-Test durchgeführt haben, können Sie auch folgende Formel verwenden: $d = t/\sqrt{N}$. Dabei ist t der t-Wert des abhängigen t-Tests und N der Stichprobenumfang. Eine Beispielberechnung finden Sie in Abschnitt 7.2.3.

Im Vergleich zu ds bei unabhängigen Stichproben wird bei abhängigen Stichproben Cohens d überschätzt, wenn die Korrelation zwischen den beiden Variablen größer als $r = .50$ ist; bei Korrelationen kleiner als $r = .50$ wird Cohens d unterschätzt. Möchte man dafür korrigieren, rechnet man für abhängige Stichproben: $d = 2 \times (1 - r) \times t/\sqrt{N}$. Dabei ist r die Korrelation der beiden Variablen, deren Mittelwerte man vergleicht.

Interpretation des Effektstärkemaßes

Nach Cohen (1992) gelten Effektstärken von $d = 0.20$ als klein, von $d = 0.50$ als mittelgroß und ab $d = 0.80$ als groß. Allerdings ist die Bewertung immer vom Gegenstandsbereich abhängig, da auch kleine Effekte bedeutsam sein können. Angenommen, die Standardabweichung des Jahreseinkommens deutscher Haushalte beträgt 18 000 Euro. Dann wäre eine Steigerung des Haushaltseinkommens um Cohens d von 0.20 immerhin 3 600 Euro im Jahr wert – für viele Menschen durchaus eine starke Zunahme, auch wenn es nur ein „kleiner Effekt" ist.

Weiterführende Literatur

Es gibt eine Reihe verschiedener Effektstärken-Maße, die sich ineinander umrechnen lassen. Die meisten neueren Statistikbücher enthalten einen Abschnitt zu Effektstärken oder Effektgrößen (z.B. Bortz & Döring, 2006, Abschnitt 9.2; Sedlmeier & Renkewitz, 2013, Kap. 9). Eine kurze Einführung gibt auch der inzwischen klassische Artikel von Cohen (1992), eine neuere Übersicht mit weiterführender Literatur bietet der Überblicksartikel von Kelley und Preacher (2012).

7.2.3   Abhängiger *t*-Test

Der abhängige *t*-Test (Synonym: *t*-Test bei verbundenen Stichproben) wird verwendet, wenn man *eine* Gruppe von Probanden hinsichtlich ihrer Mittelwerte unter zwei Versuchsbedingungen oder zu zwei Zeitpunkten miteinander vergleichen möchte. Das Wort *abhängig* (oder *verbunden*) gibt also an, dass dieselben Teilnehmer zweimal im Datensatz vertreten sind, d.h., jeder Teilnehmer liefert zwei Werte. Auch parallelisierte Stichproben oder Stichproben, bei denen die Probanden paarweise zusammenhängen (z.B. Mütter in der einen und ihre Kinder in der anderen Stichprobe), fallen in den Anwendungsbereich des abhängigen *t*-Tests.

Forschungsfrage und empirische Erhebung

Sie möchten herausfinden, ob Menschen vormittags oder abends besser lernen können. Dabei haben Sie keine gerichtete Annahme dazu, welche der beiden Tageszeiten für das Lernen günstiger ist. Ihr Untersuchungsdesign sieht vor, dass Sie dieselben Probanden einmal vormittags um 10.00 Uhr und ein anderes Mal (an einem anderen Tag) abends um 20.00 Uhr einen Lerntest absolvieren lassen. Bei den von Ihnen konstruierten Lerntests bekommen die Probanden jeweils eine Liste mit 40 ausgedachten Vokabelpaaren (z.B. „Rabutsch – Sommer"), damit Vorwissen das Lernergebnis nicht beeinflussen kann. Die Probanden haben 15 min Zeit, sich diese Vokabeln einzuprägen. Nach einer 30-minütigen Zwischenaufgabe (Sudokus lösen) werden die Vokabeln abgefragt (Abruf mit Hinweisreiz). Als abhängige Variable für den Lernerfolg fungiert die Anzahl der korrekt erinnerten Vokabelpaare. Sie führen Ihre Untersuchung mit 100 Probanden durch.

Ergebnisdarstellung in Textform

Der Vergleich der Lernergebnisse ergibt, dass vormittags tendenziell mehr Vokabeln erinnert wurden als abends (*M*s = 21.18 vs. 19.34, *SD*s = 7.28 vs. 6.37), $t(99) = 1.84$, $p = .069$, $d = 0.18$.

Erläuterungen

In der Ergebnisdarstellung haben wir das Wort *tendenziell* verwendet, da der Test mit einem *p*-Wert von .069 zwar nicht signifikant ausfällt, aber auch nicht weit von der 5%-Irrtumswahrscheinlichkeit entfernt liegt. Es hat sich etabliert, Testergebnisse mit *p*-Werten größer als .05, aber kleiner gleich .10 als „tendenziell signifikant" oder alternativ als „marginal signifikant" zu bezeichnen.

Wie Sie die Effektstärke Cohens *d* für abhängige Mittelwerte berechnen können, ist im *Exkurs: Das Effektstärkemaß Cohens d berechnen* (S. 264f.) unter „Für abhängige Stichproben" erläutert. Da in unserem Beispiel der Stichprobenumfang 100 Personen beträgt, müssen wir den *t*-Wert von 1.84 nur durch 10 (= $\sqrt{100}$) teilen, um das Cohens *d* von 0.18 zu erhalten.

Wird wie im Beispiel nur ein einzelnes Wertepaar verglichen, lohnt sich eine Tabelle zur Ergebnisdarstellung nicht, weshalb wir Ihnen nur die Darstellung in

Textform präsentiert haben. Haben Sie allerdings mehrere abhängige Variablen erhoben – in unserem Fall könnten Sie vormittags und abends jeweils drei verschiedene Lerntests durchführen (z.B. Vokabellernen, historische Daten lernen, Textinformationen behalten) –, dann eignet sich eine Darstellung wie in Tabelle 7.3. Wie Sie sehen, entspricht die Struktur der Tabelle dem Tabellentyp für unabhängige t-Tests (vgl. Tabelle 7.2 auf S. 263).

Tabelle 7.3. Vergleich der Lernergebnisse am Vormittag und am Abend für drei verschiedene Lernaufgaben

Abhängige Variable	Vormittags		Abends		t(99)	p	Cohens d
	M	SD	M	SD			
Vokabellernen[a]	21.18	7.28	19.34	6.37	1.84	.069	0.18
historische Daten[b]	15.37	7.39	12.62	6.49	2.90	.005	0.29
Text behalten[c]	9.93	5.13	4.79	5.02	1.46	.147	0.15

Anmerkungen. [a]Erreichbare Punktzahl: 0–40; [b]erreichbare Punktzahl: 0–30; [c]erreichbare Punktzahl: 0–20.

7.3 Varianzanalysen

Der Einsatzbereich des t-Tests beschränkt sich auf Untersuchungen, in denen lediglich zwei Ausprägungen einer unabhängigen Variablen verglichen werden sollen. Verallgemeinert man den Fall des t-Tests auf mehr als zwei Ausprägungen (z.B. drei oder mehr Gruppen bzw. Versuchsbedingungen), dann ist die geeignete statistische Prozedur zur Auswertung der Daten die Varianzanalyse. Man könnte vielleicht auf die Idee kommen, einfach mehrere t-Tests mit denselben Daten zu rechnen (z.B. für den Vergleich von Gruppe 1 mit 2, 1 mit 3 und 2 mit 3). Allerdings führt das zur sogenannten Alpha-Fehler-Kumulierung, d.h., die Alpha-Fehler-Wahrscheinlichkeit wird erhöht und steigt über das beabsichtigte 5%-Signifikanzniveau (Details dazu finden sich z.B. in Sedlmeier & Renkewitz, 2013, Abschnitt 14.1).

Bei Varianzanalysen erhält man einen F-Wert als Prüfgröße oder Teststatistik. Dieser Wert ist das Verhältnis aus der systematisch durch die Versuchsbedingungen erzeugten Varianz und der unsystematisch auftretenden Varianz (sogenannte *Fehlervarianz*). Der F-Wert eignet sich allerdings nur als *Globaltest* (auch: *Omnibustest*), der angibt, ob sich zwischen den untersuchten Gruppen bzw. Bedingungen Unterschiede in deren Mittelwerten nachweisen lassen. Welche Gruppen oder Bedingungen sich voneinander unterscheiden, kann mit *Post-hoc-Tests* aufgedeckt werden.

Varianzanalysen werden üblicherweise nach der Anzahl der unabhängigen Variablen (einfaktorielle, zweifaktorielle, dreifaktorielle etc. Varianzanalyse) und der Anzahl der abhängigen Variablen (univariate [ANOVA] und multivariate Varianzanalysen [MANOVA]) eingeteilt. Darüber hinaus stellt sich die Frage, ob Messwerte voneinander abhängig sind, also zu zwei oder mehr Zeitpunkten an denselben Personen erhoben wurden – dann handelt es sich um eine Varianzanalyse mit Messwiederholung.

Die unabhängigen Variablen einer Varianzanalyse sind *gestuft*, können also nur bestimmte Ausprägungen annehmen (z.B. Gruppen oder Versuchsbedingungen; man bezeichnet die unabhängigen Variablen von Varianzanalysen oft auch als *Faktoren*). Es gibt aber auch die Möglichkeit, kontinuierliche Variablen (sogenannte *Kovariaten*) als unabhängige Variablen aufzunehmen – dann wird die Varianzanalyse zur Kovarianzanalyse (ANCOVA). Die abhängigen Variablen einer Varianzanalyse sind immer kontinuierlich.

Bei mehrfaktoriellen Varianzanalysen, also bei Varianzanalysen mit mehr als einer unabhängigen Variablen, geht es oft darum, die Wechselwirkungen (Interaktionen) zwischen diesen Variablen aufzudecken. Dabei sollte man allerdings darauf achten, die Untersuchung nicht zu ambitioniert anzulegen: Während sich die Interaktion zwischen zwei unabhängigen Variablen (Zweifach-Interaktion) in einem Diagramm darstellen und meist relativ einfach interpretieren lässt, bedarf es zur Darstellung einer Dreifach-Interaktion, also der Interaktion von drei Variablen, bereits mindestens zweier nebeneinanderstehender Diagramme. Vierfach-Interaktionen lassen sich grafisch allenfalls noch in einer Matrix von Interaktionsdiagrammen darstellen, sind aber meist so unanschaulich, dass nicht nur Leser, sondern auch Verfasser Probleme haben, deren inhaltliche Bedeutung nachzuvollziehen. Beschränken Sie sich daher auf maximal Dreifach-Interaktionen (zur grafischen Darstellung von Interaktionen vgl. auch Abbildung 7.4 auf S. 273).

Aufgrund der Vielfalt von Varianzanalysen können wir Ihnen nicht für alle Varianten ein Beispiel geben. Auf Kovarianzanalysen und multivariate Varianzanalysen gehen wir hier nicht weiter ein. Wir zeigen Ihnen aber an zwei verschiedenartigen Beispielen die Darstellungslogik von univariaten Varianzanalysen auf, sodass Sie für die meisten Anwendungsfälle in der Lage sein sollten, sich die konkrete Darstellung für Ihre Bedürfnisse selbst abzuleiten. Falls Sie dabei doch auf Schwierigkeiten stoßen, schlagen Sie am besten in einem der in Abschnitt 7.8 empfohlenen Werke nach.

7.3.1 Einfaktorielle Varianzanalyse mit Post-hoc-Tests

Wir beginnen mit einem einfachen Beispiel, bei dem eine einfaktorielle univariate Varianzanalyse gerechnet wird. Die unabhängige Variable ist vierfach gestuft. Um Unterschiede zwischen den Stufen zu untersuchen, werden Post-hoc-Vergleiche nach Tukey durchgeführt.

Forschungsfrage und empirische Erhebung

Uns interessiert, wie zufrieden Studierende mit ihrer Wohnsituation sind, und zwar in Abhängigkeit davon, ob sie (a) in einer eigenen Wohnung, (b) in einer WG, (c) in einem Wohnheimzimmer oder (d) bei den Eltern wohnen. Wir haben allerdings keine A-priori-Annahmen dazu, in welchen Wohnformen Studierende sich wohler fühlen, weshalb wir keine konkreteren Hypothesen aufstellen. Zur Klärung der Forschungsfrage wurden pro Wohnform 80 Studierende gebeten, ihre Zufriedenheit mit ihrer Wohnsituation auf einer Skala von 1 (*überhaupt nicht zufrieden*) bis 7 (*sehr zufrieden*) anzugeben.

Ergebnisdarstellung mit Abbildung

Die Varianzanalyse zur Zufriedenheit mit der Wohnsituation erbrachte einen signifikanten Haupteffekt der Wohnform, $F(3, 316) = 8.64$, $p < .001$, $\eta^2 = .076$. Die Mittelwerte und Standardabweichungen der selbstberichteten Zufriedenheit sind für die vier Wohnformen in Abbildung 7.1 dargestellt. Es fällt auf, dass Studierende in WGs mit ihrer Wohnsituation offenbar am zufriedensten sind. Dies wird durch die Post-hoc-Testung nach Tukey bestätigt: Während sich die Zufriedenheit in den Wohnformen *eigene Wohnung*, *Wohnheimzimmer* und *bei den Eltern* nicht untereinander unterscheiden (alle *ps* > .38), sind Studierende in WGs zufriedener als in jeder der anderen drei Wohnformen (alle *ps* < .003).

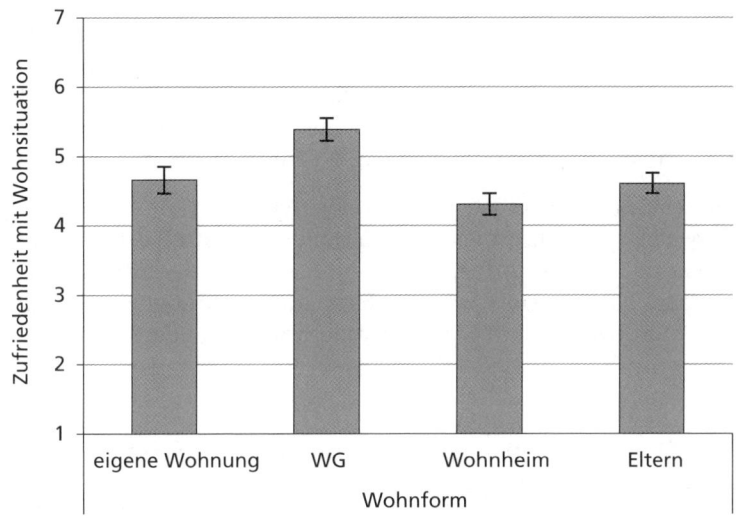

Abbildung 7.1. Mittelwerte ($\pm$ 1 *SE*) der selbstberichteten Zufriedenheit mit der Wohnsituation für vier verschiedene Wohnformen.

Erläuterungen

Zunächst wird der Haupteffekt der Varianzanalyse berichtet, der aussagt, ob sich die Zufriedenheit der Studierenden überhaupt signifikant in Abhängigkeit von der Wohnform unterscheidet. In unserem Fall ist dieser Effekt höchstsignifikant ($p < .001$), d.h., es bestehen auf jeden Fall Unterschiede. Beachten Sie, dass nach dem *p*-Wert auch eine Effektgröße – hier das η^2 (Eta-Quadrat)[33] – angegeben wird. Dieses Ergebnis sagt allerdings noch nichts darüber aus, worauf dieser Haupt-

---

[33] *SPSS* gibt, wenn man bei Varianzanalysen eine „Schätzung der Effektgrößen" anfordert, stets das sogenannte *partielle Eta-Quadrat* (η^2_p) aus. Wenn in die Varianzanalyse wie in unserem Beispiel nur eine unabhängige Variable aufgenommen wurde, entspricht das partielle Eta-Quadrat dem Eta-Quadrat (η^2) – Sie könnten das *p* für *partiell* hier also weglassen (es ist allerdings auch nicht falsch, das *partielle* Eta-Quadrat anzugeben). Bei mehrfaktoriellen Varianzanalysen unterscheiden sich η^2 und η^2_p, wobei η^2_p die tatsächlichen Effekte oft überschätzt. Mehr zur Bedeutung und zum Unterschied von η^2 und η^2_p findet sich z.B. in Sedlmeier und Renkewitz (2013), Abschnitt 15.1.6.

effekt beruht – dazu sind die Post-hoc-Tests erforderlich. Wir haben uns hier für den Tukey-Test entschieden, da dies ein sehr verbreitetes Verfahren ist, das sich für die meisten Fälle eignet (Kriterien zur Wahl des Post-hoc-Tests finden sich z.B. in Field, 2013, Abschnitt 11.5).

Prinzipiell könnte man die Signifikanz jedes Einzelvergleichs berichten (*eigene Wohnung* mit *WG*, mit *Wohnheim* und mit *Eltern*; *WG* mit *Wohnheim* und mit *Eltern*; *Wohnheim* mit *Eltern*), entweder im Text oder – meist übersichtlicher – in einer Tabelle. In der Regel wird man allerdings versuchen, signifikante und nicht signifikante Unterschiede zusammenfassend anzugeben, so wie es oben getan wurde: Drei Unterschiede sind signifikant (WG vs. eigene Wohnung, WG vs. Wohnheim, WG vs. Eltern), die anderen drei sind nicht signifikant. Dadurch spart man nicht nur Platz, sondern vermeidet auch, dass die Darstellung unübersichtlich wird. Beachten Sie, dass nicht signifikante Unterschiede nicht bedeuten, dass es in Wirklichkeit keinerlei Unterschiede zwischen diesen Bedingungen gibt: Vielleicht waren bestehende Unterschiede nur zu schwach und/oder der Stichprobenumfang zu gering, als dass sie signifikant geworden wären.

Damit sich der Leser ein Bild der Daten machen kann (Wie hoch ist die Zufriedenheit? In welchen Wohnformen ist sie besonders hoch/niedrig?), sollten Sie auf jeden Fall zusätzlich deskriptive Daten berichten. In unserem Beispiel geschieht dies mit einem Diagramm. Es wäre aber genauso legitim gewesen, eine Tabelle mit den vier Mittelwerten und Standardfehlern oder Standardabweichungen aufzuführen.

7.3.2 Dreifaktorielle univariate Varianzanalyse mit Messwiederholung

Im Folgenden wird eine *dreifaktorielle univariate Varianzanalyse mit Messwiederholung* dargestellt. Aus der Bezeichnung kann man ablesen, dass *drei unabhängige Variablen* erhoben wurden (dreifaktoriell), deren Auswirkungen auf *eine abhängige Variable* untersucht werden (univariat). Die Messwiederholung besteht darin, dass alle Untersuchungsteilnehmer zweimal einen Wert auf derselben abhängigen Variablen erzeugt haben. Die Darstellungsprinzipien können Sie auf andere varianzanalytische Designs übertragen, und zwar sowohl auf einfachere als auch auf noch komplexere, z.B. auf Varianzanalysen mit vier oder mehr unabhängigen Variablen. Die Darstellungsprinzipien bleiben auch gleich, wenn die unabhängigen Variablen ausschließlich Between-subjects- oder ausschließlich Within-subject-Faktoren umfassen.

Forschungsfrage und empirische Erhebung

Wir greifen die Forschungsfrage zur Zufriedenheit von Studierenden in verschiedenen Wohnformen auf und erweitern diese. Zusätzlich zum Einfluss der Wohnform (eigene Wohnung, WG, Wohnheim, Eltern) wollen wir herausfinden, ob das Geschlecht der Studierenden deren Zufriedenheit mit ihrer Wohnform beeinflusst. Darüber hinaus vermuten wir, dass es tageszeitliche Schwankungen hinsichtlich der Zufriedenheit gibt, die mit der Wohnform interagieren. Konkret könnte es sein, dass Studierende in einer WG morgens, wenn z.B. alle ins Bad möchten, weniger zufrieden sind als abends, wenn man sich einen geselligen Abend macht. Bei Studierenden in der eigenen Wohnung ist es möglicherweise genau andersherum: Diese sind eventuell morgens zufriedener, da sie dann ungestört sind und auf niemanden Rücksicht nehmen müssen; abends hingegen, wenn sie allein zuhause sind, könnte ihre Zufriedenheit geringer ausfallen. Um die Interaktionen von Tageszeit und Wohnform untersuchen zu können, wird ein Messwiederholungsfaktor eingeführt, d.h., die Zufriedenheit wird einmal morgens und einmal abends erfasst.

Ergebnisdarstellung mit Abbildung

Für die Zufriedenheit mit der eigenen Wohnsituation wurde eine dreifaktorielle Varianzanalyse mit den Between-subjects-Faktoren Geschlecht (Männer vs. Frauen) und Wohnform (eigene Wohnung vs. WG vs. Wohnheim vs. Eltern) und dem Within-subject-Faktor Tageszeit (morgens vs. abends) durchgeführt. Die Analyse erbrachte einen signifikanten Haupteffekt der Wohnform $F(3, 312) = 10.39$, $p < .001$, $\eta_p^2 = .091$. Dieser beruht, wie der Post-hoc-Test nach Tukey zeigt, darauf, dass die Zufriedenheit in WGs insgesamt höher ist als in jeder der drei anderen Wohnformen ($ps < .002$), die sich untereinander nicht unterscheiden ($ps > .30$). Haupteffekte der Tageszeit und des Geschlechts finden sich nicht. Da das Geschlecht auch mit keiner der anderen Variablen interagiert (alle $Fs < 1$), gehen wir auf diese Variable in der folgenden Darstellung nicht weiter ein.

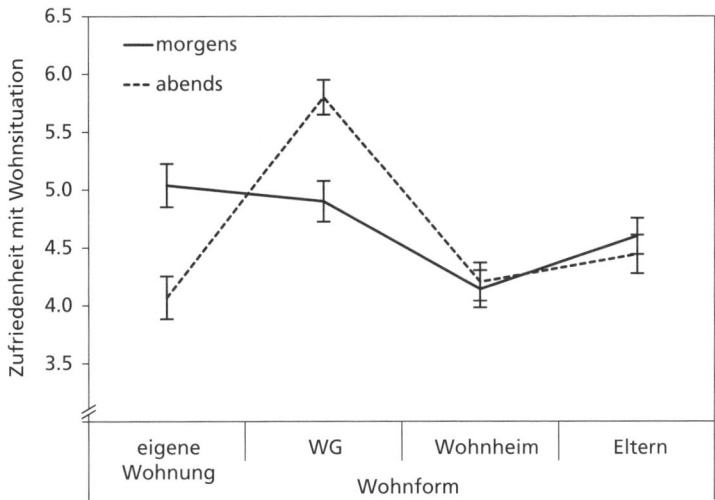

Abbildung 7.2. Mittlere Zufriedenheit mit der Wohnsituation in Abhängigkeit von der Wohnform und der Tageszeit. Fehlerbalken indizieren einfache Standardfehler.

Die Varianzanalyse offenbart ferner eine hochsignifikante Interaktion der Tageszeit mit der Wohnform, $F(3, 312) = 58.25$, $p < .001$, $\eta_p^2 = .359$. Wie sich Abbildung 7.2 entnehmen lässt, beruht diese Interaktion v.a. darauf, dass Studierende in einer eigenen Wohnung morgens zufriedener sind als abends, wohingegen sich Studierende in einer WG abends als zufriedener beurteilen als morgens. Bei den Wohnformen *Wohnheim* und *bei den Eltern* gibt es keine signifikanten Unterschiede zwischen den Messungen am Morgen bzw. am Abend.

Erläuterungen

Bei komplexen Varianzanalysen sollte man kurz deren Design erklären. Dies geschieht im ersten Satz, indem die beiden Between-subjects-Faktoren und der eine Within-subject-Faktor (der Messwiederholungsfaktor) dargestellt werden. Auch die Stufen der Faktoren werden hier genannt – Letzteres ist nicht unbedingt erforderlich, v.a. dann nicht, wenn der Leser an dieser Stelle mit den Stufen der unabhängigen Variablen bereits vertraut ist.

Anschließend werden alle signifikanten und nicht signifikanten Haupt- und Interaktionseffekte – in möglichst systematischer Weise – dargestellt. Während man die signifikanten Effekte vollständig berichtet (mit Prüfgröße einschließlich Freiheitsgrade, *p*-Wert und Effektstärke), kann man die nicht signifikanten Effekte zusammenfassen. Bei Faktoren mit drei oder mehr Stufen sollten Sie – wie in Abschnitt 7.3.1 gezeigt – auch Post-hoc-Tests durchführen und in knapper Form berichten.[34]

In unserem Beispiel lagen weder Haupt- noch Interaktionseffekte vor, an denen der Faktor Geschlecht beteiligt war. Daher wurde auch im Diagramm auf die Darstellung dieses Faktors verzichtet. Ansonsten müssen Sie bei dreifaktoriellen Varianzanalysen nämlich immer (mindestens) zwei Interaktionsdiagramme abbilden. In unserem Beispiel hätte das wie in Abbildung 7.3 ausgesehen.

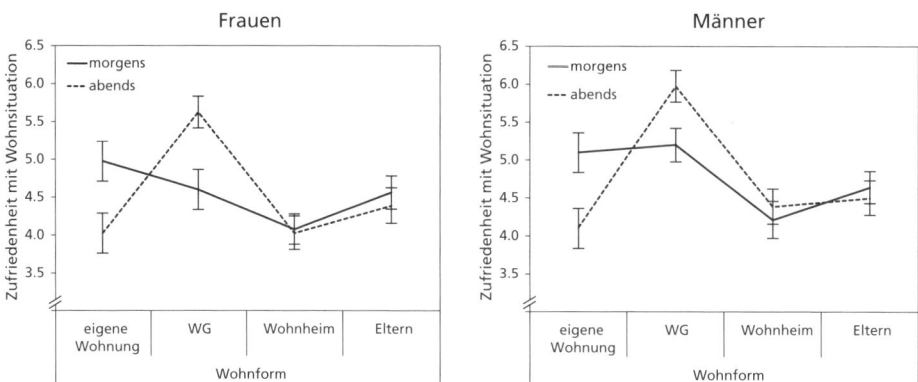

Abbildung 7.3. Diagramme für die vollständige Darstellung einer dreifaktoriellen Varianzanalyse (hier mit den Faktoren: Wohnform, Tageszeit und Geschlecht).

Bei einer vierfaktoriellen Varianzanalyse würden Sie den vierten Faktor dadurch darstellen, dass Sie die Diagramme für die Stufen des vierten Faktors zeilenweise anordnen. Abbildung 7.4 veranschaulicht das Schema: Bei einer einfaktoriellen

---

34 Post-hoc-Tests *für Within-subject-Faktoren* stehen unter *SPSS* nur eingeschränkt zur Verfügung. Mehr dazu erfahren Sie z.B. in Kapitel 14 in Field (2013).

Varianzanalyse werden die Stufen des einen Faktors durch Abstufungen auf der
x-Achse bezeichnet (Abbildung 7.4a); tritt ein zweiter Faktor hinzu, wird für jede
Stufe dieses Faktors eine unterschiedlich aussehende Linie präsentiert (Abbildung 7.4b); bei einem dritten Faktor benötigt man separate Diagramme, die man in
aller Regel zunächst nebeneinander – quasi in Spalten – anordnet (Abbildung 7.4c);
bei einem vierten Faktor bildet man zusätzlich Zeilen (Abbildung 7.4d). Hätten Sie
fünf oder mehr Faktoren, ist eine grafische Veranschaulichung nicht mehr möglich.

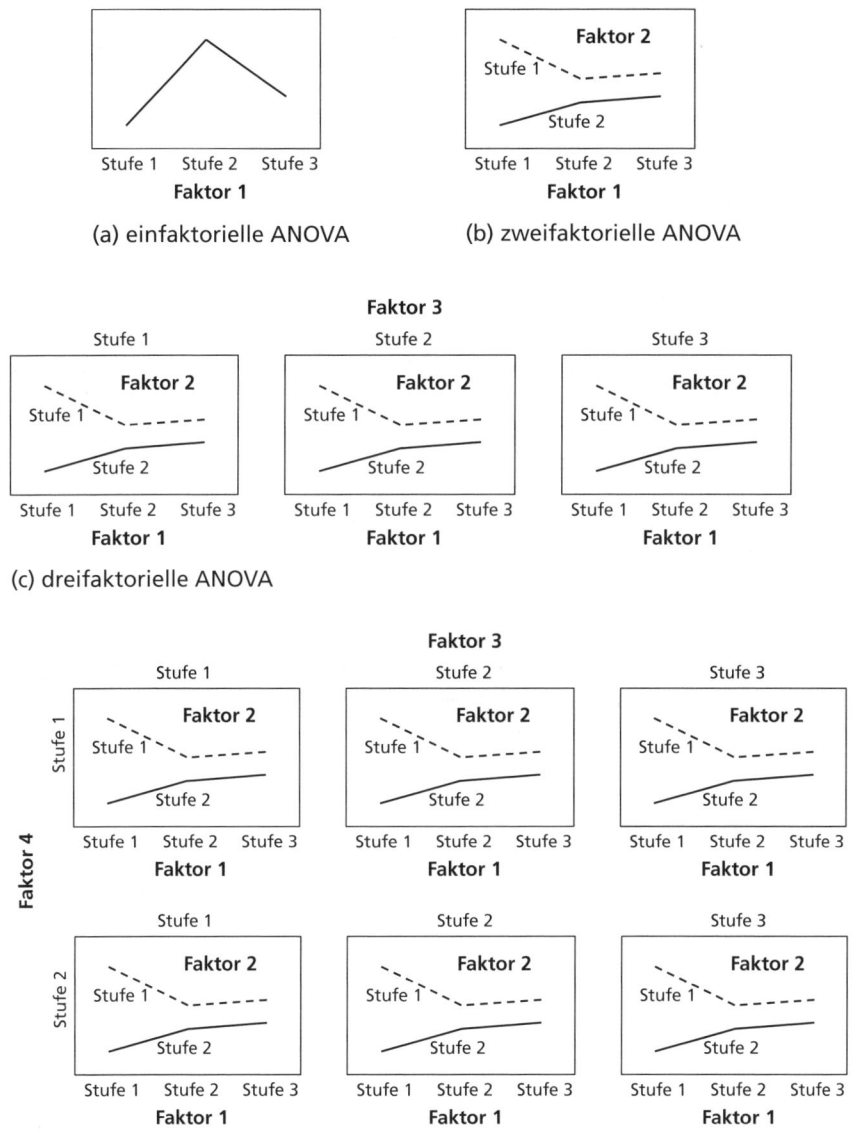

Abbildung 7.4. Schema der grafischen Veranschaulichung multifaktorieller Varianzanalysen (ANOVAs) nach
der Anzahl ihrer Faktoren.

Wie bei komplexen Varianzanalysen üblich, sind es die Interaktionen, die besonders interessieren. In unserem Beispiel war es die Interaktion der Tageszeit mit der Wohnform. An der obigen Ergebnisdarstellung können Sie auch noch einmal nachvollziehen, dass im Ergebnisteil zwar Schlussfolgerungen gezogen werden, diese aber auf Ebene der operationalisierten Hypothesen bleiben: Studierende in einer eigenen Wohnung sind morgens zufriedener als abends, bei Studierenden in WGs ist dies umgekehrt. Dies ist ein signifikantes Ergebnis und darf daher als Tatsache dargestellt werden. Auf mögliche Ursachen für diesen Effekt geht man allerdings erst in der Diskussion ein (vgl. Abschnitt 6.1.3).

Auch wenn Sie generell immer frei entscheiden können, ob Sie Mittelwerte und Streuungsmaße in einem Diagramm oder in einer Tabelle darstellen wollen, bieten sich Diagramme immer an, wenn Interaktionseffekte veranschaulicht werden sollen. Daher sollten Sie im vorliegenden Beispiel die Abbildung 7.2 nicht durch eine Tabelle ersetzen.

Tabellarische Darstellung von Effekten

In wissenschaftlichen Zeitschriftenartikeln werden die Ergebnisse von Varianzanalysen üblicherweise so präsentiert, wie wir es im obigen Abschnitt „Ergebnisdarstellung mit Abbildung" vorgeführt haben. Die meisten Betreuer und Gutachter wünschen sich diese Darstellungsweise auch für Abschlussarbeiten. Manchmal wird aber auch verlangt, dass die Effekte einer Varianzanalyse vollständig mittels einer Tabelle berichtet werden. Es gibt keine exakte Vorschrift, wie eine solche Tabelle zu gestalten ist. Die beiden gebräuchlichsten Varianten stellen wir Ihnen mit Tabelle 7.4 und Tabelle 7.5 vor.

In jeder varianzanalytischen Tabelle müssen folgende Angaben enthalten sein: welcher Haupt- bzw. Interaktionseffekt in der jeweiligen Zeile betrachtet wird, Freiheitsgrade (Zähler- und Nennerfreiheitsgrade), F-Wert, p-Wert und η_p^2 als Effektstärkemaß. Sehr oft wird zusätzlich noch die *Quadratsumme* (abgekürzt als *SS* für *sum of squares*) oder das *mittlere Abweichungsquadrat* (auch: quadratischer Mittelwert; abgekürzt als *MS* für *mean square*) berichtet. Allerdings sollten Sie nur einen dieser beiden Werte angeben, da sich der eine leicht in den anderen umrechnen lässt ($SS/df = MS$).

Tabelle 7.4. Ergebnisse der Varianzanalyse zur Zufriedenheit mit der Wohnsituation [getrennt nach Between-subjects- und Within-subject-Effekten]

Effekt	*df*	*SS*	*F*	*p*	η_p^2
		Between-subjects-Effekte			
Wohnform (W)	3	118.59	10.39	< .001	.091
Geschlecht (G)	1	8.58	2.26	.134	.007
W × G	3	3.76	0.33	.804	.003
Fehler 1	312	1780.26			

Tabelle 7.4. Ergebnisse der Varianzanalyse zur Zufriedenheit mit der Wohnsituation [getrennt nach Between-subjects- und Within-subject-Effekten] *(Fortsetzung)*

Effekt	df	SS	F	p	η_p^2
		Within-subject-Effekte			
Tageszeit (T)	1	0.27	0.67	.415	.002
T × W	3	70.82	58.25	< .001	.359
T × G	1	0.00	0.00	.945	.000
T × W × G	3	1.16	0.95	.416	.009
Fehler 2	312	126.46			

In Tabelle 7.4 sind die Between-subjects- und die Within-subjects-Effekte separat dargestellt: Unter „Between-subjects-Effekte" sind ausschließlich diejenigen Effekte aufgeführt, an denen nur Between-subjects-Faktoren beteiligt waren; unter „Within-subject-Effekte" findet man alle Effekte, an denen zumindest ein Within-subject-Faktor beteiligt war. Das ist sinnvoll, wenn man die Fehlerquadratsumme berichten möchte, da sich diese zwischen beiden Effektarten unterscheidet. Obwohl in unserem Beispiel die Anzahl der Fehlerfreiheitsgrade für Between-subjects- und die Within-subjects-Effekte identisch ist, kann sich diese Zahl auch unterscheiden. Auch wenn für Varianzheterogenität korrigiert wird, verändern sich die Freiheitsgrade. In so einem Fall ist die Variante der Freiheitsgraddarstellung aus Tabelle 7.5 zu empfehlen, da hier die Fehlerfreiheitsgrade für jede Zeile individuell angegeben werden können. Nenner- und Fehlerfreiheitsgrade werden dabei durch ein Komma – gefolgt von einem Leerzeichen – separiert.

Tabelle 7.5. Ergebnisse der Varianzanalyse zur Zufriedenheit mit der Wohnsituation [Nenner- und Fehlerfreiheitsgrade in einer Spalte]

Effekt	df	SS	F	p	η_p^2
Wohnform (W)	3, 312	118.59	10.39	< .001	.091
Geschlecht (G)	1, 312	8.58	2.26	.134	.007
Tageszeit (T)	1, 312	0.27	0.67	.415	.002
W × G	3, 312	3.76	0.33	.804	.003
W × T	3, 312	70.82	58.25	< .001	.359
G × T	1, 312	0.00	0.00	.945	.000
W × G × T	3, 312	1.16	0.95	.416	.009

Beide Tabellen zeigen ferner, wie sich Interaktionseffekte, die ausgeschrieben sehr lang werden können (z.B. „Tageszeit × Wohnform × Geschlecht"), sinnvoll abkürzen lassen (z.B. als „T × W × G"). Dazu müssen Sie nur in den Zeilen für die

Haupteffekte jeweils in Klammern eine Abkürzung für die entsprechende Variable einführen.

Wie Sie sehen, lassen sich varianzanalytische Effekte sehr übersichtlich in Tabellen darstellen, wobei diese Darstellung oft aber auch unnötig detailreich ausfällt. Wenn Sie die Tabellenform verwenden, sollten Sie die in den Tabellen gemachten Angaben im Text nicht wiederholen, außer um einzelne Effekte besonders hervorzuheben.

Wie bei allen statistischen Verfahren müssen bei der Ergebnisdarstellung deskriptive Maße (Mittelwerte und z.B. Standardabweichungen) hinzutreten, damit sich der Leser ein Bild von den Effekten machen kann. Dies kann in Form eines (Interaktions-)Diagramms oder einer Tabelle erfolgen.

7.4   Korrelationen

Korrelationskoeffizienten drücken die Stärke des Zusammenhangs zwischen zwei Variablen aus. Für metrische (also mindestens intervallskalierte) Variablen berechnet man die Pearson-Korrelation r (auch: Maßkorrelation, Produkt-Moment-Korrelation), deren Wert zwischen -1 und 1 variiert. Üblicherweise präsentiert man vor der Darstellung der Korrelationskoeffizienten noch die Mittelwerte und Standardabweichungen der korrelierten Variablen.

Forschungsfrage und empirische Erhebung

Wir wollen herausfinden, welche Variablen mit der Leistung in Statistikklausuren zusammenhängen. Dazu erheben wir von jedem Studienteilnehmer: (a) das Geschlecht, (b) die Erfolgserwartung, eine gute Note zu erhalten, (c) die Dauer der Klausurvorbereitungszeit, (d) das selbstberichtete Interesse an Statistik und schließlich (e) die in der Statistikklausur erreichte Punktzahl. Die Zusammenhänge zwischen den erhobenen Variablen sollen getrennt nach dem Geschlecht der Untersuchungsteilnehmer analysiert werden, da wir annehmen, dass die Leistung in der Klausur bei Frauen und Männern von unterschiedlichen Variablen besonders gut vorhergesagt wird.

Ergebnisdarstellung mit Tabelle

Die Mittelwerte und Standardabweichungen der erhobenen Variablen sind getrennt nach dem Geschlecht der Probanden in Tabelle 7.6 dargestellt. Wie ersichtlich, unterscheiden sich Frauen und Männer in der erreichten Klausurpunktzahl kaum, allerdings streut die Leistung der Frauen weniger stark als die der Männer. Deskriptiv haben Männer hinsichtlich der Erfolgserwartung und des Interesses an Statistik etwas höhere Mittelwerte, diese Unterschiede sind allerdings nicht signifikant ($ps > .16$). Signifikant ist hingegen der Unterschied in der Klausurvorbereitungszeit: Frauen investieren über eine halbe Woche mehr in das Lernen für die Klausur als Männer, $t(98) = 2.01$, $p = .047$, $d = 0.40$.

Tabelle 7.6. Mittelwerte und Standardabweichungen der untersuchten Variablen nach Geschlechtern getrennt

Variable	Frauen (*n* = 50)		Männer (*n* = 50)	
	M	*SD*	*M*	*SD*
Erfolgserwartung	5.18	2.36	5.86	2.53
Klausurvorbereitungszeit in Wochen	6.58	1.53	6.00	1.36
Interesse an Statistik[a]	4.42	2.17	4.76	2.60
Klausurpunktzahl[b]	33.90	6.70	33.82	9.21

Anmerkungen. [a]Skala von 1 (*sehr wenig*) bis 10 (*sehr hoch*). [b]Maximale Klausurpunktzahl: 50.

Die Zusammenhänge zwischen den Variablen können Tabelle 7.7 entnommen werden. Die Korrelationsmuster für Frauen und Männer erscheinen insgesamt recht ähnlich: Die stärksten Zusammenhänge finden sich für die Erfolgserwartung und die Klausurpunktzahl sowie für die Erfolgserwartung und das Interesse an Statistik. Ebenfalls sehr hoch sind die Korrelationen zwischen der Klausurpunktzahl und dem Interesse an Statistik.

Tabelle 7.7. Interkorrelationen der Variablen getrennt für Frauen (*n* = 50) und Männer (*n* = 50)

Variable	1	2	3	4
1. Erfolgserwartung	—	.19	.69**	.76**
2. Klausurvorbereitungszeit in Wochen	.32*	—	.15	.10
3. Interesse an Statistik	.73**	.23	—	.59**
4. Klausurpunktzahl	.80**	.14	.68**	—

Anmerkungen. Die Interkorrelationen der Männer sind oberhalb der Diagonale dargestellt, die Interkorrelationen der Frauen unterhalb der Diagonale.
* $p \leq .05$. ** $p \leq .01$.

Für Erfolgserwartung und Klausurvorbereitungszeit findet sich bei Männern kein signifikanter Zusammenhang ($r = .19$, $p = .19$), für Frauen jedoch eine signifikante Korrelation ($r = .32$, $p = .026$). Wie eine Transformation der Korrelationen in Fisher-z-Werte sowie deren anschließender Vergleich ergab, unterscheiden sich diese Korrelationen aber nicht signifikant ($z = 0.68$, $p = .50$). Auch alle anderen Korrelationsvergleiche zwischen Frauen und Männern waren nicht signifikant (alle $zs < .74$, alle $ps < .46$).

Erläuterungen

In aller Regel sind nicht nur die Korrelationen zwischen zwei Gruppen bzw. Bedingungen, sondern auch die Höhe der erreichten Mittelwerte auf den relevanten Variablen interessant. Auch die Standardabweichungen sollten berichtet werden, damit z.B. das Phänomen der Varianzeinschränkung entdeckt werden kann.

Daher wurden hier vor der eigentlichen Korrelationsberechnung deskriptive Angaben zu den Skalen gemacht.

Die Besonderheit an der Korrelationstabelle (Tabelle 7.7) ist, dass hier die Werte getrennt für zwei Gruppen (Männer und Frauen) berichtet werden – dabei bleibt es Ihnen überlassen, wonach Sie Gruppen bilden möchten. Häufiger wird es der Fall sein, dass man nur Korrelationen einer Gruppe berichten will – dann bleiben die Felder oberhalb (oder alternativ: unterhalb) der Diagonale einfach frei. Das übliche Format einer Korrelationstabelle, in der zudem Mittelwerte und Standardabweichungen berichtet werden, veranschaulicht z.B. Tabelle 7.8 auf Seite 280.

Aus Tabelle 7.7 lässt sich nur abzulesen, ob ein p-Wert signifikant ist oder nicht. Deshalb wurden für diejenigen Korrelationen, für welche die Stärke des Zusammenhangs bzw. der Unterschied zwischen Frauen und Männern besonders interessant erschien (Korrelation von Erfolgserwartung und Vorbereitungszeit), die Korrelationswerte im Text wiederholt und die exakten p-Werte angegeben.

Eine weitere Besonderheit dieser Ergebnisdarstellung, die sich oft als sinnvoll erweist, ist die Überprüfung, ob zwei Korrelationen signifikant voneinander abweichen. Dazu gibt es in *SPSS* keine eingebaute Prozedur, sodass man sich hier selbst behelfen muss. Da Korrelationskoeffizienten nicht normalverteilt sind, kann man nicht einfach „r_1 minus r_2" rechnen, um den Unterschied zwischen zwei Korrelationen für unabhängige Stichproben zu bestimmen. Stattdessen müssen die rs zunächst in Fisher-z-Werte transformiert werden. Dies gelingt mittels Tabellen, die in manchen Statistiklehrbüchern abgedruckt sind (z.B. Sedlmeier & Renkewitz, 2013, S. 905), oder mithilfe der folgenden Formel:

$$z' = \frac{1}{2} \times \ln \frac{1+r}{1-r}$$

Dabei steht *ln* für den *Logarithmus naturalis*. Setzt man in diese Formel die Korrelation von $r = .32$ ein, erhält man $z' = 0.33$. Aus der Korrelation von $r = .19$ wird ein $z' = 0.19$ (es ist Zufall, dass sich hier der Wert nicht verändert). Diese neu erhaltenen z-Werte werden – zusammen mit den Stichprobengrößen – in eine Formel eingesetzt, mit der sich bestimmen lässt, wie sehr sich diese z-Werte unterscheiden:

$$z = \frac{z'_1 - z'_2}{\sqrt{\dfrac{1}{n_1 - 3} + \dfrac{1}{n_2 - 3}}}$$

In unserem Beispiel würde sich Folgendes ergeben:

$$z = \frac{0.33 - 0.19}{\sqrt{\dfrac{1}{50-3} + \dfrac{1}{50-3}}} = \frac{0.14}{\sqrt{\dfrac{2}{47}}} = 0.68$$

Die Beurteilung des z-Werts erfolgt an der Standardnormalverteilung: Bei einem Signifikanzniveau von 5 % sind (bei zweiseitiger Testung) z-Werte größer als 1.96 signifikant (bei einseitiger Testung z-Werte > 1.64). Unser Wert von $z = 0.68$ ist weit von diesen kritischen Werten entfernt (Sie können den p-Wert zum z-Wert in Tabellen zur Standardnormalverteilung nachschlagen; ein z von 0.68 entspricht einem p von .50). Daher unterscheiden sich die Korrelationen der Erfolgserwartung mit der Klausurvorbereitungszeit bei Frauen und Männer nicht signifikant, wenngleich diese Korrelation bei Frauen signifikant und bei Männern nicht signifikant ausgefallen ist.

7.5 Regressionsanalysen

Mit Regressionsanalysen ist es möglich, anhand bestehender Daten Vorhersage- bzw. Erklärungsmodelle zu erstellen. Bei einem solchen Modell handelt es sich im Prinzip um eine Gleichung mit einer *Kriteriumsvariable* und einer oder mehreren *Prädiktorvariablen*. Möchte man mittels dieses Modells weitere Werte vorhersagen, muss man nur konkrete Werte für die Prädiktorvariablen einsetzen. Man erhält dann die – auf Grundlage der in das Modell eingeflossenen Daten – bestmögliche Vorhersage des Kriteriumwerts. Wir verdeutlichen Ihnen die Ergebnisdarstellung zunächst an einer multiplen Regressionsanalyse (Abschnitt 7.5.1), die wir dann zu einer hierarchischen Regressionsanalyse ausbauen (Abschnitt 7.5.2).

7.5.1 Multiple Regressionsanalyse

Alle Regressionsanalysen mit mehr als einem Prädiktor sind multiple Regressionsanalysen. Die in Abschnitt 7.5.2 erläuterte hierarchische Regressionsanalyse ist ein Spezialfall der multiplen Regressionsanalyse.

Forschungsfrage und empirische Erhebung

Wir erweitern die Forschungsfrage aus Abschnitt 7.4: Wir wollen nicht mehr nur wissen, wie verschiedene Variablen mit der Leistung in einer Statistikklausur zusammenhängen, sondern wir wollen ein Regressionsmodell für die Vorhersage der Statistikleistung erstellen. Das heißt, wir wollen anhand der Variablen *Geschlecht*, *Erfolgserwartung*, *Dauer der Klausurvorbereitungszeit* und dem *Interesse an Statistik* die *Punktzahl in der Statistikklausur* vorhersagen bzw. erklären.

Die Prädiktorvariablen einer Regressionsanalyse sollten in der Regel metrisch skaliert, also kontinuierlich sein. Das ist bei der Variablen *Geschlecht* nicht der Fall. Allerdings kann man diese dennoch in eine Regressionsanalyse einfließen lassen, indem man sie als *Dummy-Variable* kodiert, bei der nur die Ausprägungen 0 und 1 vorliegen.[35] Wir haben entsprechend Männer mit 0 und Frauen mit 1 kodiert.

---

35 Da unsere Variable nur zwei Ausprägungen hat, ist es kein Problem, diese mit 0 und 1 zu kodieren. Auch Variablen mit mehr Ausprägungen kann man als Dummy-Variablen kodieren – wie das funktioniert, erklärt z. B. Field (2013) in Abschnitt 10.5.

Ergebnisdarstellung mit Tabellen

Die Mittelwerte, Standardabweichungen und Interkorrelationen der für die Regressionsanalyse interessierenden Variablen sind in Tabelle 7.8 angegeben. Auch wenn die Vorbereitungszeit und das Geschlecht nicht signifikant mit der Klausurpunktzahl korrelieren, sollen diese beiden Variablen dennoch aufgrund der im Theorieteil ausgeführten Überlegungen in das Prädiktionsmodell aufgenommen werden, weshalb für die Regressionsanalyse die Einschluss-Methode verwendet wurde.

Tabelle 7.8. Mittelwerte, Standardabweichungen und Interkorrelationen der Variablen für das Regressionsmodell ($N = 100$)

Variable	M	SD	1	2	3	4
Klausurpunktzahl	33.86	8.01	.76**	.12	.62**	.01
Prädiktorvariable						
1. Erfolgserwartung	5.52	2.46	—	.22*	.71**	−.14
2. Vorbereitungszeit [Wochen]	6.29	1.47		—	.17	.20*
3. Interesse an Statistik	4.59	2.39			—	−.07
4. Geschlecht[a]	—	—				—

Anmerkungen. [a]Kodierung: Männer = 0, Frauen = 1.
$*p \leq .05. **p \leq .01.$

Das Ergebnis der Regressionsanalyse ist in Tabelle 7.9 dargestellt. Lediglich die Erfolgserwartung erweist sich in dem Modell als signifikanter und starker Prädiktor der Punktzahl in der Statistikklausur ($\beta = .69$, $p < .001$). Das Geschlecht und das Interesse an Statistik werden marginal signifikant (βs = .16 und .13, ps = .087 und .058), wohingegen die Vorbereitungszeit gar keine signifikante Vorhersagekraft für die Klausurleistung aufweist.

Tabelle 7.9. Regressionsanalyse für die Vorhersage der Punktzahl in der Statistikklausur

Prädiktor	b	SE b	β	t	p
1. Erfolgserwartung	2.22	0.31	.69	7.29	<.001
2. Vorbereitungszeit [Wochen]	−0.47	0.37	−.09	−1.26	.210
3. Interesse an Statistik	0.53	0.31	.16	1.73	.087
4. Geschlecht[a]	2.04	1.07	.13	1.92	.058

Anmerkungen. $R^2 = .607$, $p < .001$, $N = 100$.
[a]Kodierung: Männer = 0, Frauen = 1.

Insgesamt kann durch die Prädiktoren 60.7 % der Varianz der Klausurleistung aufgeklärt werden. Ein Regressionsmodell, in das man nur die Erfolgserwartung zur Vorhersage der Klausurpunktzahl aufnimmt, würde 57.6 % und damit nur unwesentlich weniger Varianz aufklären.

Erläuterungen

Es ist üblich, vor der eigentlichen Darstellung der Regressionsanalyse deskriptive Daten zu den Variablen zu berichten. Daher werden zunächst die Mittelwerte, Standardabweichungen und Korrelationen aller beteiligten Variablen aufgeführt. In Tabelle 7.8 wird zur besseren Übersicht zudem zwischen der Kriteriumsvariablen (Klausurpunktzahl) und den Prädiktorvariablen getrennt.

Tabelle 7.9 enthält die Darstellung der Regressionsanalyse. Hier sollten Sie zu jeder Prädiktorvariablen folgende Angaben machen: Das Regressionsgewicht (b), den Standardfehler des Regressionsgewichts ($SE\ b$), das standardisierte Regressionsgewicht (β) und den p-Wert. Der t-Wert in Tabelle 7.9 ist nicht unbedingt erforderlich, da er sich aus $t = b/(SE\ b)$ ergibt.

Manche Autoren geben zum b noch ein Konfidenzintervall an. Da dieses sich aber auch aus b und $SE\ b$ errechnen lässt, handelt es sich eigentlich um eine redundante Information. Die p-Werte sollten exakt angegeben werden. Wenn der Platz in der Tabelle dazu nicht ausreicht, kann man aber auch – wie bei Korrelationstabellen – die Signifikanzniveaus mittels Sternchen (*, ** etc.) kennzeichnen.

Sie sollten ferner angeben, wie viel Varianz insgesamt durch das Modell aufgeklärt wird. Dazu findet man in *SPSS* in der Tabelle *Modellübersicht* das R^2 bzw. das *angepasste* R^2. Ob es sich dabei um eine signifikante Varianzaufklärung handelt und wie groß der zugehörige p-Wert ist, entnehmen Sie in *SPSS* der ANOVA-Tabelle in der Zeile „Regression". Diese beiden Angaben – Varianzaufklärung (R^2 bzw. *angepasstes* R^2) und p-Wert – werden oft in den Tabellenanmerkungen berichtet. Es wäre aber auch möglich, diese nur im Fließtext anzugeben.

7.5.2 Hierarchische Regressionsanalyse

Hierarchische Regressionsanalysen werden dann verwendet, wenn man an den *inkrementellen* Varianzanteilen von einzelnen Prädiktoren oder Prädiktorengruppen interessiert ist. Anders ausgedrückt: Wenn man untersuchen möchte, ob bestimmte Prädiktoren *zusätzlich* zu anderen Prädiktoren Varianz aufklären.

Forschungsfrage und empirische Erhebung

Eine typische Fragestellung für eine hierarchische Regressionsanalyse ist, ob die Leistung in einer Statistikklausur zusätzlich zur Vorhersage durch kognitive Fähigkeiten der Person auch durch emotionale und motivationale Variablen prädiziert wird. Will man also die Leistung in einer Statistikklausur durch *Intelligenz, Konzentrationsfähigkeit, Interesse an Statistik* und *Optimismus* vorhersagen, könnte man diese vier Variablen in zwei Prädiktorenblöcke gruppieren: kognitive Prädiktoren (*Intelligenz, Konzentrationsfähigkeit*) und motivational-emotionale Prädiktoren (*Interesse an Statistik, Optimismus*). Werden diese Prädiktorenblöcke nacheinander – also in zwei Schritten – in eine hierarchische Regressionsanalyse aufgenommen, lässt sich prüfen, wie viel Varianz in der Statistikklausur durch die kognitiven Variablen erklärt wird und wie viel Varianz zusätzlich durch die motivational-emotionalen Prädiktoren aufgeklärt wird.

Ergebnisdarstellung mit Tabellen

Die Mittelwerte, Standardabweichungen und Interkorrelationen der für die Regressionsanalyse interessierenden Variablen sind in Tabelle 7.10 angegeben. Intelligenz, Konzentrationsfähigkeit und das Interesse an Statistik korrelieren hochsignifikant mit der Punktzahl in der Statistikklausur (rs zwischen .39 und .53, alle $ps < .001$). Zwischen Optimismus und der Klausurpunktzahl zeigt sich ein marginal signifikanter, schwacher positiver Zusammenhang ($r = .17$, $p = .095$). Die Prädiktorvariablen zeigen untereinander allenfalls schwache Korrelationen, wobei lediglich die Korrelation zwischen Intelligenz und dem Interesse an Statistik signifikant wird ($r = .22$, $p = .025$).

Tabelle 7.10. Mittelwerte, Standardabweichungen und Interkorrelationen der Variablen für das Regressionsmodell ($N = 100$)

Variable	*M*	*SD*	1	2	3	4
Klausurpunktzahl	33.86	8.01	.43**	.39**	.53**	.17
Prädiktorvariable						
1. Intelligenz	113.36	8.89	—	.19	.22*	−.05
2. Konzentrationsfähigkeit	25.89	4.68		—	.09	.02
3. Interesse an Statistik	4.68	2.23			—	.08
4. Optimismus	4.77	1.01				—

Anmerkungen. $* p \leq .05$. $** p \leq .01$.

In der hierarchischen Regressionsanalyse (Tabelle 7.11) können die vier Prädiktorvariablen insgesamt 48.5 % der Varianz der Punktzahl in der Statistikklausur aufklären. Die motivational-emotionalen Prädiktoren *Interesse an Statistik* und *Optimismus* klären dabei – inkrementell zu den kognitiven Fähigkeiten – einen Anteil an der Gesamtvarianz von 20.3 % auf. Diese inkrementelle Varianzaufklärung geht überwiegend auf den Prädiktor *Interesse an Statistik* zurück; der Beitrag des Optimismus an der Varianzaufklärung wird nicht signifikant ($\beta = .14$, $p = .059$).

Tabelle 7.11. Hierarchische Regressionsanalyse zur Vorhersage der Leistung in Statistik (Punktzahl in Statistikklausur)

Schritte und Prädiktoren	*b*	*SE b*	β	*p*
Schritt 1:				
Intelligenz	0.332	0.079	.368	< .001
Konzentrationsfähigkeit	0.543	0.150	.318	< .001
R^2		.282 ($p < .001$)		
Schritt 2:				
Intelligenz	0.255	0.069	.283	< .001
Konzentrationsfähigkeit	0.500	0.129	.292	< .001

Tabelle 7.11. Hierarchische Regressionsanalyse zur Vorhersage der Leistung in Statistik (Punktzahl in Statistikklausur) *(Fortsetzung)*

Schritte und Prädiktoren	b	$SE\ b$	β	p
Interesse an Statistik	1.535	0.273	.427	< .001
Optimismus	1.119	0.585	.142	.059
ΔR^2		.203 ($p < .001$)		
Gesamt-R^2		.485 ($p < .001$)		

Anmerkung. N = 100.

Auffällig ist, dass nach Aufnahme von *Interesse an Statistik* und *Optimismus* das Beta-Gewicht der Intelligenz absinkt (von β = .368 auf β = .283). Das könnte daran liegen, dass Intelligenz und Interesse an Statistik teilweise gemeinsame Varianz binden, was durch die Korrelation zwischen diesen beiden Prädiktorvariablen unterstützt wird. Tatsächlich ist im Gesamtmodell das Interesse an Statistik (β = .427, $p < .001$) ein deutlich stärkerer Prädiktor für die Klausurpunktzahl als die Intelligenz (β = .283, $p < .001$).

Erläuterungen

Wie bei der multiplen Regressionsanalyse werden zunächst deskriptive Daten (Mittelwerte, Standardabweichungen und Interkorrelationen) aller Variablen berichtet. In der Tabelle der hierarchischen Regressionsanalyse (Tabelle 7.11) ist eine Besonderheit gegenüber den Tabellen für sonstige multiple Regressionen, dass die Prädiktorvariablen nach den Schritten gruppiert sind, in denen sie ins Regressionsmodell aufgenommen werden. In unserem Beispiel wurden alle Prädiktoren innerhalb von zwei Schritten aufgenommen, selbstverständlich sind aber auch hierarchische Regressionsanalysen mit drei, vier oder mehr Schritten möglich. Zu jedem Schritt sollte in der Tabelle notiert werden, wie viel Gesamtvarianz (R^2) durch die bisher aufgenommenen Variablen aufgeklärt wird und wie viel Varianz in jedem der Schritte – ab dem zweiten Schritt – dazugekommen ist (ΔR^2). Es gibt verschiedene Möglichkeiten, wie man dies in der Tabelle anmerkt. Neben der von uns realisierten Angabe am Ende eines Prädiktorenblocks bzw. Schritts wäre es auch möglich, zwei weitere Spalten zu erzeugen, in denen die aufgeklärte Gesamtvarianz (R^2) bzw. die inkrementell aufgeklärte Varianz (ΔR^2) berichtet werden. Geben Sie auch immer an, ob der (zusätzlich) aufgeklärte Varianzanteil signifikant ist. Dazu sollten Sie den p-Wert zum R^2 bzw. ΔR^2 berichten – um diesen zu erhalten, müssen Sie in *SPSS* im Dialogfeld „Lineare Regression" auf „Statistiken..." klicken und dort die Angabe der „Änderung in R-Quadrat" aktivieren.

In Tabelle 7.11 geben wir bei Schritt 2 auch alle Variablen des vorausgehenden Schritts an. Das ist sinnvoll, da sich manche Beta-Gewichte durch die Hinzunahme weiterer Prädiktoren verändern (in unserem Beispiel verringert sich das Beta-Gewicht der Intelligenz deutlich, wenn man auch *Interesse an Statistik* und *Optimismus* aufnimmt). Wir finden es interessant, solche Veränderungen nachvollziehen zu können. Manche Verfasser würden aber in jedem Schritt nur die neu aufgenommenen Prädiktoren angeben, also in Schritt 2 beispielsweise nur *Interesse an Statistik* und *Optimismus*. Das letztere Vorgehen ist v.a. dann, wenn die Prädiktoren in vielen Schritten aufgenommen werden, deutlich platzsparender.

7.6   Explorative Faktorenanalysen

Die explorative Faktorenanalyse[36] ist ein sogenanntes *daten- oder dimensionsreduzierendes* Analyseverfahren: In aller Regel will man aus einer Vielzahl beobachteter (manifester) Variablen ein kleineres Set latenter Variablen bilden, wobei die latenten Variablen inhaltlich verbundene manifeste Variablen zusammenfassen bzw. gruppieren. Zu den häufigsten Anwendungsfällen der Faktorenanalyse zählt, dass man Fragebogen-Items zu Faktoren oder Dimensionen zusammenfassen möchte. Die explorative Faktorenanalyse liefert als wichtigstes Ergebnis eine *Faktorladungsmatrix*.

Forschungsfrage und empirische Erhebung

Es soll ein Fragebogen zur Erfassung von Lernstrategien entwickelt werden. Dazu wurden 10 Items formuliert, die Verhaltensweisen beim Lernen beschreiben (z.B. „Zur Vorbereitung auf eine Prüfung markiere ich mir Schlüsselbegriffe in meinen Texten"). Diese Items wurden 1000 Studierenden vorgelegt, die auf einer Skala von 1 (*nie*) bis 7 (*immer*) angeben sollten, wie häufig sie diese Verhaltensweisen typischerweise zeigen.

Ergebnisdarstellung mit Tabellen

Mit den 10 Items zum Lernverhalten wurde eine Maximum-Likelihood-Faktorenanalyse mit Varimax-Rotation durchgeführt. Der Scree-Test ergab sehr deutlich eine dreifaktorielle Lösung. Tabelle 7.12 zeigt die Mittelwerte und Standardabweichungen der 10 Items sowie die rotierte Faktorladungsmatrix einschließlich der Kommunalitäten (h^2). Zur besseren Übersicht sind die Faktorladungen erstens nach den extrahierten Faktoren geordnet und zweitens der Größe nach aufgeführt. Die Faktoren haben Eigenwerte von 2.59, 1.97 und 1.48 und erklären 60.4 % der Varianz.

Die Items stellen alle Markiervariablen dar. Der erste Faktor mit den Markieritems 1, 3, 5 und 9 beschreibt Organisationsstrategien. Der zweite Faktor mit den Items 2, 4 und 7 repräsentiert Elaborationsstrategien und der dritte Faktor mit den Items 6, 8 und 10 steht für Wiederholungsstrategien bzw. Strategien des Auswendiglernens.

---

36 Die Unterscheidung zwischen Faktorenanalyse und Hauptkomponentenanalyse spielt für die Darstellung der Ergebnisse keine Rolle. Daher fassen wir – bewusst vereinfachend – diese Verfahren unter der Bezeichnung „explorative Faktorenanalyse" zusammen.

Tabelle 7.12. Mittelwerte, Standardabweichungen sowie Faktorladungen und Kommunalitäten (h^2) der Items zum Lernverhalten

Item	M	SD	Faktorladungen 1	2	3	h^2
3. Zusammenfassen	4.31	1.61	**.86**	.12	.09	.76
9. Mindmaps erstellen	2.92	1.82	**.82**	.23	−.08	.73
5. Tabellen anfertigen	3.97	1.17	**.79**	.19	.05	.66
1. Schlüsselbegriffe markieren	4.16	1.01	**.71**	.16	.08	.54
7. Beispiele überlegen	4.09	1.39	.09	**.86**	−.08	.75
2. Fragen generieren	4.04	1.28	.03	**.78**	−.09	.62
4. Verständnis prüfen	4.83	0.30	.09	**.69**	.05	.49
8. Lernstoff wiederholen	3.46	1.43	.08	.06	**.75**	.57
6. Texte abschreiben	3.27	0.74	−.12	.09	**.72**	.54
10. auswendig lernen	2.93	1.38	.10	−.06	**.60**	.37

Anmerkung. Ladungen größer .60 sind durch Fettdruck hervorgehoben.

Erläuterungen

Im Text sollten Sie Angaben zu dem von Ihnen gewählten faktorenanalytischen Verfahren machen. Dazu gehört, welche Extraktionsmethode Sie verwendet haben (die wichtigsten sind: Hauptachsenanalyse, Hauptkomponentenanalyse[37] und Maximum-Likelihood-Faktorenanalyse) und welche Rotationsmethode zum Einsatz gekommen ist (z.B. Varimax oder Oblimin). Beschreiben Sie auch, nach welchem Kriterium Sie zu der Anzahl der zu extrahierenden Faktoren gelangt sind. Die Faktorenanzahl kann auf theoretischen Überlegungen beruhen, aber auch auf Scree-Tests oder -Plots, Parallelanalysen, dem Kaiser- oder Eigenwert-Kriterium (Eigenwerte > 1) oder dem MAP-Test (Minimum-Average-Partial-Test).

Wie Sie die Faktorladungsmatrix darstellen können, zeigt Tabelle 7.12. Sofern der Platz es erlaubt, können Sie die Faktorladungen durch die Mittelwerte und Standardabweichungen der Items sowie die Kommunalitäten ergänzen. Auch wenn für gewöhnlich gilt, dass im Tabellenkörper kein Fettdruck verwendet werden soll, ist es bei Faktorladungstabellen üblich und der Übersichtlichkeit dienlich, besonders hohe Ladungen fett hervorzuheben. Wenn Sie Fettdruck verwenden, müssen Sie dies wie in Tabelle 7.12 geschehen in den Tabellenanmerkungen erläutern. Beachten Sie, dass das Vorzeichen der Ladungen für deren Interpretation in vielen Fällen irrelevant ist, da die Ladungen zur Bestimmung der Eigenwerte der Faktoren sowie der Kommunalitäten ja quadriert werden. (Auch wenn Items invers gepolt sind, können diese ohne Umkodierung in die Faktorenanalyse einfließen und interpretiert werden. Insbesondere bei der Bestimmung von Markiervariablen ist es irrelevant, ob die Ladung positiv oder negativ ist.) Die Eigen-

---

37 Vergleiche Fußnote 36 auf S. 284.

werte der Faktoren sowie die aufgeklärte Varianz stellen Sie am besten im Text dar – eine Tabelle lohnt sich für diese Angaben meist nicht.

7.7 Konfirmatorische Faktorenanalysen

Im Gegensatz zur explorativen Faktorenanalyse stellt die konfirmatorische Faktorenanalyse (*confirmatory factor analysis*; CFA) ein hypothesenprüfendes Verfahren dar. Bei der konfirmatorischen Faktorenanalyse benötigt man konkrete Annahmen dazu, (a) welche manifesten Variablen miteinander zusammenhängen und latente Variablen bilden und (b) wie manifeste und latente Variablen untereinander zusammenhängen. Man benötigt also ein elaboriertes Modell, das man meist grafisch darstellt. Mit der konfirmatorischen Faktorenanalyse überprüft man letztendlich, wie gut die erhobenen Daten zu diesem theoretischen Modell passen.

Forschungsfrage und empirische Erhebung

Wir beschäftigen uns mit den Ausgehpräfenzen von Studierenden und haben die Annahme, dass Studierende sich darin unterscheiden, ob sie lieber auf Groß-Events (Konzerte, Festivals etc.) oder auf Klein-Events (Hauskonzerte, Matineen etc.) gehen. Dazu haben wir einen Fragebogen mit sieben Items entwickelt (z. B. „Ich besuche gern Fußballspiele in großen Stadien", „Ich gehe gern mit Freunden in eine neu eröffnete Ausstellung"). Die Items sind auf einer 4-stufigen Skala von 1 (*trifft überhaupt nicht zu*) bis 4 (*trifft voll und ganz zu*) zu beantworten. Diesen Fragebogen lassen wir von 601 Studierenden ausfüllen. Anschließend prüfen wir anhand dieser Daten, ob sich die zwei Ausgehpräferenzen (Groß- vs. Klein-Event) empirisch trennen lassen und ob ein solches zweifaktorielles Modell besser zu den Daten passt als ein einfaktorielles Modell.

Ergebnisdarstellung mit Abbildungen und Tabellen

Zur Überprüfung der Forschungsfragen wurde zunächst ein einfaktorielles Modell in *Mplus* unter Nutzung aller sieben Items des Fragebogens spezifiziert und auf seine Passung mit den vorliegenden Daten geprüft. In einem zweiten Schritt wurde ein zweifaktorielles Modell mit den beiden vermuteten Faktoren (Vorliebe für Groß-Events vs. Vorliebe für Klein-Events) spezifiziert und ebenfalls auf seine Datenpassung überprüft. Die Fit-Statistiken beider Modelle sind in Tabelle 7.13 aufgeführt.

Tabelle 7.13. Goodness-of-Fit-Indizes der beiden Modelle ($N = 601$)

Modell	df	χ^2	χ^2/df	CFI	RMSEA
einfaktorielles	14	475.404***	33.957	.390	.234
zweifaktorielles	13	25.342	1.949	.980	.026

Anmerkungen. CFI = Comparative Fit Index; RMSEA = Root Mean Square Error of Approximation.
***$p \leq .001$.

Beide Modelle lassen sich mit dem χ^2-Differenzentest deutlich separieren ($\Delta\chi^2$ = 450.062, Δdf = 1, $p < .001$). Zudem zeigt das einfaktorielle im Vergleich zum zwei-faktoriellen Modell eine insgesamt deutlich schlechtere Passung und wird daher verworfen. Die standardisierten Koeffizienten für das zweifaktorielle Modell zur Präferenz des Ausgehverhaltens von Studierenden sind in Abbildung 7.5 darge-stellt.

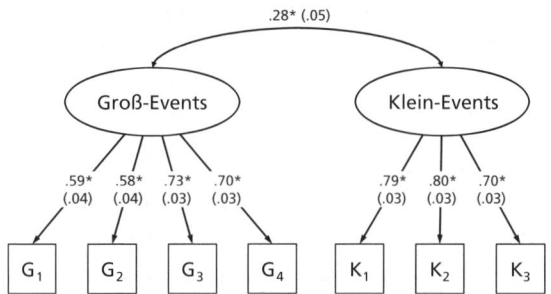

Abbildung 7.5. Standardisierte Koeffizienten für ein zweifaktorielles Modell mit den beiden Faktoren *Groß-Events* und *Klein-Events* zur Untersuchung der Ausgehpräferenzen von Studierenden ($N = 601$) anhand eines Fragebogens mit sieben Items (G_1 bis G_4 für Groß-Events und K_1 bis K_3 für Klein-Events). Standardfehler sind in Klammer angegeben. Latente Konstrukte sind durch Ellipsen und beobachtete Variablen durch Kästchen darge-stellt. * $p \le .05$.

Erläuterungen

Bei Ihrer Ergebnisdarstellung sollten Sie erläutern, wie Sie bei der Auswahl der Modelle vorgegangen sind. Konfirmatorische Faktorenanalysen gehören zu den wenigen Verfahren, bei denen es sinnvoll ist, das Programm anzugeben, mit dem diese gerechnet wurden. Das liegt daran, dass verschiedene Programme unter-schiedliche Algorithmen verwenden, die teilweise zu abweichenden Ergebnissen führen. Neben *Mplus* sind *AMOS*, *LISREL*, *EQS* und das R-Paket *lavaan* gebräuch-liche Programme.

Das Ziel der konfirmatorischen Faktorenanalyse ist, nachzuweisen, dass ein theo-retisches Modell die empirischen Daten gut abbildet. Daher müssen die *Fit-Indi-zes*, anhand derer man die Passung einschätzen kann, berichtet werden. Für die in Tabelle 7.13 aufgeführten Parameter kann man folgende pauschale Cut-off-Richtwerte (Hu & Bentler, 1999; für Überblicke siehe Bühner, 2011, und Geiser, 2011) zu deren Interpretation benennen: Der χ^2-Wert sollte möglichst klein und nicht signifikant sein (was bedeutet, dass es keine statistisch bedeutsame Abwei-chung des postulierten Modells vom empirischen Modell gibt), der Comparative-Fit-Index (CFI) sollte mindestens über .95, besser über .97 liegen und der Root-Mean-Square-Error-of-Approximation (RMSEA) sollte idealerweise kleiner als .06 sein. Die Indizes lassen eine Evaluation des spezifizierten Modells zu und ermög-lichen es, mehrere Modelle miteinander zu vergleichen, beispielsweise über einen χ^2-Differenzentest. In unserem Beispiel weicht das einfaktorielle Modell deutlich stärker von den Daten ab als das zweifaktorielle. Außerdem hat der im

Text berichtete χ^2-Differenzentest ergeben, dass das zweifaktorielle dem einfaktoriellen Modell hinsichtlich der Passung überlegen ist.

Nach diesen Angaben müssen Sie Ihre Items mit den dazugehörigen standardisierten Koeffizienten übersichtlich darstellen. Dazu existieren zwei Möglichkeiten. Die erste Möglichkeit ist die Darstellung in einer Tabelle wie bei der explorativen Faktorenanalyse (siehe Tabelle 7.12). Diese Darstellung in Tabellenform eignet sich insbesondere für Modelle mit einer großen Anzahl von Variablen, wenn die Präsentation in einer Abbildung unübersichtlich wäre. Für weniger umfangreiche Modelle bietet es sich wie in unserem Beispiel an, eine Abbildung mit dem Strukturgleichungsmodell zu erstellen. Dies ist z.B. mit *PowerPoint* oder *OpenOffice Draw* leicht möglich, es gibt dafür jedoch auch kostenlose Spezialprogramme wie *yEd* (vgl. Abschnitt 10.3.2). In unserem Beispiel enthält Abbildung 7.5 alle für den Leser erforderlichen Informationen. Die grafische Darstellung des Modells fördert häufig auch das Verständnis der Forschungsfrage.

Verzichtet man in den Analysen auf Modellvergleiche, beispielsweise weil die Datenstruktur eines etablierten Fragebogens bereits mehrfach in Veröffentlichungen präsentiert wurde, kann man die Fit-Indizes einfach als Textfeld in die Abbildung des Strukturgleichungsmodells integrieren. In Abbildung 7.5 wäre z.B. am linken oder rechten oberen Rand der Grafik noch Raum für die wichtigsten Fit-Indizes. Alternativ kann man die Indizes in der Abbildungsunterschrift platzieren.

7.8   Weiterführende Literaturempfehlungen

Deutschsprachige Bücher, die sich ausführlich mit der Darstellung statistischer Ergebnisse beschäftigen, haben wir nicht gefunden. Daher können wir Ihnen nur englischsprachige Literatur empfehlen. Sinnvoll ist unseres Erachtens das Buch von Field und Hole (2003), in dem allgemeine Punkte der Ergebnisdarstellung besprochen und viele Beispiele für konkrete Verfahren präsentiert werden. Noch systematischer und umfassender wird die Darstellung der Ergebnisse einzelner statistischer Verfahren in dem SPSS-Buch von Field (2013) behandelt, das sich daher gut zum Nachschlagen eignet (für R-Anwender empfehlen wir Field, Miles & Field, 2012).

Wie man Ergebnisse bestmöglich in Tabellen darstellt, wird in dem Buch *Presenting your findings: A practical guide for creating tables* von A. A. M. Nicol und Pexman (2010) erläutert. Von denselben Autoren gibt es auch ein Buch zur Ergebnisdarstellung in Diagrammen (A. A. M. Nicol & Pexman, 2013).

Oft ist es zudem hilfreich, sich in – möglichst hochrangigen – Zeitschriften anzuschauen, wie dort die Ergebnisse für ein bestimmtes statistisches Verfahren präsentiert werden. Wenn Sie drei oder vier solche Arbeiten vergleichen, werden Sie in aller Regel ein spezifisches Darstellungsmuster erkennen, von dem Sie annehmen dürfen, dass es den Konventionen gerecht wird.

Quellenangaben im Text: direkte und indirekte Zitate

8

ÜBERBLICK

Dieses Kapitel beschäftigt sich damit, wie Sie innerhalb Ihres Textes korrekt auf Quellen verweisen. Nach einigen allgemeinen Hinweisen zur Gestaltung von Quellenangaben (Abschnitt 8.1) wiederholen wir, welche Quellenarten es gibt und welche davon Sie zitieren sollten (Abschnitt 8.2). In Abschnitt 8.3 wird beschrieben, wann Sie den APA- und wann den DGPs-Stil (oder einen anderen Zitationsstil) verwenden. Danach stellen wir dar, wie Sie *Quellen im Text durch Kurzverweise angeben* (Abschnitt 8.4). Diese Ausführungen gelten für indirekte und direkte Zitate gleichermaßen, wir werden sie aber überwiegend an indirekten Zitaten veranschaulichen, weil diese wesentlich häufiger sind. Anschließend gehen wir auf den Spezialfall der direkten bzw. *wörtlichen Zitate* ein (Abschnitt 8.5), wobei wir auch Blockzitate behandeln. Ein weiterer Spezialfall sind sogenannte *Sekundärzitate* (Abschnitt 8.6), bei denen Sie eine Quelle aus einer anderen Quelle zitieren, ohne die Originalarbeit tatsächlich gelesen zu haben. Dem Literaturverzeichnis haben wir das Folgekapitel gewidmet: In Kapitel 9 erfahren Sie, wie verschiedene Quellenarten im Literaturverzeichnis korrekt angegeben werden und wie das Literaturverzeichnis als Ganzes darzustellen ist, also z.B. wie die Literatureinträge sortiert werden.

8.1   Allgemeine Hinweise

Tatsachenbehauptungen und Gedanken, die Sie in einem Text anführen, und die nicht von Ihnen selbst stammen (also aus Ihren eigenen Daten oder Überlegungen abgeleitet sind), bedürfen eines Quellenbelegs.[38] In der Regel besteht ein Quellenbeleg aus der Angabe eines Zeitschriftenartikels, eines Buchkapitels oder eines Buches. Welche anderen Quellenarten Sie noch zitieren dürfen, erfahren Sie in Abschnitt 8.2.

In der Psychologie und den empirischen Sozialwissenschaften verwendet man die *Autor-Jahr-Zitierweise* (auch als *Harvard-Zitationssystem* bezeichnet): Im Text erfolgt ein *Kurzverweis* auf die Quelle – dieser enthält einen oder mehrere Autorennamen, das Publikationsjahr und ggf. eine Seitenangabe; *die ausführliche Quellenangabe* – der *Literatureintrag* – steht im Literaturverzeichnis. Eine Ausnahme bildet hier nur die Quellenart „persönliche Mitteilung", für die kein Eintrag im Literaturverzeichnis vorgenommen wird (vgl. Abschnitt 8.4.12).

Beachten Sie, dass in anderen Disziplinen, z.B. in den Rechts- oder Wirtschaftswissenschaften, der Physik oder den Geisteswissenschaften, oft andere Zitationssysteme verwendet werden. In einigen Fächern verwendet man im Text Referenznummern in eckigen Klammern (z.B. [37]), die im Literaturverzeichnis aufgelöst werden. Andere Fächer wiederum setzen die Quellenangaben in die Fußnoten. Innerhalb dieser großen Gruppen von *Zitationssystemen* gibt es Hunderte spezifischer *Zitationsstile*, die oft von einzelnen Verlagen, Zeitschriften oder Fachgesell-

---

38 Eine Ausnahme stellt *Allgemeinwissen* dar, das man in allgemeinen Lexika nachschlagen könnte und das niemand bezweifeln wird. Beispielsweise brauchen Sie nicht durch eine Quelle zu belegen, dass Paris die Hauptstadt von Frankreich ist und über 2 Millionen Einwohner hat.

schaften entwickelt wurden. Diese Stile unterscheiden sich in formalen Details, sei es, dass man an bestimmten Stellen einen Punkt, ein Komma oder einen Schrägstrich setzt, dass man Vornamen abkürzt oder ausschreibt etc.

In der Psychologie und den empirischen Sozialwissenschaften hat sich international für englischsprachige Texte der Zitationsstil der APA (American Psychological Association; APA, 2010) etabliert. Für deutsche Texte wird üblicherweise der fast identische Stil der DGPs (Deutsche Gesellschaft für Psychologie; DGPs, 2007) verwendet. Die Zitationsstile werden alle paar Jahre aktualisiert, um z. B. auch den Anforderungen von neu aufgekommenen Quellen aus dem Internet gerecht zu werden. Die aktuellen Zitationsstile sind „APA 6th ed.", also die 6. Auflage aus dem Jahr 2010, und „DGPs, 3. Aufl." aus dem Jahr 2007.[39]

Wenngleich die Zitationsstile der APA und DGPs in unseren Fächern sehr verbreitet sind, sollten Sie wissen, dass in nichtpsychologischen Disziplinen – z. B. einer eher geisteswissenschaftlich orientierten Soziologie oder Pädagogik – unterschiedliche Konventionen hinsichtlich der formalen Details bei Quellenangaben herrschen können. Sofern Sie nicht Psychologie studieren, sollten Sie Ihren Betreuer daher fragen, ob Sie sich nach einem bestimmten (anderen) Zitationsstil richten sollen.

Literaturverwaltungsprogramme wie z. B. *Citavi* können Ihnen viel Mühe bei der richtigen Angabe von Quellen und insbesondere bei der Erstellung des Literaturverzeichnisses ersparen. In *Citavi* stehen Ihnen Hunderte verschiedener Zitationsstile zur Verfügung, die Sie zur Erstellung Ihres Literaturverzeichnisses verwenden können. Sie müssen für die einzelnen Quellen nur die korrekte Quellenart (z. B. Buch [Monografie], Buch [Sammelwerk], Beitrag in ... [für einen Buchartikel], graue Literatur oder Zeitschriftenaufsatz) wählen und die benötigten Angaben (wie Autor, Titel, Jahr, Publikationsort, Verlag etc.) in die entsprechenden Felder einer Eingabemaske eintragen. Sämtliche Formatierungen übernimmt dann das Programm. Auch ein Wechsel zwischen verschiedenen Zitationsstilen ist mit wenigen Mausklicks erledigt. Hinweise zu Literaturverwaltungsprogrammen geben wir in Abschnitt 10.2 sowie ausführlicher im Band *Planen, Durchführen und Auswerten*, Abschnitt 4.3.

Man unterscheidet zwischen *wörtlichen* (direkten) und *sinngemäßen* (indirekten) Zitaten. Bei wörtlichen Zitaten übernehmen Sie eine Aussage in genau dem Wortlaut, wie er auch in der Originalquelle steht. Derartige wörtliche Zitate müssen Sie in Anführungszeichen setzen bzw. als Blockzitat kennzeichnen (vgl. Abschnitt 8.5). Wörtliche Zitate sind in unseren Fächern eher selten und sollten auch in Ihrer

---

39 Die DGPs-Richtlinien orientieren sich bis auf Ausnahmen, die in deutschen Texten unsinnig wären (z. B. ein Komma vor das &-Zeichen zu setzen), an den APA-Richtlinien. Da die APA-Richtlinien zuletzt 2010 überarbeitet wurden (eine Ergänzung für elektronische Quellen stammt von 2012), die DGPs-Richtlinien aber 2007, sind Letztere nicht mehr auf dem aktuellsten Stand. Es ist zu erwarten, dass eine Neuauflage der DGPs-Richtlinien wieder mit einer Anpassung an die APA-Normen verbunden sein wird. Wenn Sie nach DGPs-Regeln zitieren, ist zurzeit dennoch die Auflage von 2007 verbindlich. Daher halten wir uns auch in unserer Darstellung an die DGPs-Vorgaben von 2007.

Arbeit nicht zu gehäuft vorkommen. Der Grund ist, dass es bei uns – anders als z.B. in philosophischen oder literaturwissenschaftlichen Arbeiten – meist nicht auf den genauen Wortlaut einer Aussage, sondern auf dessen Inhalt ankommt. Daher werden in der Psychologie und den Sozialwissenschaften wesentlich häufiger sinngemäße Zitate verwendet. Bei diesen übernehmen Sie – allerdings in Ihren eigenen Worten – eine Aussage oder einen fremden Gedanken. Wichtig ist, dass Sie auch derartige indirekte Zitate durch eine Quellenangabe kennzeichnen, damit der Leser nachvollziehen kann, wo Sie diese Aussage bzw. diesen Gedanken her haben. Durch Quellenangaben belegen Sie auch, worauf Sie Ihre Überlegungen oder Theorien aufbauen. So erfährt der Leser, wie er Ihre Untersuchung in den bisherigen Forschungskontext einzuordnen hat, welche Idee und Befunde Sie von anderen Wissenschaftlern übernommen haben und an wessen Aussagen Sie womöglich zweifeln.

Bevor wir uns den Details der Quellenangabe widmen, möchten wir Sie daran erinnern, dass die Angabe einer Quelle impliziert, dass Sie diese selbst gelesen haben. Quellen anzuführen, die Sie nicht selbst gelesen haben, ist wissenschaftlich unredlich – es sei denn, Sie weisen in Form eines Sekundärzitats (vgl. Abschnitt 8.6) explizit auf diesen Umstand hin.

Manchmal ist man versucht, einen Literaturbeleg, den ein anderer Autor aufführt, ungeprüft zu übernehmen, um – ohne viel Mühe darauf verwenden zu müssen – die eigene Arbeit fundierter erscheinen zu lassen. Ein solches Vorgehen ist aber genauso verkehrt wie ein Plagiat, also die Übernahme von Ideen, Argumentationen oder Theorien anderer Verfasser, ohne dies durch eine Quellenangabe zu kennzeichnen. Da immer mehr Hochschulen über spezielle Plagiatssoftware verfügen und Arbeiten zumindest stichprobenartig prüfen, steigt auch die Wahrscheinlichkeit, dass Plagiatoren auffliegen. Bei prüfungsrelevanten Leistungen und Abschlussarbeiten kann die Entdeckung eines Plagiats auch nachträglich zur Aberkennung eines Studienabschlusses oder akademischen Grades führen, wie man in den letzten Jahren an so manchem „Doktor" aus der Politik beobachten konnte.

8.2   Welche Quellen darf bzw. sollte ich zitieren?

Die verschiedenen Quellenarten und deren Zitationswürdigkeit haben wir im Band *Planen, Durchführen und Auswerten* in Abschnitt 5.2 ausführlich dargestellt, weshalb wir dies hier nur kurz wiederholen. Tabelle 8.1 gibt eine Übersicht über die Quellenarten und ihre Zitationswürdigkeit. Die Zitationswürdigkeit betrifft die Frage, ob eine Quellenart prinzipiell dazu geeignet ist, eine wissenschaftliche Argumentation oder eine Aussage zu stützen. Auch bei prinzipiell zitationswürdigen Quellen müssen Sie aber anhand des Textes im Einzelfall nachprüfen, ob Sie deren Ergebnisse und Schlussfolgerungen für gültig erachten. Enthält die Studie z.B. methodische Mängel, sind Ergebnisse meist nicht belastbar. Manchmal unterlaufen Autoren sogar logische Fehler in ihrer Argumentation oder ihren Schlüssen – dann dürfen Sie diese selbstverständlich nicht unkritisch übernehmen.

Tabelle 8.1. Übersicht über Quellenarten und ihre Zitationswürdigkeit

Quellenart	Zitations- würdigkeit	Anmerkung
1. Artikel in wissenschaftlichen Peer-review-Zeitschriften (*journal article, paper*)	uneingeschränkt	erste Wahl beim Zitieren
2. wissenschaftliches Buch (bzw. Artikel oder Aufsatz daraus)	uneingeschränkt	Qualitätssicherung nicht so gut wie bei Peer-review-Artikeln
3. (Forschungs-)Bericht aus Forschungseinrichtung oder Behörde (*research report* bzw. *government report*)	uneingeschränkt, aber zweite Wahl	kann zitiert werden, gehört aber zur grauen Literatur
4. publizierter Abstract eines Beitrags auf einem wissenschaftlichen Kongress	uneingeschränkt, aber zweite Wahl	enthält meist sehr verkürzte Information; nur zitieren, wenn keine bessere Quelle vorhanden
5. unveröffentlichte Abschlussarbeit (z.B. Bachelor-, Master- oder Diplomarbeit)	eingeschränkt	sollte nur zitiert, wenn keine andere Quelle für diesen Inhalt vorhanden ist
6. persönliche Mitteilung (durch einen Fachkollegen)	eingeschränkt	kann zitiert werden, wenn keine andere Quelle für diesen Inhalt vorhanden ist
7. Lehrbuch	eingeschränkt	besser Originalquelle beschaffen
8. Eintrag in Fachlexikon	eingeschränkt	besser Originalquelle beschaffen
9. Zeitungsartikel	nie zitationswürdig	
10. Artikel in Publikumszeitschrift	nie zitationswürdig	
11. Wikipedia-Eintrag	nie zitationswürdig	
12. Blog, Forenbeitrag, persönliche Internetseite	nie zitationswürdig	

Bevorzugt sollten Sie die Quellenarten 1 bis 3 aus Tabelle 8.1 zitieren – diese machen zusammen üblicherweise über 90 % der verwendeten Quellen aus. Dabei sollten mindestens 50 % aller verwendeten Texte zur Quellenart 1 gehören, da wissenschaftliche Entwicklungen und Diskurse überwiegend in dieser Form publiziert werden. Bei den Quellen 1 bis 4 handelt es sich um Texte anderer Wissenschaftler. Allerdings unterscheiden sich die Qualitätskontrollen, denen diese Texte unterliegen: Bei Artikeln in Peer-review-Zeitschriften wird durch ein Gutachtenverfahren sichergestellt, dass die Artikel vor ihrer Veröffentlichung von Fachkollegen überprüft wurden. Das ist keine Garantie für fehlerfreie Arbeiten, aber zumindest eine gewisse Kontrolle. Die Quellen 2 bis 4 unterliegen keiner derart strengen Kontrolle, wenngleich bei Quellenart 2 das Renommee des Verlags einen gewissen Indikator für die Qualität der Arbeit darstellt (vgl. im Band

Planen, Durchführen und Auswerten den Abschnitt 5.6.1 zur Frage, wie man die Qualität von Literaturquellen abschätzen kann).

Die Quellenarten 4 bis 8 kommen in einer guten Arbeit allenfalls sehr vereinzelt vor. Die Quellenarten 9 bis 12 sind als Beleg für eine wissenschaftliche Aussage nie geeignet, sie können aber gelegentlich zur Illustration dienen, z.B. wenn Sie durch die Zitation eines Zeitungsartikels darauf hinweisen möchten, dass ein Thema in der Öffentlichkeit gerade auf breites Interesse stößt oder diskutiert wird. Auch wenn Sie darauf hinweisen möchten, dass z.B. in Publikumszeitschriften wissenschaftliche Sachverhalte falsch dargestellt werden, müssen Sie diese – eigentlich nicht zitationswürdigen – Quellen zitieren.

Wichtig ist die Unterscheidung zwischen *Primär- und Sekundärliteratur*. Als Primärliteratur bezeichnet man die Veröffentlichungen von empirischen Studien. Sekundärliteratur meint hingegen Arbeiten, in denen die Ergebnisse aus anderen Primärquellen zusammengefasst, integriert etc. werden. Lehrbuchtexte, Fachlexikon-Artikel sowie alle journalistischen Texte (Zeitungsartikel und [populärwissenschaftliche] Texte z.B. in Publikumszeitschriften) gehören zur Sekundärliteratur. Wenn es darum geht, empirische Befunde aus anderen Arbeiten darzustellen, sollten Sie als Quelle dafür keine Sekundärliteratur verwenden. Bei Sekundärliteratur besteht nämlich immer die Gefahr, dass die Autoren der Sekundärquelle etwas falsch aus der Primärquelle übernommen haben. Um zu vermeiden, dass solche Fehler in Ihre Arbeit transportiert werden, müssen Sie sich stets die Primärquelle besorgen und daraus zitieren (für Ausnahmen siehe Abschnitt 8.6). Wenn in einer Sekundärquelle allerdings neue Ideen, Schlussfolgerungen oder Modelle entwickelt werden, dann ist die Sekundärquelle *für diese theoretischen Ausführungen* durchaus zitationswürdig. Derartige eigenständige theoretische Denkleistungen findet man üblicherweise jedoch nicht in Lexika oder Lehrbüchern, sondern nur in sogenannten *Überblicksarbeiten* (engl. *reviews*), deren Ziel es ist, auf der Grundlage des Studiums der Primärquellen bestehende Befunde theoretisch zu integrieren oder Widersprüche in der Forschung aufzudecken und zu erklären. Überblicksarbeiten werden meist als Artikel in einer Peerreview-Fachzeitschrift oder – seltener – in einem wissenschaftlichen Buch veröffentlicht, gehören also zur Quellenart 1 oder 2 aus Tabelle 8.1.

Ein weiterer wichtiger Punkt bei der Zitationswürdigkeit ist die *dauerhafte Verfügbarkeit* der *unveränderten* Quelle. Wissenschaftliche Arbeiten müssen auch nach Jahrzehnten noch nachvollziehbar sein. Das ist nur möglich, wenn man sich die zitierte Quelle auch noch in ferner Zukunft beschaffen kann. Sicher gewährleistet ist dies lediglich bei Quellen, die über einen Verlag veröffentlicht wurden, da diese Werke in Bibliotheken archiviert werden. Bei unveröffentlichten (Forschungs-)Berichten (Quellenart 3) und unveröffentlichten Abschlussarbeiten (Quellenart 5) ist dies nur eingeschränkt gegeben. Auch Texte aus dem Internet – abgesehen von bestimmten Online-Fachzeitschrift wie *PLoS ONE*, die eine dauerhafte Archivierung sicherstellen – erfüllen diese Anforderung meist nicht (vgl. Abschnitt 9.2.6).

8.3   Wann verwende ich welchen Zitationsstil?

Hinsichtlich der Quellenbelege *im Text* gilt: Sofern Sie Ihre Arbeit im Fach Psychologie anfertigen und auf Deutsch schreiben, verwenden Sie den DGPs-Zitationsstil – den stellen wir in diesem Kapitel und in Kapitel 9 im Detail vor. Schreiben Sie Ihre Arbeit auf Englisch, dann verwenden Sie den APA-Zitationsstil, der sich nur in Kleinigkeiten vom DGPs-Stil unterscheidet. Auf die wichtigsten Unterschiede werden wir hinweisen, sodass Sie sich auch dann, wenn Sie dem APA-Stil folgen, an unserem Buch orientieren können.

Studieren Sie nicht Psychologie, sondern ein anderes Fach der (empirischen) Sozialwissenschaften, gilt mit etwa 90 %iger Wahrscheinlichkeit dasselbe wie für Psychologiestudierende. Sicherheitshalber fragen Sie aber bei Ihrem Betreuer nach, an welchen Zitationsstil Sie sich halten sollen.

Für die Gestaltung der Quellenangaben *im Literaturverzeichnis* (den Literatureintrag) ist entscheidend, ob Sie innerhalb Ihres Textes nach dem APA- oder dem DGPs-Stil zitiert haben. Haben Sie im Text den APA-Stil verwendet, stehen auch alle Literatureinträge – egal in welcher Sprache – im APA-Stil. Haben Sie sich im Text an den DGPs-Stil gehalten, tun Sie dies auch im Literaturverzeichnis. Allerdings haben Sie bei Verwendung des DGPs-Stils im Literaturverzeichnis bezüglich der Abkürzungen (wie *Kap.*, *Aufl.*, *Hrsg.*, *S.*, *Bd.*) die Wahl zwischen drei Optionen: (a) Sie verwenden für alle Quellen die deutschsprachigen Abkürzungen, (b) Sie verwenden für alle Quellen die englischsprachigen Abkürzungen oder (c) Sie verwenden für deutschsprachige Quellen deutschsprachige Abkürzungen und für englischsprachige Quellen englischsprachige Abkürzungen (DGPs, 2007, S. 85; für weitere Ausführungen zu den Abkürzungen vgl. Abschnitt 9.1). Andere Kombinationen oder Mischungen sind nicht erlaubt. Wir würden Ihnen der Einfachheit halber zu Option (a) raten.

8.4   Quellenangaben im Text (Kurzverweise)

In diesem Abschnitt stellen wir Ihnen zunächst vor, welche prinzipiellen Varianten der Quellenangabe im Text es gibt (Abschnitt 8.4.1). Da sich die Details der Angabe je nachdem, wie viele Autoren eine Literaturquelle hat, unterscheiden, gehen wir zunächst auf diesen Aspekt ein (Abschnitte 8.4.2 bis 8.4.5). Auch Quellen, deren Autor eine Institution ist (man spricht hier von Körperschaftsautoren), haben ihre eigene Form der Quellenangabe (Abschnitt 8.4.6). Die anschließenden Abschnitte befassen sich mit weiteren Besonderheiten, nämlich dem Fall, dass in Ihrem Text zwei verschiedene Erstautoren mit demselben Familiennamen vorkommen (Abschnitt 8.4.7), dass zwei verschiedene Quellen identische Kurzverweise haben (Abschnitt 8.4.8) und dass Sie mehrere Quellenangaben in einem Klammerausdruck unterbringen wollen (Abschnitt 8.4.9). Was Sie beachten müssen, wenn Sie auf bestimmte Seiten oder Teile einer Quelle verweisen möchten, wird in Abschnitt 8.4.10 erläutert. Auf die Kurzverweise für noch nicht erschienene Quellen, für Quellen ohne Jahresangabe und für wiederveröffentlichte Werke gehen wir in Abschnitt 8.4.11 ein. Eine besondere Quellenform sind persönliche Mitteilungen – deren Beleg widmet sich Abschnitt 8.4.12. Eine Zusammenfassung der häufigsten Fälle von Kurzverweisen erfolgt in Abschnitt 8.4.13.

8.4.1   Generelle Möglichkeiten der Quellenangabe

Oben wurde die Unterscheidung zwischen wörtlichen (direkten) und sinngemäßen (indirekten) Zitaten getroffen. Da wir in Abschnitt 8.5 auf Besonderheiten wörtlicher Zitate eingehen, beschränken wir uns hier auf sinngemäße Zitate. Bei sinngemäßen Zitaten gibt man im Text einen Kurzhinweis auf die Quelle, bestehend aus dem *Nachnamen des Autors* (bzw. den Nachnamen mehrerer Autoren; vgl. Abschnitte 8.4.3 bis 8.4.5) und dem *Erscheinungsjahr*. Da Sie nicht wörtlich zitieren, setzen Sie keine Anführungszeichen. Es gibt prinzipiell drei Möglichkeiten, wie Sie im Text auf eine Quelle verweisen können:

Variante 1: Am Ende einer zu belegenden Aussage (Name und Erscheinungsjahr in Klammern)

> Es wurde bestätigt, dass Frauen im Vergleich zu Männern mehr Schuhe kaufen (Blahnik, 1997).

> *Oder (kürzer):* Frauen kaufen im Vergleich zu Männern mehr Schuhe (Blahnik, 1997).

Variante 2: Nennung des Namens im Text (Erscheinungsjahr in Klammern)

> Wie Blahnik (1997) belegt hat, kaufen Frauen im Vergleich zu Männern mehr Schuhe.

Variante 3: Autorenname und Erscheinungsjahr werden beide in den Text integriert

> In seiner 1997 veröffentlichten Studie schreibt Blahnik, dass Frauen im Vergleich zu Männern mehr Schuhe kaufen.

Die Varianten 1 und 2 sind die am häufigsten benutzten Möglichkeiten der Quellenangabe. Variante 3 mag auf den ersten Blick besonders elegant erscheinen (und ist formal auch korrekt), ist aus Sicht des Lesers jedoch ungünstig. Angenommen, ein Leser hat im Literaturverzeichnis eine interessante Quelle gefunden und möchte nun im Text nachschauen, in welchem Kontext diese zitiert wird. Er kennt also den Autorennamen (*Blahnik*) und das Erscheinungsjahr (*1997*), nach denen er den Text überfliegt. Stehen diese Angaben, wie bei Variante 1 und 2, dicht beieinander, sind sie salienter und einfacher aufzuspüren als in einer auseinandergezogenen Form wie in Variante 3. Zudem ist Variante 3 länger als Variante 1 oder 2, enthält dabei aber keineswegs mehr Information. Tatsächlich kann man den Standpunkt vertreten, dass in Variante 3 irrelevante Informationen unnötig hervorgehoben werden, während die eigentliche Aussage in den Hintergrund tritt. In unseren Fächern stehen, anders als z.B. in einigen Geisteswissenschaften, meist die Inhalte einer Aussage im Vordergrund (z.B. „Frauen kaufen im Vergleich zu Männern mehr Schuhe"). *Von wem* die Studie stammt, mit der das belegt wurde, ist weniger interessant. Auch *in welchem Jahr* diese veröffentlicht wurde, interessiert meist kaum.[40] Diese Informationen benötigt man v.a., um die Quelle im Literaturverzeichnis zu finden. In Variante 3 werden aber gerade diese beiden Informationen dadurch, dass Sie im ersten Halbsatz stehen, in den Vordergrund gerückt. Die inhaltlich bedeutsame Aussage versteckt sich in dem Nebensatz hinter „dass ...".

In abgeschwächter Form lässt sich das letzte Argument auch gegen Variante 2 vorbringen: Dass der Befund von Blahnik stammt, ist nicht wirklich relevant – wichtiger ist die Aussage an sich. Dem Autor wird hier also unnötig viel Beachtung geschenkt. In Variante 1 werden Autor und Erscheinungsjahr nur in der Klammer am Ende der Aussage erwähnt. Damit legt diese Variante die Betonung auf die inhaltliche Aussage – das entspricht dem Selbstverständnis der meisten Wissenschaftler, nämlich dass die Aussage wichtiger ist als deren Urheber.

Wenngleich Variante 1 und 2 beide sehr gebräuchlich sind, ist Variante 1 dennoch die üblichere Form und sollte auch in Ihrem Text die Standardvariante sein, die Sie jedoch gern gelegentlich mit Variante 2 und – eher selten – mit Variante 3 abwechseln dürfen. Variante 1 bietet sich auch besonders dann an, wenn Sie mehrere Quellen haben, die alle denselben Befund bzw. dieselbe Aussage bestätigen. Dann setzt man mehrere Quellen in eine Klammer (vgl. Abschnitt 8.4.9). Dabei werden die Quellen in der Klammer *alphabetisch sortiert* (nicht etwa nach dem Erscheinungsjahr). Das heißt, die Quellen stehen in genau der Reihenfolge, wie sie auch im Literaturverzeichnis erscheinen (vgl. Abschnitt 9.4), wie in diesem Beispiel:

> Es wurde bestätigt, dass Frauen im Vergleich zu Männern mehr Schuhe kaufen (Blahnik, 1994, 1997; Boot et al., 2007; Pump, Shoe & Makers, 2001).

Beachten Sie: Die Quellenangaben können zwar wie in dem Beispiel am Ende eines Satzes in einer Klammer zusammengefasst werden, aber sie stehen immer *innerhalb* des Satzes, der die zu belegende Aussage enthält. Der Punkt, der den Satz abschließt, muss daher *nach* der Klammer folgen.

Es ist auch möglich, innerhalb der Klammer zusätzliche Hinweise für den Leser anzugeben, etwa um welche Art von Quelle es sich handelt bzw. was man in der Quelle findet. Man macht dies insbesondere dann, wenn man nicht auf experimentelle Studien, sondern auf Überblicksartikel (Reviews) verweist, um diese als solche zu kennzeichnen. Eine übliche Formulierung dafür zeigt das folgende Beispiel:

> Das Schuhkaufverhalten von Frauen wird stärker durch Persönlichkeitsvariablen und aktuelle Stimmungen beeinflusst als bei Männern (vgl. Heel & Sole, 2003, für einen Überblick).

---

40 Ein häufiger Fehler bei Verwendung von Variante 3 ist, dass zu einer Studie, die 1997 *veröffentlicht* wurde, z.B. geschrieben wird: „Blahnik fand 1997, dass ...". Allerdings ist das Veröffentlichungsjahr einer Arbeit selten identisch mit dem Jahr der Durchführung bzw. Auswertung der entsprechenden Studie. Wenn die Studie 1997 *publiziert* wurde, ist Blahnik vermutlich bereits 1996, 1995 oder noch früher zu seinen Ergebnissen gelangt.

Eine *Seitenangabe* ist *bei sinngemäßen Zitaten* nicht erforderlich und wird auch nur selten gemacht (für wörtliche Zitate vgl. Abschnitt 8.5). Allerdings empfiehlt die APA (2010), insbesondere wenn Sie aus einem langen Text zitieren, die Angabe der Seite, auf dem dieser Gedanke in der Originalquelle steht (alternativ kann man auch das Kapitel bzw. den Abschnitt angeben). Der Hintergrund ist, dass der interessierte Leser, der sich tatsächlich die Originalquelle besorgt, in der Lage sein sollte, die Stelle zu finden, auf die Sie sich in Ihrem indirekten Zitat beziehen. Eine Seiten- oder Kapitelangabe ist daher nicht erforderlich, wenn Sie die Hauptaussage eines Zeitschriftenartikels in eigenen Worten zusammenfassen. Wenn Sie aber z.B. aus einem 300-seitigen Buch einen Nebengedanken oder -befund zitieren, der auf Seite 173 steht, wäre es dem interessierten Leser ohne Seiten- oder zumindest Kapitelangabe kaum möglich nachzuvollziehen, ob Sie diese Aussage korrekt wiedergegeben haben, weil er die entsprechende Stelle gar nicht findet. Wir möchten daher dazu anregen, zumindest bei indirekten Zitaten aus Büchern auch anzugeben, auf welches Kapitel bzw. welche Seiten Sie sich beziehen. Wie Sie das korrekt machen, erläutern wir in Abschnitt 8.4.10.

Ein häufiger Fehler von Studierenden ist, den Inhalt eines gesamten Absatzes sinngemäß aus einer (oder mehreren) Quelle zu entnehmen und erst am Absatzende auf diese Quelle (bzw. diese Quellen) zu verweisen. *Der Leser muss nämlich zu jedem Zeitpunkt nachvollziehen können, woher jede einzelne Aussage stammt.* Bei einer Quellenangabe am Absatzende ist aber unklar, ob sie sich nur auf den letzten Satz oder auf den gesamten Absatz beziehen soll. Falls Sie sich einmal über einen längeren Abschnitt auf nur eine Quelle stützen, sollten Sie dies dem Leser am Anfang einer Aussage klarmachen, wie in diesem Beispiel:

> Das Mehrspeicher-Gedächtnismodell von Atkinson und Shiffrin (1968) wird von diesen folgenderweise beschrieben: …

Hier könnten Sie über mehrere Sätze hinweg das Gedächtnismodell beschreiben und dem Leser ist trotzdem stets klar, dass Sie sich dabei auf den Text von Atkinson und Shiffrin (1968) stützen. Zusätzlich können Sie bei längeren indirekten Zitaten durch Verwendung des Konjunktivs I verdeutlichen, dass Sie fremde Aussagen referieren (vgl. Abschnitt 3.5.7).

Wenn es in Ihrem Text häufig vorkommt, dass Sie sich über mehrere Sätze bzw. Absätze hinweg auf nur eine Quelle beziehen, haben Sie aber vermutlich ein inhaltliches Problem: Sie erzählen dann nämlich bestehende Texte nach. Von einem guten wissenschaftlichen Text erwartet man hingegen, dass Inhalte verschiedener Quellen integriert und diese durch eigene Überlegungen verbunden werden. Dadurch entsteht automatisch ein häufigerer Wechsel verschiedener Quellen und eigener Gedanken, sodass man gar nicht in die Verlegenheit gerät, über lange Passagen hinweg immer wieder dieselbe Quelle zitieren zu müssen.

Wenn Sie dasselbe Werk *innerhalb desselben Absatzes* wiederholt zitieren, braucht nach dem ersten Kurzbeleg das Erscheinungsjahr nicht erneut angeführt zu werden, sofern dadurch die Eindeutigkeit der Quellenangabe nicht gefährdet wird. Dies gilt allerdings nur, wenn Sie die Zitationsvarianten 2 und 3 verwenden. Bei Zitationsvariante 1, bei der der Autorenname in Klammern steht, müssen Sie das Jahr jedes Mal angeben.

In einer Stichprobe von Krankenhauspatienten fand Assayer (2003), dass die Lebenszufriedenheit mit ... Weiterhin fand Assayer Zusammenhänge zwischen ... Die Studie zeigte ferner, dass die subjektive Selbstbestimmung einen stärkeren Einfluss auf die Lebenszufriedenheit hat als der objektive Gesundheitszustand (Assayer, 2003).

Bei der ersten Nennung im Absatz ist die Jahreszahl der Quelle stets anzugeben. Im Beispiel kann die Jahresangabe bei der zweiten Nennung („Weiterhin fand Assayer ...") entfallen. Beim letzten Satz des Beispiels ist die Jahreszahl wieder angegeben, da hier die Zitationsvariante 1 gewählt wurde: Steht der Autorenname in Klammern, muss die Jahreszahl immer dazu genannt werden. Allerdings hätten Sie den letzten Satz auch so umformulieren können, dass die Jahreszahl nicht genannt zu werden braucht. Beispielsweise hätten Sie schreiben können: „Die Studie von Assayer zeigte ferner, dass ... als der objektive Gesundheitszustand." Wenn Sie in einem Absatz mehrere Werke desselben Autors bzw. Autorenteams zitieren (z.B. „Assayer, 2003" und „Assayer, 2007"), müssen Sie die Jahreszahl stets angeben, da sonst nicht eindeutig ist, auf welche der Arbeiten Sie sich beziehen.

8.4.2 Werke eines Einzelautors

Wenn Sie Werke zitieren, die nur einen Autor haben, bestehen die drei oben angeführten Varianten. Wir veranschaulichen diese mit neuen Beispielen.

Variante 1: Am Ende einer zu belegenden Aussage (Name und Erscheinungsjahr in Klammern)

Bis zum Alter von etwa 10 Jahren verstehen Kinder ironische Bemerkungen nicht (Witted, 2004).

Variante 2: Nennung des Namens im Text (Erscheinungsjahr in Klammern)

Witted (2004) fand, dass Kinder bis zum Alter von etwa 10 Jahren ironische Bemerkungen nicht verstehen.

Variante 3: Autorenname und Erscheinungsjahr werden beide in den Text integriert

Eine Studie von Witted aus dem Jahr 2004 zeigt, dass Kinder bis zum Alter von etwa 10 Jahren ironische Bemerkungen nicht verstehen.

8.4.3 Werke von zwei Autoren

Hat eine Quelle zwei Autoren, werden deren Nachnamen im Text durch *und* verbunden. Innerhalb von Klammern sowie in Tabellen und im Literaturverzeichnis steht statt des *und* das &-Zeichen.

Variante 1: Am Ende einer zu belegenden Aussage (Namen und Erscheinungsjahr in Klammern; Namen durch & verbunden)

Studierende, die mehr als fünf Tassen Kaffee am Tag trinken, lassen sich in Vorlesungen leichter ablenken (Müller & Meier, 1988).

Variante 2: Nennung der Namen – durch *und* verbunden – im Text (Erscheinungsjahr in Klammern)

> Laut der Studie von Müller und Meier (1988) lassen sich Studierende, die mehr als fünf Tassen Kaffee am Tag trinken, in Vorlesungen leichter ablenken.

Variante 3: Autorennamen und Erscheinungsjahr werden beide in den Text integriert

> Laut einer von Müller und Meier im Jahr 1988 veröffentlichten Untersuchung, lassen sich Studierende, die mehr als fünf Tassen Kaffee am Tag trinken, in Vorlesungen leichter ablenken.

8.4.4   Werke von drei bis fünf Autoren

Bei drei bis fünf Autoren werden *bei der ersten Nennung* der Quelle im Text *sämtliche* Autoren angegeben. Dabei werden die Autorennamen durch Kommata getrennt, zwischen dem letzten und vorletzten Namen schreibt man im Text das Wort *und*, bei Quellenangaben innerhalb von Klammern (sowie in Tabellen und im Literaturverzeichnis) steht statt *und* ein &.[41]

Wird dieselbe Quelle *wiederholt* in Ihrer Arbeit zitiert, werden – ab der zweiten Nennung – die Autorennamen abgekürzt durch den Namen des Erstautors gefolgt von „et al.". Diese Abkürzung steht für „et alii" und bedeutet „und andere". Wir demonstrieren das an den folgenden Beispielen.

Variante 1: Am Ende einer zu belegenden Aussage (Namen und Erscheinungsjahr in Klammern)

> Kinder, die täglich Schokolade essen, sind zufriedener (Kakoue, Schoklet & Fannie, 1997). … Ferner führt der tägliche Schokoladenkonsum zu mehr Karies (Kakoue et al., 1997).

Variante 2: Nennung der Namen im Text (Erscheinungsjahr in Klammern)

> Nach Kakoue, Schoklet und Fannie (1997) sind Kinder, die täglich Schokolade essen, zufriedener. … Ferner fanden Kakoue et al. (1997), dass der tägliche Schokoladenkonsum zu mehr Karies führt.

Variante 3: Autorennamen und Erscheinungsjahr werden beide in den Text integriert

> Eine 1997 von Kakoue, Schoklet und Fannie publizierte Studie zeigte, dass Kinder, die täglich Schokolade essen, zufriedener sind. … Laut der Studie von Kakoue et al. aus dem Jahr 1997 führt der tägliche Schokoladenkonsum zu mehr Karies. [Diese Variante ist unnötig umständlich und nicht empfehlenswert.]

---

41 Hier besteht ein Unterschied zum APA-Zitationsstil: Im Englischen (v.a. im Amerikanischen) ist es üblich, bei einer Aufzählung von drei oder mehr Elementen, also auch bei einer Aufzählung von drei oder mehr Autorennamen, auch hinter dem *vorletzten* Namen – vor das *and* bzw. & – ein Komma zu setzen. Im Englischen wäre es nach APA-Stil also korrekt zu schreiben: „Brown, Green, and Schwartz (1997) …" bzw. „… (Brown, Green, & Schwartz, 1997)". Diese Schreibweisen sollten Sie aber nur verwenden, wenn Sie Ihre Arbeit in Englisch verfassen. Im Deutschen steht vor *und* bzw. & kein Komma.

Selbstverständlich können Sie die Varianten 1 bis 3 mischen, also z. B. schreiben:

> Nach Kakoue, Schoklet und Fannie (1997) sind Kinder, die täglich Schokolade essen, zufriedener. ... Ferner führt der tägliche Schokoladenkonsum zu mehr Karies (Kakoue et al., 1997). ... Kakoue et al. (1997) gehen nicht auf die Frage ein, ob dasselbe Ausmaß an Zufriedenheit bei den Kindern auch durch eine zuckerfreie, nicht kariogene Schokolade zu erreichen wäre.

Manchmal kommen in einem Text Quellen vor, die aus demselben Jahr stammen und denselben Erstautor haben, z. B. „Brown, Green und Schwartz (1997)" und „Brown, Purple und Amber (1997)". In solchen Fällen wäre ein abgekürzter Verweis in der Form „Brown et al. (1997)" mehrdeutig – man könnte nicht unterscheiden, welche der beiden Quellen gemeint ist. Wie Sie in diesem und ähnlichen Fällen verfahren, wird in Abschnitt 8.4.8 behandelt.

8.4.5   Werke von sechs oder mehr Autoren

Bei sechs oder mehr Autoren gibt man stets, auch beim ersten Auftreten im Text, nur den Namen des Erstautors – gefolgt von *et al.* – an. (Zur Angabe im Literaturverzeichnis vgl. Abschnitt 9.2.2.2.) Entstehen aufgrund dieser Abkürzung Mehrdeutigkeiten, d. h., haben zwei verschiedene Quellen denselben Kurzverweis, verfährt man wie in Abschnitt 8.4.8 angegeben.

Variante 1: Am Ende einer zu belegenden Aussage (Name des Erstautors mit *et al.* und Erscheinungsjahr in Klammern)

> Geringe Leistungsmotivation lässt sich durch extrinsische Anreize steigern (McDonalds et al., 2008).

Variante 2: Name des Erstautors mit *et al.* im Text (Erscheinungsjahr in Klammern)

> Nach McDonalds et al. (2008) lässt sich geringe Leistungsmotivation durch extrinsische Anreize steigern.

Variante 3: Name des Erstautors mit *et al.* und Erscheinungsjahr werden beide in den Text integriert

> Eine Studie von McDonalds et al., die im Jahr 2008 erschienen ist, bestätigt, dass sich geringe Leistungsmotivation durch extrinsische Anreize steigern lässt.

8.4.6   Körperschaftsautoren und Werke ohne Autoren

Bei manchen Quellen handelt es sich bei den Autoren nicht um natürliche Personen, sondern um eine Institution, eine Behörde, ein Ministerium, einen Verein o. Ä. Derartige Autoren bezeichnet man als *Körperschaftsautoren*. Sie sollten Körperschaftsnamen generell bei jeder Nennung im Text ausschreiben. Wie allgemein bei Abkürzungen üblich (vgl. Abschnitt 5.4), können Sie für lange oder umständliche Bezeichnungen, z. B. *Bundesministerium für Bildung und Forschung*, auch Abkürzungen (hier: BMBF) einführen, die Sie dann bei wiederholten Zitationen im Text verwenden. Dies sollten Sie allerdings nur bei geläufigen Abkürzungen tun, die der Leser einfach dechiffrieren kann. Bei wenig bekannten Körperschaften sollten Sie den vollständigen Namen verwenden. Im Literaturverzeichnis erscheint die Körperschaft stets ausgeschrieben. Hier eine Veranschaulichung von Kurzverweisen auf die Quelle eines Körperschaftsautors:

> Die Zitierrichtlinien der Deutschen Gesellschaft für Psychologie (DGPs, 2007) beinhalten … Die deutschen Zitierrichtlinien (DPGs, 2007) orientieren sich überwiegend an dem amerikanischen Vorbild. [Erläuterung: Beim ersten Auftreten wird „Deutsche Gesellschaft für Psychologie" ausgeschrieben und – in Klammern – die Abkürzung hinzugefügt. Beim weiteren Auftreten wird nur noch die Abkürzung verwendet.]

Beachten Sie, dass die Einführung einer Abkürzung *innerhalb einer Klammer* mittels eckiger Klammern erfolgt:

> In Deutschland hängt der erreichte Schulabschluss stärker als in den meisten anderen europäischen Ländern vom sozioökonomischen Status der Eltern ab (Bundesministerium für Bildung und Forschung [BMBF], 2012).

Ist bei einem Werk kein Autor angegeben – auch kein Körperschaftsautor – dann verwendet man im Text die ersten Wörter, unter denen die Quelle im Literaturverzeichnis eingetragen ist (in der Regel ist dies der Titel der Quelle), und das Jahr. Derartige Fälle treten z. B. bei Wörterbüchern auf:

> Im *Duden* (2010) findet man …
>
> … (*Collins English dictionary*, 2006).

In den beiden Beispielen sind die Titel bzw. Titelanfänge kursiv gesetzt, da es sich um Buchtitel handelt. Im Falle von Zeitschriftenartikeln würde man die Titel(-anfänge) in Anführungszeichen setzen (vgl. Abschnitt 5.1).

8.4.7 Erstautoren mit identischem Familiennamen

Wenn in Ihrem Text zwei oder mehr Erstautoren denselben Familiennamen haben, müssen Sie bei jeder Nennung die Initialen dieser Autoren mit angeben, sofern sie als Erstautoren auftreten. Dies ist auch dann der Fall, wenn die zitierten Werke aus verschiedenen Jahren stammen und somit auch ohne Initialen die Zuordnung über das Literaturverzeichnis eindeutig wäre. Im Band *Planen, Durchführen und Auswerten* wurden beispielsweise ein D. H. Rost und ein F. Rost zitiert, außerdem ein D. B. Rubin und ein D. C. Rubin. Entsprechende Zitationen gestalten sich so:

> D. H. Rost (2013) … D. H. Rost et al. (2010) … F. Rost (2012) …
>
> D. B. Rubin (1976) … D. C. Rubin und Wenzel (1996) …

Beachten Sie, dass nur die *Initialen des Erstautors* angegeben werden. Die Literatureinträge

> Schmitt, A., Müller, B. & Schmitt, S. (2007). …
>
> Schmitt, D. C., Meyer, F. & Schulze, K. H. (1998). …
>
> Schmitt, S. & Schmitt, A. (2014). …

würden im Text also folgendermaßen zitiert:

> A. Schmitt, Müller und Schmitt (2007) haben gefunden, dass ... Die Studie von S. Schmitt und Schmitt (2014) hat hingegen gezeigt, dass ... Dies ist nicht vereinbar mit früheren Befunden (z.B. D. C. Schmitt, Meyer & Schulze, 1998), in denen ...

In dem extrem seltenen Fall, dass in Ihrer Arbeit zwei Erstautoren mit demselben Familiennamen und denselben Initialen zitiert werden, schreiben Sie die Vornamen dieser Erstautoren aus:

> ... Arnold Schmitt (2011) ... Andrea Schmitt (2014) ...

> ... (Arnold Schmitt, 2011) ... (Andrea Schmitt, 2014) ...

Im Literaturverzeichnis würden Sie die ausgeschriebenen Vornamen den Initialen in eckigen Klammern hinzufügen:

> Schmitt, A. [Andrea]. (2014). Die Unmöglichkeit des Glücks. *Zeitschrift für Spekulationen, 11,* 48–55.

> Schmitt, A. [Arnold]. (2011). The relation of promiscuity and hair length. *Journal of Incidental Findings, 32,* 243–249.

8.4.8 Vorgehen bei Quellen mit identischen Kurzverweisen

Manchmal kommen in einem Text Quellen vor, die aus demselben Jahr stammen und denselben Erstautor haben, z.B. „Brown, Green und Schwartz (1997)" und „Brown, Purple und Amber (1997)". In solchen Fällen wäre ein abgekürzter Verweis (vgl. Abschnitte 8.4.4 und 8.4.5) in der Form „Brown et al. (1997)" mehrdeutig, da er sich auf beide Quellen beziehen kann. Um derartige Mehrdeutigkeiten zu vermeiden, müssen in der abgekürzten Form so viele Autoren angegeben werden, bis Eindeutigkeit hergestellt ist. In unserem Beispiel würden die beiden Arbeiten bei weiteren Zitationen im Text also als „Brown, Green et al. (1997)" bzw. „Brown, Schwartz et al. (1997)" zitiert werden. Auch die Schreibung in Klammern – nach Variante 1 – erfolgt analog: „(Brown, Green et al., 1997)" bzw. „(Brown, Schwartz et al., 1997)".

Bei Quellen aus demselben Jahr kann es auch bei Aufführung aller Autoren dazu kommen, dass die Kurzverweise identisch sind. Es ist gar nicht so selten, dass man zwei oder mehr Arbeiten desselben Autors (bzw. derselben Autorengruppe) aus einem Jahr hat:

> Wilcox, R. R. (2012a). *Introduction to robust estimation and hypothesis testing* (3. Aufl.). Amsterdam: Academic Press.

> Wilcox, R. R. (2012b). *Modern statistics for the social and behavioral sciences: A practical introduction.* Boca Raton, FL: Taylor & Francis.

Um diese beiden Werke vom selben Autor aus demselben Erscheinungsjahr unterscheiden zu können, werden sie mit kleinen Buchstaben (a, b, c etc.) unmittelbar nach dem Erscheinungsjahr gekennzeichnet, und zwar in der Reihenfolge, wie sie im Literaturverzeichnis – anhand ihres Titels – sortiert werden (vgl. Abschnitt 9.4). Im Text erfolgt die Zitation dann in der Form „Wilcox (2012a)", „Wilcox (2012b)" bzw. „(Wilcox, 2012a)", „(Wilcox, 2012b)".

8.4.9 Mehrere Quellenangaben in einer Klammer

Man kann mehrere Quellen innerhalb einer Klammer angeben. Das ist z.B. dann angebracht, wenn es für einen Befund oder eine Aussage mehrere Belege gibt. Die Quellenangaben erscheinen innerhalb der Klammer *in derselben Reihenfolge, in der sie im Literaturverzeichnis auftreten* (vgl. Abschnitt 9.4) und werden durch *Semikolons* voneinander getrennt:

> Für Reaktionszeitdaten eignen sich insbesondere die logarithmische sowie die inverse Transformation (Ratcliff, 1993; Whelan, 2008).

Wenn man innerhalb einer Klammer mehrere Quellen vom selben Autor angibt, dann wird der Autor nur einmal genannt und anschließend werden die Jahreszahlen aufgeführt, die durch *Kommata* voneinander getrennt sind. Wird von einem Autor mehr als ein Werk aus demselben Jahr zitiert, werden die Jahreszahlen mit dem hinzugefügten kleinen Buchstaben aufgeführt (z.B. 2012a, 2012b; vgl. Abschnitt 8.4.8) – die Jahreszahl wird dabei stets wiederholt:

> Nichtparametrische Verfahren (Wilcox, 2010, 2012a, 2012b) …

> Wilcox (2010, 2012a, 2012b) erörtert die Vorzüge nichtparametrischer Verfahren …

Dasselbe Prinzip gilt auch für Quellen mit derselben *Autorengruppe*:

> Müller und Meier (1995, 2004a, 2004b)

> (Müller & Meier, 1995, 2004a, 2004b)

Aber beachten Sie: Wenn die eine Arbeit von „Müller und Meier" stammt, die andere hingegen von „Meier und Müller", dann dürfen Sie nicht die obige, verkürzte Form nutzen, sondern müssten z.B. schreiben „(Meier & Müller, 2004; Müller & Meier, 1995)".

In Klammern können die oben erklärten Fälle auch kombiniert auftreten. Beachten Sie im folgenden Beispiel, dass zwischen den Werken verschiedener Autoren bzw. Autorengruppen ein *Semikolon* steht, zwischen Werken desselben Autors bzw. derselben Autorengruppe aus unterschiedlichen Jahren setzt man hingegen ein *Komma*:

> (Bredenkamp, 1972, 1980; Erdfelder, 2004; Erdfelder & Bredenkamp, 1994, 2011; Tack, 2005; Wilcox, 2010, 2012b)

8.4.10 Seitenangaben und Angaben bestimmter Teile einer Quelle

Seitenangaben sind zwar nur bei wörtlichen Zitaten zwingend erforderlich, aber wie wir in Abschnitt 8.4.1 ausgeführt haben, auch bei sinngemäßen Zitaten aus umfangreicheren Werken wünschenswert. Bei sinngemäßen Zitaten kann es sinnvoll sein, statt auf konkrete Seiten auf andere definierte Teile einer Quelle – z.B. auf Abschnitte, Paragraphen oder Kapitel – zu verweisen. Innerhalb von Klammern sind „Seite(n)" und „Kapitel" durch „S." bzw. „Kap." abzukürzen. Außerhalb von Klammern (außer in Fußnoten) präferieren wir es, diese Wörter auszuschreiben. Das ist aber unserem persönlichen ästhetischen Empfinden geschuldet und Sie dürfen auch durchgängig die Abkürzungen verwenden.

Es wurde bestätigt, dass Frauen im Vergleich zu Männern mehr Schuhe kaufen (Blahnik, 1997, S. 174).

Laut Blahnik (1997, S. 174) kaufen Frauen im Vergleich zu Männern mehr Schuhe.

Männer kaufen im Vergleich zu Frauen mehr Kürbisse (Gardener & Greengrocer, 1997, Kap. 5).

Der Untersuchung von Gardener und Greengrocer (1997, Kap. 5) zufolge, kaufen Männer im Vergleich zu Frauen mehr Kürbisse.

In Kapitel 5 ihres Buches berichten Gardener und Greengrocer (1997), dass Männer im Vergleich zu Frauen mehr Kürbisse kaufen.

8.4.11 In Druck befindliche Quellen, Quellen ohne Jahresangabe und wiederveröffentlichte (klassische) Werke

Zitiert man eine noch nicht veröffentlichte Quelle, die aber bereits (z.B. von einer Zeitschrift) zur Publikation angenommen wurde, schreibt man statt der Jahreszahl „in Druck" bzw. „in press". Ist bei einer Quelle kein Erscheinungsjahr angegeben, schreibt man „n.d." für „nicht datiert" (engl.: „n.d." für „no date" – hier übrigens ohne Leerzeichen):

Diese Aussage wurde mehrfach bestätigt (Leonhardt, n.d.; Obermaier, in Druck; Pelzig, 2012).

Klassische Texte hat man häufig nicht in der Erstausgabe, sondern in einer späteren Wiederveröffentlichung vorliegen. Um das zu verdeutlichen, gibt man hier zunächst das Erscheinungsjahr der Originalausgabe und dann – durch einen Schrägstrich getrennt – das Jahr der Wiederveröffentlichung an. Im folgenden Beispiel hatte man also eine Wiederveröffentlichung aus dem Jahr 1966 von dem erstmalig 1885 erschienenen Werk von Ebbinghaus vorliegen:

Dass Wiederholungen zur besseren Behaltensleistung beitragen, ist spätestens seit Ebbinghaus (1885/1966) unbestritten.

8.4.12 Persönliche Mitteilungen

Bei persönlichen Mitteilungen handelt es sich um Informationen in nicht veröffentlichter Form, die Sie von jemandem z.B. als E-Mail, Brief oder im persönlichen Gespräch erhalten haben. Existiert keine publizierte Quelle für dieselbe Information, ist es legitim, sich auf eine solche persönliche Mitteilung zu beziehen, auch wenn sie nicht die ansonsten an wissenschaftliche Quellen gestellte Anforderung der (dauerhaften) Verfügbarkeit für den Leser erfüllt. Aus diesem Grund sollten persönliche Mitteilungen auch eine sehr sparsam verwendete Quellenart bleiben. Da die persönliche Mitteilung den Lesern prinzipiell nicht zugänglich ist, wird sie auch nicht ins Literaturverzeichnis aufgenommen. Um etwas im Text als persönliche Mitteilung zu kennzeichnen, geben Sie die folgenden Informationen an: (a) Vornamensinitialen und Nachname der Person, von der Sie die Mitteilung erhalten haben; (b) den Hinweis „persönl. Mitteilung" (engl. „personal communication") sowie (c) ein möglichst genaues Datum der Mitteilung. Wie bei Literaturquellen kann die Person, von der Sie die persönliche Mitteilung erhalten haben, innerhalb oder außerhalb der Klammer platziert werden:

> Laut M. C. Anderson (persönl. Mitteilung, 14.06.2010) ist es möglich, ...

> Auch andere Forscher konnten diesen Befund replizieren (M. C. Anderson, persönl. Mitteilung, 14.06.2010).

8.4.13   Zusammenfassung der häufigsten Arten von Kurzverweisen

In diesem Abschnitt geben wir einen zusammenfassenden Überblick der wichtigsten und häufigsten Formen von Kurzverweisen im Text. Tabelle 8.2 zeigt an Beispielen, wie Werke beim ersten und beim wiederholten Auftreten im Text zitiert werden. Der erste entscheidende Faktor ist dabei, wie viele Autoren das Werk hat bzw. ob es sich um einen Körperschaftsautor handelt. Bei einem Körperschaftsautor ist zudem zu entscheiden, ob für diesen eine dem Leser geläufige Abkürzung existiert (dann führt man die Abkürzung bei der ersten Nennung ein) oder nicht (dann wird der Körperschaftsautor immer ausgeschrieben). Hinsichtlich der Zitationsvarianten haben wir uns auf die in Abschnitt 8.4.1 dargestellten Varianten 1 und 2 beschränkt, da Variante 3 von uns generell nicht empfohlen wird und üblicherweise allenfalls bei der ersten Nennung einer Quelle im Text Verwendung findet.

Tabelle 8.2. Zusammenfassung der häufigsten Arten von Kurzverweisen im Text

| Art und Anzahl der Autoren | Zitationsvariante | | | |
| | Erstes Auftreten | | Wiederholtes Auftreten | |
	(Name, Jahr)	Name (Jahr)	(Name, Jahr)	Name (Jahr)
Einzelautor	(Fox, 2012)	Fox (2012)	(Fox, 2012)	Fox (2012)
zwei Autoren	(Fox & Rost, 2008)	Fox und Rost (2008)	(Fox & Rost, 2008)	Fox und Rost (2008)
drei bis fünf Autoren	(Fox, Rost, Lang & Eid, 1993)	Fox, Rost, Lang und Eid (1993)	(Fox et al., 1993)	Fox et al. (1993)
sechs oder mehr Autoren	(Fox et al., 1997)	Fox et al. (1997)	(Fox et al., 1997)	Fox et al. (1997)
Körperschaftsautor (mit Abkürzung)	(Deutsches Jugendinstitut [DJI], 2011)	Deutsches Jugendinstitut (DJI, 2011)	(DJI, 2011)	DJI (2011)
Körperschaftsautor (ohne Abkürzung)	(Universität Bamberg, 2014)	Universität Bamberg (2014)	(Universität Bamberg, 2014)	Universität Bamberg (2014)

Sie sollten sich merken, dass bei der Aufzählung der Autorennamen innerhalb von Klammern „&" und außerhalb von Klammern „und" geschrieben wird – das wird oft falsch gemacht. Beachten Sie auch die Schreibweise von „et al." – ein *Punkt* steht nur nach „al".

Bei mehreren Kurzverweisen innerhalb einer Klammer wird zwischen Werken verschiedener Autoren ein Semikolon gesetzt. Die Anordnung erfolgt dabei alphabetisch – in derselben Reihenfolge, in der die Quellen im Literaturverzeichnis erscheinen (vgl. Abschnitt 9.4). Werden mehrere Werke identischer Autoren aufgezählt, verzichtet man auf eine Wiederholung der Namen und trennt die Jahreszahlen durch Kommata voneinander ab. Dazu ein Beispiel:

(Eid, 1980; Fox, 2004, 2012; Lang & Paul, 1994; Rost, 2010a, 2010b)

Wenn zwei Werke denselben Kurzverweis erhalten würden, werden diese durch Kleinbuchstaben unterschieden (z.B. „Rost, 2010a, 2010b"; vgl. Abschnitt 8.4.8). Bei Erstautoren mit identischem Familiennamen fügt man deren Initialen hinzu (z.B. „A. Freud" und „S. Freud"; vgl. Abschnitt 8.4.7).

8.5   Wörtliche Zitate

Wörtliche Zitate werden in der Psychologie und den empirischen Sozialwissenschaften selten verwendet, da es hier – anders als z.B. in vielen Geisteswissenschaften – meist nicht auf den genauen Wortlaut einer Formulierung ankommt, sondern vielmehr auf die grundlegende Aussage, den Inhalt von Theorien oder die Quintessenz von Befunden. Diese Dinge fasst man besser mit sinngemäßen (indirekten) Zitaten zusammen. Allerdings kann ein gelegentliches wörtliches Zitat sinnvoll sein, wenn z.B. die Aussage eines anderen Autors dadurch besonders prägnant wiedergegeben wird oder Sie mit Ihrer Kritik an einer bestimmten Formulierung oder Definition ansetzen wollen. Wenn wörtliche Zitate mehr als 5 % Ihres Textes ausmachen, ist dies aber definitiv zu viel.

Kurze Zitate (bis 40 zitierte Wörter) werden – mit Anführungszeichen versehen – direkt in den jeweiligen Absatz des Fließtextes geschrieben. Wir gehen auf solche Zitate und z.B. die korrekte Position der Quellenangabe in Abschnitt 8.5.1 ein. Umfasst ein Zitat mehr als 40 Wörter, setzt man es als *Blockzitat* (Abschnitt 8.5.2). Ist ein wörtliches Zitat länger als 400 Wörter, handelt es sich um ein *Langzitat*, das nur unter besonderen Umständen verwendet werden sollte (vgl. den *Exkurs: Urheberrecht bei der Übernahme von Material aus fremden Quellen* auf S. 253f.).

Wörtliche Zitate müssen prinzipiell genauso wiedergegeben werden, wie sie im Original stehen. Bestimmte kleine Änderungen, die nicht den Inhalt, sondern nur die äußere Form des Zitats betreffen, sind jedoch erlaubt, wenn sie dazu dienen, das Zitat in seinen umgebenden Satz korrekt einzubinden. In Abschnitt 8.5.3 behandeln wir genauer, welche Änderungen zulässig sind. Prinzipiell gilt, dass Zitate niemals sinnentstellend verwendet werden dürfen, d.h., neben der wortgetreuen Übernahme des Zitats ist es auch wichtig, so zu zitieren, dass die Aussage des zitierten Textes erhalten bleibt. Wie Sie damit umgehen, wenn in einem Text, den Sie zitieren wollen, ein (Druck-)Fehler enthalten ist, erfahren Sie in Abschnitt 8.5.4. Englischsprachige Zitate werden genauso behandelt wie deutschsprachige – eine Übersetzung erfolgt hier nicht, da man beim Leser ausreichende Englischkenntnisse voraussetzt. Zitieren Sie jedoch einen Text aus einer anderen Fremdsprache, müssen Sie in der Fußnote eine Übersetzung liefern (mehr dazu in Abschnitt 8.5.5).

8.5.1   Zitate im Fließtext

Wörtliche Zitate, die nicht länger als 40 Wörter sind, erscheinen im Fließtext. Dazu wird die zitierte Textstelle in „doppelte Anführungszeichen" gesetzt. Falls innerhalb des zitierten Textes bereits Anführungszeichen vorkommen, werden diese durch ‚einfache Anführungszeichen' wiedergegeben. Generell sollten Sie sich in deutschen Texten auf die doppelten und die einfachen Anführungszeichen („ " und ‚ ') beschränken. Führen Sie also nicht zusätzlich sogenannte französische Anführungszeichen (» «) o. Ä. ein. Auch fremdsprachige Zitate sollten Sie in deutsche Anführungszeichen setzen, sofern Ihr eigener Text in Deutsch verfasst ist. Ist Ihr Text in Englisch verfasst, verwenden Sie englische Anführungszeichen (" ") statt den deutschen („ "). In einer deutschsprachigen Arbeit wechseln Sie lediglich dann, wenn *innerhalb* eines *englischsprachigen* Zitats Anführungszeichen vorkommen, zu den einfachen englischen Anführungszeichen (' ').

Bei wörtlichen Zitaten muss zusätzlich zum üblichen Kurzverweis (Autor[en] und Erscheinungsjahr) die entsprechende Seite der Quelle angegeben werden. Dabei steht vor der Seitenangabe die Abkürzung „S." (bzw. „p.", wenn Sie auf Englisch schreiben). Beachten Sie, dass zwischen „S." und der Zahl ein Leerzeichen gesetzt wird. Erstreckt sich die zitierte Stelle über *mehr als zwei* Seiten, gibt man den genauen Seitenbereich an, z.B. „S. 117–119" (im Englischen „pp. 117–119"). Das ist exakter und daher besser als die Angabe „S. 117 ff." (bei dieser Form der Angabe setzt man übrigens ein Leerzeichen zwischen Zahl und „ff."). Wenn sich die zitierte Textstelle über *genau zwei* Seiten erstreckt, kann man auch „f." für „folgende Seite" verwenden, also z.B. „S. 117 f." statt „S. 117–118" schreiben. Hinsichtlich der Position der Quellenangabe gibt es zwei Varianten. Die erste Variante ist, alle Teile der Quellenangabe direkt hinter das Zitat zu setzen. Dazu zwei Beispiele:

> Der Befund, dass „Männer eine emotionalere Bindung zu ihrem Auto aufbauen als Frauen" (Carriage & Wagon, 2008, S. 213), entspricht auch der Alltagserfahrung in unserer westlichen Gesellschaft.

> Ein der Alltagserfahrung vieler Menschen entsprechender Befund der Konsumforschung ist, dass „Männer eine emotionalere Bindung zu ihrem Auto aufbauen als Frauen" (Carriage & Wagon, 2008, S. 213).

Wenn die Autoren des Zitats kurz zuvor im Text erwähnt werden, folgt das Erscheinungsjahr unmittelbar nach den Autorennamen. Bei dieser zweiten Variante wird nach dem Zitat nur noch die Seitenzahl (in Klammern) angegeben:

> Carriage und Wagon (2008) fanden, dass „Männer eine emotionalere Bindung zu ihrem Auto aufbauen als Frauen" (S. 213). Dies entspricht auch der Alltagserfahrung in unserer westlichen Gesellschaft.

Bei Zitaten, die in einen anderen Satz eingebettet werden, zitieren Sie einen abschließenden Satzpunkt des Zitats üblicherweise nicht mit. Das liegt daran, dass der einbettende Satz (z.B. „Carriage und Wagon (2008) fanden, ...") ja selbst mit einem Satzpunkt endet. Dieser Satzpunkt steht bei Zitationen im Fließtext allerdings erst hinter der Quellen- bzw. Seitenangabe, die sich an das Zitat anschließt. Würde man den Satzpunkt mitzitieren, erhielte man insgesamt einen syntaktisch nicht ganz korrekten Satz.

In den obigen Beispielen wurde das Zitat recht elegant in einen Satz eingebaut. Das ist jedoch aus grammatikalischen Gründen nicht immer möglich. Es ist daher genauso legitim, Zitate in folgender Weise nach einem Doppelpunkt zu setzen:

> Carriage und Wagon (2008) schreiben: „Wir haben belegt, dass Männer eine emotionalere Bindung zu ihrem Auto aufbauen als Frauen" (S. 213).

Beachten Sie, dass auch hier der Satzpunkt erst nach der Seitenangabe gesetzt wird. Übrigens: Bei keinem der in diesem Abschnitt verwendeten Beispiele wäre aus inhaltlicher Sicht ein wörtliches Zitat wirklich angebracht; indirekte Zitate wären hier geeigneter.

8.5.2 Blockzitate

Wenn ein wörtliches Zitat mehr als 40 Wörter umfasst, setzt man es als *Blockzitat*. Dies sieht folgenderweise aus:

> Bei mehr als 40 zu zitierenden Wörtern werden Blockzitate verwendet. Blockzitate werden eingerückt, wie Sie es an diesem Beispiel sehen. (Zusätzlich kann man eine etwas kleinere Schriftgröße und einen geringeren Zeilenabstand verwenden, aber das ist Geschmackssache.) Wichtig ist, dass Blockzitate *nicht* in Anführungszeichen gesetzt werden, da durch das Einrücken schon deutlich ist, dass es sich um ein Zitat handelt. Die Quellenangabe erfolgt am Ende des Blockzitats. (Autorenname, Erscheinungsjahr, S. xx)

Falls die Autorennamen und das Erscheinungsjahr bereits im Text – im letzten Satz vor dem Zitat – genannt werden, setzt man auch beim Blockzitat nur noch die Seitenangabe (in Klammern) an dessen Ende. Beachten Sie, dass bei Blockzitaten hinter der Klammer mit der Quellenangabe *kein Punkt* steht und dass *keine Anführungszeichen* gesetzt werden. Im Unterschied zu wörtlichen Zitaten im Fließtext wird der abschließende Satzpunkt jedoch mitzitiert. Zur Veranschaulichung:

> Renner, Heydasch und Ströhlein (2012) geben ein Beispiel dafür, wie Menschen sich im Alltag unwissenschaftlich verhalten, indem sie ihre Vermutung nicht auf die Probe stellen, sondern lediglich nach bestätigender Evidenz suchen:
>
>> So kann der Gesamteindruck, im Unternehmen habe der Stress zugenommen, die weitere Informationssammlung dahingehend beeinflussen, dass in erster Linie bestätigende Informationen beachtet oder erzeugt werden. Insbesondere Suggestivfragen wie „Finden Sie nicht auch – wie viele Ihrer Kollegen –, dass der Stress bei der Arbeit zugenommen hat?" verfälschen die erhaltenen Informationen. (S. 15f.)

Dieses Beispiel verdeutlicht auch, dass im Blockzitat doppelte Anführungszeichen unverändert übernommen werden. Das ist möglich, da das Blockzitat selbst ja nicht in Anführungszeichen steht. Bei einem Zitat im Fließtext hätten die doppelten in einfache Anführungszeichen geändert werden müssen.

8.5.3   Erlaubte Änderungen an Zitaten

An Zitaten darf nichts geändert werden, was deren Aussage verfälscht oder verfälschen könnte. *Ohne spezielle Kennzeichnung* sind aber die folgenden kleinen Änderungen erlaubt, die dazu dienen, das Zitat in den eigenen Text einzufügen:

- *Die Groß- bzw. Kleinschreibung des ersten Zeichens im Zitat darf angepasst werden.* Möchte man beispielsweise den eigenen Satz mit einem Zitat beginnen, aber der erste Buchstabe des Zitats ist im Original klein geschrieben, darf man diesen in einen Großbuchstaben umwandeln (und umgekehrt). Eine solche Änderung wird nicht gekennzeichnet.

- *Das abschließende Satzzeichen eines Zitats darf geändert werden, um es der Syntax des umgebenden Satzes anzupassen.* Damit ist insbesondere gemeint, dass ein Komma, Semikolon oder Punkt in eines der anderen Satzzeichen geändert werden kann, damit das Zitat zusammen mit dem umgebenden Satz eine korrekte Zeichensetzung aufweist.

Es sind weitere Änderungen erlaubt, die jedoch entsprechend *gekennzeichnet werden müssen.* Dies betrifft die im Folgenden genannten Aspekte.

Auslassungen. Wenn einzelne Wörter *innerhalb* eines Satzes ausgelassen werden, wird dies durch *drei Punkte* – sogenannte *Auslassungspunkte* – gekennzeichnet. Dabei steht vor und nach den Auslassungspunkten jeweils ein normales Leerzeichen:

> Wie High und Heels (1995) gezeigt haben, korreliert bei Frauen „die Absatzhöhe von Schuhen … mit dem Ausmaß ihrer Extraversion" (S. 212).

In *Word* kann man die drei Auslassungspunkte durch die Tastenkombination `Strg` `Alt` `.` erzeugen. Dieses Vorgehen ist sinnvoll, da die drei Auslassungspunkte einen etwas weiteren Abstand zueinander haben als manuell gesetzte Punkte.[42] Außerdem werden Auslassungspunkte nicht versehentlich am Zeilenende getrennt.

Werden Textbestandteile *zwischen zwei Sätzen* ausgelassen, setzt man ebenfalls Auslassungspunkte. Endet der vorausgehende Satz mit einem Punkt, stehen hier also sogar vier Punkte, wobei der Satzpunkt des letzten Satzes durch ein Leerzeichen von den Auslassungspunkten getrennt wird, wie im folgenden Beispiel:

> Soles und Leather (2007) fanden einen „sehr starken Zusammenhang zwischen Extraversion und der Absatzhöhe. … Der Zusammenhang zwischen Absatzhöhe und Extraversion wird allerdings durch das Alter moderiert" (S. 17f.).

Am Anfang oder Ende eines wörtlichen Zitats stehen in aller Regel keine Auslassungspunkte. Nur wenn es für das Verständnis bzw. die Interpretation des Zitats wichtig ist, explizit hervorzuheben, dass das Zitat mitten im Satz beginnt oder endet, sollten hier Auslassungspunkte gesetzt werden.

---

42 Haben Sie die AutoKorrektur-Funktion von *Word* aktiviert (vgl. Abschnitt 11.4.8), werden drei aufeinanderfolgende Punkte automatisch in Auslassungspunkte umgewandelt.

Einfügungen. Soll etwas in ein Zitat eingefügt werden, z.B. um es besser verständlich zu machen oder etwas zu erklären, wird die Einfügung durch eckige Klammern gekennzeichnet:

> „Je höher dieser Wert [der Impact-Faktor] ist, desto häufiger werden Arbeiten aus dieser Zeitschrift zitiert und desto höher ist das Ansehen der Zeitschrift" (Peters & Dörfler, 2014, S. 143).

> Pohl (2007) schreibt: „Die meisten Forscher [sind sich] einig, dass es ‚echtes' Vergessen gibt, d.h. dass Informationen vollständig und unwiederbringlich aus dem Gedächtnis verschwinden (Loftus & Loftus, 1980; Schacter, 2001)" (S. 40).

An diesem letzten Beispiel erkennen Sie auch, dass man Quellenangaben, die in einem Zitat vorkommen, nicht weglässt. Allerdings nehmen Sie diese Quellen (hier: Loftus & Loftus, 1980; Schacter, 2001) nicht in Ihr eigenes Literaturverzeichnis auf – dort findet sich lediglich der Literatureintrag zu Pohl (2007), in welcher der interessierte Leser wiederum die Literaturangaben der beiden von Pohl zitierten Werke findet.

Eigene Hervorhebungen. Möchten Sie etwas hervorheben, können Sie dies durch Kursivdruck tun. Sie müssen allerdings direkt nach der Hervorhebung in eckigen Klammern „[Hervorhebung v. Verf.]" schreiben, damit deutlich ist, dass diese Hervorhebung von Ihnen als Verfasser des vorliegenden Textes stammt und die Stelle nicht schon im Originaltext kursiv gesetzt war:

> Timberland (1903) vertrat folgende Auffassung: „Frauen kaufen Schuhe *nur* [Hervorhebung v. Verf.] danach, wie sie aussehen" (S. 51).

Kennzeichnung fremder Hervorhebungen. Ist in der zu zitierenden Textstelle *durch den Verfasser des Originaltextes* bereits etwas hervorgehoben (z.B. durch Kursivdruck), sollten Sie diese Hervorhebung übernehmen. Wenn Sie – um Missverständnisse zu vermeiden – darauf hinweisen wollen, dass diese Hervorhebung nicht von Ihnen selbst stammt, sondern bereits im Original vorhanden war, können Sie dies dadurch tun, dass Sie nach der Hervorhebung schreiben „[Hervorhebung im Original]":

> Shiffrin und Atkinson (1969) charakterisieren das Langzeitgedächtnis folgendermaßen: „The long-term store is assumed to be a *permanent* [Hervorhebung im Original] repository of information" (S. 180).

Tauchen in einem Text mehrere Hervorhebungen auf, können Sie diese Anmerkung auch am Ende des Zitats nach der Seitenangabe anbringen. Damit ist klar, dass sie für alle Hervorhebungen im Zitat gilt:

> „*Rauchende* Vegetarier und *alkoholsüchtige* Veganer leben *nicht* gesünder als Fleischesser" (Lactomeier, 2009, S. 367, Hervorhebungen im Original).

8.5.4 Umgang mit Fehlern in Zitaten

Manchmal treten im Originaltext Fehler auf. Wenn Sie einen solchen Text zitieren, dürfen Sie die enthaltenen Fehler, selbst wenn es sich nur um Tippfehler handelt, nicht einfach korrigieren. Damit der Leser aber nicht irritiert ist oder vielleicht denkt, dass der Fehler im Zitat durch Sie verursacht wurde, sollten Sie diesen entsprechend kennzeichnen. Dies erfolgt mittels des – kursiv in eckigen Klammern stehenden – lateinischen Ausdrucks „*sic*", den Sie direkt hinter den Fehler setzen. „Sic" bedeutet „wirklich so", womit gemeint ist, dass es *wirklich so* im Originaltext steht.

> „Umgekehrt wäre auch denkbar, daß zumindest einige Hochängstliche aufgrund der negativen Spirale von Angsterhöhung und inadäquäter [*sic*] Bewältigung allmählich in den Bereich klinischer Angst hineingleiten" (Laux & Glanzmann, 1996, S. 142).

8.5.5   Fremdsprachige Zitate

Englischsprachige Zitate werden nicht übersetzt, sondern genauso wie deutschsprachige Texte zitiert, da man davon ausgeht, dass ein Fachkollege des Englischen mächtig ist. Liegt Ihnen ein Text in einer anderen Fremdsprache vor und ist es erforderlich, daraus wörtlich zu zitieren, verfahren Sie folgendermaßen: In Ihrem Text zitieren Sie den nicht übersetzten fremdsprachigen Text; am Ende des Zitats (bei Zitaten im Fließtext nach den abschließenden Anführungszeichen, bei Blockzitaten nach dem abschließenden Punkt) versehen Sie dieses mit einer Fußnote; in der Fußnote liefern Sie die Übersetzung des Zitats. Haben Sie – als Verfasser/-in der Arbeit – das Zitat selbst übersetzt, fügen Sie in der Fußnote in Klammern ein „(Übers. v. Verf.)" für „Übersetzung von Verfasser" hinzu. Hat jemand anderes die Übersetzung für Sie vorgenommen, geben Sie statt „Verf." den Namen dieser Person an.

8.6   Sekundärzitate

Sekundärzitate sind Zitate einer Quelle, bei denen Sie die Originalquelle nicht gelesen bzw. vorliegen haben. Zur Verdeutlichung: Angenommen, Sie lesen in dem Artikel von Neumann (2007), dass Altfrau (1954) festgestellt habe, Kinder würden umso besser lernen, je häufiger man sie lobe. Jetzt möchten Sie diese Aussage von Altfrau (1954) zitieren, haben aber nur den Artikel von Neumann zur Hand. Mögliche Varianten eines Sekundärzitats sind dann:

> Wie bereits Altfrau (1954, zitiert nach Neumann, 2007) angibt, lernen Kinder umso besser, je häufiger sie gelobt werden.

> Kinder lernen umso besser, je häufiger man sie lobt (Altfrau, 1954; zitiert nach Neumann, 2007).

Dabei ist „zitiert nach" eine feststehende Wendung, die Sie benutzen müssen, um Ihr Zitat als Sekundärzitat zu kennzeichnen. Beachten Sie in der zweiten Variante, dass in der Klammer ein Semikolon nach der Jahreszahl der Originalarbeit steht: Das beruht darauf, dass hier eigentlich zwei Klammern aufeinanderstoßen würden, was aber durch das Semikolon umgangen wird (vgl. Abschnitt 5.6). Bei einem Sekundärzitat erscheint übrigens nur der Text, den Sie gelesen haben, im Literaturverzeichnis (hier: Neumann, 2007). Die Originalquelle (hier: Altfrau,

1954) taucht dort nicht auf (der Leser kann ja selbst bei Neumann, 2007, die genaue Literaturangabe für Alfrau, 1954, nachschlagen).

Sekundärzitate sind immer problematisch: Sie können sich nie sicher sein, dass Neumann (2007) die Aussage von Altfrau (1954) korrekt verstanden und übernommen hat. Vielleicht ist Neumann ein Fehler unterlaufen – diesen würden Sie ungeprüft übernehmen, wenn Sie nur Neumann als Sekundärquelle lesen. Folglich wäre es in jedem Falle besser, sich den Originaltext zu besorgen und diesen dann direkt zu zitieren.

Allerdings sind manche Arbeiten, insbesondere ältere Texte, nur mit sehr viel Aufwand zu beschaffen. Wenn der Aufwand für die Beschaffung der Originalquelle unverhältnismäßig hoch ist (im Verhältnis zur Wichtigkeit der zitierten Aussage im Rahmen Ihrer Arbeit und zur Bedeutung Ihrer Arbeit an sich), können Sie ein Sekundärzitat verwenden.[43]

Unredlich ist es, eine Quelle nur in Form der Sekundärquelle vorliegen zu haben, aber es im eigenen Text so darzustellen, als hätte man das Original gelesen – also ohne Bezug auf die Sekundärquelle z.B. zu schreiben: „Wie bereits Altfrau (1954) angibt, lernen Kinder umso besser, je häufiger sie gelobt werden." Bei dieser Form des Zitats übernimmt nämlich der Verfasser der Arbeit gegenüber dem Leser die Garantie, dass das auch wirklich in Altfrau (1954) so steht. Bei einem als Sekundärzitat gekennzeichneten Beleg sagt man nur aus, dass in Neumann (2007) behauptet wird, dass Altfrau (1954) diese Aussage getroffen hat.

---

43 Während man z.B. bei einer Dissertation, einem Buch oder bei einem Artikel, der in einer Zeitschrift veröffentlicht werden soll, erwarten würde, dass der Verfasser relativ viel Aufwand betreibt, um (zumindest relevante) Originalquellen zu besorgen, würde man im Rahmen eines Experimentalberichts nicht das gleiche Maß an Aufwand verlangen. Wenn also ein Originaltext nicht in der örtlichen Bibliothek oder über die Elektronische Zeitschriftenbibliothek verfügbar ist, kann dieser bei einem Experimentalbericht meist bedenkenlos als Sekundärzitat behandelt werden – aber fragen Sie im Zweifelsfall Ihren Betreuer nach seinen Erwartungen.

Literaturverzeichnis

9

ÜBERBLICK

Im Text werden bei Zitationen lediglich Kurzverweise (vgl. Abschnitt 8.4) angegeben, die dazu dienen, den zugehörigen Eintrag im Literaturverzeichnis zu finden. Im Literaturverzeichnis stehen die zugehörigen *Vollbelege*, also Literatureinträge, die alle bibliographischen Angaben enthalten, die notwendig sind, damit der Leser sich die Quelle (z. B. in einer Bibliothek oder Datenbank) beschaffen kann. Wir führen zunächst einige *allgemeine Prinzipien* auf, die bei der Erstellung des Literaturverzeichnisses zu beachten sind (Abschnitt 9.1). Anschließend gehen wir auf die generelle *Struktur von Literatureinträgen* ein (Abschnitt 9.2). In Abschnitt 9.3 behandeln wir *getrennt für die wichtigsten Quellenarten, wie Literatureinträge im Detail auszusehen haben*. Wie Sie die *Quellen im Literaturverzeichnis korrekt sortieren*, wird in Abschnitt 9.4 erläutert. Abschließend gehen wir in Abschnitt 9.5 darauf ein, was Sie bei Problemfällen der Literaturangabe machen, für die Sie hier keine Erklärung und kein Beispiel gefunden haben.

9.1 Allgemeine Prinzipien

Bei der Erstellung des Literaturverzeichnisses sollten Sie die folgenden Prinzipien beachten:

Vollständigkeit und Korrektheit. Das Literaturverzeichnis dient dazu, dass der Leser die Quellen, die im Text erwähnt werden, auffinden kann. Daher muss der Kurzverweis im Text problemlos zu einem Eintrag im Literaturverzeichnis führen. Letzterer muss wiederum alle Informationen enthalten, die notwendig sind, um den Originaltext zu finden. Damit diese beiden Schritte funktionieren, ist es erforderlich, dass der Kurzverweis im Text eindeutig *einem* Eintrag im Literaturverzeichnis zuzuordnen ist. Außerdem müssen natürlich alle Literatureinträge *richtig* und *vollständig* sein. Zur Korrektheit gehört z. B., dass Sie Namen so schreiben, wie sie in der Publikation erscheinen, also einschließlich aller Akzente und im Deutschen unbekannten Buchstaben (z. B. *Fernández* oder *Nørby*).

Ein falsch geschriebener Name oder eine falsche Jahreszahl können leicht dazu führen, dass der Leser eine Quelle nicht mehr – bzw. nur mit wesentlich mehr Mühe – aufspüren kann. Zudem lassen fehlerhafte Einträge im Literaturverzeichnis schnell den Eindruck aufkommen, Sie wären auch bei anderen Aspekten Ihrer Arbeit wenig sorgfältig und gewissenhaft vorgegangen – diesen Eindruck sollten Sie in Ihrer Abschlussarbeit unbedingt vermeiden.

Übereinstimmung von Zitationen im Text und Literaturverzeichnis. Alle Quellen, die im Text erwähnt werden, müssen im Literaturverzeichnis auftauchen. Von dieser Regel gibt es nur drei Ausnahmen: (a) Wenn innerhalb einer Textstelle, die Sie wörtlich zitieren, andere Quellenangaben erscheinen, zitieren Sie diese zwar mit, nehmen die entsprechenden Quellen aber nicht in Ihr eigenes Literaturverzeichnis auf (vgl. S. 311); (b) *persönliche Mitteilungen* werden nicht ins Literaturverzeichnis eingetragen (vgl. Abschnitt 8.4.12); (c) bei *Sekundärzitaten* wird diejenige Quelle ins Literaturverzeichnis aufgenommen, die Sie vorliegen hatten (also die Sekundärquelle), aber nicht die Originalquelle (vgl. Abschnitt 8.6).

Umgekehrt dürfen im Literaturverzeichnis nur Quellen enthalten sein, die auch im Text zitiert werden.[44] Sie müssen also prüfen, ob für jede Quelle gilt, dass sie sowohl im Literaturverzeichnis als auch im Text vorkommt. Hierbei kann Ihnen ein Literaturverwaltungsprogramm wie *Citavi* viel Arbeit abnehmen. Wir empfehlen aber in jedem Fall, ganz am Ende der Erstellung Ihrer Arbeit die Übereinstimmung von Zitationen im Text und dem Literaturverzeichnis zu kontrollieren.

Formatierung. Literatureinträge im Literaturverzeichnis werden immer mit einem *hängenden Einzug* geschrieben. Das bedeutet, die erste Zeile jedes Literatureintrags ist linksbündig, die folgenden Zeilen sind aber eingerückt – Sie sehen das beispielhaft im Literaturverzeichnis dieses Buches. In Abschnitt 4.5 finden Sie weitere Hinweise zur Schriftgröße und zum Zeilenabstand von Literatureinträgen.

Englische vs. deutsche Abkürzungen. Im Literaturverzeichnis werden einige Begriffe (z.B. *Herausgeber* oder *Seite*) abgekürzt. Die Zitierrichtlinien der APA und der DGPs unterscheiden sich hinsichtlich dieser Abkürzungen: So werden nach den APA-Regeln ausschließlich englischsprachige Abkürzungen verwendet. Die DGPs-Richtlinien gestatten hingegen drei Varianten: (a) Es werden durchgängig deutsche Abkürzungen verwendet, (b) es werden durchgängig englische Abkürzungen verwendet und (c) es werden für deutsche Quellen deutsche und für englische Quellen englische Abkürzungen verwendet (DGPs, 2007, S. 85). Allerdings dürfen Sie nicht innerhalb eines Literatureintrags sowohl deutsche als auch englische Bezeichnungen mischen – oder für englische Quellen deutsche und für deutsche Quellen englische Bezeichnungen einsetzen. In Tabelle 9.1 sind die deutschen und die englischen Abkürzungen aufgeführt und gegenübergestellt.

Wenn Sie ein Literaturverwaltungsprogramm (z.B. *Citavi*) verwenden, wird dieses automatisch beim DGPs-Stil deutsche und beim APA-Stil englische Abkürzungen verwenden. Um sich das Leben nicht unnötig kompliziert zu machen, würden wir Ihnen – unabhängig davon, ob Sie mit oder ohne Literaturverwaltungsprogramm arbeiten – empfehlen:

■ Wenn Sie Ihre Arbeit auf Deutsch schreiben, verwenden Sie den DGPs-Stil und *durchgängig* deutsche Abkürzungen im Literaturverzeichnis.

■ Verfassen Sie Ihre Arbeit auf Englisch, dann wählen Sie den APA-Stil. Hier sind ausschließlich englische Abkürzungen erlaubt.

---

44 Es wäre falsch, alle Quellen, die man im Zuge der Erstellung der Arbeit gelesen hat, im Literaturverzeichnis anzuführen. Nur die Quellen, die Sie direkt oder indirekt zitieren (vgl. Kap. 8), erscheinen im Text *und* im Literaturverzeichnis.

Tabelle 9.1. Deutsche und englische Abkürzungen im Literaturverzeichnis

Deutsche Abkürzung	Englische Abkürzung	Erläuterung
Aufl.	ed.	Auflage (edition)
2. Aufl.	2nd ed.	zweite Auflage – beachten Sie, dass es im Deutschen einfach „3. Aufl.", „4. Aufl." etc. lautet, im Englischen aber „3rd ed.", „4th ed." etc.
Bd.	Vol.	Band (Volume) – z.B. „Bd. 3" bzw. „Vol. 3"
Bde.	Vols.	Bände (Volumes) – z.B. „Bde. 1–4" bzw. „Vols. 1–4"
Hrsg.	Ed./Eds.	Herausgeber (Editor[s]) – im Englischen wird zwischen einem Herausgeber (Ed.) und mehreren (Eds.) unterschieden
Kap.	chap.	Kapitel (chapter)
Nr.	No.	Nummer (number)
n.d.	n.d.	nicht datiert (no date) – für Quellen ohne Angabe des Erscheinungsdatums (nur im Deutschen wird ein Leerzeichen nach dem ersten Punkt gesetzt)
S.	p./pp.	Seite(n) (page/pages)
Suppl.	Suppl.	Beiheft/Supplement (Supplement)
Übers.	Trans.	Übersetzer (Translator)

9.2   Die Struktur von Literatureinträgen

9.2.1   Grundstruktur und Überblick

Ein Literatureintrag enthält in aller Regel vier Informationsblöcke: (a) Autor(en), (b) Erscheinungsjahr bzw. -datum, (c) Titel des Werkes und (d) Publikationsinformation. Abbildung 9.1 veranschaulicht diese Grundstruktur. Zeichen, die in unveränderter Form auftreten, haben wir in der Abbildung in Grau gedruckt.

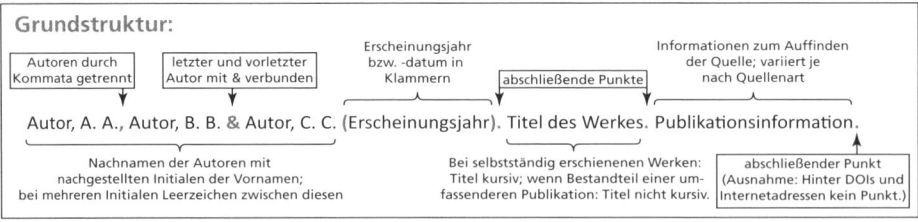

Abbildung 9.1. Grundstruktur eines Literatureintrags (unveränderliche Zeichen sind grau dargestellt).

Auch die Reihenfolge, in der diese vier Informationsblöcke in einem Literatureintrag präsentiert werden, ist fest: Zunächst werden die Autoren aufgeführt, dann erscheint – in Klammern – das Erscheinungsjahr (bei einigen Quellenarten das Erscheinungsdatum), gefolgt von einem Punkt, der diese ersten beiden Blöcke abschließt. Soweit sind alle Quellenarten identisch. (Details zur Schreibung der Autorennamen und zum Erscheinungsjahr geben wir in den Abschnitten 9.2.2 bzw. 9.2.3.) Es folgt der Titel des Werkes: Wenn es sich dabei um ein selbstständig erschienenes Werk, also z.B. um ein Buch, einen (Forschungs-)Bericht oder ein Online-Dokument handelt, wird der Titel kursiv gesetzt; bei unselbstständigen Werken, z.B. Zeitschriftenartikeln oder Buchkapiteln, ist der Titel in normaler, aufrechter Schrift gedruckt – mehr dazu in Abschnitt 9.2.4. Der letzte Informationsblock, die Publikationsinformation, gibt weitere Angaben, die zum Auffinden einer Quelle erforderlich sind (siehe Abschnitt 9.2.5). Bei selbstständig erschienenen Werken ist diese Information meist recht kurz und beschränkt sich auf die Angabe des Verlagsorts und des Verlags. Bei Zeitschriftenartikeln benötigt man als Publikationsinformation den Titel der Zeitschrift sowie die Jahrgangs- und Seitenangabe, um den Artikel zu finden. Bei Buchkapiteln ist dieser letzte Block üblicherweise am längsten, da hier die Publikationsinformation in der Angabe des Buches besteht, aus dem das Kapitel stammt, also: Herausgebernamen, Buchtitel, Seitenzahlen des Buchkapitels, Verlagsort und Verlag. Bei Online-Dokumenten schließlich besteht die Publikationsinformation aus der Internetadresse (siehe Abschnitt 9.2.7), unter der das Dokument verfügbar ist, bzw. aus dem DOI (siehe Abschnitt 9.2.6). Da es sich beim Internet um ein flüchtiges Medium handelt, eine Information zu einem späteren Zeitpunkt also oft nicht mehr verfügbar ist, dokumentiert man in bestimmten Fällen zusätzlich das Datum, an dem man auf die Quelle zugegriffen hat (vgl. Abschnitt 9.2.7).

9.2.2 Autor(en)

9.2.2.1 Schreibung der Autorennamen

Bei den Autorennamen schreibt man immer den Nachnamen und – nach einem Komma – die Initialen (Anfangsbuchstaben) der Vornamen, wobei jede Initiale mit einem Punkt versehen ist. Vornamen werden immer auf nur *einen* Buchstaben abgekürzt (also für *Christian* oder *Thomas* nur *C.* bzw. *T.* – nicht z.B. *Chr.* oder *Th.*). Bei mehreren Initialen werden diese jeweils durch ein Leerzeichen getrennt. (Wir empfehlen, geschützte Leerzeichen zu verwenden; vgl. Abschnitt 11.5.11.) Bei mehreren Autoren werden der letzte und der vorletzte Name durch das &-Zeichen verbunden. Die davor stehenden Autorennamen werden durch Kommata voneinander getrennt. Hier sehen Sie einige Beispiele:

Müller, S.

Müller, S. & Meyer, D.-M.

Müller, S., Meyer, D.-M. & Schmidt, C.

Müller, S., Meyer, D.-M., Schmidt, C. & Schneider, T. F.

Müller, S., Meyer, D.-M., Schmidt, C., Schneider, T. F., Fox, J. & Lang, H. U.

Unterschied zum APA-Stil. Der APA- und der DGPs-Stil unterscheiden sich bei der Aufzählung der Autoren darin, dass nach den APA-Richtlinien vor dem &-Zeichen ebenfalls ein Komma gesetzt wird, z.B.:

Müller, S., & Meyer, D.-M.

Müller, S., Meyer, D.-M., & Schmidt, C.

Das hat damit zu tun, dass v.a. im amerikanischen Englisch dem letzten Glied einer Aufzählung, das mit „and" angehängt wird, trotzdem ein Komma vorausgeht, z.B. „dogs, cats, and horses". Nach den DGPs-Richtlinien steht, wie im deutschen Sprachgebrauch üblich, kein Komma vor dem &-Zeichen.

9.2.2.2 Anzahl der aufzuführenden Autoren

Bei der Anzahl der aufzuführenden Autoren besteht einer der wenigen Unterschiede zwischen den Zitierstilen der DGPs und der APA. Wir geben daher beide Regeln an.

DGPs-Stil. Bei Arbeiten mit *bis zu sechs Autoren* werden alle sechs angeführt; zwischen dem letzten und dem vorletzten Autorennamen steht das &-Zeichen. Bei Arbeiten mit *sieben oder mehr Autoren* wird nach dem sechsten Autor mit „et al." abgekürzt:

> Hervey, A. S., Epstein, J. N., Curry, J. F., Tonev, S., Arnold, L. E., Conners, C. K. et al. (2006). Reaction time distribution analysis of neuropsychological performance in an ADHD sample. *Child Neuropsychology, 12,* 125–140. [Quelle mit sieben oder mehr Autoren]

APA-Stil. Bei Arbeiten mit *bis zu sieben Autoren* werden alle sieben aufgeführt; zwischen dem letzten und dem vorletzten Autorennamen steht das &-Zeichen (vor & wird ein Komma gesetzt). Bei Arbeiten mit *acht oder mehr Autoren* werden die ersten sechs Autoren aufgeführt, dann werden drei Auslassungspunkte $(...)$[45] eingefügt und abschließend der Name des letzten Autors angegeben:

> Hervey, A. S., Epstein, J. N., Curry, J. F., Tonev, S., Arnold, L. E., Conners, C. K., ... Hechtman, L. (2006). Reaction time distribution analysis of neuropsychological performance in an ADHD sample. *Child Neuropsychology, 12,* 125–140. [Quelle mit acht oder mehr Autoren]

9.2.2.3 Mehrteilige Nachnamen: hispanische, asiatische und andere komplizierte Namen

Hispanische (also spanische oder lateinamerikanische) Nachnamen bestehen mitunter aus zwei – *nicht* durch Bindestrich verbundenen – Nachnamen. Der Autor *Federico García Lorca* hat den Vornamen *Federico* und den Nachnamen *García Lorca*. Entsprechend würde man ihn im Literaturverzeichnis einordnen als:

> García Lorca, F. [aus zwei unverbundenen Nachnamen bestehender spanischer Name]

Ähnliche Fälle tauchen teilweise bei asiatischen Namen auf. Hier kommt manchmal hinzu, dass asiatische Namen nicht immer in der Reihenfolge Vorname-Nachname (z.B. *Wang Qiang*), sondern manchmal auch umgekehrt (*Qiang Wang*) verwendet werden. Die Schwierigkeit ist dann, herauszufinden, was der Nachname und was der Vorname ist.

---

45 In *Word* lassen sich Auslassungspunkte mit der Tastenkombination `Strg` `Alt` `.` einfügen.

Wir raten, im Zweifelsfall zu recherchieren, wie diese Person z.B. andere Publikationen von sich selbst im Literaturverzeichnis aufführt. Auch ein Blick auf die Internetseite der Person, auf der diese vielleicht Veröffentlichungen von sich aufführt, kann aufschlussreich sein. Ansonsten hilft die Suche nach dem Autor in einer Literaturdatenbank – die dort verwendete Zuordnung von Vor- und Nachnamen kann man dann übernehmen.

Übrigens gibt es auch im Deutschen Fälle, in denen der Nachname aus mehreren Teilen besteht. So erhält beispielsweise der Psychologe *Friedemann Schulz von Thun* im Literaturverzeichnis den Eintrag „Schulz von Thun, F.", da *Schulz von Thun* ein zusammengehöriger Nachname ist.

9.2.2.4 Nachnamen mit Präfixen und Adelsprädikaten: Mac, Mc, von, van, de, del etc.

Präfixe sind Silben, Präpositionen oder Artikel, die dem Nachnamen vorausgehen. Eine Subgruppe dieser Präfixe sind die sogenannten *Adelsprädikate* wie *von, von und zu, von der* sowie – in anderen Sprachen – *de, del, degli, dalla.* (Von den Adelsprädikaten zu trennen sind *Adelstitel* wie *Freiherr, Baronin, Gräfin, Lord, Lady* oder *Sir* – diese werden, genauso wie akademische Grade wie *Dr.* und Berufstitel wie *Prof.*, bei Quellenangaben stets weggelassen.)

Einfach ist die Angelegenheit bei Namen wie *MacLeod, McNally, DeLosh* oder *D'Argembeau*, bei denen eine Vorsilbe oder ein Buchstabe *ohne Leerzeichen* an den Nachnamen angebunden ist (ein Apostroph wird dabei nicht als Leerzeichen gewertet). Solche verbundenen Vorsilben oder Buchstaben verbleiben stets an ihrem Ort vor dem Nachnamen.

Komplizierter ist es, wenn den Nachnamen Artikel oder Präpositionen vorausgehen, die mit einem Leerzeichen vom eigentlichen Nachnamen separiert sind, wie bei *Del Cerro, de Shazer, De Houwer, von Collani* oder *van der Linden*. Hier muss man nämlich entscheiden, ob das Präfix zum Nachnamen oder zum Vornamen gehört. Generell sollte man sich danach richten, wie der Autor es selbst macht – also wie oben bereits empfohlen, z.B. recherchieren, wie er selbst Einträge mit seinem Namen in seinem Literaturverzeichnis vornimmt oder wie er in Datenbankrecherchen verzeichnet ist. Falls Sie hierbei nicht weiterkommen, können Sie sich an den Beispielen in Tabelle 9.2 orientieren. Dabei sollten Sie beachten, dass oft die Sprachregion, aus welcher der Autor stammt, entscheidet, ob ein Präfix eher dem Vor- oder dem Nachnamen zugeordnet wird.

Im Deutschen treten Adelsprädikate in aller Regel hinter den Vornamen – eine Ausnahme besteht aber bei *vom*, da dies eine Zusammensetzung aus *von* und *dem* ist. In den meisten anderen Sprachen (insbesondere im Englischen und den romanischen Sprachen) werden Adelsprädikate als fester Bestandteil des Nachnamens behandelt und verbleiben deshalb *vor* diesem (z.B. *Della Sala, Di Rudinì*). Bleibt ein Präfix vor dem Nachnamen stehen, schreibt man den ersten Buchstaben des Präfixes in der Regel groß – aber auch hierbei sollte man sich im Zweifelsfall danach richten, wie der Autor selbst seinen Namen behandelt bzw. wie er in Literaturdatenbanken verzeichnet ist.

Tabelle 9.2. Zuordnung von Namenspräfixen zum Vor- bzw. Nachnamen je nach Sprachregion

Name	Eintrag im Literaturverzeichnis
Namen aus dem deutschen Sprachraum	
Konstantin von Notz	Notz, K. von
Ursula Gertrud von der Leyen	Leyen, U. G. von der
Karl-Theodor Freiherr von und zu Guttenberg	Guttenberg, K.-T. von und zu [Freiherr ist ein Adelstitel und fällt daher weg.]
Jürgen vom Scheidt	Vom Scheidt, J. [Präfixe werden dem Nachnamen zugeordnet, wenn Präposition (hier: von) und Artikel (hier: dem) verschmelzen (hier zu: vom).]
Namen aus dem englischen, französischen, italienischen, spanischen, belgischen, niederländischen und luxemburgischen Sprachraum	
Jan De Houwer	De Houwer, J.
Steve de Shazer	De Shazer, S.
George du Maurier	Du Maurier, G.
Jean de La Fontaine	La Fontaine, J. de
Angelo Di Pietro	Di Pietro, A.
Mara Della Casa	Della Casa, M.
Gertrud von le Fort	Le Fort, G. von
Émile van der Vekene	Van der Vekene, É.

9.2.2.5 Körperschaftsautoren

Körperschaftsautoren (zur Erklärung siehe Abschnitt 8.4.6) werden wie natürliche Personen als Autoren angegeben. Dabei wird der Name der Körperschaft ausgeschrieben, also nicht abgekürzt.

American Psychological Association. (2010). *Publication manual of the American Psychological Association* (6th ed.). Washington, DC: Author. [Beispiel für einen Eintrag mit englischen Abkürzungen]

Bundeskriminalamt (Hrsg.). (2010). *Polizeiliche Kriminalstatistik Bundesrepublik Deutschland: Berichtsjahr 2009*. Wiesbaden: Herausgeber. [Beispiel für einen Eintrag mit deutschen Abkürzungen]

Eine Besonderheit an diesen Beispielen ist, dass – wie es bei Körperschaftsautoren häufig der Fall ist – die Körperschaft auch gleichzeitig als Verleger auftritt. Deshalb steht am Ende des Literatureintrags im ersten Beispiel nur „Autor" bzw. „Author" statt der Nennung eines Verlags (vgl. Abschnitt 9.2.5). Beim zweiten Beispiel ist das Bundeskriminalamt nicht der Autor, aber der Herausgeber und Verleger des Berichts. Daher steht hier am Ende des Literatureintrags „Herausgeber". Wären die Werke der Beispiele in anderen Verlagen erschienen, würde am Ende des Literatureintrags der Verlagsname aufgeführt werden.

9.2.2.6 Werke ohne Autoren oder Herausgeber

Werke ohne Angabe eines Autors oder Herausgebers sind selten, z. B bei Wörterbüchern kommt dies jedoch gelegentlich vor. In solchen Fällen tritt der Titel des Werkes an die Stelle der Autoren, also vor die Angabe des Erscheinungsjahres. Nach dem Erscheinungsjahr wird der Titel dann nicht wiederholt, sondern entfällt. Beachten Sie, dass der Titel kursiv bleibt, auch wenn er jetzt an der Stelle der Autoren steht. Hierzu zwei Beispiele:

> *Collins English dictionary and thesaurus* (2. Aufl.). (2006). Glasgow: HarperCollins.

> *Duden: Das Synonymwörterbuch* (5. Aufl.). (2010). Mannheim: Dudenverlag.

Bei dem letzten Werk wäre es übrigens auch möglich, die „Dudenredaktion" als Verfasser anzusehen. Dann wäre auch dieser Literatureintrag möglich:

> Dudenredaktion. (2010). *Duden: Das Synonymwörterbuch* (Der Duden in 12 Bänden, Bd. 8, 5. Aufl.). Mannheim: Dudenverlag.

9.2.3 Erscheinungsjahr bzw. Erscheinungsdatum

Das Erscheinungsjahr wird in vierstelliger Form stets in Klammern angegeben. Nach der Klammer steht ein *Punkt*, um diesen Informationsblock abzuschließen:

> Röder, K. (2014). *Manchmal ist das Leben einfach wunderbar.* Kulmbach: Wunderverlag.

Bei unveröffentlichten Werken gibt man das Jahr an, in dem es entstanden ist. Für nicht datierte Werke steht in der Klammer „n. d." (für *nicht datiert*). Auch im Englischen schreibt man „n. d." für *no date*, wobei hier aber auf das Leerzeichen vor dem *d* verzichtet wird.

> Goldrad, E. (n. d.). *Prokrastination als Lebensinhalt.* Norderstedt: BoD.

Bei Zeitschriftenartikeln, die zum Druck angenommen wurden, aber noch nicht erschienen sind, steht in der Klammer „in Druck" (im Englischen: „in press"). Sie sollten allerdings kurz vor der Abgabe Ihrer Arbeit überprüfen, ob in Druck befindliche Artikel nicht zwischenzeitlich doch erschienen sind – dann sollten Sie die Literatureinträge durch die erschienenen Werke ersetzen.

> Fox, M. & Duck, H. W. (in Druck). Test anxiety and seating arrangements: Results from an experimental investigation. *Journal of Anxiety.* [Beachten Sie, dass die Zeitschrift angegeben ist, aber noch keine Angaben zum Jahrgang und den Seiten gemacht werden, da diese noch nicht bekannt sind.]

Bei einigen Quellenarten gibt man zusätzlich zum Erscheinungsjahr noch den Erscheinungsmonat oder sogar das taggenaue Erscheinungsdatum an. So schreibt man bei Kongressbeiträgen hinter das Jahr den Monat der Präsentation, z. B. „(2014, Februar)" (vgl. Abschnitt 9.3.7). Bei Publikumszeitschriften (Magazinen oder Illustrierten), Zeitungen, Newsletter und Ähnlichem ergänzt man in Abhängigkeit davon, wie häufig sie erscheinen, ebenfalls den Monat oder gibt das genaue Datum anstelle des Erscheinungsjahres an – Details hierzu finden Sie in Abschnitt 9.3.6.

9.2.4   Titel des Werkes

Der Titel eines Werkes wird immer vollständig angegeben, einschließlich eines ggf. vorhandenen Untertitels. Nach den APA-Richtlinien setzt man zwischen dem Titel und dem Untertitel einen Doppelpunkt, die DGPs-Richtlinien geben nicht vor, ob man einen Punkt oder Doppelpunkt verwenden soll. Wir empfehlen, immer einen *Doppelpunkt* zwischen Titel- und Untertitel zu setzen – das ist einheitlicher und da ansonsten kein Doppelpunkt im Literatureintrag verwendet wird, ist der Untertitel auch einfacher als solcher zu identifizieren. Am Ende des Titels folgt ein abschließender Punkt. Ausnahmen bestehen, wenn der Titel bzw. der Untertitel ohnehin mit einem Satzzeichen (meist einem Fragezeichen oder einem Ausrufezeichen) enden – dann entfällt der abschließende Punkt bzw. der Doppelpunkt zwischen Titel und Untertitel.

> Lewison, G. & Hartley, J. (2005). What's in a title? Numbers of words and the presence of colons. *Scientometrics, 63,* 341–356. [Beispiel für einen Titel, der mit einem Fragezeichen endet – der Doppelpunkt vor dem Untertitel entfällt.]

> Stickel-Wolf, C. & Wolf, J. (2013). *Wissenschaftliches Arbeiten und Lerntechniken: Erfolgreich studieren – gewusst wie!* Wiesbaden: Springer Gabler. [Ein Buchtitel, der mit einem Ausrufezeichen endet – der abschließende Punkt entfällt.]

Bei deutschsprachigen Titeln richtet sich die Groß- und Kleinschreibung danach, wie der Titel auf der Originalquelle geschrieben ist – man nimmt hier keinerlei Veränderungen vor. Handelt es sich um ein englischsprachiges Werk, muss man die Quellenart unterscheiden. Bei *englischsprachigen* Titeln von *Büchern* (einschließlich nicht veröffentlichter Berichte), *Buchkapiteln* und *Zeitschriftenartikeln* werden nur der erste Buchstabe des Titels und – sofern vorhanden – der erste Buchstabe des Untertitels großgeschrieben, sowie alle Eigennamen, die man im Englischen immer groß schreiben würde. Zu den Eigennamen zählen auch Namen bzw. Abkürzungen von Tests. (Diese Regel gilt auch für andere fremdsprachige Werke, sofern es in der Sprache des Werkes keine abweichenden Regelungen gibt.)

> Baguley, T. (2012). *Serious stats: A guide to advanced statistics for the behavioral sciences.* Houndmills, England: Palgrave Macmillan. [Buchtitel mit Untertitel; nur die jeweils ersten Buchstaben werden großgeschrieben.]

> Bohannon, J. N. (1988). Flashbulb memories for the Space Shuttle disaster: A tale of two theories. *Cognition, 29,* 179–196. [Hier wird *Space Shuttle* groß geschrieben, da es ein Eigenname ist.]

> Newcomer, M. C. (2014). Validation of the State Trait Humor Inventory on a large Spanish sample. *Psychometrica, 5,* 27–35. [„State Trait Humor Inventory" ist der Name eines Tests und damit ein Eigenname, der ebenso wie „Spanish" großgeschrieben wird.]

Bei englischsprachigen Titeln von *regelmäßig erscheinenden Quellen* (diese werden auch als *Periodika* bezeichnet) erfolgt die Groß- und Kleinschreibung so, wie der Titel auf der Quelle selbst geschrieben ist. Kleingeschrieben werden üblicherweise nur kurze Funktionswörter (*and, of, from, for, in, with* etc.). Betroffen sind *Zeitschriftentitel*, aber auch *Titel von Zeitungen oder Newslettern*.

Trends in Cognitive Sciences [Fachzeitschrift]

Journal of Experimental Psychology: Learning, Memory, and Cognition [Fachzeitschrift]

Detroit Free Press [Tageszeitung]

Ob ein Titel *kursiv* gesetzt wird oder nicht, richtet sich nach dem Quellentyp. So werden Buchtitel, die Titel von (Forschungs-)Berichten und von Zeitschriften immer kursiv geschrieben, da es sich dabei um selbstständige Veröffentlichungen handelt. Buchkapitel und Zeitschriften- oder auch Zeitungsartikel sind hingegen unselbstständige Publikationen, weshalb diese in nicht kursiver Schrift stehen. Details für alle Quellenarten stellen wir in Abschnitt 9.3 dar.

9.2.5 Publikationsinformation

Die Publikationsinformation unterscheidet sich je nach Quellenart. Auf Details gehen wir daher bei der Darstellung der verschiedenen Quellenarten ein (Abschnitt 9.3). Um Ihnen aber vorab einen groben Überblick über die Publikationsinformationen zu geben, haben wir diese in Tabelle 9.3 für die wichtigsten Quellenarten zusammengestellt und jeweils mit einem Beispiel veranschaulicht.

Tabelle 9.3. Gegenüberstellung der Publikationsinformationen für unterschiedliche Quellenarten

Quellenart	Publikationsinformation	Beispiel
klassischer Zeitschriftenartikel	*Name der Zeitschrift, Jahrgang*, Seitenangabe. Der DOI kann optional ergänzt werden.	*Journal of Personality, 82*, 265–277. doi:10.1111/jopy.12050
Artikel in reiner Online-Zeitschrift	*Name der Zeitschrift, Jahrgang*, ggf. Artikelnummer. DOI	*PLOS ONE, 9*, e102772. doi:10.1371/journal.pone.0102772
Buch/Bericht	Publikationsort: Verlag.	München: Pearson.
Buchkapitel	Namen der Herausgeber, *Titel des Buches* (Seitenangabe des Kapitels). Publikationsort: Verlag.	In H. Holling & B. Schmitz (Hrsg.), *Handbuch Statistik, Methoden und Evaluation* (S. 139–152). Göttingen: Hogrefe.
Online-Dokument (ohne DOI)	Zugriffsdatum und Internetadresse	Zugriff am 24.09.2014. Verfügbar unter www.uni-trier.de/fileadmin/urt/doku/bfw/bfw.pdf

Bei Artikeln aus klassischen Zeitschriften, die auch als Papierausgabe erscheinen, brauchen Sie keinen DOI (Digital Object Identifier), unter dem man den Artikel abrufen kann, anzugeben, Sie können diesen aber zusätzlich hinzufügen. Bei Artikeln aus reinen Online-Zeitschriften ist die Angabe des DOI verpflichtend. Was ein DOI genau ist und wie Sie diesen angeben, erläutern wir in Abschnitt 9.2.6.

Bei Büchern und (Forschungs-)Berichten besteht die Publikationsinformation aus dem Publikationsort und dem Namen des Verlags. Wenn der Autor eines Werkes gleichzeitig dessen Verleger ist, dann wird am Ende des Literatureintrags statt der nochmaligen Nennung des Autors/Verlegers nur „Autor" bzw. „Author" geschrie-

ben. Dieser Fall tritt bei Büchern oder Berichten auf, die von Körperschaftsautoren (vgl. Abschnitt 9.2.2.5) verfasst wurden, wie im folgenden Beispiel:

> American Psychological Association. (2010). *Publication manual of the American Psychological Association* (6. Aufl.). Washington, DC: Autor.

Der Hauptzweck der Literatureinträge ist, dem Leser das Auffinden der Quellen
zu ermöglichen. Sofern dazu zusätzliche Informationen erforderlich sind, muss
man diese hinzufügen. So ist z. B. bei Büchern die Angabe der Auflage meist nicht
wirklich erforderlich, da ja bereits das Jahr angegeben ist (nur extrem selten gibt es
mehrere Auflagen eines Buches aus demselben Jahr). Trotzdem kann die Angabe
der Auflage bei der Suche nach dem Buch helfen. Die *Auflage des Buches* würde
man – in runden Klammern und nicht kursiver Schrift – am Ende des Titels hinzufügen:

> Deutsche Gesellschaft für Psychologie (Hrsg.). (2007). *Richtlinien zur Manuskript-gestaltung* (3. Aufl.). Göttingen: Hogrefe.

Verzichten Sie bei der Angabe der Auflage aber auf zusätzliche Informationen wie
„überarbeitete", „erweitere", „veränderte" etc. Auflage. Diese Zusätze sind für
das Auffinden der Quelle nicht nützlich, sondern dienen eher der Werbung für
das Buch: Eine unveränderte Neuauflage würde sich niemand kaufen, der schon
die vorherige Auflage besitzt – eine „vollständig überarbeitete und erweitere Auflage" hingegen schon.

Unveröffentlichte Texte sind für den Leser oft schwierig zu finden und zu beschaffen
(vgl. die Ausführungen zu grauer Literatur im Band *Planen, Durchführen und Auswerten*, Abschnitt 5.5.3). Ist ein Text unveröffentlicht, sollte man den Leser daher
ebenfalls darauf hinweisen. Wie das für unveröffentlichte Berichte und Abschlussarbeiten geschieht, ist in Abschnitt 9.3.3 erklärt. Das Schema ist immer, dass man
nach dem Titel die Art der Arbeit (z. B. „Unveröffentlichtes Manuskript") und deren
Entstehungsort angibt. Bei Arbeiten von Wissenschaftlern nennt man folglich die
Fakultät bzw. das Institut, an dem sie tätig sind, sowie den Namen und Ort ihrer
Hochschule. Wenn der Name des Ortes im Hochschulnamen enthalten ist, kann dieser auch wegfallen. Im Folgenden zwei Beispiele für unveröffentlichte Manuskripte:

> Schneider, R. (2013). *Der Einfluss physischer Erhöhung auf prosoziales Verhalten.* Unveröffentlichtes Manuskript, Philosophische Fakultät III, Universität des Saarlandes, Saarbrücken.

> Zeppelin, G. F. (2014). *Wer schneller läuft, kommt langsamer ans Ziel.* Unveröf-fentlichtes Manuskript, Institut für Psychologie, Universität Hamburg.

Bei seltenen oder eher unüblichen Quellenarten wie Software (siehe Abschnitt 9.3.9),
Musik-CDs, DVDs, Supplemental Material[46] etc., sollte man den Leser explizit
auf die Quellenart hinweisen, damit er nicht z. B. vergeblich in einer Zeit-
schriftendatenbank nach einem Computerprogramm sucht. Die Angabe der Quellenart bzw. des technischen Mediums erfolgt in diesen Fällen hinter dem Titel in

---

[46] Bei Zeitschriftenartikeln wird es zunehmend üblich, dass zu dem eigentlichen Artikel Details
oder ausführlichere Informationen nur online verfügbar sind. Dieses zusätzliche Material bezeichnet man als „(Online) Supplemental material".

eckigen Klammern. Wenn es zum Auffinden des Mediums nützlich ist, kann man am Ende des Literatureintrags weitere Zusatzinformationen in runden Klammern hinzufügen, beispielsweise bei Übersetzungen und Wiederveröffentlichungen von älteren Werken.

Markowitsch, H. J. (2008). *Neuropsychologie des Gedächtnisses* [DVD; Vortrag]. Grünwald: Komplett-Media.

Ramirez, G. & Beilock, S. L. (2011). Writing about testing worries boosts exam performance in the classroom. *Science, 331,* 211–213 [Supplemental material]. Verfügbar unter www.sciencemag.org/content/331/6014/211/suppl/DC1

Zaentz, S. (Produzent) & Forman, M. (Regie). (2002). *Einer flog über das Kuckucksnest* [DVD; Spielfilm]. Hamburg: Warner Home Video. (Originalfilm in Englisch, erschienen 1975 unter dem Titel *One flew over the cuckoo's nest*)

9.2.6 DOI (Digital Object Identifier)

Das DOI-System. Am Ende der Publikationsinformation – nach einem Punkt – kann man ggf. den sogenannten DOI angeben. DOI steht für *Digital Object Identifier* und wurde primär für Online-Artikel wissenschaftlicher Zeitschriften entwickelt. Ein Hauptproblem von Online-Publikationen ist nämlich, dass sich die Internetadresse, unter der man auf einen Artikel zugreifen kann, oft bereits nach kurzer Zeit verändert. Stellen Sie sich z.B. vor, dass das Erscheinen einer Zeitschrift eingestellt wird oder ein Verlag bankrottgeht – dann gibt es niemanden, der dafür sorgt, dass auch in 20 Jahren noch alle Artikel unter derselben Internetadresse verfügbar sind. Die an wissenschaftliche Publikationen gestellte Anforderung der dauerhaften Verfügbarkeit ist also nicht erfüllt (vgl. Abschnitt 8.2).

Aus der Erkenntnis, dass „normale" Internetadressen für die Archivierung bzw. Verfügbarhaltung wissenschaftlicher Texte ungeeignet sind, entstand Ende der 1990er Jahre das DOI-System als ein Gemeinschaftsprojekt mehrerer internationaler Wissenschaftsverlage (*www.doi.org*). Technische Details brauchen uns hier nicht zu interessieren. Wesentlich ist aber, dass der DOI sicherstellt, dass man einen Text auch in Zukunft unter dieser Adresse findet. Man kann den DOI als eine Art permanente, sich niemals ändernde Internetadresse (permanente URL) auffassen. In gewisser Weise ist der DOI für Zeitschriftenartikel das, was die ISBN für Bücher ist (allerdings können prinzipiell auch Bücher oder andere Objekte einen DOI besitzen).

Wenn Sie ein Dokument geöffnet haben, in dem DOIs enthalten und verlinkt sind, genügt ein Mausklick, um zu dem angegebenen Artikel bzw. seinen bibliografischen Angaben zu gelangen (ob Sie den Artikel direkt lesen können, hängt davon ab, ob Sie bzw. Ihre Bibliothek das Zugriffsrecht besitzen). Fehlt die Verlinkung, kann man auf der Internetseite *www.crossref.org* den DOI in das Feld „Metadata Search" eingeben und wird zu dem Artikel bzw. zumindest seinen bibliografischen Angaben weitergeleitet. DOIs selbst sind zwar keine funktionierenden Internetadressen (auch wenn sie das einmal werden sollten), aber mit diesen verwandt. Daher ist es möglich, in der Adresszeile Ihres Webbrowsers *http://dx.doi.org/* gefolgt von einem DOI einzugeben (also z.B. http://dx.doi.org/10.1037/a0026080) – auch das führt Sie zum Eintrag des Artikels.

Angabe des DOI. In den Literaturverzeichnissen neuerer Zeitschriftenartikel werden Sie häufig sehen, dass bei den Quelleneinträgen anderer Zeitschriftenartikel auch deren DOI angegeben ist. Sofern es sich bei den Artikeln um Veröffentlichungen in klassischen Papier-Zeitschriften handelt, die nur zusätzlich eine digitale Version bereitstellen, dient die Angabe des DOI dem Nutzerkomfort: Für das Auffinden des Artikels wäre der DOI nicht erforderlich, aber er erleichtert den Zugriff darauf, insbesondere dann, wenn man einen Artikel als PDF am Computer liest und die Verlinkungsfunktion nutzt. Literatureinträge von klassischen Zeitschriftenartikeln mit DOI weisen eines der folgenden Formate auf:

> Blank, H. & Peters, J. H. (2010). Controllability and hindsight components: Understanding opposite hindsight biases for self-relevant negative event outcomes. *Memory & Cognition, 38,* 356–365. doi:10.3758/MC.38.3.356 [momentan üblichste Schreibweise]

> Blank, H. & Peters, J. H. (2010). Controllability and hindsight components: Understanding opposite hindsight biases for self-relevant negative event outcomes. *Memory & Cognition, 38,* 356–365. http://dx.doi.org/10.3758/MC.38.3.356 [seit 2012 von der APA empfohlene Schreibweise]

Damit man zum Finden eines Artikels nicht, wie oben beschrieben, auf die Internetseite *www.crossref.org* gehen muss, empfiehlt die APA seit 2012, im Literaturverzeichnis vor jeden DOI die Zeichenkette *http://dx.doi.org/* zu stellen (APA, 2012). Dadurch sollen auch Leser, die nicht mit DOIs vertraut sind, erkennen, dass es sich um einen Link bzw. eine Internetadresse handelt. Allerdings wird diese Schreibweise bisher erst von wenigen Zeitschriften umgesetzt. Die momentan verbreitetere und offiziell auch immer noch korrekte Schreibweise ist diejenige aus dem ersten Beispiel (*doi:10.3758/MC.38.3.356*). Dabei ist das kleingeschriebene „doi:" nur als Hinweis darauf zu verstehen, das jetzt der DOI folgt.

Der eigentliche DOI besteht aus einer Zeichenkette, die immer mit „10." beginnt, gefolgt von einer Nummer, die den herausgebenden Verlag kennzeichnet (im obigen Beispiel steht „3758" für „Springer – Psychonomic Society"). Nach einem Schrägstrich schließt sich eine Zeichenkette an, die vom Verlag für jeden Artikel selbst bestimmt wird und diesen eindeutig kennzeichnet. Während Literatureinträge üblicherweise mit einem Punkt enden, setzt man am Ende von DOIs (und auch am Ende von Internetadressen) keinen Punkt, damit Leser nicht versehentlich denken, dieser würde zum DOI (bzw. zur Internetadresse) gehören. Möchten Sie den DOI angeben, finden Sie diesen in aller Regel am oberen oder unteren Rand der ersten Seite des Zeitschriftenartikels (seltener auch ganz am Ende des Artikels). Allerdings verfügt nicht jeder Artikel über einen DOI. Da das DOI-System erst um das Jahr 2000 eingeführt wurde, weisen v.a. viele ältere Zeitschriftenartikel keinen DOI auf, wenngleich zunehmend auch ältere Artikel nachträglich mit einem DOI versehen werden.

Bei traditionellen Zeitschriftenartikeln stellt die DOI-Angabe im Literaturverzeichnis eine Erleichterung für den Leser dar, auf die aber auch verzichtet werden kann. Bei reinen Online-Fachzeitschriften ist die Angabe des DOI hingegen unentbehrlich. Falls es die Online-Zeitschrift nämlich irgendwann nicht mehr gibt, existieren – anders als bei einer traditionellen Zeitschrift – in den Bibliotheken keine Papierversionen der Artikel. Dann bietet der DOI die einzige Möglichkeit, einfach an den Artikel zu gelangen. Hier folgt ein Beispiel für den Eintrag eines Artikels einer reinen Online-Zeitschrift:

> Gray, K., Schmitt, P., Strohminger, N. & Kassam, K. S. (2014). The science of style: In fashion, colors should match only moderately. *PLoS ONE, 9,* e102772. doi:10.1371/journal.pone.0102772

Bei reinen Online-Artikeln gibt es, wie Sie an diesem Beispiel sehen, in der Regel keine Seitenangabe. Dafür wird häufig eine Artikelnummer (hier: e102772) angegeben, die sich in unserem Beispiel übrigens auch in dem DOI wiederfindet.

Sie sollten sich merken: Bei klassischen Zeitschriftenartikeln *können* Sie den DOI angeben, Sie müssen es aber nicht. (Wir kennen keine Betreuer oder Gutachter, die bei solchen Artikeln bisher die Angabe des DOI im Literaturverzeichnis verlangen.) Bei Artikeln aus reinen Online-Fachzeitschriften *müssen* Sie den DOI hingegen angeben.

Zeilenumbruch im DOI. Wenn Sie einen DOI zwecks Zeilenumbruchs trennen müssen, sollten Sie dies *vor Punkten* bzw. *nach Schrägstrichen* (/) tun. Verwenden Sie dazu aber *keinen Trennungsstrich* (-), da unklar wäre, ob dieser Strich zum DOI gehört oder durch die Trennung zustande kommt. (Stattdessen fügen Sie manuell einen einfachen Zeilenumbruch mittels ⌂ ↵ ein. Eine alternative, noch elegantere Möglichkeit ist in Abschnitt 11.5.15 beschrieben.) Innerhalb von DOIs (und Internetadressen) darf auch keine automatische Silbentrennung erfolgen, da dadurch Trennungsstriche eingefügt würden.

9.2.7 Internetadressen

Angabe der Internetadresse. Wie im vorherigen Abschnitt dargestellt, sind normale Internetadressen für Literatureinträge wenig geeignet, da nicht sichergestellt ist, dass die zitierte Information auch noch in einigen Jahren dort zu finden ist. Will man eine Online-Quelle aber unbedingt zitieren und hat keine bessere Alternative zur Internetadresse (z.B. einen DOI), dann muss man notgedrungen diese angeben. Während man einen DOI direkt am Ende des Literatureintrags hinzufügt, werden Internetadressen mit dem Zusatz „Verfügbar unter" bzw. „Retrieved from" eingeleitet. Dazu je ein Beispiel im DGPs- und im APA-Stil:

> Baltes-Götz, B. (2013). *Behandlung fehlender Werte in SPSS und Amos.* Universität Trier, Zentrum für Informations-, Medien- und Kommunikationstechnologie. Verfügbar unter www.uni-trier.de/fileadmin/urt/doku/bfw/bfw.pdf [DGPs-Stil]

> Sternberg, S. (2014). *Reaction times and the ex-Gaussian distribution: When is it appropriate?* Philadelphia, PA: University of Pennsylvania. Retrieved from www.psych.upenn.edu/~saul/RTshape.invariance.not.pdf [APA-Stil]

Angabe des Zugriffdatums. Sowohl nach den DGPs- als auch nach den APA-Richtliniensollten Sie zusätzlich das Datum angeben, an dem Sie das Dokument abgerufen haben, *wenn sich der Inhalt der Quelle im Laufe der Zeit ändern könnte.* Es gilt also einzuschätzen, bei welchen Quellen sich der Inhalt ändern kann bzw. sogar wahrscheinlich ändern wird. Nehmen wir als erstes Beispiel Wikipedia-Artikel: Diese können jederzeit umgeschrieben werden, sodass sich der Inhalt eines Artikels täglich verändern kann. Für die spätere Nachvollziehbarkeit ist es daher wichtig, zu wissen, welche Artikelversion Sie zitiert haben.[47] Deshalb geben Sie hier immer das Zugriffsdatum an.

Auch bei anderen Quellen, z.B. PDF-Dateien, die Wissenschaftler selbst auf Ihren Instituts-Homepages veröffentlichen, kann man nicht ausschließen, dass gelegentlich aktualisierte bzw. veränderte Versionen hochgeladen werden, ohne dass dies entsprechend gekennzeichnet wird. Daher empfehlen wir Ihnen, im Zweifelsfall das Datum mit anzugeben. Nach DGPs-Stil schreiben Sie zusätzlich „Zugriff am TT.MM.JJJJ.". Das obige Beispiel sieht dann so aus:

> Baltes-Götz, B. (2013). *Behandlung fehlender Werte in SPSS und Amos.* Universität Trier, Zentrum für Informations-, Medien- und Kommunikationstechnologie. Zugriff am 24.09.2014. Verfügbar unter www.uni-trier.de/fileadmin/urt/doku/bfw/bfw.pdf

Das „verfügbar unter" können Sie, sofern Sie auch das Datum angeben, zu „unter" verkürzen:

> Baltes-Götz, B. (2013). *Behandlung fehlender Werte in SPSS und Amos.* Universität Trier, Zentrum für Informations-, Medien- und Kommunikationstechnologie. Zugriff am 24.09.2014 unter www.uni-trier.de/fileadmin/urt/doku/bfw/bfw.pdf

Bei Verwendung des APA-Stils wird die Datumsangabe folgenderweise in den Literatureintrag eingebaut (beachten Sie die in den USA übliche Anordnung des Datums: Monat-Tag-Jahr):

> Sternberg, S. (2014). *Reaction times and the ex-Gaussian distribution: When is it appropriate?* Philadelphia, PA: University of Pennsylvania. Retrieved September 24, 2014, from www.psych.upenn.edu/~saul/RTshape.invariance.not.pdf

Bei offiziellen Berichten von Behörden oder Forschungsinstitutionen kann man sich meist recht sicher sein, dass diese Dokumente später nicht mehr verändert werden – zumindest nicht, ohne dass dies kenntlich gemacht wird. Daher kann man hier auf das Zugriffsdatum verzichten. Bei Dokumenten, die mit einem DOI versehen sind, ist ebenfalls keine Datumsangabe erforderlich, da auch diese nicht mehr verändert werden.

Korrekte Übernahme der Internetadresse. Tippfehler in der Internetadresse führen dazu, dass der Leser die Quelle nicht mehr finden kann. Daher sollten Sie die Adresse aus der Adresszeile des Internetbrowsers kopieren und direkt in Ihren

---

[47] Als wissenschaftliche Quelle sind Wikipedia-Artikel nicht zitationswürdig. Allerdings wäre es möglich, einen Wikipedia-Eintrag als Illustration für etwas – z.B. für Falschinformationen, die im Internet verbreitet werden – zu zitieren.

Literatureintrag einfügen (bzw. in das Literaturverwaltungsprogramm, mit dem Sie Ihre Quellen organisieren). Falls Sie eine Internetadresse am Zeilenende umbrechen müssen, beachten Sie die Hinweise im Abschnitt 9.2.6 (Zeilenumbruch im DOI).

Keine ins Leere laufenden Internetadressen angeben. Da Internetadressen oft kurzlebig sind, sollten Sie vor Abgabe Ihrer Arbeit noch einmal alle Adressen auf ihre Gültigkeit hin prüfen. Wenigstens zu dem Zeitpunkt, an dem Sie Ihre Arbeit abgeben, müssen nämlich alle Adressen funktionieren. Nicht funktionierende Adressen ersetzen Sie durch andere, gültige Links. Ist ein Inhalt gar nicht mehr zu finden, dann sollten Sie auch den zugehörigen Literatureintrag entfernen und natürlich Ihren Text entsprechend anpassen. Dies klingt zunächst vielleicht aufwendig, da eine gute wissenschaftliche Arbeit aber kaum Quellen mit Internetadressen enthält (unseres Erachtens maximal 5 % der Quellen), sollte dies schnell zu erledigen sein.

9.3 Literatureinträge nach Quellenart

In diesem Abschnitt gehen wir detailliert auf die Literatureinträge für alle Quellenarten ein, die Ihnen mit einiger Wahrscheinlichkeit begegnen werden. Dies sind:

- *Zeitschriftenartikel:* Artikel aus fachwissenschaftlichen Zeitschriften, die meist einem Peer-review-Verfahren unterliegen (Abschnitt 9.3.1)

- *Bücher (Monografien und Herausgeberbände):* wissenschaftliche Bücher sowie Herausgeberbände, in denen Aufsätze verschiedener Autoren gesammelt sind, sofern diese als Ganzes zitiert werden (Abschnitt 9.3.2)

- *(Forschungs-)Berichte, unveröffentlichte (Abschluss-)Arbeiten und sonstige graue Literatur:* nicht über einen Verlag veröffentlichte Berichte von Forschungseinrichtungen bzw. Behörden sowie unveröffentlichte Abschlussarbeiten gehören zur Kategorie der grauen Literatur (Abschnitt 9.3.3)

- *Buchkapitel aus einem Herausgeberband:* einzelne Aufsätze, die in einem Herausgeberband veröffentlicht wurden (Abschnitt 9.3.4)

- *reine Online-Dokumente:* Dokumente aller Art, die nur über das Internet verfügbar sind und die sich keiner anderen Quellenart zuordnen lassen (Abschnitt 9.3.5)

- *Publikumszeitschriften, Zeitungen, Newsletter und Infobriefe:* nicht fachwissenschaftliche Zeitschriften und Magazine aller Art, Wochen- und Tageszeitungen sowie regelmäßig erscheinende Infobriefe, Newsletter etc. verschiedenster Organisationen (Abschnitt 9.3.6)

- *Kongressbeiträge:* Beiträge auf einer Konferenz, die in Form eines Vortrags oder eines Posters präsentiert wurden (Abschnitt 9.3.7)

- *Einträge in Wörterbüchern und (Online-)Lexika:* Einträge in allgemeinen und fachspezifischen Lexika und Wörterbüchern sowie Einträge bei Wikipedia oder ähnlichen Online-Lexika (Abschnitt 9.3.8)

- *Computerprogramme:* Spezialsoftware, die bei der Durchführung oder Auswertung der eigenen Studie verwendet wurde (Abschnitt 9.3.9)

■ *nicht aufgeführte Quellenarten:* Hinweise zu Literatureinträgen für Quellenarten, die hier nicht explizit aufgeführt wurden (Abschnitt 9.3.10)

In Abschnitt 9.3.11 gehen wir noch auf einige Besonderheiten ein, nämlich was Sie bei der Angabe *fremdsprachiger (nicht englischer) Quellen* beachten müssen, wie Sie *überflüssige Zusätze bei Zeitschriftennamen vermeiden* und was bei den Literatureinträgen von *wiederveröffentlichten bzw. nachgedruckten Werken* anzugeben ist.

9.3.1   Zeitschriftenartikel

Der Großteil der wissenschaftlichen Literatur liegt in Form von Zeitschriftenartikeln vor. Solche Artikel werden in *periodisch erscheinenden Zeitschriften* veröffentlicht, also in Zeitschriften, die z. B. monatlich, zweimonatlich oder vierteljährlich erscheinen. Der Literatureintrag für einen Zeitschriftenartikel gestaltet sich nach dem in Abbildung 9.2 dargestellten Schema.

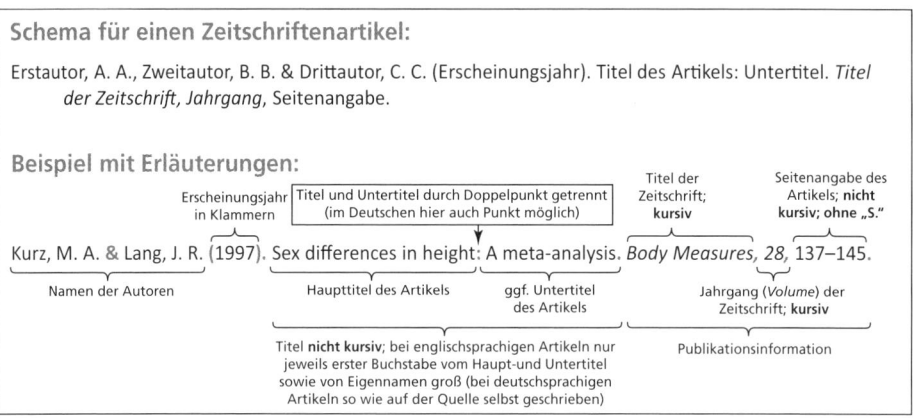

Abbildung 9.2. Literatureintrag für einen Zeitschriftenartikel.

Autorennamen, Erscheinungsjahr, Titel des Artikels und Zeichensetzung. Das Wesentliche zur Schreibung der Autorennamen, zum Erscheinungsjahr und zur Schreibung des Titels des Artikels wurde in den Abschnitten 9.2.2 bis 9.2.4 erläutert. Wir wollen hier trotzdem noch auf einige Details, die oft falsch gemacht werden, hinweisen:

■ Die *Vornamen der Autoren* erscheinen nur als *Initialen* (nicht als ausgeschriebener Vorname). Bei mehreren Initialen steht jeweils ein Leerzeichen nach dem Punkt und vor der nächsten Initiale.

■ Bei *englischsprachigen Artikeln* wird (abgesehen von Eigennamen) nur der erste Buchstabe des Titels sowie – sofern vorhanden – der erste Buchstabe des Untertitels (bei unserem Beispiel also der erste Buchstabe nach dem Doppelpunkt) großgeschrieben. (Auf der Titelseite des Artikels selbst würde bei unserem Beispiel vermutlich stehen: „Sex Differences in Height: A Meta-Analysis".)

■ Beachten Sie die *Zeichensetzung* in dem Schema bzw. Beispiel in Abbildung 9.2: Es stehen ein Punkt nach der Klammer mit der Jahreszahl, ein Punkt nach dem Titel des Artikels, je ein Komma nach dem Titel der Zeitschrift und der Volume-Angabe sowie ein Punkt am Ende des Eintrags hinter der letzten Seitenzahl.

Publikationsinformation. Noch nicht behandelt wurde die Publikationsinformation von Zeitschriftenartikeln, also der *Titel der Zeitschrift*, der *Jahrgang* und die *Seitenangabe*:

■ Der *Titel der Zeitschrift* sowie die *Volume-Angabe* (= Jahrgang der Zeitschrift; nicht zu verwechseln mit dem Erscheinungsjahr) werden kursiv gesetzt. Beachten Sie, dass vor der Jahrgangs-Angabe *kein* „Jg.", „Vol.", „Band" o. Ä. steht – es wird nur die Zahl angegeben. Teilweise findet man hinter der Volume-Angabe zusätzlich – in Klammern – die Heftnummer, die ohne Leerzeichen folgt und nicht kursiv gesetzt wird, also z. B. „*Body Measures, 28*(3)". Das bedeutet, dass der Artikel im dritten Heft des 28. Jahrgangs zu finden ist. Notwendig und üblich ist die Angabe der Heftnummer allerdings nur, wenn jedes Heft mit der Seite 1 beginnt. In der Regel werden bei wissenschaftlichen Zeitschriften die Hefte eines Jahrgangs aber fortlaufend nummeriert, sodass z. B. Heft 1 aus dem Jahr 2008 mit der Seite 124 endet und Heft 2 aus demselben Jahr mit der Seite 125 anfängt. Die Angabe der Heftnummer wird damit überflüssig. Auch wenn die zusätzliche Angabe der Heftnummer hier nicht weiter stören würde, ist es Konvention, sie wegzulassen.

■ *Kursivsetzung der Kommata:* In Literatureinträgen richtet sich die Kursivsetzung von Satzzeichen nach dem vorausgehenden Zeichen. Daher folgt auf einen kursiven Titel ein kursives Komma. Auch das Komma nach der kursiven Volume-Angabe wird kursiv gesetzt. Nur wenn hinter der Volume-Angabe die Heftnummer – nicht kursiv in aufrechten Klammern – angegeben wird, steht hinter dieser Klammer auch ein aufrechtes (nicht kursives) Komma.[48]

■ Bei *englischsprachigen Zeitschriftentiteln* wird die Groß- und Kleinschreibung stets so belassen, wie sie in der Zeitschrift erscheint. Üblicherweise werden somit nur Konjunktionen, bestimmte und unbestimmte Artikel, und kurze Präpositionen (z. B. die Wörter *a, an, and, for, in, of, the*) kleingeschrieben; alle anderen Wörter beginnen mit einem Großbuchstaben. Beispiele sind: „Annual Review of Psychology", „Clinical Child and Family Psychology Review", „Journal of Consulting and Clinical Psychology".

■ Bei der Seitenangabe erscheint *kein* „S." oder „Seite" (und auch im Englischen kein „p." oder „page").

■ Ob Sie bei der Seitenangabe als „Bis-Strich" einen kurzen Bindestrich (z. B. 501-508) oder einen langen Gedankenstrich (z. B. 501–508) verwenden, bleibt

---

48 Laut einer Auskunft der APA (J. Hume-Pratuch, persönl. Mitteilung, 25.09.2014) leitet sich diese Regel aus einem Standardwerk der Typografie ab (Skillin & Gay, 1948, S. 276). Sollten Sie nach den DGPs-Richtlinien schreiben, empfehlen wir Ihnen ebenfalls, sich an diese Regel zu halten, wenngleich die DGPs-Richtlinien sich zu diesem Thema ausschweigen und offenbar selbst keiner konsistenten Regel folgen.

Ihnen überlassen. Wichtig ist aber, dass Sie durchgängig bei einer Variante bleiben und dass Sie keine Leerzeichen vor oder nach dem Strich setzen. Wir persönlich präferieren den langen Gedankenstrich.

■ Beachten Sie, dass bei Zeitschriftenartikeln – wie generell bei periodisch erscheinenden Werken – *keine* Angabe zum Verlagsort und/oder Verleger gemacht wird.

■ In Abschnitt 9.2.6 haben wir besprochen, dass Sie bei Zeitschriftenartikeln, die sowohl als Papier- als auch als Online-Version (meist in Form eines PDFs) erschienen sind, den DOI hinzufügen *können*, dies aber – wenn Ihr Betreuer es nicht ausdrücklich verlangt – nicht müssen. Dort ist auch erklärt, wie Sie die DOI-Angabe korrekt gestalten. Reine Online-Zeitschriften werden im folgenden Absatz behandelt.

Artikel aus reinen Online-Zeitschriften. Ist der Artikel ausschließlich online erschienen, dann *müssen* Sie dessen DOI angeben. (Falls kein DOI existiert, geben Sie ersatzweise die Internetadresse an.) Außerdem entfällt bei den meisten Online-Zeitschriften die Seitenangabe. An deren Stelle findet sich allerdings oft eine Artikelnummer (vgl. Abschnitt 9.2.6). Hier noch ein Beispiel für einen korrekten Eintrag eines reinen Online-Zeitschriftenartikels:

> Kunzmann, U., Kappes, C. & Wrosch, C. (2014). Emotional aging: A discrete emotions perspective. *Frontiers in Psychology, 5,* 380. doi:10.3389/fpsyg.2014.00380

Noch nicht veröffentlichte Manuskripte. Manchmal haben Sie vielleicht Zugang zu einem Artikel, der zwar schon von einer Zeitschrift zur Veröffentlichung angenommen wurde, aber noch nicht erschienen ist, weil zwischen Annahme und Erscheinen oft etliche Monate liegen. Ein solcher Artikel wird als „in Druck" befindlich bzw. „in press" bezeichnet und folgenderweise angegeben:

> Fastwriter, A., Slowthinker, B. J. & Cleartyper, C. S. (in Druck). How thoughts evolve into words and finally into papers. *Journal of Normal Psychology.* [DGPs-Stil]

> Fastwriter, A., Slowthinker, B. J., & Cleartyper, C. S. (in press). How thoughts evolve into words and finally into papers. *Journal of Normal Psychology.* [APA-Stil]

Online-Vorabveröffentlichungen. Bis ein von einer Zeitschrift akzeptiertes Manuskript offiziell in der Papierausgabe abgedruckt wird, vergehen oft mehrere Monate. Um den wissenschaftlichen Austausch zu beschleunigen, praktizieren zunehmend mehr Zeitschriften die *Vorabveröffentlichung* von Artikeln im Internet. Das heißt, der akzeptierte – aber unter Umständen noch nicht layoutete und auf letzte Fehler hin korrigierte – Artikel ist vor seinem offiziellen Erscheinen schon auf der Internetseite der Zeitschrift verfügbar. Im Englischen wird diese Form der Vorabveröffentlichung als „advance online publication" oder „online first publication" bezeichnet. Die Literatureinträge für solche Artikel gestalten sich so:

> Rogowsky, B. A., Calhoun, B. M. & Tallal, P. (2014). Matching learning style to instructional method: Effects on comprehension. *Journal of Educational Psychology.* Advance online publication. doi:10.1037/a0037478

Beachten Sie, dass keine Jahrgangs- und keine Seitenangabe gemacht werden – diese Informationen beziehen sich ja auf das Erscheinen in der gedruckten Ausgabe und liegen noch nicht vor. Daher schließt sich an den Zeitschriftentitel nur der Hinweise „Advance online publication" und der DOI an. Die DGPs-Richtlinien von 2007 kennen diesen Quellentyp noch nicht und geben daher nicht an, was man im Deutschen statt „Advance online publication" schreiben soll. Wir würden uns für „Online-Vorabveröffentlichung" entscheiden.

9.3.2 Bücher (Monografien und Herausgeberbände)

Bücher gehören zu den *nicht periodisch erscheinenden, selbstständigen Werken*. Dabei muss man allerdings zwischen *Monografien* und *Herausgeberbänden* unterscheiden. Monografien sind Bücher, die von einem oder mehreren Autoren *als Ganzes* verfasst wurden. Bei Herausgeberbänden (auch als *Sammelbände* bezeichnet) haben verschiedene Autoren oder Autorengruppen einzelne Kapitel geschrieben. Diese Kapitel haben zwar in aller Regel ein gemeinsames Oberthema, sind jedoch unabhängiger voneinander als die Kapitel einer Monografie. Zu erkennen sind Herausgeberbände daran, dass es – zusätzlich zu den Autoren der einzelnen Kapitel – einen oder mehrere Herausgeber gibt, die auf der Titelseite des Buches genannt werden.

Wir gehen zunächst auf Monografien ein und erläutern weiter unten Besonderheiten von Herausgeberbänden. Die Zitation einzelner Kapitel aus Herausgeberbänden wird in Abschnitt 9.3.4 erklärt. Abbildung 9.3 zeigt, wie der Literatureintrag für eine Monografie aufgebaut ist, und gibt ein entsprechendes Beispiel.

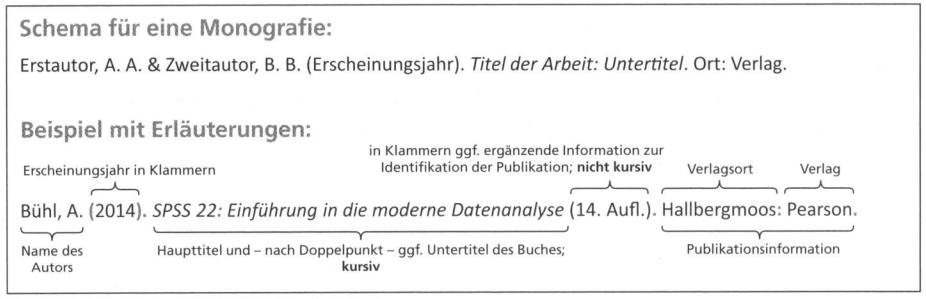

Abbildung 9.3. Literatureintrag für eine Monografie.

Die Angabe der Autorennamen und des Erscheinungsjahres ist identisch zu der bei Zeitschriftenartikeln (vgl. Abschnitt 9.3.1). Bezüglich der Schreibweise englischer Buchtitel gilt das gleiche wie für die Titel von englischsprachigen Zeitschriftenartikeln: Es werden nur die ersten Buchstaben von Titel und ggf. Untertitel (sowie alle Eigennamen) großgeschrieben. Bei der Titelangabe gibt es allerdings einen Unterschied: Während bei den Zeitschriftenartikeln nicht der Titel des Artikels selbst, sondern der Titel der Zeitschrift kursiv steht, wird *der Titel eines Buches kursiv geschrieben*. Kursiv hervorgehoben ist bei Literatureinträgen nämlich immer das, was man in einer Bibliothek als Erstes suchen müsste, um an ein

Werk zu gelangen: Beim Zeitschriftenartikel (einer unselbstständigen Publikation) ist das die Zeitschrift, bei einem Buch (einer selbstständigen Publikation) das Buch selbst.

Ergänzende Angaben nach dem Titel. Bei Büchern, die in mehreren Auflagen erschienen sind, kann man die Nummer der Auflage, auf die man sich bezieht, hinzufügen (vgl. Abschnitt 9.2.5). Dies geschieht in einer Klammer am Ende des Titels – allerdings vor dem Punkt, der den Titel abschließt. Die ergänzende Angabe wird dabei aufrecht (nicht kursiv) gesetzt. Je nachdem, ob Sie deutsche oder englische Abkürzungen verwenden (vgl. S. 317), schreiben Sie also z.B. „(3. Aufl.)" oder „(3rd ed.)".

Die Klammer am Ende des Titels kann weitere Angaben aufnehmen, die zur korrekten Identifikation der Quelle erforderlich sind. Bei mehrbändigen Werken betrifft dies die Bandnummer, die man – abgekürzt mit „Bd." – mit in die Klammer schreibt:

> Brähler, E., Holling, H., Leutner, D. & Petermann, F. (Hrsg.). (2002). *Brickenkamp Handbuch psychologischer und pädagogischer Tests* (Bd. 2, 3. Aufl.). Göttingen: Hogrefe.

Publikationsinformation: Verlagsort. Die Publikationsinformation besteht bei Büchern aus der Angabe des Verlagsorts und – mit einem Doppelpunkt abgetrennt – des Verlags. Da Städtenamen oft nicht eindeutig sind, empfiehlt die APA (2010, S. 186 f.), bei Orten in den USA zusätzlich die – aus zwei Buchstaben bestehende – Abkürzung des Bundesstaates hinzuzufügen (also z.B. „Washington, DC") und bei Orten außerhalb der USA das Land mit anzugeben (also z.B. „Stuttgart, Germany" oder „Pretoria, South Africa").

Diese Regelung halten wir allerdings nur dann für sinnvoll, wenn es tatsächlich begründete Zweifel über den Verlagsort geben kann, wie beispielsweise im Falle von Cambridge, das es nicht nur in England, sondern auch in Massachusetts (MA) in den USA gibt. An letzterem Ort hat die Harvard University ihren Sitz und auch einen eigenen Wissenschaftsverlag. Hier sollten Sie eine Verwechslung der Verlagsorte dadurch ausschließen, dass Sie „Cambridge, England" bzw. „Cambridge, MA" schreiben. Bei Angaben wie „Heidelberg: Springer" bzw. „Göttingen: Hogrefe" ist die Landesangabe unseres Erachtens entbehrlich.[49] Oft stehen in Büchern mehrere Verlagsorte (z.B. bei Hogrefe-Büchern häufig „Göttingen, Bern, Wien, Paris, ...") – dann gibt man immer nur den ersten Ort an. Gemäß dieser Empfehlungen sehen Ihre Literatureinträge für Monografien also folgenderweise aus:

> Comb, D. & Wig, C. (2002). *Babys und ihre Haare: Ein Ratgeber für Eltern*. Göttingen: Hogrefe.

> Comb, D. & Wig, C. (2002). *Babies and their hairs: A parents' guidebook*. New York, NY: Collins.

---

[49] Wenn Sie Ihre Arbeit in einer Zeitschrift veröffentlichen möchten, müssen Sie sich natürlich an die Vorgaben des Verlags halten.

Publikationsinformation: Verlag. Nach der Angabe des Verlagsorts stehen ein Doppelpunkt und danach der Name des Verlags. Verzichten Sie bei der Verlagsangabe auf unnötige Zusätze, die nicht erforderlich sind, um den Verlag zu identifizieren. Dies betrifft insbesondere Zusätze wie *GmbH, Co., Inc., Ltd.* und – sofern sie nicht integraler Bestandteil des Verlagsnamens sind – die Wörter *Verlag*, *Gesellschaft* und *Publishers*. Auch wenn in einem Buch steht „Hogrefe Verlag GmbH & Co. KG", schreiben Sie also nur „Hogrefe" und statt „Springer-Verlag" schreiben Sie „Springer". Beim „VS Verlag für Sozialwissenschaften" ist „Verlag" jedoch ein fester Teil des Namens, weshalb Sie diesen so belassen. Laut APA (2010, S. 187) sollten Sie auch die Wörter *Books* und *Press* im Verlagsnamen belassen, z.B. bei „Academic Press", „Cambridge University Press", „Guilford Press", „Penguin Books" oder „Times Books". Nach dem Verlagsnamen folgt ein Punkt, der die Publikationsinformationen abschließt.

Besonderheiten bei Herausgeberbänden. Wird ein kompletter Herausgeberband zitiert, setzt man im Literaturverzeichnis hinter die Autorennamen den Zusatz „(Hrsg.)" bzw. bei Verwendung englischer Abkürzungen „(Ed.)" oder „(Eds.)", je nachdem, ob das Werk einen oder mehrere Herausgeber hat. Beachten Sie, dass der Zusatz „Hrsg." (bzw. „Ed." oder „Eds.") nicht kursiv geschrieben ist, in separaten eigenen Klammern vor der Klammer mit dem Erscheinungsjahr steht und durch einen zusätzlichen Punkt von diesem getrennt wird.

> Akremi, L., Baur, N. & Fromm, S. (Hrsg.). (2011). *Datenanalyse mit SPSS für Fortgeschrittene 1* (3. Aufl.). Wiesbaden: VS Verlag für Sozialwissenschaften.

> Brainerd, C. J. & Reyna, V. F. (Eds.). (2005). *The science of false memory.* Oxford, England: Oxford University Press.

> Mace, J. H. (Ed.). (2007). *Involuntary memory.* Malden, MA: Blackwell.

Üblicherweise zitiert man nicht den kompletten Herausgeberband, sondern einzelne Kapitel aus diesem (vgl. Abschnitt 9.3.4). Das ist auch inhaltlich sinnvoller, da ein kompletter Herausgeberband schließlich Beiträge von verschiedenen Autoren zu unterschiedlichen Aspekten eines Themas oder sogar zu verschiedenen Themen enthält. Wenn Sie auf den gesamten Band verweisen, ist es für den Leser nahezu unmöglich, herauszubekommen, worauf Sie sich konkret beziehen.

9.3.3 (Forschungs-)Berichte, unveröffentlichte (Abschluss-) Arbeiten und sonstige graue Literatur

(Forschungs-)Berichte. Forschungsberichte bzw. Berichte von staatlichen oder ähnlichen Organisationen werden prinzipiell nach demselben Schema im Literaturverzeichnis angegeben wie Bücher (vgl. Abschnitt 9.3.2). Allerdings gehören solche Berichte zur *grauen Literatur*, da sie nicht von einem Verlag veröffentlicht wurden, sondern zumeist von der Forschungseinrichtung oder Institution selbst vervielfältigt bzw. im Internet bereitgestellt werden. Oft verfügen Institutionen über *Berichtsreihen*, in denen sie ihre Berichte herausbringen. Dann sollten der *Name der Reihe* und die *Nummer des Berichts* am Ende des Titels – in Klammern und aufrechter Schrift – nach dem folgenden Schema angegeben werden:

> Erstautor, A. A. & Zweitautor, B. B. (Erscheinungsjahr). *Titel der Arbeit: Untertitel* (Reihentitel Nummer). Ort: Herausgeber.

Hierzu drei Beispiele, die klassisch als Forschungsberichte in Papierform herausgegeben wurden. Der Herausgeber des ersten Berichts ist eine Universität, bei den beiden anderen handelt es sich um (staatliche) Forschungseinrichtungen:

> Krohne, H. W., Schumacher, A. & Egloff, B. (1992). *Das Angstbewältigungs-Inventar (ABI)* (Mainzer Berichte zur Persönlichkeitsforschung Nr. 41). Johannes Gutenberg-Universität Mainz.

> Wetzels, P. & Pfeiffer, C. (1995). *Sexuelle Gewalt gegen Frauen im öffentlichen und privaten Raum: Ergebnisse der KFN-Opferbefragung 1992* (KFN-Forschungsberichte Nr. 37). Hannover: Kriminologisches Forschungsinstitut Niedersachsen (KFN).

> Wittchen, H.-U. & Jacobi, F. (2004). *Angststörungen* (Gesundheitsberichterstattung des Bundes, Heft 21). Berlin: Robert Koch-Institut.

Eine Besonderheit bei dem ersten Literatureintrag (Krohne et al., 1992) ist, dass im Namen der herausgebenden Institution der Ort (hier: Mainz) bereits enthalten ist, weshalb auf die zusätzliche Angabe des Ortes verzichtet wird. Es wäre allerdings auch möglich, als Publikationsinformation „Mainz: Johannes Gutenberg-Universität Mainz" zu schreiben.

Online verfügbare (Forschungs-)Berichte. Immer mehr Berichte können von Internetseiten der Institutionen heruntergeladen werden. Wenn Sie einen Bericht online abgerufen haben, geben Sie nach dem Zusatz „Verfügbar unter" die entsprechende Internetadresse an:

> Fisher, B. S., Cullen, F. T. & Turner, M. G. (2000). *The sexual victimization of college women* (Research Report National Institute of Justice No. 182369). Verfügbar unter https://www.ncjrs.gov/pdffiles1/nij/182369.pdf

Falls der Name der herausgebenden Institution nicht bereits in dem Literatureintrag auftaucht, fügen Sie diesen vor der Internetadresse hinzu. Das obige Beispiel könnten Sie also auch folgenderweise schreiben:

> Fisher, B. S., Cullen, F. T. & Turner, M. G. (2000). *The sexual victimization of college women* (Research Report No. 182369). Verfügbar auf der Internetseite des National Institute of Justice unter https://www.ncjrs.gov/pdffiles1/nij/182369.pdf

Wie Sie sehen, hat die Angabe der Institution (hier das „National Institute of Justice"), die den Bericht herausgegeben hat, nur ihren Platz gewechselt. Wenn Sie bei einem Dokument unsicher sind, ob dieses in unveränderter Form auch noch in vielen Jahren unter derselben Internetadresse vorhanden ist, sollten Sie das *Zugriffsdatum* angeben. Damit dokumentieren Sie, zu welchem Zeitpunkt das Dokument in der von Ihnen zitierten Form verfügbar war. Das obige Beispiel lässt sich entsprechend ergänzen:

> Fisher, B. S., Cullen, F. T. & Turner, M. G. (2000). *The sexual victimization of college women* (Research Report No. 182369). Zugriff am 16.09.2014. Verfügbar auf der Internetseite des National Institute of Justice unter https://www.ncjrs.gov/pdffiles1/nij/182369.pdf

Wir gehen in Abschnitt 9.3.5 auf weitere Online-Dokumente und deren Besonderheiten ein. Informationen zur Angabe einer Internetadresse finden Sie in Abschnitt 9.2.7 (zur Angabe eines DOI in Abschnitt 9.2.6).

Unveröffentlichte (Abschluss-)Arbeiten. Ebenso wie (Forschungs-)Berichte gehören auch unveröffentlichte Abschlussarbeiten zur grauen Literatur. Auch ihre Literatureinträge ähneln denen von Büchern, da sie aber nicht veröffentlicht wurden, fehlt die Angabe eines Verlags. Statt Verlagsort und Verlag gibt man daher den Namen und den Ort der Hochschule, an der die Arbeit geschrieben wurde, an. Das ist wichtig, da solche Arbeiten in der Regel lediglich dort verfügbar sind. Möchte man eine unveröffentlichte Abschlussarbeit lesen, wendet man sich an die entsprechende Hochschule (oder an den Autor, falls dieser aufzuspüren ist). Hier sehen Sie Beispiele für verschiedene Arten von Abschlussarbeiten – das Schema ist immer identisch:

> Canterino, M. (2008). *Assoziative Netzwerke bei Repressern und Sensitizern.* Unveröffentlichte Diplomarbeit, Johannes Gutenberg-Universität, Mainz.

> Feldmann, J. (2013). *Wirksamkeit von Konfrontationsverfahren und psychophysiologischen Verfahren zur Reduktion von Prüfungsangst: Eine Metaanalyse.* Unveröffentlichte Masterarbeit, Otto-Friedrich-Universität, Bamberg.

> Ziegler, C. J. (2011). *Kognitive Mechanismen im Think-/no-think-Paradigma.* Unveröffentlichte Bachelorarbeit, Otto-Friedrich-Universität, Bamberg.

Sonstige graue Literatur. In gleicher Weise können unveröffentlichte Dissertationen oder Habilitationsschriften angegeben werden. Auch die Literatureinträge anderer unveröffentlichter Arbeiten, z.B. unveröffentlichter Manuskripte, folgen demselben Schema. Im Abschnitt 9.2.5 haben wir bereits entsprechende Beispiele dargestellt.

9.3.4 Buchkapitel aus einem Herausgeberband

Buchkapitel sind *Teile eines nicht periodisch erscheinenden Werkes.* Hier sind speziell Kapitel aus Herausgeberbänden gemeint, also aus Büchern, die von einem oder mehreren Herausgebern veröffentlicht werden, wobei der Autor bzw. die Autoren des Buchkapitels in der Regel nicht mit den Herausgebern identisch sind (auch wenn das manchmal vorkommt). In Abbildung 9.4 ist dargestellt, wie der Literatureintrag für ein solches Buchkapitel zu gestalten ist.

Die Angabe der Autoren und des Erscheinungsjahres unterscheidet sich nicht von den bisher dargestellten Quellen. Zu beachten ist, dass am Anfang des Literatureintrags der Autor des Kapitels (nicht der Herausgeber des Buches) angegeben wird. Auch bei der ersten Titelangabe handelt es sich um den *Titel des Kapitels* (nicht um den des Buches). Der Titel des Buchkapitels wird *nicht kursiv* gesetzt. Sofern das Buchkapitel einen Untertitel besitzt, schließt sich dieser wie bei den bisherigen Quellenarten nach einem Doppelpunkt an den Haupttitel an.

Schema für ein Buchkapitel:

Erstautor, A. A. & Zweitautor, B. B. (Erscheinungsjahr). Titel des Kapitels. In D. D. Herausgeber & E. Herausgeber (Hrsg.), *Titel des Buches* (S. xxx–yyy). Ort: Verlag.

Beispiel mit Erläuterungen:

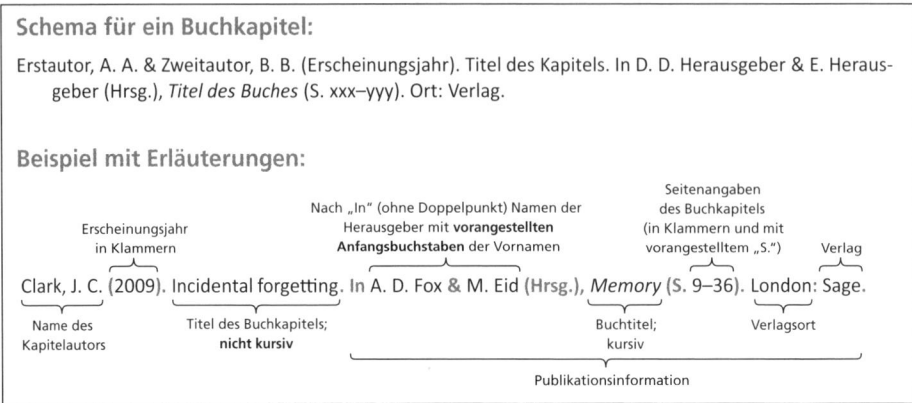

Abbildung 9.4. Literatureintrag für ein Buchkapitel aus einem Herausgeberband.

Publikationsinformation. Bei den Literatureinträgen für Buchkapitel ist die Publikationsinformation besonders umfangreich, da diese aus der vollständigen bibliografischen Angabe des Herausgeberbands besteht. Hier sind allerdings einige Konventionen zu beachten, die von dem Literatureintrag eines Buches, wie wir ihn in Abschnitt 9.3.2 beschrieben haben, abweichen. Auf den – mit einem Punkt abgeschlossenen – *Titel des Buchkapitels* folgt ein „In" und es schließen sich die Namen der Herausgeber an. Eine Besonderheit dabei ist, dass die Initialen der Herausgeber nun jeweils *vor* ihrem Nachnamen stehen (und nicht, wie bei den Autorennamen, danach). Die Herausgeber werden noch durch ein in Klammern geschriebenes „(Hrsg.)" gekennzeichnet; im Englischen steht hier bei einem Herausgeber ein „(Ed.)", bei mehreren Herausgebern ein „(Eds.)". Nach dieser Klammer folgt – diesmal durch ein Komma abgetrennt – der Buchtitel, der kursiv gesetzt ist (weil es das Buch ist, nachdem man in einer Bibliothek zuerst suchen müsste, wenn man an das Buchkapitel gelangen will). Am Ende des Buchtitels steht – in Klammern, aber nicht mehr kursiv – die Seitenangabe, die mit „S." (im Englischen mit „pp.") eingeleitet wird. (Dies ist ein Unterschied zu Zeitschriftenartikeln, bei denen die Seitenzahlen ohne „S." bzw. „pp." angegeben werden.) Abschließend folgt noch, genau wie bei Büchern, die Angabe von Verlagsort und Verlagsname (vgl. Abschnitt 9.3.2).

Wir wollen Ihnen die Literatureinträge für Buchkapitel noch an ein paar Beispielen veranschaulichen:

Ponytail, C. J. & Dreadlocks, M. A. (2007). Persönlichkeit und Frisuren. In S. Dryer, C. Shampoo & L. Crop (Hrsg.), *Mythos Haare* (S. 203–252). Berlin: Springer. [mit deutschen Abkürzungen]

Ponytail, C. J. & Dreadlocks, M. A. (2007). Personality and haircuts. In S. Dryer, C. Shampoo & L. Crop (Eds.), *Legend of hairs* (pp. 203–252). Berlin: Springer. [mit englischen Abkürzungen]

Wenn Sie bei einem Herausgeberband die Auflage hinzufügen möchten, geschieht dies in der Klammer am Ende des Buchtitels, unmittelbar vor der Angabe der Seitenzahlen:

> Lück, D. (2011). Mängel im Datensatz beseitigen. In L. Akremi, N. Baur & S. Fromm (Hrsg.), *Datenanalyse mit SPSS für Fortgeschrittene 1* (3. Aufl., S. 66–80). Wiesbaden: VS Verlag für Sozialwissenschaften. [Buchkapitel mit Angabe der Auflage des Buches]

Mehrbändige Werke. Manchmal bestehen Herausgeberwerke aus mehreren Bänden. Dies ist häufig bei fachwissenschaftlichen Handbüchern oder Enzyklopädien der Fall. Dann muss man zusätzlich den sogenannten Reihentitel (also den Titel des Gesamtwerks) und die Bandnummer des zitierten Buches angeben. Im Folgenden ein Beispiel für einen Beitrag aus der *Enzyklopädie der Psychologie* (das ist in diesem Fall auch der Reihentitel). Da diese in mehrere Themenbereiche und sogenannte Serien unterteilt ist, werden auch sie im Literatureintrag spezifiziert. Der zitierte Beitrag stammte aus dem dritten Band des Themenbereichs C (*Theorie und Forschung*), Serie IV (*Motivation und Emotion*). Der Band selbst hat den Titel *Psychologie der Emotion*. Nach den DGPs-Richtlinien gestaltet sich der Literatureintrag so:

> Laux, L. & Weber, H. (1990). Bewältigung von Emotionen. In K. R. Scherer (Hrsg.), *Psychologie der Emotion* (Enzyklopädie der Psychologie, Themenbereich C, Serie IV, Bd. 3, S. 560–629). Göttingen: Hogrefe.

Die zusätzlichen Informationen zum Reihentitel (einschließlich Angabe des Themenbereichs, der Serie und der Bandnummer) werden also in die Klammer vor der Seitenangabe in aufrechter Schrift hinzugefügt. Hier gibt es einen wesentlichen Unterschied zu den APA-Richtlinien, nach denen dieselbe Quelle so angegeben werden muss:

> Laux, L., & Weber, H. (1990). Bewältigung von Emotionen. In K. R. Scherer (Ed.), *Enzyklopädie der Psychologie, Themenbereich C, Serie IV: Vol. 3. Psychologie der Emotion* (pp. 560–629). Göttingen: Hogrefe.

Der Reihentitel steht hier also am Anfang der Angabe des Buchtitels, gefolgt von der Angabe des Themenbereichs und der Serie. Die Bandnummer (*Vol. 3*) erscheint nach einem Doppelpunkt am Ende des Reihentitels. Erst nach einem den Reihentitel abschließenden Punkt erfolgt die Angabe des eigentlichen Bandtitels (*Psychologie der Emotion*). Beachten Sie auch die Unterschiede in der Kursivschreibung bzw. Klammersetzung zwischen dem Literatureintrag nach DGPs- und nach APA-Norm.

Bei dieser Angabe von mehrbändigen Werken bzw. Beiträgen in Enzyklopädien bewegen wir uns übrigens im Bereich „fortgeschrittener Literatureinträge": Solche Quellen kommen relativ selten vor und die wenigsten Betreuer wären in der Lage, einen derartigen Literatureintrag korrekt anzugeben, ohne selbst in den Richtlinien nachzuschlagen. Wenn der Literatureintrag für ein solches Werk nicht in allen Details den Konventionen entspricht, wird sich kaum ein Betreuer daran stören.

9.3.5   Reine Online-Dokumente

Reine Internetquellen sollten Sie möglichst gar nicht zitieren, es sei denn, es handelt sich um einen Artikel in einer fachwissenschaftlichen Online-Zeitschrift wie *PLoS ONE* oder *Frontiers in Psychology* (vgl. Abschnitte 9.2.6 und 9.3.1). Versuchen Sie stattdessen, einen Zeitschriftenartikel oder ein Buch zu finden, das die Aussage, die Sie zitieren möchten, enthält. Wenn dies nicht gelingt und Sie Ihre Online-Quelle dennoch zitieren wollen, halten Sie sich an das Schema in Abbildung 9.5. (Vergessen Sie aber nie, dass Sie verpflichtet sind, die wissenschaftliche Glaubwürdigkeit Ihrer Quelle auch inhaltlich zu überprüfen; vgl. den Band *Planen, Durchführen und Auswerten*, Abschnitte 5.2 und 5.6.1.)

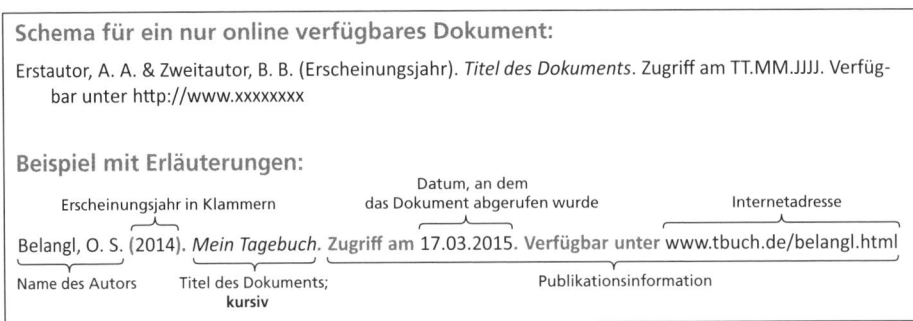

Abbildung 9.5. Literatureintrag für ein ausschließlich online verfügbares Dokument.

Das Schema „Online-Dokument" sollten Sie nur dann verwenden, wenn sich die Quelle keiner der anderen in diesem Kapitel aufgeführten Quellenarten zuordnen lässt. Handelt es sich z. B. um einen Forschungsbericht, der nur über das Internet verfügbar ist, zitieren Sie ihn so, wie in Abschnitt 9.3.3 dargestellt. Für einen Eintrag in einem Online-Lexikon finden Sie die entsprechenden Angaben in Abschnitt 9.3.8. Da im Internet aber alle möglichen Arten von Dokumenten existieren, gibt es auch Online-Dokumente, die keiner der sonstigen Quellenarten entsprechen, z. B. Pressemitteilungen wie diese hier:

> Staudinger, U. M. (2009). *Erklärung der Deutschen Gesellschaft für Psychologie zum Vorfall in München: Zivilcourage – gefährlich und doch unentbehrlich.* Zugriff am 19.09.2014. Verfügbar unter https://www.dgps.de/_download/2009/ DGPs_Erklaerung_20090918.pdf

Viele Nachrichten und Meldungen, die früher in gedruckten Zeitungen erschienen (vgl. Abschnitt 9.3.6), sind heute ausschließlich online abrufbar, wie der folgende Nachrichtentext über eine Politikerrede:

> Friedrichsen, M. (2014, 29. September). *Dobrindt in Quickborn – eine Perle der Rhetorik.* Verfügbar auf der Internetseite des Norddeutschen Rundfunks unter http://www.ndr.de/nachrichten/schleswig-holstein/Dobrindt-in-Quickborn-eine-Perle-der-Rhetorik,dobrindt134.html

Da bei dieser Quelle das taggenaue Erscheinungsdatum vermerkt war, wird es in den Literatureintrag integriert (das Zugriffsdatum kann hier entfallen, es wäre aber auch nicht verkehrt, es zusätzlich anzugeben). Damit der Leser die Seriosität der Quelle einschätzen kann, ist es sinnvoll, die Institution anzugeben, von der die Nachricht veröffentlicht wurde – in diesem Fall der Norddeutsche Rundfunk. Die Angabe folgt somit auch dem Schema, das wir für ausschließlich online verfügbare (Forschungs-)Berichte angegeben haben (vgl. Abschnitt 9.3.3).

Bei manchen Internetquellen ist es nicht einfach oder sogar unmöglich, alle relevanten Angaben zum Autor, Erscheinungsjahr und Titel des Dokuments zu finden. In Tabelle 9.4 geben wir daher eine Übersicht, wie Sie verfahren können, wenn einzelne Angaben fehlen. Oft ist als Autor zwar keine Einzelperson identifizierbar, aber man kann einen Körperschaftsautor benennen (vgl. Abschnitt 9.2.2.5). Stets anzugeben ist das taggenaue Zugriffsdatum und die funktionierende Internetadresse (URL). Denken Sie daran, dass nach der Internetadresse *kein* Punkt gesetzt wird.

Tabelle 9.4. Gestaltung von Literatureinträgen bei fehlenden Quelleninformationen

Was fehlt?	Lösung	Beispiel
nichts	keine Lösung erforderlich	Meyer, S. (2014). *Vom Four-in-Hand zum Winsorknoten.* Zugriff am 20.09.2014. Verfügbar unter http://www .knotenbinder.de/Anleitung1.html
Autor	Titel tritt an die Stelle des Autors	*Vom Four-in-Hand zum Winsorknoten.* (2014). Zugriff am 20.09.2014. Verfügbar unter http://www .knotenbinder.de/Anleitung1.html
Erscheinungsjahr	Angabe von (n.d.) für „nicht datiert"	Meyer, S. (n.d.). *Vom Four-in-Hand zum Winsorknoten.* Zugriff am 20.09.2014. Verfügbar unter http://www .knotenbinder.de/Anleitung1.html
Erscheinungsjahr fehlt, kann aber geschätzt werden	Das geschätzte Jahr wird mit „ca." in eckige Klammern gesetzt.	Meyer, S. [ca. 2014]. *Vom Four-in-Hand zum Winsorknoten.* Zugriff am 20.09.2014. Verfügbar unter http://www.knotenbinder.de/Anleitung1.html
Titel	Beschreibung des Dokuments in eckigen Klammern	Meyer, S. (2014). *[Anleitung zum Krawattenbinden].* Zugriff am 20.09.2014. Verfügbar unter http://www .knotenbinder.de/Anleitung1.html
Autor und Erscheinungsjahr	Lösungen für Autor und Erscheinungsjahr kombinieren	*Vom Four-in-Hand zum Winsorknoten.* (n.d.). Zugriff am 20.09.2014. Verfügbar unter http://www .knotenbinder.de/Anleitung1.html
Autor und Titel	Lösungen für Autor und Titel kombinieren	*[Anleitung zum Krawattenbinden].* (2014). Zugriff am 20.09.2014. Verfügbar unter http://www .knotenbinder.de/Anleitung1.html

9.3.6 Publikumszeitschriften, Zeitungen, Newsletter und Infobriefe

Wie in Abschnitt 8.2 erläutert, sind Artikel aus Publikumszeitschriften und Zeitungen in aller Regel nicht für wissenschaftliche Zwecke zitationswürdig (vgl. auch den Band *Planen, Durchführen und Auswerten*, Abschnitt 5.2). Falls Sie doch einen solchen Artikel zitieren wollen, sind ein paar Besonderheiten zu beachten, die wir hier vorstellen.

Publikumszeitschriften. Als Publikumszeitschriften werden alle nicht fachwissenschaftlichen Zeitschriften bezeichnet, darunter auch „seriöse" Magazine wie *Der Spiegel*, *Spektrum der Wissenschaft* oder *Psychologie Heute*. Bei wissenschaftlichen Fachzeitschriften weisen die verschiedenen Hefte eines Jahres (eines Bandes) in aller Regel eine fortlaufende Seitennummerierung (Paginierung) auf. Wenn beispielsweise die Januar-Ausgabe auf Seite 192 endet, dann würde die Februar-Ausgabe mit der Seite 193 beginnen. Bei Publikumszeitschriften ist das meist anders: Hier beginnt die Seitenzählung in jedem Heft neu, jedes Heft beginnt also mit der Seite 1. Daher braucht man als zusätzliche Angabe, um das richtige Heft zu identifizieren, entweder die Heftnummer oder das Erscheinungsdatum. Bei Zeitschriften, die monatlich oder seltener erscheinen, ist es ausreichend genau, das Erscheinungsjahr und den Monat anzugeben. Schreiben Sie dazu den Monat – mit einem Komma getrennt – hinter die Jahreszahl:

> Martinez-Conde, S. & Macknik, S. L. (2009, Juni). Wie Zauberer mit der Wahrnehmung spielen. *Spektrum der Wissenschaft,* (6), 44–53. [Beispiel für einen Artikel aus einer Publikumszeitschrift]

Bei diesem Beispiel war der Jahrgang der Zeitschrift nicht auf dem Heft angegeben und musste folglich im Literatureintrag weggelassen werden. Allerdings genügt die Information, dass es sich um Heft 6 – die Juni-Ausgabe – aus dem Jahr 2009 handelt, um dieses in einer Bibliothek zu beschaffen.

Bei öfter als einmal pro Monat erscheinenden Zeitschriften bzw. Zeitungen muss man das taggenaue Erscheinungsdatum angeben, da ansonsten z.B. das Heft einer Wochenzeitschrift oder eine Tageszeitung nicht eindeutig identifiziert werden kann. (Falls das genaue Datum nicht angegeben ist, genügt dafür aber auch die Angabe der Heftnummer.)

> Matussek, M. (2013, 21. Oktober). Staatsreligion. *Der Spiegel, 67*(43), 140–141. [Artikel aus einem wöchentlich erscheinenden Nachrichtenmagazin]

Zeitungen. Bei Zeitungen kommt die Besonderheit hinzu, dass – anders als bei Zeitschriften – vor die Seitenangabe ein „S." gesetzt wird. Werden englische Abkürzungen verwendet, schreibt man „p." bzw. „pp.", je nachdem, ob man eine oder mehrere Seiten zitiert.

> Preuss, R. & Osel, J. (2013, 27. Mai). Im Dschungel der Prüfungen. *Süddeutsche Zeitung, 69*(120), S. 13. [Artikel aus einer Tageszeitung mit Angabe des Jahrgangs und Nummer der Ausgabe]

Rossbauer, M. (2014, 30. August). Exzellenzinitiative aus dem Plattenbau. *Die Tageszeitung (taz), 36,* S. 20–22. [Artikel aus einer Tageszeitung – die Nummer der Ausgabe war nicht angegeben]

Newsletter, Infobriefe etc. Auch regelmäßig erscheinende Infobriefe oder (Online-)Newsletter z.B. von Firmen, Vereinen oder anderen Organisationen werden nach demselben Schema wie Publikumszeitschriften ins Literaturverzeichnis aufgenommen. Fehlt – wie es häufig vorkommt – jegliche Angabe zum Jahrgang und zur Nummer der Ausgabe, werden diese Informationen ersatzlos weggelassen. (Die Quelle ist ja anhand des Erscheinungsdatums auffindbar.) Bei Online-Newslettern o. Ä. müssen Sie die Internetadresse und das Zugriffsdatum hinzufügen.

Duden-Sprachberatung (2014, 7. April). Komma bei Infinitivgruppen. *Duden-Newsletter.* Zugriff am 22.09.2014. Verfügbar unter http://www.duden.de/sprachwissen/newsletter/Duden-Newsletter-vom-07042014

Angabe des Erscheinungsdatums im APA-Format. In unseren obigen Beispielen wurde für das Erscheinungsdatum das Format der DGPs verwendet, wobei auf das Jahr der Tag und der Monat folgen, z.B. „(2014, 7. April)". Kann man keine exakte Tagesangabe machen, schreibt man lediglich „Jahr, Monat". Im APA-Stil ist das Datumsformat hingegen „Jahr, Monat Tag", also z.B. „(2014, April 7)" oder „(2013, October 21)". Wenn der Tag wegfällt, beispielsweise weil man ihn nicht kennt, erhält man auch hier das Schema „Jahr, Monat".

9.3.7   Kongressbeiträge

Bei unveröffentlichten Kongressbeiträgen (das können sowohl Poster als auch Vorträge sein) gibt man als Publikationsinformation die Art des Beitrags und den Kongress an (einschließlich des Ortes, an dem dieser stattgefunden hat). Die Angabe des Erscheinungsjahres wird durch den Monat, in dem der Beitrag auf dem Kongress präsentiert wurde, ergänzt. Das Schema für solche Angaben können Sie den folgenden Beispielen entnehmen:

Peters, J. H. & Hock, M. (2008, Juli). *Repressors are unable to suppress, unless it is threatening: Coping styles influence intentional forgetting.* Posterbeitrag auf dem 29. International Congress of Psychology (ICP), Berlin.

Peters, J. H., Hock, M. & Krohne, H. W. (2008, Juli). *Repressors are bad suppressors, unless it is threatening: Coping styles influence intentional forgetting of threatening words.* Vortrag auf der 29. Stress and Anxiety Research Society Conference, London.

Verwenden Sie englische Abkürzungen bzw. den APA-Stil, gestalten sich die beiden Einträge so:

Peters, J. H., & Hock, M. (2008, July). *Repressors are unable to suppress, unless it is threatening: Coping styles influence intentional forgetting.* Poster session presented at the 29th International Congress of Psychology (ICP), Berlin, Germany.

Peters, J. H., Hock, M., & Krohne, H. W. (2008, July). *Repressors are bad suppressors, unless it is threatening: Coping styles influence intentional forgetting of threatening words.* Paper presented at the 29th Stress and Anxiety Research Society Conference, London, England.

Beachten Sie, dass „Vortrag" im Englischen zu „Paper presented" geworden ist. Letzteres ist die im Englischen übliche Bezeichnung für einen Kurzvortrag, zu dem die Vortragenden zuvor einen Abstract bei den Kongressveranstaltern einreichen mussten. Fand der Vortrag im Rahmen eines Symposiums[50] statt, ist das Schema für den Literatureintrag:

> Contributor, A. A., Contributor, B. B, & Contributor, C. C. (Year, Month). Title of contribution. In D. D. Chairperson (Chair), *Title of symposium.* Symposium conducted at the meeting of Organization Name, Location.

Ein Eintrag für einen Vortrag, der im Rahmen des Symposiums „Persönlichkeit, Stress und Bewältigung" auf der „12. Arbeitstagung der Fachgruppe Differentielle Psychologie, Persönlichkeitspsychologie und Psychologische Diagnostik" an der Universität Greifswald gehalten wurde, gestaltet sich daher so:

> Peters, J. H., & Hock, M. (2013, September). Bewältigung der Angst vor sexueller Gewalt: Sensitive Aufrechterhaltung mehrdeutiger Information. In K.-H. Renner (Chair), *Persönlichkeit, Stress und Bewältigung.* Symposium conducted at the 12th Arbeitstagung der Fachgruppe Differentielle Psychologie, Persönlichkeitspsychologie und Psychologische Diagnostik, University of Greifswald, Germany.

Diese Form ist vergleichbar mit der Angabe eines Buchkapitels aus einem Herausgeberband. Am Anfang werden die Autoren bzw. Vortragenden mit dem Titel des Buchkapitels bzw. Vortrags genannt. Dann folgt der Herausgeber bzw. Vorsitzende (Chair) und der Titel des „Werkes" (das Buch bzw. das Symposium), innerhalb dessen der Beitrag erschienen ist. Abschließend werden noch Verlagsort und Verlag bzw. Kongressort und Kongress (wenn auch in umgekehrter Reihenfolge) angegeben. Daran erkennen Sie vielleicht, dass sich alle Literatureinträge, auch wenn diese auf den ersten Blick sehr verschieden erscheinen mögen, in ihrem Grundschema ähneln.

9.3.8 Einträge in Wörterbüchern und (Online-)Lexika

Bei diesen Quellenarten geht es nicht um Enzyklopädien, in denen Themen ausführlich – in Form von Buchkapiteln – behandelt werden, wie in der *Enzyklopädie der Psychologie* (wie Sie solche Literatureinträge angeben, haben wir in Abschnitt 9.3.4 vorgestellt). Vielmehr geht es hier um kurze Erläuterungen zu Stichworten, wie man sie z. B. im *APA Dictionary of Psychology* oder im *Dorsch Psychologisches Wörterbuch* findet (in der neuesten Auflage heißt es *Dorsch Lexikon der Psychologie*). Derartigen Einträgen fehlt oft die Autorenangabe, wenngleich im *Dorsch* zumindest einige Einträge mit Autorennamen versehen sind.

---

50 Symposien sind so etwas wie kleine Konferenzen auf einem größeren Kongress. Im Rahmen eines Symposiums, das meist etwa ein bis drei Stunden dauert, werden mehrere Vorträge zu einem Oberthema gehalten. Symposien haben einen Vorsitzenden (engl. *Chair*), der die Vorträge und anschließende Diskussionen moderiert.

Sie geben solche Stichworteinträge nach einem der beiden folgenden Schemata an, je nachdem, ob ein Autorennamen bekannt ist oder nicht.

Bei Angabe eines Autors:

> Becker-Carus, C. (2004). Orientierungsreaktion. In H. O. Häcker & K.-H. Stapf (Hrsg.), *Dorsch Psychologisches Wörterbuch* (14. Aufl., S. 673). Bern: Huber.

Ohne Angabe eines Autors:

> Orgasmus. (2004). In H. O. Häcker & K.-H. Stapf (Hrsg.), *Dorsch Psychologisches Wörterbuch* (14. Aufl., S. 673). Bern: Huber.

Wenn der Autorenname fehlt, wandert das Stichwort an dessen Stelle (vgl. Abschnitt 8.4.6). Innerhalb Ihres Textes zitieren Sie einen solchen Eintrag ohne Autor, indem Sie das Stichwort in Anführungszeichen setzen, z.B. „... („Orgasmus", 2004)".

Bei Einträgen in Online-Lexika ist das Schema analog, nur dass Sie zusätzlich – wie generell bei reinen Online-Quellen – die Internetadresse angeben. Da sich die Artikelinhalte von Online-Enzyklopädien wie Wikipedia schnell verändern können, ist zudem eine Datumsangabe erforderlich (entweder das Zugriffsdatum oder das letzte Bearbeitungsdatum des Artikels). Ein *Wikipedia-Eintrag* wird folgenderweise ins Literaturverzeichnis aufgenommen (wenngleich wir grundsätzlich davon abraten, Wikipedia zu zitieren):

> Orientierungsreaktion. (2013, 3. August). In *Wikipedia*. Verfügbar unter http://de .wikipedia.org/w/index.php?title=Orientierungsreaktion&oldid=121178799

Bei Wikipedia-Artikeln lässt sich kein konkreter Autor angeben, weshalb hier das Stichwort des Eintrags an die Stelle des Autors tritt. Wikipedia-Artikel haben zudem kein Veröffentlichungsdatum im eigentlichen Sinne – meist werden sie ja immer wieder überarbeitet und wachsen langsam aus einer Baustelle heraus zu vollständigen Artikeln. Man kann sich in Wikipedia jedoch unter „Versionsgeschichte" bzw. unter „Artikel zitieren" angeben lassen, wann der Beitrag zuletzt verändert wurde. Dieses Datum schreibt man statt des Erscheinungsdatums in die Klammer hinter dem Stichwort. Somit kann sich der Leser genau die Version des Artikels anzeigen lassen, die Sie zitiert haben. Die Angabe dieses Bearbeitungsdatums macht es überflüssig, zusätzlich ein Zugriffsdatum anzugeben. Da *Wikipedia* der Name der Enzyklopädie – also des eigenständigen Werkes – ist, wird dieser im Literatureintrag kursiv geschrieben. Eine Besonderheit von Wikipedia ist, dass alle Bearbeitungsversionen der Artikel archiviert werden. Sie sollten daher als Internetadresse nicht die URL angeben, die in der Adressleiste Ihres Webbrowsers angezeigt wird. Klicken Sie stattdessen auf „Artikel zitieren" und kopieren den dort angegebenen *Permanentlink*. Dieser führt, auch wenn es zwischenzeitlich Überarbeitungen des Artikels gibt, immer zu der Version, die Sie verwendet haben.

9.3.9 Computerprogramme

Wenn Sie Standardsoftware zur Datenauswertung bzw. zur Erstellung Ihrer Arbeit verwendet haben (z.B. *SPSS* oder *Excel*), müssen Sie diese nicht angeben. Spezialsoftware für statistische Analysen oder Versuchssteuerungsprogramme sollten allerdings zitiert werden und müssen dann auch im Literaturverzeichnis erscheinen. Ihr Literatureintrag folgt diesem Schema:

> Autor bzw. Rechteinhaber (Jahr). Name des Programms (Versionsnummer) [Zusatzinformation zur Quellenart]. Verfügbar unter http://xxxxx

Ein wichtiger Unterschied zu anderen Quellenarten (z.B. Büchern) ist, dass der Name der Software nicht kursiv geschrieben wird. Da Computerprogramme immer wieder aktualisiert werden, muss der Literatureintrag auch die Versionsnummer enthalten. Man setzt diese in runde Klammern direkt hinter den Softwarenamen. Danach folgt in eckigen Klammern eine Zusatzinformation zur Quellenart. Bei Computerprogrammen ist dies in der Regel „[Software]" oder „[Computerprogramm]", aber auch Spezifizierungen wie „[Mobile Anwendungssoftware (App)]" sind möglich. Bei online erhältlichen Programmen geben Sie zudem die Internetadresse an. Das Zugriffsdatum müssen Sie nicht anführen, da das Programm durch die Versionsnummer eindeutig identifiziert ist. Hierzu zwei Beispiele:

> Borenstein, M., Hedges, L., Higgins, J. & Rothstein, H. (2014). Comprehensive Meta-Analysis (Version 3.3.070) [Software]. Verfügbar unter http://www.meta-analysis.com

> Millisecond Software (2014). Inquisit (Version 4.0.6.0) [Software]. Verfügbar unter http://www.millisecond.com/download

9.3.10 Nicht aufgeführte Quellenarten

Wir haben jetzt Literatureinträge für viele verschiedene Quellenarten vorgestellt, darunter etliche Quellen, die Sie eigentlich gar nicht zitieren sollten (z.B. Publikumszeitschriften oder Wikipedia). Allerdings ist die Anzahl möglicher Quellen sehr umfangreich, sodass es passieren kann, dass Sie eine Quellenart zitieren möchten, die wir hier nicht behandelt haben. Selbst die APA (2010) schafft es nicht, für alle möglichen Quellen, die zitiert werden können, genaue Regeln zu formulieren. Zwar findet man im APA-Manual noch Regeln für Literatureinträge zu Gesetzestexten und Podcasts. Aber auch damit ist noch nicht alles abgedeckt. Wenn Sie eine Quellenart zitieren möchten, für die Sie hier keine Anleitung gefunden haben, sollten Sie sich an zwei grundlegende Strategien halten:

1. Folgen Sie dem Grundschema aus Abschnitt 9.2.1 und nehmen Sie von den in diesem Kapitel behandelten Quellenarten diejenige als Vorlage, die Ihrer Quelle am nächsten kommt. Wie Sie damit umgehen, wenn der Autor oder das Erscheinungsjahr nicht angegeben sind, haben wir in den Abschnitten 9.2.2.6 bzw. 9.2.3 erläutert. Besitzt das Dokument keinen Titel, dann geben Sie an der Stelle des Titels – in eckigen Klammern – eine kurze Beschreibung des Dokuments, z.B. „[Anleitung zum Binden von Krawatten]" (vgl. Tabelle 9.4 auf

S. 343 – die dortigen Hinweise gelten auch, wenn es sich nicht um eine Online-Quelle handelt).

Im Block „Publikationsinformation" sollten Sie diejenigen Informationen
angeben, die der Leser benötigt, um sich die Quelle zu beschaffen – im Zweifelsfall geben Sie dort lieber zu viele als zu wenige Informationen an. Halten
Sie sich aber nicht zu lange mit den Formalitäten eines einzelnen Literatureintrags auf. Als Betreuer und Gutachter von Abschlussarbeiten erwarten wir
zwar, dass die Literatureinträge zu den üblichen Quellenarten formal korrekt
sind. Bei der Zitation von ausgefallenen Quellen wie Audiodateien, Twitter-
Tweets o. Ä. müssten aber auch wir nachlesen, wie die Literatureinträge für
diese zu gestalten sind. Entsprechende Fehler würden uns folglich kaum auffallen und offen gesagt auch nicht weiter interessieren – den meisten Betreuern wird es ähnlich gehen.

2. Schauen Sie in den Richtlinienwerken der DGPs (2007) und der APA (2010,
2012) nach. In Abschnitt 9.5 geben wir genauer auf Ressourcen ein, die Sie für
Zweifelsfälle heranziehen können.

9.3.11   Besonderheiten

Bei bestimmten Quellen gibt es Besonderheiten zu beachten, die wir hier aufführen. Sie betreffen fremdsprachige (nicht englische) Quellen, überflüssige Zusätze
bei Zeitschriftennamen und den Literatureintrag von wiederveröffentlichten bzw.
nachgedruckten Werken.

Fremdsprachige (nicht englische) Quellen. Wenn Sie in einem deutschen Text
eine fremdsprachige Quelle zitieren, die nicht englischsprachig ist, müssen Sie
im Literaturverzeichnis eine Übersetzung des Titels liefern. Dadurch können sich
auch Leser, die dieser Fremdsprache nicht mächtig sind, ein Bild vom Gegenstand der Quelle machen. Die Übersetzung wird dabei hinter den Titel der Arbeit
(aber vor den Punkt, der den Titel abschließt) aufrecht in eckige Klammern geschrieben:

> Piaget, J. & Inhelder, B. (1951). *La genèse de l'idée de hasard chez l'enfant* [Die Ent-
> stehung der Idee des Zufalls beim Kind]. Paris: Presses Universitaires de
> France.

Wenn Sie Ihre Arbeit auf Englisch für ein internationales Publikum schreiben,
also bei einer internationalen Zeitschrift einreichen wollen, ist auch Deutsch für
Ihre Leserschaft eine Fremdsprache. Daher müssten Sie in diesem Fall bei deutschsprachigen Quellen die englische Übersetzung liefern:

> Klimesch, W. (1979). Vergessen: Interferenz oder Zerfall? Über neuere Entwick-
> lungen der Gedächtnispsychologie [Forgetting: interference or decay? On re-
> cent developments in the psychology of memory]. *Psychologische Rundschau,
> 30,* 34–45.

An dem Beispiel erkennen Sie, dass nur der Titel der eigentlichen Arbeit übersetzt wird. Liefern Sie keine Übersetzung des Zeitschriftentitels – dieser dient ja nur zum Auffinden der Arbeit. Auch bei einem Kapitel in einem Herausgeberband (vgl. Abschnitt 9.3.4) würden Sie nur den Titel des Kapitels, aber nicht den Titel des Herausgeberbands übersetzen.

Überflüssige Zusätze bei Zeitschriftennamen weglassen. Zeitschriftennamen werden in der Regel so in den Literatureintrag aufgenommen, wie sie auf der Zeitschrift angegeben sind. Dabei ist es nicht erlaubt, Zeitschriftentitel abzukürzen, wie dies in einigen anderen Fachrichtungen üblich ist. Eine Ausnahme betrifft das „The" am Anfang eines Titels – dieses wird weggelassen. Es heißt daher z. B. „Journal of Creative Behavior" und nicht „The Journal of Creative Behavior".

Manchmal begegnen einem bei Zeitschriftennamen Zusätze, die nicht mit angegeben werden. Dazu ein paar Beispiele:

> *Behavior Research Methods: A Journal of the Psychonomic Society* wird angegeben als *Behavior Research Methods*

> *Memory: Cognitive, Clinical, Developmental, Educational, Neuropsychological, and Social Perspectives* wird angegeben als *Memory*

> *Methodology: European Journal of Research Methods for the Behavioral and Social Sciences* wird angegeben als *Methodology*

Hier handelt es sich bei den Angaben hinter dem Doppelpunkt nämlich um überflüssige Zusätze, die zur Identifikation der Zeitschrift nicht erforderlich sind und auch nicht zum üblicherweise verwendeten Namen der Zeitschrift gehören. Es gibt jeweils nur eine Zeitschrift mit dem Namen *Behavior Research Methods*, *Memory* bzw. *Methodology*. Würde das Weglassen des Zusatzes aber dazu führen, dass die Zeitschrift nicht mehr eindeutig zu identifizieren ist, wird dieser mit angegeben. Das ist z. B. bei den folgenden Zeitschriften der Fall:

> *Journal of Experimental Psychology: Applied*

> *Journal of Experimental Psychology: General*

> *Journal of Experimental Psychology: Learning, Memory & Cognition*

Bei der Frage, ob Sie einen Zusatz nach einem Doppelpunkt angeben müssen, können Sie sich daran orientieren, was auf der *Titelseite des Artikels* als Zeitschriftenname angegeben ist: Steht dort z. B. nur *Memory*, geben Sie auch nur das im Literaturverzeichnis als Zeitschriftentitel an. Ob es mehrere Zeitschriften mit demselben Namen gibt, lässt sich in der *Elektronischen Zeitschriftenbibliothek* (EZB; *http://ezb.uni-regensburg.de*) recherchieren. Dort würden Sie zwar beispielsweise bei der Suche nach „Methodology" zwei Einträge erhalten – einen mit und einen ohne den oben genannten Zusatz –, aber wenn Sie die Einträge anklicken, sehen Sie bei beiden dieselbe ISSN (diese entspricht bei Zeitschriften der ISBN von Büchern). Damit ist klar, dass beide Einträge sich auf dieselbe Zeitschrift beziehen und es somit ausreicht, im Literaturverzeichnis als Zeitschriftentitel *Methodology* anzugeben.

Wiederveröffentlichungen bzw. Neuauflagen klassischer Werke. Bei „klassischen" Werken, z.B. den Schriften von Sigmund Freud, hat man als Quelle oft nicht die Originalausgabe, sondern eine spätere Wiederveröffentlichung vorliegen. Prinzipiell geben Sie immer die Ausgabe an, die Sie gelesen haben. Insbesondere bei bekannten Werken wäre es für den Leser aber verwirrend, bei einer Quellenangabe im Text ein viel späteres Erscheinungsdatum zu sehen, vielleicht sogar eines, zu dem der Autor der Quelle bereits verstorben war. Daher setzt man bei diesen wiederveröffentlichten Werken das Jahr der Originalausgabe hinzu, z.B. „Breuer und Freud (1895/1952)", wenn der Text 1895 erstmalig veröffentlicht wurde, Sie aber eine Ausgabe von 1952 vorliegen haben (vgl. Abschnitt 8.4.11). Dies gibt man auch entsprechend im Literaturverzeichnis wieder:

> Breuer, J. & Freud, S. (1895/1952). Studien über Hysterie. In A. Freud (Hrsg.), *Sigm. Freud – Gesammelte Werke* (Bd. 1, S. 81–98). London: Imago Publishing.

In diesem Beispiel wurde der Text von Breuer und Sigmund Freud später von Anna Freud als gesammelte Werke ihres Vaters herausgegeben. Von einer solchen späteren Wiederveröffentlichung sind *Nachdrucke* zu unterscheiden. Bei Nachdrucken ist nicht nur der Inhalt, sondern auch der Satz (das Seitenlayout) und somit die Seitennummerierung mit der Originalausgabe identisch. Wenn es sich um einen Nachdruck handelt, sollte man dies in einer Klammer nach dem Literatureintrag in folgender Weise angeben:

> Bartlett, F. C. (1932/1997). *Remembering: A study in experimental and social psychology.* Cambridge, England: Cambridge University Press. (Nachdruck der Originalausgabe von 1932)

> Ebbinghaus, H. (1885/1966). *Über das Gedächtnis: Untersuchungen zur experimentellen Psychologie.* Amsterdam, Niederlande: Bonset. (Nachdruck der Originalausgabe von 1885)

9.4 Reihenfolge der Werke im Literaturverzeichnis

Die Literatureinträge im Literaturverzeichnis werden zunächst alphabetisch anhand der Autorennamen geordnet. Nur wenn dadurch keine eindeutige Anordnung zu erzielen ist, weil Sie mehrere Arbeiten desselben Autors bzw. desselben Autorenteams haben, nimmt man das Erscheinungsdatum der Arbeit als zweites Ordnungskriterium hinzu. Möchten Sie mehrere Arbeiten desselben Autors bzw. desselben Autorenteams, die auch noch aus demselben Jahr stammen, zitieren, müssen Sie zusätzlich den Titel des Werkes zur Sortierung heranziehen. Abbildung 9.6 veranschaulicht dieses Vorgehen grafisch. Im Folgenden behandeln wir die Anwendung der einzelnen Kriterien genauer.

1. Kriterium: Alphabetische Anordnung nach den Autorennamen	2. Kriterium: Anordnung nach dem Erscheinungsdatum	3. Kriterium: Alphabetische Anordnung nach dem Titel

Nachname des Erstautors

falls identisch

Initialen bzw. Vorname des Erstautors

falls identisch

Nachname des Zweitautors

falls identisch

Initialen bzw. Vorname des Zweitautors

falls identisch

Nachname des Drittautors

etc.

bei mehreren Werken desselben Autors bzw. Autorenteams

- zuerst nicht datierte (n.d.) Arbeiten
- chronologische Anordnung der übrigen Arbeiten (ältere Arbeiten zuerst)
- „in Druck" bzw. „in press" befindliche Arbeiten zuletzt

bei mehreren Werken desselben Autors bzw. Autorenteams mit identischem Erscheinungsdatum

- alphabetisch nach dem Titel sortieren
- bestimmte und unbestimmte Artikel (der, die, das, ein, einer, eine, …; the, a, an) werden dabei nicht berücksichtigt

Abbildung 9.6. Kriterien und Vorgehen bei der Sortierung der Literatureinträge.

Literatureinträge werden alphabetisch nach den Autorennamen angeordnet. In den meisten Fällen ist anhand des Nachnamens des Erstautors eine eindeutige Anordnung möglich. Für die alphabetische Anordnung gelten folgende Regeln:

▨ Umlaute (*ä, ö, ü*) werden genauso wie die Ursprungsvokale (*a, o, u*) behandelt (*nicht* wie *ae, oe* oder *ue*). Der Buchstabe *ß* wird wie *ss* behandelt, aber bei gleichlautenden Wörtern vor *ss* eingeordnet.

Bär *ist identisch mit* Bar

Baer *steht vor* Bär [da Baer alphabetisch vor Bar kommt]

Faßbinder *steht vor* Fassbinder [ß wird wie ss behandelt, aber vor ss eingeordnet]

Faslinder *steht vor* Faßbinder [= Fassbinder]

Rüsler *steht vor* Rüßler [da Rusler alphabetisch vor Russler kommt]

▨ Leerzeichen, Apostrophe, Bindestriche und Akzente auf Buchstaben werden ignoriert, die Namen also so eingeordnet, als wären diese Zeichen nicht vorhanden. (Wie Sie mit Namenspräfixen umgehen, also ob diese vor den Nachnamen oder hinter die Vornamensinitialen treten, ist in Abschnitt 9.2.2.4 erklärt.) Groß- und Kleinschreibung spielt bei der Sortierung keine Rolle. Dazu einige Beispiele:

Meyer-Wölden *wird behandelt wie* Meyerwolden [Bindestrich entfällt, ö wird einsortiert wie o]

al-Halabi *wird behandelt wie* Alhalabi

D'Argembeau *wird behandelt wie* Dargembeau

Del Cerro *wird behandelt wie* Delcerro

Van der Vekene *wird behandelt wie* Vandervekene

U.S. Department of Education *wird behandelt wie* Usdepartmentofeducation [die Regeln gelten auch für Körperschaftsautoren]

Duden: Das Synonymwörterbuch *wird behandelt wie* Dudendassynonymwörterbuch [die Regeln gelten ebenfalls, wenn bei Werken ohne Autor der Titel an dessen Stelle tritt; vgl. Abschnitt 9.2.2.6]

■ Sind zwei Namen bis zum Ende des ersten Namens identisch, steht der kürzere zuerst:

Schmidt *steht vor* Schmidtbauer

Moll *steht vor* Möller [= Moller]

■ Generell gilt die Regel „nothing precedes something" (APA, 2010, S. 181) – da bei „Schmidt" nach dem *t* nichts mehr folgt, bei „Schmidtbauer" aber schon, wird „Schmidt" zuerst eingeordnet. Aus demselben Grund stehen auch die Werke eines Einzelautors vor den Werken, die dieser als Erstautor zusammen mit anderen Autoren verfasst hat. Das gilt auch dann, wenn die Gemeinschaftswerke früher erschienen sind. Der folgende Ausschnitt aus einem Literaturverzeichnis verdeutlicht dies:

Dieling, A. (2000). ... [Werke eines Einzelautors immer vor Werken desselben Erstautors mit weiteren Autoren]

Dieling, A. & Bar, D. (1983). ... [Dieling steht vor Dielinger]

Dielinger, S. (2013). ... [Dielinger kommt alphabetisch vor Dielingmeyer]

Dieling-Meyer, F. (2007). ...

■ Ist bei einer Quelle kein Autor vorhanden (auch keine Institution, die anstelle des Autors genannt wird), rückt der Titel an die Stelle des Autorennamens (vgl. Abschnitt 9.2.2.6). Das Werk wird dann alphabetisch nach dem Titel eingereiht, wobei bestimmte und unbestimmte Artikel (*ein, eine, einer, der, die, das* etc.; *a, an, the*) unberücksichtigt bleiben.

Bei identischen Nachnamen werden die Initialen bzw. Vornamen herangezogen. Manchmal hat man Literatureinträge von verschiedenen Erstautoren, die aber denselben Familiennamen haben (denken Sie an so häufige Namen wie Brown, Miller, Meyer oder Smith). Dann werden die Initialen der Vornamen herangezogen und die Einträge danach sortiert.

Brown, A. *steht vor* Brown, D.

Brown, A. G. *steht vor* Brown, A. P.

Auch hier gilt die „nothing precedes something"-Regel. Haben zwei Autoren dieselbe erste Initiale bzw. dieselben ersten Initialen, steht der Autor zuerst, der weniger Initialen hat:

Brown, A. *steht vor* Brown, A. G.

Brown, A. G. *steht vor* Brown, A. G. C.

Das gilt sogar dann, wenn ausgeschriebene Vornamen eine andere Reihenfolge implizieren würden, also z.B. im folgenden Fall:

Smith, J. D. [= Smith, Joseph David] *steht vor* Smith, J. M. [= Smith, Jacob Michael]

Beachten Sie, dass bei *Erstautoren* mit demselben Familiennamen auch im Text stets die Initialen mit angeben werden, also z.B. „J. D. Smith (2004)" oder „(J. D. Smith, 2007)". Genauere Erläuterungen dazu finden Sie in Abschnitt 8.4.7 (S. 302f.). Dort ist auch der extrem seltene Fall erklärt, dass zwei verschiedene Erstautoren denselben Familiennamen und exakt dieselben Initialen, aber verschiedene Vornamen haben (z.B. Andrea Schmitt und Arnold Schmitt).

Bei identischen Erstautoren werden nacheinander die Namen der weiteren Autoren herangezogen. Häufig sind dieselben Erstautoren an Werken mit verschiedenen Autorenteams beteiligt. Haben zwei Werke denselben Erstautor, zieht man zur alphabetischen Einordnung nacheinander die weiteren Autoren (sofern vorhanden) heran. Auch hier gilt „nothing precedes something", also *Werke des Einzelautors stehen immer vor Werken, die er als Erstautor zusammen mit anderen Personen verfasst hat.* Ist aufgrund der Nachnamen eine eindeutige Anordnung möglich, spielt das Erscheinungsdatum keine Rolle. In einem Literaturverzeichnis wäre daher die folgende Reihenfolge korrekt:

Bar, A.

Bar, A. & Dieling, D.

Bar, A., Dieling, D. & Kobiella, L.

Bar, A., Dieling, D. & Ziegler, C.

Bar, A. & Gottlieb, S.

Bei Werken desselben Einzelautors bzw. derselben Autorenkombination wird nach dem Erscheinungsdatum geordnet. Ist anhand der Autorennamen keine eindeutige Anordnung möglich, nimmt man ergänzend das Erscheinungsdatum hinzu. In Abbildung 9.6 (S. 352) bewegen wir uns damit in die zweite Spalte. Wichtig ist, dass das Erscheinungsdatum für die Anordnung nur *innerhalb* der Gruppe von Literatureinträgen herangezogen wird, die tatsächlich denselben Einzelautor haben bzw. die dieselbe Autorengruppe (in identischer Autorenreihung) aufweisen. Dazu ein Anordnungsbeispiel:

Bar, A. (n.d.).

Bar, A. (1997).

Bar, A. (2014).

Bar, A. (in Druck).

Bar, A. & Dieling, D. (1987).

Bar, A. & Dieling, D. (1989).

Bar, A. & Dieling, D. (in Druck).

Bar, A. & Gottlieb, S. (n.d.).

Bar, A. & Gottlieb, S. (1973, Januar). [Kongressbeitrag mit Angabe des Monats]

Bar, A. & Gottlieb, S. (1973, April). [Kongressbeitrag mit Angabe des Monats]

Wie an den Beispielen zu sehen ist, gilt für die Anordnung nach dem Erscheinungsdatum:

1. Zuerst werden nicht datierte Arbeiten (n.d.) aufgeführt.

2. Dann werden Arbeiten mit bekanntem Erscheinungsdatum aufgelistet, beginnend mit den älteren Arbeiten. Ist – z.B. bei Kongressbeiträgen – zusätzlich
   zum Erscheinungsjahr auch der Monat bzw. Tag des Erscheinens angegeben,
   wird auch dies für die chronologische Anordnung verwendet.

3. Zuletzt werden in Druck befindliche Werke aufgeführt (diese sind mit „in
   Druck" bzw. – bei Verwendung englischer Abkürzungen – mit „in press" zu
   kennzeichnen).

**Sind der Autor bzw. das Autorenteam und das Erscheinungsdatum identisch,
wird nach dem Titel sortiert.** Werke desselben Einzelautors (bzw. derselben Autorenkombination in identischer Reihenfolge) mit demselben Erscheinungsdatum
werden alphabetisch nach dem Titel angeordnet. *Dabei bleiben bestimmte und
unbestimmte Artikel unberücksichtigt* (im Deutschen: *der, die, das, des, dem,
den; ein, eine, einer, eines, einem, einen*; im Englischen: *the; a, an*). Wie bei der
alphabetischen Sortierung von Autorennamen werden Leerzeichen, Apostrophe,
Bindestriche und Akzente auf Buchstaben ignoriert.

Um die Quellen auch beim Kurzverweis im Text unterscheiden zu können, werden in der Reihenfolge der Auflistung im Literaturverzeichnis kleingeschriebene
Buchstaben (a, b, c etc.) direkt innerhalb der Klammer hinter das Erscheinungsdatum gesetzt. Auch bei noch in Druck befindlichen Werken wird – verbunden mit
einem Bindestrich – ein Kleinbuchstabe angehängt. Bei Zitationen im Text werden diese Buchstaben mit angegeben (vgl. Abschnitt 8.4.8). Im folgenden Beispiel
sind die für die Anordnung relevanten Buchstaben <u>unterstrichen</u> (im Literaturverzeichnis wird selbstverständlich keine derartige Unterstreichung vorgenommen):

> Davis, P. (2014a). Der <u>alternative</u> Einfluss ... [*wird behandelt wie* alternativeein-
> fluss]
>
> Davis, P. (2014b). Ein <u>alternatives</u> Konzept ...
>
> Davis, P. (2014c). The <u>an</u>achronism of ...
>
> Davis, P. (2014d). Die <u>Behal</u>tensleistung von ...
>
> Davis, P. (2014e). <u>Behav</u>ior of male and female ...
>
> Davis, P. (2014f). Ein <u>zentrales</u> Konzept der ...
>
> Davis, P. (in Druck-a). <u>Central</u> concepts of ...
>
> Davis, P. (in Druck-b). The <u>detrimental</u> alterations in human activity ...
>
> Davis, P. (in Druck-c). A <u>detrimental</u> effect of female interrogation ...
>
> Davis, P. (in Druck-d). <u>Effects</u> of attractiveness ...

Beispiel-Literaturverzeichnis. Im Folgenden finden Sie einen Ausschnitt aus
einem Literaturverzeichnis, bei dem die oben genannten Regeln berücksichtigt
sind. Versuchen Sie doch einmal, sich selbst zu erklären, warum die Literatureinträge in genau dieser Reihenfolge angeordnet sind.

Boring, F. (1997a). *Interindividual differences in preferences for hair colors.* Cambridge, MA: Seidge.

Boring, F. (1997b). *An investigation in human hair color.* Chichester, England: Willy.

Boring, F. (2000). *Alternative coloring.* New York, NY: Peerson.

Boring, F. (in Druck). *Noch mehr Haare.* London: Seidge.

Boring, F. & Dieling, D. (1983a). *Ein alternativer Ansatz zur Haarfarbenbestimmung.* Forchheim: Frankeneducation.

Boring, F. & Dieling, D. (1983b). *Babys und ihre Haarfarbe.* Bamberg: Selbstverlag B & D.

Boring, F. & Dieling, D. (1983c). *Die Neugeborenen und ihre Haarfarbe.* Memmelsdorf: Bayernlerntlesen.

Boring, F., Dieling, D. & Stürmer, L. (1981). *Alles wird gut.* Amberg: JVA-Amberg.

Boring, F. & Gottlieb, S. (1994). *What you always wanted to know about Bavarians but never dared to ask.* Coburg: Bayerischer Dialektverlag.

Boring, F. & Gottlieb, T. (1994). *A Franke is koan Bayer* [Ein Franke ist kein Bayer]. Bad Staffelstein: Bayernliteratur.

Böring, G. (1999). *Babies und Haare.* Göttingen: Hochgrewe.

Collins English dictionary and thesaurus (2. Aufl.). (2006). Glasgow: HarperCollins.

Dieling, D. (1992). *Fundamental differences between Bavarians and Homo sapiens sapiens.* Lichtenfels: Metropolenverlag.

Dieling, D. J. & Wimple, S. E. (2011). *Readings in psychology of perception.* Springfield, IL: Simpson Press.

Dieling, L. F. & Anderson, M. C. (2006). *Me, myself, and sociological insights.* Amsterdam, Niederlande: Academia Books.

Keßler, U. (in Druck). *Farbenlehre.* Heidelberg: Reiter.

Kessler, F. (2008). *Verfassungsvertrag und Verfassung.* Berlin: Dünkel und Humbug.

Möller, S. & Meyer, D. M. (2014). The hair color of newborns. *Journal for Hair Research, 42,* 501–508.

Möller, S. & Schmidt, C. (2007). Die Haarfarbe von Kleinkindern: Eine Multi-Center-Studie. *Haarforschung, 7,* 137–148.

9.5 Problemfälle

Wenn Sie beim Zitieren oder Erstellen Ihres Literaturverzeichnisses auf eine Frage stoßen, die in den Kapiteln 8 und 9 nicht beantwortet wird, dann gibt es einige Quellen, in denen Sie auf die Suche nach der Lösung Ihres Problems gehen können. Die beiden wichtigsten sind die Richtlinienwerke der DGPs (2007) und der APA (2010). Auch wenn Sie Ihre Arbeit nach den DGPs-Regeln schreiben, können Sie in Zweifelsfällen die APA-Richtlinien heranziehen. Letztere sind nämlich wesentlich umfassender und ausgearbeiteter, sodass hier viele Problemfälle behandelt werden, die in den DGPs-Richtlinien schlicht vergessen wurden. Das APA-Manual (APA, 2010) enthält zudem viele Beispiele für Literatureinträge, darunter so ausgefallene Quellen wie Gerichtsentscheide, Patente oder Archivmaterial.

Zu *digitalen Quellen* hat die APA im Jahr 2012 ein ergänzendes Werk herausgegeben (APA, 2012), dessen Inhalt Sie auch über eine Internetsuche nach dem Titel *APA style guide to electronic references* finden. Es ist als Update zu den APA-Richtlinien von 2010 zu verstehen und regelt z.B. die Zitation von Twitter-Tweets, die 2010 noch kein Thema waren. Auf der Internetseite *www.apastyle.org* stellt die APA zusätzliche Materialien zum korrekten Zitieren und zum Erstellen von Literatureinträgen bereit. Der „APA Style Blog" (*http://blog.apastyle.org*) bietet Fragen und Antworten zur korrekten Verwendung des APA-Stils. Dort können Sie auch selbst Fragen rund um die APA-Richtlinien stellen, die dann von einem Expertenteam der APA beantwortet werden.

Abschließend möchten wir Ihnen noch einen Rat mitgeben: Wenn Sie in unserem Buch keine Antwort auf Ihr Problem gefunden haben, dann ist dieses wahrscheinlich entweder so ausgefallen, dass die Richtlinien gar keine Regelung dafür haben (es ist schlicht unmöglich, jede Eventualität zu regeln; vgl. Abschnitt 9.3.10), oder es betrifft ein so feines Detail, dass es Ihrem Betreuer kaum negativ auffallen wird. In beiden Fällen wollen wir Sie ermutigen, Ihre Zeit lieber in inhaltliche Aspekte Ihrer Arbeit zu investieren, als sie mit subtilen Formalitäten von Literatureinträgen zu verbringen.

Handwerkszeug am Computer

10

ÜBERBLICK

In diesem Kapitel finden Sie zunächst Hinweise zur *Datensicherung* und zum *Dateimanagement*, die Sie vor Datenverlust bewahren und Ihnen die Arbeit am Computer erleichtern sollen (Abschnitt 10.1). Anschließend widmen wir uns den Computerprogrammen, die Sie in der Phase des Schreibens und Gestaltens Ihrer Arbeit benötigen werden. Neben einem Programm zur *Literaturverwaltung* (Abschnitt 10.2) brauchen Sie v.a. Software, um *Diagramme und sonstige Abbildungen zu erstellen* (Abschnitt 10.3). Dabei gehen wir z.B. auch darauf ein, wie Sie mit *Excel* erzeugten Diagrammen Fehlerbalken hinzufügen.

Die meiste Zeit in der Schreib- und Gestaltungsphase Ihrer Arbeit werden Sie sicherlich mit Ihrem Textverarbeitungsprogramm verbringen. Da der effiziente Umgang mit der Textverarbeitungssoftware ein umfangreiches Thema ist, haben wir diesem mit Kapitel 11 ein eigenständiges Kapitel gewidmet.

10.1 Datensicherung und Dateimanagement

Wie wichtig ein übersichtliches Dateimanagement und die Erstellung von Sicherungskopien im gesamten Prozess eines Forschungsprojekts sind, ist im Band *Planen, Durchführen und Auswerten* in Abschnitt 4.1 erläutert. Auch während der Schreibphase sollten Sie diese beiden Punkte berücksichtigen, weshalb wir hier die wichtigsten Aspekte zur Datensicherung (Abschnitt 10.1.1) und zum Dateimanagement (Abschnitt 10.1.2) wiederholen.

10.1.1 Datensicherung

Wer schon einmal eine defekte Festplatte hatte oder wem ein USB-Stick verloren gegangen ist, weiß, wie wichtig die Erstellung von Sicherungskopien ist. Dem Datenverlust, z.B. durch einen defekten oder verloren gegangenen Datenträger, können Sie auf drei verschiedenen Wegen begegnen:

- *Cloud-Dienste:* Bei den sogenannten Clouds (z.B. *Dropbox*, *iCloud*, *Microsoft OneDrive*, *Google Drive* oder *Box*) werden Daten auf einem externen Server gespeichert. Auf Ihre dort abgelegten Dateien können Sie über einen Webbrowser oder ein spezielles Programm zugreifen. Somit können Sie von fast jedem Rechner aus an Ihre Dateien gelangen. Ein Nachteil ist allerdings, dass Sie auf eine funktionierende Internetverbindung angewiesen sind.

- *Datensicherungsprogramme:* Wenn Sie überwiegend an *einem* Rechner arbeiten, können Sie an diesen einen externen Datenspeicher (z.B. eine externe Festplatte oder einen USB-Stick) anschließen. Spezielle Datensicherungsprogramme (z.B. *Nero BackItUp*, *Personal Backup* oder *AllSync*) sorgen automatisch für eine Synchronisation der Daten zwischen diesem externen Speicher und dem Rechner. Sollte es einmal Probleme mit dem Computer bzw. dessen Festplatte geben, haben Sie immer eine aktuelle Sicherungskopie.

- *Daten zwischen USB-Stick oder Speicherkarte und Rechner kopieren:* Die letzte Variante, die wir Ihnen vorstellen, hat den Vorteil, dass sie sehr einfach und ohne weitere Kenntnisse oder Programme anzuwenden ist. Lediglich ein klein wenig Selbstdisziplin sollten Sie aufbringen. Für dieses Vorgehen legen Sie sich einen USB-Stick (alternativ geht auch eine Speicherkarte) zu, auf dem Sie alle Dateien speichern, die mit Ihrer Abschlussarbeit in Zusammenhang stehen. Tagsüber arbeiten Sie nur mit den Dateien auf dem USB-Stick. Jeden Abend kopieren Sie den kompletten Inhalt des Sticks auf die Festplatte eines PCs oder Notebooks in einen Ordner, den Sie mit dem Tagesdatum versehen. Bewahren Sie dabei immer die aktuelle und die vorherige Kopie auf – ältere Sicherungskopien können Sie löschen. Neben der aktuellen auch die vorherige Kopie aufzubewahren gibt Ihnen zusätzliche Sicherheit: Sie wissen, dass Sie eine Dateiversion besitzen, an der Sie in der Vergangenheit problemlos arbeiten konnten. Selbst wenn Sie versehentlich die aktuelle Datei unwiederbringlich löschen, hat dies keine dramatischen Folgen, da Sie noch die Datei des Vortags gespeichert haben. Somit beschränkt sich der maximal mögliche Datenverlust auf die Arbeit eines Tages.

Besonders wichtige Dateien (z.B. Ihr aktuelles Textdokument oder die Auswertungsdatei) können Sie auch gelegentlich per E-Mail an sich selbst senden. Dadurch haben Sie eine zusätzliche Sicherungskopie, die auf externen Servern gespeichert ist. Selbst wenn Ihr Haushalt (einschließlich Ihres Rechners) abbrennen sollte, hätten Sie immer noch eine Kopie in Ihrem E-Mail-Ordner.

Achten Sie darauf, dass alle Computer, auf denen Sie arbeiten, zumindest mit einem aktuellen kostenlosen Antivirenprogramm ausgestattet sind und aktivieren Sie die Firewall Ihres Betriebssystems. Es gibt kaum etwas Unangenehmeres als eine Abschlussarbeit, die von Computerviren zerfressen wird.

10.1.2 Dateimanagement

Im Rahmen einer Abschlussarbeit fallen eine ganze Reihe von Dateien an. Damit Sie diese stets schnell und einfach wiederfinden können, empfehlen wir Ihnen, sich frühzeitig eine Ordnungsstruktur für Ihre Dateien anzulegen. Dabei hat sich folgende Verzeichnisstruktur bewährt:

- ▪ Abschlussarbeit
  - – Arbeit
    - • Abbildungen [Dateien mit Abbildungen, die Sie in Ihrer Arbeit verwenden]
    - • Text [hier speichern Sie die verschiedenen Versionen Ihrer eigentlichen Abschlussarbeit]
  - – Daten
    - • Rohdaten
    - • aggregierte Daten
    - • Auswertungsdateien
    - • ggf. Syntaxdateien
  - – Formalitäten [ein Ordner für alle Formalitäten wie die Anmeldung der Arbeit beim Prüfungsamt]
  - – Literatur [die Literaturquellen, die Sie verwenden]

- Organisatorisches [hier können Sie z. B. Ihren Zeitplan ablegen]
- Untersuchungsmaterial
  - ggf. Fragebögen
  - ggf. Reizmaterial
  - ggf. Versuchssteuerungsprogramm

Je nach Bedarf können Sie diese Verzeichnisstruktur natürlich um weitere Ordner oder Unterordner ergänzen. Bei Dateien, an denen Sie über einen längeren Zeitraum arbeiten, empfiehlt es sich, ältere Dateien nicht zu überschreiben, sondern jede neue Version unter einem neuen Namen zu speichern. Insbesondere für die Textdatei mit Ihrer Abschlussarbeit bietet dies entscheidende Vorteile: Sollten Sie einmal feststellen, dass Sie eine wichtige Passage in Ihrer aktuellen Datei unwiederbringlich gelöscht haben, können Sie diese problemlos anhand der älteren Versionen wieder herstellen. Hinzu kommt, dass es Ihnen so vermutlich einfacher fällt, Textteile zu kürzen oder zu verwerfen, da Sie wissen, dass solche Stellen, mit deren Ausarbeitung Sie sich einmal so viel Mühe gegeben haben, nicht endgültig gelöscht sind. Das ist beruhigend, falls Ihnen irgendwann einfällt, dass bestimmte Passagen doch relevant waren. (Natürlich müssen Sie nicht alle alten Versionen dauerhaft gespeichert halten. Wenn Sie sich irgendwann sicher sind, dass Sie beispielsweise Versionen, die älter als einen Monat sind, nie wieder benötigen, können und sollten Sie diese löschen.)

Auch für die Benennung von Dateien ist es hilfreich, sich frühzeitig ein Schema zu überlegen. So sind Dateinamen wie „Abschlussarbeit.docx", „Abschlussarbeit-neu.docx", „Abschlussarbeit-neuer.docx", und „Abschlussarbeit-noch neuer.docx" wenig hilfreich und dieses Benennungsschema stößt bald an seine Grenzen. Versehen Sie das Textdokument Ihrer Abschlussarbeit daher besser mit dem aktuellen Datum im Dateinamen, z. B. „Abschlussarbeit_2015-06-08.docx". Dabei schreiben Sie das Datum im Format Jahr-Monat-Tag, wobei Tages- und Monatsangaben immer zweistellig sind (also für den 9. Februar 2016 wäre es „2016-02-09"). Wenn Sie nun die Dateien in einem Verzeichnis alphabetisch sortieren lassen, deckt sich dies mit der chronologischen Reihenfolge der Dateien, sodass Sie schnell das aktuelle Dokument wiederfinden. Wenn Sie eine Datei mehrmals am Tag abspeichern, was wir Ihnen empfehlen, da Programme oder Computer auch einmal abstürzen können, fügen Sie einen kleinen Buchstaben hinten an, also z. B. „Abschlussarbeit_2015-06-08a.docx", „Abschlussarbeit_2015-06-08b.docx" etc.

10.2   Literaturverwaltung

Literaturverwaltungsprogramme erfüllen zwei Funktionen: Sie helfen dabei, den Überblick über den Inhalt der von Ihnen verwendeten Literaturquellen zu behalten, und sie erleichtern die korrekte Erstellung des Literaturverzeichnisses (vgl. Kap. 9). Mit einigen Programmen wie *Citavi* können Sie auch die Quellenangaben im Text (vgl. Abschnitt 8.4) erstellen.

Für eine Abschlussarbeit benötigen Sie nicht unbedingt ein Literaturverwaltungsprogramm, aber wenn Sie in Ihrer Arbeit mehr als 30 bis 40 Quellen verwenden, erspart es Ihnen sehr wahrscheinlich eine Menge Arbeit. Im Band *Planen, Durchführen und Auswerten* finden sich Hinweise zur Wahl des Literaturverwaltungsprogramms (Abschnitt 4.3.1) und Tipps, wie Sie Literaturquellen, die Sie als Datei vorliegen haben, am besten speichern und organisieren (Abschnitt 4.3.2). Deshalb fassen wir hier nur unsere Kernempfehlungen zusammen.

Mit dem Programm *Citavi Pro* (*www.citavi.de*) haben wir sehr gute Erfahrungen gemacht. An vielen Hochschulen steht es Studierenden kostenlos zur Verfügung. Alternativ zur Kaufversion (für Studierende und Privatanwender 119 Euro; Stand vom 26.05.2015) gibt es eine kostenfreie Free-Version, deren einzige Einschränkung darin besteht, dass man damit maximal 100 Literaturquellen verwalten kann. Als Zitationsstil können Sie u. a. die aktuellen Stile der DGPs (3. Aufl.) und der APA (6th ed.) auswählen. Die Eingabe von Quellen erfolgt über Masken, die spezifisch für die jeweilige Quellenart (z.B. Zeitschriftenaufsatz, Buch, Internetdokument, Vortrag) sind, oder alternativ über einen DOI oder eine ISBN (kontrollieren Sie in dem Fall aber, ob alle ergänzten Daten korrekt sind). Die richtige Formatierung des Eintrags im Literaturverzeichnis übernimmt dann *Citavi* für Sie. Darüber hinaus bietet *Citavi* viele Zusatzfunktionen, über die Sie sich auf der Internetseite des Programms informieren können. Da *Citavi* zurzeit nur unter *Windows* funktioniert, müssen *Linux-* und *Mac-Nutzer* auf Alternativen wie *Zotero* und *Mendeley* (zwei sich ergänzende Programme) zurückgreifen.

Versuchen Sie, möglichst viele Ihrer Literaturquellen als PDF zu speichern. Bei aktuellen Zeitschriftenartikeln ist dies inzwischen meist ohnehin das Format, an das Sie am einfachsten gelangen. In fast allen Literaturverwaltungsprogrammen können Sie nämlich einen Quelleneintrag mit einer PDF-Datei verknüpfen, sodass Sie von dem Eintrag mit einem Mausklick zu dem Text der Arbeit gelangen. Das erleichtert während der Schreibphase das Nachschlagen in relevanten Arbeiten sehr. Ebenfalls eine Erleichterung für das Auffinden von digital gespeicherten Texten ist es, diese nach dem Schema „Erstautor_ggf. et al_Jahr_Titel-Untertitel.pdf" zu benennen, z.B. „Peters_et al_2012_Sensitive maintenance-A cognitive process underlying individual differences in memory for threatening information.pdf". Bei langen Titeln bzw. Untertiteln können Sie diese natürlich kürzen. Allerdings sollten Sie Wörter, nach denen Sie suchen würden, im Titel beibehalten. Dann können Sie die relevanten Texte nämlich auch über eine Stichwortsuche in Ihrem Literaturordner finden.

10.3   Diagramme und sonstige Abbildungen erstellen

Kaum eine Arbeit kommt ohne Diagramme zur Darstellung statistischer Daten aus (vgl. Abschnitt 6.6). *SPSS* ist nur bedingt dazu geeignet, ästhetisch anspruchsvolle Diagramme zu erstellen. Daher erzeugen Wissenschaftler häufig auf der Basis der beispielsweise mit *SPSS* berechneten Daten Diagramme in einem Tabellenkalkulationsprogramm wie *Excel* oder *OpenOffice Calc*.[51] Wann Sie auf

---

51 Alternativ können Diagramme auch mit der Statistik-Programmiersprache *R* erstellt werden – vgl. den Band *Planen, Durchführen und Auswerten*, Abschnitt 4.4.3.

solche Programme zurückgreifen sollten und wie Sie mit diesen arbeiten, erläutern wir in Abschnitt 10.3.1. Neben solchen Diagrammen benötigen Sie vielleicht auch Abbildungen, in denen Versuchsaufbauten präsentiert, experimentelle Abläufe wiedergegeben oder Zusammenhänge und Prozesse veranschaulicht werden. In Abschnitt 10.3.2 ist dargestellt, wie Sie u.a. mit *PowerPoint* und *OpenOffice Draw* auf einfache Weise zu derartigen Abbildungen gelangen.

10.3.1 Diagramme erstellen

Für die Erstellung verschiedener Diagramme eignen sich unterschiedliche Programme besonders gut. In diesem Abschnitt stellen wir Ihnen vor, welches Programm Sie für welchen Zweck verwenden sollten. Außerdem geben wir Tipps für häufig auftretende Schwierigkeiten bei der Diagrammerstellung.

10.3.1.1 Diagramme mit *SPSS* erstellen

Wenn Sie mit *SPSS* arbeiten, können Sie sich eine Vielzahl von Diagrammen z.B. über den Grafik-Menüpunkt ausgeben lassen. Häufig benötigen die Diagramme aber eine optische Nachbearbeitung. Dazu müssen Sie durch einen Doppelklick auf die Grafik den Diagramm-Editor öffnen: Hier können Sie z.B. Farben bzw. Schattierungen von Balken, Achsenbeschriftungen und Ausrichtungen verändern.

Wollen Sie *Histogramme* oder *Boxplots* in Ihrer Arbeit verwenden, erstellen Sie diese am besten mit *SPSS*, da sich die anderen Programme, die wir gleich vorstellen, nicht dazu eignen. Auch *Streudiagramme* lassen sich gut mit *SPSS* erzeugen. Für *Balken- und Liniendiagramme* empfehlen wir hingegen ein Tabellenkalkulationsprogramm.

Wie in Abschnitt 6.2.1 erklärt, benutzt man in unseren Disziplinen bei Zahlen einen Dezimalpunkt statt eines Dezimalkommas. Damit auch die mit *SPSS* erzeugten Diagramme Zahlen mit dem Dezimalpunkt anzeigen, müssen Sie in *SPSS* in einer Syntax-Datei die Befehle SET LOCALE = ENGLISH. SHOW LOCALE. eingeben. Wenn Sie diese ausführen, erfolgt die Umstellung auf Dezimalpunkte. Möchten Sie zurück zur deutschen Variante wechseln, führen Sie über eine Syntax-Datei folgende Befehle aus: SET LOCALE = GERMAN. SHOW LOCALE. Vergessen Sie dabei nicht den abschließenden Punkt am Ende Ihres Befehls.

10.3.1.2 Diagramme mit einem Tabellenkalkulationsprogramm erstellen

Tabellenkalkulationsprogramme wie *Excel* und *OpenOffice Calc* eignen sich gut zum Erstellen von *Balkendiagrammen* für die Präsentation von Mittelwertsunterschieden. Sie finden entsprechende mit *Excel* erstellte Beispieldiagramme in Abschnitt 6.8 (z.B. Abbildung 6.8 auf S. 241). Auch *Liniendiagramme* zur Darstellung von Interaktionseffekten lassen sich gut mit *Excel* erzeugen, wie Abbildung 10.1 exemplarisch veranschaulicht.

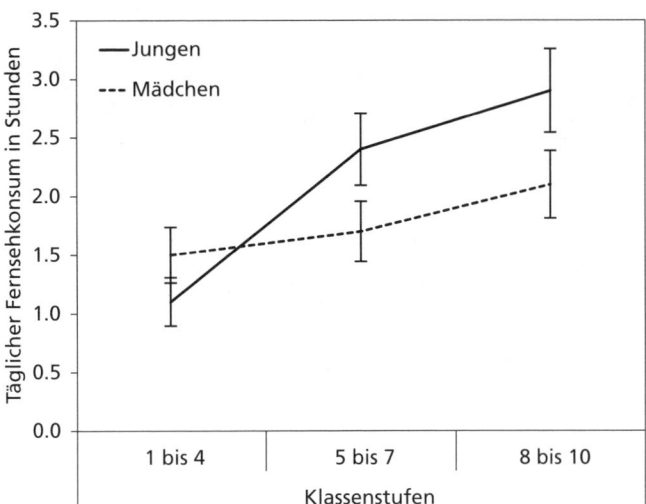

Abbildung 10.1. Beispiel-Liniendiagramm mit Fehlerbalken (± 1 *SE*) zum täglichen Fernsehkonsum von Schulkindern (fiktive Daten).

Wir erklären Ihnen hier kurz, wie Sie ein solches Diagramm mit *Excel* erstellen können (das Vorgehen mit *OpenOffice Calc* ist analog, wenngleich sich Details unterscheiden können). Wir nehmen dabei an, dass Sie die Mittelwerte und Standardfehler des täglichen Fernsehkonsums für die drei Gruppen (Klassenstufen 1 bis 4, 5 bis 7 und 8 bis 10) bereits berechnet haben. Sie müssen diese Werte dann wie in Abbildung 10.2 dargestellt eingeben, also die Mittelwerte für Jungen und Mädchen für die drei Klassenstufen-Einteilungen und daneben in zwei weiteren Spalten die Standardfehler (*SE*). Dann markieren Sie die schwarz umrandeten Zellen. (Die Zelle mit dem Wort „Klassenstufen" müssen Sie nur markieren, wenn Sie möchten, dass die *x*-Achse mit diesem Wort beschriftet wird.) Auf der *Einfügen-Registerkarte* wählen Sie dann ein Balkendiagramm oder – wie in unserem Beispiel – ein Liniendiagramm aus. *Excel* erzeugt daraufhin das entsprechende Diagramm, das Sie noch optimieren können, indem Sie beispielsweise die Schriftgrößen anpassen, die Linienarten verändern oder eine Beschriftung der *y*-Achse hinzufügen, wie wir es in Abbildung 10.1 vorgenommen haben.

Zwei Tipps sind für die Erstellung von Diagrammen mit *Excel* oder einem anderen Tabellenkalkulationsprogramm noch wichtig: das *Hinzufügen von Fehlerbalken* und die *Einstellung des Dezimalpunkts*.

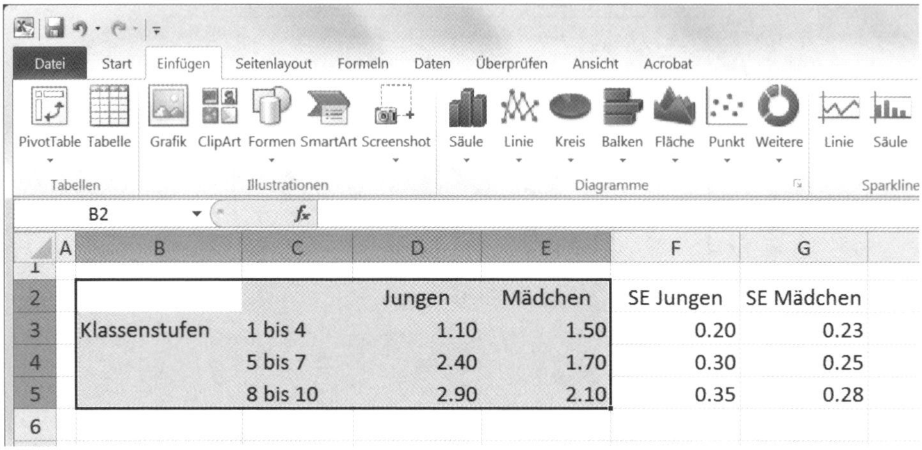

Abbildung 10.2. Dateneingabe in *Excel* für ein Diagramm wie in Abbildung 10.1.

Hinzufügen von Fehlerbalken. Wie auf Seite 245–246 erklärt, bieten Fehlerbalken wichtige statistische Informationen. In den meisten Linien- und Balkendiagrammen sollten Sie also nicht auf Fehlerbalken verzichten. Um Fehlerbalken spezifischer Länge hinzuzufügen, müssen Sie wie in Abbildung 10.2 zunächst die Werte (also die Länge) der Fehlerbalken angeben (je nachdem, ob Sie sich für Standardfehler, Standardabweichungen oder 95 %-Konfidenzintervalle entscheiden). Nachdem Sie das Diagramm wie oben beschrieben erstellt haben, würden Sie in *Excel 2010* bei unserem Beispiel die Linie mit den Werten der Jungen durch Anklicken markieren und dann unter „Layout" auf „Fehlerindikatoren" klicken und dort „Weitere Fehlerindikatoren" auswählen. Dort wählen Sie „Benutzerdefiniert" aus und klicken auf den Button „Wert angeben". Nun öffnet sich ein Fenster, in dem Sie den positiven und den negativen Fehlerwert angeben können. Da diese in aller Regel identisch sein werden, klicken Sie einfach in die erste Zelle unter „SE Jungen" und markieren in Ihrer Datentabelle die Standardfehler der Jungen (also die Werte 0.20, 0.30 und 0.35). Drücken Sie abschließend die Return-Taste. Dieses Vorgehen wiederholen Sie nun für den negativen Fehlerwert. Jetzt haben Sie die Fehlerbalken für alle drei Klassenstufen-Gruppen der Jungen hinzugefügt. Für die Mädchen gehen Sie analog vor.

Einstellung des Dezimalpunkts. Auch für die Ausgabe von Zahlen mit Tabellenkalkulationsprogrammen müssen Sie das Dezimaltrennzeichen umstellen, damit Punkte statt Kommata angegeben werden. Dies kann auf zwei Wegen erfolgen. Der erste Weg ist, auf Ebene Ihres Betriebssystems (also z. B. *Windows*) anzugeben, dass Sie den Punkt als Dezimaltrennzeichen verwenden wollen. (Unter *Windows 7* finden Sie diese Option unter: Systemsteuerung → Region und Sprache → Formate → Weitere Einstellungen… → Zahlen.) Die zweite Möglichkeit besteht darin, die Einstellungsänderung auf der Ebene des jeweiligen Programms vorzunehmen, sofern das Programm diese Option bietet. Bei *Excel* müssen Sie unter „Optionen → Erweitert" in dem Abschnitt „Bearbeitungsoptionen" das Häkchen vor „Trennzeichen vom Betriebssystem übernehmen" entfernen und anstelle des Kommas einen Punkt als Dezimaltrennzeichen eingeben.

10.3.2 Sonstige Abbildungen erstellen

Abbildungen lassen sich in wissenschaftlichen Arbeiten auch verwenden, um z.B. einen Versuchsaufbau zu veranschaulichen oder einen Ablauf oder Prozess darzustellen. Abbildung 10.3 zeigt am Beispiel des Versuchsaufbaus des bekannten Milgram-Experiments die räumliche Anordnung der an der Durchführung beteiligten Personen. Ein Beispiel für die grafische Darstellung eines Versuchsablaufs bietet Abbildung 1.6 (S. 45).

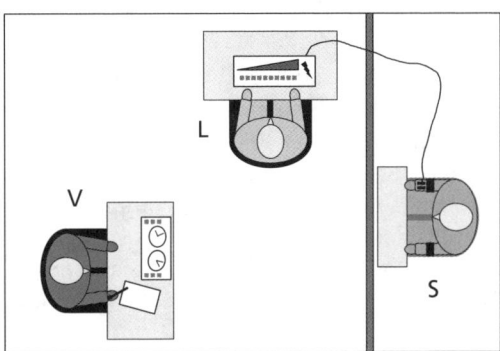

Abbildung 10.3. Die räumliche Anordnung des Versuchsleiters (V), des „Lehrers" (L) und des „Schülers" (S) in der Studie von Milgram (1963).

Bei am Computer dargebotenen Experimenten wird häufig der Ablauf eines Versuchsdurchgangs (eines Trials) durch eine schematische Darstellung der Bildschirminhalte und ergänzende Zeitangaben illustriert. Abbildung 10.4 zeigt ein entsprechendes Beispiel.

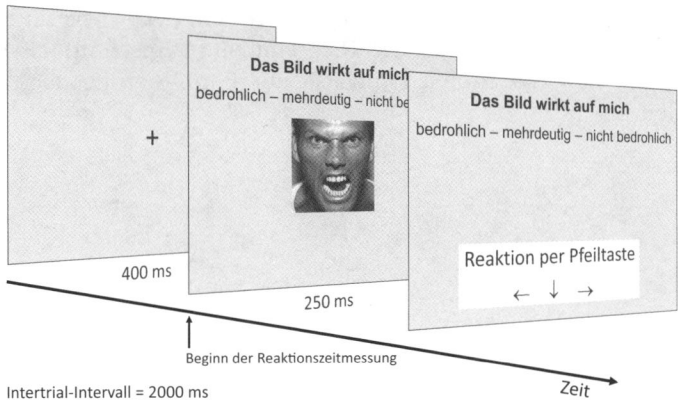

Abbildung 10.4. Ablauf eines Versuchsdurchgangs für eine experimentelle Aufgabe, in der Bilder hinsichtlich ihrer Bedrohlichkeit bewertet werden sollen (aus Peters, 2012, S. 183).

Auch theoretische Modelle werden häufig anschaulicher, wenn man die Darstellung im Text durch eine Abbildung – beispielsweise mit Kästchen und Pfeilen – unterstützt. Die beiden Beispielabbildungen in diesem Abschnitt wurden mit *PowerPoint* erstellt. Um aus PowerPoint-Zeichnungen Grafikdateien zu erhalten, müssen Sie die einzelnen Elemente (Formen und Textfelder) auf Ihrer Power-Point-Folie markieren, gruppieren und anschließend – über das Kontextmenü, zu dem Sie mittels Klicken auf die rechte Maustaste gelangen – „als Grafik speichern".

Ähnliche Abbildungen lassen sich mit *OpenOffice Draw* oder anderen Grafikprogrammen erstellen. Wir wollten Ihnen hier nur demonstrieren, dass Sie für die Gestaltung ansprechender Abbildungen keine spezielle Software benötigen, sondern dass Sie mit Programmen arbeiten können, mit denen Sie vermutlich bereits vertraut sind und die Sie zur Verfügung haben.

Ein Nachteil von *PowerPoint* (wie auch von *OpenOffice Draw*) ist allerdings, dass die maximale Auflösung der Grafikdatei beschränkt ist. Für den Ausdruck Ihrer Arbeit ist die Auflösung zwar in aller Regel ausreichend, aber für den professionellen Buchdruck würde man eine höhere Auflösung der Grafikdateien erwarten. Zumindest etwas erhöhen können Sie die Auflösung von aus *PowerPoint* exportierten Grafiken dadurch, dass Sie die Folienabmessungen möglichst groß anlegen und für Ihre Abbildungen die gesamte Folienbreite nutzen. Beim Integrieren der Grafikdatei in Ihren Text wird diese entsprechend verkleinert und somit die relative Auflösung erhöht.

Im Internet finden sich auch viele kostenlos verfügbare Grafikprogramme für spezielle Zwecke. Beispielsweise ermöglicht es das Programm *yEd*, Strukturgleichungsdiagramme oder Prozessabläufe bzw. Entscheidungsdiagramme (Flussdiagramme) grafisch zu gestalten. Gerade bei komplexen Diagrammen mit sehr vielen Kästchen kann sich die Arbeit mit *yEd* effizienter gestalten als mit *PowerPoint* bzw. *OpenOffice Draw*. Das Programm ist über die Internetseite *www.yworks.com* verfügbar (Stand: 26.05.2015). Probieren Sie einfach aus, ob es Ihre Bedürfnisse erfüllt.

Wie Sie im Text korrekt auf Abbildungen verweisen, haben wir im Kontext der Darstellung statistischer Ergebnisse in Diagrammen in Abschnitt 6.8 erläutert. In Abschnitt 6.7 finden Sie zudem Hinweise zur Formulierung der Abbildungsunterschriften.

Textverarbeitung

→

11

ÜBERBLICK

ÜBERBLICK

Nach einigen allgemeinen Anmerkungen zu Textverarbeitungsprogrammen (Abschnitt 11.1) gehen wir in Abschnitt 11.2 auf die drei wichtigsten Grundprinzipien für die Gestaltung von Textdokumenten ein: *Dokumentvorlagen, Formatvorlagen* und *dynamische Verweise.* Diese Prinzipien sollten Sie verstanden haben, bevor Sie sich den weiteren Ausführungen in diesem Kapitel widmen. In Abschnitt 11.3 stellen wir Ihnen das Word-Anwendungsfenster mit den wichtigsten Bezeichnungen, die wir in den folgenden Abschnitten verwenden, vor. Auch wenn Sie das Word-Anwendungsfenster vermutlich bereits kennen, sollten Sie sich diesen Abschnitt anschauen, damit wir eine gemeinsame Sprachgrundlage für das restliche Kapitel haben.

Entsprechend dem Ablauf Ihres Arbeitsprozesses haben wir die Hinweise zu den Funktionen des Textverarbeitungsprogramms in drei Abschnitte unterteilt: Abschnitt 11.4 enthält Funktionen und Optionen, die Sie auf Ihre Anforderungen einstellen sollten, *bevor* Sie mit dem Schreiben beginnen. Nur dann können diese Ihnen die Arbeit erleichtern. Funktionen, die Sie *während* des Schreibens verwenden sollten, erläutern wir in Abschnitt 11.5. Ferner gibt es Funktionen, um die Sie sich erst *am Ende* Ihres Schreibprozesses zu kümmern brauchen (Abschnitt 11.6).

Schließlich geben wir zusammenfassend einige *praktische Tipps zum effizienten Arbeiten* (Abschnitt 11.7). In Abschnitt 11.8 stellen wir weiterführende Literatur vor. Bevor Sie mit dem Schreiben Ihrer Arbeit beginnen, lesen Sie bitte auch die Abschnitte 4.1 bis 4.5. Dort erörtern wir u. a. Fragen zur Wahl der Schriftarten und Schriftgrößen sowie zur Festlegung der Seitenränder.

Zu diesem Kapitel gibt es ergänzende Materialien auf der Pearson-Homepage. Dort finden Sie neben einer ausführlicheren Darstellung der einzelnen Funktionen und Optionen eine Muster-Word-Datei, in der alle Elemente, die Sie für Ihre schriftliche Arbeit benötigen, voreingestellt sind und demonstriert werden. Sie brauchen diese Datei dann nur noch mit Ihrem eigenen Text zu füllen.

11.1   Allgemeines

Vermutlich haben Sie bereits mit *Microsoft Word*, *OpenOffice*[52] *Writer* oder – wenn Sie Mac-User sind – *Pages* gearbeitet. All diese Textverarbeitungsprogramme sind für die Erstellung von Abschlussarbeiten geeignet.[53] Auch mit weniger bekannten Programmen wie *TextMaker2012* bzw. *TextMaker2016* oder *WordPerfect Office 7* lassen sich wissenschaftliche Arbeiten problemlos erstellen. Wenn Sie sich mit einem dieser Programme bereits gut auskennen, sollten Sie am besten dabei bleiben!

Erfahrungsgemäß profitieren aber fast alle Studierenden davon, vor Schreibbeginn ihre Kenntnisse im Umgang mit ihrem Textverarbeitungsprogramm zu erweitern. Insbesondere sollten die Begriffe „Dokumentvorlage", „Formatvorlage", „automatisches Inhaltsverzeichnis", „dynamische Querverweise", „dynamische Abbildungsbeschriftung" und „manueller Abschnittswechsel" keine Fremdworte für Sie sein. Deshalb werden wir Ihnen hier entsprechende Grundkenntnisse vermitteln. Da viele Funktionen Ihnen nur dann eine Zeitersparnis erbringen, wenn Sie diese von Anfang an konsequent anwenden, sollten Sie sich frühzeitig vor Schreibbeginn damit auseinandersetzen.

Es ist übrigens *keine* gute Idee, Ihr Textverarbeitungsprogramm während des Schreibens an Ihrer Arbeit zu wechseln, also z.B. mit *OpenOffice Writer* anzufangen und dann irgendwann auf *Microsoft Word* umzusteigen. Auch wenn die meisten Programme es erlauben, den Text in Dateiformaten abzuspeichern, die von anderen Programmen gelesen werden können, bringen solche Wechsel meist Schwierigkeiten mit sich: Oft werden Formatvorlagen und sonstige Formatierungen nicht so übernommen, wie man es sich wünschen würde. Dies kommt selbst bei Updates innerhalb eines Programms (z.B. von *Microsoft Word 2010* auf *2013*) vor. Daher: Bleiben Sie während der Schreibphase Ihrer Arbeit bei dem Programm, für das Sie sich am Anfang entschieden haben – ein Wechsel bringt fast immer mehr Nach- als Vorteile mit sich!

Wir gehen im Folgenden auf die wichtigsten Funktionen ein, wobei wir uns an dem vermutlich verbreitetsten Programm *Microsoft Word* orientieren (vgl. auch den *Exkurs: Probleme mit* Microsoft Word). Diese Funktionen werden Sie – wenn auch vielleicht teilweise mit anderen Bezeichnungen – ebenso in anderen Textverarbeitungsprogrammen wiederfinden. Da es uns vornehmlich um das *Prinzip*

---

52   Das Programmpaket *OpenOffice* wurde 2011 in *Apache OpenOffice* und *LibreOffice* aufgespalten. Beides sind freie, kostenlose Office-Pakete mit zurzeit nahezu identischem Funktionsumfang, die sich gleichermaßen gut zur Erstellung wissenschaftlicher Arbeiten eignen. Der Einfachheit halber bezeichnen wir beide Programmpakete mit dem alten Namen *OpenOffice*.

53   Auch *LaTeX* (gesprochen: Latech), ein Textsatzsystem, das teilweise auch für professionelle Publikationen verwendet wird, eignet sich für die Erstellung von Abschlussarbeiten. *LaTeX* ermöglicht besonders ästhetische und professionelle Ergebnisse. Daher werden wir manchmal von Studierenden, die von diesem Programm gehört haben, gefragt, ob es empfehlenswert sei, die Abschlussarbeit damit zu erstellen. Unsere Empfehlung ist: Nur, wenn Sie sich mit dieser Software bereits gut auskennen, sollten Sie das erwägen! Ansonsten ist die Einarbeitungszeit in *LaTeX* im Vergleich zu dem Nutzen, den Sie davon haben, zu hoch. Wollten Sie den Umgang mit *LaTeX* hingegen schon immer einmal lernen, können Sie natürlich diese Gelegenheit dazu verwenden.

dieser Funktionen geht, kann Ihnen der Rest dieses Kapitels auch dann nützen, wenn Sie Ihre Arbeit nicht mit *Word* schreiben.

Wenn wir Befehlsfolgen angeben, beziehen wir uns auf die Word-Versionen 2010 und 2013, die sich v.a. in optischen Details unterscheiden – die Funktionen und Befehlsfolgen sind zumeist identisch. Auch die Unterschiede zur Version 2007 sind gering, sodass Sie auch für *Word 2007* mit unserer Anleitung gut klarkommen sollten. Die auf der Pearson-Homepage hinterlegte, ausführlichere Schritt-für-Schritt-Anleitung orientiert sich ebenfalls an den Versionen *Microsoft Word 2010* und *2013* (wir gehen – die Mac-User mögen uns dies verzeihen – dabei nur auf Word-Versionen für *Windows* ein).

Exkurs: Probleme mit *Microsoft Word*

Vielleicht haben Sie schon Leute darüber schimpfen hören, dass es fast unmöglich sei, eine längere (wissenschaftliche) Arbeit mit *Word* zu verfassen, da dieses Programm ständig abstürze, eigenständig Dinge tue, die man gar nicht will, Dateien zerstöre etc. Daher solle man solche Arbeiten nicht mit *Word*, sondern beispielsweise lieber mit *LaTeX* (vgl. Fußnote 53) schreiben. Tatsächlich kommen solche Schwierigkeiten vor, aber in den allermeisten Fällen handelt es sich um Anwenderfehler bzw. vermeidbare Probleme.

Wahr ist, dass *Word* keine zu großen Dateien mag. Auf heutigen Computern bereiten Word-Dateien bis zu einer Größe von etwa 10 MB kaum Probleme. Größere Dateien lassen sich aber oft nur noch sehr langsam scrollen und bearbeiten. Zu große Dateien können Sie meist dadurch vermeiden, dass Grafiken (insbesondere Bilder oder Scans) nicht in übermäßig hoher Auflösung eingebunden werden. Ein anderer Ausweg ist, in den „Word-Optionen" unter „Erweitert" den Punkt „Platzhalter für Grafiken anzeigen" auszuwählen. Dann erscheint in der Ansicht am Bildschirm statt der eigentlichen Grafik nur ein Rahmen und die Datei baut sich wesentlich schneller auf. Ebenfalls empfehlenswert ist es, Abbildungen nur zu verknüpfen und nicht einzubetten bzw. einzufügen (vgl. Abschnitt 11.5.8).

Weiterhin macht *Word* oft Schwierigkeiten, wenn Sie sich beim Formatieren nicht an einige Grundregeln halten. So kann die Formatierung v.a. bei langen Dokumenten chaotisch werden, wenn Sie nicht konsequent und konsistent Formatvorlagen verwenden. Aber derartige Probleme sollten Sie spätestens nach der Lektüre dieses Kapitels vermeiden können. Chaos kommt oft auch dadurch zustande, dass verschiedene Personen an einer Datei arbeiten und sich nicht genau abgesprochen haben, wie sie bei Formatierungen vorgehen. Ferner lohnt es sich, einige der „automatischen Formatierungen", die bei *Word* voreingestellt sind, abzuschalten (vgl. Abschnitt 11.4.8).

Schließlich führt es bei *Word* manchmal zu Schwierigkeiten, wenn Sie dasselbe Dokument auf verschiedenen Rechnern mit verschiedenen Word-Versionen bearbeiten. Zwar ist es möglich, Dokumente so zu speichern, dass sie auch mit der Vorgängerversion des Programms kompatibel sind, aber idealerweise bearbeiten Sie Ihr Dokument immer unter der gleichen Programmversion (zur Bearbeitung eines Dokuments auf verschiedenen Rechnern vgl. auch Tipp 13 in Abschnitt 11.7).

Wenn Sie diese Ratschläge beherzigen, sollten Sie kaum Probleme mit *Word* haben. Jedenfalls werden Ihnen auch andere Programme (z.B. *LaTeX*) zumindest anfangs nicht weniger Schwierigkeiten bereiten.

11.2 Grundprinzipien: Dokumentvorlagen, Formatvorlagen und dynamische Verweise

Um mit *Word* (oder *OpenOffice Writer* oder einem anderen Textverarbeitungsprogramm) effizient umgehen zu können, müssen Sie drei Prinzipien kennen. Diese wollen wir Ihnen erklären, bevor wir in den folgenden Abschnitten auf deren konkrete Anwendung eingehen.

Dokumentvorlagen. Das erste Prinzip ist das der *Dokumentvorlage* (vgl. auch Abschnitt 11.4.1): Eine Dokumentvorlage hat in *Word* die Endung *.dotx* (für **do**cument **t**emplate, also „Dokumentschablone"; möglich ist auch die Endung *.dotm*, wenn Makros enthalten sind, aber diese Unterscheidung braucht uns hier nicht zu interessieren). In einer Dokumentvorlage sind das Seitenlayout (Papiergröße, Seitenränder), ggf. Einstellungen für die Kopf-/Fußzeile und die Seitenzahlen, insbesondere aber eine Reihe von *Formatvorlagen* gespeichert. Wenn Sie eine Dokumentvorlage mittels Doppelklick öffnen, erstellt diese Datei eine Kopie von sich selbst (dann als „normales" Dokument, in *Word* mit der Endung *.docx* bzw. *.docm*) – dadurch wird sichergestellt, dass die Dokumentvorlage nicht verändert wird.

Formatvorlagen. Das zweite wichtige Prinzip stellen die *Formatvorlagen* dar (vgl. auch Abschnitte 11.4.2 und 11.4.3). Die Idee der Formatvorlagen ist, dass Ihr Text hinsichtlich der Formatierung aus wiederkehrenden Elementen besteht. Diese Elemente oder Bausteine sind: *Überschriften* (der 1., 2., 3. etc. Überschriftenebene), die „normalen" Absätze in Ihrem *Fließtext* sowie *Blockzitate, Fußnoten, Abbildungsunterschriften, Tabellentitel*, ggf. *Text innerhalb von Tabellen, Literatureinträge im Literaturverzeichnis* und *Hervorhebungen* einzelner Wörter oder Zeichen im Text.

In den Formatvorlagen sind nun spezielle Formatierungsmuster gespeichert, die Sie einem Textelement mit einem Mausklick bzw. einer Tastenkombination zuweisen können. Das hat den Vorteil, dass Sie nicht jedes Mal z. B. bei einer Fußnote einstellen müssen, dass diese in „Times New Roman (10-pt-Größe) mit einzeiligem Abstand und einem hängenden Einzug mit einer Einrückung um 0.5 cm" gesetzt werden soll. Die Verwendung von Formatvorlagen führt nicht nur zu einem schnelleren und effizienteren Arbeiten, sondern hilft auch, ein konsistent formatiertes Dokument ohne Formatierungsfehler, die ansonsten fast unvermeidbar sind, zu erhalten. Ein willkommener Nebeneffekt ist, dass Ihre Dateigröße kleiner bleibt, weil es effizienter ist, die Zuweisung einer Formatvorlage zu speichern als die Formatierungen für jedes einzelne Zeichen bzw. jeden einzelnen Absatz.

Auch falls Sie sich entscheiden, Formatierungen nachträglich zu ändern, ist dies sehr einfach, wenn Sie Ihrem Text zuvor Formatvorlagen zugewiesen haben. Wenn Sie z. B. die Grundschrift Ihres Textes von Times New Roman zu Cambria ändern möchten, brauchen Sie diese Einstellung nur in der entsprechenden Formatvorlage vorzunehmen – der gesamte Text wird dann automatisch entsprechend umformatiert.

Über Formatvorlagen müssen Sie wissen, dass diese *hierarchisch organisiert* sind: Das heißt, Sie können für Ihren Fließtext (also die Absätze in Ihrem normalen Text) eine Standard-Formatvorlage mit einer bestimmten Formatierung erstellen. Weitere Textelemente (wie Blockzitat und Fußnote) können Sie auf dieser Standard-Vorlage basieren lassen und nur bestimmte Abwandlungen (z.B. hinsichtlich der Schriftgröße und des Zeilenabstands) vornehmen. Wenn Sie dann die Schriftart der Standard-Formatvorlage verändern, passt sich die Schriftart der Fußnoten und Blockzitate automatisch an. Diese hierarchische Verknüpfung erzeugt bei vielen Anwendern, die das Prinzip nicht kennen, Irritationen: Sie verstehen beispielsweise nicht, warum eine Änderung der Schriftart für den Grundtext dazu führt, dass sich auch andere Textelemente, die sie vielleicht gar nicht ändern wollten, ebenfalls „anpassen". Weiß man jedoch, dass Formatvorlagen hierarchisch miteinander verknüpft sind, kann man das gezielt nutzen. Darüber hinaus haben Formatvorlagen bei Überschriften oder Abbildungs- und Tabellenbeschriftungen die Funktion, dass *Word* diese als solche erkennt. Dadurch lassen sie sich für das Erstellen von Verzeichnissen (z.B. für das Inhaltsverzeichnis; vgl. Abschnitt 11.5.1) sowie von Querverweisen (Abschnitt 11.5.2) verwenden.

Dynamische Verweise. Damit kommen wir zum dritten Prinzip, dem der *dynamischen Verweise* (vgl. auch Abschnitt 11.5.2): Im engeren Sinne handelt es sich hierbei um Querverweise auf bestimmte Textelemente. Wenn Sie beispielsweise einer Abbildung durch „Beschriftung einfügen" eine nummerierte Abbildungsunterschrift hinzugefügt haben, können Sie einige Seiten später im Text auf die Abbildung verweisen, indem Sie einen Querverweis einfügen. Das sieht z.B. so aus: „Vergleiche die Darstellung in Abbildung X auf Seite Y." An den Stellen X und Y fügen Sie Querverweise ein, die auf die *Nummer der Abbildung* (X) bzw. auf die *entsprechende Seitenzahl* (Y) verweisen. Das Ergebnis im fertigen Text ist dann beispielsweise: „Vergleiche die Darstellung in Abbildung 4.2 auf Seite 27."

Als *dynamisch* bezeichnet man diese Querverweise, weil sich die Abbildungsnummer und die Seitenzahl anpassen, wenn davor Abbildungen bzw. Text weggenommen oder hinzugefügt werden. Dadurch bleibt der Querverweis immer aktuell.[54] Diese Funktion erspart einem oft viel manuelle Arbeit.

Genauso wie auf Abbildungen können Sie mit Querverweisen auf Tabellen, Überschriften, Fußnoten oder Textmarken (vgl. Abschnitt 11.5.6) verweisen. In gewisser Hinsicht besteht auch das *automatische Inhaltsverzeichnis* (vgl. Abschnitt 11.5.1) aus übereinander stehenden Querverweisen auf die Überschriften. Haben Sie die Überschriften nicht durch das Zuweisen von Formatvorlagen erstellt, können Sie auch kein automatisches Inhaltsverzeichnis erzeugen.

---

54 Unter Umständen müssen Sie *Word* dazu auffordern, die Querverweise etc. zu aktualisieren. Das geht sehr einfach und wird in Abschnitt 11.6.5 erklärt.

11.3   Das Word-Anwendungsfenster

Abbildung 11.1 und Abbildung 11.2 zeigen das Word-Anwendungsfenster in den Versionen 2010 und 2013. Die Unterschiede sind bis auf Kleinigkeiten nur optischer Art, weshalb wir beide Versionen gemeinsam beschreiben. Neben den wichtigsten Strukturen (Menüband, Registerkarte, Befehlsgruppe etc.) zeigen wir Ihnen auch einige hilfreiche Optionen, die im Anwendungsfenster versteckt sind. Wir besprechen die einzelnen Bestandteile bzw. Optionen in der Reihenfolge ihrer Nummerierung in den Abbildungen.

❶ **Menüband.** Das Menüband erstreckt sich im oberen Bereich über die gesamte Fensterbreite. Es umfasst oben die Reiter der Registerkarten ❷ und darunter die Befehlsgruppen ❸ der ausgewählten Registerkarte. Durch einen Doppelklick auf den Reiter der aktivierten Registerkarte kann man das Menüband minimieren, sodass es nur noch die Registerkarten-Labels zeigt.

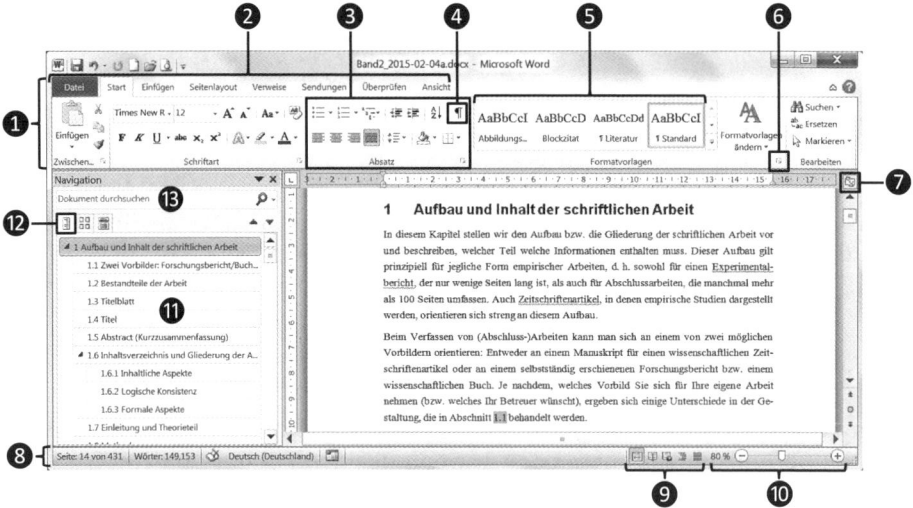

Abbildung 11.1. Anwendungsfenster von *Word 2010*.

❷ **Registerkarten.** In *Word 2010* werden standardmäßig die Registerkarten *Datei*, *Start*, *Einfügen*, *Seitenlayout*, *Verweise*, *Sendungen*, *Überprüfen* und *Ansicht* angezeigt. Über die Registerreiter können Sie zwischen den diesen Registerkarten zugeordneten Befehlsgruppen wechseln. In *Word 2013* findet sich in der Standardeinstellung zusätzlich die Registerkarte *Entwurf*, in der sich z.B. verschiedene Farb- und Schriftartkonzepte zur Gestaltung des Dokuments auswählen lassen. Für wissenschaftliche Arbeiten haben diese Funktionen allerdings keine Bedeutung, weshalb Sie diese Registerkarte auch nicht benötigen. Darüber hinaus gibt es kontextbezogene Registerkarten, die beispielsweise dann erscheinen, wenn Sie den Cursor in eine Tabelle bewegen – dann werden unter „Tabellentools" die Registerkarten *Layout* und *Entwurf* angezeigt.

❸ **Befehlsgruppe.** Jede Registerkarte besteht aus mehreren Befehlsgruppen, in denen zusammengehörige Befehle angeordnet sind.

❹ Befehl. Die einzelnen Befehle innerhalb einer Befehlsgruppe werden durch Symbole oder durch Symbole kombiniert mit Text dargestellt. Bei einigen Befehlen kann man durch den Pfeil am rechten Rand des Symbols ein Pulldown-Menü aufrufen, das weitere Einstelloptionen anbietet.

❺ Schnellformatvorlagen-Liste bzw. Formatvorlagenkatalog. Im Menüband der Registerkarte *Start* finden sich die Schnellformatvorlagen (*Word 2010*) bzw. der Formatvorlagenkatalog (*Word 2013*) – zwischen *Word 2010* und *Word 2013* hat sich hier lediglich die Bezeichnung geändert. Da Sie Formatierungen weitgehend über Formatvorlagen vornehmen sollten, ist dieser Katalog beim Schreiben ein wichtiges Hilfsmittel.

❻ Anzeige eines Dialogfensters. Viele Befehlsgruppen haben in der rechten unteren Ecke einen kleinen Pfeil, der ein Dialogfenster öffnet. Solche Dialogfenster bieten in der Regel weit mehr Optionen, als im Menüband dargestellt werden könnten. Bei einigen Befehlsgruppen wie z.B. „Absatz" lohnt es sich daher meist, direkt dieses Dialogfenster durch das Anklicken des Pfeils zu öffnen.

❼ Lineal ein-/ausblenden. Über dieses kleine Symbol können Sie in *Word 2010* das Lineal ein- bzw. ausblenden. Das horizontale Lineal zeigt auch Tabstopps an und ist daher beim Arbeiten mit Einzügen sehr hilfreich. In *Word 2013* existiert das Symbol nicht, Sie können aber über die Registerkarte *Ansicht* in der Befehlsgruppe *Anzeigen* festlegen, ob das Lineal zu sehen sein soll.

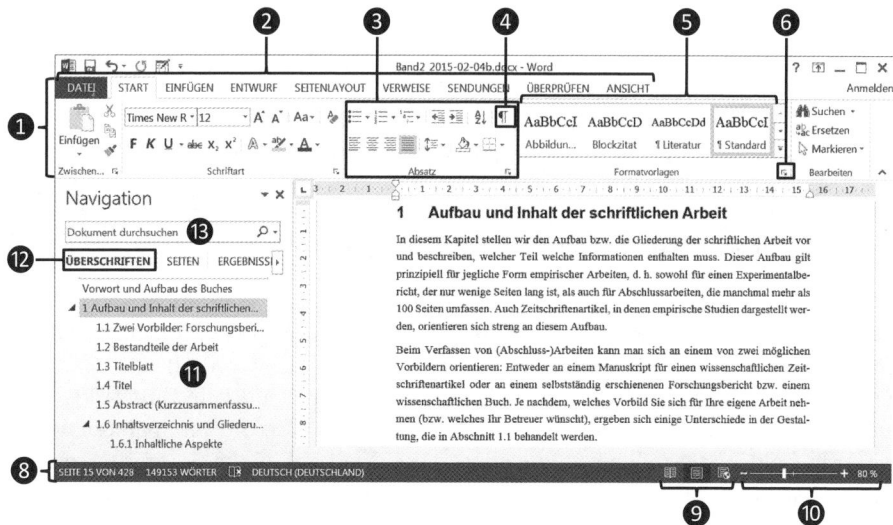

Abbildung 11.2. Anwendungsfenster von *Word 2013*.

❽ Statusleiste. In der Statusleiste erhalten Sie am linken Rand eine Reihe von Informationen, beispielsweise auf welcher Seite des Dokuments Sie sich befinden und wie viele Wörter Ihr Text umfasst. Auch Spracheinstellungen und andere kontextabhängige Informationen können hier erscheinen. Bei einem Rechtsklick mit der Maus auf die Statusleiste öffnet sich ein Kontextmenü, in dem Sie auswählen können, welche Informationen Sie auf der Statusleiste angezeigt bekommen wollen.

❾ Ansichtssymbole. Am rechten Ende der Statusleiste werden standardmäßig die Ansichtssymbole angezeigt – diese erlauben es, zwischen verschiedenen Darstellungen zu wechseln. In der Word-Version 2013 werden Ihnen der Seitenlayout-, der Lese- und der Weblayout-Modus angeboten, in der Version 2010 zusätzlich die Gliederungs- und die Entwurfsansicht. Auch in *Word 2013* können Sie sich über die *Ansicht-Registerkarte* diese beiden Darstellungsvarianten anzeigen lassen.

❿ Zoom und Zoomregler. Ebenfalls rechts in der Statusleiste wird ein Zoomregler angezeigt, mit dem Sie die Darstellung Ihres Textes im Hauptfenster vergrößern bzw. verkleinern können. Bei einem Linksklick auf die Prozentzahl öffnet sich ein Dialogfenster, in dem Sie ebenfalls die Größe der Textansicht einstellen können.

⓫ Navigationsbereich. Standardmäßig nicht eingeblendet, aber unseres Erachtens sehr sinnvoll ist der Navigationsbereich (vgl. Abschnitt 11.5.16), den Sie über die *Ansicht-Registerkarte* aktivieren können.

⓬ Überschriftenansicht. Im Navigationsbereich können Sie zwischen einer Überschriftenansicht und einer miniaturisierten Seitenansicht wählen. Die Überschriftenansicht ist v.a. bei längeren Texten für die Navigation im Dokument und für den eigenen Überblick sinnvoll (mehr dazu in Abschnitt 11.5.16).

⓭ Suchfeld. Der Navigationsbereich bietet zusätzlich ein Suchfeld an, mit dem Sie nach Begriffen in Ihrem Text suchen können. Die Fundstellen werden im Dokument gelb hervorgehoben und auch in der Überschriften- bzw. Seitenansicht des Navigationsbereichs werden die Abschnitte markiert, die den Begriff enthalten. Diese Funktion ist beim Überarbeiten des Textes oft nützlich.

11.4 Funktionen vor dem Schreibbeginn

Mit den folgenden Funktionen sollten Sie sich unbedingt vertraut gemacht haben, *bevor* Sie mit dem Schreiben beginnen. Andernfalls laufen Sie Gefahr, sich zu einem späteren Zeitpunkt zusätzliche Arbeit aufzuhalsen, weil z.B. die nachträgliche Änderung des Seitenlayouts Sie dazu zwingt, alle Tabellen in Ihrem Dokument neu zu bearbeiten. Außerdem sind viele Funktionen, die Sie im späteren Verlauf der Arbeit einsetzen möchten, von dieser Vorarbeit abhängig. So greift *Word* beispielsweise bei der Erstellung des automatischen Inhaltsverzeichnisses auf die den Überschriften mittels Formatvorlagen zugewiesenen Gliederungsebenen zurück. In Abschnitt 11.3 zum Word-Anwendungsfenster haben wir allgemeine Bezeichnungen, die Sie zum Verständnis der folgenden Ausführungen benötigen, vorgestellt.

Die Screenshots in den Abschnitten 11.4 bis 11.6 zeigen *Word 2010*. Wir haben allerdings abgeglichen, dass alle relevanten Details in *Word 2013* identisch sind und Sie unsere Hinweise und Anleitungen für beide Versionen gleichermaßen verwenden können.

11.4.1 Fertige Dokumentvorlagen nutzen

Wenn Sie in *Word* ein leeres Dokument erstellen, enthält dieses bereits eine Reihe von vordefinierten Formatvorlagen für Überschriften, Hervorhebungen etc. Das liegt daran, dass auch diesem „leeren" Dokument eine Dokumentvorlage (die *Normal.dotm*) hinterlegt ist. Manche Probleme, die *Word* bereiten kann, beruhen auf einer ungewollt veränderten Normal.dotm-Datei. In dem Fall kann es helfen, diese auszutauschen, wie im *Exkurs: Bei Problemen mit* Word *die Normal.dotm austauschen* beschrieben.

Leider entsprechen die in der Normal.dotm-Datei enthaltenen Formatvorlagen nicht dem Format, das Sie für eine wissenschaftliche Arbeit benötigen. Bei der Erstellung eines neuen Dokuments kann man in *Word* zwischen verschiedenen Dokumentvorlagen wählen und auch auf der Microsoft-Internetseite *www.office.com* nach weiteren Vorlagen suchen – keine der dort zurzeit vorhandenen Vorlagen erfüllt aber die spezifischen Anforderungen der Psychologie oder Sozialwissenschaften. Aus demselben Grund ungeeignet sind in der Regel andere im Internet frei verfügbare Dokumentvorlagen oder die Vorlagen, die manchen Word-Büchern auf CD-ROM beiliegen (vgl. Abschnitt 11.8.1).

Prinzipiell könnten Sie sich eine Dokumentvorlage von Grund auf mit allen benötigten Formatvorlagen selbst erstellen (vgl. Abschnitt 11.4.2), aber dies macht recht viel Arbeit und ist, wenn Sie mit Formatvorlagen noch wenig erfahren sind, auch nicht ganz einfach. Unkomplizierter ist es, eine auf wissenschaftliche Arbeiten in der Psychologie und den empirischen Sozialwissenschaften abgestimmte Dokumentvorlage zu verwenden. Eine solche Vorlage für *Word*, die alle notwendigen Elemente bzw. Formatvorlagen enthält, haben wir für Sie erstellt und auf der Pearson-Internetseite bereitgestellt.

Exkurs: Bei Problemen mit *Word* die Normal.dotm austauschen

Die Normal.dotm-Datei wird bei jedem Dokument, das Sie öffnen, im Hintergrund aktiviert und stellt erforderliche Formatvorlagen bereit. Das ist sogar dann der Fall, wenn Sie eine andere Dokumentvorlage verwenden. Aus diesem Grund sollte man die *Normal.dotm* immer unverändert lassen.

Wenn Sie in der Vergangenheit – absichtlich oder versehentlich – Formatvorlagen in der *Normal.dotm* verändert haben, kann das die Ursache für aktuelle Probleme mit Ihrem Dokument sein (z. B. wenn *Word* sich nicht so „verhält", wie Sie es möchten oder es zu erwarten wäre). Die einfachste Methode ist dann, die *Normal.dotm* auf Ihrem Rechner zu suchen (meist befindet sie sich im Verzeichnis C:\Users\<Benutzername>\AppData\Roaming\Microsoft\Templates; verwenden Sie ansonsten die Suchfunktion) und in einen anderen Ordner zu verschieben. Beim nächsten Start von *Word* wird das Programm die alte *Normal.dotm* nicht mehr finden und diese automatisch durch eine neue, „unbelastete" *Normal.dotm* ersetzen. Vielleicht sind Ihre Probleme damit schon behoben.

11.4.2   Formatvorlagen erstellen, bearbeiten und verwalten

Auch wenn Sie – wie empfohlen (vgl. Abschnitt 11.4.1) – unsere fertige Dokumentvorlage verwenden, ist es manchmal erforderlich oder sinnvoll, einzelne Formatvorlagen abzuändern oder weitere Formatvorlagen zu erstellen. Dadurch können Sie beispielsweise Schriftarten und -größen, Zeilen- und Absatzabstände, die Textausrichtung oder Einzüge (z.B. bei Blockzitaten) an Ihre Vorstellungen anpassen.

Wenn Sie in der *Start-Registerkarte* das Dialogfenster „Formatvorlagen" einblenden, werden Ihnen zunächst diejenigen Formatvorlagen angezeigt, die in Ihrem geöffneten Dokument verwendet werden, bzw. diejenigen, die *Word* Ihnen „empfiehlt" (Abbildung 11.3 ❶). Um sich alle verfügbaren Formatvorlagen anzeigen zu lassen, müssen Sie in dem Optionsfenster ❷ auswählen, dass alle Formatvorlagen angezeigt werden sollen ❸. Hier können Sie zudem festlegen, dass die Formatvorlagen zur besseren Übersicht alphabetisch sortiert werden ❹.

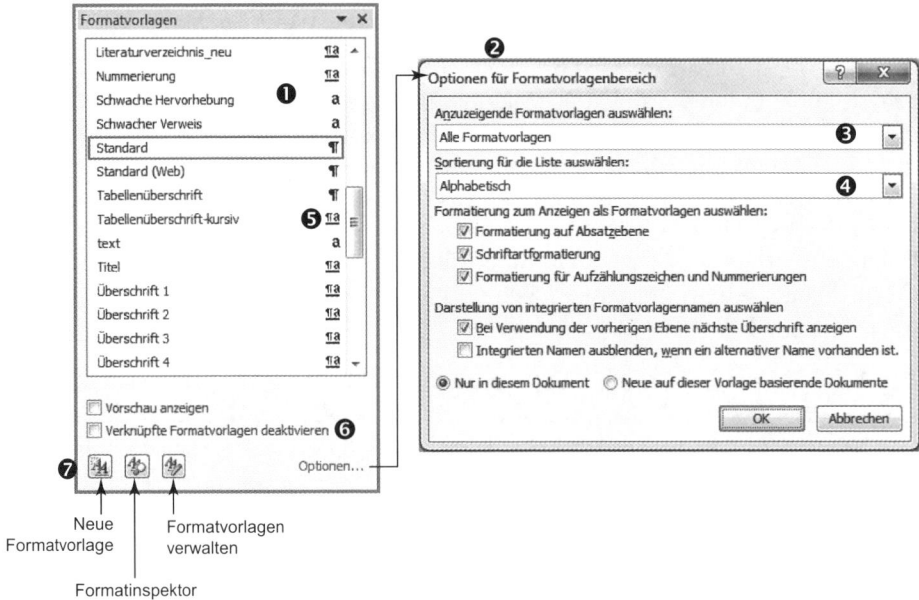

Abbildung 11.3. Formatvorlagen-Fenster mit der Anzeige der im Dokument verfügbaren Formatvorlagen (links) sowie Fenster mit Optionen zur Anzeige der Formatvorlagen (rechts).

In Abbildung 11.3 (links) sehen Sie ferner, dass sich hinter dem Namen jeder Formatvorlage eines von drei verschiedenen Symbolen befindet ❺. Das liegt daran, dass in *Word* verschiedene Arten von Formatvorlagen unterschieden werden:

- *Absatzformatvorlagen* (gekennzeichnet durch das Absatzmarkensymbol „¶"): Diese Formatvorlagen können nur ganzen Absätzen zugewiesen werden. Auch Überschriften oder z.B. Abbildungsunterschriften gelten dabei als Absatz, da diese mit einer Absatzmarke enden.

■ *Zeichenformatvorlagen* (gekennzeichnet durch ein kleines „a"): Hierbei handelt es sich um Formatvorlagen, die einzelnen Zeichen innerhalb eines Textes zugewiesen werden können. Dabei kann es sich um einzelne Buchstaben oder Zahlen, aber auch um ein oder mehrere Wörter innerhalb eines Absatzes handeln, z.B. wenn man diese durch Kursivdruck hervorheben möchte.

■ *Verknüpfte Formatvorlagen* (gekennzeichnet durch „¶a"): Diese Vorlagen können sowohl Absätzen als auch einzelnen Zeichen zugewiesen werden. Wenn Sie in dem Formatvorlagen-Fenster (Abbildung 11.3, links) unten anklicken, dass verknüpfte Formatvorlagen deaktiviert werden sollen ❻, dann werden diese Vorlagen immer dem gesamten Absatz zugewiesen.

Durch die drei quadratischen Symbolfelder, die Sie unten links im Formatvorlagen-Fenster (Abbildung 11.3) sehen ❼, können Sie (a) neue Formatvorlagen erstellen, (b) sich den „Formatinspektor" anzeigen lassen und (c) ein Fenster zum Verwalten von Formatvorlagen aufrufen. Wenn Sie eine Formatvorlage neu erstellen wollen, bewegen Sie den Cursor auf einen entsprechend formatierten Abschnitt (bzw. einen Abschnitt, dessen Formatierung Sie als Grundlage verwenden möchten) und klicken im Formatvorlagen-Fenster auf das Symbolfeld „Neue Formatvorlage" – dann öffnet sich ein Fenster wie das in Abbildung 11.4. Sinnvoller ist es für den Anfang, bestehende Formatvorlagen zu ändern. Dazu klicken Sie im Formatvorlagen-Fenster (oder auch im [Schnell-]Formatvorlagenkatalog) über der entsprechenden Formatvorlage auf die rechte Maustaste. Aus dem sich öffnenden Kontextmenü wählen Sie „Ändern..." – es öffnet sich ebenfalls das in Abbildung 11.4 dargestellte Fenster.

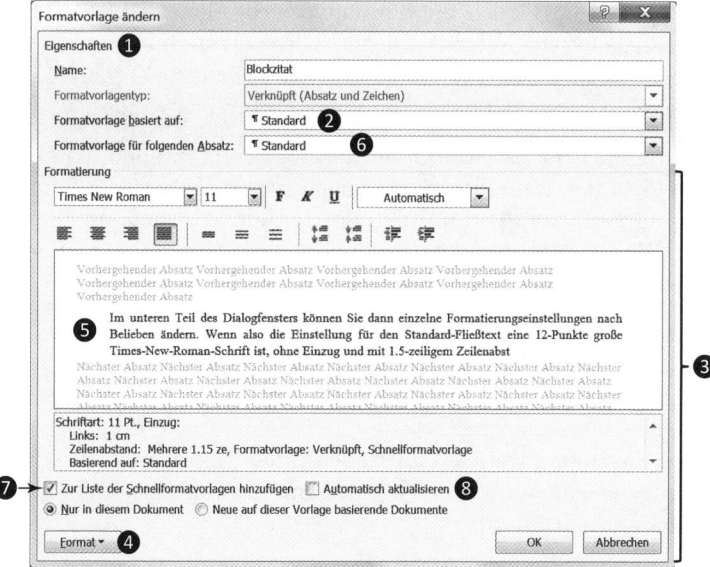

Abbildung 11.4. Fenster zur Anpassung von Formatvorlagen.

Im Dialogfenster „Formatvorlage ändern" (Abbildung 11.4) sehen Sie oben unter „Eigenschaften" ❶ den Namen der Formatvorlage (in unserem Fall: „Blockzitat"), der eine sinnhafte Bezeichnung Ihrer Formatierung sein sollte. Dass die Formatvorlage auf der Formatvorlage „Standard" basiert ❷, bedeutet, dass die Grundeinstellungen der Standard-Formatierung (also des Fließtextes) übernommen werden, soweit in der Formatvorlage „Blockzitat" keine expliziten Änderungen der Formatierung vorgenommen wurden. Übernommen werden also z.B. die Schriftart und dass der Text im Blocksatz gesetzt wird. Über das Feld „Formatvorlage basiert auf" wird auch die hierarchische Organisation der Formatvorlagen definiert: Änderungen an der Formatvorlage „Standard" haben zur Folge, dass sich die Formatierung der Blockzitate ebenfalls ändert, da die Vorlage „Blockzitat" auf der Vorlage „Standard" basiert. Wollen Sie solche automatischen Veränderungen vermeiden, wählen Sie unter „Formatvorlage basiert auf" die Option „(Keine Formatvorlage)" aus.

Im unteren Teil des Dialogfensters können Sie dann einzelne Formatierungseinstellungen nach Belieben ändern ❸. Wenn also die Einstellung für den Standard-Fließtext eine 12 pt große Times-New-Roman-Schrift ist, ohne Einzug und mit 1.5-fachem Zeilenabstand, können Sie hier ändern, dass die Schrift der Blockzitate nur 10 pt groß sein, der Zeilenabstand nur 1.2 Zeilen betragen und Blockzitate zudem links um 1 cm eingerückt sein sollen. Die wichtigsten Formatierungsoptionen finden Sie dabei direkt in dem Dialogfenster. Weitere Optionen können Sie anzeigen lassen, indem Sie links unten das Feld „Format" ❹ anklicken. Hier können Sie Dialogfenster zu Schriftart, Absatz, Tabstopp, Rahmen, Sprache etc. aufrufen. Eine Vorschau, welche Auswirkung die gewählte Formatierung auf Ihren Text hat, sehen Sie im mittleren Feld des Fensters ❺. Dass die „Formatvorlage für folgenden Absatz" auf „Standard" ❻ eingestellt ist, bedeutet, dass nach Eingabe eines Blockzitats automatisch zu Fließtext (also zur Formatvorlage „Standard") gewechselt wird, wenn Sie die Eingabetaste (Return) drücken. Diese Einstellmöglichkeit ist z.B. auch bei Überschriften sehr nützlich, da Sie nach einer Überschrift meist Fließtext (und nicht eine weitere Überschrift derselben Ebene) schreiben wollen.

Der Übersichtlichkeit ist es ferner dienlich, wenn Sie die neu erstellten Formatvorlagen zur Liste der Schnellformatvorlagen (unter *Word 2013*: zum Formatvorlagenkatalog) hinzufügen ❼ und nicht verwendete Vorlagen aus diesem Katalog ausblenden. Die Schnellformatvorlagen sind diejenigen, die Ihnen groß im Bereich „Formatvorlagen" der *Start-Registerkarte* angezeigt werden.

Nicht aktivieren sollten Sie die Option „Automatisch aktualisieren" ❽. Ansonsten würden nämlich, wenn Sie irgendwo im Text einen Absatz, dem z.B. die Formatvorlage „Blockzitat" zugewiesen ist, manuell umformatieren, auch alle anderen Absätze dieser Formatvorlage entsprechend umformatiert werden. Das ist etwas, was Sie in den wenigsten Fällen wollen (und wenn Sie es wollen, sollten Sie solche Änderungen besser über das Ändern der Formatvorlage und nicht über diese Option realisieren).

Wenn Sie den *Formatinspektor* (vgl. Abbildung 11.3, links) öffnen, erscheint ein kleines Fenster, das Ihnen für die jeweilige Cursorposition die Absatz- und die Zeichenformatierung angibt. Damit können Sie also einfach nachvollziehen, ob einer bestimmten Textstelle die von Ihnen gewünschte Formatvorlage korrekt zugewiesen ist. Die Option „Formatvorlagen verwalten" benötigen Sie dann, wenn Sie in größerem Umfang eigene Formatvorlagen erstellen bzw. bearbeiten oder sich Formatvorlagen aus verschiedenen Dokumentvorlagen zusammenstellen wollen – da das die wenigsten von Ihnen betreffen wird, gehen wir auf diesen Punkt nicht ein.

11.4.3 Formatvorlagen zuweisen

Um einem Textelement eine Formatvorlage zuzuweisen, bewegen Sie – bei Absatzformatvorlagen – den Cursor in das entsprechende Textelement (also den Absatz oder die Überschrift). Anschließend klicken Sie in den in der *Start-Registerkarte* angezeigten Schnellformatvorlagen (unter *Word 2013*: im Formatvorlagenkatalog) bzw. in dem in Abbildung 11.3 dargestellten Formatvorlagen-Fenster die gewünschte Formatvorlage an. (Alternativ können Sie auch mit `Strg` `⇧` `S` das Fenster „Formatvorlage übernehmen" öffnen. Hier wählen Sie die gewünschte Formatvorlage aus einem Pulldown-Menü aus, wodurch sie automatisch zugewiesen wird.) Bei Zeichenformatvorlagen, also wenn Sie z.B. einzelne Wörter durch Kursivdruck hervorheben wollen, müssen Sie die entsprechenden Zeichen oder Wörter im Text markieren und dann ebenfalls auf die gewünschte Formatvorlage klicken.

Um noch schneller zu arbeiten, können Sie sich für die wichtigsten Formatvorlagen Tastenkombinationen definieren. Dann brauchen Sie nur noch diese Tastenkombination zu drücken, um einem Element eine Formatvorlage zuzuweisen. Beispielsweise könnten Sie die Tastenkombination `Alt` `1` für die Formatvorlage „Überschrift der Ebene 1" reservieren. Durch Drücken dieser Tastenkombination wird aus einer Textzeile somit eine Überschrift der ersten Ebene.

11.4.4 Hierarchisch nummerierte Überschriften erstellen

Damit *Word* versteht, dass Ihre Überschriften hierarchisch organisiert sind, und die Nummerierung der Überschriften entsprechend vornimmt, ist es notwendig, der jeweiligen Überschrift eine *Gliederungsebene* zuzuweisen. Verwenden Sie dazu die Überschriften „Überschrift 1" bis „Überschrift 9", die in *Word* standardmäßig (wenngleich ohne Nummerierung) definiert sind. Sie brauchen dann nur noch auf der *Start-Registerkarte* in der Befehlsgruppe „Absatz" den Button „Liste mit mehreren Elementen" anzuklicken und sich hier aus der „Listenbibliothek" Ihren gewünschten Nummerierungs-Typ auszuwählen. Das wird in aller Regel die Struktur sein, die in Abbildung 11.5 wiedergegeben ist. Diese hierarchische Listenstruktur wird Ihren Überschriften dann automatisch zugewiesen. Übrigens: Sie sollten maximal vier nummerierte Überschriftenebenen verwenden. Sofern erforderlich, können Sie unterhalb dieser nummerierten Ebenen noch nicht nummerierte Überschriften einsetzen (vgl. Abschnitt 4.5).

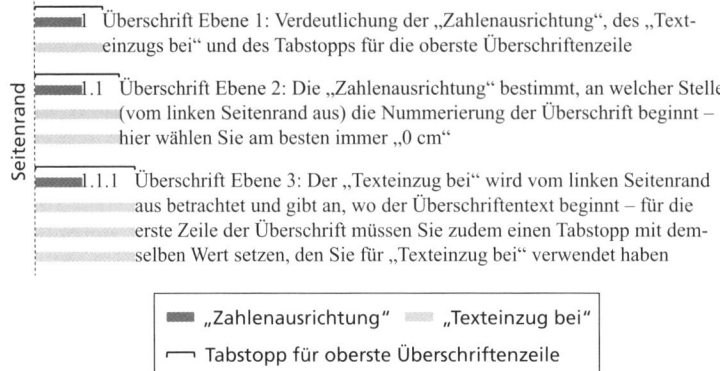

Abbildung 11.5. Struktur der empfohlenen Überschriftengliederung sowie Veranschaulichung des linken und des hängenden Einzugs.

Änderungen der Schriftart und -größe der einzelnen Überschriften nehmen Sie in der Formatvorlage der jeweiligen Überschrift vor, bis auf Formatierungen, die den linken Einzug bzw. die „Zahlenausrichtung" und den „Texteinzug bei" (siehe Abbildung 11.5) betreffen. Wollen Sie Veränderungen an diesen Einzügen vornehmen, dann klicken Sie mit der rechten Maustaste auf eine der Nummerierungen der Überschriften in Ihrem Text. Aus dem Kontextmenü, das sich öffnet, wählen Sie „Listeneinzug anpassen" aus. Es öffnet sich das Fenster „Neue Liste mit mehreren Ebenen definieren" (Abbildung 11.6). Um wie in Abbildung 11.6 auch die rechten Dialogfelder zu sehen, klicken Sie unten links auf den Button „Erweitern". In dem Dialogfenster können Sie sich durch die verschiedenen Überschriftenebenen bewegen ❶ und jeweils im Feld „Texteinzug bei" ❷ angeben, an welcher Stelle – vom linken Seitenrand aus betrachtet – der Text der Überschrift beginnen soll. Damit auch bei Überschriften, die sich über mehrere Zeilen erstrecken, der Text linksbündig ausgerichtet ist, muss dieser Einzug mindestens so breit sein wie die Nummerierung der Überschrift, die ja mit zunehmender Ebene immer breiter wird. Außerdem müssen Sie einen Tabstopp ❸ mit demjenigen Wert hinzufügen, den Sie auch bei „Texteinzug bei" eingegeben haben.

In unserer Dokumentvorlage auf der Pearson-Internetseite haben wir die Einzüge auf die Gestaltung der Überschriften abgestimmt. Falls Sie aber z.B. die Schriftgrößen der Überschriften ändern, müssen Sie unter Umständen die Einzüge anpassen. Die Vorschau, die Sie in Abbildung 11.6 im großen Feld oben links ❹ sehen, ist dabei nur schematisch und gibt nicht die wahren Proportionen und Längen der Überschriften und deren Nummerierung wieder. Oben rechts ❺ erkennen Sie übrigens, mit welcher Überschrift die jeweilige Ebene der Liste verbunden ist.

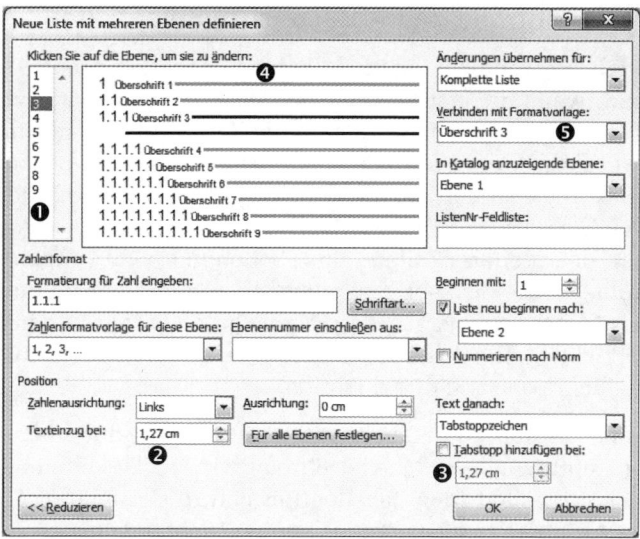

Abbildung 11.6. Fenster zur Festlegung von Einzügen bei Überschriften.

11.4.5 Abstände vor/nach Absätzen und Überschriften

Sie sollten es unterlassen, vertikale Abstände in Ihrem Text durch Leerzeilen zu erzeugen. Die wesentlich effizientere Variante, die dafür sorgt, dass ihr Dokument wirklich einheitlich aussieht, ist, in den Formatvorlagen Abstände vor bzw. nach diesem Textelement festzulegen (Sie finden diese Option beim Ändern von Formatvorlagen unter dem Menüpunkt „Format → Absatz → Einzüge und Abstände → Abstand"). Wenn Sie also zwei normale Fließtext-Absätze durch einen „halben Zeilenabstand" voneinander trennen möchten, sollten Sie in der Formatvorlage für den Fließtext angeben, dass nach dem Absatz stets ein Zeilenabstand von 6 pt (bei einer Standard-Schriftgröße von 12 pt) eingefügt wird. Auf analoge Weise können Sie die Abstände ober- und unterhalb von Überschriften, Blockzitaten, Abbildungsunterschriften etc. festlegen (zur Gestaltung der Abstände vgl. Abschnitte 4.4 und 4.5).

11.4.6 Seitenlayout anpassen

Vermutlich wissen Sie, dass Sie in *Word* in der *Seitenlayout-Registerkarte* die Breite der Seitenränder und auch die Abstände der Kopf- und Fußzeilen vom Seitenrand festlegen können. Insbesondere dann, wenn (komplexere) Tabellen in Ihrem Text vorkommen, sollten Sie *frühzeitig* Ihren Betreuer fragen, welche Vorgaben es hinsichtlich der Seitenränder gibt. Ansonsten laufen Sie Gefahr, dass – beispielsweise wenn Sie gegen Ende Ihrer Arbeit die Seitenränder noch vergrößern – Sie alle Tabellen neu formatieren müssen, damit diese noch zwischen die Seitenränder passen. Zur Größe der Seitenränder und zur Anlage eines sogenannten Satzspiegels siehe Abschnitt 4.1.

11.4.7 Absatzkontrolle und Absätze zusammenhalten

Als unschön gilt es, wenn die letzte Zeile eines Absatzes oben auf einer neuen Seite endet bzw. wenn die erste Zeile eines Absatzes unten als letzte Zeile einer Seite beginnt (diese Phänomene werden in der Typographie traditionellerweise – wenn auch politisch wenig korrekt – als „Hurenkind" bzw. „Schusterjunge" bezeichnet). Dass dies passiert, können Sie folgenderweise verhindern: Rufen Sie in der *Start-Registerkarte* das Dialogfenster der Befehlsgruppe „Absatz" auf; dort gehen Sie auf den Reiter „Zeilen- und Seitenumbruch" und aktivieren die „Absatzkontrolle" – dies ist übrigens auch die Standardeinstellung von *Word*. Sinnvollerweise achten Sie darauf, dass diese Option bereits in den Formatvorlagen für Ihren Fließtext, Blockzitate, Fußnoten etc. aktiviert ist. Dann ersparen Sie sich die manuelle Zuweisung dieser Option.

Abbildungsunterschriften und Tabellentitel dürfen nicht durch einen Seitenumbruch von der Abbildung bzw. Tabelle getrennt werden. Das erreichen Sie, indem Sie für das obere Element (den Tabellentitel bzw. die Abbildung) in dem oben beschriebenen Absatz-Dialogfenster die Option „Nicht vom nächsten Absatz trennen" aktivieren. Auch eine Überschrift darf nicht allein am Ende einer Seite stehen, weshalb hier neben „Absatzkontrolle" ebenfalls „Nicht vom nächsten Absatz trennen" aktiviert sein muss.

11.4.8 Automatische Formatierungen abschalten

Wie oben im *Exkurs: Probleme mit* Microsoft Word (S. 373 f.) angemerkt, scheint *Word* manchmal Dinge zu tun, die man als Nutzer nicht möchte. Das liegt oft auch daran, dass Funktionen aus dem Bereich „AutoKorrektur" und „AutoFormat" eingeschaltet sind. Dann versucht *Word*, vermeintliche Fehler zu korrigieren bzw. zu erraten, was Sie beabsichtigt haben. Beispielsweise wird aus „(c)" das Copyright-Zeichen „©". Auch zwei Großbuchstaben am Wortanfang werden automatisch korrigiert, da *Word* annimmt, dass es sich um einen Tippfehler handelt, selbst wenn dies von Ihnen beabsichtigt sein sollte, wie bei einigen Abkürzungen. Ebenfalls werden Aufzählungszeichen bzw. -nummern eingefügt, wenn *Word* „meint", Sie wollten etwas aufzählen. Bindestriche werden, wenn bei der Eingabe versehentlich Leerzeichen um diese gesetzt werden, oft ungewollt und fehlerhafterweise zu Gedankenstrichen verändert (vgl. Abschnitt 5.2). Diese und weitere Autokorrekturen können Sie abschalten, indem Sie über die *Datei-Registerkarte* in die sogenannte *Backstage-Ansicht* von Word wechseln. Dort klicken Sie auf „Optionen" und dann weiter zu „Dokumentprüfung" und „AutoKorrektur-Optionen": Hier können Sie die unerwünschten Optionen deaktivieren. Für die ungewollte Umwandlung von Binde- in Gedankenstriche ist beispielsweise die Option „Bindestriche (--) durch Geviertstrich (—)" verantwortlich, die Sie gleich zweimal deaktivieren müssen, nämlich sowohl auf der Karte „AutoFormat" als auch auf der Karte „AutoFormat während der Eingabe".

Allerdings sollten Sie nicht alle Autokorrektur-Optionen deaktivieren, da *Word* auch viele Änderungen automatisch vornimmt, die Sie vermutlich nicht missen möchten: So werden die "normalen" Anführungszeichen, die sich immer oben befinden und keine Krümmung aufweisen, standardmäßig durch „typographische Anführungszeichen", wie Sie sie gerade gesehen haben, ersetzt. Letzteres ist etwas, worauf die meisten Schreiber nicht verzichten möchten. Lassen Sie derartige Optionen also aktiviert. Letztendlich müssen Sie selbst entscheiden, welche Optionen Sie hilfreich und welche eher störend finden.

11.4.9 Seitenzahlen und Kopf-/Fußzeilen

Die Seitenzahlen einer Arbeit werden entweder in der Kopf- oder der Fußzeile des Dokuments angegeben (vgl. Abschnitt 4.2). Sie können die Seitenzahl in der *Einfügen-Registerkarte* in der Befehlsgruppe „Kopf- und Fußzeile" über den Button „Seitenzahl" hinzufügen. In einigen Arbeiten werden Sie sehen, dass alle Seiten vor dem ersten Kapitel (also das Inhaltsverzeichnis, die Seite mit dem Abstract und ggf. das Vorwort oder eine Danksagung) mit römischen Ziffern (i, ii, iii etc.) paginiert sind und erst ab der ersten Seite des ersten Kapitels eine Paginierung mit arabischen Ziffern (1, 2, 3 etc.) erfolgt. Das ist unseres Erachtens allerdings eine unnötige Spielerei und es ist genauso zulässig, von der ersten Seite an mit arabischen Ziffern zu paginieren.[55] Allerdings erscheinen auf der Titelseite keine Seitenangabe und auch keine Kopfzeile. Das können Sie erreichen, indem Sie durch einen Doppelklick auf die Kopf- bzw. Fußzeile diese zur Bearbeitung öffnen. Automatisch erscheint dann auch die Registerkarte *Kopf- und Fußzeilentools*. In der Befehlsgruppe „Optionen" können Sie hier ein Häkchen bei „Erste Seite anders" setzen. *Word* löscht daraufhin sowohl die Kopf- als auch die Fußzeile von der ersten Seite.

Die Kopfzeile wird zudem häufig verwendet, um den Titel des jeweiligen Kapitels bzw. Unterkapitels anzuzeigen – das nennt man „lebender Kolumnentitel". Um das zu erreichen, sind sogenannte Feldfunktionen erforderlich. Feldfunktionen sind Platzhalter, die dynamisch Inhalte oder Eigenschaften des Dokuments übernehmen. Prinzipiell bestehen alle dynamischen Verweise (vgl. Abschnitte 11.2 und 11.5.2) aus Feldfunktionen. Für einen lebenden Kolumnentitel wird in die Kopfzeile der Befehl (quasi ein Querverweis) geschrieben, dass immer der Titel des Kapitels, in dem sich die aktuelle Seite befindet, in die Kopfzeile übernommen werden soll. Solche Dinge sind schön, aber nicht essenziell. Wir gehen daher nur in dem online verfügbaren Dokument darauf ein.

---

55 Die Paginierung mit römischen Ziffern war sinnvoll, als Bücher noch aus Einzelbuchstaben (Lettern) im sogenannten Bleisatz per Hand gesetzt wurden. Damals konnte das Inhaltsverzeichnis erst erstellt werden, nachdem das restliche Buch fertig gesetzt war. Vorher wusste man nämlich nicht, wie lang genau die Kapitel werden. Entsprechend unklar war, wie viele Seiten das Inhaltsverzeichnis umfasst und ob das erste Kapitel z.B. auf Seite 7 oder auf Seite 9 des Buches beginnen wird. Das Problem ließ sich lösen, indem man die Seiten vor dem Haupttext getrennt mit römischen Ziffern paginierte. Im Computerzeitalter bedarf es eigentlich keiner getrennten Paginierung mehr.

11.5   Funktionen während des Schreibens

Auch *während* des Schreibens sollten Sie eine Reihe von Funktionen konsequent verwenden, um sich Arbeit zu erleichtern sowie ein einheitlich und fehlerfrei formatiertes Dokument zu erhalten. Diese Funktionen werden im Folgenden erläutert.

11.5.1   Automatisches Inhaltsverzeichnis und sonstige Verzeichnisse

Sofern Sie den Überschriften der verschiedenen Ebenen konsequent entsprechende Formatvorlagen zugewiesen haben, kann *Word* für Sie ein Inhaltsverzeichnis erstellen, das auch nach Veränderungen von Überschriften oder Seitenzahlen durch einen Mausklick aktualisiert werden kann. Nach demselben Prinzip lassen sich Tabellen- und Abbildungsverzeichnisse automatisch erzeugen, sofern Sie Formatvorlagen verwendet haben. All diese Verzeichnisse sind über die *Verweise-Registerkarte* verfügbar. Zur Erstellung eines Inhaltsverzeichnisses klicken Sie links im Menüband auf „Inhaltsverzeichnis". Für Tabellen- und Abbildungsverzeichnisse klicken Sie in der Befehlsgruppe „Beschriftungen" auf „Abbildungsverzeichnis einfügen" – dort können Sie unter „Beschriftungskategorie" auch auswählen, dass Sie ein Tabellenverzeichnis haben möchten. Fragen Sie aber Ihren Betreuer, ob Tabellen- und Abbildungsverzeichnisse notwendig sind – wir persönlich sehen diese nämlich fast immer als überflüssig an.

11.5.2   Dynamische Querverweise

Gerade in längeren Texten sind dynamische Querverweise sehr nützlich. Querverweise werden danach unterschieden, auf welche Objekte oder Elemente sie verweisen: auf Tabellen bzw. Abbildungen, auf Kapitel bzw. Unterkapitel/Abschnitte (bei *Word* sind dies „Querverweise auf Überschriften"), auf Fußnoten oder auf Textmarken.

Alle diese Verweismöglichkeiten finden Sie in der *Verweise-Registerkarte* in der Befehlsgruppe „Beschriftungen" unter „Querverweis". In dem entsprechenden Dialogfenster legen Sie links oben unter „Verweistyp" fest, worauf Sie verweisen wollen (Überschrift, Abbildung, Tabelle, Textmarke etc.), und rechts oben haben Sie unter „Verweisen auf" die Wahl, was der Verweis enthalten soll. Dabei können Sie neben der Nummer von Tabellen, Abbildungen und Überschriften auch die Seitenzahl oder den Beschriftungstext (z.B. die Abbildungsunterschrift) auswählen. In dem großen Feld darunter suchen Sie dann das Element aus, auf das Bezug genommen werden soll, also die jeweilige Überschrift, Abbildung, Fußnote o.Ä.

In einem Satz wie „Weitere Ausführungen zu Abbildungsunterschriften folgen in Abschnitt 6.7 ab Seite 248" sind die Unterkapitel-Nummer „6.7" und die Seitenzahl „248" durch dynamische Querverweise auf diese Elemente hinzugefügt. Würden wir jetzt vor Kapitel 6 noch ein weiteres Kapitel einfügen, hätten die dynamischen Querverweise den Vorteil, dass sich die Nummerierung automatisch anpasst (in unserem Fall auf „7.7") und auch die Seitenzahl aktualisiert wird.

Statt des Verweises auf einen Abschnitt bzw. eine Überschrift hätten wir auch auf eine Tabelle, Abbildung, Fußnote oder eine Textmarke verweisen können. Je mehr solcher Verweise in Ihrem Text vorkommen, desto nützlicher ist es, diese zu automatisieren. Querverweise sind übrigens wichtig, um dem Leser die Orientierung im Text zu erleichtern und um Verknüpfungen zwischen verschiedenen Abschnitten Ihres Textes zu verdeutlichen.

Textmarken stellen eine Besonderheit dar, da sie keine eigene Nummerierung haben und man auf sie nur mittels einer Seitenzahl verweist. Dies wird in Abschnitt 11.5.6 erklärt.

11.5.3   Tabellen erstellen, kopieren und bearbeiten

Tabellen erstellen und kopieren. Wie in Abschnitt 6.5 dargestellt, gibt es in der Psychologie und den empirischen Sozialwissenschaften spezielle Anforderungen an die Gestaltung von Tabellen. Zudem sollten aber alle Tabellen in Ihrer Arbeit ein einheitliches Erscheinungsbild aufweisen. Wir raten Ihnen daher, sich eine Mustertabelle (oder ggf. mehrere Mustertabellen für verschiedene Zwecke) zu erstellen. Wenn Sie eine weitere Tabelle einfügen wollen, können Sie einfach die Mustertabelle kopieren und entsprechend anpassen. Das Kopieren vereinfachen können Sie sich durch die Schnelltabellen-Funktion: Markieren Sie Ihre Mustertabelle und klicken Sie in der *Einfügen-Registerkarte* in der Befehlsgruppe „Tabellen" auf „Tabelle". In dem sich öffnenden Pulldown-Menü klicken Sie unten auf „Schnelltabellen" und dort auf „Auswahl im Schnelltabellenkatalog speichern...". Geben Sie dabei Ihrer Tabellenvorlage einen aussagekräftigen Namen wie „Korrelationstabelle" oder „Mittelwertstabelle". Wollen Sie später eine neue Tabelle einfügen, können Sie den gewünschten Tabellentyp über den Schnelltabellenkatalog auswählen.

Tabellen bearbeiten. Wenn Sie den Cursor in Ihre Tabelle bewegen, erscheinen zwei neue Registerkarten, die „Tabellentools" enthalten. In der *Entwurf-Registerkarte* können Sie die horizontalen und vertikalen Linien Ihrer Tabelle anpassen bzw. Linien entfernen. In der *Layout-Registerkarte* finden Sie zum einen die Möglichkeit, sich Rasterlinien (*Word 2010*) oder Gitternetzlinien (*Word 2013*) der Tabellen anzeigen zu lassen – das ist hilfreich, damit Sie auch nachdem Sie Linien aus der Tabelle entfernt haben, immer die Zellenbegrenzungen angezeigt bekommen. Zum anderen gibt es auf dieser Registerkarte Funktionen zum Verbinden sowie zum Teilen von Zellen, Sie können die Höhe und Breite von Zellen definieren und z.B. die Ausrichtung von Text und Zahlen in Zellen bestimmen.

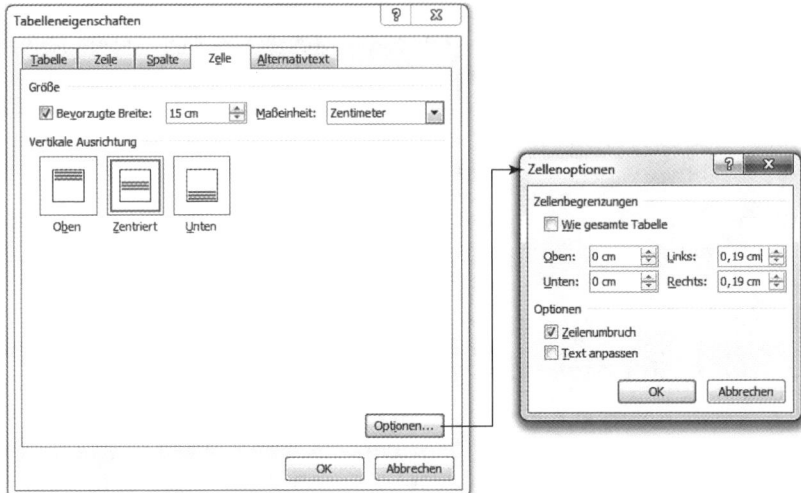

Abbildung 11.7. Word-Fenster zu den Tabelleneigenschaften und den Zellenoptionen.

Haben Sie den Cursor in einer Zelle der Tabelle platziert, erscheint an der linken oberen Ecke der Tabelle ein kleines Quadrat mit zwei sich kreuzenden Pfeilen. Wenn Sie auf dieses Quadrat mit der rechten Maustaste klicken, öffnet sich ein Kontextmenü. Hier ist neben der Option, eine Tabellenbeschriftung einzufügen (vgl. Abschnitt 11.5.5), der Menüpunkt „Tabelleneigenschaften..." besonders wichtig. Wenn Sie diesen Menüpunkt anklicken und in dem sich öffnenden Tabelleneigenschaften-Fenster (Abbildung 11.7, links) auf den Reiter „Zelle" und dann unten rechts auf „Optionen..." gehen, erscheint ein Fenster zu *Zellenoptionen* (Abbildung 11.7 rechts). Hier können Sie einstellen, wie groß der minimale Abstand zwischen der Zellenbegrenzung und dem Text bzw. der Zahl in einer Zelle sein soll. (Standardmäßig lässt *Word* am linken und rechten Zellenrand einen Abstand von 0.19 cm frei.) Heben Sie ggf. die Aktivierung von „Wie gesamte Tabelle" auf und stellen Sie die Zellenbegrenzungen nach Ihren Wünschen ein. Beachten Sie, dass die Änderung nur für aktuell markierte Zellen übernommen wird.

11.5.4   Zahlen in Tabellen am Dezimalpunkt ausrichten: Dezimal-Tabstopp und Tabellenspalten

In Tabellen sollten die Zahlen einer Spalte so ausgerichtet sein, dass die Dezimalpunkte senkrecht untereinander stehen. Sofern alle Zahlen gleich viele Stellen vor und nach dem Dezimalpunkt haben, erreicht man dies einfach dadurch, dass man die Zahlen zentriert setzt. Sind die Zahlen jedoch unterschiedlich lang oder z.B. mit Signifikanz-Sternchen versehen, müssen Sie diese entweder mittels Dezimal-Tabstopps am Dezimalpunkt ausrichten oder die Tabellenzellen in zwei Spalten unterteilen. Wir stellen beide Vorgehensweisen vor.

Ausrichtung am Dezimal-Tabstopp. Markieren Sie in Ihrer Tabelle diejenigen Zellen einer Spalte, für die Sie den Dezimal-Tabstopp einrichten möchten. In der *Start-Registerkarte* lässt sich über die Befehlsgruppe „Absatz" das Absatz-Dialogfenster öffnen. Klicken Sie in dem Dialogfeld links unten auf „Tabstopps…", um ein weiteres Fenster zu öffnen. Dort lässt sich die Ausrichtung des Tabstopps festlegen: Wählen Sie „Dezimal". Im Feld „Tabstoppposition" geben Sie an, wie weit der Tabstopp von dem linken Zellenrand entfernt stehen soll (z.B. 1 cm). Sie können die Positionierung der Tabstopps auch nachträglich dadurch ändern, dass Sie diese im Lineal verschieben. Dort werden Dezimal-Tabstopps mit diesem Zeichen ⊥ dargestellt.

Damit ist die Ausrichtung der Zahlen in der Spalte am Dezimalpunkt bereits vollbracht, d.h., Sie müssen gar keinen Tabulator mehr einfügen, da dies in Tabellen quasi automatisch erfolgt. Allerdings muss *Word* wissen, dass Sie den Punkt statt des im Deutschen üblichen Kommas als Dezimaltrennzeichen verwenden. In den Word-Optionen lässt sich dies (anders als bei *Excel*) nicht einstellen, weshalb hier nur der Weg über die Betriebssystemeinstellungen bleibt. In *Windows 7* öffnen Sie dazu die „Systemsteuerung" und wählen das Symbol „Region und Sprache". In der *Formate-Registerkarte* von „Region und Sprache" klicken Sie auf „Weitere Einstellungen…", wo Sie den Punkt als Dezimaltrennzeichen auswählen können. Wollen Sie diese Einstellung in Ihrem Betriebssystem nicht ändern, empfehlen wir Ihnen die folgende Vorgehensweise.

Tabellenzellen in zwei Spalten unterteilen. Bei dieser Methode unterteilen Sie die Tabellenspalten, in denen unterschiedlich lange Zahlen stehen, jeweils in zwei Spalten, wie in Abbildung 11.8 demonstriert. Die Zahl wird dann beispielsweise so aufgeteilt, dass die Sternchen linksbündig in der rechten Spalte stehen und die Zahl rechtsbündig in der linken Spalte. Dadurch, dass zuvor die linken und rechten Zellenbegrenzungen auf 0 cm gesetzt wurden (vgl. Abschnitt 11.5.3), stoßen die Zahl und die Sternchen, obwohl sie in verschiedenen Spalten stehen, wie gewünscht aneinander. Blendet man die Gitternetzlinien aus, entsteht der Eindruck, als stünden die Zahlen einer Spalte an ihrem Dezimalpunkt zentriert untereinander.

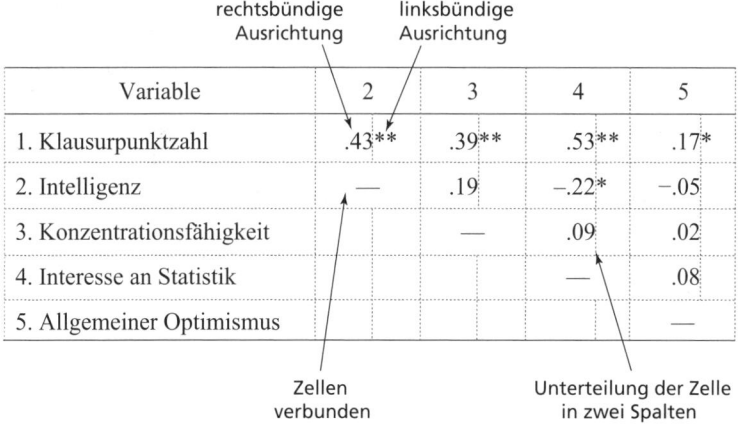

Abbildung 11.8. Veranschaulichung der Ausrichtung von Zahlen in Tabellen durch die Teilung von Tabellenzellen.

Die Breite der Zellen bzw. Spalten können Sie in der Registerkarte *Tabellentools/ Layout* in der Befehlsgruppe „Zellengröße" auf 0.01 cm genau einstellen. Man benötigt oft etwas Geduld, bis man alle Zellen wie gewünscht in ihrer Breite definiert hat, da die Veränderung an einer Zelle häufig zur Verschiebung einer anderen Zelle führt. Allerdings sind die in einer wissenschaftlichen Arbeit benötigten Tabellen in vielen Fällen sehr ähnlich, sodass man das Grundgerüst der Tabelle für weitere Tabellen kopieren kann (vgl. Abschnitt 11.5.3). Der für die Erstellung der nächsten Tabelle erforderliche Aufwand fällt dann schon wesentlich geringer aus.

11.5.5 Abbildungs- und Tabellenbeschriftungen

Mittels „Beschriftung einfügen" (verfügbar durch Rechtsklick mit der Maus auf das Objekt bzw. bei Tabellen mittels Rechtsklick auf das kleine Quadrat mit den Pfeilen in der linken oberen Ecke; vgl. Abschnitt 11.5.3) können Sie Abbildungen, Tabellen oder auch Formeln eine – für diese drei Elemente separate – automatische Nummerierung zuweisen. Das hat den großen Vorteil, dass sich, wenn Sie eine Tabelle oder Abbildung entfernen, im Text an einen anderen Ort verschieben oder nachträglich neu aufnehmen, die Nummerierung aller Tabellen bzw. Abbildungen automatisch anpasst. Auch Querverweise auf diese Elemente werden automatisch aktualisiert (vgl. Abschnitt 11.5.2). In dem Dialogfeld, das sich öffnet, wenn Sie eine Beschriftung hinzufügen, können Sie auch festlegen, dass – wie in der Psychologie und den empirischen Sozialwissenschaften üblich – bei Tabellen die Beschriftung und Nummerierung oberhalb des Elements erfolgt, bei Abbildungen jedoch unterhalb.

11.5.6 Textmarken

Wenn Sie z.B. in Ihrem Theorieteil im Fließtext einen wichtigen Gedanken erläutert, ein Konzept vorgestellt oder einen Befund beschrieben haben, auf den Sie sich an einer späteren Textstelle beziehen bzw. den Leser darauf rückverweisen möchten, dann bieten sich dafür Textmarken an. Um eine Textmarke zu setzen, markieren Sie ein Wort oder auch einen längeren Textabschnitt. In der *Einfügen-Registerkarte* finden Sie in der Befehlsgruppe „Hyperlinks" (*Word 2010*) bzw. „Link" (*Word 2013*) den Befehl „Textmarke", der Ihre Textstelle mit einer Textmarke versieht. Dieser können Sie einen beliebigen Namen – allerdings ohne Verwendung von Leerzeichen – geben, z.B. „GedächtnismodellAtkinson". Textmarken lassen sich wie Überschriften und Abbildungs- oder Tabellenbeschriftungen für dynamische Querverweise nutzen, beispielsweise so: „Das Gedächtnismodell von Atkinson und Shiffrin wurde bereits auf Seite 6 vorgestellt." Hinter „Seite 6" verbirgt sich dabei ein dynamischer Querverweis auf die Seitenzahl der Textmarke.

11.5.7 Fußnoten

Fußnoten sollten Sie sparsam verwenden, dennoch lassen sich diese nicht gänzlich vermeiden bzw. stellen eine gute Möglichkeit dar, eine zusätzliche Information unterzubringen, die im Fließtext den Lesefluss unterbrechen würde (vgl. Abschnitt 4.5). In *Word* gibt es in der *Verweise-Registerkarte* den Befehl „Fußnote einfügen", der auch für die automatische Nummerierung der Fußnoten sorgt. Außerdem können Sie – wieder mithilfe von Querverweisen – auf Fußnoten verweisen. Unüblich sind in unseren Fächern übrigens Endnoten, die anders als Fußnoten nicht unten auf der jeweiligen Seite erscheinen, sondern entweder am Kapitelende oder am Ende der gesamten Arbeit. Verwenden Sie daher besser ausschließlich Fußnoten.

11.5.8   Abbildungen verknüpfen statt einfügen

Wenn Sie Abbildungen (z.B. Diagramme aus *Excel*, Abbildungen aus *PowerPoint*, Digitalfotos oder andere Grafikdateien) in Ihr Dokument *einfügen*, wird eine Kopie dieser Grafikdatei in Ihrem Word-Dokument gespeichert. Das kann v.a. bei vielen bzw. großen Grafikdateien dazu führen, dass Ihre Textdatei sehr groß wird (über 10 MB). Wie weiter oben erwähnt (siehe *Exkurs: Probleme mit* Microsoft Word auf S. 373f.), kann es bei großen Dateien zu Verzögerungen und Problemen (beispielsweise beim Scrollen) kommen. Große Word-Dateien werden häufig auch instabil, was zu Programmabstürzen führen kann – dies gilt es zu vermeiden!

Wählen Sie daher beim Einbinden von Grafiken in Ihren Text die Option *Verknüpfen* anstelle von *Einfügen*. Sie finden diese, wenn Sie in der *Einfügen-Registerkarte* auf „Grafik" (*Word 2010*) bzw. „Bilder" (*Word 2013*) klicken. In dem sich öffnenden Dialogfenster befindet sich rechts unten ein mit „Einfügen" beschrifteter Button. Über das Pulldown-Menü an der rechten Seite dieses Buttons können Sie statt „Einfügen" die Option „Mit Datei verknüpfen" auswählen.

Da die verknüpfte Grafikdatei nicht in Ihrem Dokument gespeichert wird, bleibt dessen Größe überschaubar. Sie müssen sich aber bewusst sein, dass Sie die Original-Grafikdatei nicht löschen, umbenennen oder deren Speicherort verändern dürfen. *Word* kann nämlich in diesen Fällen nicht mehr auf die Grafik zugreifen. Auch beim Datentransfer – z.B. auf einen USB-Stick – müssen Sie darauf achten, die verknüpften Grafiken mit zu kopieren. Damit die Verknüpfung gelingt, dürfen sich die *relativen Pfadbezeichnungen* nicht verändern. Das heißt, wenn Ihr Text im Ordner „Abschlussarbeit" liegt und die Abbildungen in einem diesem Ordner untergeordneten Verzeichnis „Abbildungen", sollten Sie diese Struktur auch auf dem USB-Stick bzw. jedem anderen Rechner, auf dem Sie weiterarbeiten, beibehalten.

11.5.9   Seiten- und Abschnittswechsel

Wenn Sie mit Ihrem Text auf einer neuen Seite fortfahren möchten, aber das Ende der aktuellen Seite noch nicht erreicht ist, sollten Sie auf keinen Fall so viele Leerzeilen eingeben, bis Sie mit dem Cursor auf der nächsten Textseite angekommen sind. Wenn Sie nämlich dann später irgendwo im vorausgehenden Text eine Zeile hinzufügen oder wegnehmen, passt Ihr „Seitenwechsel" schon nicht mehr. Daher ist es besser, einen *Seitenumbruch* durchzuführen. Sie finden diesen

Befehl im Menüband der *Seitenlayout-Registerkarte* in der Befehlsgruppe „Seite einrichten" unter „Umbrüche".

Da Kapitel immer auf einer neuen Seite beginnen sollten, ist es sinnvoll, in der Formatvorlage der Überschrift der Ebene 1 hinzuzufügen, dass vor der neuen Überschrift ein Seitenumbruch erfolgt. Sie erreichen das, indem Sie bei der Absatz-Formatierung, die Sie über das Fenster „Formatvorlage ändern" (siehe Abbildung 11.4) öffnen können, das Feld „Seitenumbruch oberhalb" aktivieren.

Ferner kann *Word* – erst zu erkennen, wenn Sie die „Formatierungssymbole" (vgl. Abschnitt 11.5.18) anzeigen lassen – Ihr Dokument in mehrere Abschnitte einteilen. Die Funktionen dazu finden Sie auf der *Seitenlayout-Registerkarte* in der Befehlsgruppe „Seite einrichten" unter „Umbrüche". Einen Abschnittswechsel benötigen Sie immer dann, wenn Sie die Gestaltung der Kopf- oder Fußzeilen, der Seitennummerierung oder des Seitenlayouts für einen bestimmten Textbereich verändern möchten. Möchten Sie beispielsweise einen Abschnitt – oder auch nur eine einzelne Seite – Ihrer Arbeit im Querformat gestalten, müssen Sie davor und danach einen Abschnittswechsel einfügen.

Auch wenn Sie für einen bestimmten Abschnitt den Kopfzeilentext anders gestalten möchten, müssen Sie mit Abschnittswechseln arbeiten. Zusätzlich müssen Sie den Text der Kopfzeile aktivieren und danach in der Registerkarte *Kopf- und Fußzeilentools: Entwurf* im Befehlsbereich „Navigation" das Feld „Mit vorheriger [Kopfzeile] verknüpfen" deaktivieren, damit nicht die Gestaltung des vorherigen Abschnitts automatisch auf den aktuellen Abschnitt übertragen wird. Dasselbe gilt übrigens für Fußzeilen.

11.5.10   Symbole und Formeln einfügen

Wenn Sie ein Symbol (z. B. einen griechischen Buchstaben, ein Währungszeichen oder ein mathematisches Symbol) in Ihren Text einfügen möchten, gibt es dafür drei Optionen.

1. Sie klicken in der *Einfügen-Registerkarte* in der Befehlsgruppe „Symbole" auf „Symbol → Weitere Symbole...". In dem sich öffnenden „Symbol-Fenster" wählen Sie die gewünschte Schriftart und suchen dann im Zeichensatz dieser Schriftart nach dem passenden Symbol (idealerweise suchen Sie zunächst in der Schriftart, in der auch der umgebende Text steht; vgl. Abschnitt 4.3). Haben Sie es gefunden und ausgewählt, können Sie es durch einen Doppelklick oder durch Klicken auf „Einfügen" in Ihren Text übernehmen.

2. Die zweite Option bietet sich v. a. für häufiger benutzte Symbole an, die im Zeichensatz der Schrift schwer zu finden sind. So ist z. B. das Malzeichen × bei vielen Schriften mittels des als Option 1 beschriebenen Verfahrens relativ schwer aufzuspüren. Dann lohnt es, sich die Tastenkombination zu merken, mit der man dieses Zeichen erzeugen kann. Für das Malzeichen ist es die Tastenkombination $\boxed{\text{Alt}}$ + $\boxed{0}$ $\boxed{2}$ $\boxed{1}$ $\boxed{5}$. Sie *halten also die Alt-Taste gedrückt* und geben *auf dem Nummernblock* Ihrer Tastatur die Zahl „0215" ein. (Eine

Eingabe über die Ziffernzeile der Tastatur funktioniert häufig nicht, da diese unter *Word* noch mit anderen Funktionen belegt ist.) Im Symbol-Fenster finden Sie links unten den Hinweis, welche Tastenkombination einem Zeichen zugeordnet ist.

3. Nicht für alle Zeichen funktioniert Option 2. Wenn Sie im Symbol-Fenster auf ein Zeichen gehen, für das es keinen „Alt + xxxx"-Code gibt, finden Sie stattdessen links unten eine Angabe wie „Tastenkombination: 2212, Alt-C". Das bedeutet, dass Sie zur Erzeugung dieses Zeichens in Ihrem Text die vier Ziffern 2212 eintippen und danach gleichzeitig die Tasten [Alt] und [C] drücken müssen. (Sie brauchen die vier Ziffern nicht markieren, aber der Cursor muss direkt hinter der letzten Ziffer stehen.) Die vier Ziffern werden dann durch das entsprechende Symbol ersetzt. In unserem Beispiel erscheint das Minuszeichen (–).

Für häufig verwendete Zeichen ist es nützlich, sich eigene – kürzere – Tastenkombinationen zu definieren. Dafür müssen Sie im Symbol-Fenster auf den Button „Tastenkombination…" klicken. Dort können Sie dem ausgewählten Zeichen eine neue Tastenkombination zuweisen, z.B. für den Gedankenstrich [Alt] [G] oder für das Minuszeichen [Alt] [M]. Sie können auch drei Tasten miteinander kombinieren (z.B. [Strg] [⇧] [Y]), wobei die erste Taste immer die Alt- oder die Strg-Taste sein muss. Beachten Sie, dass einige Tastenkombinationen bereits mit bestimmten Funktionen belegt sind, die Sie vielleicht nicht überschreiben wollen – das wird Ihnen aber bei der Wahl Ihrer Tastenkombination angezeigt.

Wenn Sie nicht nur einzelne Zeichen, sondern ganze mathematische Formeln im Text darstellen wollen, steht Ihnen dazu in der *Einfügen-Registerkarte* in der Befehlsgruppe „Symbole" die Funktion „Formel" zur Verfügung. Klicken Sie darauf, öffnet sich im Text ein Feld, in das Sie Ihre Formel eingeben können. Zudem wird das Menüband der Registerkarte *Formeltools/Entwurf* angezeigt, das mathematische Zeichen zur Erstellung der Formel bereithält.

11.5.11 Geschützte Leerzeichen

Bei Abkürzungen mit Punkten, beispielsweise bei „z.B." oder „d.h.", sollte nach jedem Punkt ein Leerzeichen gesetzt werden.[56] (Dies gilt übrigens nicht für die englische Sprache, dort setzt man kein Leerzeichen innerhalb von Abkürzungen und schreibt z.B. „U.S.", „e.g.", „i.e.".) Auch bei Seitenangaben, wie „siehe S. 22"

---

56 Dies ist eine Empfehlung, die sich an der Duden-Schreibweise und an typografischen Regeln orientiert. Manche Menschen empfinden ein Leerzeichen in solchen Fällen jedoch als zu breit und daher unschön. Im professionellen Buchdruck – wie auch in diesem Buch – stehen innerhalb von Abkürzungen deshalb schmalere Leerzeichen. In *Word* ist dies nur mit einigem Aufwand möglich und mit Nachteilen verbunden, z.B. bei späteren Formatierungsänderungen. Wir raten Ihnen daher: Entscheiden Sie nach Ihrem eigenen Geschmack, ob Sie Abkürzungen mit oder ohne Leerzeichen schreiben. Wenn Sie sich für ein Leerzeichen entscheiden, verwenden Sie stets das geschützte Leerzeichen, aber vergeuden Sie keine Zeit darauf, „schmale geschützte Leerzeichen" in *Word* zu erzeugen.

steht ein Leerzeichen vor der Seitenzahl. Bei statistischen Angaben zu Varianz-analysen wie „F(2, 132)" ist ein Leerzeichen nach dem Komma – vor dem soge-nannten Nennerfreiheitsgrad – zu setzen (vgl. auch Abschnitt 5.2.4).

Jetzt wollen Sie aber nicht, dass – wenn diese Ausdrücke zufällig gerade an einem Zeilenende stehen – dort, wo das Leerzeichen steht, ein Zeilenumbruch erfolgt. Um unerwünschte Zeilenumbrüche zu vermeiden, gibt es das *geschützte Leerzeichen*, das zwar einen Abstand zwischen zwei Zeichen erzeugt, aber an dieser Stelle keinen Zeilenumbruch zulässt. Zudem hat das geschützte Leerzei-chen auch im Blocksatz immer dieselbe Breite, kann also nicht wie das normale Leerzeichen auseinandergezogen werden.

Das geschützte Leerzeichen erhalten Sie unter *Word*, indem Sie die Tastenkombi-nation `Strg` `⇧` `Leertaste` drücken. Wenn Sie sich in *Word* die „Formatie-rungssymbole" (mit `Strg` `⇧` `*`) anzeigen lassen, wird das geschützte Leerzei-chen durch „°" dargestellt.

11.5.12 Gedankenstrich (–)

Wenn Sie – wie in Abschnitt 11.4.8 empfohlen – ausgeschaltet haben, dass *Word* Bindestriche unter bestimmten Voraussetzungen automatisch in Gedankenstriche umwandelt, müssen Sie Gedankenstriche manuell erzeugen (zur unterschiedli-chen Verwendung von Binde- und Gedankenstrichen vgl. die Abschnitte 5.2.1 und 5.2.2). Dies machen Sie, indem Sie die Alt-Taste gedrückt halten und wäh-renddessen auf dem Nummernblock Ihrer Tastatur die vier Ziffern 0150 eingeben. (Dies entspricht dem als Option 2 in Abschnitt 11.5.10 beschriebenen Vorgehen.)

11.5.13 Minuszeichen (–)

Das „echte" Minuszeichen unterscheidet sich etwas von dem Gedankenstrich und deutlich von dem Bindestrich, was man sieht, wenn man diese drei Zeichen (in der Schriftart Times New Roman) direkt nebeneinander schreibt: −––. Das Minuszeichen liegt höher als die beiden anderen Striche. Sofern möglich, sollten Sie daher als Minuszeichen das echte Minuszeichen verwenden. Dazu müssen Sie in Ihrem Text die Ziffern 2212 eintippen und danach gleichzeitig die Tasten `Alt` `C` drücken (vgl. Abschnitt 11.5.10, Option 3). Zur Verwendung des Minus-zeichens vgl. Abschnitt 5.2.5.

11.5.14 Bedingte und geschützte Trennstriche

In den meisten Fällen ist es sinnvoll, die automatische Silbentrennung Ihres Text-verarbeitungsprogramms zu aktivieren (vgl. Abschnitt 11.6.1) und diese die Tren-nungen vornehmen zu lassen. Allerdings gibt es Wörter, die *Word* nicht kennt und daher nicht trennt. Ferner kann es zu sinnentstellenden Trennungen kom-men. Beispielsweise sollten Sie „Staatsexamen" nicht als „Staat|sex|amen" trennen lassen. Auch „Urin | stinkt", „aber | kennen" und „Aufrechter | haltung" sind sinnenstellende Trennungen.

Bedingte Trennstriche funktionieren so, dass Sie diese durch die Tastenkombination `Strg` `-` (Bindestrich) an den Stellen eines Wortes einfügen können, an denen Sie eine Trennung zulassen wollen. *Word* trennt – sofern eine Trennung überhaupt notwendig ist – dieses Wort dann nur an genau den Stellen, an denen Sie den bedingten Trennstrich eingefügt haben. Erfolgt dort keine Trennung, ist auch kein Trennstrich zu sehen. Wenn Sie sich die „Formatierungssymbole" in *Word* anzeigen lassen (drücken Sie dazu `Strg` `⇧` `*`), wird der bedingte Trennstrich durch „¬" dargestellt.

Wollen Sie dagegen verhindern, dass ein Ausdruck, der einen Bindestrich enthält (z.B. *t*-Test, *F*-Test), an der Stelle des Bindestrichs getrennt wird, können Sie einen *geschützten Trennstrich* verwenden. Nutzen Sie die Tastenkombination `Strg` `⇧` `-` (Bindestrich) anstatt des einfachen Bindestrichs und *Word* nimmt an dieser Stelle *keine* Trennung mehr vor. Geschützte Trennstriche sind auch bei Ausdrücken wie „Schriftarten und -größen" zu empfehlen. Sonst trennt *Word* unter Umständen zwischen dem Trennstrich und „größen" bzw. verwandelt den Trennstrich in einen langen Gedankenstrich. Lassen Sie sich nicht dadurch verwirren, dass der geschützte Trennstrich bei Anzeige der Formatierungssymbole als langer Gedankenstrich angezeigt wird.

11.5.15 Bedingte Nullbreite-Wechsel bei langen Internetadressen u. Ä.

Es gibt Fälle – z.B. lange Internetadressen oder mit Schrägstrichen verbundene Ausdrücke wie „Forschungs-/Zeitschriftenartikel" – in denen Sie wollen, dass ein Zeilenumbruch an einer passenden Stelle *ohne* Trennzeichen und ohne Leerzeichen erfolgt. Das erreichen Sie mit dem *bedingten Nullbreite-Wechsel*, also durch einen Zeilenwechsel, der nur dann erfolgt (daher *bedingt*), wenn dieser erforderlich ist, und der – anders als ein normales Leerzeichen – im Text nicht als horizontaler Leerraum erscheint (daher *Nullbreite*). In einer Internetadresse wie *http://www.pearson-studium.de/9783868942651.html* würden Sie den Nullbreite-Wechsel immer *nach Schrägstrichen* und *vor Punkten* setzen, falls erforderlich auch noch an weiteren sinnvollen Stellen. Erzeugen können Sie den Nullbreite-Wechsel, indem Sie in Ihren Text dort, wo ein solcher Wechsel erfolgen soll, die vier Zeichen 200B eintippen und anschließend gleichzeitig `Alt` `C` drücken (vgl. Abschnitt 11.5.10, Option 3). Dadurch wird dieser Zeichencode in einen Nullbreite-Wechsel umgewandelt, der als Formatierungssymbol übrigens durch zwei ineinander verschachtelte Rechtecke angezeigt wird.

11.5.16 Navigationsbereich nutzen

Eine Option, die Ihnen hilft, beim Schreiben die Übersicht zu behalten, ist der Navigationsbereich. Der Navigationsbereich ist ein Fenster, das Sie sich links oder rechts von Ihrem Dokument anzeigen lassen können (vgl. Abbildung 11.1 bzw. Abbildung 11.2 in Abschnitt 11.3). Aufrufen können Sie den Navigationsbereich, indem Sie in der *Ansicht-Registerkarte* in der Befehlsgruppe „Anzeigen" das Kästchen für den Navigationsbereich aktivieren. Der Navigationsbereich bietet verschiedene Anwendungsmöglichkeiten, besonders interessant finden wir aber die Option, sich die Überschriften der Arbeit anzeigen zu lassen. Dabei können Sie selbst bestimmen, bis zu welcher Ebene die Überschriften angezeigt werden, also ob Sie nur die Grobgliederung (erste Überschriftenebene) sehen möchten oder auch die Feingliederung bis hinunter zur letzten Überschriftenebene. Klicken Sie dazu mit der rechten Maustaste in der Überschriftenansicht auf eine der Überschriften und gehen in dem sich öffnenden Kontextmenü auf den Punkt „Überschriftenebenen anzeigen".

Diese Überschriftenansicht ist sehr nützlich, wenn Sie zwischen einzelnen Abschnitten Ihrer Arbeit hin und her wechseln möchten, oder auch, wenn Sie in einem Teil Ihrer Arbeit auf einen anderen Teil Bezug nehmen wollen. Außerdem können Sie ganze Kapitel oder Abschnitte per Maus an eine andere Stelle des Dokuments verschieben. Über das Kontextmenü, das sich bei einem Rechtsklick auf eine Überschrift im Navigationsbereich öffnet, können Sie zudem die Hierarchieebene der Überschrift verändern.[57] Diese Möglichkeiten stehen Ihnen auch in der *Gliederungsansicht* zur Verfügung, die Sie in der *Ansicht-Registerkarte* in der Befehlsgruppe „Dokumentansichten" (*Word 2010*) bzw. „Ansichten" (*Word 2013*) finden. Wir persönlich bevorzugen allerdings den Navigationsbereich für solche Aufgaben, da dieser uns bedienungsfreundlicher erscheint als die Gliederungsansicht.

11.5.17 Bearbeitungsfenster teilen

In der *Ansicht-Registerkarte* finden Sie in der Befehlsgruppe „Fenster" die Funktion „Teilen". Mit dieser können Sie Ihr Bearbeitungsfenster, in welchem Sie den Text schreiben, in zwei übereinanderliegende Bereiche auftrennen. Sie können dann in beiden Bereichen unabhängig voneinander durch den Text scrollen und schreiben. Nützlich ist dies beispielsweise, wenn Sie Abbildungen oder Tabellen beschreiben. Dann können Sie sich nämlich in einem Teil des Bearbeitungsfensters Ihre Tabelle bzw. Abbildung anzeigen lassen, während Sie im anderen Teil die Beschreibung vornehmen. Auch wenn Sie eine Einleitung oder Zusammenfassung schreiben, kann diese Funktion hilfreich sein: In einem Fenster verfassen Sie den neuen Text, im anderen Fenster bewegen Sie sich nach Belieben durch das Dokument und lesen nach, was Sie dort geschrieben haben. Das erspart Ihnen das mühselige Hin-und-her-Springen zwischen verschiedenen Textpassagen.

---

[57] Bei solchen Aktionen kann es passieren, dass Querverweise auf Überschriftennummern ihre korrekte Zuweisung verlieren. Prüfen Sie daher am Ende der Bearbeitung, ob alle Querverweise stimmig sind.

11.5.18 Formatierungszeichen anzeigen lassen

Wenn Sie das ¶-Zeichen in der *Start-Registerkarte* – in der Befehlsgruppe „Absatz" – anklicken, werden Ihnen zusätzlich zum Text alle Formatierungszeichen wie Absatzmarken, Leerzeichen, geschützte Leerzeichen oder bedingte Trennstriche durch Symbole angezeigt. (Alternativ können Sie diese Darstellung durch die Tastenkombination ⌷Strg⌷ ⌷⇧⌷ ⌷*⌷ aktivieren.) Das kann sehr nützlich sein, um sich zu vergewissern, dass Sie ein bestimmtes Formatierungszeichen korrekt gesetzt haben. Es gibt Schreiber, die diese Option ständig aktiviert haben, wohingegen andere sich durch die Formatierungszeichen abgelenkt fühlen. Probieren Sie aus, was für Sie am besten ist. Wichtig ist nur, dass Sie wissen, wie Sie diese Funktion im Bedarfsfall aktivieren.

11.5.19 Kommentarfunktion

Mit der Kommentarfunktion können Sie Randnotizen in Ihre Arbeit schreiben, ohne dass Sie den eigentlichen Text stören. Sie können also z.B. einen Absatz mit der Randnotiz versehen, dass Sie diesen Teil künftig noch überarbeiten oder weiter ausarbeiten möchten. Sie können sich auch im Theorieteil eine Randnotiz machen, dass Sie einen Gedanken in der Diskussion der Arbeit wieder aufgreifen möchten, oder Sie können einfach im Text markieren, wo Sie heute mit dem Schreiben aufgehört haben und am nächsten Tag weiterarbeiten möchten. Die Kommentarfunktion finden Sie in der *Überprüfen-Registerkarte* in der Befehlsgruppe „Kommentare" – zum Hinzufügen eines Kommentars markieren Sie eine Textstelle und klicken dann auf „Neuer Kommentar". Auch wenn eine andere Person Ihren Text liest und Anmerkungen für Sie hinterlassen möchte, ist die Kommentarfunktion das Mittel der Wahl (vgl. Abschnitt 11.6.4).

11.5.20 Änderung der Textsprache

Word versucht, automatisch zu erkennen, in welcher Sprache ein Text geschrieben ist. Manchmal misslingt dies aber – dann wird z.B. eine korrekte englischsprachige Textpassage rot unterringelt, da *Word* den Text für fehlerhaftes Deutsch hält. Daher kann es sinnvoll sein, einen solchen Textteil zu markieren und ihm manuell die korrekte Sprache zuzuweisen. Dazu gehen Sie in der *Überprüfen-Registerkarte* in der Befehlsgruppe „Sprache" auf „Sprache → Sprache für die Korrekturhilfen festlegen…". In dem sich öffnenden Dialogfenster wählen Sie die gewünschte Sprache aus.

11.5.21 Wörter und Zeichen zählen

Wenn Sie für Ihre Arbeit – oder Teile der Arbeit, z.B. den Abstract – ein Wort- bzw. Zeichenlimit haben, kann es hilfreich sein, die Wörter und Zeichen automatisch zählen zu lassen. Standardmäßig bekommen Sie in der Statusleiste, also der Leiste am unteren Fensterrand, links unten die Gesamtanzahl der Wörter in Ihrem Dokument angezeigt (vgl. in Abschnitt 11.3 die Anmerkungen zur Statusleiste). Falls Sie die Wörter (oder auch die Zeichen) für einen bestimmten Textabschnitt zählen lassen wollen, können Sie diesen markieren und auf der *Überprüfen-Registerkarte* im Befehlsbereich „Dokumentprüfung" die Funktion „Wörter zählen" aufrufen.

11.6 Funktionen am Ende des Schreibprozesses

Es gibt einige Dinge, mit denen Sie sich am besten erst *am Ende* Ihres Schreibprojekts beschäftigen, da Sie dieselben Arbeitsschritte sonst ggf. mehrmals durchführen müssen. Sollten Sie beispielsweise bereits viel Mühe in eine gefällige Silbentrennung gesteckt haben und dann gegen Ende der Arbeit feststellen, dass Sie Ihren Seitenrand um 0.5 cm vergrößern müssen oder Ihr Betreuer doch lieber eine andere Schriftgröße hätte, müssten Sie nämlich alle Silbentrennungen erneut kontrollieren.

11.6.1 Automatische Silbentrennung und manuelle Überprüfung

Die *automatische Silbentrennung* funktioniert in den meisten Fällen sehr gut und es spricht nichts dagegen, diese standardmäßig zu aktivieren. (Dies erfolgt auf der *Seitenlayout-Registerkarte* im Befehlsbereich „Seite einrichten" über den Befehl „Silbentrennung" – wählen Sie dort die Option „Automatisch".) Dennoch sollten Sie ihr nicht blind vertrauen, v. a. was die Trennung von Fremdwörtern bzw. von ungebräuchlichen Wörtern und Fachbegriffen angeht. Es ist daher empfehlenswert, das fertige Dokument am Ende nicht nur auf Rechtschreib-, Grammatik- und Interpunktionsfehler, sondern auch auf Fehler bzw. Unstimmigkeiten bei der Silbentrennung zu überprüfen. Sie sollten Ihr Dokument dabei von Anfang bis Ende durchgehen und schauen, ob Ihnen am Zeilenende irgendwelche unrichtigen oder unschönen Silbentrennungen auffallen. Hier sollten Sie eingreifen und mit einem *bedingten Trennstrich* (siehe Abschnitt 11.5.14) manuell trennen.

Bei der Kontrolle der Silbentrennung können Sie auch überprüfen, ob in einer der Zeilen unschöne Lücken entstanden sind, was manchmal passiert, wenn längere Wörter oder längere statistische Angaben nicht getrennt werden. Auch hier sollten Sie eingreifen, wobei es sich bisweilen sogar anbietet, einen Satz leicht umzuformulieren. Von einigen Menschen wird es zudem als unschön empfunden, wenn in einem Absatz sehr viele Zeilen, die mit einem Trennstrich enden, aufeinanderfolgen. Um dies zu vermeiden, gehen Sie bei der Funktion „Silbentrennung" auf die „Silbentrennungsoptionen…". Im Feld „Aufeinanderfolgende Trennstriche" geben Sie die Zahl 3 ein, womit Sie die maximale Anzahl von aufeinanderfolgenden Zeilen mit Trennstrich auf drei begrenzt haben.

11.6.2 Suchen und Ersetzen

Die Funktion *Suchen und Ersetzen* (auf der *Start-Registerkarte* in der Befehlsgruppe „Bearbeiten") kennen Sie sicherlich, um einzelne Wörter im Text ausfin-

dig zu machen und diese durch andere zu ersetzen. Aus der Abkürzung „u.a."
wird auf diese Weise im Handumdrehen „unter anderem" oder auch „u. a." mit
einem geschützten Leerzeichen.

Davon abgesehen bietet diese Funktion weitere nützliche Möglichkeiten. So passiert es gelegentlich, dass man versehentlich statt eines zwei aufeinanderfolgende
Leerzeichen eingibt. Um überflüssige Leerzeichen zu löschen, geben Sie in das
„Suchen nach"-Feld zwei Leerzeichen und in das „Ersetzen durch"-Feld nur
eines ein. Doppelte Leerzeichen werden dann durch ein einzelnes Leerzeichen
ersetzt.

Ein anderes Beispiel sind die Dezimaltrennzeichen: Im Deutschen verwendet
man üblicherweise ein Komma, in der Psychologie und den Sozialwissenschaften
allerdings gemäß den APA- und DGPs-Richtlinien einen Dezimalpunkt (also 0.25
anstelle von 0,25; vgl. Abschnitt 5.3.2). Nehmen wir an, Sie haben an einigen
Stellen versehentlich ein Komma verwendet. Jetzt können Sie natürlich nicht
jedes Komma in Ihrem Text durch einen Punkt ersetzen. Aber Sie können nach
einem Komma gefolgt von einer beliebigen Ziffer suchen. Dazu müssen Sie im
„Suchen und Ersetzen"-Dialogfenster in der Registerkarte *Ersetzen* auf den Erwei-
tern-Button klicken. Unter den neu eingeblendeten Optionen aktivieren Sie
„Platzhalter verwenden". Nun schreiben Sie in das Suchfeld: ,([0-9]). Dabei gibt
[0-9] den Zeichenbereich des ersten Zeichens an, das auf das Komma folgen
muss, in unserem Fall die Ziffern von 0 bis 9. Die runden Klammern sind erforderlich, damit *Word* versteht, dass es sich um den ersten Platzhalter handelt. In
das Ersetzen-Feld schreiben Sie: .\1. Die Angabe \1 (also „Backslash Eins")
bedeutet dabei, dass der Inhalt des ersten Platzhalters übernommen wird. Ihnen
werden also alle Kommazahlen angezeigt, ersetzt wird bei diesen Zahlen aber
lediglich das Komma durch einen Punkt, die Ziffern werden nicht verändert.

Allerdings raten wir Ihnen in allen Fällen, in denen Sie die Suchen-Ersetzen-
Funktion verwenden, nicht einfach auf „Alle ersetzen" zu klicken, sondern sich
jede Fundstelle einzeln anzeigen zu lassen (durch Klicken auf „Weitersuchen")
und erst dann zu ersetzen. Sonst kann es leicht passieren, dass Sie versehentlich
etwas ersetzen, was so nicht beabsichtigt war. Ein solcher Fall wäre, wenn Sie bei
einer Literaturangabe, z.B. bei „Schmidt,1998", das Leerzeichen vergessen haben.
Diese Stelle würde im obigen Beispiel, also beim Ersetzen von Dezimalkommata
durch Dezimalpunkte, zu „Schmidt.1998" umgewandelt – das macht die Sache
nicht besser.

11.6.3 Rechtschreibprüfung

Die meisten Textverarbeitungsprogramme verfügen über eine eingebaute Recht-
schreib- und ggf. auch Grammatikprüfung – in *Word* findet man diese auf der
Überprüfen-Registerkarte in der Befehlsgruppe „Dokumentprüfung". Man muss
sich bewusst sein, dass diese Prüfungen keinen menschlichen Korrektor ersetzen
können, aber zumindest einen Teil Ihrer Fehler werden Sie vermutlich mit der
eingebauten Rechtschreibprüfung aufspüren können (vgl. Abschnitt 3.5.1).

11.6.4   Dokumente zu zweit überarbeiten (Änderungen nachverfolgen)

Wenn Sie zu zweit an einem Text arbeiten, weil Sie z. B. eine gemeinsame Abschlussarbeit schreiben, oder auch, wenn Sie Ihren Text von einer anderen Person Korrektur lesen lassen, ist die Funktion „Änderungen nachverfolgen" sehr sinnvoll. Aktivieren können Sie diese Funktion auf der *Überprüfen-Registerkarte* in der Befehlsgruppe „Nachverfolgung". Ist „Änderungen nachverfolgen" aktiviert, wird jede Änderung im Text farblich hervorgehoben. Sie erkennen somit leicht, an welchen Stellen die andere Person Änderungen vorgenommen hat. Auch gelöschte Stellen bleiben – als durchgestrichener Text – lesbar und Hinzufügungen sind sofort als solche zu erkennen. Sie können sich dann – über die Buttons in der Befehlsgruppe „Änderungen" auf der *Überprüfen-Registerkarte* – von Änderung zu Änderung weiterklicken und jeweils entscheiden, ob Sie diese Änderung übernehmen oder ablehnen möchten. Für das Korrekturlesen und die Arbeit zu zweit ist übrigens auch die weiter oben besprochene Kommentarfunktion (Abschnitt 11.5.19) sehr nützlich, um miteinander zu kommunizieren. Dabei stellt *Word* die Kommentare verschiedener Personen automatisch in unterschiedlichen Farben dar.

11.6.5   Aktualisieren der Verzeichnisse, Beschriftungen und Querverweise

Word aktualisiert die sogenannten Felder (also die automatischen Verzeichnisse und Beschriftungen sowie die dynamischen Querverweise) nicht immer von selbst. Das heißt, wenn sich Abbildungen, Überschriften, Verweise auf Seiten etc. verschoben oder verändert haben, kann es sein, dass diese Änderungen in den automatischen Beschriftungen bzw. Verweisen noch nicht übernommen wurden. Um diese Aktualisierung vorzunehmen, markieren Sie das ganze Dokument mittels [Strg] [A], drücken dann [F9] und wählen die Option „Gesamtes Verzeichnis aktualisieren" aus. Nun sind alle Angaben aktuell.

11.6.6   Dokument als PDF ausgeben lassen

Viele Prüfungsordnungen schreiben inzwischen vor, dass Sie Ihre Arbeit nicht nur ausgedruckt und gebunden, sondern auch in digitaler, unveränderbarer Form abgeben müssen (vgl. Abschnitt 4.6). Mit Letzterem ist in aller Regel gemeint, dass Sie eine PDF-Version Ihrer Arbeit auf einer CD-ROM beilegen. Auch wenn Sie Ihre Arbeit nicht am heimischen Rechner ausdrucken, sondern z. B. in einem Copyshop oder bei einer Online-Druckerei, müssen bzw. sollten Sie Ihr Dokument zuvor in ein PDF umwandeln. Bei sogenannten „offenen Dateien" wie Word- oder Writer-Dateien kann es nämlich leicht zu Überraschungen kommen, wenn das Layout Ihres Dokuments nach dem Druck ganz anders aussieht als an Ihrem eigenen Rechner. Technische Details zur Erstellung von PDFs finden Sie in Abschnitt 4.6.1 ab Seite 168.

11.7 Praktische Tipps zum effizienten Arbeiten

Mit den folgenden Tipps wollen wir Sie zusammenfassend an die wichtigsten Prinzipien erinnern, die Sie während der Schreibphase am Computer beachten sollten:

1. Investieren Sie ausreichend Zeit, sich im Vorfeld mit Ihrem Textverarbeitungsprogramm und insbesondere mit einer passenden Dokumentvorlage vertraut zu machen.

2. Beschäftigen Sie sich *vor Beginn des Schreibens* mit der Festlegung des Seitenlayouts (Satzspiegel, Schriftarten und -größen etc.) und beachten Sie dabei ggf. spezielle Gestaltungswünsche Ihres Betreuers sowie Vorschriften Ihrer Hochschule.

3. Verwenden Sie für Formatierungen konsistent Formatvorlagen.

4. Verwenden Sie ein automatisches Inhaltsverzeichnis.

5. Verwenden Sie automatische Tabellen- und Abbildungsbeschriftungen.

6. Verwenden Sie für Verweise dynamische Querverweise.

7. Fügen Sie keine manuellen Leerzeilen durch Betätigen der Eingabetaste ein.

8. Trennen Sie keine Wörter durch Verwendung des normalen Bindestrichs. Fügen Sie stattdessen bedingte Trennstriche ein.

9. Verwenden Sie konsistent geschützte Leerzeichen und geschützte Trennstriche an den entsprechenden Stellen.

10. Bilddateien verknüpfen Sie mit Ihrem Dokument, statt sie einzufügen.

11. Am Ende Ihrer Schreibarbeit durchsuchen Sie mittels der Suchen-und-Ersetzen-Funktion Ihr Dokument auf doppelte Leerzeichen und ähnliche Tippfehler.

12. Kümmern Sie sich erst ganz am Ende um die finale Überprüfung der Silbentrennung.

13. Wenn Sie Ihre Datei auf mehreren Rechnern bearbeiten (müssen), achten Sie nach Möglichkeit darauf, nur auf Rechnern mit der gleichen Version Ihres Textverarbeitungsprogramms zu arbeiten. Außerdem müssen Sie sicherstellen, dass alle verwendeten Schriften auf allen Rechnern installiert sind – Sie können auch in den Word-Optionen angeben, dass Schriften eingebettet werden sollen, das funktioniert allerdings nur für TrueType-Schriften. Verknüpfte Bilder sollten Sie mitkopieren (vgl. Abschnitt 11.5.8). Generell sollten Anpassungen der Word-Optionen (z.B. Deaktivierungen der automatischen Formatierungen) auf allen verwendeten Rechnern identisch eingestellt werden.

14. Wenn Sie mit Formatierungen experimentieren und Verschiedenes ausprobieren wollen, tun Sie dies *mit einer Kopie* Ihres Dokuments. Erst wenn es dort problemlos funktioniert, übernehmen Sie diese Veränderungen auch in Ihr Originaldokument.

15. Speichern Sie Ihre Textdatei regelmäßig (am besten mehrmals täglich) manuell.

16. Sichern Sie täglich die Dateien Ihrer Arbeit auf einem weiteren Datenträger (vgl. Abschnitt 10.1.1).

11.8 Literaturempfehlungen

Im folgenden finden Sie Hinweise auf weiterführende Quellen zu *Microsoft Word für Windows* (Abschnitt 11.8.1) und zu OpenOffice-Textverarbeitungsprogrammen (Abschnitt 11.8.2). Auch für Menschen, die ihre Arbeit mit *LaTeX* verfassen wollen, haben wir einen Literaturtipp (Abschnitt 11.8.3).

11.8.1 Zu *Microsoft Word*

Wenn Sie mit *Microsoft Word* arbeiten, sollten Sie sich unsere Schritt-für-Schritt-Anleitung zu den in diesem Kapitel vorgestellten Funktionen von der Pearson-Homepage herunterladen. Dort finden Sie auch eine passende Dokumentvorlage, die Sie höchstwahrscheinlich nur noch minimal an Ihre Erfordernisse anpassen müssen.

Zu *Microsoft Word* gibt es ferner eine Vielzahl von Büchern, die das Programm und dessen Anwendung beschreiben. In allgemeinen Word-Büchern finden Sie oft Inhalte, die für Sie vermutlich wenig interessant sind (z.B. Serienbriefe erstellen, Etiketten drucken, Geschäftsberichte schreiben). Suchen Sie daher gezielt nach Word-Büchern, die sich mit dem Verfassen wissenschaftlicher Arbeiten beschäftigen. Die im Folgenden aufgeführten Buchtipps erheben keinen Anspruch auf Vollständigkeit. Wir beschränken uns zudem auf Bücher für die Word-Versionen 2010 und 2013.

Franz, S. (2012). *Wissenschaftliche Arbeiten mit Word 2010.* **Bonn: Vierfarben.** bzw. **Franz, S. (2014).** *Wissenschaftliche Arbeiten mit Word 2013.* **Bonn: Vierfarben.** Diese beiden Bücher sind gut verständlich geschrieben und behandeln den Großteil aller Aufgaben, denen man beim Verfassen einer Arbeit mit *Word* begegnet. An einigen Stellen geht das Buch über die reine Anwendung von *Word* hinaus und gibt auch noch Ratschläge zum wissenschaftlichen Arbeiten. Die auf der CD-ROM beiliegenden Dokumentvorlagen sind für Arbeiten aus der Psychologie und den empirischen Sozialwissenschaften allerdings kaum brauchbar.

Hahner, M., Scheide, W. & Wilke-Thissen, E. (2011). *Wissenschaftliche[s] Arbeiten mit Word 2010.* **Unterschleissheim: Microsoft Press.** Dieses Buch ist hinsichtlich des Umgangs mit *Word* umfassender und behandelt einige Aspekte auch tiefergehend als Franz (2012, 2014). Allerdings ist es unseres Erachtens weniger anschaulich geschrieben. Wer sich bisher mit *Word* nur wenig auskennt, könnte sich von der Fülle an Informationen anfangs überfordert fühlen. Wenn Sie aber für ein Problem keine Lösung in Franz (2012, 2014) gefunden haben, kann es sich lohnen, bei Hahner et al. (2011) nachzuschlagen. Die beiliegende CD-ROM ist gut gemacht und enthält neben ansatzweise brauchbaren Dokumentvorlagen z.B. auch ein paar Videos zum Umgang mit *Word*.

Nicol, N. & Albrecht, R. (2011). *Wissenschaftliche Arbeiten schreiben mit Word 2010* **(7. Aufl.). München: Addison-Wesley.** Dies ist ein ebenfalls empfehlenswertes Buch, das kaum Vorkenntnisse verlangt, aber trotzdem in gut verständlicher Form in die Tiefen von *Word* vordringt. Es finden sich viele hilfreiche Erläuterungen und Tipps auch für fortgeschrittene Word-Anwender. Die auf CD-ROM mitgelieferten Dokumentvorlagen sind recht gut gemacht. Allerdings ist das Buch momentan nur als E-Book im Buchhandel verfügbar.

RRZN-Handbücher. Vom Rechenzentrum der Universität Hannover werden – in Kooperation mit über 180 deutschsprachigen Hochschulen – die sogenannten RRZN-Handbücher herausgegeben.[58] Diese gibt es zu vielen IT-Themen, die für das Studium relevant sind, u.a. zu Statistiksoftware und Office-Programmen (vgl. *www.rrzn.uni-hannover.de/buecher.html*). Für *Word* gibt es für die Versionen 2010 und 2013 jeweils drei Bände: *Grundlagen*, *Fortgeschrittene Techniken* und *Wissenschaftliche Arbeiten und große Dokumente*, die je nach Ihrem Kenntnisstand für Sie interessant sein können. Die Handbücher werden von Personen geschrieben, die an Hochschulen arbeiten. Aufgrund des günstigen Drucks als Paperback im DIN-A4-Format und des Vertriebs über die Rechenzentren bzw. Bibliotheken der Hochschulen kosten die meisten Handbücher nur 4 bis 7 Euro, die in aller Regel gut investiert sind.

Internetseiten. Selbstverständlich gibt es zu *Word* einige hilfreiche Internetseiten. Beispielsweise die „Diplom-Reader"-Seite *www.holgermatthes.de/diplom-reader/index.php*, die nicht nur für Diplomarbeits-Schreiber nützliche Erklärungen liefert. Unter *www.lessino.de/media/word2010-wissenschaftliches-arbeiten* findet sich ein kostenloses Online-Tutorial zum Schreiben wissenschaftlicher Arbeiten mit *Word 2010*.

11.8.2 Zu *Apache OpenOffice* und *LibreOffice*

Zu *Apache OpenOffice* und *LibreOffice* gibt es weitaus weniger Bücher als zu *Word*. Zwei prinzipiell gute Bücher, die sich mit dem Erstellen wissenschaftlicher Arbeiten mit *OpenOffice* beschäftigen (N. Nicol & Albrecht, 2006; Surendorf, 2006), wurden seit 2006 nicht mehr aktualisiert und sind daher als veraltet anzusehen. Nicht ganz so alt, aber im Buchhandel ebenfalls bereits vergriffen, ist Rahemipour (2009). Aktuellere Bücher zu *OpenOffice* bzw. *LibreOffice* behandeln unseres Wissens nicht die Funktionen, die Sie für Ihre wissenschaftliche Arbeit benötigen. Tatsächlich haben wir keine neueren Bücher entdeckt, die eine große Hilfe bei der Erstellung Ihrer Arbeit wären. Daher empfehlen wir Ihnen, auf Online-Quellen zurückzugreifen. Für *Apache OpenOffice* finden Sie ausführliche Handbuchkapitel unter *www.openoffice.org/de/doc/index.html*. Hilfreich ist auch

---

58 Das Kürzel RRZN geht auf die frühere Bezeichnung dieses Rechenzentrums als „Regionales Rechenzentrum für Niedersachsen" zurück. Inzwischen wurde es in „Leibniz Universität IT Services" umbenannt. Die Buchreihe wird aber weiterhin als *RRZN-Handbücher* bezeichnet.

diese Seite, die sich speziell an Studierende wendet: *openoffice-uni.org*. Nach Dokumentvorlagen können Sie hier suchen: *templates.openoffice.org/de*. Für *Libre-Office* existiert eine empfehlenswerte Dokumentation auf der Seite *de.libreoffice .org* – wählen Sie dort im Menü „Hilfe" den Punkt „Dokumentation" aus. Dokumentvorlagen für Ihre Arbeit finden Sie auf der Seite *templates.libreoffice.org/ template-center* in der Kategorie „Academia-Templates".

11.8.3 Zu *LaTeX*

Wie erwähnt, raten wir Ihnen nur dann zu *LaTeX*, wenn Sie bereits damit vertraut sind (vgl. Fußnote 53 auf S. 372). Zum Einstieg in *LaTeX* existieren inzwischen einige gute Bücher. Speziell für das Erstellen wissenschaftlicher Arbeiten eignet sich das Buch *Wissenschaftliche Arbeiten schreiben mit LaTeX* von Schlosser (2014), das keine LaTeX-Vorkenntnisse erfordert. Ein gutes weiterführendes Nachschlagewerk ist *Der Latex-Begleiter* von Mittelbach und Goossens (2010).

Checklisten: Was Sie vor der Abgabe der Arbeit überprüfen sollten

12

ÜBERBLICK

Wir empfehlen Ihnen, die folgenden Checklisten vor der Abgabe Ihrer Arbeit durchzugehen, um häufig auftretende Fehler zu vermeiden. Wenn zu einem Punkt kein Querverweis angegeben ist, lassen sich Details dazu leicht über das Inhaltsverzeichnis bzw. das Register finden.

12.1 Generelle Textformatierung

☐ Haben Sie Ihren Betreuer gefragt, ob er bestimmte Anforderungen an die Gestaltung der Arbeit hat?

Sofern Sie keine spezifischen Gestaltungsvorgaben von Ihrem Betreuer erhalten haben, sollten Sie die Vorschläge aus Kapitel 4 übernehmen. Überprüfen Sie dazu die folgenden Punkte:

☐ Sind die Seitenränder ausreichend groß (z.B. am rechten Rand 3.0 cm und an den anderen Rändern 2.5 cm; ggf. Rand für die Bindung beachten; vgl. Abschnitt 4.2)?

☐ Ist der Zeilenabstand adäquat (z.B. 1.5-zeiliger Abstand)?

☐ Haben Sie passende Schriftarten verwendet (z.B. Times New Roman und Arial; vgl. Abschnitt 4.3)?

☐ Sind alle Seiten (außer der Titelseite) nummeriert?

☐ Haben Sie Blocksatz verwendet?

☐ Haben Sie Silbentrennung verwendet, um auseinandergezerrte Zeilen zu vermeiden? (Wenn Sie die *automatische Silbentrennung* aktiviert haben, sollten Sie abschließend überprüfen, ob auch alle Trennungen korrekt sind.)

☐ Sind alle Formatierungen einheitlich?

12.2 Gliederung, Überschriften und Inhaltsverzeichnis

☐ Ist die Gliederung logisch und inhaltlich gut nachvollziehbar (vgl. Abschnitt 1.6)?

☐ Werden für die Hauptkapitel der Arbeit die üblichen Bezeichnungen, für Unterabschnitte aber möglichst informative Unterüberschriften verwendet (vgl. Abschnitt 1.6.1)?

☐ Spiegeln die Überschriften die Organisation der Arbeit gut wider? (Wenn jemand, der Ihre Arbeit noch nicht gelesen hat, sich nur das Inhaltsverzeichnis anschaut, würde er den Aufbau der Arbeit leicht nachvollziehen können?)

☐ Existieren auf jeder Gliederungsebene mindestens zwei korrespondierende Überschriften (also z.B. keine Überschrift 2.2.1 ohne Überschrift 2.2.2)?

☐ Sind der Abstract, das Literaturverzeichnis und der Anhang mit *nicht nummerierten* Überschriften versehen?

☐ Sind die Überschriften so formatiert, dass die jeweilige Gliederungsebene eindeutig und leicht zu erkennen ist (vgl. S. 165 f.)?

☐ Sind alle Überschriften derselben Ebene einheitlich formatiert?

☐ Verwenden Sie für die Überschriften ausschließlich eine Dezimalgliederung mit arabischen Ziffern (z.B. 3.2.4 und nicht III.2.d o.Ä.)?

☐ Haben Sie beachtet, dass nach der letzten Zahl der Nummerierung von Überschriften *kein* Punkt steht?

12.3 Absätze

☐ Sind die Absätze klar und einheitlich voneinander getrennt (z.B. durch *halbe Zeilen* oder durch Einschübe; vgl. Abschnitt 4.4)?

☐ Bestehen alle Absätze aus *mindestens zwei* Sätzen?

☐ Ist kein Absatz länger als eine ¾ Seite?

☐ Haben Sie die Absatzkontrolle aktiviert (vgl. Abschnitt 11.4.7)?

12.4 Abkürzungen

☐ Verwenden Sie nur Abkürzungen, die tatsächlich notwendig und sinnvoll sind?

☐ Werden alle verwendeten Abkürzungen erklärt bzw. eingeführt, es sei denn, es handelt sich um geläufige Abkürzungen (vgl. Abschnitt 5.4)?

☐ Sind Abkürzungen in Tabellen und Abbildungen in den Tabellenanmerkungen (oder dem Tabellentitel) bzw. in der Abbildungsunterschrift (oder der Legende) erklärt?

12.5 Titelseite

☐ Haben Sie einen ansprechenden und aussagekräftigen Titel formuliert, der etwa 10 bis 15 Wörter lang ist?

☐ Enthält die Titelseite Ihren Namen? Gegebenenfalls ist zusätzlich die Angabe Ihrer Matrikelnummer sowie Ihrer Kontaktdaten (Adresse, E-Mail, Telefonnummer) erforderlich bzw. sinnvoll.

☐ Haben Sie die Hochschule, die Fakultät/den Fachbereich bzw. das Institut, an dem Sie die Arbeit angefertigt haben, angegeben?

☐ Haben Sie ein Datum angegeben? (Oft genügt eine Angabe wie „März 2016".)

12.6 Kurzzusammenfassung (Abstract)

☐ Hat der Abstract die richtige Länge? In der Regel sind 100 bis 150 Wörter – bei längeren (Master-)Arbeiten auch bis zu 250 Wörter – angemessen.

☐ Ist der Abstract in *einem* Absatz geschrieben?

☐ Prüfen Sie, ob der Abstract die folgenden Aspekte klar darstellt: (a) Fragestellung, (b) Methode/Vorgehen der Studie, (c) wesentliche Ergebnisse, (d) wesentliche Interpretation und Implikation der Ergebnisse.

☐ Wird der Stichprobenumfang genannt?

☐ Sind die Ergebnisse verbal berichtet, also ohne die Angabe statistischer Kennwerte? (Lediglich die Effektstärke des wichtigsten Ergebnisses sollte, sofern relevant, angegeben werden.)

☐ Haben Sie keine Abkürzungen verwendet, die nicht im Abstract erläutert werden?

☐ Kommt im Abstract nichts vor, was nicht auch in der eigentlichen Arbeit dargestellt wird?

☐ Haben Sie beachtet, dass Literaturverweise nur in Ausnahmefällen im Abstract erscheinen?

☐ Haben Sie erfragt, ob es auch einen englischen Abstract geben soll?

12.7 Theorieteil

☐ Haben Sie den bisherigen Stand der Forschung zu Ihrer Fragestellung dargestellt?

☐ Berichten Sie andere Studien so kurz wie möglich? Stellen Sie methodische Details dieser Studien nur dar, wenn dies für Ihre Arbeit relevant ist? Haben Sie darauf geachtet, keine statistischen Kennwerte – außer Effektstärken – aus den fremden Arbeiten anzugeben?

☐ Beachten Sie: Definitionen sind nur dann erforderlich, wenn ansonsten die Gefahr besteht, dass Ihre Fachleserschaft unter einem Begriff etwas anderes versteht als Sie. Definieren Sie daher *nicht* jeden Kernbegriff Ihrer Arbeit, es sei denn, Ihr Betreuer wünscht dies.

☐ Kommen wörtliche Zitate sehr sparsam vor und nur dann, wenn es auf den genauen Wortlaut ankommt?

☐ Werden Ihre Hypothesen bzw. Fragestellungen logisch folgerichtig aus Ihren Darstellungen abgeleitet?

12.8 Methodenteil

☐ Haben Sie die folgenden Aspekte ausreichend gründlich behandelt: (a) Versuchsplanung (Studiendesign; abhängige und unabhängige Variablen), (b) Stichprobe (Zusammensetzung, Anwerbung, ggf. Art der Zuweisung der Probanden), (c) Untersuchungsmaterial (z.B. Fragebögen, Stimulusmaterial) und (d) Versuchsdurchführung?

☐ Enthält der Methodenteil alle notwendigen Informationen, um Ihre Studie zu replizieren?

☐ Sind Ihre Beschreibungen umfassend und exakt, aber frei von Nebensächlichkeiten und Irrelevantem?

☐ Haben Sie die Darstellung von Untersuchungsmaterial und Durchführung getrennt?

☐ Erfolgt die Beschreibung der Durchführung in der Vergangenheitsform?

12.9 Ergebnisteil

Allgemeines

☐ Haben Sie eine passende Gliederung für Ihre Ergebnisdarstellung gefunden (vgl. Abschnitt 1.9)? (Vermeiden Sie z.B. eine Untergliederung nach den verwendeten statistischen Verfahren.)

☐ Ist sichergestellt, dass der Leser stets weiß, welcher Hypothese ein Ergebnis zuzuordnen ist?

☐ Haben Sie angegeben, ob das Ergebnis eine Hypothese bestätigt oder nicht bestätigt? Bleiben Sie dabei aber auf der Ebene *statistischer bzw. operationalisierter Hypothesen* (z.B. „Der IQ-Wert im HAWIK-IV ist bei Grundschülern mit Migrationshintergrund niedriger als bei Grundschülern ohne Migrationshintergrund") und begeben Sie sich (noch) nicht auf die Ebene theoretischer Konstrukte (z.B. „Grundschüler mit Migrationshintergrund sind weniger intelligent als Grundschüler ohne Migrationshintergrund"). Solche Schlüsse auf latente Variablen ziehen Sie, sofern diese berechtigt sind, erst im Diskussionsteil.

☐ Wird im Ergebnisteil alles berichtet, was Sie im Diskussionsteil erörtern möchten?

Statistische Ergebnisdarstellung

☐ Sind die Ergebnisse von Tests korrekt dargestellt (vgl. Kap. 6 und 7)?

☐ Berichten Sie immer sowohl deskriptive als auch inferenzstatistische Ergebnisse?

☐ Vermeiden Sie unnötige Redundanz in der Ergebnisdarstellung?

☐ Haben Sie sich jeweils für eine passende Darstellungsform der Ergebnisse (Textform, Tabelle, Diagramm) entschieden?

☐ Sind statistische Symbole (F, t, r, p, N, n, M, Mdn, SD, SE etc.) kursiv gesetzt?

☐ Sind griechische Buchstaben (α, χ, η, μ etc.) *nicht* kursiv gesetzt?

☐ Verwenden Sie stets Dezimalpunkte statt Dezimalkommata?

☐ Sind bei Zahlen, die nicht größer als eins werden können, die führenden Nullen vor dem Dezimalpunkt weggelassen (z.B. $r = .31$, $p < .001$)?

12.10 Diskussionsteil

☐ Wird die Diskussion mit einer kurzen Wiederholung der Kernbefunde eröffnet?

☐ Ist die Diskussion frei von statistischen Angaben? (Ausnahme: Effektstärken und ähnliche Angaben sind erlaubt, wenn es wichtig ist, den Leser an die Stärke eines Effekts zu erinnern.)

☐ Wurde beachtet, dass in der Diskussion keine neuen Befunde berichtet werden dürfen, die nicht zuvor im Ergebnisteil vorgekommen sind?

☐ Wird in der Diskussion auf die Ausführungen des Theorieteils Bezug genommen?

☐ Ziehen Sie adäquate Schlussfolgerungen und generalisieren Sie Ihre Ergebnisse? (Wichtig: Eine Generalisierung über Ihre konkrete Erhebung und Ihre Stichprobe hinaus ist erforderlich, Sie sollten aber keine ungerechtfertigten, zu weit gehenden Schlussfolgerungen treffen.)

☐ Haben Sie Ihre Befunde in die bestehende Forschung eingeordnet?

☐ Werden Limitationen und Schwachstellen der eigenen Studie benannt und selbstkritisch diskutiert?

☐ Geben Sie einen Ausblick auf künftige Forschung: Welche Aspekte sollten vorrangig untersucht werden und wie könnten mögliche Studien dazu aussehen?

☐ Wird auf die Relevanz und mögliche Anwendungsfelder Ihrer Erkenntnisse eingegangen?

☐ Endet die Diskussion mit einem aussagekräftigen Schlussfazit?

12.11 Tabellen und Abbildungen

Allgemeines

☐ Sind alle Tabellen und alle Abbildungen – separat voneinander – fortlaufend nummeriert?

☐ Wird auf alle Tabellen und Abbildungen im Text verwiesen (vgl. Abschnitt 6.8)?

☐ Sind alle Verweise korrekt? (Das heißt, ist z.B. mit „vgl. Abbildung 2.2" auch tatsächlich Abbildung 2.2 gemeint und nicht versehentlich Abbildung 2.1 oder 2.3?)

☐ Werden verwendete Abkürzungen innerhalb der Abbildung bzw. Tabelle erklärt? (Abbildungen und Tabellen sollen verständlich sein, ohne dass man im Fließtext der Arbeit nachlesen und dort z.B. nach Erklärungen von Abkürzungen suchen muss.)

☐ Sind die Tabellen untereinander und die Abbildungen untereinander optisch einheitlich gestaltet? (Wenn Sie beispielsweise in Abbildung 1 für die Legende die Schrift „Arial, 10 pt" verwenden, sollten Sie in Abbildung 2 für die Legende dieselbe Schriftart und -größe nutzen!)

Tabellen

☐ Haben alle Tabellen einen aussagekräftigen Tabellentitel (vgl. Abschnitt 6.7)?

☐ Haben alle Tabellenspalten einen Spaltentitel?

☐ Sind die Spaltentitel korrekt ausgerichtet (horizontal zentriert, bei mehrzeiligen Tabellenkopfzellen nach unten ausgerichtet; vgl. Abschnitt 6.5.1)?

☐ Ist die Tabelle frei von *vertikalen* Linien?

☐ Sind die Zahlen in den Tabellenspalten so angeordnet, dass die Dezimalpunkte übereinander stehen?

☐ Steht Text in den Zellen des Tabellenkörpers linksbündig? (Ausnahme: Zwischentitel werden zentriert gesetzt; vgl. Abschnitt 6.5.1.)

Abbildungen

☐ Haben alle Abbildungen eine aussagekräftige Abbildungsunterschrift (vgl. Abschnitt 6.7)?

☐ Ist die Abbildung verständlich und klar gestaltet? Wird auf inhaltlich unnötige „optische Verschönerungen" (z.B. dreidimensionale Säulen) verzichtet (vgl. Abschnitt 6.6)?

12.12 Quellenangaben (Kurzverweise) im Text

☐ Haben Sie alle Aussagen, die nicht auf Ihren eigenen Ergebnissen bzw. eigenen Überlegungen beruhen (und als solche zu erkennen sind) durch Quellenangaben im Text (Kurzverweise) belegt (vgl. Abschnitt 8.1)?

☐ Verwenden Sie das übliche Format für Kurzverweise – z.B. „Peters und Dörfler (2014)" bzw. „(Peters & Dörfler, 2014)" (vgl. Abschnitt 8.4.1)?

☐ Beachten Sie, dass folgende Angaben im Text generell *nicht* berichtet werden: Vornamen[59] sowie Herkunfts- oder Wirkungsorte von Autoren, Titel von Arbeiten und Titel von Zeitschriften oder Büchern, in denen diese Arbeiten erschienen sind.

☐ Erscheinen alle Quellen, die im Text genannt werden, auch im Literaturverzeichnis – und umgekehrt?

☐ Sind wörtliche Zitate als solche gekennzeichnet (durch Anführungszeichen bzw. als Blockzitate) und ist – neben der üblichen Referenzangabe im Text – auch die Seitenzahl des Quelltextes genannt?

☐ Verwenden Sie bei Referenzenangaben im Text innerhalb von Klammern das &-Zeichen und außerhalb von Klammern „und"?

☐ Wenn mehrere Referenzangaben in einer Klammer aufeinanderfolgen: Sind diese alphabetisch geordnet (nach der gleichen Ordnung wie im Literaturverzeichnis)?

---

59 Für eine Ausnahme siehe Abschnitt 8.4.7.

12.13 Literaturverzeichnis

☐ Entsprechen alle Einträge im Literaturverzeichnis den Vorgaben (vgl. Kap. 9)?

Konkret sollten Sie prüfen:

☐ Sind alle Autorennamen mit den nachgestellten Initialen der Vornamen angegeben (z.B. „Freud, S.")? (Vornamen werden nicht ausgeschrieben; wenn ein Aufsatz in einem Herausgeberband erschienen ist, werden bei den Namen der Herausgeber die Initialen der Vornamen jedoch vorangestellt, z.B. „M. C. Anderson".)

☐ Sind bei Zeitschriftenartikeln der Name der Zeitschrift bzw. bei Büchern und Buchkapiteln der Titel des Buches kursiv geschrieben?

☐ Haben Sie die Groß-/Kleinschreibregeln für englischsprachige Quellen beachtet? (Bei Titeln von englischsprachigen Zeitschriftenartikeln werden nur der erste Buchstabe des Haupt- und der erste Buchstabe des Untertitels sowie alle Eigennamen großgeschrieben; vgl. Abschnitt 9.2.4. Das gleiche gilt für Buchtitel und Titel von Buchkapiteln, nicht jedoch für Namen von Zeitschriften.)

☐ Sind die Literatureinträge im Literaturverzeichnis alphabetisch sowie – bei identischem Autor bzw. identischen Autoren in identischer Reihenfolge – zusätzlich chronologisch geordnet (vgl. Abschnitt 9.4)?

☐ Sind alle Literatureinträge mit hängendem Einzug (vgl. Abschnitt 4.4) formatiert?

12.14 Sprachliche Überarbeitung

☐ Erfüllt Ihr Text die vier Leitprinzipien: Verständlichkeit, Unmissverständlichkeit, Neutralität und Überprüfbarkeit (vgl. Abschnitt 3.2)?

☐ Haben Sie die weiteren Aspekte eines guten wissenschaftlichen Schreibstils beachtet (vgl. Kap. 3)?

☐ Ist der Text in Ausdruck, Grammatik, Rechtschreibung und Zeichensetzung korrekt (vgl. Abschnitt 3.5.1)?

☐ Haben Sie Ihren Text einer anderen Person zum Probe- bzw. Korrekturlesen gegeben (vgl. Abschnitt 2.2.1)?

12.15 Ausdrucken und Abgeben der Arbeit

☐ Sie sollten bei einem Ausdruck (v.a. wenn dieser auf einem fremden Drucker stattfindet und Sie als Druckdatei kein PDF verwendet haben) kontrollieren, ob sich nichts „verschoben" hat: Stimmt das Layout der Arbeit mit dem beabsichtigten Layout überein?

☐ Sind die Ausdrucke gut lesbar und z.B. verschiedene Grauschattierungen in Abbildungen gut zu unterscheiden? (In der Regel ist es nicht notwendig, spezielles Papier zu verwenden. Benutzen Sie aber lieber einen Laserdrucker als einen Tintenstrahldrucker.)

☐ Bei Abschlussarbeiten (Bachelor-/Master-/Diplomarbeiten) ist es notwendig, diese binden zu lassen. Fragen Sie am besten Ihren Betreuer, welche Art der Bindung üblich oder gewünscht ist (vgl. Abschnitt 4.6.5).

☐ Informieren Sie sich rechtzeitig, wie viele Exemplare Sie abgeben müssen und ob Sie den Text (bzw. auch Daten- oder Untersuchungsmaterial) zusätzlich als Datei – auf CD-ROM – beifügen müssen (vgl. Abschnitt 4.6 und S. 64).

☐ Haben Sie die Selbstständigkeitserklärung oder eidesstattliche Versicherung am Ende der Arbeit eingebunden und handschriftlich unterschrieben (vgl. Abschnitt 1.12)?

☐ Bevor Sie Ihre Arbeit veröffentlichen, fragen Sie Ihren Betreuer nach dessen Einverständnis. Berücksichtigen Sie im Falle einer Veröffentlichung auch das Urheberrecht anderer Autoren (vgl. den Exkurs zum Urheberrecht auf S. 253 f.).

Literatur

Quellen, die im Buch lediglich als Beispiele für die Angabe von Literaturquellen verwendet wurden, werden im Literaturverzichnis nicht aufgeführt.

American Psychological Association. (2010). *Publication manual of the American Psychological Association* (6. Aufl.). Washington, DC: Autor.

American Psychological Association. (2012). *APA style guide to electronic references.* Washington, DC: Autor.

Becker, E. S., Türke, V., Neumer, S., Soeder, U. & Margraf, J. (2002). Komorbidität psychischer Störungen bei jungen Frauen: Ergebnisse der Dresdner Studie. *Psychotherapeutische Praxis, 2,* 26–34.

Bem, D. J. (2003). Writing the empirical journal article. In J. M. Darley, M. P. Zanna & H. L. Roediger (Hrsg.), *The compleat academic: A career guide* (2. Aufl., S. 185–219). Washington, DC: American Psychological Association.

Booth, A., Papaioannou, D. & Sutton, A. (2012). *Systematic approaches to a successful literature review.* Los Angeles, CA: Sage.

Bortz, J. & Döring, N. (2006). *Forschungsmethoden und Evaluation.* Berlin: Springer.

Breuer, J. & Freud, S. (1895/1952). Studien über Hysterie. In A. Freud (Hrsg.), *Sigm. Freud – Gesammelte Werke* (Bd. 1, S. 81–98). London: Imago Publishing.

Brink, A. (2013). *Anfertigung wissenschaftlicher Arbeiten: Ein prozessorientierter Leitfaden zur Erstellung von Bachelor-, Master- und Diplomarbeiten* (5. Aufl.). Wiesbaden: Springer Gabler.

Bühner, M. (2011). *Einführung in die Test- und Fragebogenkonstruktion* (3. Aufl.). München: Pearson Studium.

Card, N. A. (2012). *Applied meta-analysis for social science research.* New York: Guilford Press.

Cohen, J. (1992). A power primer. *Psychological Bulletin, 112,* 155–159.

Cooper, H. (2010). *Research synthesis and meta-analysis: A step-by-step approach* (4. Aufl.). Los Angeles, CA: Sage.

Cooper, H. (2011). *Reporting research in psychology: How to meet journal article reporting standards.* Washington, DC: American Psychological Association.

Cooper, H. M., Hedges, L. V. & Valentine, J. C. (Hrsg.). (2009). *The handbook of research synthesis and meta-analysis* (2. Aufl.). New York: Russell Sage Foundation.

Cousineau, D. (2005). Confidence intervals in within-subject designs: A simpler solution to Loftus and Masson's method. *Tutorial in Quantitative Methods for Psychology, 1,* 42–45.

Deutsche Gesellschaft für Psychologie (Hrsg.) (2007). *Richtlinien zur Manuskriptgestaltung* (3. Aufl.). Göttingen: Hogrefe.

Dillon, J. T. (1981). The emergence of the colon: An empirical correlate of scholarship. *American Psychologist, 36,* 879–884.

Dudenredaktion. (2010). *Duden: Das Bedeutungswörterbuch* (Der Duden in zwölf Bänden, Bd. 10, 4. Aufl.). Mannheim: Dudenverlag.

Dudenredaktion. (2011). *Duden: Richtiges und gutes Deutsch: Das Wörterbuch der sprachlichen Zweifelsfälle* (Der Duden in zwölf Bänden, Bd. 9, 7. Aufl.). Mannheim: Dudenverlag.

Ebbinghaus, H. (1885/1966). *Über das Gedächtnis: Untersuchungen zur experimentellen Psychologie.* Amsterdam, Niederlande: Bonset. (Nachdruck der Originalausgabe von 1885)

Esselborn-Krumbiegel, H. (2012). *Richtig wissenschaftlich schreiben: Wissenschaftssprache in Regeln und Übungen* (2. Aufl.). Paderborn: Schöningh.

Esselborn-Krumbiegel, H. (2014). *Von der Idee zum Text: Eine Anleitung zum wissenschaftlichen Schreiben* (4. Aufl.). Paderborn: Schöningh.

Field, A. (2013). *Discovering statistics using IBM SPSS statistics* (4. Aufl.). London: Sage.

Field, A. & Hole, G. (2003). *How to design and report experiments.* London: Sage.

Field, A., Miles, J. & Field, Z. (2012). *Discovering statistics using R.* London: Sage.

Franz, S. (2012). *Wissenschaftliche Arbeiten mit Word 2010.* Bonn: Vierfarben.

Franz, S. (2014). *Wissenschaftliche Arbeiten mit Word 2013.* Bonn: Vierfarben.

Geiser, C. (2011). *Datenanalyse mit Mplus.* Wiesbaden: Springer VS.

Groeben, N. (1982). *Leserpsychologie: Textverständnis – Textverständlichkeit.* Münster: Aschendorff.

Hahner, M., Scheide, W. & Wilke-Thissen, E. (2011). *Wissenschaftliche[s] Arbeiten mit Word 2010.* Unterschleißheim: Microsoft Press.

Harris, P. (2008). *Designing and reporting experiments in psychology* (3. Aufl.). Maidenhead, England: Open University Press.

Haslam, N., Ban, L., Kaufmann, L., Loughnan, S., Peters, K., Whelan, J. et al. (2008). What makes an article influential? Predicting impact in social and personality psychology. *Scientometrics, 76,* 169–185.

Hoffmann, M. (2010). *Deutsch fürs Studium: Grammatik und Rechtschreibung* (2. Aufl.). Paderborn: Schöningh.

Hoffmann, M. (2011). *Deutsch üben fürs Studium.* Paderborn: Schöningh.

Hu, L. & Bentler, P. M. (1999). Cutoff criteria for fit indexes in covarance structure analysis: Conventional criteria versus new alternatives. *Structural Equation Modeling, 6,* 1–55.

Irmen, L. & Linner, U. (2005). Die Repräsentation generisch maskuliner Personenbezeichnungen: Eine theoretische Integration bisheriger Befunde. *Zeitschrift für Psychologie, 213,* 167–175. doi:10.1026/0044-3409.213.3.167

Kelle, A., Stang, C., Hoberg, U., Hoberg, R. & Heyl, J. von. (2013). *Handbuch korrekt und stilsicher schreiben.* Berlin: Dudenverlag.

Kelley, K. & Preacher, K. J. (2012). On effect size. *Psychological Methods, 17,* 137–152.

Kornmeier, M. (2013). *Wissenschaftlich schreiben leicht gemacht* (6. Aufl.). Bern: Haupt.

Kühtz, S. (2012). *Wissenschaftlich formulieren: Tipps und Textbausteine für Studium und Schule* (2. Aufl.). Paderborn: Schöningh.

Kunz, R., Khan, K. S., Kleijnen, J. & Antes, G. (2009). *Systematische Übersichtsarbeiten und Meta-Analysen: Einführung in Instrumente der evidenzbasierten Medizin für Ärzte, klinische Forscher und Experten im Gesundheitswesen* (2. Aufl.). Bern: Hans Huber.

Kruse, O. (2010). *Lesen und Schreiben: Der richtige Umgang mit Texten im Studium.* Konstanz: UVK Verlagsgesellschaft.

Langer, I., Schulz von Thun, F. & Tausch, R. (2011). *Sich verständlich ausdrücken* (9. Aufl.). München: Ernst Reinhardt.

Machi, L. A. & McEvoy, B. T. (2012). *The literature review: Six steps to success* (2. Aufl.). Thousand Oaks, CA: Corwin.

Milgram, S. (1963). Behavioral study of obedience. *Journal of Abnormal and Social Psychology, 67,* 371–378.

Miller, G. A. (1956). The magical number seven, plus or minus two: Some limits on our capacity for processing information. *Psychological Review, 63,* 81–97.

Mittelbach, F. & Goossens, M. (2010). *Der LaTeX-Begleiter* (2. Aufl.). München: Pearson.

Müller-Seitz, G. & Braun, T. (2013). *Erfolgreich Abschlussarbeiten verfassen: Im Studium der BWL und VWL.* Hallbergmoos: Pearson.

Nicol, A. A. M. & Pexman, P. M. (2010). *Presenting your findings: A practical guide for creating tables.* Washington, DC: American Psychological Association.

Nicol, A. A. M. & Pexman, P. M. (2013). *Displaying your findings: A practical guide for creating figures, posters, and presentations.* Washington, DC: American Psychological Association.

Nicol, N. & Albrecht, R. (2006). *Wissenschaftliche Arbeiten schreiben mit OpenOffice.org 2.0.* München: Addison-Wesley.

Nicol, N. & Albrecht, R. (2011). *Wissenschaftliche Arbeiten schreiben mit Word 2010* (7. Aufl.). München: Addison-Wesley.

Peters, J. H. (2012). *Angstbewältigung und Erinnerung: Eine funktionale Sicht des Gedächtnisses.* Wiesbaden: Springer VS.

Peters, J. H. & Dörfler, T. (2014). *Abschlussarbeiten in der Psychologie und den Sozialwissenschaften: Planen, Durchführen und Auswerten.* Hallbergmoos: Pearson.

Pohl, R. (2007). *Das autobiographische Gedächtnis.* Stuttgart: Kohlhammer.

Pospiech, U. (2012). *Wie schreibt man wissenschaftliche Arbeiten?* Mannheim: Dudenverlag.

Rahemipour, J. (2009). *Textverarbeitung mit OpenOffice.org 3 Writer* (3. Aufl.). Bonn: Galileo Press.

Renner, K.-H., Heydasch, T. & Ströhlein, G. (2012). *Forschungsmethoden der Psychologie: Von der Fragestellung zur Präsentation.* Wiesbaden: Springer VS.

Ridley, D. (2012). *The literature review: A step-by-step guide for students* (2. Aufl.). London, England: Sage.

Runk, C. (2008). Grundkurs Typografie und Layout. Bonn: Galileo Design.

Runk, C. (2010). Grundkurs Grafik und Gestaltung. Bonn: Galileo Design.

Sagi, I. & Yechiam, E. (2008). Amusing titles in scientific journals and article citation. *Journal of Information Science, 34,* 680–687.

Sanders, W. (1996). *Gutes Deutsch – besseres Deutsch: Praktische Stillehre der deutschen Gegenwartssprache.* Darmstadt: Wissenschaftliche Buchgesellschaft.

Schlosser, J. (2014). *Wissenschaftliche Arbeiten schreiben mit LaTeX: Leitfaden für Einsteiger* (5. Aufl.). Heidelberg: mitp.

Schneider, W. (2001). *Deutsch für Profis: Wege zu gutem Stil.* München: Goldmann.

Sedlmeier, P. & Renkewitz, F. (2013). *Forschungsmethoden und Statistik für Psychologen und Sozialwissenschaftler.* München: Pearson.

Shiffrin, R. M. & Atkinson, C. R. (1969). Storage and retrieval processes in long-term memory. *Psychological Review, 76,* 179–193.

Sick, B. (2004). *Der Dativ ist dem Genitiv sein Tod: Ein Wegweiser durch den Irrgarten der deutschen Sprache.* Köln: Kiepenheuer & Witsch.

Skillin, M. E. & Gay, R. M. (1948). *Words into type.* New York, NY: Appleton-Century-Crofts.

Stang, C. & Steinhauer, A. (2014). *Handbuch Zeichensetzung: Der praktische Ratgeber zu Komma, Punkt und allen anderen Satzzeichen* (2. Aufl.). Berlin: Dudenverlag.

Statistisches Bundesamt (Hrsg.). (2013). *Verkehrsunfälle: Unfälle unter dem Einfluss von Alkohol oder anderen berauschenden Mitteln im Straßenverkehr (Berichtsjahr 2012).* Wiesbaden: Herausgeber.

Sternberg, R. J. (Hrsg.). (2000). *Guide to publishing in psychology journals.* Cambridge, England: Cambridge University Press.

Sternberg, R. J. & Sternberg, K. (2010). *The psychologist's companion: A guide to writing scientific papers for students and researchers* (5. Aufl.). New York, NY: Cambridge University Press.

Surendorf, K. (2006). *Wissenschaftliche Arbeiten mit OpenOffice.org 2.0.* Bonn: Galileo Press.

Register

Kursiv gesetzte Seitenzahlen beziehen sich auf die Checklisten. **Fett gedruckte** Seitenzahlen geben Abschnitte an, in denen besonders wesentliche Aspekte eines Stichworts erläutert werden.